天

Borderless

下

博稽古今　融汇天下

黑铁时代发出的黄金般的辩词！

我的辯詞與夢想

張思之　著

法律出版社
LAW PRESS · CHINA
北京

图书在版编目(CIP)数据

我的辩词与梦想：精装收藏版 / 张思之著.——北京：法律出版社，2016.10(2024.11重印)
ISBN 978-7-5118-7624-9

Ⅰ.①我… Ⅱ.①张… Ⅲ.①案例—中国 Ⅳ.①D920.5

中国版本图书馆CIP数据核字(2015)第044997号

我的辩词与梦想
WO DE BIANCI YU MENGXIANG

作　　者：张思之
责任编辑：易明群　黄倩倩
装帧设计：汪奇峰
出版发行：法律出版社
编辑统筹：学术·对外出版分社
责任校对：杨锦华
责任印制：胡晓雅　宋万春
经　　销：新华书店
开　　本：A5
印　　张：19.75
字　　数：566千
版　　本：2016年10月第1版
印　　次：2024年11月第9次印刷
印　　刷：保定市中画美凯印刷有限公司
书　　号：ISBN 978-7-5118-7624-9
定　　价：128.00元

销售电话：010-83938349　客服电话：010-83938350　咨询电话：010-63939796
地　　址：北京市丰台区莲花池西里7号(100073)
网　　址：www.lawpress.com.cn
投稿邮箱：info@lawpress.com.cn
举报盗版邮箱：jbwq@lawpress.com.cn
凡购买本社图书，如有印装错误，我社负责退换。电话：010-83938349

张思之

北京市吴栾赵阎律师事务所执业律师、北京市义派律师事务所名誉理事长、北京律师协会前副会长、《中国律师》杂志创办人、中央财经大学法学院兼职教授。

真善美的和谐统一

那一篇篇“黑铁时代发出的黄金般的辩词”，见解之超拔，逻辑之缜密，文字之行云流水，特别是字里行间遮掩不住的激情，令人叹为观止。这些辩词不是用语言文字写就，而是由浩然正气、铮铮铁骨和赤子之心凝练而成。

——题记

我不止一次捧读过这些辩词，每次都能读出新意，读出力量，甚至读出感动。我掩卷沉思，究竟是什么，赋予了这些本该枯燥无味的辩词以生命，乃至灵魂？

三字以蔽之：真，善，美。

真，是对真相的追问，对真理的追求。无论是早年奉命出任“两案”辩护小组组长，还是近年受聘为众多敏感政治犯辩护，思之先生总是抱着“我不入地狱谁入地狱”的信念，力拨由谎言和恐吓编织的层层迷雾，还案情以本来面目，还“案犯”以历史清白。这一类辩词，既是精彩的法律文书，又是珍贵的历史文献。它们折射出了中国特定时段的司法困境，以及几代法律人的不懈抗争。先生常自嘲“屡败屡战”，但先生输了个案，却赢了正义；输了当下，却赢了未来。

思之先生最为世人称道的，是其职业伦理和专业精神。先生认为，律师“光靠热情和敢言的勇气是不够的”，他反对将法律问题政治化。即使为政治犯辩护,也力求在现行法律框架内,依靠扎实的证据,及对法条的透彻理解和娴熟把握,或层层剥笋势如破竹,或以子之矛陷子之盾。在众所周知的王案中,鉴于高压的政治气候和当局的无理苛求,先生没有明确提出“无罪辩护”,但他将起诉书的指控,一一驳斥得体无完肤,客观上达到了“无罪辩护”的效果。先生深厚的专业素养和精湛的辩论技巧,博得业内行家和当事人的一致推崇。

善,是悲天悯人的情怀,是赤子之心的流露,表现为对弱者的关爱,对良知的守护。在思之先生眼里,“案子没有大小的区别,更没有名人和老百姓的区别”,他接案的标准,则是“问问良心,是不是不管不行,人同此心,情同此理,总有你实在坐不住的时候”。于是,才有先生不顾八十高龄,主动请缨代理聂树斌家属申诉的义举;才有对冤魂曹海鑫的念念不忘、一辩再辩;才有兰州铝厂案代理词中情难自禁、感人肺腑的“泪说”;才有大兴安岭案庭审时,先生对法官掷地有声的回敬:“对不法现象、违法情事不表义愤,不带感情色彩,对律师来说,就是失职!”;才有八十华诞庆典上,先生特别向不在场的弱势大众鞠躬致敬,表达“绵绵不尽的诚意”的动人情景……思之先生谈及草根阶层总是情动于衷,甚至眼含泪花。他也因此赢得了大众的尊敬和信赖,“人民律师万岁”的横幅便是对他最好的回报。

美,是真理的光辉,人性的诗化。思之先生的辩词不仅大气磅礴,而且文采飞扬,堪称艺术精品、美文典范,这些辩词因“极大地丰富和改变了汉语的精神与内涵”,而荣膺2003年度“当代汉语贡献奖”。先生辩词之美,既得益于早年对唐诗宋词、《古文观止》的偏爱和背诵,亦受惠于“活到老学到老”的人生态度——先生有一次出差,随身带的书竟是《元曲选》,每天早晚沉吟不已。先生信服“功夫在诗外”,博览群书、触类旁通,水到渠成、才美自见。

先生对美学情有独钟,多有精到论述。他强调个性,“唯独创,乃有特色;唯创新,方见个性;没有特色,不见个性,也就离开了美”。也崇尚多样性,“桃红梨白,柳绿梅黄,杜鹃山茶,修竹雪松,于姹紫嫣红中见千姿百态,好一派明媚春色!多美呵!”更重要的是,先生虽年届八五，却始终葆有一双发现美的眼睛，一颗爱美的心。

真，善，美，和谐统一于先生的辩词中，亦成就了其流芳百世的独特魅力。

先生一生传奇，故交旧友中，硕儒名宿何其多也！而我一介无名小辈，何德何能，竟蒙先生点名作序？然深知先生平素对后进奖掖提携之美意，遂依“恭敬不如从命”之古训，斗胆勉力为之。行文至此，说几句题外话。鲁迅先生的诗句“横眉冷对千夫指，俯首甘为孺子牛”，正是思之先生的真实写照。先生蔑视权贵，疾恶如仇，却体察民情，礼贤下士，他周围的年轻人更是如沐春风。我想，拥有众多的青年朋友，也是先生青春永驻的秘诀吧！

思之先生的辩词博大精深，而笔者才疏笔拙，实不能道尽万一，诚惶诚恐，乞谅并乞教于先生和读者。

孙国栋

2012 年 5 月 16 日于过客居

目录

1. 高瑜“泄露国家机密案”

案 情 简 介

高瑜，著名女记者，自由撰稿人，曾任《经济学周报》副总编，1989年后被关押年余，无罪获释。

1993年10月，被指控“为境外机构刺探、非法提供国家秘密”，由北京市检察院分院提起公诉。起诉书涉及的问题仅止一项分为两点，即(1)1993年2月15日，在中共中央办公厅秘书局副处长高潮办公室，翻阅并摘抄了江泽民等人在中央军委扩大会议上的讲话等两份绝密文件中的部分内容；(2)同年1月至4月，多次向高潮刺探有关机构改革、公务员制度、工资改革以及八届政协领导人的选举等项绝密级国家机密。而后将上述机密的内容写成文章在境外发表。

高瑜否认上述两点指控。

北京市中级人民法院开庭审理后，合议庭认为“部分证据尚需进一步查证”，先后两次退回公诉机关补充侦查，未果。

辩护律师对案中“证据”作了周密的分析，断言指控不能成立。一审判决在未经“进一步查证”的情况下肯定了起诉书所指控的事实，但又不得不变换了罪名，改为“泄露国家重要机密罪”，判处有期徒刑6年，上诉审经书面审理后予以维持。

辩　护　词

一审辩护词

审判长：

针对公诉人在“相互辩论”中发表的意见，我向法庭陈明几个观点，进一步为本案被告人进行辩护。

第一点，高瑜从文件中摘抄的小平谈话，不属国家秘密。

我们不能同意公诉人这个观点，好像“绝密”文件中的字字句句都是秘密。我们认为，对于一份“秘密级”文件，它的密级，是根据它与国家安全和利益的关系，就其“整体”作出的确定；这并不是说，该“绝密”级文件中的每一个“局部”都涉及“秘密”。扼要地说，秘密文件这一整体性原则是我们判断相关事物的重要标准。以本案情况为例：另案被告高潮交给本案被告高瑜翻阅的中央领导同志在中央军委扩大会议上的讲话，其中涉及的加强我军团结、反对腐化现象，以及注重思想建设等，就绝不属“密”的范围，无论怎样引用，都不能构成“非法提供国家秘密”罪。由此可见，对于起诉书中指控的“高瑜翻阅并摘抄了……绝密文件的部分内容”，我们就必须对这个“部分内容”作出具体的分析，也就是说，应当从各个角度、各个方面来考察这个“部分”，从内容上看它是否涉密。

根据案卷中的书证，高瑜摘抄并在文章中引用的那“部分内容”是：小平同志关于外事问题的三点谈话。这三条语录式的谈话，是邓小平外交思想的有机组成部分，是一种理论。这些理论观点，如不能被人民大众掌握，就不可能成为指导“行动”的武器。因此在高瑜引用之先，就有一些人宣传过，就有报刊发表过，他们讲了、宣传了都不是涉“密”，都没有问题，怎么高瑜做一次重复反倒变成了罪行？这未免太不公正了。在这个问题上，公诉人方才对高瑜的指控，我们持否定态度，很难同意。

第二点，应划清采访与“刺探”的原则界限。

高瑜是具有记者身份的人，因此，参照指控，结合案情，从法的角度划清采访新闻与刺探秘密的界限，十分重要。

我们不反对公诉人的一个判断，在现实生活中，不排除借采访之名行“刺探”之实或者两者兼备兼有的情况，但本案中的问题是，起诉书列举的所谓“刺探”的四种事项，即机构改革、公务员制度、工资制度以及人大和政协的人事安排，记者如有涉足或触及，究竟应怎样判断它是采访，还是刺探？我们认为，要划清这二者之间的界限，关键在于查明它的目的性。而这个目的性，是必须从行为人追求的结果或者他的行为所体现的结果来判断的，这里不可以带有主观随意性。统观高瑜案中四篇文章，字里行间无一处一事危害国家安全或者损害国家利益，其行为应属记者的正常采编活动，绝无“刺探”的目的，极易查明。

诚然，有些事项它本身就不容采访。但结合本案，我们对此有两点质疑：第一，公诉人指出的那些事项，当时的大量报道，包括我新华通讯社的电讯，无不说明它本身不发生不容采访的问题；第二，如果说，某些事项，采访本身就是“探密”，这就必须作具体的分析，岂可一概而论！想当年，小平同志南巡讲话，国家通讯社确也迟未发布，几位勇敢的、有识见的记者采访了，发出了激荡人心、震撼世界的报道，谁能说他们“刺探”了绝密消息？作为一名记者，对于群众关心的问题，境外人们关注的国事，进行采访，写出报道，作出评论，这与“刺探”绝不可相提并论。更何况，案中指控高瑜的行为，大都发生于私交之间的漫谈，情属“有闻则听”；对方聊，她听了，这种情节其实连采访都算不上。这一层，对于明确责任，准确定性，至为重要，应请查核。

第三点，我们对案中主要证据的分析。

案卷中有中央秘书局作出的密级“证明”，公诉人以此作为确定被告人高瑜有罪的证据。我们对公诉人的主张持有异议。

查上述中央秘书局的“证明”，是一份措辞严谨的正式“鉴定”。但请注意，这份鉴定证明的是：高瑜文章引用的材料，与中央领导讲话的内容，即《中办通报》第四期上的内容，“是一致的”。

什么叫“一致”？所谓一致，是对两个或两类事物（务）相比较而作出的或得出的判断。因此，这两个事物尽管趋向相同，没有歧义，但毕竟不是一个事物，不是一回事，并不“相等”，这又极其明显。甲属绝密，乙因与其“一致”故也属绝密，这是站不住的。

至于中央秘书局的另一件“证明”，证的是：中央关于工资改革的某份文件，属绝密级；用它对照高瑜写的那篇关于工资改革的文章，其中有该中央文件中的“内容”。这也是个鉴定性的结论。关键在于：应当具体地分析高文涉及的所谓“这个内容”（引文出自中央秘书局“证明”）。大量证据表明：在当时，国内、境外，报纸、刊物，对高文评论的那些“内容”，早已沸沸扬扬，广泛议论，我们方才向法庭宣读的部分电讯文稿都可说明，故已根本不能视为“密”。有人或许会说：那些报刊含有“敌意”，他们的东西不足为凭；那么，我们的宣传媒体，如香港《文汇报》，它在高文腹稿尚未成形的2月15日，就详尽披露了国内工资制度的改革方案，而高文则简略得多，这应能作为例证，说明我们的论点有据可查，无可争辩。

还有一点不能不提的是：中央秘书局的鉴定，并不涉及高瑜的文章是否等同于对外提供绝密文件，“非法提供国家秘密”这个实质性的问题。公诉人就此所做的分析，失诸牵强，不能同意。

第四点，我们对本案的基本见解。

高瑜作为一个资深记者，尽管此前在境外刊物上发表过数以百计的评论文章、新闻报道，而且从未发生过违纪事件，但在与高潮的交往、接触中毕竟犯有错误。她的错误在于：当高潮这样的敏感人物把“绝密”级文件交给她翻阅，甚至让她摘抄时，她没有认识到，这是私人交往中的泄密行为，应予拒绝。这是法制观念、保密观念淡薄的表现，理当受到批判，并从中受到教育。在这一点上，我们同公诉人在公诉词中发表的观点相近。

但是，认真研究公诉人向法庭提供的高瑜的四篇文章，从中可以得出一个判断：其中全然没有危害国家安全和利益的文字。由此出发应能达到一个明确的结论:高瑜的文章没有社会危害性。从客观上分析,没有行为的实害性;从主观上判断,没有人身的危险性。而行为的社会危害性是犯罪的本质特征,这一点是无须向法庭多作陈述加以说明的。我们只是想说,对于没有社会危害性的行为,断言触犯国法刑律,加诸罪名;理当纠正,当无疑义。

审判长,对具体问题作具体分析,“一切依时间、地点、条件为转移”,这一思想原则和分析问题的方法,对于判断高瑜一案的性质同样具有指导意义。恳请法庭全面考察我们的观点,采纳我们的正确见解。*

二审书面辩词

高院高案合议庭:

市中级人民法院就高瑜一案所作的判决书,在事实的认定上存在自身难解的矛盾,基本上没能说明判处被告人高瑜犯有“泄露国家重要机密罪”的理由,援引的主要法律条款又含有重大缺陷,该判决作出的两项主文因而都很难成立,应予撤销,请准作如下的申辩:

一、高案一审依《刑事诉讼法》的有关规定,进行了法庭调查、互相辩论,被告人作了最后陈述。此后,合议庭认为“本案部分证据尚需进一步查证”,先后两次“退回市人民检察院分院查证”。这当然是审判程序中的重大举措。即使不考虑高案本身带有的某种复杂的性质,研究一下《刑事诉讼法》第 108 条中的“对于主要事实不清、证据不足的,可以退回人民检察院补充侦查”的规定,也能断定一审合议庭提出的“尚需进一步查证”的证据和事实,显然是涉及定性与量刑的重大问题,而绝不是枝节,如不查明,将难以下判。我们对此不仅理解,而且认为是必要的。

市人民检察院分院对于一审采取的上述步骤,分别两次都以“经审查认为,事实清楚,证据充分、确实”为由,原封不动地移送市中级

---

* 高案一审与牛炳宜律师合办。

人民法院，请“依法审判”。两次的行文，除将“审理”换为“审判”外，几乎一字不改。至于一审的“尚需”，则付诸缺如了。

于是，一审在“部分证据尚需进一步查证”而未得的情况下，按照起诉书的指控，下判了。所谓证据不足，就是事实未清，在这种状况下判处被告人有罪，这无论如何不能令人信服。至于一审判决书在其结语中认定的“市人民检察院分院指控高瑜犯罪的事实清楚，证据确凿”一节，我们除了据实指出一审在这点上的前后矛盾之外，还能辩什么呢？我们认为，这样的判词，不改不足以取信于人民，不改将可能失信于天下，影响所及，绝不在一人一案，恳请纠正，以利于维护我神圣国法的尊严！

二、根据前述的判决书，一审“经审理查明”的事实共有如下的两项，即：

（一）“1993 年 2 月 15 日……高潮（按：另案被告人）将中央领导人员《在中央军委扩大会议上的讲话》《中央机构编制委员会办公室关于行政管理体制和机构改革方案的汇报提纲》两份绝密文件交给高瑜翻阅并准其摘抄。”

一审判词中的这段叙述与认定是正确的。在这项事实中，包含着被告人的两个行为，即翻阅了和摘抄了高潮交给她看的两份文件。我们在这里必须辨明的是：无论是翻阅文件还是摘抄文件，这两个行为的本身都与一审判定的“泄密”不是一回事；就问题的性质而言，即使“摘抄”或者“翻阅”都涉及“纪律”，它与“犯罪”毕竟又有原则区别，对此应无疑义。由此可见，一审“查明”的这第一项事实，不能证明被告人高瑜有罪，无可置疑。

（二）“1993 年 1 月至 4 月，高瑜多次将从高潮处得知的一些国家机构改革等国家秘密（均属绝密级），撰写成文章，在香港报刊上发表。为此，高瑜获稿酬港币八百元。”

这段认定，其中有两个问题不能不辩：其一，“从高潮处得知的……等国家秘密”，究竟包括哪些绝密事项？这里用了一个“等”字，是表示列举已完呢，还是列举未尽？看来，是后者，可是，既然判定为“罪”，怎么可以用这样模糊的词语取代具体的罪状呢？用这样一种含糊其辞的写法“取代”，又怎样去绳之以法呢？没有具体的事实作为根据，援引哪个法条都不能作为判案的准绳，这还用证明吗？其二，“写成（的）文章”中究竟泄露了哪些具体的绝密事项？一审判词对此只能作抽象肯定，却不能举出哪怕是一条具体的内容，这样的罪行认定又有什么实际意义呢？

或谓：被告人在香港报刊上发表的文章，泄露了我国机构改革的秘密，这些秘密材料得自高潮。关于这一层，我们向一审法庭提供了相当充分的材料，说明早在高文发表之前，香港报刊上就已经发表了大量的文章，例如《九十年代》发了“中共机构改革大动作”的专辑，再如《明报》从该年2月至3月，发表了一系列的文章或消息，它们从机构改革的思路到方案，就问题涉及的方方面面作了宣传报道。我们的《文汇报》并不后人，于该年1月29日就发出“据消息人士透露”的北京电文，公布“国务院制定精简机构的方案”的消息，说明“方案将体现以下思路：机构改革首先要转变政府职能。……机构改革是全方位改革，要理顺政事关系，中央和地方的关系，将严格区分行政机关与事业单位的职能”。至3月14日、15日，分两次从不同角度完整地公布了“国务院机构改革方案”，并以“权威人士”名义宣布了进行的步骤和完成的时间表。而本案被告人高瑜仅仅是从评论的角度写了关于机构改革的题目，不仅已无密可泄，而且可以说根本不具有“新闻”的价值。就他人连篇累牍地公布的材料作出自己的评论，这怎么够得上“泄密”？

总而言之，用一审判决认定的上述事实，证明被告人犯有“泄密罪”，不能成立。

或者有人会这样地提出问题：一审判决中举出的两点事实，互相联系，不能分割。比方说，高瑜经由高潮而翻阅并摘抄了“中央领导人员在中央军委扩大会议上的讲话”，日后“写成文章，在香港报刊上发表”就是适例。

请允许我们有针对性地提出一个相关的问题：高瑜在港刊上发表

的文章,有哪些内容是引自上述的那份"绝密级"的"讲话"呢?根据案卷中的材料,高文所"引",仅仅是小平同志关于外事问题的三点谈话。我们在一审的辩论中曾当庭明确陈明:这几点语录体的谈话,是邓小平外交思想的组成部分,是他的理论观点,因是理论,所以在高瑜引用之先,就有人宣传过,就有报刊发表过。高瑜著文宣传党的理论观点,怎么能成为罪行呢?尽管一审否定了"高瑜犯有为境外机构刺探、非法提供国家秘密罪"的指控,认为"应定高瑜犯泄露国家重要机密罪",因其同样违背了"以事实为根据"的原则,所以并没能从根本上纠正公诉人的错误。

以上各点,是我们针对一审判词认定的事实中的缺陷与失误所作的申辩,概括起来,一言以蔽之:一审对于案中事实的认定,缺乏实事求是的、具体的分析,因而没能引出符合实际的、正确的结论。我们建议并且相信,二审一定会对上述的明显偏差作出必要的纠正。

三、一审判决书关于证据的认定和表述都有缺陷。

姑且不论一审合议庭对有的"尚需查证"的证据,未作进一步的"查证",仅就判词中的证据问题,有必要作如下的辩证——

(一)上述判词中说:"上述事实,有物证、书证在案证实。"我们要问:哪些物证、书证,在证明着哪项事实呢?所谓物证,不知何所指;至于书证,除高瑜的文章外,也只有中央秘书局作出的密级"证明函"。如一审辩词所说,这是一份极为重要的"鉴定",但它仅仅证明着某一文件的"密级",并不能证明高瑜有"泄密"的行为,这个申辩的正确性无可怀疑,我们坚持!

其他证据,该判词说:"有高潮供述,及证人赵元康、赵萌的证言在案佐证。"应当指出,遍查高潮供述及证人证言,无一能证明高瑜"泄密"。尽管赵元康是被告人的丈夫,赵萌是她的儿子,但他们都从不了解、更未参与她的笔耕活动,他们父子又怎么可能去证明高瑜撰文"泄密"呢?

由此可知,所列事实,无据可证,已无疑义。

(二)我们向一审合议庭递交了有关的书证十余份共几十页之

多，但却并未附入案卷移送二审，直接违反了最高法院、最高检察院、司法部、公安部 1986 年“司法公字第 196 号”文件中的“律师向人民法院正式提交的书面证据……必须入卷”的硬性规定，无助于查明事实真相。正是由于存在这种反常情况，一审判决书中说的“辩护人的辩护意见亦缺乏事实”云云，过于武断，自难免强词夺理之弊。

归纳起来，不外乎两点：一是没有证据证明高瑜“泄密”；二是有证据证明高瑜并未“泄密”。这是铁的事实，无可置辩。

四、一审判决援引《刑法》中的四个条款，对被告人作出了有罪判决，其中最为重要的是该法第 186 条。查该第 186 条共分两款，就犯罪主体的不同而作出了不同的规定。其第 1 款专指“国家工作人员”的泄密罪，按照判决书的认定，被告人“无业”，当然不是这第 1 款所指的犯罪主体；但如适用第 2 款“非国家工作人员”的泄密犯罪，则必须“酌情处罚”。一审可能担心失之轻纵，故只好采用“一锅煮”的办法，含混过去。但这却恰好从另一个方面显现出一审的执法不够严肃。当然，从根本上说，我们认为，对本案被告人的行为用第一百八十六条中的哪一款都不适当，但这是另一个问题，我们没有必要展开讨论。

五、最后，有必要重复一审辩护词中的这个观点，即高瑜的行为，具体地说，公诉机关提交法院的四篇高文，全然没有危害国家安全和利益的情节和词句，从而证明：她的行为和文字没有社会危害性。对于没有社会危害性的行为无论如何是不可以绳之以法的，对此不敢赘述。

诸位法官，即使你们不把我们的辩词作为“书面审理”的依据，也有必要把上述五个方面中包含的观点作为审查高案的线索，从实际出发，具体地分析案中的一切情节、各方观点，以及全部证据，引出正确的结论，以利于纠正一审的错误，维护国家法律的正确实施，维护公民正当的、合法的权益。

我们盼望二审执法的严肃性。

请予审查。

诉 讼 文 书

北京市人民检察院分院起诉书

被告人高瑜,女,50岁,北京市人,无业,住本市东城区和平里11区19楼2单元1号。1993年10月12日被捕。现在押。

被告人高瑜为境外机构刺探、非法提供国家秘密一案,经北京市国家安全局侦查终结,依送本院审查起诉。现查明被告人高瑜犯罪事实如下:

被告人高瑜于1993年2月15日,在中共中央办公厅秘书局综合调研处高潮(男,38岁,另案处理)的办公室内,翻阅并摘抄了江泽民、刘华清、张震等中央领导同志在中央军委扩大会议上的讲话等2份绝密文件的部分内容。此外,高瑜还于1993年1月至4月间,多次通过高潮刺探有关我国机构改革、公务员制度、工资制度改革及八届人大、八届政协领导人选举等国家秘密(均属绝密级)。后被告人高瑜将其摘抄的文件内容及刺探的国家秘密撰写成文章,在香港《镜报月刊》和《华侨日报》上发表,为此获得稿酬港币800元。

上述事实,有物证、证人证言等证据在案证实,事实清楚,证据确实、充分,足以认定。

本院认为,高瑜为境外机构刺探并非法提供国家秘密,犯罪性质恶劣,情节严重,其行为已构成为境外机构刺探、非法提供国家秘密罪。本院依照《刑事诉讼法》第100条之规定,提起公诉,请依法惩处。

此致

北京市中级人民法院

代理检察员　周晓燕

一九九四年三月十二日

北京市中级人民法院刑事判决书(摘要)

公诉机关:北京市人民检察院分院

被告人:高瑜,女,五十岁,无业

辩护人:张思之,牛炳宜

北京市人民检察院分院以被告人高瑜犯为境外机构刺探、非法提供国家秘密罪,向本院提起公诉。本院依法不公开审理了本案。经审理,因本案部分证据尚需进一步查证,于一九九四年五月五日退回北京市人民检察院分院补充查证,检察院分院查证后,于六月四日移送本院。经审理,部分证据仍需进一步查证,于七月十九日再次退回补充查证。检察院分院于八月二十五日将本案移送本院。经合议庭评议,现已审理终结。

起诉书指控高瑜于一九九三年二月十五日在中央机关工作人员高潮的办公室,翻阅并摘抄了二份绝密文件的部分内容。还于一九九三年一月至四月间刺探有关我国机构改革等国家机密(均属绝密级),并将摘抄刺探的国家秘密撰写成文章,在境外报刊上发表,为此获得稿酬港币八百元。

高瑜辩解没有主动向高潮要过文件和材料,没有犯罪的目的。高的辩护人张思之、牛炳宜认为高瑜没有犯罪的动机,其行为不构成犯罪。

经审理查明:

一九九三年二月十五日高瑜到高潮的办公室,高潮将中央领导人员《在中央军委扩大会议上的讲话》、《中央机构编制委员会办公室关于行政管理体制和机构改革方案的汇报提纲》两份绝密级文件交给高瑜翻阅并准其摘抄。一九九三年一月至四月,高瑜多次将从高潮处得知的一些国家机构改革等国家秘密(均属绝密级),撰写成文章,在香港报刊上发表。为此,高瑜获稿酬港币八百元。

上述事实,有物证、书证在案证实,有高潮供述,及证人赵元康、赵萌的证言在案佐证。

本院认为,高瑜违反国家保密法规,将从高潮处得到的国家重要机密,撰写成文章,在境外报刊上发表,情节严重,其行为已构成泄露国家重要机密罪,应依法惩处。但根据本案的具体犯罪事实、情节,应定高瑜犯泄露国家重要机密罪。高瑜的辩解,没有事实根据,不予采信。高瑜的辩护人的辩护意见亦缺乏事实和法律依据,理由不充分,不予采纳。判决如下:

一、被告人高瑜犯泄露国家重要机密罪,判处有期徒刑六年,剥夺政治权利一年。

二、查获之赃款港币八百元予以没收。

审　判　长　张存英

一九九四年十一月十日

北京市高级人民法院刑事裁定书

原公诉机关:北京市人民检察院分院

上诉人(原审被告人):高瑜

辩护人:张思之,傅可心

北京市中级人民法院判决认定:一九九三年二月十五日高瑜到高潮的办公室时,高潮将中央领导人员《在中央军委扩大会议上的讲话》、中央机构编制委员会办公室《关于行政管理体制和机构改革方案的汇报提纲》两份绝密级文件交给高瑜翻阅并准其摘抄。一九九三年一月至四月,高瑜多次将从高潮处得知的一些国家机构改革等国家秘密(均属绝密级),撰写成文章,在香港报刊上发表。为此,高瑜获稿酬港币八百元。故原审判决认定高瑜犯泄露国家重要机密罪,判处有期徒刑六年,剥夺政治权利一年;查获之赃款港币八百元予以没收。

高瑜在上诉中提出,我的行为不构成犯罪;原判量刑过重。其辩护人张思之、傅可心的辩护意见:高瑜的行为不构成犯罪。

经本院审理查明:(与一审判决同,略)

本院认为,高瑜违反国家保密法规,将从高潮处获得的国家重要机密,撰写成文章,在报刊上发表,危害国家利益与安全,情节严重,其行为已构成泄露国家重要机密罪,应依法惩处。高瑜上诉所提其行为不构成犯罪的辩解,没有事实和法律依据,应予驳回。其辩护人的辩护意见,理由不充分,亦不予采纳。原审法院所作的判决,定罪及适用法律正确,量刑适当,审判程序合法,应予维持。据此,裁定如下:

驳回高瑜的上诉,维持原判。

本裁定为终审裁定。

审　判　长　葛志勤

一九九四年十二月二十三日

2. 李显斌“投敌叛变案”

案情简介

李显斌,原为人民解放军航空兵飞行员。1965 年 11 月 11 日,驾驶 0195 号伊尔—28 型轰炸机叛逃台北,在桃园机场降落时,飞机偏离跑道,致领航员李才旺受伤,通讯员廉宝生受伤后医治无效死亡。

1983 年、1984 年,李才旺持美国护照两度返乡,受到公安部门的款待。

1991 年 12 月,李显斌思念病中老母,经由我驻加拿大的领事馆发给入境签证回山东阳信老家探亲,28 日在青岛机场出境返台时被拘留,经有关部门批示,报最高人民检察院核准,以“投敌叛变罪”提起公诉。

案经青岛市中级人民法院一审,认定指控成立,鉴于“能够坦白交代罪行,有悔改表现……予以减轻处罚”,判处有期徒刑 15 年,剥夺政治权利 5 年。

李不服上诉。

二审律师认为:一审判决与中央“历史问题从宽”,“保障回归者不受歧视,来去自由”等项政策有违,在适用法律上更有不尽妥当之处,希望能够纠正一审的偏差。并且郑重表示“即使李罪难赦,但其罚似宜免除,以利于推动两岸三通、一统的大业”。

二审维持原判,驳回上诉。李依法申诉,也未获准。

辩　护　词

二审辩护词

李案合议庭：

李显斌于二十七年前驾机叛逃，是不争的历史事实。尽管如此，在仔细研究市中级人民法院于二十七年后就此所作的判决之后，对于本案，认为仍有相当充足的理由，为被告人李显斌作如下的辩护——

一、对于李显斌二十七年前的罪行予以追诉，诚然并不违反刑法第七十六条第四项的规定，但考察该项的立法主旨，我有以下申辩：

上述第四项条文中“法定最高刑为无期徒刑、死刑的，经过二十年”不再追诉的规定，其本身就明显地包含着一审判决书中所说的“危害特别严重……情节特别恶劣，依法应予严惩”即可以判处死刑的罪行在内。由此可以看出，“不再追诉”，实为一般原则，二十年后认为必须追诉的，当属极其个别的特殊情况。因此之故，也就要求人民法院在认为必须“追诉”时具体说明之所以“必须”的理由，而不可以用所谓“严重、恶劣”的抽象概念替代。一审未能明示“理由”，应属欠缺。

我认为，时效已过二十年，是否“必须”追诉，除应考察案件本身的具体情况外，还应参照“追诉”之时的形势，以及犯罪行为人的现实表现，其中包括是否还有具体危害性与危险性在内。一审对此疏于具体考察，恳请补救。

二、李显斌于实施犯罪之后二十七年携妻归来，且经我政府授权的驻外使馆批准，手续合法。一审判决书确认李是“台湾……退休军人”，故应肯定是以台湾居民身份合法入境当无疑义。

按照一般的法律原则，政府不会批准“罪犯”入境。1990 年 12 月发布的《中国公民往来台湾地区管理办法》第 22 条第 1 款第 1 项规定，“被认为有犯罪行为的人的入境申请，不予批准”，就是这条原则的体现。我国有关机关一向严格执行这一原则。与被告人李显斌同机叛逃台北的李才旺,在法定的二十年追诉期内,于1983年、1994年两度从美国返乡旅游,我国公安部门都待如上宾,设宴款待,声明“欢迎”,慰勉有加,并有“爱国不分先后”的殷殷期待(有关材料,见李显斌案卷一的录音记录)。不解的是,何以不能用同一原则、同一方针、同一态度对待李显斌?

或谓:李才旺持美国护照,身份与台湾居民不同。这不对!即使是外籍,如不享有外交特权和豁免权,凡在我国领域内犯罪的,都适用《中华人民共和国刑法》的规定,李才旺何得例外!

或谓:二李在叛逃一事上的责任有大小之分,作用有不同之别。这是实际情况。但这里的关键是:其性质相同,因而绝不可能得出相异的结论。二十七年前的同机叛逃者,而今一为座上宾,一为狱中囚,这种极不公正的处置违背了“法制统一”原则,至盼二审予以纠正。

三、仅就一审的判决而言,中院对李案在适用法律上也有不尽妥当之处,请准作如下的申辩——

(一)一审判决的主要依据是《刑法》第94条第1款中的“情节严重的……处十年以上有期徒刑或者无期徒刑”的规定。可是,该判决书中仅有“情节严重”的结论,并不能举出除“驾机叛逃”外其他“严重”的行为,因而说服力不强。

人们会说,“携带军事机密文件”就够得上“情节严重”。但应当指出,这些被李显斌等人“携带”的文件,都是随机供训练之用的“机密资料”,并非另有或另携,况且没有因李等带走出逃而造成我军事上的实际损害。扼要地说,作为“情节”来考虑它的严重程度,“随机”一节是不能忽略的。

人们会说,判决分明讲到“致同机组人员一人死亡,一人受伤”,不正说明“情节严重”么?我认为,对此应作具体分析。

根据案卷材料,李显斌机组在浙江东阳上空“改变航向”、降落台湾桃园的叛逃犯意,对机组三人来说,是共同的、一致的,三人虽无周详的预谋,但有不言而喻的默契;虽有作用、责任程度上的差别,但无“目的”上的不同。材料表明:三人中如有一人对叛逃坚决不同意、予以抵制,就不可能发生降落桃园的后果。因此,中院判决认定的“一死、一伤”后果,不应作为李显斌叛逃行为中的“情节”而加重处罚。

(二)一审判决断言,李显斌“因对人民民主专政的政权和社会主义制度不满,产生驾机叛逃的恶念”。这个认定,语义含糊,分不清被告人犯罪的动机与目的。

可是,犯罪动机的考察在执法上往往是非常重要的,对本案正是如此。一个明显的道理:立法把情节严重或者恶劣作为犯罪构成条件的犯罪,行为人的动机因它确实能衡量出犯罪人的社会危害程度,通常都视为重要的酌定情节,要求在量刑时给予应有的考虑。也就是说,犯罪的动机问题往往是考察情节是否严重或恶劣的一个重要的因素。

然而我们不得不指出,一审判决断定的李显斌的犯罪动机只是一般性的推论,缺乏证据,也不符合实际。卷中证据表明:李显斌之所以叛逃,其原因主要在于对他所在部队的训练工作、随军家属的工作等不满,对他那时受到的不公平待遇有意见;其次在于,当时因天灾人祸给农民、给家庭造成的生活极度困苦而又无以救助,于是逐渐产生了消极的、失望的悲观情绪,在急剧波动、无能自拔的情态下,走险叛逃。所有这些,不仅出自李显斌本人供述,而且有证言可证:互相印证,十分一致,理应采信。

我们认为,李显斌的犯罪动机并非源于对我政权和制度的刻骨仇恨,构成了可以对他二十七年前所犯罪行予以赦免的重要因素,敬请二审明鉴。

为了更为充分地说明问题,还有必要补充一点:判断一个人的真实的思想、感情与“动机”,应以具体人的“个人的活动”为标志;而对于这个“个人的活动”,又应历史地、全面地联系起来分析考察。据此,如果能对被告人李显斌的生活历程作一番比较全面的分析,对他驾机叛逃以后二十七年来的全部活动作个客观考查,应能看出,除了他的叛逃方式、手段——“驾机”一节确属恶劣之外,他的主观恶性,他的社会危害性,都是不大的。与此相关,他于出逃二十七年之后,坦然归来,毫无顾虑,并不仅仅是出于孝母亲情,也不仅仅是出于对于故土的深深眷恋，显然还有更深一层的思想感情上的缘由，其基本点在于期望两岸早日统一，祖国日益兴旺发达。而这正是可能把消极因素转化为积极因素的重要基础。我们理当通过对于历史罪案的法律处理，达到这一目标。换句话说，我们对犯罪的惩罚的目的，我们对犯罪问题的打击重点，不应落实在四分之一世纪以前的久远历史旧案上。中央对历史陈案的一贯方针是从轻发落，变有害为无害。李显斌一案因其具有如上所述的特殊性而更应贯彻这个方针。

四、李显斌案作为刑事诉讼，有它异乎寻常的特殊性；这是由现阶段两岸之间特殊的政治、经济诸关系决定的。重大的司法活动脱不开政治，中外一律，绝无例外。

李案中的政治因素主要表现在两点上：一是应考虑有利于两岸人民的相互交往和最终统一的民族利益；二是应落实中央昭告世人的重要国策。

为了能够恰当地处理李显斌的历史旧案，我们不得不回顾一下中央的有关政策——

1981 年 9 月，全国人大常委会委员长叶剑英元帅发表“祖国和平统一”九条方针政策，提出“以民族大义为重，捐弃前嫌”，号召“统一祖国，人人有责”，保障回归者“不受歧视，来去自由”，炎黄子孙，鼓舞欢欣。短短几年，回大陆的台湾各界人士以百万计。正如最高人民法院当时的估计，“这对于促进两岸的‘三通’和实现祖国和平统一将起到积极的作用”。为了推动大好形势的发展，该院又会同最高人民检察院发布了《不再追诉去台人员在中华人民共和国成立之前的犯罪行为的公告》，不久就制定了《处理涉台案件座谈会纪要》，明确宣示了“历史问题从宽”的原则。所有这些政策，无疑应成为办案的依据。联系本案，李显斌在上述政策精神感召下戴罪回归，自应援用这些政策；中院判决与中央精神并不一致，相信二审能予纠正。即使李罪难赦，但其罚似宜免除，以利于推动两岸“三通”、一统的大业。

一九九一年八月二十一日

诉讼文书

起诉书(摘要)

被告人李显斌,男,原系解放军空军航空兵某师飞行员,捕前住台湾台北市(地址略)。1991 年 12 月 28 日被青岛市公安局拘留,1992 年 1 月 8 日经本院批准,当日由市公安局逮捕。

现查明:李显斌,于 1965 年 11 月 11 日和领航员李才旺、通讯射击员廉宝生奉命执行飞行训练任务。当日十二点六分,李显斌驾驶伊尔—28 型轰炸机从机场起飞后,改变航向,叛逃到台湾国民党空军桃园机场。李驾驶的轰炸机和随机带走的机密文件,泄露了国家机密。该机在桃园机场降落时,致李才旺受伤、廉宝生受伤后死亡。李显斌到台湾后,大肆进行反革命活动,被封为“反共义士”。

上述犯罪事实清楚,证据确实充分,其行为构成投敌叛变罪,危害特别严重,适用《中华人民共和国刑法》第一百零三条之规定。根据《中华人民共和国刑法》第七十六条第四项规定,已经最高人民检察院核准,特向法院提起诉讼。

一九九二年四月九日

一审判决书(摘要)

被告人:李显斌,住台湾省台北市敦化北路,原系国民党空军通航联队退伍军人,曾任空军某部飞行员。因犯罪,经最高人民检察院核准予以追诉。

辩护人:青岛市律师事务所律师王耀、温涛。

被告人李显斌因投敌叛变一案,最高人民法院指定本院审判。现查明:被告人李显斌任空军某部飞行员期间,因对人民民主专政的政权和社会主义制度不满,产生驾机叛逃的恶念。1965 年 11 月 11 日

12时许，乘飞行训练之机，驾驶0195号轰炸机，随机携带军事机密文件五十八份及晶体八块，从某机场起飞，当飞行至东阳县上空时，改变航向叛逃，在台湾桃园机场降落。着陆时因偏离跑道，致机组人员一死一伤。

本院认为：李显斌身为飞行员，公然反对人民民主专政的政权和社会主义制度，驾机叛逃，其行为已构成投敌叛变罪，且危害特别严重，给我军造成重大损失，情节特别恶劣，依法应予严惩。鉴于李显斌归案后能够坦白交待罪行，有悔改表现，经本院审判委员会讨论决定，予以减轻处罚。判决如下：

被告人李显斌犯投敌叛变罪，判处有期徒刑十五年，剥夺政治权利五年。

二审裁定书

上诉人（原审被告人）：李显斌，现在押。

辩护人：北京市律师张思之。

上列上诉人李显斌因投敌叛变一案，经市中级人民法院判处有期徒刑十五年，剥夺政治权利五年。李显斌不服，以“此案已经过了二十七年，不应再追诉”、“年高体衰，无力服刑”等理由，向本院提出上诉。

本院查明：李显斌任空军某部飞行员期间，因对人民民主专政的政权和社会主义制度不满，产生驾机叛逃之念。1965年11月11日12时许乘飞行训练之机，驾驶0195号轰炸机，随机携带军事机密文件五十八份及晶体八块，从某机场起飞，当飞至东阳县上空时改变航向，于13时许在台湾桃园机场降落。飞机着陆时因偏离跑道，致同机组人员一人死亡，一人受伤。

上述事实有证人证言、书证等证实，事实清楚，证据充分。上诉人李显斌亦供认不讳。

本庭认为：上诉人李显斌反对人民民主专政的政权和社会主义制度，驾机叛逃，已构成投敌叛变罪。其行为对国家和人民危害特别严重，情节特别恶劣，应依法严惩。追诉李显斌二十七年前的犯罪于法有据。原判决定罪准确，量刑适当，审判程序合法。李显斌的上诉理由不能成立。经本院审判委员会讨论，裁定如下：

驳回李显斌的上诉，维持原判。

本裁定为终审裁定。

3. 冯邵力“颠覆国家政权案”

案情简介

中共党员冯邵力，为加速政治体制改革，酝酿在中共党内建立“政治改革派”，曾与三五友人讨论，从1996年9月着手起草“改革派章程”，作为工作指针。“章程”草案的主导思想是：在宪法原则的规范下，“政治改革派”作为中共的组成部分，拥护中央领导，建立“一党两治”新体制，在党内建立监督与制约机制，发展党内民主，推进政治体制的改革。在经济领域，仍坚持发展社会主义制度。

1996年11月，冯邵力等人对上述“草案”再次讨论，将“改革派”的名称定为“中国共产党政治改革派”，同时设想建立“全国委员会”，但未实施运作。

1997年3月，冯等对邓后局势进行“估量”，并拟将修改后的“章程”提交中共第十五次全国代表大会，意图得到党内的广泛支持和最高权力机构的赞同。但也未实施。

1997年4月1日，冯邵力等人先后被捕，经由检察院提起公诉。北京市中级人民法院于1998年1月23日开庭审理，历时一日。法庭辩论激烈。冯本人及其律师坚持认为指控不能成立，冯等无罪。

合议庭“休庭”合议长达半年有余，最终以“颠覆罪”判处冯邵力有期徒刑十一年。冯上诉后高院维持原判。

辩 护 词

一审辩护词

冯案合议庭：

我和阎如玉律师做联合发言，为冯邵力被指控“颠覆国家政权”一案辩护。

据起诉书指控，冯邵力自一九九二年开始，串联本案被告人李增春、王彦发和王怀武等人，以不足五人之众，先后开会碰头三次，“策划成立名为‘中国共产党政治改革派’的非法组织，起草、书写了《章程》和以冯本人笔名标题的《洪辰文集》”，文中诬蔑“社会主义的中国封建社会遗留的思想土壤依然广厚，专制统治的权力意识仍旧顽固”，文中还叫嚣“要建立一个一党两治、多元政治结构为特点的社会主义新体制，建立第三共和”。为使其“组织活动完全公开化”，竟然企图将上述有关材料寄交中共十五大，并拟在十五大召开之前召开他们的“第一次代表大会”，为实施颠覆国家政权，推翻社会主义制度做准备。其行为触犯了新《刑法》第 105 条的规定，构成颠覆国家政权罪。

概括起诉书的指控，其论点非常明白，即冯邵力的行为构成颠覆国家政权罪，论据有三：（一）说封建社会遗留给我们的思想土壤还很厚，在意识形态领域，专制的权利意识顽固地存在，从而构成对社会主义中国的诬蔑；（二）要搞什么一党两治、第三共和的社会主义新体制，气焰甚高，势如“叫嚣”；（三）开会串联，搞了非法组织。我们仔细研究了法庭提供的资料，考虑了法庭调查反映出的客观情况，认真听了公诉词，全盘分析了控方所作的指控，认为：这些论据通通不能支持起诉书提出的论点，因此所做的指控完全不能成立。围绕我们做出的论断，结合我们否定的指控，分为三个问题，更进一步地作以下的辩驳：

一、认为思想、意识形态领域存在封建社会遗留给人们的东西，这符合客观实际，也与党的领袖们的观点相一致，它既不是出之于凭空捏造，又没有轻侮诽谤的表述，怎么能指控为“诬蔑”呢？中国共产党总书记江泽民同志在党的“十五大”所作的政治报告中，直言不讳地用了极其精确的语言论述了封建主义腐朽思想在当今社会上的广泛影响；党的领袖毛泽东主席在批判一些人的腐朽观念时曾经一针见血地支持：“党外无党，帝王思想。”这帝王思想比“专制统治的权利意识”讲的更为明确，更加深刻。至于在现实生活中，封建主义这棵老树却往往犹能发出新芽、绽出小花，难道还少吗？反对封建主义的种种表现是党一贯号召我们在思想战线上必须进行的一项长期的重大斗争，对此难道应有疑问？

退一步来说，即使认为冯部力的提法并不正确，各种观点可以互相质疑，无论如何也不可以把它同阴谋颠覆国家政权挂上钩！封建主义的表现本身都不能危害国家安全，颠覆社会主义政权，怎么指出封建主义是客观存在倒能够推倒社会主义江山了呢？

由此可见，如硬要把这一点作为论据，用为证据，那可真是“何患无辞”了。

二、关于“一党两治、多元政治结构”作为被告人意图建立与实践的社会主义新体制的内容，已写入他们的《章程》，而所谓“第三共和”的提法则仅仅是冯部力个人的一个观点，带有学术探讨的意味，却又未加论证，其内涵理所当然地应有提出者本人作出解释。他对法庭所作的陈述合乎实际。

我们先说《章程》中的“两治”与“多元”的提法。研究这个问题，不能离开冯部力自建新体制的基础，不能躲开它的建立原则，这就是：坚持中国共产党的领导；坚持社会主义制度。也不能避开它为自己规定的任务，即积极地实行政治体制的进一步改革。我们请求法庭注意冯部力在其《章程》总纲部分的有关论述，他写道：“在中国建立以现代民主为基础，党内多元政治结构为特色的社会主义新体制，这是坚持在中国共产党的正确领导下，既能全面体现中国人民政治意识，有力维护中国人民政治权益，又可保障中华民族千秋万代稳定发展的政治基石。”他进而明确指出：“生产资料公有制是社会主义政治制度的基础。”他说：“在这个基础上，是单元还是多元化的政治体制，不改变制度的政治属性。”在他写的标为一九九七年四月一日的《章程》版本中，作出了这样的总结：“在新的历史条件下，要坚持中国的社会主义道路，要坚持党的领导，在开展革命传统和爱国主义教育加强精神文明建设的同时，还必须把党的建设摆到头等重要的位置。”他之所以这样讲，源于他的认识与体验，他说：“中国的社会主义实践，只有坚定不移地维护以中国共产党为代表的正确的政治领导，才能保持中国长治久安、稳定的社会发展局面。”

从整体上把握这个《章程》中论述的主要观点，看得出这绝不是什么“叫嚣”。宣传社会主义，坚持党的领导，推进政治体制的改革，声调再高似乎也与“叫嚣”沾不上边。我们在这里有必要指出：迫切地推进政治体制的改革，这并不是冯邵力的发明创造，我们党及其高层领导多有指示，屡有论述，对政治体制滞后的客观事实极为不安，这都有材料可证，无须详述。

我们认为，在被告人的行为、语言、文字上，加诸不切实际的形容词语意图加罪，这绝不是实事求是的态度，恳请合议庭明察。

至于建立“第三共和”的提法，我们有三点申辩：

第一，这是冯邵力个人的学术观点，并没有被经过讨论的《章程》所吸收。

第二，这是冯邵力个人的不赞成“一党一治”的思想的发展，这里论述的依然是一个政治格局应有什么样的模式的探讨。

第三，我们从《洪辰文集》中发现，冯邵力的思想观点，时有自我否定，时有新的变化，有些问题并不是深思熟虑后产生的合乎历史、合乎逻辑的结论，而是某一时期对某个具体问题所产生的一时的想法。之所以存入电脑，正如他本人所说，有助于反映他思想上的发展过程，有的还带有备忘的性质，并无深意。

我们把它视为学术观点，自有其根据，绝非凭空而来的巧言。这就是，冯邵力在其《章程》中清楚地表示，他认为他的观点与做法，是继承与实践着邓小平理论，他甚至说，他设想的“一党两治”、“第三共和”的格局或体制，是“继邓小平同志建设中国特色的社会主义，实现一国两制的伟大战略构想后，党在建设社会主义的政治理论上，又一划时代的伟大创举，是对马克思社会主义理论学说的伟大贡献”。人们可以认为他有狂气，更可以批判他的学术观点，但他举的旗帜不错却是事实。尤为重要的是，思考与研究党的发展问题谈不上什么“叫嚣”，与所谓犯罪当然更不会有牵连。

三、关于“策划成立非法组织”。

公诉人在公诉词中把这个问题作为指控、定罪、判刑的重点，我们十分理解。也正是在这个问题上，我们与公诉人的分歧尤为突出。考虑到问题的严重性质，不得不详为申辩：

第一，起诉书泛指冯邵力策划建立的“中国共产党政治改革派”是“非法组织”，但又不能实指该组织之所以被定为“非法”的根据，这给人以徒托空言的印象；毋庸讳言，空言主张是不能给人定罪的。

第二，在党内搞“两治”，另立派别组织，是否非法？对此应从两个方面进行分析：

从思想上、路线上说，毛泽东主席不仅指示我们“党外有党，党内有派”，而且说是“历来如此”！还说：“党内无派，千奇百怪。”中国共产党在建国以后的重大党内斗争，例如一九五四年出现的“高饶反党联盟”，五十年代中期在农业战线上的“保守派”，六十年代初期定名的党内“走资本主义道路当权派”，证明“派”的常有是客观存在，不足为怪。而从组织上说，则又是另一回事。中国共产党不允许在其内部产生独立的派别组织。因此，《中国共产党处分条例》中有两条有关的规定，其一是第 36 条，明定：“进行分裂党的活动，在党内组织秘密集团的，给与开除党籍处分。”其二是第 68 条，规定：“在党内搞非组织活动，破坏党的统一的……情节严重的，给予留党察看或者开除党籍处分。”但是，尽管如此，还必须看到，这里解决的是党内的关系问题，应由党的纪律调整，绝不允许将党纪上升为法律。唯其如此，党内在处理某些领袖人物的分裂党的问题时，自始至终都放在党的纪律范围内加以规范，给予约束，从不绳之以法。问题很清楚：中国共产党诚然是执政党，然而党绝不会等同于国家，党的领导机关例如中央委员会，也毕竟不是国家的权力机关或者行政机关，党的纪律只是表现为阶级的意志，也绝不具有国家意志的属性。人们常说“党有党纪，国有国法”，就十分中肯地划清了这个界限。有人分裂党，党纪怎么处分都不为过，假如硬要用法律规范进行调整，那无论怎样“从轻”也是原则性的错误。这是常识，不言而喻。

第三，为了准确地衡量、估价与处理本案问题，还应按照党中央的相关要求，对已经建立的派别作出具体的分析。公诉人方才在解释控方出示的证据材料时特意申明：《章程》、《战略决策总规划》、《战略计划编码》三篇材料，是对本案定性的依据。据此，我们有理由着重指出：这三篇材料中的后两篇纯属冯邵力个人思想发展过程中出现过的某些想法的反映，是他的观点，属于思想范围内的问题和理论研讨，而对于思想是不可据之定罪的，这是我们的原则，没有理由任意违反。

下面仅就作为案中主要证据的《章程》作出分析与判断，供法庭参考。我们综合《章程》的基本内容和冯邵力策划建立的《中国共产党政治改革派》的各方面情况，认为：

首先，这个《章程》，连同总纲，无一处有非法的提法或违法的规定。从今天庭上出示的几个版本来看，其宗旨、主导思想、基本原则等主要内容，连同其他条款，无一能反映出《章程》起草人具有颠覆政权、推翻社会主义制度的动机、目的。方才李增春和唐志洁就此所作的供述，更充分地证明了我们这一论断。至于公诉人关于《章程》中有所谓“诬蔑”言辞的指摘，那是“见仁见智”之词，不足以变更《章程》本身及其所属组织的性质。

其次，《章程》内容反映出它的组织具有以下几个特点：

（一）它是党的“重要组成部分”，虽“在党内建立相对分立的政治派别”，但坚持党的领导。

（二）它把与党中央的关系规定为执政与在野或者执政与参政的

关系,无意于篡夺党的领导权。

(三)它的任务是在党内建立监督与制约的机制,进一步发展党的民主,推进政治体制改革,铲除腐败,在经济领域坚持社会主义制度。

(四)他的活动方式不仅要在宪法的范围内进行,而且要与党中央保持联系,向党的"十五大"寄发材料通报情况就是适例。

(五)它名为党内的政治派别,其实是一个十分松散的小团体的雏形:它设想建立一个所谓的"全国工作委员会",但一无会址,二无经费,三无人员,四无办事机构,五无地方组织,六无任何政治势力或团体的支持。总之,它对党的中央委员会根本构不成威胁,它的出现构不成对党中央领导权的危害。

为了客观地说明问题,也无妨退一步来看,即使在党内建立派别组织这个事实本身就构成反党,我们也应该认识到,反党与反政府、与反政权是完全不同的概念,不可以互相混淆。

有人会说,冯邵力在其活动中,有私刻图章的不法行为,这足以证明那图章代表的派别组织非法。我们无意就他制作图章这一枝节多作申辩,因为即使是行为违法,它与犯罪毕竟也还是不同的概念。我们在这里要说明的是:某一组织成员的个人行为甚至是组织行为非法,也不可以就据此断定该组织本身非法。试问,能够因为某公司漏税或者它的负责人刻了章,就据此宣告该公司为非法吗?显然不能,也绝不会!因此,冯邵力制作图章的行为只应由相关的纪律、法规和法律予以规范,这与他的派别组织的性质是并不相干的两回事!

审判长:以上的辩驳无可置疑地证明着我们的判断,公诉人对冯邵力的指控缺乏事实根据,没有证据支持。公诉人从一份近五千字的《章程》草案和几万字的所谓《洪辰文集》中,也就是在全案共有的近千页的材料中,寻章摘句,挑出两句话或者说是两组文字,一处冠以"诬蔑",一处加上"叫嚣",就认为危害了国家安全,而后再从本案被告冯邵力等三五个人在党内筹建一个派别小团体,又不作具体的分析,就断言要"颠覆国家政权",我们不得不说,这种做法失诸轻率,相信合议庭能以明察。

以上主要是依据事实，针对起诉书和公诉词所作的辩驳。还应着重指出：起诉书对于冯邵力部分在适用法律上也是不正确的——

第一，考虑到对于许海连的法律适用与我的当事人冯邵力有着直接的利害关系，我们先研究起诉书适用的修订前《刑法》第162条。查该第162条共分两款，其第1款指的是“窝藏或者作证明包庇反革命分子的”，如何处刑；其第2款规定的包庇对象则是“反革命分子”以外的“其他犯罪分子”。那么，许某人包庇的这个冯邵力是反革命分子呢，还是“其他犯罪分子”呢？事关定罪与量刑，不能不辩，不可不究。

我们注意到，公诉人当庭宣读的《技术鉴定书》，以及专政机关发出的《起诉意见书》，已将本案定性为反革命集团，因此，许某包庇的对象很可能已被列为反革命分子。于是这里就产生了对于冯邵力的法律适用。

第二，对反革命，当时的法律明定为犯罪，那么，起诉书有什么理由不按行为当时的、未经修订的《刑法》给冯定上“组织、领导反革命集团”（第98条）或者“阴谋颠覆政府、分裂国家”（第92条）罪呢？是的，冯的行为不符合该第92条规定的“分裂国家”的特征与要件，不能适用。而援引第98条又必须确凿无疑地证明被告人的行为具有反革命的目的，这当然也很棘手。

可是，现行《刑法》第12条明文规定：“如果当时的法律认为是犯罪的……按照当时的法律追究刑事责任。”这就是众所周知的“从旧原则”。起诉书不施行这条必须执行的基本原则，固然还可以援引该12条“但书”的规定，即“但是如果本法不认为是犯罪或者处刑较轻的，适用本法”，这是例外的“从轻原则”。现在的问题是，涉及冯邵力的行为，修订后的《刑法》处刑是否较修订前的《刑法》为轻呢？我们说：不是。现行刑法第105条前半段规定：“组织、策划、实施颠覆国家政权、违反社会主义制度的，对首要分子或者罪行重大的，处无期徒刑或者十年以上有期徒刑。”方才公诉人在公诉词中已明确指控冯邵力为“首要分子”，那么，这同修改前的《刑法》第92条的量刑完全一致，而比第98条前半段规定的五年最高刑又重得多，这里并不发生“处刑较轻的”问题，因而不可以适用新《刑法》的规定。明确地说，援引新《刑法》办理冯案就是适用法律上的错误。

以上，是我们尊重《刑法》第12条围绕刑法溯及力的规定所作的申辩。还有——

第三，从问题的实质上说，冯邵力的案中行为也不能适用“颠覆国家政权罪”予以判处。所谓“颠覆国家政权”，必须有两个要点：一是使用暴力推翻国家统治权力或相应的政权机关；二是阴谋篡夺中央和地方的领导权。两者的最终目的都是为了推翻社会主义制度。而冯邵力的行为仅限于改善党的领导，为改进党内的政治生活，探讨新的政治格局，推动政治体制的改革和民主化的进程作了理论上的准备，起诉书指控他“为实施颠覆国家政权、推翻社会主义制度做准备”，没有证据支持，缺乏事实说明。他主观上没有篡国夺权、推翻社会主义制度的故意，客观上没有与之相适应的犯罪行为，公诉人在适用法律上显然有欠斟酌，恳求法庭依法核定。

审判长：冯邵力一案粗略地看，仿佛是个惊天动地的大案要案，仔细一查，实在是十分简单，其中涉及的一些容易使人产生迷惑的情节也不难把握，加以党纪国法又各有其明确的规范，我们绝不怀疑，合议庭会得出准确的判断，从而作出公正的判决。

一九九八年一月二十三日*

二审辩护词

本案合议庭：

根据委托，北京市吴栾赵阎律师事务所指派张思之、阎如玉律师依法担任颠覆国家政权案被告人冯邵力的辩护人，依法履行了职责，

---

* 注：本案同阎如玉律师合办。

作出了有理有据的辩护，从根本上否定了指控意见，公诉人在法庭辩论中无能驳倒。原审法院在对本案庭审后一年零一十九天作出判决。令人震惊的是，该判决认定公诉人对本案各被告人犯罪的指控“事实清楚，证据确凿”，同时认为本案各被告人各自的辩解和辩护人的辩护“均无事实及法律根据，故本院不予采信和采纳”，进而判定冯部力颠覆国家政权的罪名成立，施以重刑。细查全案不难察知，一审的判决极其武断，千真万确没有事实根据，显然也就讲不出道理。考虑到二审已决定不开庭审理，故只能以书面形式对一审判决中的不实之处予以纠正，并为上诉人冯部力辩护。

我们多次会见冯部力，仔细地分析了接触到的案卷材料，认真地进行了调查研究，并根据原审法院开庭审理的情况，在尊重客观事实、尊重法律的原则下，我们坚持认为：我们在一审时发表的辩护意见，有着充分的事实根据，符合国家法律的规定。

首先有必要申明：冯部力的行为缺乏颠覆国家政权罪的犯罪构成要件。根据我国现行的法律规定，此罪构成的主观方面要件表现为故意，即必须具有推翻我国人民民主专政政权和社会主义制度的目的。缺乏这个要件，则不构成犯罪。目前的案件证据无一能证实本案被告人等具有颠覆国家政权的主观故意，冯部力和其他同案人，在预审、起诉、审理的各个阶段均始终断然否认他们具有推翻我国人民民主专政政权和社会主义制度的目的，应予采信。

一审判决断言冯部力等人“进行（了）……实施颠覆国家政权的活动”，似乎冯的行为构成了该罪构成的客观要件，可是，根据何在呢？作为判决，居然没有一处涉及，即一个字也没有提。这不是“欲加之罪”又是什么呢？诚然，一审判决说：冯部力先后起草了《中国共产党政治改革派章程》、《战略决策总规划》、《战略计划编码》、《洪辰文选》等纲领、计划，提出“要建立一党两治，多元政治结构为特点的社会主义新体制，建立第三共和”；并将《章程》交同案人讨论或修改。但是，我们要问：冯部力起草的那些文字中，有哪一处表明他们起意推翻现政权呢？没有，一点儿也没有。为了辨明问题，我们还不得不指出：既是将《中国共产党政治改革派章程》、《洪辰文选》作为犯罪证据，那就必须对其内容作整体把握，综合分析，得出全面客观的认识。一审判决迎合公诉机关的意图和说法，从近五千字的《章程》和几万字的《洪辰文选》中，寻章摘句，挑出两句话，或者说是两组文字，就断定具有推翻我国人民民主专政政权和社会主义制度的目的，给人以专横的印象，这是很不郑重的。

为了说明我们观点的正确性，不妨针对一审判决中的“认定”再作如下具体分析：

（一）审查冯邵力在《章程》中提出的“要建立一党两治，多元政治结构为特点的社会主义新体制”问题是否触犯刑律，不能离开冯邵力自建新体制的基础，不能躲开它的建立原则，这就是：坚持中国共产党的领导；坚持社会主义制度。同样，也不能避开它为自己规定的任务，即积极地推动政治体制的进一步改革。而这些内容在冯邵力起草的《章程》和其他文字资料中，有着明确无误的表述。他在《章程》中写道：

“在中国建立以现代民主政治为基础，党内多元政治结构为特色的社会主义新体制，这是坚持在中国共产党的正确领导下，既能全面体现中国人民政治意志，有力维护中国人民政治权益，又可保障中华民族千秋万代稳定发展的政治基石。”

“生产资料公有制是社会主义政治制度的基础，在这个基础上，单元还是多元化的政治体制，不改变制度的政治属性。”

“中国的社会主义实践，只有坚定不移地维护以中国共产党为代表，正确的政治领导，才能保持中国长治久安，稳定的社会发展局面。”

“在新的历史条件下，要坚持中国的社会主义道路，要坚持党的领导，在社会开展革命传统和爱国主义教育，加强精神文明建设的同时，还必须把党的建设，摆到头等重要的位置。”

请看，以上所引该《章程》的宗旨、主导思想、基本原则等主要内容，连同其他条款，坚持了党的领导，坚持了社会主义道路，无一能反映出《章程》起草人具有颠覆国家政权、推翻社会主义制度的动机、目的,怎么可以根据这些正确的东西加人以罪呢?

不仅如此,在冯邵力个人起草的"中国共产党政治改革派第一批宣传口号"中,"坚持中国共产党的正确领导,坚持社会主义制度,坚持改革开放"亦占有主导位置。众所周知,口号往往是行动的指针或方略,这难道还不能说明冯邵力的行为与所谓"颠覆政权"的罪行根本不搭界吗?

尤其重要的是:对于在社会主义初级阶段如何推动政治体制的进一步改革,作为冯邵力在党内有自己的看法和理论认识,他力主加强党内民主生活、建立健全党内监督机制,而不是否定中国共产党的正确领导、否定社会主义制度。冯邵力甚至认为自己的观点是继承着邓小平理论,"是对马克思社会主义理论学说的伟大贡献",他的主张、理论、语言、文字无论其正确与否,都与"危害国家安全、阴谋颠覆国家政权"的一审判决不相关。抽出文章的只言片语,加以歪曲得出被告的上述言行触犯刑律的结论,既不符合逻辑,也违背了证据适用的原则和规则。

(二)关于原审判决认定的"第三共和"问题,我们在一审辩护时客观、明确地指出:这只是冯邵力个人的学术观点,因而没有引入《章程》,而且已被冯邵力自我否定。在原审庭审时冯邵力本人对此也作了实事求是的说明,有案可稽。

必须指出:所谓"建立第三共和"的文字表述,只是出现在冯邵力电脑保留的个人材料中。这些电脑资料,仅仅是记录了冯邵力个人在某一时间对某个具体问题的想法,其中有些内容在其思想认识发展变化过程中已被抛弃、否定。之所以存入电脑,正如他本人所说,只是有助于反映他的思想发展过程,带有备忘录的作用。总之根本不具有"组织文件"的性质,并不写入《章程》就是最好的证明。

作为个人资料以文字形式记录保留下来的思想,不能作为定罪的证据,这是我们的原则,任何人不得任意违反,否则,其结果又将重蹈"思想犯罪"的覆辙!我们的党和国家拨乱反正、改革开放、建立健全社会主义法制已经二十年了,这样的判例实在不该出现!一审对冯案作出如此错误的判决,其危害决不止于一案一人,故恳请二审郑重考虑。

上诉人冯邵力作为一名共产党员,在坚持中国共产党的正确领导,坚持社会主义制度这两条政治原则的前提下,在对党内的民主生活、监督机制、政治体制改革等问题的认识上产生与党中央决议有所不同的看法,形成个人的所谓理论,并试图在党内开展讨论,以扩大他的观点在党内的影响,同时设想在党内设立一个名为中国共产党政治改革派的派别组织,以实现党内的相互监督,加强党内民主。这些想法是否正确,做法是否允许,纯属党内事务,应由党的章程、原则、制度和纪律加以规范。如有人一定要与"犯罪"挂钩,那就必须研究、审查反映上述想法与做法的派别《章程》是否违反了刑律。就冯案而论,统观他们的《章程》,并无一言一语违法、违宪,它明显地存在如下几个特点:(1)自诩为党内的相对分立的政治派别,是党的重要组成部分,坚持党的领导;(2)它的任务是在党内建立监督与制约的机制,进一步发展党的民主,推动政治体制的改革,铲除腐败,在经济领域坚持社会主义制度;(3)它的活动方式是在宪法的范围内进行,并与党中央保持联系;(4)它虽名为党内的一个政治派别并设想建立一个"全国工作委员会",但一无会址,二无经费,三无人员,四无办事机构,五无地方组织,六无任何政治势力或团体的支持。据此可以断言:冯邵力的这种认识和做法,从党的组织原则角度讲,可以认为违反了党员必须维护全党在政治上、思想上、行动上的高度统一的组织原则和纪律;但从法律的角度讲,其思想和行为却根本不能与"组织、策划、实施颠覆国家政权、推翻社会主义制度的活动"挂钩,根本不能成为认定犯罪的证据。因此,说到底无非是党章党纪所调整的范畴,应由党的组织根据党员政治生活准则、党的纪律规定进行教育或组织处理,例如可以比照《中国共产党纪律处分条例》第 36 条规定:"进行分裂党的活动,在党内组织秘密集团的,给予开除党籍处分。"第 48 条规定:"在党内搞非组织活动,破坏党的统一的,给予严重警告或者撤销党内职务处分;情节严重的,给予留党察看或者开除党籍处分。"等等进行处置。尽管如此,这里解决的仍是党内的关系问题。毕竟,党纪与国法有着不同的地位、效力、调整范围和调整方式,两者截然不同。人们不可以将党的意志等同于国家意志,更不允许将党纪上升为法律,否则,将有可能造成违宪的恶果。中国共产党从不对自己党内派别的首脑人物交付审判绳之以法,是十分正确的,尽管那些人物的分裂行为的危害和影响是冯邵力等无法与之比拟的。

我们注意到:一审判决沿袭了起诉书的提法,认定冯邵力策划成立“非法组织”,并把它作为定罪的主要根据。对此,我们除坚持一审的辩护论点外,还不得不针对判词的思路提出如下质疑:

第一,判词的所谓“非法”,指的是哪个“法”呢?一审不能实指,看来只是个人的“意志”,怎么可以用人的意志来判案并据以定罪呢?

第二,退一步说,即使“非法”的提法成立,成立一个“非法组织”,并不等于一定要搞什么“颠覆”,二者之间没有必然联系,这是极其明显的。

据此,依据“策划成立非法组织”,就定人以“颠覆政权”的大罪,实在过于武断,恳请二审明察,并纠正一审判决的错误。

最后还应陈明的是,我们在一审的辩词中明确地指出,公诉方的指控适用法律不当,并举出实例,根据充分,理由充足。万万没有料到,一审判决沿袭了公诉方的错误,一点也不改正。我们请求二审予以补救,以维护国法的正确实施。绝不允许“说不清楚”,或者“不敢说清”,就在援用法条上对当事人打马虎,这是执法上极不严肃的表现,我们不敢苟同。

综上所述,我们认为:原审判决认定事实有误,适用法律不当。恳请二审法院全面、整体、客观地认识和认定冯邵力等人的行为性质,作出准确、公正的判断,对本案依法予以改判,宣告冯邵力无罪。

以上观点,谨请本案合议庭严格审查,给予考虑并予采纳。

北京市吴栾赵阎律师事务所律师

张思之　阎如玉

一九九九年三月二日

诉讼文书

北京市高级人民法院刑事裁定书(摘要)

原公诉机关:北京市人民检察院分院

上诉人(原审被告人)冯邵力(化名洪辰),无业。

辩护人张思之、阎如玉,北京市吴栾赵阎律师事务所律师。

上诉人(原审被告人)李增春(化名艾兴蕴),中国文联大众文艺出版社总编室副主任。

上诉人(原审被告人)钮葆,国家语言文字工作委员会信息中心主任。

辩护人马登民,北京市法大律师事务所律师。

辩护人曲新久,北京市大地律师事务所律师。

上诉人(原审被告人)唐志洁,女,中国银行国际金融研究所《国际金融》杂志社副总编。

辩护人唐志敏(唐志洁之妹),北京松下电子产品有限公司品质管理科科长。

原审被告人王彦发,国家建材局玻璃钢研究设计院人事教育处副处长。

原审被告人许海连,女,无业,因涉嫌包庇于一九九七年六月四日被逮捕。一九九九年二月二十五日被取保候审。

北京市第一中级人民法院审理冯邵力、李增春、王彦发、钮葆、唐志洁颠覆国家政权,许海连包庇一案,于一九九九年二月十一日作出判决。冯邵力、李增春、钮葆、唐志浩不服,分别提出上诉。本院依法组成合议庭进行了审理。各辩护人递交了书面辩护意见。经合议庭评议后,审判委员会进行了讨论并作出决定,现已审理终结。

北京市第一中级人民法院判决认定:

一、冯邵力于一九九六年九月至一九九七年三月间,先后起草了

《中国共产党政治改革派章程》、《战略决策总规划》、《战略计划编码》、《洪辰文选》等纲领、计划。提出"要建立一党两治,多元政治结构为特点的社会主义新体制,建立第三共和"。并在北京市、天津市、河北省、山东省、江苏省、安徽省、河南省、辽宁省等地联络二十余人,企图发展为组织成员。

二、冯邵力纠集王彦发及王怀武(已被判刑)、宋旭民(另案处理)等人,于一九九六年十一月间,召开秘密会议,讨论冯邵力起草的《中国共产党民主派章程》,策划成立非法组织,确定冯为华北组组长,王怀武为副组长,此次会议被命名为"中国共产党民主改革派预备会",冯邵力在会上提出在适当的时候,将组织公开,会后,冯将《中国共产党民主派章程》交给钮葆、唐志洁进行修改。一九九七年二月初,钮葆、唐志洁将修改后的《中国共产党民主派章程》交还给冯邵力。

三、冯邵力纠集李增春及王怀武、宋旭民,于一九九七年一月至三月间,两次召开秘密会议,讨论修订了该组织章程,确定了该组织名称为"中国共产党政治改革派中央工作委员会",下设北方局与南方局。冯邵力任委员会总干事,其他人亦作了分工。会议提出在中共十五大前,召开第一次代表大会,计划将该组织章程寄送中国共产党第十五次全国代表大会,使该组织活动全面公开化。此间,冯邵力在许海连的住处刻制了"中国共产党政治改革派全国委员会"、"中央宣传部"、"中央联络部"等十余枚印章。

四、许海连于一九九七年四月下旬,得知冯邵力被公安机关审查后,将冯私刻的十余枚非法组织的印章藏匿。

根据以上事实,北京市一中院以颠覆国家政权罪,分别判处冯邵力有期徒刑十一年,剥夺政治权利四年;李增春有期徒刑四年,剥夺政治权利二年;王彦发、钮葆、唐志洁各有期徒刑二年,剥夺政治权利一年;以包庇罪判处许海连有期徒刑一年零十个月。

冯邵力上诉提出:"原判事实认定有误,本案不存在'党内的非法组织'问题,更没有'颠覆'活动存在。"冯的辩护人张思之、阎如玉的辩护意见:原审判决认定事实有误,适用法律不当,冯的行为缺乏颠覆国家政权罪的犯罪构成要件，恳请宣告无罪。李增春上诉提出："原判认定我构成颠覆国家政权罪，又系积极参加犯罪活动，严重缺乏证据支持。"钮葆上诉提出："我修改的是一篇反腐倡廉的论文，不是反党章程，我没有参与颠覆国家政权活动。"钮葆的辩护人马登民、曲新久的辩护意见：原审判决认定钮葆构成颠覆国家政权罪的事实不清，证据不足。唐志洁上诉提出："我没有颠覆国家政权的动机和行为，冯邵力交我修改的文章中心内容是改革、反腐倡廉，我修改的只是标点符号。"唐志洁辩护人唐志敏的辩护意见：一审认定唐志洁犯有颠覆国家政权罪，从而判处有期徒刑二年的罪名不成立。

经审理查明：

一、原判认定冯邵力先后起草了《中国共产党政治改革派章程》、《战略决策总规划》、《战略计划编码》、《洪辰文选》等纲领、计划，提出"要建立一党两治，多元政治结构为特点的社会主义新体制，建立第三共和"，并在京津等地联络二十余人，企图发展为组织成员的事实是正确的。

二、原判认定冯邵力纠集王彦发及王怀武、宋旭民等人，秘密召开所谓"中国共产党民主改革派预备会"，讨论《章程》，策划成立非法组织，并确定组长副组长，冯邵力在会上提出在适当的时候将组织公开的事实，以及冯邵力将《章程》交给钮葆、唐志洁作了修改的事实均是正确的。

三、原判认定冯邵力纠集李增春及王怀武、宋旭民两次召开秘密会议，讨论修订了章程，确定了该组织名称为"中国共产党政治改革派中央工作委员会"，冯邵力任总干事，他人亦作了具体分工的事实和策划在中国十五大前，召开第一次代表大会，将该组织章程寄送共产党十五大，使该组织活动全面公开化以及冯邵力在许海连的住处刻制了"中国共产党政治改革派全国委员会"等十余枚组织印章的事实均是正确的。

以上三项事实，有查获的物证、书证，证人证言，王怀武、宋旭民的供述及刑事科学技术鉴定结论在案证实。

四、原判认定许海连将冯邵力私刻的印章藏匿的事实是正确的。

以上事实,有从许海连暂住的房屋内收缴的十余枚非法组织的印章在案证实。许海连的供述与上述证据相符。

本院认为,冯邵力、李增春、王彦发、钮葆、唐志洁进行组织、策划、实施颠覆国家政权、推翻社会主义制度的活动,均已构成颠覆国家政权罪。冯邵力系本案的首要分子;李增春系积极参加者;王彦发、钮葆、唐志洁系参加者,依法均应惩处。许海连明知冯邵力是犯罪分子,仍帮助其隐匿罪证,其行为已构成包庇罪,依法应予惩处。原判认定事实清楚,证据确实、充分,定罪及适用法律正确,量刑适当。冯、李、钮、唐的上诉理由均不能成立,应予驳回。冯邵力的辩护人请求宣告冯邵力无罪的辩护意见,钮葆的辩护人所提认定钮葆构成颠覆国家政权罪的事实不清,证据不足的辩护意见,唐志洁的辩护人所提一审认定唐志洁犯有颠覆国家政权罪不能成立的辩护意见,均不予采纳。裁定如下:

驳回冯邵力、李增春、钮葆、唐志洁的上诉,维持原判。

本裁定为终审裁定。

一九九九年三月二十五日

4. 查建国“颠覆国家政权案”

案情简介

查建国与徐文立等人向政府有关部门正式申请成立“中国民主党”。曾组建“京津地区党部”和“联合党部”，起草了《章程》，主张“结束一党专政”，“建立第三共和”，或者“建立一个多党竞争多党制衡民主宪政的政治体制”，发展了成员，编纂了《民主党资料汇编》。

以上行为被断为“颠覆政权”，提起公诉。

查建国认为其行为均有法律依据，否认有罪。

律师认为，“颠覆”的指控没有事实依据，在法庭上详列理由逐一批驳了公诉方的指控，断言指控不能成立。

法庭支持控方，判处查建国有期徒刑九年。

辩　护　词

二审书面辩词

查案二审合议庭：

查建国等“颠覆国家政权”案，一审判决书在概括法庭审理的具体情况时，明确无误地指出：“查建国的辩护人的辩护意见是，起诉书的指控或于事不合，或于法无据，不能成立。”令人惊诧的是，判决书不知何故，不顾实际情况，竟在结语部分又提出了与上述事实截然不同的论断，判定：“被告人查建国、高洪明的辩护人关于本案事实不清、证据不足的辩护意见，无事实及法律依据，故本院不予采信。”互不一致，至为明显。

我们从来没说过什么“事实不清，证据不足”的意见。用一句“无事实及法律依据”的常见套话去否定我们的辩护意见，应属无的放矢，没有也不可能推翻我们在庭上发表的正确观点。

一审判词对于律师辩护意见极不郑重的态度，反映出他们对待查案的随意性，是产生偏差与失误的一个重要根源。

我们坚持在一审发表的意见，并就一审判决中的几个问题再度陈明我们的观点，论列根据，以此为查建国辩护——

一、关于案中证据

查一审判词在论列“经审理查明”的问题之后，跟着断言：“上述事实，有由北京市人民检察院第一分院提供并经法庭质证、认证的证据证实。”我们对检察机关提供的证据本身，除当庭作了部分的补正之外，不持异议。这里的问题是，一审合议庭在运用证据断案时并不按规则办事，缺乏公正性。具体地说，我们作为被告人的律师，当庭经由合法程序递交三份证据材料，并经公诉人核查认为可由合议庭审议，审判长收受在案，然而在判词中居然置之不理，全盘抹杀，从而把辩护人与公诉人放在完全不能对等的诉讼地位上，客观上削弱了辩护权的实施。问题的严重性还在于：我们递交的三份证据材料，分别证明着本案被告人查建国对于中国共产党和我国现政权一承认二批评的政治态度，总之绝无打倒或者颠覆的主张与行动；证明着他对于他参加的“民主党”首要目标的论述与“颠覆”之说毫无关联。置诸不理的做法，使案中的重大事实不能澄清，导致失实，涉及定性，不敢不辩，岂止于证据的运用！我们认为，法庭有权对律师提供的证据加以批驳、予以否定，但却无权置之不理，若无其事！一审在程序上如此违法，其性质是严重的，恳请二审予以补救。

二、关于本案的定性

概括一审判词“查明的(查建国的)犯罪事实”共有五项，如下：(1)与他人策划建立“中国民主党北京天津地区党部”，扩大组织，发展成员；(2)通过了该“民主党”的临时《章程》；(3)炮制了《关于目前时局的五点声明》，在境外发表；(4)策划召开该“民主党”的“第一次全国代表大会”，成立了“中国民主党联合党部”，修改了《党章》，将该党“首要目标”表述为“开放报禁，开放党禁，建立分权制的民主宪法”；(5)编纂了《民主党资料汇编》，制订了活动计划和工作策略。据上，一审判词认定：“该组织的首要目标是颠覆国家政权，推翻社会主义制度。”

对此，请准作如下辩驳——

(一)不论从“整体”上论证，或者逐项分别剖析，一审判词论列的全部行为，统统同我们的国家政权以及领导政权的核心力量即执政党——中国共产党没有任何关系，换句话说，那些行为与所指控的“颠覆”无不缺乏内在的联系，构不成“颠覆国家政权罪”。

(二)根据一审判词，案中的核心问题无疑是查建国参加了“中国民主党”，策划建立了该党的组织和工作机构，通过或者修改了《章程》。我们坚持这样的观点：筹建政党这一行为，不能等同于刑法分则规定的“颠覆国家政权”。公民申请建立政党，政府有权制定规则予以批准或者不予批准，有权在批准之后依法予以取缔，但在无规可循，无法可依的情况下，无论从哪个方面来审查，都不能将建党行为断为罪行，这是世所公认的原则，应无疑义。

（三）诚然，关键在于该党《章程》的纲领及其他具体的“行为规范”有无颠覆政权的内容。经查该《章程》的“基本纲领”共10项，其中没有一项与我政权的合法性、合理性有关，也就是说，根本不涉及政权问题。既然如此，“颠覆”之说又从何谈起呢？

（四）一审判决断言，“（查建国加入的‘民主党’的）首要目标是颠覆国家政权，推翻社会主义制度”。细查该判词关于该党“首要目标”的论述，除这一处之外另有三处，却没有一处提到“颠覆”或者“推翻”的问题，判词中的提法属于无中生有，是强词夺理的典型表现。作为判决，怎么可以毫无根据地加罪于人呢？

（五）一个不争的事实是：该党最初的《章程》稿中曾经提出：“首要目标是在中国‘结束一党专政，建立第三共和’。”值得注意的是，这里的“结束”，既缺乏主体，又不见实施的方式，更何况，它与“颠覆”分属两种行为、两类概念而不可以相提并论。刑法分则中没有“结束”的罪名就很能说明问题。我们在一审审理中举出事实证明查建国曾经不止一次地公开表示，“我们承认现依法产生的国家领导人的地位，承认中国共产党现在的执政党地位”。这些证据，如前所述，已面呈合议庭，怎么可以视而不见不予理睬呢？

总之，查建国自始没有“颠覆政权”的行为，没有推翻我国社会主义制度的主张，这是有证可查、有据可依的。一审判决的定性有误，应无疑义。

三、关于案中事实的辩正

一审判词认为“指控查建国……犯颠覆国家政权罪的事实清楚”，对此我们持有异议，其中有两项事实，一审合议庭的审判存有重大疏漏，不得不辩——

（一）被告人查建国的组织政党、设立机构、发展成立、扩大组织、发表声明等重大的行为与活动，无不即时呈送政府有关部门、有关官员审核备案，从不隐瞒真相，也从未得到否定性的指示。这证明，查建国把自己的“建党”行为自觉地纳入了法制的轨道，绝无与现行法律冲突或抵触的故意,更无“颠覆国家政权”的犯罪故意。对此,不应不予审查,并得出相应的结论。这些事实更充分证明:查建国对我政权不仅在实际上取“承认”的立场,而且在实质上持信赖的态度。对此,不应不作出相应的估量,并作出合乎实际的判断。一审疏漏,应请补救。

(二)一审判词在其“经审理查明”的各项问题中,夹有这样一段,全文是:“在征集党旗、党徽、党歌的设计方案的通知中,诬蔑我国的现行制度是‘恐怖专制’、‘独裁的专制’”。这是全篇辩词唯一说明查建国有诬蔑(实质上是反对)我国现行“制度”的行文。但是,一审判词的“查明”并不实在,所作的认定很难成立,分三点加以辨明:

第一,经查上引的所谓“征集党旗……的设计方案的通知”,其中根本没有“恐怖专制”、“独裁的专制”等词句。这九个字见诸该《通知》的“附件”。庭审查明:那个“附件”是上述方案设计者所写,意在表明他的设计思想与构图的主题,查建国对此事先并不知情,因而与他的行为没有关联。

第二,正是由于存在上述“附件”不出自查建国的情况,一审判词在论列这项“经审理查明”的事实时,居然不加主语,也就是不能明指何人发(写)出了恶言毒语对我现行制度肆意诬蔑!问题由是明确:进行诬蔑的行为人在案中并不出现,既非当事人,又非证人,于是只好让查建国或者高洪明来承担他们原先并不知情的行为涉及的罪责!难道这不是张冠李戴?纵观法制史与中外司法实践,张冠李戴都是大忌,我们应彻底避免才好。

第三,还应补充陈明的是:“诬蔑”与“颠覆”,分属两种行为,刑法分则“危害国家安全罪”这一章中,没有“诬蔑”这一罪名,因此,不论谁有“诬蔑我国现行制度”的行为,都不能适用于“查建国颠覆国家政权”案,似无可置疑。

四、对一审判词的一点质疑

认真研究一审判决书,对我们发表的基本论点与主要论据,采取了避而不论的态度,考虑到二审已决定不再开庭审理的特殊情况,谨就涉及带有根本性质的问题，提出质疑，请求二审合议庭予以审议，并予补救。如下：

一审判词极其武断地认定我们的辩护意见“无事实及法律依据”，但又不能实指哪一件事实没有根据，我们援引的法律又有哪一条不合于现行的法律规范？一审的做法是“戴上帽子，回避实质”。我们说，组建政党不等于“颠覆政权”，这是没有根据呢还是缺乏依据？何以不能明示？我们说，提出“民主宪政”，无非是抄引了前人的政治学说，是一种学术观点，与“颠覆政权”没有内在的联系，这是没有根据呢，还是缺乏依据？我们指出：没有证据可以证明查建国实施了“推翻社会主义制度”的活动，一审判词专断地把该“民主党”的“首要目标”修改为“颠覆国家政权，推翻社会主义制度”，从而断言查建国有触犯刑律的罪行，辩词与判词两相比较，请问是哪份没有事实根据从而无法可依呢？重复地说，难道说查建国没有“推翻社会主义制度”的言行不是事实？如硬要说有，为何不能明示，而要采取编造办法强加于人呢？

审判长，合议庭：我们熟知，判词给辩词戴顶空帽实无内容的做法行之已久，可是，由于那种做法绝无说服力注定要影响法官的威信，已属共识，因而切盼能予以改正或加以改进，以期能够提高我司法机关的权威，并有助于促进司法的公正。我们对此充满信心。

五、两点结论

综上所陈，一审判词对事实的认定有重大疏漏与失误，它与判词所确立的“理由”之间互相游离，缺乏应具的说服力。对于律师辩词的批驳空洞无物；对于指控的支持，与起诉书一样，不能成立。

我们的辩护意见，合于事理，于法有据。敢请严予审核，并祈采纳。

查案律师
傅可心
张思之

诉讼文书

北京市人民检察院第一分院起诉书(摘要)

被告人查建国,无业,因涉嫌颠覆国家政权罪,于一九九九年七月一日被北京市公安局逮捕。

被告人高洪明,无业,一九九四年九月因扰乱社会治安秩序,被劳动教养二年,一九九九年六月三十日因涉嫌颠覆国家政权罪被北京市公安局刑事拘留,七月一日被逮捕。

现查明:

一、被告人查建国、高洪明伙同徐文立(已判刑)等人于一九九八年十一月间共同策划成立了"中国民主党北京天津地区党部",徐任主席,查、高任副主席,通过了徐文立与境外敌对分子严家其共同制定的《中国民主党章程》(临时),确定"中国民主党的首要目标是在中国结束一党专政,建立第三共和",查建国带领宣誓。查建国、高洪明伙同徐文立还策划召开所谓"中国民主党第一次全国代表大会"。

二、查建国、高洪明在徐文立被捕后,以"中国民主党北京天津地区党部"的名义共同炮制了《关于目前时局的五点声明》并在境外刊物《中国之春》上发表。该声明宣传"民主党的首要目标就是建立一个多党竞争,多党制衡的民主宪政体制"。一九九九年二月,查建国、高洪明为使中国民主党在各省的力量进一步聚集和发展,成立了"中国民主党联合总部",修订了《中国民主党联合总部党章》(临时),并向境内外传播散发,鼓吹"建立分权制衡的民主宪政";同时对外征集"党旗"、"党徽"、"党歌"的设计方案,并在征集设计方案的通知中,诬蔑我国现行制度是"恐怖专制"、"独裁的专制"。查建国还炮制了"中国民主党联合总部"的目标、策略和活动计划。

上述犯罪,事实清楚,证据确实、充分,足以认定构成颠覆国家政权罪,提起公诉,请依法惩处。

此致

北京市第一中级人民法院

检　察　员:李磊森

北京市第一中级人民法院刑事判决书(摘要)

公诉机关:北京市人民检察院第一分院。

被告人:查建国,男,无业。

辩护人:张思之、傅可心,北京市吴栾赵阎律师事务所律师。

被告人:高洪明,男,无业。

指定辩护人:宁伟,北京市天元律师事务所律师。

北京市人民检察院第一分院指控:(略)

经审理查明:

一、查建国、高洪明伙同徐文立(已被判刑)等人,于1998年11月9日,在北京市共同策划成立了“中国民主党北京天津地区党部”,通过了由徐文立与境外敌对分子严家其共同制定的《中国民主党章程》(临时),该章程在总纲中确定:“中国民主党的首要目标是在中国‘结束一党专政,建立第三共和’。”查、高任该党部副主席,查带领举行了宣誓仪式。期间,查、高伙同徐文立还积极发展成员,扩大组织,成立了“中国民主党北京天津地区党部北美分部”、“中国民主党北京天津地区党部新闻发布中心”等机构,并筹划召开第一次全国代表大会,实施颠覆国家政权。

二、查建国、高洪明在徐文立被逮捕、判刑后,继续从事颠覆活动,以“中国民主党北京天津地区党部”的名义,共同炮制了《关于目前时局的五点声明》,并在境外刊物《中国之春》上发表,宣称“民主党的首要目标就是建立一个多党竞争,多党制衡的民主宪政体制”。1999年2月,查建国、高洪明伙同“中国民主党”部分党部的负责人成立了“中国民主党联合总部”,设立了机构,进行了人员分工,并向境内外传播散发了由查建国修改的《中国民主党联合总部党章》(临时),该章程确定:“中国民主党的首要目标是在中国开放报禁、开放党禁,建立分权制衡的民主宪政。”在征集党旗、党徽、党歌的设计方案的通知中,诬蔑我国的现行制度是“恐怖专制”、“独裁的专制”。查建国编纂了《中国民主党资料汇编》,制定了活动计划和工作策略。

上述事实,有由北京市人民检察院第一分院提供并经法庭质证、认证的证据证实。

本院认为,查建国、高洪明相互勾结,积极参加颠覆国家政权、推翻社会主义制度的活动,其行为均已构成颠覆国家政权罪,应依法惩处。查建国、高洪明无罪的辩解不能成立,辩护人关于本案事实不清,证据不足的辩护意见,无事实及法律依据,不予采信。判决如下:

一、查建国犯颠覆国家政权罪,判处有期徒刑九年,剥夺政治权利二年。

二、被告人高洪明犯颠覆国家政权罪,判处有期徒刑八年,剥夺政治权利二年。

三、供犯罪使用的传真机等物品,予以没收。

审　判　长　王惠庆

一九九九年八月二日

北京市高级人民法院刑事裁定书(摘要)

原公诉机关:北京市人民检察院第一分院。

上诉人(原审被告人)查建国,男,无业。

辩护人张思之,付可心,北京市吴栾赵阎律师事务所律师。

原审被告人高洪明,无业。

指定辩护人宁伟,北京市天元律师事务所律师。

北京市第一中级人民法院审理查建国、高洪明犯颠覆国家政权罪一案,于一九九九年八月二日作出判决。查建国不服上诉。本院依法组成合议庭,现已审理终结。

北京市第一中级人民法院判决认定:(略)。

原审人民法院认为，查建国、高洪明相互勾结，积极参加颠覆国家政权、推翻社会主义制度的活动，行为均已构成颠覆国家政权罪，应依法惩处。

查建国上诉提出：对原判认定的事实虽然没有异议，但认定的罪名是错误的，我的行为方式是合法的，未犯颠覆国家政权罪。查建国的辩护人的辩护意见：查建国把其“建党”行为纳入了法制的轨道，对于我国现政权持承认、批评的政治态度，没有颠覆国家政权的犯罪故意或者颠覆政权的主张与行动，不构成颠覆国家政权罪。原审被告人高洪明的指定辩护人的辩护意见：原判在认定事实上未准确区分策划与实施、犯罪预备与既遂的界限，在有罪证据的内容上相互矛盾，原判认定的事实不清，现有证据不足以认定高洪明的行为触犯原判认定的罪名。

经审理查明：（略）。

以上事实，有证据证明，并经原审人民法院庭审质证属实，本院予以确认。

本院认为，查建国、高洪明仇视我国的现行政治制度，违背宪法，参加徐文立发起成立的旨在颠覆国家政权的非法组织“中国民主党”，并担任“副主席”，该“党章”明确提出“中国民主党的首要目标是结束一党专政，建立第三共和”。查、高在徐文立被逮捕、判刑后，仍发展成员、扩大组织，成立“中国民主党联合总部”，并在查建国修改后的“党章”中，叫嚣“建立一个多党竞争、多党制衡的民主宪政体制”，查建国还制订了活动计划、工作策略，并积极筹备召开第一次全国代表大会。查、高相互勾结，积极参加颠覆国家政权，推翻社会主义制度的活动，其行为均已构成颠覆国家政权罪。查建国上诉所提：“组党”的行为是合法的，未犯颠覆国家政权罪的辩解，与已查明的事实不符。查建国、高洪明通过组建政党的行为，反对我国宪法确立的中国共产党的执政党的地位，颠覆我国人民民主专政的国家政权，企图改变我国社会主义的根本制度。故查的上诉理由不能成立，应予驳回。查的辩护人所提查没有颠覆国家政权的犯罪故意，没有颠覆国家政权的主张与行动，不构成颠覆国家政权罪的辩护意见，没有事实及法律依据，不予采纳。经查，高洪明积极组建非法组织，担任“副主席”职务，策划、实施颠覆国家政权的事实，经法庭质证的证据确实、充分，高亦供认不讳；故高的辩护人所提的辩护意见，亦不予采纳。原审法院根据查、高犯罪的事实、性质、情节及对于社会的危害程度所作的判决，定罪和适用法律正确，量刑适当，程序合法，应予维持。据此，裁定如下：

驳回查建国的上诉，维持原判。

本裁定为终审裁定。

审　判　长　刘振声

一九九九年九月六日

5. 李智“颠覆政权案”

案 情 简 介

李智，四川达州市政府财贸办公室工作人员。据指控，2001年11月以后，三次申请加入境外“敌对组织中国民主党”，于2003年6月获准。

另据指控，李智曾通过互联网，引导绵阳中学生应某加入“中国民主党”。在此前后，还多次在网上发表、粘贴“反动文章”，声言“推翻中国共产党”，并号召民主党党员参加人大代表选举，“从而夺取现行政权，实现和平演变”。

李在一审中未获得律师的有效辩护，被达州市中级法院以“颠覆国家政权罪”判处有期徒刑8年。李不服上诉。我们受托参加了二审书面审理的诉讼活动，认为一审判决不仅程序违法，而且在主要问题上缺乏根据，断为有罪不能成立。

四川省高院审理草率，维持了原判。

辩 护 词

二审辩护词

李案合议庭:

受上诉人家属的委托,我们作为李智的辩护人,参加二审诉讼,认真查阅了本案材料和一审庭审记录,在对案情全貌有了概括性了解的基础上,会见了在押上诉人,听取了他对案情及整个讼事的意见。李智认为,案中的证据严重失实,一审合议庭未能认真听取他在质证中所作的辩解,他的两位辩护律师只是在正式开庭之前十几分钟,才被允准与他在法庭走廊匆匆见了一面,律师表示将尊重控方的证据为他作"罪轻"的辩护,他当即提出异议,但限于时间与条件,未能作深入的探讨。因此,律师的辩护只是走了过场而未能维护上诉人的合法权益,使辩护形同虚设。李智陈述的情况,与卷中材料相互吻合,同我们依法会见上诉人时监所方面仍坚持须经法院批准的不法做法完全一致,故极为可信。有鉴于此,我们满心希望二审会公开审理,不料未能如愿。因而只能依据本案所涉客观事实和法律规定及相关司法解释,向二审合议庭书面陈明:一审判词认定的事实严重错误,适用的法律明显不当,我们认为应依法予以纠正。

一审判决认定李智的"犯罪行为"共三点,即"三次向境外敌对组织申请加入'中国民主党'并被任命职务";"在互联网木子网站建立个人主页,大肆宣传敌对思想";以及"教唆、引导他人加入'中国民主党'……企图颠覆社会主义的国家制度"。以下针对这些认定中推断的内容,提出不同的实际情况和见解,举出相关的论据,为李智申辩,请合议庭审查。

一、对于"三次向境外敌对组织申请加入'中国民主党'并被任命职务",有以下五点申辩:

(一)据公安部2002年6月公国保字第589号通知,"中国民主党”经确认为“敌对组织”后，“将在审判上海侦办的‘中国民主党’成员黄小勤涉嫌煽动颠覆国家政权案时宣布”，而不是明令昭告；而黄案何时审判？审判是否公开？我国地域辽阔，审判文书的公开程度在许多环节上又往往受限，公安部利用个案审判“公布”政策性决定，一般公民实难把握，应当说明，这不仅仅是一个程序性的问题。李智一再表示，他如果知道“中国民主党”是“敌对组织”，绝不会参加。此说言之成理，符合实际，应予考虑。

（二）李智申请加入该组织，诚然是基于对其“章程”的认同，但细察该组织的“章程”中并没有敌对的、颠覆性的规定。

（三）他两次申请都因渠道不通而未能入门。待到 2003 年 5 月底，突然有人以匿名方式从网上发来该组织的电子信箱地址。按址“申请”，果然立即获得同意，显然是被人诱入。这个情节至关重要，有关问题会在下面论述的问题中具体表明。

（四）重要的是，李智于 2003 年 6 月初加入该组织之后，从未履行“职责”，绝无任何“组织活动”，更没有实施《国家安全法实施细则》中规定的“危害国家安全”的各种行为。一审判决虽然断定李的“行为已构成颠覆国家政权罪”，为此引用了《刑法》第 105 条第 1 款予以惩罚，但统观全文，除一句李智“策划‘中国民主党’党员打入我政府内部参加人大代表选举，妄图夺取国家政权”的空洞判词之外，没有列举、不能说明都有哪些“策划”的行为，实施于何时何地，证明一审合议庭没有证据可以说明李智有“组织、策划、实施颠覆国家政权、推翻社会主义制度”的行为，连同一审判决列举的 17 项“证据”在内，无不如此，从而无可辩驳地说明：一审所定的罪名仅仅是一项没有实际内容的“大帽子”。但众所周知，空有“帽子”，没有行为，没有危害国家安全的行为，是不能构成“颠覆”大罪的！

（五）客观事实与现行政策无不说明：敌对组织的成员未必都是“敌对分子”，未必都涉嫌犯罪。几十年来，此种例证甚多，“法轮功学员”的情况也是适例。就本案而言，涉案的重要人员应某某，早于李智加入“中国民主党”，加入之后与该组织保持有密切的联系，自“供”

还有向该组织负责人发出“警报”免被侦破等重要活动，即便如此，国安局工作人员与之谈话，不在该局办公地点，就在接迎宾客的酒店，李智被捕之后，也未被控为犯罪，绳之以法，卷中材料表明应仍在某“酒楼”工作。一审判决中的所谓“已另案处理”，是有关部门处置这类问题普遍适用的套话，实际上从来无人过问，或者有人意图了解真相，也因无权过问而不得要领。总之，应某某一例更进一步证实我们的论断正确有据。据此已能得出结论：即使加入了“中国民主党”这一敌对组织，倘无危害国家安全的行为，也不应或不会对人加以此罪。但不知为何偏偏对李智例外？法律面前何以不能一律平等？一审的如此严重失误，二审应能依法纠正。

二、对“教唆、引导他人加入境外敌对组织并加以指导”一节，有四点申辩：

（一）首先有必要说明：判词中的“他人”实即上面提到的应某某一人。其次应予说明的是：应某某在与李智网上联络之前，就已独自成立了“木石社”，以后创办了《自由新闻周刊》，在网上发了近三十期，所有这些都与李智无关，也不见有何人“教唆、引导”。

（二）应与李的联系，起自应某某，并不是首发于李智，两人互发电子邮件，根据应的证词，前后总共两次，在他2002年加入“中国民主党”第二次联系以后，应某某根据他的“上级联系人”的指令立即切断了与李智的联系。一审判词中的“多次”之说，失实。

（三）应某某自称经过“考虑很久之后才自愿提出”加入“中国民主党”，时在李智加入之先整整一年零三个月，而在这十五个月期间，应某某从事该组织的活动，态度积极，但都与李智没有关联。

（四）一审为了加罪李智，在判词中使用“教唆”一词，暗含李智负有“教唆他人”犯罪的责任，但又不能或者不敢引用《刑法》关于教唆犯的规定。这样，我们也只能从“教唆”的词义诠释提出问题：李智“令”或者“让”应某某做了些什么？再进一层，“指使”或者“教唆”应干了什么？凡此一审判决都不能举出事实说明。他们在网上传递过材料和信息，但这是“交流”，是“沟通”，即使有权单位认为这种“交流”与“沟通”极其“反动”、“恶劣”，不能容忍，那也只是人们对于事物内涵作出的性质判断，也不可以把“交流”这种沟通形式演变成为“教唆”，否则，万千网民岂不都有可能成为“教唆”者？

至于“引导”之论，根据上述的应某某的各种实际表现，可知纯属无稽之谈。更何况应某某在他多次的证词中自始至终没有一句涉及李智如何实施“引导”的内容，没有一次提到他曾经接受李智的“教唆”。由此可知，一审判词所谓“（李）积极指导应某某从事敌对活动，扩展其从事敌对活动的范围和空间”的断语，无证可据，纯属强行加罪于人的空言，相信二审不会采信。

三、关于“在互联网木子网站建立个人主页，大肆宣传敌对思想……从事颠覆活动”一节，实是本案的重点，故有必要依据卷中证据，详予申辩：

（一）关于“在互联网木子网站建立个人主页”，案中主要证人应某某的证词不予证实。另一人侯伟的证词则证明：他在 2002 年 6 月曾为李智设置过简单主页，用于公司的广告业务。待到 2003 年 6 月，李智想在互联网申请设立网站，请求侯伟帮助，但终未实施，从而说明李智本人根本没有能力设置“个人主页”，并能证明他的辩解合乎实际，应属可信。

（二）李智当庭明确提出，他的电子信箱可能被人盗用，请求检验鉴定，被合议庭否决。李智之“疑”，有以下情况为据——

有网名“巴山夜雨”者（卷中多见此人的材料），对李智自称本名“牟雨”（不知是真名、别名或化名）曾在一段时间内不间断地与李智联络、交流、沟通信息，并于 2003 年 3 月、4 月从川西北亲赴达州与李在家中多次见面。李毫无戒备，打开电子邮箱，让他使用过家用电脑。直到一审法庭调查阶段，控方宣读“录音证据”，内容竟然都是与“巴山夜雨”即牟雨聊天漫谈的情况，方知牟雨在谈话时就做了录音。据此李智推测，牟雨对他搞了“侦查”活动。

经查，卷中有份达州国安局题为《侦查获悉：2003 年 4 月 16 日李智与其关系人会面谈话内容》的报告，“关系人”被隐名，谈话内容正是李智、牟雨神聊的大致情况，显然是根据当时的录音整理而成。

在此之前，同年3月，还有一份材料，卷中题为《达州国安局侦查获悉的李智与一敌对分子密谋从事敌对活动的情况》。该“敌对分子”也被隐名。由于材料中的所谓“密谋”也是牟雨、李智神侃的产物，考虑到谈话的对方既被认定为“敌对分子”，且与涉嫌颠覆国家政权者有共同的“密谋”，却不列为“共犯”一并审查，因此有理由推断此处所谓的“敌对分子”也是牟雨。

值得注意的是：“巴山夜雨”即牟雨不仅使用过李智的电子邮箱，也使用过应某某的。据新浪网提供给侦查机关的证据材料，应某某与“巴山夜雨”的电子邮箱都是：“libertywg@ yahoo. com. cn”。牟雨给李智发出的电子邮件用的就是这个地址，卷中控方引为主要证据发给李智的邮件就是其中的一例。这份材料的确值得重视。姑且不论其中露出的编造马脚，内容中除表示“会力所能及地帮助你”加入“中国民主党”之外，还着重询问“你们在木子网上发展的人员，属于什么组织？”以及“你与达州的中国民主党组织有联系吗？”意在扩大侦查范围至为明显，考虑到该邮件发于2003年5月23日，应某某在此之前早与李智断了联系，因而发件人只能是“巴山夜雨”即牟雨，无可置疑。根据此件发出的时间推断，向李智提供“中国民主党”邮件地址的人，应是牟雨，别无他人。

我们无意研究牟雨的身份。但这里有两点值得注意：第一，上引的两份材料，其中之一还被列为与“敌对分子”的对话，不知何故只有李智的一面之词，而没有对方哪怕是片言的应对？4月16日两人“会面”交谈的那份材料写有“就今后如何从事敌对活动，李智谈到”的各种情况；这里的“如何从事”极可能是那位“敌对分子”的提问。果真如此，人们会问：这不是在运用“诱人入网”的策略，为“立案”、“破案”奠定基础吗？包括前面所说匿名发给李智“中国民主党”的地址在内，都属此类。可是，为什么要这么干呢？查明这些情况，弄清真相，无疑有助于本案的正确定性，从而可使问题能以获得正确的解决。第二，李智提出邮箱被人盗用，合理有据，建议彻查，以维护他的合法权益而不致被人屈枉。

(三)根据以上情况,李智提出他从未在网上粘贴“反动文章”而是被人做了手脚,借以坐实他的罪名,也属合理的辩解。问题尖锐,事涉定罪,自不宜等闲视之,轻予否定。

(四)退一步说,即使李智在网上发表了政见,或者赞同某些人的为当局所不能认同的言论,但如不违反全国人大常委会《关于维护互联网安全的决定》中的规定,没有实施该《决定》禁止的行为,也不能判为构成犯罪。

改革无禁区,是邓小平的一个重要思想观点。公民围绕社会改革问题发表意见,是宪法赋予的权利,是国家政治民主化的一种反映。即使言论过激,或者不合时宜,对于一个不够成熟的热血青年来说,也只能引导教育,绝不该施以镇压,严加惩办。

一审的做法倘不纠正任其流布,势将减缓国家民主化的进程,从而影响改革开放振兴中华的大业。权衡利弊,执法实应审慎。

诸位法官:按照一审的认定,李智有以下“敌对思想”,但条条都是无限上纲、空戴帽子之判。我们持有异议,不能赞同,分别辨析如下:

第一,关于“反对一党专政”。其实这是中国共产党在20世纪40年代反复宣传的正确主张。近年来学者们又多有讨论。李智在与人的私下交谈中有所涉及,怎么就成了发表“反动思想”,持敌对政见,进而上纲为妄图颠覆人民民主政权,据之予以惩办?

第二,关于“学习姚立法……争当人大代表”。对于姚立法独立竞选,争当人大代表的做法,自始有不同看法,见仁见智,难求一律。但是,“争当人大代表”,毕竟是公民的政治权利;能否当上,要靠选举,这正是民主的体现。不论学习姚立法出于什么目的,不论争当人大代表基于什么动机,这种学习与争当,都是在法定的范围内行事,在法律的规范下实施,因而不论从哪些方面说,都不应视为“反动”而予以镇压。

第三,关于“为中国的民主、自由而奋斗”。这是万千烈士百年来为之流血牺牲坚持高举的旗帜,是无数志士企盼终能达到的崇高目标,怎么可以拱手让与“敌对分子”?更何况没有证据说明李智也提这个口号是出于推翻政权的需要!

第四,关于“推翻社会主义制度”。这是一审判决对李智所下的断语。但整个判决在其“经审理查明”的事实中,没有一件可以作为它的论据。遍查判决列举的17项证据,也没有一项涉及“推翻社会主义制度”的问题。空言主张,意在加罪,二审对此,必能明察。

至于李智在自用电脑中存有一审认定的“反动文章”,这纯属个人思想倾向的某种表现(我们没有理由认为这是在储存资料),断为“颠覆”,据之定罪,将会退回“思想犯罪”或者“因言治罪”的旧路,是对当代政治文明的反对,相信二审不会赞同,必能予以否定。至于一审所谓李智在网上“粘贴反动文章”之说,证据有疑,前已说明,恳请详予查证,再下定论。

总而言之,一审的这项认定,证据有疑,不足采信,事实有误,应予否定。或予补救,或予修正,相信二审会纠正一审的失误,作出公正的判决。

四、关于卷中证据,除上面指出的问题外,还有以下几点质疑和说明——

(一)李智当庭一再表示,他的电脑中存有足能证明他无意“颠覆”政权的资料和文章,其中特别突出的是,他一贯反对用暴力推进民主改革,不幸这些对他有利的无罪证据都被控方扣压而不向法庭提供,为公正计,恳请补救,以利于把握案情全貌,避免偏颇。

(二)雅虎香港控股有限公司2003年8月1日向公安机关所作《关于用户资料的证明》,“提供(了)lizhi340100用户的有关信息”,并说明“具体详见附件。附件为该邮箱的注册信息和邮件”。可见能够作为证据使用的是“附件”的内容。但“附件”并未移送法庭。按照雅虎的说明,附件内容不仅仅反映着“邮件”来往的具体情况,而且可以起到“释疑”的作用,因此,恳请予以审查。我们当然希望能够允准律师补阅,以利掌握全面情况,为当事者辩。事涉权益,至盼救济。

（三）达州国安局提交的证明材料，涉及“关系人”和一“敌对分子”的说辞，但都不见该两（或同为一）人的“证词”，依法应请该两（或一）人向法庭提交证词，并允许李智质疑辩驳。否则，这两份证明材料不能具有证据的效力。

（四）一审判词虽未支持公诉方关于李智“积极参与‘六·四’动乱，并由此产生仇视中国共产党和社会主义的敌对情绪”的指控，但在所列证据 8 中，又举出电脑硬盘输出的资料打印件，“证实李在 1989 年参加了‘民运’游行活动，从此对我党和政府不满，从事敌对活动的情况”。意在说明李智的“敌对”有其一定的思想基础和思想根源。然而这个证据严重失实。控方的根据，源于李智与牟雨的私下交谈。谈话如处于漫谈或者神聊状态，所说的事件，特别是事涉的细节，都极有可能掺杂水分，或者夸张，或者缩小。对此，都需要有证据检验方能采信或者否定。“六·四”在达州，据知李智所在的一中并未参加游行，校方的管理甚严，无人“上街”。李智当然不会例外。他对人说的如何参与游行的“壮举”，极度夸张，不足为信。现在李智对法庭否认此事，应属实事求是。此外，我们还注意到，一审判决纠正了“六·四动乱”的错误提法，改为“民运”游行活动。而所谓“民运”，当然是“民主运动”的略称。因此，即使参加了“六·四”游行，也不应成为他被判定的“颠覆政权”的思想根源或思想基础。更何况他并未参加。

总之，上述李智“实施颠覆”有其思想根源的证据，不能成立。李智从未参与“颠覆”活动毕竟是无可置辩的事实。该项证据与实际情况相悖，没有证明的效力。

审判长：统观全案，李智的全部问题在于：参加了一个事先不知其为“敌对”性质的境外组织，历时四个月即被关押，其间没有任何活动；曾利用互联网与人交流思想，发表政见，漫谈神聊中间或有过激言辞；意图致力于国家的民主事业，但始终没有觅得行之有效的途径，更没有来得及打下坚实的理论基础，因而思想观念往往不合时宜，不免授人以柄。但是，无论有多少不足或者偏差，事实是，他既无颠覆政权的动机目的,更无实施颠覆的具体行为。对此,深信二审会有准确的把握。我们的上述申辩,涉及定性,事关重大。至盼合议庭采纳其中正确的意见,我们期望二审的公正性。

北京市吴栾赵阎律师事务所律师

张思之　阎如玉

二○○四年二月四日于北京

诉 讼 文 书

达州市人民检察院起诉书(摘要)

被告人李智,化名“公仆”,网上昵称大扫把,男,现年三十三岁,大学文化,达州市人民政府财贸办公室商贸流通科副科长。9 月 3 日,经市人民检察院批准逮捕。

辩护人:四川金世达律师事务所常新建、谢晓律师。

本案由达州国家安全局移送本院审查起诉,经审查查明:

李智在 1989 年读高中期间,就积极参与“6 · 4”动乱,并由此产生了仇视中国共产党和社会主义制度的敌对情绪,从思想上确立了加入中国共产党的目的就是为了推翻中国共产党,行动上走上从内部让中国共产党垮台这条道路,实现其和平演变的目的。在读大学期间和参加工作后,伪装积极、混入中国共产党和国家公务员队伍,伺机从共产党内部推翻党的领导颠覆国家政权。为此,被告人李智于 2001 年 11 月至 2003 年 6 月三次向境外敌对组织“中国民主党”提出入党申请,得到境外敌对组织“中国民主党”颁发的任职证书,担任“中国民主党”二线组织全国委员会 103466 党部主任,兼“中国民主党”第一次全国代表大会代表,其主要职责是建立和发展“中国民主党”的秘密组织。

李智在国际互联网大肆从事颠覆国家政权和推翻党领导的敌对

活动，在网站中设置个人主页，宣传敌对主张，发表和粘贴反动文章，策划“中国民主党”党员打入我体制内部参加人大代表选举，积蓄力量和筹集经费、发展组织、壮大队伍，扩大影响，争取境外敌对势力的支持妄图夺取国家政权，实现和平演变。同时，积极为邪教“法轮功”鸣冤叫屈，寻求自己“为中国的民主自由而奋斗”的精神领袖，死心塌地为敌对组织效力。

李智积极教唆、引导他人加入境外敌对组织并加以指导，2001 年 10 月，绵阳市南山中学学生应欢欢（化名，赵威，已另案处理）从互联网上与李智建立了联系，李智多次向应欢欢传递“中国民主党”章程、纲领等材料，灌输反政府反社会主义制度的思想和言论，并提供与境外敌对组织“中国民主党”的联系渠道和方法。应欢欢收到给其发的任职证书。同时，李智还积极指导应欢欢从事敌对活动，指使其发展敌对组织成员，逐步扩展其从事敌对活动。

上述犯罪事实有书证物证以及证人证言，足以认定。

李智的行为构成颠覆国家政权罪，特提起公诉。

此致

达州市中级人民法院

检　察　员　蔡先尧

二〇〇三年十月二十九日

四川省达州市中级人民法院刑事判决书（摘要）

公诉机关：四川省达州市人民检察院。

被告人：李智，化名“公仆”，网上昵称大扫把，代号 3401000，原系达州市人民政府财贸办公室商贸流通科副科长。

辩护人：常新建、谢晓，四川金世达律师事务所律师。

达州市检察院指控：（略）。

经审理查明（与起诉书内容相同，略）。

证据有：

1. 四川省安全厅证实“中国民主党”系敌对组织。

2. 四川省安全厅批文，证实谢万军系“中国民主党”的负责人。

3. 雅虎香港控股有限公司“关于用户资料的证明”，证实李智是雅虎香港控股有限公司的注册用户。

4. 达州市电信分公司数据通信部证明。

5. 证人田世玉（李智之妻）证明。

6. 证人李仕毅证明。

7. 证人侯某证实李智在网站上设置个人主页及建立个人网站的事实。

8. 达州市安全局从李智电脑硬盘中输出的资料打印件证实，李智在1989年参加了“民运”游行，从此对我党和政府不满，从事敌对活动。

9. 李智三次申请加入“中国民主党”的申请书复印件。

10. 从李智使用的电脑硬盘中输出的“任职证书”打印件。

11. 收到“任职证书”后，给谢万军的回复信打印件。

12. 证人应某某证明。

13. 达州市国安局侦查获取的李智在互联网上聊天的部分记录。

14. 达州国安局搜查被告人李智住宅的全过程录像。

上列证据，均经庭审举证、质证，其来源合法，客观真实，本院予以确认。

本院认为，被告人李智犯颠覆国家政权罪，判处有期徒刑八年，剥夺政治权利四年。

审 判 长 彭会国

二〇〇三年十二月十日

四川省高级人民法院刑事裁定书（摘要）

原公诉机关：四川省达州市人民检察院。

上诉人（原审被告人）：李智，化名“名仆”，网络昵称“大扫把”。

辩护人：张思之、阎如玉，北京市吴栾赵阎律师事务所律师。

四川省达州市中级法院审理李智犯颠覆国家政权罪一案，于二〇〇三年十二月十日作出判决。李智不服上诉。本院受理后,现已审理终结。

四川省达州市中级人民法院判决认定:(略)。

宣判后,李智以“没有参加敌对组织,没有发展敌对组织成员,没有从事过敌对活动,不构成犯罪”为由,提出上诉。其辩护人以“李智事前不明知中国民主党是敌对组织而参加,李智未教唆他人参加敌对组织,李智没有颠覆国家政权的行为”等意见进行辩护。

经审理查明:

李智通过国际互联网,以电子邮件的方式,三次向境外敌对组织“中国民主党”发出加入申请,表明要推翻现行的国家政权。李智接到“中国民主党”负责人谢万军签发的任职证书。李智被任命为该党二线组织全国委员会委员暨委员会143466党部主任兼该党第一次全国代表大会代表。

李智在国际互联网的“木子网站”申请设置个人主页。在主页上发表和粘贴反动文章,表明要推翻共产党的领导并宣称为推翻共产党的领导而积集蓄力量、等待时机。李智以“大扫把”的昵称在网上宣扬“中国民主党”党员打入政府内部参加人大代表的选举,选出自己的市长,从而夺取现行政权,实现和平演变。

李智通过互联网与绵阳市南山中学学生应某某相识。引导应某某加入“中国民主党”。还积极指导应从事敌对活动,扩展其从事敌对活动的范围和空间。

上述事实,有经一审庭审宣读、出示、质证的证据证实:(略)。

本案事实清楚,证据确实、充分。

本院认为,李智及其辩护人提出李智主观上无颠覆国家政权的故意,客观上未实施颠覆国家政权的行为,不构成犯罪的上诉理由、辩护意见,与查明的事实不符,上诉理由、辩护意见均不能成立。

驳回上诉;维持原判。

审　判　长　丁铁军

二〇〇四年二月十六日

6. 张宏海等“颠覆政权案”

案 情 简 介

张宏海、杨子立等四人都是青年学子，为“积极探索社会改造之道”，于 2000 年 5 月筹组“新青年学会”。此后以极其松散的形式聚会五次，漫谈、讨论各种社会现象。杨等以个人名义在网页上发表文章，各抒己见，互相切磋。除《章程》外，从无统一的思想。后因获知公安局方面有所关注，为免“麻烦”，而于 2001 年 2 月自行解散。3 月，张等被国家安全局拘留。4 月逮捕。

检察院认为张、杨四人事涉“非法成立组织，策划实施颠覆国家政权，推翻社会主义制度……构成颠覆国家政权罪”，于 2001 年 8 月提起公诉。北京一中院于 9 月 28 日开庭审理，全部诉讼程序实施即毕，审判长明示“定期宣判”。15 个月后，2003 年 4 月 20 日，竟又重新开庭查证，复开辩论，被告四人在最后陈述中再次坚持无罪，要求公正判决。5 月 28 日，中院宣布判处张、杨二人有期徒刑 8 年，另二被告人各有期徒刑 10 年。被告人当即表示上诉，被二审驳回，后依法定程序提出申诉。

辩 护 词

一审辩护词

合议庭：

我们参与法庭辩论，完全是基于对诸位法官的尊重，这绝不表示我们认为今天法庭调查的程序合理合法。

我们担任张案的辩护律师，时在一审庭审终结宣布休庭定期宣判之后，当时主要是考虑到法庭会因案件的特殊而请示上级，需要时间，故除了依法与被告人交谈两次外，未再履行其他辩护职责，以免对法庭形成干扰。不意休庭 15 个月之后，法庭并不宣判，却以控方有证“需要进行法庭调查”为由，通知开庭进行“质证”。其他三位被告人的辩护律师一致指出：这是程序上的“回归”，属于合议庭的专断，于法绝无根据，仅仅是出于维护当事人权利的考虑，参加了法庭活动。我们支持这个观点，赞同他们的立场。

问题的严重性在于：这次重新开庭调查质证的新证，只有一份书面材料，即国安局 2001 年 5 月 31 日形成的《工作说明》。这怎么会是“新证”呢？我们有理由要求公诉人回答：既然你们认为这是一份重要证据，当年 9 月 28 日第一次开庭前为什么不移送？开庭时为什么不出示？公诉人说：“按照法律规定，我们什么时候提出证据都可以。”不对！法律哪有这种规定？《北京市高级人民法院办理各类案件有关证据问题的规定（试行）》中明确规定：“诉讼各方向法院提交证据应当有时间的限制”（第 13 条），“举证期限……最迟不得超过开庭审理的日期”（第 100 条、第 68 条）。对此，另有重要“说明”，内容要为：“无正当理由在规定或指定的期限内拒不提举证据的，应当承担举证不能的相应后果。”该“说明”还着重指出：“若无任何法律后果，举证期限将形同虚设。”我们在北京辖区内办理案件，参加诉讼，谁都没有理由不执行这些规则。

关键在于:控方举出的《工作说明》根本没有作为充当证据使用的条件。分三点详予说明:

第一,该《工作说明》是说明者与接受者之间工作关系的解说或诠释,它只能起着他们之间一致认同的某种作用,并不适用于其他任何"第三者"。进一步说,说明不是证明。任何机关(即使有特殊的权限)的"工作说明",不经有权机关依法认可,对外都没有约束力。

第二,从内容上说,这是国安局写给检察院的"工作说明",意在说明被告人有犯罪活动。其中涉及五次"聚会",但只有三次有国安局"线人"的书面汇报可"证",其余两次则只有"说",并无"证",检方全盘收受,又不要求补侦,这不仅说明其内容绝非真实可靠,而且证明着检方起始并未视为可信的证据,因而直至开庭也未移送法庭。

第三,从形式上看,如果把它作为公文性书证,则因其不符合制作公文的规范性要求,缺乏书证要件,故失去了证明的效力。

总之,这份《工作说明》不是书证,不能作为证据使用。至于作为"说明"附件的李宇宙"书面陈述"中涉及的内容,因受到四位被告人先后一致的拒绝,斥为不实,我们要求传唤李宇宙到庭质证。否则,这种未经合法质证的孤证,当然不具有证据的效力,对此无可争辩。尽管如此,我们还是认为有必要指出:李宇宙陈述中,有指摘我们的被告人张宏海污蔑共产党、攻击解放军的言论,借以表明"颠覆罪"能以成立。但是,起诉书未作指控,一审审理终结15个月之后,检方却举为"证据",意图证明张宏海有罪,这岂不是"欲加之罪"吗?请问公诉人,你们为什么这么做?

审判长:借这个机会,我们要对起诉书的内容提出辩驳,为张宏海辩,分三点说明——

一、起诉书指控被告人有罪的核心问题是,张宏海等人"秘密非法成立了新青年学会组织,制定了组织章程,宗旨为'积极探索社会改造之道'……"恰恰是在这一核心问题上,我们与公诉人存在尖锐的分歧。事关重大,申辩如下:

第一,泛指"新青年学会"非法,却举不出一项视为或可以定为

“非法”的根据，仅有空言，凭什么给人定罪？如此罗织，还怎么能使公民享有宪法第35条赋予的结社自由？

第二，“新青年学会”的性质，体现在该学会的章程和它的宗旨中。这个章程，既没有非法的提法，又没有违法的规定，从它的“宗旨”中更找不出“颠覆国家政权”的动机与目的，怎么可以据以定罪呢？应当指出，把“探索社会改造”作为犯罪的指摘，近似荒唐。只要有社会，不管属于哪个类型，就需要改造；改造社会使之趋向完善是项永恒的任务，张宏海等持“积极”态度，应加以鼓励而不该无端指控！

第三，案中材料表明：“新青年学会”草创后，尽管有人提出过“在全国设立分会”的“主张”（引文均见《起诉书》），但它一无人员，二无经费，三无办事机构，四无会址，五无任何团体与之联络支持，纯属一个自学、自律、极其松散的学习性小团体的雏形，与一般的“读书会”没有本质上的不同。更何况它早在有关方面立案侦查之前已经宣告解散，“分会”之议也化为烟云，有什么理由还要对这样的“组织”定性为“非法”而要对其成员治罪呢？退一万步说，就算有错，例如有人会说“没有注册”之类，但错不是罪，有错改了也不行吗？

起诉书说：“该组织进行了分工……张宏海为干事。”即便如此，也不构成犯罪。问题不在于有“分工”，而在于干什么事。从整体上说，“学会”从草创到解散，无人干“颠覆政权”之事；就张宏海而言，他作为一个“干事”，据靳海科的陈述，也仅止于“召集开会”，会议内容与罪无关，召集者又何罪之有？

二、据起诉书，张宏海等人“通过互联网发表文章，筹备创办互联网站和刊物……规定了使用暗语等策略”，“妄图颠覆人民民主专政的政权”。这段话其实就是“新青年学会”的全部“颠覆”行为。其中的发表文章，拟办网站、筹备刊物，都是公民应有的合法的正常的活动，与罪行毫无关联，无须申辩。关于“使用暗语”一节，似是惊人之笔，说穿了无非是三四个青年想使用化名、笔名写点文章，不愿张扬而已，起诉书以所谓的“策略”冠之，企图造成一种确有阴谋暗藏的印象，真的是“何患无辞”了。公诉人以国家检察机关的名义，用这样的内容和言辞，强行加罪于无辜，太过分了。试看上述的四种行为，有哪一种能与“颠覆政权”沾边！

三、起诉书说，张宏海等人提出“中国当前实施的民主是假民主”，“结束老人政治，建立青年中国”，妄图推翻中国共产党的领导和社会主义制度，颠覆人民民主专政的政权。对此，也有三点辩驳——

第一，这条指控的第一个论据是“实施……假民主”问题。请允许我们冷静地理性地结合现实政治生活提出一个问题：我们这些年来搞过“假民主”没有？我们搞得还少吗？远的不说，三天前，本月18日，《读书周报》转发了本期《炎黄春秋》刊发的迟泽厚的《我亲历的中共“九大”》，具体地揭示了“九大”公开地大搞假选举即“假民主”。迟文写道：“各代表团受领任务：把哪些人投或不投这10名对立面的票，落实到人头；各代表团明确了自己的任务后，必须以三忠于的高度，以党性保证，按照要求投票。”结果毛泽东以1510票全票当选，朱德809票，陈毅867票……面对如此严酷的事实，回顾当年的历史，能不感到震撼。当代有志于民主的青年学子提出批评，即使语含刺激，难道不该予以认同，怎么反倒弄成“推翻党的领导”了呢？

第二，这条指控的第二个论据是“结束老人政治”。公诉人不会不知道，“结束老人政治”是邓小平的一条重要思想，因其正确，故为“十六大”全盘接受，付诸实施，如果硬要说宣传“结束老人政治”就等于“颠覆政权”，试问这是把矛头指向何人了呢？起诉书的指控何其荒谬，还用证明吗？

第三，指控涉及的两条论据与“社会主义制度”问题没有牵连，乱凑罪状，硬加上了。这样的指控，已是不值一驳了。

概括地说，“新青年学会”成员的上述言论，反映出他们对现实问题进行“探索”的朝气，当权者的责任是积极引导，使其对“改造社会”起到更加良好的作用，而绝不应该予以扼杀，甚至意图以法绳之。即使其中有人说了错话，不是也应施以教育，使其纠正吗？而每个个人可能发出的“错话”，又都不能视为“学会”的意思和意志，这是无须说明的。

诸位法官:我们的辩驳有理有据地证明:起诉书的指控,扭曲了、颠倒了事实,通篇没有一点可信的“有罪证据”,因而指控不能成立,理应予以驳回。张宏海无辜被关押已长达两年有余,超期羁押,超越审限,相当严重。审判长指示我们:再次延期审理之后,已向高院“备案”,按高院规定,“备案”之后可不以超期论。我们对这一“备案”之说不敢苟同,因为它实在没有法律根据。我们吁请合议庭还他以自由,让他享有宪法赋予的基本人权罢。宣判之前,请求允准我们前已提出的“取保候审”的申请。

辩护律师　张思之　阎如玉

二〇〇三年四月二十一日

二审辩护词

合议庭:

一审判决不顾法庭审理的实际情况,不考虑控方的所有主要证据经质疑或被否定或被推翻的客观事实,居然大体上抄录“起诉书”的内容改为法庭的“审理查明”,认定张宏海等人“秘密非法成立了‘新青年学会’组织”;此后“多次秘密聚会,提出改变现政权,实现社会的变革,重新建立一种自由化的社会制度,颠覆人民民主专政的政权”。该判决断言:“上述事实,有经庭审举证、质证的证据证实,本院予以确认。”我们反复地研究了案卷材料和一审庭审的实际,结合今天的法庭调查,统观案情,认为一审判决对案件事实的描述掺杂了臆测,所持的理由充斥着武断,所谓证据经质证之说,更是在基本方面远离了庭审的实际情况,因此我们对该判决持否定性评价。以下详予辨析,为张宏海辩护——

先说证据。

一审判词列举的证据包括手稿及日记(证据第13项、第14项)及“户籍证明”(证据第20项)共20项,详尽无遗,我们仅就其中的主要几项再次提出以下质疑:

一、关于三份证言(即前三项证据)

(一)黄海霞证言。她的证词据判词所引除叙述了杨子立、徐伟的个别言行之外,重点交代了“新青年学会成立的目的是要改变现行的政治、经济体制,改变共产党一党执政的政权,建立新型的民主体制,动摇共产党领导的地位,动摇共产党的威信”。这里暂且不论个人的言行与“学会”的言行应加区别,也不论黄海霞所说的“目的”不见于该“学会”的章程,我要着重说明的是:她在作证之后,不久就向一审主审法官发了题为《关于我的证词》的声明,指出:“我的证词中提到的他人思想的内容,都是我根据个人印象作出的推测。”请注意,是“推测”,而不是亲见、亲闻的事实。她还说:“我们中任何一个人从来都没有在公共场合下明确地说要推翻政权的原话,我们从不用‘推翻’这个词。”这就从根本上推倒了上述证言的内容。然而这份重要的关于本人证词的修正声明,一审始终隐而不发,从不出示,更未质证,待到一审案结,方在卷中发现。我们可以不问一审的违规与不公,但问:依据这份声明,一审确认的黄海霞证言,除了说明控方在取证方面的瑕疵之外,还能说明什么呢?对于前证涉及的情况和问题,还有什么证明力呢?

(二)李宇宙证言。李作为“线人”,他对于张宏海等人的揭发,自始有他明显的摆脱自我、戴罪立功的倾向,当庭受到四名被告人的一致质疑与彻底否定。李宇宙证言与黄海霞证言互不一致,大有出入,也暂且不论。他本人在逃亡国外、异国避难之后,就一再通过互联网发表声明,推翻了他此前对国安局作出的一切证言。我们一再要求李宇宙出庭质证,辨明真伪,一审法官避而不答,未置可否;二审予以否决,令人遗憾。可是,未经合法程序质证的证言,怎么能作为证据,据之定人以罪呢?

(三)范二军证言。据控方提供复经一审判决确认的范二军证词是:“张宏海全盘否定共产党,在聚会时的言论中有推翻共产党的意思。”这个证词,不仅被方才宣读的范二军今年十一月的新证和黄海霞的声明所否定;细审检方所举的这个证词的内容,更不难发现问题。

人家言论中有什么“意思”,是否有“推翻”谁的意思,见仁见智,是听者按照个人的领会或推测而发出的一种感悟,即出自主观上的断定,怎么可以用感悟所得的“意思”加罪言者处以严刑?范二军还证明说:“归纳起来,学会成员两种观点,都是要用不同的形式去推翻共产党的领导,改变中国现在的道路。”哪两种观点呢?范二军没有出证,他那“都是”的判断又证明着不存在两种观点。哪些“不同的形式”可以推翻共产党的领导呢?范二军也没能出证,证明着他自己或者说不清楚或者根本没有其事。用这样的证词来证实“颠覆案”的成立,有什么证明力呢?这样的证词毫无证据的价值显而易见。必须指出:范二军当初之所以要这样作证,与他在案中的身份关系密切。他应属“另案处理”的同案犯。至于是否另行立案,如何处理,或者是否立案处理,判词并不涉及,也与他的“同案”的身份无关,那时有没有被人威逼或者急于立功、摆脱自我的情况,请一并予以审查。

综合一审判决认定的上述三份证词,无一能够作为证据证明张宏海有罪,无可争辩。

二、“工作说明”

这是一审判词列举的一项重要证据。我们在一审列举充分理由详细说明该“工作说明”不是书证,不能作为证据使用,控方对此在法庭上未能作出哪怕是一语的辩驳,一审判词也未能作出哪怕是一句的否定,但却列为证据之第 19 项,证明“各被告人在几次集会时的言论及观点”,什么言论,哪些观点,又统统不能实指,这是在证明什么呢?我们更有理由质疑:即使发表了言论,阐释了观点,又何罪之有?难道在与时俱进的今日又恢复了“思想犯罪”、“以言治罪”的极其落后的刑事制度了吗?这一点,相信合议庭不会准许。

三、涉及“新青年学会”(以下简称“学会”)的证据,分列 6 项,综合申辩如下:

(一)判词给“学会”定性的证据有章程草案、宣言未定稿和誓词,主要是前两项。关于章程,判词只有一句话,即“宗旨为积极探索社会改造之道”。研究章程,宗旨问题当然是关键。卷中另有一份《章程草案》,其宗旨是"解放自己,改造社会"。内容多了自我解放一条。客观地考察这两条宗旨,这既是公民对自我的积极要求,又是对社会承担并力图实现的责任,无论从哪个方面看都构不成对政权的"颠覆"。关于宣言,判决书与起诉书一致,在它的那段"经审理查明"的主要断语中都不涉及,而在证据的第11项中指出:该宣言证明:"学会对现政权不满,并煽动广大青年要有所行动。"对此,有四点质疑:第一,控方在一审中并未出示宣言的原件进行质证,卷中材料又不见宣言全文,显然是胎死腹中的未定稿,不是正式宣言。第二,该未定稿中根本没有涉及对现政权好或不好的看法,不涉及满意或者不满意的问题。第三,所谓"有所行动",是判词强加于人的空帽子,而据该宣言未定稿的文字无非是要"从自身做起,解放自己,解放青年,勇敢地担起改造社会,建立新世界……"试看这些行动果然实施有什么不好,又何罪之有呢?第四,判词中的"煽动"之说,不知来自何处,根据什么?列举证据证明被告人有"煽动青年"的罪行,而又写不出"煽动"的事实,于是不得不回避"煽动"的罪名,使证词与判词完全游离,这怎么能判定被告人有罪呢?

(二)关于所谓"讨论议题主要包括斗争策略及成为执政党的近远期规划",列为证据之9,检方名为"无标题议题",认为出自张宏海。这份"议题",原件上没有题目,张宏海方才也断然否认看到过,当然更不是他的手笔。查其内容,应是一份很重要的材料,可是,问题在于:其中所谓"斗争策略"与"远期规划"看似惊人,但与"学会"无涉,与张宏海无关。应当指出:本案在起诉之后一再退侦,不知何以对它不作笔迹鉴定,却硬要强加给张宏海,这当然是不能接受的,建议二审补救。

(三)关于"规定了使用暗语等策略"。这是一审判词的认定。但暗语的符号、标识及其内容都是什么?何时规定?又为何在20项证据中竟无一项涉及?证据中只有李宇宙一句"会员曾提出过使用化名"的证词,即使该证成立,"使用化名"与"使用暗语"作为策略岂不是风马牛?怎么可以用捕风捉影的手法形成判决治人以罪!

（四）一审认定，张宏海等人于2000年5月“非法成立新青年学会组织”，“8月以来多次秘密聚会”，对此有两点申辩：第一，非法成立组织，与成立非法组织有原则性的区别。一审判决认定张宏海等人非法成立组织，无非是指他们的学会未经注册登记，然而这仅属违规，构不成犯罪，这是常识，更何况学会存在不足五个月就自动宣告解散，违规行为已自我纠正！第二，“秘密聚会”之说与实际不符。学会仅有的五次聚会，无一没有非会员参加，其中大多还在会上就研讨的学术问题或社会现象发表了意见，仅据卷载的就有熊晋仁、何忠州、刘军宇等十一人，如此松散的、群众性的“聚会”，从哪个角度说都没有理由称为“密”，这是常理。两种情事都易判明，诸位法官定会明察。

以上是关于证据问题的申辩。应当补充说明的是：一审不将被告人的辩解作为证据，不符合《刑事诉讼法》的规定，应请二审予以补救。

再说案涉的被告人言论与观点等问题。分四点：

一、首先应着重说明：判词中涉及的“言论”与“观点”，除学会的章程与宣言外，都分属于各被告个人，不是也不能视为四被告人的统一的言论与观点，更不是“学会”的言论与观点。举如判词提出的《怎么办》、《做新公民，重塑中国》两篇文章，出自个人，第一篇甚至不是学会成员的著作，至于文中的观点，四被告人并不一致。卷有记载，2001年6月14日，预审员问作者：学会会员对你的文章中的观点有什么看法？他明确答道：“杨子立对此不是很赞同。”这就充分证明我们的立论符合实际情况，判词的断法不合事理。

二、关于“积极探索社会之道”以及“假民主”和“结束老人政治”等三个观点与言论，我们在一审辩词中已详予辨析，说明被告人的无辜，不作重复，但请一并予以考虑。

三、关于“重新建立一个自由化的社会制度”。所谓“自由化的社会制度”，是一审判词的概括性提法，语出第17项证据之中。而张宏海、杨子立等人的提法仅限于自由主义，并非“自由化”。他们是把自由主义作为一种理论来探讨的。众所周知，自由主义既是一种学说，又是一种哲学思想,或是一种经济观点,有时也用来说明一种社会政治制度,总之不是一个局限于政治范畴的概念,更不好引申为政治上的"自由化"而视为异端邪说予以讨伐,甚至加人以罪。富有激情的青年人,对这一人类历史发展中的重大理论性问题进行研究,即使在探讨过程中有其失误,即使他们的观点不能为人所容,似也应予以鼓励与引导而不宜约束与惩治!陈寅恪大师倡导的"自由思想,独立精神"是治学的圭臬,做人的准则,至今熠熠生辉,光照后代。多少代人向往着、追求着自由!几个青年人追求一点自由,主张一下自由主义,怎么就该诉诸法律,予以严惩呢?相信各位法官能以明鉴。

四、关于"提出改变现政权"。这个提法也出自一审判词的概括。所谓"改变"与"颠覆"绝非同义。"改变现政权"更是意思含混、极不明晰的一个没有确切含义的概念。"颠覆政权"则不同,它在法律上有着确定的含义与法定的条件,一审判决任意换置概念加人以罪,是真的应予推翻的。请求改判,理在其中。

最后陈述本案焦点,提请审查。

审判长:根据全案材料客观地研究案情之后,可知本案焦点在于几个青年草创了一个学会即"组织",又曾在网上和五次聚会中发表了关于社情与国情的言论,此外别无行为或行动。这就产生了三个问题:第一,该学会始终没有一个正式的章程,因而还不能认为是一个正式的社团。第二,一个学会是否能构成对国家安全的危害,应从其宗旨与会员构成和他们的言行中具体加以分析,方能得出实事求是的判断。考察"新青年学会",是几个青年基于热情而成立的、以学习与研究为主要活动方式的、极其松散的小小团体的雏形,他们在成立之后共有五次聚会,讨论关于社情、国情的学术性问题,目的在于"探索社会改造之道"。众所周知,我国自改革开放以来,举国上下,正在为实现"振兴中华"的目标而努力。振兴的提出,说明诸事待兴。而在这"待"与"振"的过程中必然有许多重大问题需要探索。试以本案为例,宪法明定的结社自由不正需要人们去探索实现之道吗?因此,被告人的行为构不成对国家安全的危害。第三,各会员即本案被告人的言论是否危害国家安全也应从言者的动机、目的审慎考察，有些言论、有些思想观念，有人有权断为“反动”，但退万步说即使是“思想反动”，也还是思想性质的问题，毕竟同犯罪无关，按照政策，只能予以教育或者批判，绝不该绳之以法，严予镇压。这是在研究本案的犯罪构成要件时必须把握的原则性界限，万万不能混淆或者偏离。一审判决的错误明显，恳请纠正，另作明断。

合议庭：本案超期羁押、超越审限，极为严重，至盼二审对此给予关注，切实维护被告人的合法权益。我们更期望二审能够排除干扰，秉公执法。

张宏海辩护人　张思之　阎如玉

二〇〇三年十一月三日

诉讼文书

北京市人民检察院第一分院起诉书(摘要)

被告人徐伟，男，27 岁(1974 年 8 月 12 日生)，《消费日报》社记者、编辑。因涉嫌犯颠覆国家政权罪，经本院批准，被北京市国家安全局逮捕。

被告人杨子立，男，29 岁，无业，因涉嫌犯颠覆国家政权罪，经本院批准，被北京市国家安全局逮捕。

被告人靳海科，男，25 岁，无业，因涉嫌犯颠覆国家政权罪，经本院批准，被北京市国家安全局逮捕。

被告人张宏海，男，27 岁，因涉嫌犯颠覆国家政权罪，经本院批准，被北京市国家安全局逮捕。

被告人徐伟、杨子立、靳海科、张宏海涉嫌颠覆国家政权一案，经北京市国家安全局移送本院起诉。经依法审查，现查明：被告人徐伟、靳海科、张宏海伙同张彦华、范二军(均另案处理)于 2000 年 5 月初，在靳海科宿舍，进行宣誓，秘密非法成立了“新青年学会”组织，制定了组织章程，宗旨为“积极探索社会改造之道”。同年8月19日，被告人杨子立等人加入该组织，该组织进行了分工，徐伟为总干事，范二军、张宏海为干事。

徐伟、杨子立、靳海科、张宏海等人自2000年8月以来，多次秘密聚会，提出改变中国的现政权，实现社会的变革，重新建立一种自由化的社会制度，主张在全国设立分会，通过互联网发表文章，筹备创办互联网和刊物，扩大组织规模和影响，规定了使用暗语等策略。并在此期间在互联网上发表《做新公民，重塑中国》、《怎么办》等文章，提出“中国当前实施的民主是假民主”，“结束老人政治，建立青年中国”，妄图推翻中国共产党的领导和社会主义制度，颠覆人民民主专政的政权。

本院认为，徐伟、杨子立、靳海科、张宏海非法成立组织、策划、实施颠覆国家政权、推翻社会主义制度，已构成颠覆国家政权罪。本院提起公诉，请依法惩处。

检　察　员　李磊森

二〇〇一年八月二十九日

北京市第一中级人民法院刑事判决书(摘要)

公诉机关：北京市人民检察院第一分院。

被告人徐伟，28岁，硕士研究生文化，捕前系《消费日报》社记者、编辑。

辩护人朱久虎，莫少平律师事务所律师。

被告人杨子立(笔名羊子)，31岁，硕士研究生文化，无业。

辩护人许万琳，北京市长安律师事务所律师。

辩护人李和平，北京市高博隆华律师事务所律师。

被告人靳海科(笔名剑瓦)，27岁，大学文化，无业。

辩护人刘东滨，莫少平律师事务所律师。

被告人张宏海(笔名江鸣族)，29岁，大学专科文化，无业。

辩护人张思之、阎如玉，北京市吴栾赵阎律师事务所律师。

北京市人民检察院第一分院指控被告人徐伟、杨子立、靳海科、张宏海犯颠覆国家政权罪，向本院提起公诉。本院依法组成合议庭，公开开庭审理了本案。现已审理终结。

北京市人民检察院第一分院指控：（略）。

徐伟辩称：公诉机关的指控缺乏证据，其行为没有推翻中国现政权、建立自由化社会制度的目的。

徐伟辩护人的辩护意见是：公诉机关指控被告人徐伟犯颠覆国家政权罪证据不足，适用法律错误，徐伟的行为不构成颠覆国家政权罪。

杨子立辩称：其自由主义的观点是学术观点，没有推翻社会主义制度、共产党领导，颠覆国家政权的目的。

杨子立辩护人的辩护意见是：新青年学会“积极探索社会改造之道”的宗旨与推翻人民民主专政的政权和社会主义制度无必然联系，指控杨的行为构成颠覆国家政权罪的证据不足。

靳海科辩称：其行为没有颠覆国家政权的目的。

靳海科辩护人的辩护意见是：成立“新青年学会”不构成犯罪，没有事实和证据证明靳实施了颠覆国家政权的行为，指控不能成立。

张宏海辩称：其行为没有颠覆国家政权的目的。

张宏海辩护人的辩护意见是：张的行为不构成犯罪，指控缺乏证据。

经审理查明：

徐伟、靳海科、张宏海伙同张彦华、范二军（均另案处理），秘密非法成立了“新青年学会”组织，制定了章程，宗旨为“积极探索社会改造之道”。杨子立等人加入该组织后进行了分工，徐伟为总干事，范二军、张宏海为干事。

徐伟、杨子立、靳海科、张宏海等人自2000年8月以来，多次秘密聚会，提出改变中国的现政权，实现社会的变革，重新建立自由化的社会制度。主张设立分会，通过互联网发表文章，筹备创办互联网站和刊物，扩大组织规模和影响，并规定了使用暗语等策略。在此期间，被告人等在互联网上发表了《做新公民,重塑中国》、《怎么办》等文章,提出“中国当前实施的民主是假民主”,“结束老人政治,建立青年中国”。妄图推翻党的领导和社会主义制度,颠覆人民民主专政政权。

上述事实,经庭审举证、质证的证据证实,本院予以确认:

1. 证人范二军证明(略)。

2. 证人黄海霞证明(略)。

3. 证人李宇宙证明(略)。

4. 北京市国家安全局侦查获取的有徐伟、张宏海、靳海科、杨子立等人签名及指纹的“新青年学会誓词”。

5. 从杨子立住处查获的誓词复印件。

6. 北京市国家安全局技术鉴定结论证明:“新青年学会入会誓词”是徐伟所写。

7. 创联万网国际信息技术(背景)有限公司证明材料(略)。

8. 从徐伟住处查获的“对新青年学会章程的修改案打印件”。

9. 从徐伟住处查获的“网站策划方案”打印件及从张宏海住处查获的“网站策划方案”、“无标题议题记录”等书证。

10. 徐伟给张彦华的信件证明了徐伟的目的是要将对现实的不满变为寻找和开拓出路的行动,探索出一条道路,通过搞活动扩大队伍。

11. 从张宏海住处查获的“新青年学会成立宣言”。

12. 从张宏海住处查获的“新青年学会章程(草案)”。

13. 从靳海科住处查获的“中国新公民读本”文章手稿复印件及其日记中内容复印件。

14. 北京市国家安全局技术鉴定结论。

15. 从靳海科住处查获的西安李党帅与其联系的信件。

16. 从杨子立住处查获“羊子的文章”、“杨子立的通讯录”、“《学实交流文集》”。

17. 从徐伟、靳海科住处查获的《学实交流文集》第一、四、五辑的复印件。

18. 从杨子立住处查获的电脑主机、硬盘、芯片及调制解调器的照片。

19. 北京市国家安全局工作说明证明:经侦查获悉,各被告人在几次集会时的言论及观点。

对于徐伟、杨子立、靳海科、张宏海关于其行为没有颠覆国家政权的目的的辩解以及各辩护人关于指控犯罪证据不足的辩护意见,与经庭审查明的事实不符。上述事实和证据,充分体现其妄图推翻中国共产党的领导和社会主义制度,颠覆人民民主专政政权的主观故意及客观行为,故四被告人的辩解及其辩护人的辩护意见均不能成立。

判决如下:

一、徐伟犯颠覆国家政权罪,判处有期徒刑十年,剥夺政治权利二年。

二、靳海科犯颠覆国家政权罪,判处有期徒刑十年,剥夺政治权利二年。

三、杨子立犯颠覆国家政权罪,判处有期徒刑八年,剥夺政治权利二年。

四、张宏海犯颠覆国家政权罪,判处有期徒刑八年,剥夺政治权利二年。

审 判 长 柏 军

二〇〇三年五月二十八日

北京市高级人民法院刑事裁定书(摘要)

原公诉机关:北京市人民检察院第一分院。

上诉人徐伟。

辩护人莫少平、高峡,北京莫少平律师事务所律师。

上诉人杨子立。

辩护人李和平,北京市高博隆华律师事务所律师。

上诉人靳海科。

辩护人刘东滨,北京莫少平律师事务所律师。

上诉人张宏海。

辩护人张思之、阎如玉，北京市吴栾赵阎律师事务所律师。

北京市第一中级人民法院刑事判决认定：（略）。

认定上述事实的证据有：（与一审相同，略）。

张宏海上诉提出：原判与事实不符，量刑不当，所依据的证据不是事实，而且有混淆。

张宏海的辩护人的辩护意见：一审判决认定的事实与客观事实不符、证据不足，张宏海的行为不构成犯罪。

北京市人民检察院意见：原判认定徐、杨、靳、张颠覆国家政权的犯罪事实清楚，证据确实、充分，定性准确，量刑适当，且审判程序合法，上诉人的上诉理由均不能成立，驳回上诉，维持原判。

本院认为，上诉人徐伟、杨子立、靳海科、张宏海无视国家法律，非法成立组织，策划、实施颠覆国家政权、推翻社会主义制度，其行为已构成颠覆国家政权罪，均应依法惩处。裁定如下：

驳回徐伟、杨子立、靳海科、张宏海的上诉，维持原判。

本裁定为终审裁定。

审 判 长 金 星

二〇〇三年十一月六日

7. 李少民“间谍案”

案情简介

李少民，美籍华人，时任香港城市大学副教授。2001 年 5 月涉嫌犯“间谍罪”被捕。据起诉书指控，李曾接受“台湾三民主义统一中国大联盟”的任务和经费，指使高瞻、曲炜等人收集我领导人对台讲话，新华社等单位的“内部刊物上的文章”，统计局的统计资料等情报，提供给台湾间谍张华瑞（化名）。

李少民对指控予以否认。

辩护人对案中涉及的“间谍组织”、“间谍人员”和相关的“鉴定”，以及其他重要证据提出质疑，认为指控失实。

一审认定“李少民犯间谍罪”，判处驱逐出境。

辩　护　词

一审辩护词

审判长,合议庭:

阎如玉律师和我作联合发言。

我们的委托人、本案被告人李少民方才将他的首轮自我辩护的权利全权转由律师合并行使,并经审判长首肯,我们在辩论中将考虑这个因素,尽可能完整地去体现《刑事诉讼法》和相应司法解释规范的辩护权利,忠实地履行职责。

作为本案的辩护律师,我们查阅了控方提交法庭的案件材料,并与李少民三次会见,达到了一个明晰的认识:本案交由控方进入司法程序,被告人的诉讼权利基本上得到了维护,李少民持满意态度。我们对此同样没有异议。

我们辩论的要点主要涉及对指控的基本评价,其中重点是对所谓“间谍组织”和“间谍人员”有关情况的质疑,其次是对于案中鉴定和证言的质疑与辨析。下面,先围绕起诉书讲两个问题。

一、起诉书对李少民犯罪行为的概括是:“在境外接受间谍组织台湾三民主义统一中国大同盟的任务和活动经费……指使高瞻等人收集情报,提供给台湾军事情报局间谍张华瑞(化名)。”这段行文是断定李少民犯有间谍罪的核心,但作为指控,逻辑上不够严谨,基本事实不清,我们有四点质疑:

(一)“台湾三民主义统一中国大同盟”与“台湾军事情报局”是两个组织,按起诉书所说是两个间谍、情报组织,那么,为什么涉案人员接受甲组织的任务与经费,而要把获得的情报交给乙组织的间谍?这两个特定或者说特殊组织之间是什么或者有什么组织上的关系?如不能准确地用可靠的事实向法庭说明这些问题,那就只能得出一个结论:上述指控中形成的判断显然出之于推测或者臆断。这就直接违背了《人民检察院刑事诉讼规则》第 281 条中关于“起诉书叙述犯罪事实的必备要素应当明晰、准确”的规定。该《诉讼规则》属司法解释，具有必须执行的效力。在涉及事实这一至关重要的问题上即不符合法定要求，指控因之很难成立，应无疑义。

（二）把“台湾三民主义统一中国大同盟”定性为“间谍组织”，缺乏可信的证据，没有根据。

诚然，国安部八局为认定该“大同盟”是“台湾间谍情报组织”而出具了《工作说明》。通过方才的法庭调查，我们有充足的理由提出：这份《工作说明》如果只是出具单位自身说明专项问题的记载，或是对上级机关的简明报告，从而在他们系统内部起着反映情况或者指导工作的作用，我们无权表示异议，不宜作出评价。现在的问题是：《工作说明》上分明标注“共印两份，一份存档”，而这个另一份又正是检方补充移送法庭的书面证据，可见是专为本案作为证据而作，既是证据，我们就有责任按照法律规定提出如下质疑：

第一，“说明”不是“证明”，二者不能相混，不可取代。也就是说，说明起不到“证明”作用。

第二，用工作说明的形式代之为权威性鉴定，即或允许，也是自侦自鉴，这种做法有失公平，不符合关于鉴定的规范性要求，因而缺乏证明力。

第三，在讲不出任何根据的情况下，断定涉案的某个组织是“台湾间谍组织”，这无疑是将说明改变成、提升为定性，从而也就不称其为证据，失去了证明的效力。问题在于：把台湾的某一社团说成是“台湾间谍组织”，这种断语在法律上没有依据，在政治上更不够谨慎、不够严肃，不敢不辩。

间谍组织，在概念上与特务、特工组织不同，它专指“外国的情报或特务机构”。我国的《法学大辞典》、《法学词典》、《大百科全书·法学卷》中有一致的权威性解释。特别是最高人民检察院办公厅 1997 年编著的《新刑法实务全书》，对间谍组织的解释与上述词典中的完全一致（见该书第 211 页），更能说明问题。不仅如此，《辞海》的规范性释义与上述的法学解释也完全相同。前不久中国检察出版社出版的《刑法分则适用疑难问题解》这本专著，同样地指明了“间谍组织”的国际性，而不适用于国内。由此可见，本案自始在概念上就发生了重大的失误。有关部门之所以弄混概念，一个合乎情理的解释是，出之加罪于被告人的考虑，但这显然是很不郑重的。

第四，出具工作说明的单位是国安部的一个职能部门，依照规定，部属职能部门无权给一个特别地区的社团定为间谍组织，并对外行文。也就是说，这份盖有八局印鉴的《工作说明》对外不具有法律上的效力。对此，《国家安全法实施细则》第4条第2款有着十分明确的规定，不能不给予充分的重视。

总括以上四点，应能得出一个结论：侦查机关所作的《工作说明》，作为证据，因其既有形式上的瑕疵，更有内容上的失误，在本案中不具有证据的效力。

我们为了帮助法庭查明案情，提交了该“大同盟”的盟章和相关的证据，这些材料从另一侧面说明，该“大同盟”在台湾不具有行政权力乃至情报特权的性质，不能认为是“间谍组织”。分三点阐明：

1. 众所周知，间谍组织是政府机构的组成部分，它可以有组织条例有办事规则，却不会有章程性质的“盟章”。这是毋庸置疑的。

2. 该“盟章”内容反映出这是一份规范社团的内部事务的文件，说明该盟是一个社团性质的民间组织。

3. 该“大同盟”和他附属的以马树礼先生为首的“逸仙文化基金会”，对海外和大陆的文化团体都有过学术交流与经济资助，如赞助、支持中国社科院与台湾的一个研究机构在哈尔滨联合主持了“海峡两岸企业与发展研讨会”；我们上海一个著名的研究所在今年1月12日还去台北对他们作了专访，双方对于祖国“和平统一”的大业都抱有积极的态度，说明这种交流与交往是有益的。凡此种种，恳请明察，而后决断。

我们的论证合理有据，因而可以断言：既然“间谍组织”的认定不符合实际，那么，所谓接受任务与活动经费的指控也就成了无源之水，失去了可靠的根据。同理，既然不存在接受间谍组织任务的指控，起诉书中关于因“接受任务”而发生的“指使”高瞻等人“收集情报”的指控也就失去了根据而成为臆测，同样不能成立。

（三）起诉机关为了证实李少民指使他人收集情报，提供给“台湾军情局间谍”的说法能够成立，另有一份题为《工作说明》的证据材料提交法庭，其内容是：“易×，间谍化名张华瑞，男，40多岁，系台湾军情局间谍。”对此，有三个问题应提出质疑：

第一，易某，不能实指其名，是说而未明，属待证状态，即易某究竟指谁尚需证据证实。

第二，作为国安部八局的《工作说明》，既已知间谍化名，何以不能掌握其本名？问题在于：既不知该人本名，也搞不准年龄，又不掌握其他情况，那又从何而知他是“间谍”而且隶属于“台湾军情局”？这不是苛求。在案中的另两份《工作说明》中，侦查机关掌握当事人的情况除姓名全称之外，还有生年、籍贯和职务，两相比较，足证对易某的基本情况直至起诉，虽应查知，却未落实。据此，目前的证据缺乏证明力。

第三，关于易某化名张华瑞之说，根据案卷材料，始于李少民、高瞻的口述，但他（她）们的陈述先后并不一致，而且自始至终未能全面地讲清楚真实情况，因此他（她）们的那些口述也没有证明力；易某与张华瑞，是不是化名，哪个是化名，只能存疑。断言张华瑞是化名，没有证据，很不可靠。建议慎为决断，避免失误，不致受讥。

把以上三点集中到一点上，是：间谍的姓名不实，身份有疑，所谓向该间谍提供情报的指控，很难成立。

（四）起诉书指控李少民指使人“收集我国领导人关于对台工作的讲话及新华社、人民日报社、中华全国同胞联谊会编辑的内部刊物上的文章，以及国家统计局的统计资料等情报”，提供给间谍张华瑞。我们有四点质疑与辨析——

第一，情报是个十分宽泛的概念。在刑法领域里用之于定罪，根据法律界公认的定义，在性质上应属对国家政权的安全构成危害与破坏的消息和资料。最高人民法院法释字(2001)第4号司法解释也有明确的规定,更具有法律效力。全部案卷材料和今天的庭审调查表明,李少民从未接触过这类资料,因此,“提供情报”之说有失真实。

第二,鉴于起诉书中有李少民“指使”他人收集情报的指控,并以北京市保密局的相关鉴定作为证据意图坐实,因而有必要对该鉴定作出辨析,供法庭审核:

1. 凡属鉴定,不管什么内容,不论出自哪一级,多高层次的权威部门,在法律上都仅仅是一种证据。法律规定对于证据的质疑或辨析是一项重要的诉讼权利,这在实质上是辩护权的体现。与此同时,法庭依据可信的资料对该鉴定的证明力加以审核并最终作出判断,则是司法权力的体现。总之,任何鉴定都没有预定的证明力,都不能由作出结论的部门鉴后一“定”就算数。

2. 启动这个鉴定程序的根据,即侦查机关函请北京市保密局鉴定的(2001)号京国安函字第112号文,把与鉴定客体密切相关的李少民说成是台湾间谍,这不仅构成定性,实已形成定罪。姑且不论起诉书的内容已经否定了如此定罪的严重失实,这种做法将因其引导鉴定人去注意证明有罪或者罪重的因素与条件,而会降低鉴定的科学性,损害鉴定性的公正性。鉴定程序自始就存在着如此重大的失误,对此没有理由不予重视。

3. 鉴定是否具有证明力,取决于结论依据的理由能否成立。细查这项鉴定却只有结论,没有结论所由产生的决定、规范,原则、原理,即没有依据。我们的质疑合于事理,而且有针对性。例如,人民代表大会期间审议政府工作报告会上的发言,从法律上说,无论由谁作出,不是代表的审议意见,就是政府人士的释疑或者答询,都具有公开的性质,一旦被鉴定为国家机密,那就必须有权威性的、合法的依据才能有效。否则,很难有证明力。

4. 该鉴定关于“内部资料”部分有个但书,对涉及的81篇文章不加分析、不予区别地统统做出“未经允许不得随意对外提供”的结论,词义含混,很不严谨。诸如其中有一些属于公开发行的“内部刊物”

上的内容，有些甚至是高瞻与曲炜的文章，就根本不发生不得对外提供的问题。

之所以做出以上的辨析，要在区别《保守国家秘密法》明定的严格划分国家机密、一般秘密与内部资料的界限，相信法庭能够明察。

5. 对于这份鉴定，还应补充说明的是：保密局未就申请鉴定的侦查机关提出的“保密期限”问题做出结论，而这个问题在《保守国家秘密法》第 14、15、16 条各条中有明确的规定，保密法的《实施办法》中更有清晰的规范，故相当重要。结合本案，我们认为，即使原属保密法第 8 条规定的秘密事项，在一定的时间内，或者在一定条件下，诸如情势变更或者执行完毕等，不论经否解密程序，该项秘密的“级”与“度”也会自然降格，甚至不能再视为“国家秘密”，这恰如保密法《实施办法》第 15 条第 1 项所说，是由于“公开后无损于国家的安全和利益”。试对涉案的有关资料、文件加以剖析，便知分清这一点尤其重要。保密局之所以对鉴定期限不作结论，可否理解为已自动解密，因而无须鉴定，对此请法庭决断。

以上是我们就保密局鉴定所作的五点申辩。

第三，起诉书涉及的“国家统计局的统计资料”，由于侦查、起诉机关都未提出密级鉴定，显然不属危及国家安全、国家利益的国家机密，故不申辩。

第四，从案情的实际出发，还应划清收集学术资料与收集秘密情报的原则性界限。庭审调查证明：李少民在案中经手的资料，经鉴定都不属国家秘密，而且都没有越出学术研究的范畴，与他的研究课题、项目在方向上相一致，同他与“当代中国研究中心”的学术联系相吻合，因此，把他的学术性活动断定为向“台湾间谍组织”提供情报，缺乏说服力。

我们当然注意到了起诉书关于李少民“指使”他人收集情报的指控。权且假定，果如公诉人所说，“指使”的情节存在，那么，请问：既属“指使”，就带有必须实施的强制性的性质，李对高何时于何地发出过收集我国机密情报的指令？收集了什么情报？它的动向与用途？

造成了什么危害后果？没有任何材料能够回答这些问题，“指使”之说过于牵强。

诚然，李少民曾要求高瞻收集过资料，但第一，这主要是与李少民曾有学术联系的一个华人机构“当代中国研究中心”的研究需要。第二，高收集的资料绝大多数不涉机密，其中个别标有密级的资料又从未交给李少民。第三，高自己也承认，她从1995年下半年起，从曲炜手上得到的全部材料，再没交到李少民手里（今年4月5日高瞻的预审笔录第4页）。至于高瞻收到资料，而后交出，从中得到的报酬，实际上是“当代中国研究中心”支付的资料费，李少民从中一度起着“中介”作用，与间谍活动经费毫不相干。第四，尤为重要的是，这种学术研究性质的交流，与提供或者交换情报有质的差异，不能相提并论。

审判长：尽管如此，李少民通过反省，现已认识到因对我国的法律一无所知，法律意识淡薄，在学术研究上又有获得尖端资料的私欲，求人在我有关单位的内部收集材料的行为实在不够审慎，不够磊落，是一生中的深刻教训。作为律师，我们还想补充说明：海外的华人学者，在自己奋斗的过程中，为了创业和研究学问的需要，有时甚至是为了跳出经济上的困境，往往不免寻求与接受某些团体的资助，“三民主义统一中国大同盟”所属的“逸仙文化基金会”就是这类社团之一，对于这种情况，因其不危害我国的国家安全，就不应被定为犯罪追究刑责。

二、另据起诉书，有李少民“并为高瞻、曲炜分别提供美元及照相机、传真机等工具”的指控。对此有以下申辩：

（一）所谓“提供工具”，作为犯罪指控，语义闪烁。照相机、传真机无疑都是工具，但如不指明用途，仅以抽象概念取代犯罪情节，这在刑事诉讼中毫无意义。《国家安全法实施细则》第20条对间谍器械有明确的规定，请予核查。

（二）起诉书在这里用一“并”字，连接着前后两个分句的意思，起到隐含“提供情报工具”的作用，可是第一，没有证据证明李少民向高瞻提供了照相机、传真机；第二，由高给曲购买的照相机，自始明确是人际交往中的礼品，礼品当然不是“工具”；第三，传真机是人际交往中的通讯手段，自始至终没有使用。从而说明，把它们认定为情报工具，没有根据。

以上，是我们对起诉书所作的否定性评价，请法庭严予审核。

三、以上各节，尽管不是起诉书不实、不足之处的全部，我们还是可以得出一个基本认识，起诉书“事实清楚，证据确实、充分”的结论不符合客观实际，因而“足以认定”的断语不足采信。下面再从法理的角度作出说明。

诸位法官，依据《中华人民共和国刑法》第 13 条的规定，对被告人定罪的根据，只能是他的行为是否具有严重的社会危害性。“严重的”这个限制词在这里有着重要的意义，符合该13 条后半段但书的明确规定：“情节显著轻微危害不大的，不认为是犯罪。”众所周知，人的行为是否具有严重的社会危害性，是客观的，绝不因外界的或主观的因素而有所改变。这就要求我们不能不去考察被告人行为的性质、方法、手段等情节，去衡量所实施的行为是否造成了严重的后果；还必须考察被告人的行为出于什么样的动机，基于什么样的目的，特别是应查明是否出于故意。也就是说，还应从犯罪定义、犯罪构成要件的各个方面去研究和确定人的行为是否构成犯罪。正是由于这个缘故，《人民检察院刑事办案规则》第 281 条第 3 项特别规定，起诉书必须包括“犯罪的时间、地点、经过、手段、动机、目的、危害后果等要素”，并应达到“明晰、准确”这一基本要求。本案起诉书仅有对于犯罪的空泛指控，却不见“动机”，没有“目的”。缺乏“手段”，更说不出“危害后果”，违反了上述司法解释的规定。公诉词支持起诉书的论点，但也没有论证犯罪构成必须具备的主客观条件，也就是既没有说明被告人的行为表现为相应犯罪的直接故意，又没有说明被告人的行为具有破坏社会主义制度、推翻我国政权的目的，总之未能补正起诉书的不足。这从另一侧面证实了对于李少民的犯罪指控不能成立的结论合乎实际，合法有据，应予采信。

四、关于证言。起诉书对证言没有涉及。公诉人在庭审调查中宣读了高瞻、曲炜的证言并认为在案中起着重要的证明作用。我们估量到了这一点，故曾两度申请传唤他们出庭质证，未蒙核准。为了查明案情，这里有必要提出：

（一）证言作为诉讼证据，有它的特殊性。其特殊性在于：证言从形式到内容都容易受到取证人员、取证环境，以及出证人的心理素质方面的影响，而导致证言在真实性上发生偏差。《刑事诉讼法》相关的司法解释对证言的审查、采信都有严格的要求，原因也在这里。我们对于本案中在这方面的偏差，出于对有关部门的尊重，略而不述，只是希望合议庭进行审慎的分析，作出准确的判断。

（二）高、曲二人的"证言"都承认在间谍一事上有编造的情节，认后再翻，极不稳定，可信度极小。

（三）高、曲与李，实为同案，彼此之间有着难分的利害关系，加之有的说法属于孤证，因此不论谁的陈述，倘无旁证，不宜轻信，依法更不应采为证据。

（四）有必要指出：被告人的供述与辩解也是证据，法有明定，又应给予同样的审核，平等的重视。

以上四点的合理性，合法性，统请给予严格的审查。

五、联系本案实际，考察李少民的成长史，没有证据可以断定他主观上具有人身的危险性。他是中美两国人民培育出来的、有一定成就的学者，多年来先后致力于"两岸关系"、"中国人口问题"、"大陆市场经济"的研究，卓有成绩；近年又对网络技术、网络经济作了深入的探索，获得了新的成果，依然意图用之于发展大陆经济建设而受到我有关方面的高度重视和积极评价。去年应邀归来传授新知，产生了很好的效果，得到了高层部门的肯定，媒体曾予报道。可见他对于故土的经济发展或有深情，而且做出了努力。对这样的学者，在缺乏可信依据的前提下，轻易地断为间谍，失诸草率，恳请明断。

在此还要转达被告人李少民的一个热切的愿望：他一定能把对国籍国的忠诚和对故土的眷恋更加完美地结合起来，为科学技术的发展，为学术研究的兴旺，为两国人民的幸福，当前特别是要为大陆经济的蓬勃发展，做出最大的努力。他至盼得到法庭的理解。我们认为他的态度是真诚的。

联合发言至此告一段落。我们将在认真听取公诉人的辩驳、批评之后，再考虑是否有必要作出补充。请予审查。

北京市吴栾赵阎律师事务所律师

李少民辩护人　张思之　阎如玉

二〇〇一年七月十四日

诉讼文书

北京市人民检察院第一分院起诉书(摘要)

被告人李少民，男，美利坚合众国国籍，捕前系香港城市大学副教授。

李少民从1991年至1998年，接受间谍组织台湾三民主义统一中国大同盟的任务和活动经费，指使高瞻、曲炜、时宪民、张蓓菡(均另案处理)等人收集我国有关领导人关于对台工作的讲话及新华社、人民日报社、中华全国台湾同胞联谊会编辑的内部刊物上的文章，以及国家统计局的统计资料等情报，提供给台湾军事情报局间谍张华瑞(化名)，并为高瞻、曲炜分别提供美元及照相机、传真机等工具。

本院认为，其行为已构成间谍罪。依法提起公诉，请依法惩处。

此致

中华人民共和国北京市第一中级人民法院

检　察　员　赵忠民

二〇〇一年六月十八日

北京市第一中级人民法院刑事判决书(摘要)

经审理查明，李少民于1991年至1998年期间，与台湾军事情报局间谍张华瑞(化名)相识，后接受台湾间谍组织三民主义统一中国大同盟的任务和活动经费，并介绍高瞻与张华瑞相识，以学术研究的名义，指使高瞻、曲炜、时宪民、张蓓菡（均另案处理）等人收集我国国家领导人对台工作的讲话及新华社、人民日报社、中华全国台湾同胞联谊会编辑的内部刊物上的文章，及国家统计局的统计资料等情报，李少民将上述情报（包括部分机密级、秘密级）提供给张华瑞，从而获得间谍组织的活动经费，并为高瞻、曲炜分别提供资金及照相机、传真机等收集情报的工具。

上述事实，经庭审举证、质证的证据证实，本院予以确认。

辩护人张思之举证的三民主义统一中国大同盟盟章、盟讯，均不能否定中华人民共和国国家安全部出具的关于该组织性质的证明材料；《台湾动态周刊》封面复印件亦不能否定中华人民共和国北京市国家保密局出具的鉴定结论，本院不予确认。

李少民的辩解及其辩护人关于公诉机关指控被告人李少民接受间谍组织的任务和经费，指使他人收集情报提供给台湾军事情报局间谍张华瑞，指控李少民为高瞻、曲炜提供美元及照相机、传真机等工具的事实不清，证据不足及台湾三民主义统一中国大同盟的定性不准的辩护意见，经查，中华人民共和国国家安全部出具的证明材料证实，化名张华瑞的易某系台湾军事情报局间谍，李少民在侦查期间多次供述其指使高瞻、曲炜的证言与本院查证属实的其他证据亦能相互印证，故李少民的辩解及其辩护人的辩护意见均不能成立，本院均不予采纳。

本院认为，李少民接受台湾间谍组织的任务，为台湾间谍组织收集我国情报，危害了我国的国家安全，其行为已构成间谍罪，依法应予惩处。鉴于被告人李少民系犯罪的外国人，可依法对其独立适用驱逐出境。据此，判决如下：

一、被告人李少民犯间谍罪，判处驱逐出境。

二、在案扣押的被告人李少民的护照一本、入境登记卡一套、香港身份证一个、商务通一个、香港城市大学卡一张发还被告人李少民。

审　判　长　王　燕

二〇〇一年七月十四日

8. 李冰“间谍案”

案 情 简 介

李冰，曾在中共中央办公厅工作，因与异国女郎恋爱辞职。此后学习按摩疗法，主要为日籍人士服务。

与外籍人士接触中，李冰认为他们有人通过各种渠道，获知我国家机密，乃企图与之密切交往，意图弄清“真相”，由是与日本大使馆外交人员通过“按摩”服务开始联络。为取得对方信任，曾按照日籍人员的要求提供了我方《电话号码本》，“中南海鸟瞰图”及置放于某部老干部局阅览室的《参考要闻》和《中央办公厅通讯》两种内部文件。其间还曾应邀访日三天，但没有证据证明在日期间进行了“情报活动”。

案发，被控犯“间谍罪”，一审判处无期徒刑。上诉后，我们接受委托介入诉讼，研究了证据材料，认为其行为构不成“间谍罪”，未被二审采纳，维持原判。

李冰的家长分别是安全部和中共中央秘书局的机要人员，认为此案疑点甚多，已提出申诉。

辩　护　词

二审书面辩词

审判长,合议庭:

李冰一案二审"不开庭审理",基于现行书面审理的特点和一审的具体情况,律师实施职业权利的空间会受局限,公诉方的举证义务势将免除,司法公正极易化为空言,辩护制度可能形同虚设。只是考虑到本案在某些方面又确有一定的特殊性,未便申请依照规定开庭审理。谨遵指示提出书面辩词。为了忠诚地履行律师职责,只好在涉案的主要关键和重要细节上细细陈述,意在条分缕析,不期失之烦琐,篇幅冗长,情出无奈,恳请详予审查。

一、查阅二审提交律师的案卷,仅仅依据《人民检察院刑事规则》(以下简称《规则》)的规定,公诉方漏未或者拒不移送的诉讼文书或材料有:(一)至关重要、必须移送法庭的4份《鉴定结论》(《规则》第356条)。(二)一审庭审过程中经"补充侦查"取得的舒春生证言。(三)律师有权复制的《起诉意见书》(《规则》第319条)。

不移送这些材料,律师或者不可能获知安全局的"侦查终结结论",不能分辨侦查过程的合法性与合理性;或者剥夺了律师对鉴定依法享有的鉴别和质证的权利。特别应当提出的是:卷无这些材料,不知合议庭凭借什么书面审理,根据什么查清案情?

二、尽管案经反复"补充侦查",仍有紧要情况应查而不查;一审"事实不清"的质疑绝非空穴来风。要如:

(一)依据《规则》第281条第2款第3项,起诉书的主要内容包括犯罪的"动机、目的、危害后果等与定罪量刑有关的事实要素"。在本案中,这三项事实要素有其特殊的重要性,起诉书只字不提,一审也未予审查。严重违法,无可置辩。

(二)李冰虑及"失密",曾"打电话给中办警卫局,要求(他们)换电话”(见一审卷),这个情节重要,没有理由不调查核实。

(三)李冰2000年得到的《常用电话号码本》复印件,是否经过修改或者废止?何时?

我们注意到公诉人在一审法庭上的严词申明:“具体证据,因涉密,不能出示”。(见一审卷第17页)检方权大,慎用为上,我们可不质疑,只是想问“不能出示”的“具体证据”,还能作为合法有效的证据用来加罪于人么?一审的做法我们也不敢苟同,他们基本上没有分清审判职能与检察职能的不同,不顾相关的法律规定,跟着控方“暗箱操作”,就把李冰定了罪判了刑!《人民法院报》恰在日前发出警示,问《“阳光”何时破“暗箱”》?人们对一些检法机关的“暗箱操作”或已惯见,视为禁区,但作为律师,我们有理由指望得到二审的“阳光”!

三、从间谍罪的构成要件说明本案的“独特性”。

一审判决沿袭起诉书,两家对李冰的案中行为虽有相同的指控与认定,但都不见“动机、目的”,没有“危害后果”,犯罪构成的要件严重残缺。这是本案定性发生重大失误的一个重要原因。

(一)李冰是否如判词所指,“明知”某国外交官“为日本间谍人员……多次接受为其指派的任务”?

我们认为:外国外交官未经我有权部门依法“确认”,漫说一般公民,如李冰,即使是政界高层,也无法“明知”他们是间谍人员。卷中有两类文件:国安部2005年4月确认某国三位外交官是“间谍组织代理人”;同年7月,外交部对北京国安局的答复却是:“经查”该三人都曾充任驻华大使馆的一秘和二秘,即都是外交官,其中一人的“外交身份证有效期至2007年4月”。行文还特别标示:“特此证明。”前者的“确认”与后者的“证明”或有角度与侧重的各异,但由此可见“明知”如此可靠的情事实难达到。一个众所周知的情况是:外交官即使有“间谍”身份,如未经驻在国宣布为“不受欢迎的人”,依照国际公约仍不能按间谍对待;“接触”了他们,绝不能等同于接触了间谍。

诚然,李冰本人有过类似“明知”的供述,然而那也只不过是听人一说加上个人的主观臆断,与真实的“明知”尚不能同日而语。

有没有“接受任务”？首先，得弄清楚这里说的“接受任务”指的是什么？包括哪些内容？请看最高法院大法官所作的释解：“接受间谍组织及其代理人的任务，是指行为人受间谍组织及其代理人的命令、派遣、指使、委托，为间谍组织服务，进行危害国家安全的活动。”（刘家琛主编《刑法（分则）及配套规定新释新解》第 71 页）这个论断正确，极具权威性。具体到本案，李冰与外国“间谍人员”十年“接触”，没有一件证据证明他受人的“命令、派遣、指使、委托”；他的案中行为有没有“危害国家安全的活动”，下文申述。

其次，这里所谓的接受，自始至终没有“受”者的明确承诺，也不见“授”者发出过指令，可见纯属臆测；检方无“证”，足以说明。

（二）我们没有理由追随控方，回避考察行为人的动机。据上引最高大法官主编的《刑法（分则）新释新解》对间谍犯罪的动机的概括，主要是“出于图财，贪恋美色，或出于出国或探亲方便，或出于贪生怕死，也有的出于推翻人民民主专政的政权和社会主义制度等等”（见上引《新释新解第 73 页》，所列各项无一与李冰的“动机”相同或者相关。据李冰自供，他听到国家的安全受到侵害或者破坏，心有焦虑，出于“维护国家安全”，才与一些日本人周旋，才有日本之旅。他甚至自信会办妥这类内含风险的特事。动机目的，清晰可鉴，以下各点，堪作旁证：

1. 李冰给日本人“提供”的全部材料，没有一件一份涉密。那份电话号码看似“尖端”，也不是“密”。意在骗取信任，利于周旋，以便从对方处获取信息。

2. 李冰提供过几个重要人士的“身体情况”，但大都来自媒体，或者出于推断或竟是“闭门造车”（见预审卷第 12 页）。他说的很形象，是编了个大饼让日本人吃（预审卷 31 页）。试问，如硬将编造的情况指为“情报”，与间谍行为何干？

3. 他与对方一同看“中南海鸟瞰图”，具体指示的建筑仅止于怀仁堂、紫光阁这些曾经对外开放、广为人知的处所，核心机关，统统回避。

4. 发现异常情况，他一方面要求“警卫局”变换电话号码，一方面设法向国安部的要员“反映情况”，限于条件，最后联系到该部舒春生同志。控方向舒作了调查，材料表明舒有“证言”。可是，控方竟以“他所说不是本庭所需查明的问题”（见一审2006年3月17日庭审笔录第20页）为借口，拒不移送法庭，交由法庭质证核实。是不是“本庭所需查明的问题”，居然由公诉人一锤定音，于是法槌沉响，但不知公诉人凭什么如此专横？问题是这样的简单明了，倘若舒春生“证言”否定了李冰的说法，公诉人会说这不是“本庭所需查明的问题”，能不移送法院作为“有罪证据”予以认定吗？面对此种情态，作为律师，徒有惊诧，空余无奈！不识二审能否补救？

5. 李冰自幼熟知安全部门工作人员，他反复交代，一向敬佩并且热爱“反特”工作，这都有证可据。

6. 历史地、全面地考察李冰的生活历程，他曾在重要机要部门工作多年，其间的全部活动，他的主要“行为”，从无泄密或其他违规违纪情形，证明他在本质上不具有“主观恶性”，对社会也少有“危害”。对于这样的对象，依据国家一贯的刑事政策，“推—拉”之间，深信合议庭必能正确选择，做出决断。

（三）衡量行为的危害后果问题在本案中具有重大的意义。

1. 分析李冰的案中行为，他对间谍罪的客体——国家安全没有侵害，也不希望或者放任损害的发生，定为犯罪，无法可依。

2. 刑法第110条对构成间谍罪的行为作出了十分重要的限制性规定，即实施的间谍行为，必须是“危害国家安全的”。换句话说，行为人即使实施了间谍行为，该项行为如不具有危害国家安全的性质，也不可以按间谍罪论处。这是公认的原理，为最高大法官主编的《刑法（分则）新释新解》所支持。那么，哪些行为属于“危害国家安全的行为”呢？对此《国家安全法》第4条第2款有明确规定。全文5项，其中1、4两项分别为颠覆政府、分裂国家和策动与收买人员叛变，与本案显然无关，不作论述。第2项“接受任务”与第3项“提供国家秘密”前已申辩，不作重复。只余第5项“其他破坏活动”，似富弹性，或可延伸;但细查《国家安全法实施细则》,其中的第8条又专就“其他”作了十分严格、不容延伸的规定,共有6项。第1项指“恐怖活动”,第2项至第5项分别指“发表文字言论、利用媒体”(第2项)、成立“组织”(第3项)、“利用宗教”(第4项)、“制造民族纠纷”(第5项)以及“境外人员擅自会见境内有重大的……嫌疑人员”(第6项)危害国家安全的:项项与李冰的行为无关。

综上所述,李冰的案中行为不存在危害国家安全的问题,即使他“接触”的对象被确认为“间谍组织代理人”,也不应按间谍罪论处。

(四)审判长,诸位法官:我们围绕一审判决,考察了李案的方方面面,深感本案的独特性还表现为:一个对反特工作没有阅历、不知深浅的热性青年,惊闻诸如外籍公民居然能够“夜游”中南海等反常情状,卫国之心,如火如焚,于是在毫无依靠、孤立无助的情势下,单枪匹马,闯入“虎穴”,偏又轻举妄动,终致“反特”不成反成“特”,从此陷入法网。不敢放言其志或者可嘉,然而毕竟其情堪悯。一份积极力量突然化为消极因素,令人惋惜。我们指望二审纠偏反正。

以下再另就一审判词中的重大不实之处提出质疑,作出辨析,供合议庭审查。

四、一审判词故作松散结构,游戏文字,鱼目混珠,掩盖真相,终致错断。

(一)按照判决书的认定,被告人李冰的犯罪事实有两个部分。分量较重、举证也较多的是行文的第二部分,全文如下:“2000年至2005年间,李冰将拟议中国家主要领导人担任职务的安排、国家领导人身体状况、人事变动等6项绝密级、1项机密级国家秘密及3项情报,分别提供给日本间谍组织代理人、日本共同社记者中川洁和《读卖新闻》记者左伯聪士。”

判词中“间谍组织代理人”之后用顿号(、),意在表明下文跟着指定的中川洁和左伯聪士两个记者都是“日本间谍组织代理人”。他们是不是呢?如是,按照一审的逻辑,李冰的“间谍罪”似乎可以成立。可是,细查该判决书,以“检察院第二分院指控”为导语的关于此项

“行为”的认定又分明是：“……李冰还将涉及国家主要领导人身体状况和人事变动安排的情况，提供给日本记者中川洁和左伯聪士。”于是有了两个说法两种认定。幸好卷中附有一份中央一部级职能部门出具的“新函（2005）363 号函”，说明中川洁和左伯聪士就是记者，身份无误。还有，卷附有权部门依法出具的“间谍组织代理人确认书”三份，其中也无一处一字涉及中川洁和左伯两人具有记者以外的那种身份。由此可知，一审判决“查明”的不是事实，于是转而从文字上寻找出路，想用一个“顿号”改变一桩事实，从而制造出一条罪状，这在封建刀笔中也属劣品，人民法官怎能继承？

根据上述情况，必须着重指出：无论李冰与前述二记者有过什么“接触”，或者“提供”了什么情况，依据刑法第 110 条第 1 项的规定，都构不成“间谍罪”。一审采用浑水摸鱼的小技加人以罪，二审必能明察纠正。至于控方所指的“6 项国家秘密及 3 项情报”，事涉证据，下文申辩。

（二）人们自然会注意到，李冰与记者“接触”的这一部分情况一经从间谍罪中剔除，一审对于李冰犯有间谍罪的认定，也就十分苍白无力了。然而事实既然如此，除了纠错之外，又有什么良谋？

再析本案犯罪事实的第一部分，判决书分为两项认定。其第一项是：“李冰于 1995 年至 2005 年间，先后与日本国间谍组织代理人……结识，并多次利用（为他们）提供按摩服务的机会，接受任务，为其刺探、非法提供我国政治、经济、军事等方面的国家秘密及重要情报。”

这项认定，只见空洞的指控，没有具体的实指，诸如：所谓“多次”，到底是几次？判人重刑的裁判文书怎么可以用模糊词语虚写？所谓“接受为其指派的任务”，究竟是什么“任务”？指派于何时、何地？李冰又是怎样“接受”的，有哪些表现？最后，李冰“刺探”了哪些秘密，“提供”了什么情报？诚然，控方在指控中说，李冰“刺探、非法提供（了）我国政治、经济、军事方面的国家秘密及重要情报”，面面俱到，几乎无所不包，可怎么一条具体的东西都不见呢？行文中的“等”字厉害，如作“罗列未尽”解，李冰的“罪过”也就大得没有边际了。总之，靠空洞的言词、用含混的行文给人定罪，距求实实在太远，是理当否定的。

关于第二项，一审判决的认定是："2005 年 1 月 24 日至 27 日，李冰在（间谍组织代理人）的安排下赴日与该国间谍组织接触。其间李冰将属于绝密级国家机密的《电话号码本》、属于情报的中南海内部办公机构的分布及职能，以及从某部老干部阅览室窃取的《中办通讯》、《参考要闻》等多份内部材料提供给该间谍组织及其代理人，后李冰得赃款 30 万日元。"

对此拟按上引判词的文字顺序逐一申辩。

甲、何谓"接触"？接触是"行为"，中性。领受任务，汇报工作，礼谊交往，谈天说地，总之人与人之间的关系往往表现为"接触"。在特定情况下，中国公民参观了例如"中情局"，也可以理解为"与该国间谍组织接触"。可见徒言"接触"是不能加人以罪的。

乙、赴日将绝密级的《电话本》提供给日本"间谍组织及其代理人"之说，严重失实。分两点辨析——

第一点，该电话本分明已从被告人家中搜出（参见预审卷《搜查记录》），原件共 329 页，现存国安局（见一审卷《赃证物清单》），足证并未带去日本"提供给间谍组织"。

第二点，李冰带去日本的，是该电话本中复印件的两页，即第 41 页，第 42 页。上述的《搜查记录》明确记有缺此二页，证明李冰的说法真实可信。问题的焦点在于：据国家保密局鉴定：该电话本中的"第 35 页至第 51 页为中办各单位的内部电话，不属于国家秘密"。李冰带去的第 41 页和第 42 页恰在其中，不属国家秘密，应无疑义。

据此，李冰自供带去日本的材料经过他严格筛选以求不致泄密，应属可信。

丙、所谓将"属于情报的中南海内部办公机构的分布及职能"提供给间谍组织之说，严重失实，有两点申辩：

第一，李冰"提供"的，是从公开出售的笔记本上撕下来的中南海卫星鸟瞰图的一纸复印件（参见一审卷第 029 页），依稀可辨房舍分布，其中应有“办公机构”的位置，但无论如何都不可能显示出或分辨出机构的“职能”。

第二，公开出售的东西被“鉴定”为“情报”，必须有可信的理由，否则，人民法院有权对这类鉴定提出质疑，或径行否定。一审失察，应请补救。

丁、所谓“从某部阅览室窃取的《中办通讯》、《参考要闻》提供给间谍组织，并举出照片为证”，也有两点申辩——

第一，上述两种材料统属“内部资料”，可以订阅(参见预审卷第046 页)，与国家秘密无关，卷有证明。

第二，所说的“照片”，经一审“确认的证据”之 7“证实”的，仅仅是某部阅览室内摆放着上述“资料”，并未“证实”该资料属于国家秘密。

综合以上三项共计 6 点的辨析与质疑，我们达到了这样的结论：李冰在日本给“间谍组织”提供的情报、秘密总共只有：(1)两页不属秘密的电话号码复印件；(2)一张公开发售的中南海鸟瞰图；(3)两种与秘密无关的“内部资料”。这三项，构成了“与间谍组织接触”的全部内容。请冷静地、客观地、具体地加以分析，如此这般的“接触”，能视为实现“间谍任务”么？这样的一些行为与实施“间谍犯罪”怎么能相提并论，处人以重罪？

(三)或谓“李冰得赃款 30 万日元”，岂非事实？

问题在于：“赃款”之说出自控方的主观断定。除银行存款凭证之外，没有可信的证据证明。请合议庭考虑其中涉及的两个因素，一是付款的“间谍”作为日籍公民，他和他的家庭其他成员是李冰执按摩业的经常性客户，据李冰自供，对方往往有并不当即付酬的情况，这次收的是往日未付的“按摩费”和医药费，有可信性。二是付款地并不是提供情报的处所日本东京，姑且不论区区 30 万日元“买”不到什么秘密或者情报，也应能从一个侧面表明，该款不是李冰“提供”秘密获得的报酬即“赃款”。

其实，间谍罪案有无赃款都不会影响定性。只是由于控方将赃款问题作为定性的一个根据、一种证据，故据实以辨，请予核查。

归纳以上的申辩论据，应能引出并证实我们的基本论点：指控李冰犯间谍罪的主要事实，既未审清，又未查明，特别是硬将李冰日本之行视为间谍犯罪的内容，根本不能成立。一审之判，应予纠正。

五、一审在认定事实上之所以发生严重失误，一个重要原因是没有注意审查控方证据的重大瑕疵。为了全面弄清事实，正确地判断案情，以下专就案中证据问题作出分析。

（一）关于鉴定

1. 鉴定有其严密的程序、严格的规格。在本案中，有关鉴定未能符合《刑事诉讼法》第 120 条和前述《规则》第 202 条、第 205 条的要求，应属无效。

2. 鉴定结论是证据的一种，《刑事诉讼法》第 42 条第 2 款第 5 项有明文规定，因此，它在任何情况下都不具有一“鉴”就“定”的特质，而必须依照该 42 条第 3 款的规定，“经过查证属实，才能作为定案的依据”。

3. 查证属实，依据最高法院《关于执行〈刑事诉讼法〉若干问题的解释》第 58 条，应“经过当庭出示、辨认、质证等法庭调查程序……否则不能作为定案的根据”。

4. 涉密的，怎么办？《刑事诉讼法》第 45 条第 2 款的规定是：“对于涉及国家机密的证据，应当保密。”上述最高法院《解释》第 62 条的规定：“不公开审理”，即照常审理，但不公开。由此可见，以“保密”为借口拒不出示鉴定结论，无法可依。倘诉讼参与人包括律师没有做到“保密”，则应由相关的法律予以制裁，也无疑义。

5. 应加说明，在极其特殊的情势下，控方坚持认为某项证据不宜当庭出示，辩方当然无权否定，但因此不能作为定案的根据这一法律规定，检方也无权否定。

（二）关于附卷的“工作说明”

1.“说明”不等于“证明”。采为证据，于法无据。

2. 既称“工作说明”，就不能排除其中的主观性和可能发生的工作偏差与失误。

3. 本案控方提交的“工作说明”，有的“说”而不“明”。例如，预审卷第46页的那份说的是：“此阅览室专供我部离退休干部阅览内部刊物、报纸杂志，偶尔也有其他人员出入。”句中令人生疑不解的就有：偶尔的主体是谁？其他人员包括哪些，家属是否计入？“出入”何义，是指该室可作“通道”由人进出，还是什么？“入”内阅览可否计入？总而言之，未“明”可见。这样的文书，哪里还有证明的效力？

再如，预审卷第33页的“说明”，说的是“……李冰将上述材料在赴日期间提供给（间谍组织代理人）”。问题似已清楚。但该件跟着又说：“后我办案人员将上述材料调取并经李冰指认。”这就令人不解了。既已赴日“提供”出去，国安局的办案人员又从何处“调取并经李冰指认”？可见也是未“明”。

（三）关于案中“公函”

2006年5月15日一审开庭，辩护方质疑一份公函（卷中记录没有记载是什么公函，见笔录第6页），是不是鉴定，公诉方立即回答道：“公函是鉴定，有法可依，司法实践中也是这么做的。”这种说法似有矛盾。既然“有法可依”，照办就是，还用得着举出司法实践加以印证么？重要的是，我们要问：我国的哪件法律或者哪项法规明文规定了“公函是鉴定”？又有哪家法庭把“公函”当作鉴定加以采用了？信口开合（不用“河”，以示无贬义），何能服人？

（四）一审判决“确认的”证据

判决列举19项。其中的“搜查记录、物证照片”、“护照复印件”、“赴日期间日程安排表”、“阅览室照片”、“银行凭证照片”以及专门涉及本案另一被告人夏杰情况的“证明”等项姑且不议外，以下所列，事关定罪，逐一辨析如下——

1. “打探时任外交部副部长王毅的身体情况”。案卷材料证明属实。但一位副职部长，充其量是个高级官吏，他的健康情况无论如何够不上“本院审理查明”的“国家领导人身体状况”（见判决书第3页）。此“证”不能证实本“罪”。

还有，告知王毅身体情况的韩树清先生，并未按“泄密”论处，更能证明此事与“密”无关。

2. 李父证明他家楼下有阅览室，“按规定家属不让进，但有时可以进去看报纸”。证词与侦查机关“工作说明”相关的内容颇不一致(上文已有交代)，应经核实。

3. 证据之8“笔记本证明：李冰的笔记本内夹有中南海卫星照片”。

首先应当说明，这种卫星照片互联网上随处可见，我们已于8月8日下载两图(一为彩色)，随“词”呈交，应能证明凭借该项照片断言李冰向“间谍组织”提供了“情报”，并不如实，恳请核查。

其次还要指出，判词中的笔记本“夹有”照片之说，易生歧义，“夹”字不能反映该照片就是笔记本的组成部分这一实际情况。其实，判词中的“笔记本证明”就已经透露了真相，试想，如是生生夹入，“笔记本证明”岂不成了空话？

4. 证据之11“电话号码本”。此项证据，前已涉及，考虑到它在案中的重要地位，再作辨析：

第一，李冰拿到的根本不是《电话号码本》，而是这个号码本所含电话的复印件，共331页。其中的第35条至第51页“不属于国家秘密”。

第二，李冰只从中取出第41、42两页且不涉秘密，既是本“证”的核心，也是本“证”的全体。对此控方偏偏不证，不知“实”在何处？莫非检方举出的“鉴定结论”果然不能作数，或者，难道第329页与第2页之比在证明力上竟毫无意义？

5. 证据之12，李冰向日籍记者提供“国家领导人身体状况、人事变动等情况”，其中7项属国家秘密，3项属情报。此“证”不实。

遍查全卷，其中只有赵紫阳、朱镕基曾任“国家领导人”。但是，案中材料表明事发于2003年4月和11月(见预审卷第16页)，当时二人都已去职，赵且在“软禁”之中，怎么还能认定为“国家领导人”？

关于“人事变动”情况，因绝无具体内容，则不知何所指，仅凭此4字治人以罪，难免“莫须有”之讥！

至于“人事变动”和“身体情况”怎么就“鉴定”成了“情报”，因法院的案卷材料也无一字透露，看来纯属“暗箱操作”，对此我们除了慨叹中国律师制度的苍白无力，只能吁请二审纠偏之外，能“辩”什么呢？

当然，我们并没忘记，“向日本记者提供”秘密与情报，依法不能构成“间谍罪”。事关重大，请准重复。

6. 证据之14，“李冰与我核心部门人员谈论中办机关内部情况”，经鉴定，“属于绝密”。

第一，“核心部门”是哪个或哪些部门？它（们）的“人员”指的是哪一层次的“工作者”？

第二，该“人员”通过什么渠道了解到“中办机关内部情况”？中办机关包括诸多部门，这里指的是全体还是局部？如是“局部”，又是哪个单位？“内部情况”之说太过宽泛，不具体化不能反映问题的实质。然而不幸，具体情况，统统付诸阙如。这是又一次不见阳光的暗箱操作。控方如此，可以理解；一审法院与之联手，暗箱断案，这还有什么司法透明，奢谈什么司法公正！

第三，“谈论”一词重要。两个中国公民，“谈论”本国事务，即使是高不可攀的“中办机关内部情况”，即使所谈所论统属“大逆不道”，又怎么能构成“间谍罪”？还是那个问题：此“证”怎么能“证实”本“罪”？为什么要这样认定？

以上关于证据问题的分析，实质上也是质疑。因此，尽管是书面审理，我们仍愿提请审判长依据法律的规定，对一审的失误和缺陷，于核实之后加以纠正。诸位法官学养有素，经验丰富，必能打破陈腐思维定式，跨越固有蹊径，坚持独立司法，力排干扰，明断独特案件中的是非，作出合法、合义、合情、合理的裁决，从而尽可能地给一个尚可挽救的有用青年留出悔悟的余地，报效国家。这是法治精神的体现，国法必将通过个案闪现的光辉而广受拥护。

李冰案律师　张思之　付可心

二〇〇六年八月十日

诉讼文书

北京市高级人民法院刑事裁定书(摘要)

原公诉机关:北京市人民检察院第二分院。

上诉人(原审被告人)李冰,男,46岁,大学文化,自由职业者,因涉嫌为境外收买国家秘密罪,于2005年5月15日被逮捕。

辩护人张思之、付可心,北京市吴栾赵阎律师事务所律师。

原审被告人夏杰,男,42岁,大学文化,无业,因涉嫌犯故意泄露国家秘密罪,于2005年5月16日被逮捕。

北京市第二中级人民法院审理市检察二分院指控原审被告人李冰犯间谍罪、夏杰犯故意泄露国家秘密罪一案,于二零零六年六月八日作出刑事判决。李冰不服上诉。本院依法组成合议庭,经过阅卷,讯问上诉人李冰、原审被告人夏杰,听取了上诉人李冰辩护人的辩护意见,认为本案事实清楚,决定不开庭审理。现已审理终结。

北京市第二中级人民法院刑事判决认定:

1995年后,李冰在从事中医按摩服务过程中,先后与日本国人员垂秀夫、冈田胜等人结识。李冰在明知垂秀夫、冈田胜等人为日本国间谍人员的情况下,多次接受垂秀夫、冈田胜等人为其指派的任务,刺探、非法提供我国家秘密及情报。

2000年年底,在李冰的多次索要下,夏杰将工作中所接触的属绝密级国家秘密的《常用电话号码本(供领导同志使用)》前期清样(以下简称《电话号码本》)提供给李冰。2005年1月,夏杰将属于绝密级国家秘密的其单位内部工作情况故意泄露给李冰。

2003年至2005年间,李冰将拟议中国家领导人担任领导职务的安排、国家领导人身体状况、人事变动等6项绝密级、1项机密级国家秘密及3项情报,分别提供给日本国间谍组织代理人、日本共同社记者中川洁和《读卖新闻》记者佐伯聪士。

2005 年 1 月 24 日至 27 日，李冰在垂秀夫和冈田胜的安排下赴日与该国间谍组织接触。其间，李冰将属于绝密级国家秘密的《电话号码本》，属于情报的中南海内部办公机构的分布及职能，以及从某部老干部阅览室窃取的《中办通讯》、《参考要闻》等多份内部材料提供给该间谍组织及其代理人。后李冰得赃款 30 万日元。

北京市第二中级人民法院认定上述事实的证据有：(略)

根据上述事实和证据，北京市二中院认为，李冰行为已构成间谍罪，判处无期徒刑，剥夺政治权利终身，没收个人全部财产。

李冰上诉提出：原判认定的事实不清，密级鉴定结论与实际不符；其不知道垂秀夫、冈田胜等人是间谍组织代理人，其所得 30 万日元是从事中医按摩服务的报酬，并非赃款；原判量刑过重。李冰的辩护人张思之、付可心律师的辩护意见，原审判决认定李冰犯间谍罪的事实不清，证据不足；李冰没有犯间谍罪的动机、目的，没有造成危害后果，原判定性有误；本案鉴定书不符合刑事诉讼法的规定，应属无效，建议二审法院予以纠正。

本院对一审判决书认定的证据经审核予以确认。本院经审理查明，一审判决认定李冰犯间谍罪事实清楚，证据确实、充分。

李冰所提原判认定的事实不清，其不知道垂秀夫、冈田胜等人是间谍组织代理人的上诉理由及其辩护人所提原审判决认定李冰犯间谍罪的事实不清、证据不足的辩护意见，经查，在案证据证明李冰明知垂秀夫、冈田胜等人是国外间谍组织代理人，多次接受垂秀夫、冈田胜等人指派的任务，将非法获取的多份国家秘密和情报，提供给国外间谍组织，并得赃款 30 万日元；事实清楚，足以认定；李冰所提密级鉴定结论与实际不符的辩解没有证据证明。其辩护人所提原判定性有误的意见，经查，缺乏证据支持；所提鉴定书应属无效的意见，经查，在案鉴定书确实有据，且经庭审质证，予以确认。

本院认为，上诉人李冰接受间谍组织及其代理人的任务，将非法获取的国家秘密、情报，提供给国外间谍组织，其行为已构成间谍罪；李冰所提原判量刑过重等上诉理由，均不能成立，应予驳回。李冰辩

护人所提辩护意见,缺乏事实及法律依据,不予采纳。据此,裁定如下:

驳回李冰的上诉,维持原判。

本裁定为终审裁定。

审　判　长　王海虹

二〇〇六年九月八日

9. 郑恩宠“非法提供国家秘密案”

案情简介

郑恩宠是上海市著名的办理拆迁纠纷的律师，业绩广受称赞。为此而得罪了大部分区级政府机关，受到市级官员的关注。

2003 年 6 月 5 日，郑恩宠接受香港媒体采访，畅谈搬迁纠纷中的不法情事，以及周正毅勾结官府违规征地获得暴利种种。次日，郑恩宠突然以“涉嫌非法获取国家秘密罪”被捕。不久被提起公诉。8 月 28 日开庭审判。

审理情况表明：侦查、起诉机关在证据问题包括鉴定结论上无不严重违法，统被律师驳倒。无奈上海市两级法院都不顾事实，支持指控，最终判处郑恩宠有期徒刑三年，剥夺政治权利一年。

郑依法提出申诉，无果。

辩　护　词

一审辩护词

审判长，合议庭诸法官：

我同意我的同事郭国汀律师针对公诉方的指控，就犯罪的概念以及犯罪的构成要件等问题发表的法律见解，同意他对起诉书所作的评价。我想补充的是：从整体上说，起诉书的内容并未完全符合《人民检察院刑事诉讼规则》的要求。该规则第 281 条第 2 款规定的“案件事实应包括犯罪的时间、地点、经过、手段、动机、目的、危害后果等要素”，起诉书基本从略，既没讲清更未说明被告人的犯罪动机、目的与手段，也没有论证犯罪“情节”的性质以及郑恩宠的案中行为是否造成了什么样的危害后果。虽有犯罪的指控，却不见“动机”，没有“目的”，缺乏“手段”，说不出“后果”，总之既缺乏犯罪的客观要件，又缺少犯罪的主观要件，当然更不会有那必须具备的两种要件的有机统一。这个缺陷，正是控方未能就本案分清罪与非罪的根本原因。这个缺陷，也是我们对起诉书持否定性评价的主要根据。是否合于实际，请法官严予审查。

下面仅就案中主要证据提出质疑，申述观点，据之为郑恩宠辩护——

一、据起诉书指控：“郑恩宠于 5 月下旬从民警徐某处获悉本市公安机关处置上海益民食品一厂所发生的突发性群体事件的秘密后，即作了记录、整理……以手写稿的形式将上述秘密传真给在纽约的‘中国人权’组织。”“经上海市国家保密局鉴定……上述秘密属机密级国家秘密。”

对此有三点质疑与申辩：

（一）被控方据以定罪的“手写稿”，并未作为主要证据移送法庭，在庭审中又以涉及国家秘密而拒绝出示，仅于当庭说明。我们认为此举有歧视律师之嫌,提出异议,为法庭否定。应当指出,本案因涉密而不公开审理,所审内容正属“秘密”,所有诉讼参与人都有权对案中之密表示意见,至于如有人借此泄密,又自有法律规范其行为。凡此“两高两部”《关于律师参加诉讼的几项具体规定的联合通知》的第1项第4目和第4项第1目中分别定有相应条款,谁都无权违反。否则,律师将根据什么履行辩护职责?现在公诉人的做法在一定程度上限制了被告人及其辩护律师的辩护权,对此理应纠正。只是考虑到应当最大限度地保障庭审的顺利进行,姑且不论。

我们从案卷的其他材料中查知,上述传真给“中国人权”的“手写稿”无非是两个内容:一个是益民食品一厂的工人举行了所谓“突发性事件”;另一个是公安针对该事件维持现场秩序的有关情况。前者的性质是一个小厂职工为争取劳动权利而发动的“群体事件”,说到底止于“示威”的性质,为宪法所确定的基本人权;后者的性质是公安干警为防止事态恶化而实施的治安措施。可见既不是《保守国家秘密法》第2条规定的“关系国家的安全和利益”的事项,也不是该法第8条明列的七点“秘密事项”中任何一项,而依据该法第8条第5款明示的“不符合本法第2条规定的,不属于国家秘密”之规定,郑恩宠传真给“中国人权”的上述材料,包括手写体和打印稿,当然不是国家秘密。公诉方的这条指控于法无据。

(二)我们注意到:控方提交法庭一份文号为(2003)沪保密鉴字第14号的《密级鉴定书》,意在证明指控成立,其“鉴定意见”照抄如下:

“依据《公安工作中国家秘密及其密级具体范围的规定》第三条第(二)项第10目之规定,你局提请密级鉴定的郑恩宠向境外机构提供的……5月9日上海益民食品一厂群体事件的情况材料(手写体)……(打印体)等2份材料,均涉及警方处置(该厂)群体事件的出警情况,均属于机密级国家秘密。”

细查上述1995年5月1日生效的《公安工作中国家秘密及其密级具体范围的规定》第3条的原文是:“公安工作中下列事项不属于

国家秘密，但应作为内部事项管理，未经规定机关批准不得擅自扩散。”条文所指的“下列事项”共有12目，其第10目是“正在拟议中的机构、人员调整意见”，似又与本案无关。由此可知，上引保密局鉴定依据的法条，得不出郑恩宠传真“中国人权”的两份材料“均属机密级国家秘密”的结论，据此给郑恩宠定罪极不郑重，很不严肃，自当予以驳回。

为了更进一层地陈明观点，说清问题，还应补充的是：某一事项，某些问题，分明不属于“国家秘密”，却因本行业或者本地区狭隘的局部利益硬被派定为“机密”，内部掌握，事后鉴定，人民大众往往无所适从，动辄得咎，已属惯见的常事。诸如去冬今春的SARS疫情，也曾被有权者视为“秘密”，后来经由正直的蒋彦永大夫向境外媒体提供了“密”中实情，终致疫情得到控制，抢救了多少生命！但按起诉书的逻辑，蒋大夫的行为岂不是也构成了“非法提供秘密”的罪名？这当然是不能接受的。这里涉及三个概念，即《保守国家秘密法实施办法》第37条所指的“国家秘密”、“其他秘密”与“内部事项”，三者之间有着原则性的区别，不得混淆，后两者即“其他秘密”与“内部事项”，都不适用《保密法》及其《实施办法》又为条文所明定，更不能违背。这些社情与所引的法律、法规与郑恩宠案或有关系，或应比照，相信合议庭会作出明断。

（三）根据以上两点论述，我认为：对群众关心的拆迁问题，境外人们关注的人权问题，写报道，作评论，都无可非议；在当今信息时代，广为传播，也难以阻碍。至于对这种做法的是非曲直，见仁见智，难求一律。但符合宪法的精神，也不触犯刑律，应是不争的事实。

要言之，控方所举的《密级鉴定书》不能证明郑恩宠有罪，恰恰说明郑恩宠无过；该项证据在案中没有证据的证明力，相信法官能以明察。

二、起诉书指控的第二项犯罪事实是：郑恩宠“将新华社2003年第17期《内参选编》中的《强行拆迁引发冲突，记者采访遭遇围攻》一文的复印件传真给‘中国人权’组织……经上海市国家保密局鉴定，上述文件属秘密级国家秘密”。对此,也有以下三点补充申辩——

(一)上述《强行拆迁引发冲突,记者采访遭遇围攻》(以下简称《强行拆迁》)一文,是新华社的电讯稿,题头标有“新闻监督”四字。中外古今,“新闻监督”无不以公开、透明、及时、准确为其特征;古今中外,监视、监管、监控乃至监听可以成“密”,但监督,尤其是“新闻监督”,无论如何都不会成为“国家秘密”。新华社的“新闻监督”是党和人民的喉舌,怎么可能反倒对人民保密?

正因为新闻监督以公开、透明为其特征,故《强行拆迁》电讯稿上并不标明“秘密”与“密级”。公诉方提交法庭审查的新华社“证明材料”全文总共55字,也只是证明“我社记者采写的《强行拆迁》一稿刊登在新华社出版的《内参选编》第17期上”,其中无一词一句证明这篇新闻监督稿涉及“国家秘密”或是“秘密文件”。是故,据此指控郑恩宠“非法提供国家秘密”,不能成立。

(二)我们注意到,公诉方提交法庭前已援引的上海市保密局的《密级鉴定书》中,断定《强行拆迁》一文“出自《内参选编》(秘密级)2003年第17期,属于秘密级国家秘密”。对此,有以下的质疑与申辩——

1. 新华社的《内参选编》第17期与《强行拆迁》的新闻电讯稿,对于郑恩宠来说,不是一回事,是两码事。郑恩宠得到过《强行拆迁》,却并未看到、得到过《内参选编》,因此,该《内参选编》是否属于秘密级国家秘密,与本案无关,更与郑恩宠无涉。侦方回避对该文稿作出鉴定,其用意昭然若揭,无须细论。

2. 起诉书中上述“文件”属国家秘密的断语,显然换置了概念,把作为“稿件”的电讯稿换置为“文件”进行鉴定,一字之改,倾向已出。上海市保密局只鉴定《内参选编》,又用了词语含混的说法,捎带上《强行拆迁》电讯稿,源于这类误导,有违鉴定的法定原则。

3. 新华社记者采写的电讯稿是否属于“国家秘密”,依据《保守国家秘密法》第5条第2款,“中央国家机关在其职权范围内,主管或者指导本系统保守国家秘密的工作”,理应由新华社予以规范。至于

“国家秘密及其密级的具体范围”,依据该《保密法》第 10 条规定的原则,应由国家保密局会同新华社规定。然而截至目前,新华社的保密范围并未按照法定程序制定,因此,涉及具体问题,理当参照《保密法》第 2 条、第 8 条的规定,付诸实施,对此法有明定,不应违背。

4. 为了证明上海市保密局的上述鉴定为有效,控方提交了国家保密局的批复,认为“根据最高人民法院法释(2001)4 号司法解释的规定,(沪)局对郑恩宠一案所作的密级鉴定有效”。

研究国家保密局的这一批复,查知并未援引最高法院(2001)4 号文件的具体条款。经查该司法解释第 7 条的规定是:审理案件涉及密级鉴定,由保密工作部门作出。据此,上海市保密局属有权单位。但这里存在两个问题:第一,鉴定作为证据,应经质证;倘不正确,是否仍应视为“有效”? 第二,这条司法解释,实质上是对于鉴定权限的分配与确认,它已越出了这个司法解释的主旨,即在审案中如何应用法律,更何况它的内容还与全国人大常委会颁布实施的《保守国家秘密法》的相关规定不尽一致,因而在应用时无疑应当遵循法律的规范,而不能按照该司法解释办事。尤应指出,该司法解释第 1 条就明白无误的确定,“刑法第一百一十一条规定的国家秘密,是指《保守国家秘密法》第二条、第八条以及《保守国家秘密法实施办法》第四条确定的事项”,从而说明我们在上面陈述的相关观点合法有据,完全正确。相信合议庭会注意到这些规定与本案的关联,秉公执法。

(三)还应说明:5 月 28 日,案外人赵汉祥得到街头散发的《强行拆迁》电讯稿复印件,因其与郑恩宠在诉讼中有代理与被代理的关系而送郑参阅;当晚,郑又收到香港发来的信息。街头散发,境外流布的新闻电讯稿,硬要说成“国家秘密”,何能服人? 另据案卷材料,侦查人员说:郑恩宠“明知《内参选编》与一般文件有区别”,意图说明郑确有非法提供“非一般文件”的意念。然而问题是:《内参选编》作为电讯稿与所谓的“一般文件”当然有别;可是,《内参选编》与《强行拆迁》这篇文稿不是一回事,更有区别。这两种区别对于认定《强行拆迁》文稿是否属于国家秘密都无价值,在法律上不具有任何意义。因此，即使郑恩宠对前一“区别”“明知”，也不能据之以认定他非法提供了国家秘密！

（四）值得注意的是，街头散发，或者“非法持有”该文稿的人，无不在公安干警的视线之内，极易查清，但并无一人受到追究，从而说明该文稿确非“秘密”，否则，为何轻纵？此与郑案有关，不容忽略。

综合上述论据，只能得出一个结论：保密局鉴定的只是《内参选编》，并非《强行拆迁》文稿，而后者实与国家秘密无关，从而说明：指控郑恩宠犯罪所依恃的证据根本不具有证据的作用，没有证明力。

我们对案中证据的质疑，是在行使一项重要的诉讼权利。审理郑案的实践又一次证明，鉴定作为证据决无预设的判断力，绝不可以一“鉴”就“定”。否则，将会导致对于审判权的削弱乃至替代，无疑是非法的。

以上是我对证据问题提出的见解，充分地证明控方的指控统统不能成立。

审判长，围绕证据，考虑郑案发生、发展的全过程，通过今天的审理，我们对合议庭诸位法官客观、高效的审判作风留有深刻印象。然而统观全案，又深感案外的因素极其复杂，郑案因其有着深刻的社会背景，而使合议庭奉行的司法独立难免受到干扰。作为律师，不无忧虑。我不想对郑恩宠的原本十分清晰的律师资格问题在本庭发表见解和评论，然而我想说，郑恩宠在为广大拆迁户提供法律服务的工作中，勤奋、敬业，刚正、清廉，多功而少过，且能常年一贯，得到了大众的尊敬。惜过于执著而缺乏“自我保护”意识，使一些利欲熏心者有隙可循，终致祸起。警方先入为主，举措专断，检方失察，误定罪状。因此，恳请法庭考察他的现实表现和全部历史，考虑他的行为既无社会危害性，他本身又不具有主观危险性因而无罪可言的实际，还他以清白，使他能够更好地为广大人民的利益服务。

诸位法官：律师执业，相当艰难。无私无畏、忠于职守者往往受难，数百人因执业而入狱的现实不仅令人震撼而且发人深省，敢请向有关部门提出司法建议，采取实际措施，改善律师执业环境，使我们的律师制度在法制建设中真正起到支柱的作用,使广大律师在民主法治的进程中发挥出最大的力量:利国利民,功越当代!

我们对诸位法官执法的严肃性满怀信心。我们盼望合议庭的公正性!

(审判长:有建议可以在庭下提。)

尊重审判长的裁决,我的发言到此为止。

二○○三年八月二十八日于上海市二中院

二审书面辩词

上海市高级法院
郑案合议庭:

鉴于一审对案中证据的出示与质证不尽符合刑诉法的要求,事关程序公正;为补救计,曾提出理由正当、合乎法定程序的合理建议,请对郑案参照一审程序开庭审理,并通知"鉴定者"出庭质证,未获支持。

考虑到律师辩护在书面审中必然受到的局限,谨针对法庭书面审理的特点,就涉案的重大问题及一审判决的错误,详予申辩,说明郑恩宠的行为确属无罪,请予审核。

一、基本事实

(一)庭审核实认可的事实

5月9日,上海某一小厂工人为维权罢工,街头静坐;民警出动,维护秩序。光天化日,事发闹市,流传迅速,广为人知。这就是一审判决认定的"公安机关处置(的)群体事件"。约半月后,民警徐伟良为住房拆迁问题走访郑恩宠。交谈中,告知公安机关在上述事件中出动了警力警车,郑问及参与人员的范围和隶属的警署,以及事态得平等等情况,并作了记录,于5月23日写成文字,发给境外机构——"中国人权"。

5月28日,上海静安区法院开庭审理所谓"东八块"地段拆迁案。

郑恩宠没有出庭。他为当事人起草了“质证意见”和“代理词”。庭审结束,有人在法院门口当众散发题为《强行拆迁引发冲突,记者采访遭遇围攻》(以下简称《强行拆迁》)的“新闻监督”电讯稿复印件。赵汉祥“获得”一份。赵与郑在诉讼中有代理与被代理的关系且事关拆迁,送郑参阅。郑认为事关人权,传真给“中国人权”组织,注明“新华社内参稿”,意在表示该文稿的真实性和可信度,故“望引用”。

5 月下旬以后,拆迁引发的矛盾益形尖锐。郑恩宠不断会见各方记者,企求给予弱势者舆论声援。6 月 5 日,接受香港凤凰卫视记者录像采访,长谈两个半小时,再次涉及开发商周正毅在“东八块”地段拆迁中的作为,因为“周正毅事件对我是个兴奋点,我想用周正毅事件揭发上海房地产开发中的大贪官”。(引见郑 7 月 11 日供述,侦查卷 00050 页)6 日,郑恩宠被公安局以“涉嫌非法获取国家秘密”刑拘,18 日经批准逮捕。

上述事实,统经庭审调查核实,有庭审记录与录像可证,应能说明:郑案与“国家秘密”无关。

(二)一审判决的断定

一审判决“查明”的事实,在主要之点上其实“未明”,误差严重:

1. 一审“审理查明”的第一项事实是:郑恩宠“在获得的新华社出版的《内参选编》2003 年第 17 期中《强行拆迁》一文的复印件上,加注‘新华社内参稿,望引用’等文字后,传真给在美国纽约的‘中国人权’组织。该复印件在案发后被公安机关查获。”

这段认定有两个问题:

第一,郑“获得的”仅仅是《强行拆迁》复印件,上无密级。他从未得到过或看到过《内参选编》这本刊物。对本案来说,《内参选编》与《强行拆迁》是两种东西两件事;而对被告人来说,只有后者与行为有涉,前者则根本无关:二者必须严予区分。一审相提并论,形似真实,并不确切。其特点是对并不相同的两种事物故作混淆,目的在于加人以罪。事关重大,必须辨明。

第二,“该复印件在案发后被公安机关查获”之判,属于套话,也不确切。问题很清楚,“案发”之先,当局已知郑“获”得了“该复印件”这一“国家秘密”,因此方能在无人告发的情况下以涉嫌“获取国家秘密”予以拘留,并以此为由头正式立案侦查,进而定罪。可见“案发”之案,出自预设,纵无此案,会有彼案,郑已在有关部门视线之内,待机而“发”了。辨明“案”发之源在此,应属必要。

2. 一审“审理查明”的第二项事实是:郑恩宠“于 2003 年 5 月下旬,将获得的本市公安机关处置群体事件的出警情况整理成文……发送给境外机构”。这段叙述,也有两个问题:

第一,这里说的“获得”,既不见“获”的方式,又不讲“得”自何处何时,故意造成获得过程不可告人的神秘印象。而实际情况是:此“得”来自郑恩宠同他的当事人——民警徐伟良交谈拆迁事务的过程之中,时在“群体事件”平息两周之后,事件过程广为人知,无“密”可言,不言而喻。

第二,这里说的“出警情况”,没有考察“出警”的使命和任务。单讲“出警”,不说目的,难免失实。出警操练,谁能言密?至于“处置群体事件”的说法,因它回避了问题的实质,同样没有说明问题。也无妨举例辨别。1976 年的“四·五”事件,百万群众怒抗“四人帮”暴政,堪称“群体事件”,当时也发生了“出警情况”,形成警方在那次“群体事件”中对人民大众的粗暴打击,而为实现这一镇压的目的,可能涉“密”。此外,近几年来,有关部门不断出警遣送集体性上访人员回乡,当或不当,见仁见智,但目的在于维护社会秩序,无“密”可涉。上海公安在工厂“群体事件”中出警维持秩序,并非处置机密警务,无“密”可保,无可置辩。一审判决用抽象方法对问题作空泛的概括,目的在于造出罪状,强加于人。不能不辩,冀得真实。

我们理解,法官对案中事实有权筛选。既有选择,必有舍弃;但取舍之间须有客观标准,不能随心所欲。关乎定性的事实、情节,即使“细微”,也不宜轻舍。细节的真实,往往是明断事理的关键,二审法官必能把握,从而会认真考虑我们的辨析与申述。

二、关于证据

首先应当说明:在一审的法庭调查阶段,控方拒不出示郑恩宠外发的上述“群体事件出警情况”的文稿,尤为严重的是,一审案结也不随卷移交二审法院。律师不能质证,也要作为证据;不交二审审查,管你怎样断定!我行我意,你奈我何?但不知凭什么如此霸气,这等专横?然而这是两份至关重要的证据,质证、审查,法律都有明定。我们曾对控方的无理做法一再表示异议,终被一审法官否决。他以“有规则”可循为口实,支持了控方的做法。我们明知这是主审的托词,只是基于维护法官尊严的考虑,未便请求明示所谓“规则”是哪些内容?出自何处?发于何时?然而这分明是检、法两家当庭联手限制律师辩护权利的极不正常的突出事例,是对被告人辩护权的无情剥夺,从而不仅违背了刑诉法的相关规定,而且破坏了关于辩护权的宪法原则。仅此一端,也应宣告一审判决无效。否则,所谓实体公正必因失去程序公正的屏障而成为画饼。而其受损者,又岂止一人个案,而必定是整个国家的法律制度与法制建设,“以法治国”,将成空话,如何补救,恳请定夺。

以下再分三点就两项实质性的证据提出疑义,并作申辩。

(一)一审判决以“证实以上事实的证据有”为导语,分13个自然段列出7项证据,似已详尽。细细核查,获知竟无一项一词涉及“将处置群体事件的出警情况整理成文”这项主要“罪行”的证据。从而只能得出一个结论:该项重“罪”(事涉“国家机密”)无证可据,或虽有“证”但不能成立。实际情况正是这样。民警街头维持治安,怎样会成为国家秘密?可是,一审在明知无证、指控不实的情况下,居然作出有罪之判,其非枉法,如何解释?

我们注意到,一审判决将起诉书指控的两项犯罪事实中以“重”为先的叙事顺序作了颠倒,而把“将出警情况整理成文发往境外”的重罪列为第2项,并用“此外”轻轻带入,而后断言“证实上述(两项)事实的证据有”以下7项。于是原本无证可据的这项“重罪”,便杂入7项证据可以涵盖的范围之内,把“无”演变成“有”,于是“铁案”成立。然而这种办法毕竟掩盖不住指控无"证"的情况。一审在文字编排上下的这番功夫,难免有文字游戏之讥。如此判案,能谓郑重?如是执法,还说得上什么严肃!倘不彻底纠正,我恐有损法院形象,二审法官执掌国法,拨乱反正应非难事,至盼审慎考虑,重下断语。

(二)一审判决所列的第 2 项证据,严重失实。该证说:"证人赵汉祥证实……赵至郑恩宠住处,交给其一份新华社《内参选编》的复印件。"按此证源于 2003 年 7 月 1 日对赵的询问笔录。请看问答:

侦查员问:"讲一下你将《内参选编》的材料交给郑恩宠的过程?"

赵汉祥答:"5 月 28 日,参加开庭,中午离开法院。出门时,有一个老头,约 80 岁了,在门口拿了一叠《内参选编》在散发,也给了我一份。我看到是新华社的黄庭均写的《内参选编》,就收下来了。下午去郑家……把这份《内参选编》提供给郑作参考。"(引文见侦查卷 00080 页)

原来如此!赵证来自发问中的诱导,惜与实际不符。事实是:赵汉祥在法院门口得到的散发材料,千真万确是《强行拆迁》电讯稿复印件,此为侦、检、审三家的一致结论,怎么可以用一种提问的方式就把电讯稿变成"刊物"了呢?真实既失,此证还有什么证明力?

(三)一审判决所列的第 3 项证据,内容不实。该证说:"郑恩宠供述,《内参选编》是内部参考文章,非高级别的公务人员是看不到的。"这里也有两个问题:第一,《内参选编》之说,也源于预审中的一次答问。卷载:2003 年 6 月 8 日,侦查人员问郑:"你知道《内参选编》是什么?"郑答:"《内参选编》是新华社的内部参考文章,像我这样不是高级别的公务人员是看不到的,连我们律师事务所主任也是看不到的。"(引见卷宗 00030 页)问有诱导,至为明显。第二,所谓"不是高级别公务人员是看不到的"出之于郑的揣测,与《内参选编》的现行发放范围并不一致,其说没有根据。据此,这项证据同样没有证明力。

但一审把"被告人供述"列为证据,于法有据。为了纠正上引"证据"中的失实与失误,应请参照郑恩宠的另一供述,补为证据,互相比较,以利甄别。卷载,2003 年 8 月 6 日郑恩宠供述:"我没有想过去接触新华社的《内参选编》，我认为我看不到的东西不等于都是国家秘密。"接着，办案人员问他："你怎么理解'内参'这两个字？"他答道："内参不等于国家秘密。"（所引均见卷宗 00072 页）两次供述，两个证据，何者可信，清清楚楚。

应当说明：案中其他证据有的与定罪没有直接关系，略而不述。至于"鉴定"，因其在案中具有特殊的意义和作用，下面专项论列，详予申辩。

三、关于鉴定

（一）据一审判决所列证据第 5 项："上海市国家保密局的《密级鉴定书》证实，郑恩宠向境外提供的《强行拆迁》的材料，系出自《内参选编》（秘密级）2003 年第 17 期，属于秘密级国家机密。"与此相关，一审判决在其"查明"的前一项事实的结尾，特意加注一笔："经上海市国家保密局鉴定，《强行拆迁》的材料，属秘密级国家秘密。"可是，审前已被断为"国家机密"的"处置群体事件的出警情况"竟不在判决罗列的 7 项证据之内。判决在其"查明"的这项事实的结尾，也没有"经鉴定"后应属"机密"的断语。这当然不是漫不经心的疏漏。

我们在一审的法庭辩论中，曾经两次逐字宣读了上海市保密局援引的《公安工作中国家秘密及其密级具体范围的规定》第 3 条第 2 项第 10 目。该条原文："公安工作中下列事项不属于国家秘密，但应作为内部事项管理，未经规定机关批准，不得扩散。"条文所指的"下列事项"共 12 目，其第 10 目根本与郑案无关。我们据此说明：上海保密局鉴定依据的法条，得不出郑恩宠传真"中国人权"的关于工厂"群体事件"的两份材料（包括打字稿）"均属机密级国家秘密"的结论。依据这份鉴定给人定罪经不起批驳。于是一审判决不再援引上述条文，甚至不再提及对于此项行为的"密级鉴定"，然而这并不意味着一审在纠正控方证据的重大失误。一审依然认定该项"罪行"能够成立，甘冒枉法裁判的风险。这是为什么？我们于一审案结之后才略知中有"隐情"。

10 月 28 日下午，郑案宣判闭庭。我们与法官交换意见，陈述对判决的看法。谈话中，法官极其委婉地说：你当庭宣读的那个条款，是1995年的规定，现已失效，另有新规。跟着从办公室取来一份1999年的《规定》，文号编为“公发”，应属公安部的规章，最后一页确有1995年《规定》作废的条文。可是，既有新的规章可循，判案何不援引？待我经同意抄下文号返还该件时，发现封面分明印着“秘密”两个大字，方知究竟。向有关部门查询，公开文件中确无此件。秘密规章当然不宜公开引用。可是明着不用，暗中照搬，取我所需，据以判案，这是什么类型的“法治”呢？而对于人民大众，这却是彻头彻尾的专制。这种做法，比公布实施“恶法”更使人恐惧。事关治国护法大局，上述“鉴定”能不否决？一审做法，能不批驳？不然又怎能让人民免于恐惧？

（二）现在再来考察对于《强行拆迁》电讯稿的鉴定。我们的结论是：这项鉴定，从程序到实体，一错到底。申述如下：

1. 这份鉴定无“人”。谁人鉴定？有无资格？法定的要求尽失，极不规范；不具备《鉴定书》的要件，应归无效。

2. 保密局鉴定的是《内参选编》，不是《强行拆迁》电讯稿。这一层不容含混。鉴定随意换置鉴定对象，与“鉴定者”的职责很不相称，鉴定者将因此失“格”，所作鉴定，当然无效。

3.《内参选编》标有“秘密”字样，保密局据此“鉴定”为国家秘密，错在有“定”无“鉴”，对鉴定对象未作具体分析——

第一，编入《内参选编》这个刊物的文稿图片，不一定统统涉“密”，即以保密局鉴定的该刊17期为例，其中标题为《增加透明度，扩大知情权》的“本刊言论”，无论怎样看都不会涉密；标题为《创新工作方式，维护社会稳定》的“经验交流”，出自南京的一位区法院院长，他的“经验”距“密”更远；至于编入的《伊拉克战争回眸》（请注意是“回眸”！）的一组“图片报道”，显然更不会危及我国安全！由此可证，文章编入《内参选编》，也不可不分是非，一律断为“国家秘密”。这如同一份绝密文件中，有关于“三个代表”的论述，倘有人撰文引用发往境外，或简或繁，无论如何都构不成“非法提供秘密”，大体上是一个道理。就《强行拆迁》来说,文章内容源于郑恩宠的情况提供,所有涉及拆迁的情节无不是社会动态的现实,其中无一词一句涉及国家安全,这样的文章,无论编入哪一密级的内刊,都与国家秘密无关。这是常识,也属常理。

第二,《内参选编》第 17 期上标示的"秘密",并不等于就是"国家秘密"。按照《保守国家秘密法实施办法》的明定,"国家秘密"与"其他秘密"之间有其原则性的区别,在实践中不容混淆。最核心的问题在于:依据《保守国家秘密法》的规定,只有"关系到国家的安全和利益,依照法定程序确定,在一定时间内只限一定范围的人员知悉的事项",才是"国家秘密"。《内参选编》第 17 期的内容大多与"国家安全和利益"无关(我们在上面所举的事例应能说明),其发放范围又相当宽泛,标为"秘密",也属"其他",不是"国家秘密",应无歧义。

第三,进一步说,《内参选编》能否成为或者是不是"国家秘密",须由新华社按照《保密法实施办法》第 8 条,即"应依照保密范围的规定及时确定密级,最迟不得超过 10 日"的规定,予以确定。无须说明,新华社完全有权对自己的主管业务方面的事项确定密级,而无须申请其他机关予以确定。就本案来说,新华社未在法定期限之内对《内参选编》确定密级(上海市新华社的"证明材料"就是旁证),保密局事后鉴定确认,即使有最高法院的司法解释予以支持,也都是对《保密法实施办法》的公然违反,从而不具有法律上的效力。

第四,如上所述,最高的司法解释解决不了保密局违法鉴定的问题。我们在一审已经申明,现在依然坚持。同现行法律、法规相冲突的司法解释,不可以作为裁判讼事的依据,对此无须多辩。

凡此四点,一语归总:用标有"秘密"的《内参选编》取代《强行拆迁》,企图借用"鉴定"手段加人以罪,仍然不能达到目的。重复地说:郑恩宠的行为与"国家秘密"绝无牵连,强行加罪,不能成立。

4. 还应补充的是:《强行拆迁》复印件,于 5 月 28 日街头散发,当时,为维持"5・28 庭审"秩序而布控的警力数以百计,有关部门对散发情况当然了如指掌,但对散发人与持有者一律未予追究。如果涉

“密”，为何轻纵？即使在郑恩宠为此被捕以后，依然没有一人受到相同或相似的处理，这只能说明：有权机关原本就不认为该复印件属于“国家秘密”！但为惩办郑恩宠，于是在事后通过不合程序、极不规范的一种“密级鉴定”，罗织罪状，按“密”处刑，这还有什么公平，哪里还有公理？然而统观事实，审度法条，敢问郑恩宠何辜？

四、无视辩护的谬误

我们在一审发表的一些至为紧要的辩护意见，虽未畅所欲言，但既有“根据”，又合“准绳”，特别是说明指控事项不属国家秘密，鉴定对象不属国家秘密，保密局鉴定严重违规因而不具有证据效力，以及被告人的行为缺乏构成犯罪的法定必备要件各项，无一不是。不料一审竟能避而不裁，不敢涉及，使律师辩护形同虚设，给人以陪同走个过场的印象，这是对辩护权的变相剥夺，我们表示反对。

一审判决就“郑的文化程度、社会阅历及其从事的职业，结合郑到案后曾作的《内参选编》是内部参考文章，非高级别公务人员看不到的供述，郑主观上具有为境外非法提供国家秘密的故意”一节对辩护意见的批驳，立论无以服人，但事关构成犯罪的主观要件是否成立，至关重要，故再作申辩。

扼要地说，我们不同意这样的观点：郑恩宠从事律师职业，就必然会判断出哪些事项、哪类文稿属于或不属国家秘密，从而一定具有“非法提供国家秘密的故意”。职业与识别国家秘密之间往往没有联系。隔行如隔山。可以认为卫生部长对SARS疫情是否涉密，理当确知；但又不能要求他对标为“新闻监督”的文稿是否涉密也能有准确无误的判断。郑恩宠本人关于《内参选编》非高级别公务员不能看到的供述，因与实际不符，就恰恰证明着他的职业与能够正确判断出该刊是否属于国家秘密并无关联。据此断定他具有犯罪的故意，是夺理的强词，属主观的臆测，不足为据，应予否定。

以上，是对一审判决的相关问题所持的歧见。近闻“一审判决虽有瑕疵但无大错”之议，姑无论大错的有无，对所谓瑕疵似宜作具体分析。设如损及事实、影响定性，即使看似细小，也非微疵，如不剔除，会生大误。一审判决之疵,恰恰无不如是,都已铸成大错,不能不予重视,没有理由不予剔除。

总之,我们在一审提出的全部辩护意见,合乎实际,有证可据,合乎情理,有法可依,我们坚持,请予严格审查。

五、律师的忧思

这是产生此番辩护的一点"背景",是律师的心声。它对上诉审合议庭审查全案或可参考,是故破例提出,请一并审核。

一审判后出现的种种情况,联系一审判词异乎寻常的专断,证实了我们在庭审中所作的判断:"(本案的)案外因素极其复杂,又因其有着深刻的社会背景而使合议庭奉行的司法独立难免干扰。"这里姑且不提一审判决的曲直是非。宣判当晚,上海官方媒体就集中起此前早已搜罗的资料,包括采访录影,运用快捷手段,围绕案件审理作了并不客观的报道,跟着市里又有一家名报刊登专稿,对郑恩宠再作攻击,诸如因旷工被开除的劣迹之类也赫然在列。只是人们不知道这与法院审理的"非法提供国家秘密"一案有什么关系?其他不实之词,例如"东八块地段"拆迁中涉及的人、事,因过于敏感,于案件又没有直接关系,暂不涉及;视讼事的需要,待诸来日。郑案上诉,11 月 19 日,郑夫人蒋美丽女士为咨询上诉事宜来京会见律师,正在与我通话约定晤谈时间,线路突然中断。接着,蒋氏被几位大汉拽出旅舍,当晚"送"回上海。律师与委托人商讨讼事,无非是考虑如何维权,无非是研究怎样才有可能推动法庭判得令人心服,这会冒犯哪家权势,竟至动用体力(不知是否"警力"?)对一个弱女子采取如此过分、当代罕见的极端措施?然而我特别看重的是:这不仅是对于律师执业的威慑,而且是对上诉进程的干预,势属对上诉审的干扰。律师双手皆空,难以应对;行政干扰司法,又是"司空见惯"。虑及郑案讼事发展,能无忧虑?思量国家法治进程,几多忧思?重权在握、与时俱进的当代高层法官,大多集智慧、识见、胆略于一身,倘果能高瞻远瞩,不畏风险,坚决抵挡—限制—消除行政权力对司法权力可能产生的腐蚀性作用,不开历史倒车,落实独立办案,秉公执法,终致法律天平不再倾斜,从而使郑案得到反映民意、合乎人心的公正处理,期能取信于百姓,不致失信于天下,国家幸甚,人民幸甚。律师力薄笔轻,护法乏术;丹心一片,服膺公理;拳拳之意,尽在辩中。谬误之处,愿领批驳;正确之论,敢请采纳。

郑案律师　张思之

二〇〇三年十二月五日　北京

诉讼文书

上海市高级人民法院刑事裁定书(摘要)

原公诉机关:上海市人民检察院第二分院。

上诉人(原审被告人)郑恩宠。

辩护人张思之,北京市吴栾赵阎律师事务所律师。

辩护人郭国汀,上海市天易律师事务所律师。

上海市第二中级人民法院审理郑恩宠犯为境外非法提供国家秘密罪一案,于二〇〇三年十月二十八日作出判决。郑恩宠不服,提出上诉。本院依法组成合议庭,决定不开庭审理。现已审理终结。

上海市第二中级人民法院根据公安机关出具的《搜查笔录》《扣押物品、文件清单》《文检鉴定书》,新华社上海分社出具的《证明材料》,上海市国家保密局出具的《密级鉴定书》,国家保密局出具的《复函》,上海市国家安全局出具的《关于"中国人权"组织及"中国人权"主席刘青、主席助理焦柏固的证明材料》,有关电信、通信部门的信息材料,证人薛民春、赵汉祥、薛利莉的证言及郑恩宠的相关供述等证据,判决认定郑恩宠在所获得的新华社《内参选编》2003 年第 17 期中《强行拆迁引发冲突,记者采访遭遇围攻》(以下简称"强"文)的复印件上,加注"新华社内参稿,望引用。郑"等文字后,传真给在美国纽约的"中国人权"组织。该复印件经鉴定,属秘密级国家秘密。郑恩宠还将所获得的本市公安机关处置群体事件的出警情况整理成文,以传真和电子邮件的方式发送给境外机构。

第二中级法院认为,郑恩宠将国家秘密非法传真给境外组织,其行为已构成为境外非法提供国家秘密罪,尚属情节较轻,依法应予惩处。据此,对郑恩宠以为境外非法提供国家秘密罪判处有期徒刑三年,剥夺政治权利一年。

郑恩宠上诉辩称:其行为不构成犯罪。(略)

辩护人张思之、郭国汀认为:1. 原审判决将"强"文认定为"秘密级国家秘密"不当。该文仅标明"新闻监督",本身未标明密级,且该文内容本质上与一般社会新闻无异,不能将《内参选编》中所有文章都认为是国家秘密。2. 原审判决根据郑恩宠文化程度、社会阅历及所从事的职业,加注"新华社内参稿,望引用"及非高级别公务员看不到的供述,推定郑恩宠明知上述文章为国家秘密且主观上具有向境外非法提供国家秘密的犯罪故意不能成立。3. 原审判决未适用《保守国家秘密法》和《保守国家秘密法实施办法》,属于适用法律不当。上海市国家保密局事后作出的《密级鉴定书》,无鉴定人签名,依法属于无效证据。综上,郑恩宠的行为不构成犯罪。此外,辩护人郭国汀认为,《最高人民法院关于审理为境外窃取、刺探、收买、非法提供国家秘密、情报案件具体应用法律若干问题的解释》(以下简称最高法院司法解释)第五条的规定内容,超出了司法解释范围,当属无效;郭还认为,原审将郑恩宠发送给境外机构的有关公安机关处置群体事件的出警情况一文,认定为"机密级国家秘密"明显违法。

上海市人民检察院认为,原审判决认定郑恩宠向境外组织非法提供新华社《内参选编》中的"强"文及本市公安机关处置群体事件的出警情况,事实清楚,证据确实。新华社《内参选编》作为秘密级国家秘密文件的有效性已近二十年。上海市国家保密局关于新华社《内参选编》中的"强"文系秘密级国家秘密的《密级鉴定书》及国家保密局的确认函是合法、有效的。郑恩宠在向境外非法提供的"强"文上,特意注明"新华社内参稿,望引用",足以证明其向境外组织非法提供国家秘密的主观故意。此外，郑恩宠辩称其有检举他人犯罪的行为，但查无实据。因此，郑的上诉理由不能成立，建议驳回上诉，维持原判。

经本院审理查明的事实和证据与原判相同。

针对上诉人的上诉理由和辩护人、上海市人民检察院的意见，结合本案的事实和证据，本院综合评判如下：

一、关于新华社《内参选编》中的“强”文是否系秘密级国家秘密。经查，《保守国家秘密法》、《保守国家秘密法实施办法》及最高法院司法解释规定，国家秘密是关系国家利益，依照法定程序确定，在一定时间内只限一定范围的人员知悉的事项；其他经国家保密工作部门确定应当保守的国家秘密事项亦属国家机密；国家秘密的密级确认，由国家保密工作部门或国家保密工作部门审定的机关确定。新华社依照有关保密法规将《内参选编》确定为秘密级文件是合法、有效的。“强”文虽未标明密级，但明确标明系出自《内参选编》，两者之间是部分与整体的关系。该文是否属于国家秘密，依法应由国家保密工作部门依照有关保密法规予以确认。现上海市国家保密局，鉴定认为“强”文属于秘密级国家秘密，出具了盖有公章的《密级鉴定书》，并得到国家保密局的复核确认。因此，上述鉴定是合法、有效的。原审判决据此认定郑恩宠向境外组织提供的“强”文，属于秘密级国家秘密是正确的。郑恩宠及其辩护人认为“强”文不是国家秘密，则属于个人理解；认为上海市国家保密局的上述鉴定属无效证据，缺乏法律依据。

二、关于上诉人郑恩宠是否有向境外组织非法提供国家秘密的主观故意。

最高法院司法解释第五条规定，行为人知道或者应当知道没有标明密级的事项关系国家安全和利益，而为境外窃取、刺探、收买、非法提供的，依照刑法定罪处罚。郑恩宠到案后，在公安机关的第一次讯问中即称，《内参选编》与一般的刊物不同，只有具有行政级别的人才能阅读，其是一般法律工作者，不适宜阅看《内参选编》的内容。郑的供述，反映出郑对新华社《内参选编》内容的认知程度，即《内参选编》

具有内部性、秘密性和时效性。郑恩宠还供认，他从2003年年初起与境外所谓“中国人权”组织等机构联系，是因为司法局对其执业律师资格不予登记，且一直不予解决，遂不考虑自己的行为所造成的后果，不顾一切地搜集动拆迁方面政府“侵犯人权”的负面材料，采取“火上浇油”的方式加以处理后，发送给境外“中国人权”组织，以此对政府部门施加压力，并通过境外组织扩大个人影响，以解决其执业律师资格登记问题。

综上，郑明确知道“强”文是新华社《内参选编》刊登的文章，属于内部参阅文件，该文虽然没有标明密级，但郑应当知道《内参选编》及其中的“强”文的内容，关系到社会稳定、国家的安全和利益，理应依法予以保密。但郑恩宠却因个人问题，为发泄不满，竟在明知“中国人权”为境外机构的情况下，故意将“强”文提供给该组织，足以认定郑恩宠主观上有向境外组织提供国家秘密的故意。郑恩宠及其辩护人关于郑不知“强”文系国家秘密，原审判决推定郑向境外组织提供国家秘密不能成立的辩解及辩护意见，显与事实不符，与法律相悖。至于郑恩宠辩称境外“中国人权”组织未确认收到上述传真件一节，并不影响认定郑向境外非法提供国家秘密的事实。

此外，原审判决虽认定郑恩宠将本市公安机关处置群体事件的出警情况整理成文，通过传真和电子邮件方式发送给境外机构的事实，但判决未认定该文属于“机密级国家秘密”，并对郑定罪量刑。现辩护人郭国汀律师提出原审判决将郑恩宠发送给境外机构的上述文章，认定为“机密级国家秘密”的意见，没有事实依据。

三、关于本案适用法律的问题。

最高法院司法解释第一条规定，“刑法第一百一十一条规定的‘国家秘密’，是指《保守国家秘密法》第二条、第八条以及《保守国家秘密法实施办法》第四条确定的事项”。原审判决援引的最高法院司法解释第一条中已包含了《保守国家秘密法》、《保守国家秘密法实施办法》的有关规定，适用法律并无不当。因此，郑恩宠及其辩护人的相关辩解和辩护意见，均无事实和法律依据，不予采信。

四、关于郑恩宠检举揭发的问题。

郑恩宠辩称,其有检举犯罪嫌疑人周正毅的行为。经查,郑在代理他人行政诉讼过程中,通过他人得知境外媒体有关周正毅问题的报道后,认为“周正毅的问题也可以炒作的”,“周正毅事情炒大后,可以将自己名气炒大,我的律师证解决就有希望了”。事实上,周正毅是因涉嫌虚报注册资本、操纵证券交易价格罪被依法逮捕的,且郑恩宠也从未向法庭和其他司法部门提供上述相关的事实证据和线索。郑恩宠所谓的检举、揭发无事实依据。

本院认为,原审判决认定郑恩宠为境外非法提供国家秘密的犯罪事实清楚,证据确实,适用法律正确,量刑适当,审判程序合法。驳回郑恩宠的上诉,维持原审各项判决。

审　判　长　赵旭明

10. 蔡惠林“非法提供国家秘密案”

案 情 简 介

蔡惠林，退休前任“化工部外事司司长”，化工专家，退休后应聘充任“德国赫司特公司驻京办事处顾问”。

据检察机关指控，蔡在1992年10月任赫司特公司顾问期间，按该公司的要求搜集、整理并提供了《中国的山梨酸和山梨酸钾生产》等三份属于“秘密级”的资料，交该公司参用，构成“为境外机构非法提供国家秘密罪”。据此提起公诉。

律师详细地分析了上述三份资料的性质及其来源，断然否认指控能够成立，认为蔡惠林无罪。

北京市中级法院支持检方指控，判处蔡惠林有期徒刑三年。蔡上诉，被二审驳回。

辩　护　词

一审辩护词

蔡案合议庭：

我们先就与本案有关的事实，为被告人蔡惠林作如下的辩护——

起诉书指控“蔡惠林为境外机构非法提供国家秘密”，涉及三份材料，分陈于下：

依照起诉书的说法，他提供给德国赫斯特公司的第一份材料是《1992 年染料、有机材料、助剂、中间体生产计划》。这里有五个问题：

一、蔡惠林在法庭调查中所作的供述，与侦查机关的指控，互不一致。蔡借得的文件未标明密级，而侦查机关提交作为证据的文件则印有“秘密”字样；那么，这个文件究竟有几个文本？蔡借的那份已由侦查机关扣留，没有理由不提交法庭作为原始书证予以核实。

二、蔡惠林摘抄上述材料中关于染料的数据，早于蔡告知本案关系人谢家泽之前的 1991 年 12 月，即已被《化工商品报》、《中国染料通讯》公开发表，其中列举的品种数和产量，与蔡的摘抄互相一致。既已公开发表，自无密级无疑。

尤应指出，姑且不论蔡惠林对谢家泽表示不把该项资料传真给赫斯特香港公司的情况未经质证核实，谢家泽签发的传真件中引用的数据材料上分明标题为：“1992 年十一种染料产量。”这里的所谓“产量”至少有两种含义，一是计划产量，二是实际产量。由此可见，从证据上分析，不能认为谢发的传真件同蔡持有的资料是一个东西、一回事；这也说明：蔡本人的言行不发生泄露国家秘密问题。

三、在我们向法庭提交的一系列证据材料中，有一份公开发行的《染料工业消息》，在它的 1991 年第九期上，就公布了“1992 年安排染料生产品种 446 个，计划产量比 1991 年计划数字增长 1.17%”。此外还分别列出 11 类染料的品种数、批产量的增长数及下降数，从而也就公布了1992年具体的“计划产量”。这份资料，更早于蔡惠林告知谢家泽几个相关的数据之前：无密可泄，昭然于世人；蔡告诉谢的数字材料绝非国家秘密，极易查明。

以上是关于染料部分的数据中的问题。

四、关于有机颜料的数据，蔡惠林告知谢家泽的，也不是国家秘密。

《染料工业消息》1992年第十二期，在其“综述”栏目中，发表了《国内有机颜料工业发展概况》，比较详细地分析了我有机颜料工业的全面情况，公布了生产厂家、生产品种数目及其产量，宣布1991年我国的有机颜料产量已达17000吨，其中计划产量为107万吨。这就充分说明，关于有机颜料的一些数据，不是国家秘密。

还有，一份名为《精细与专用化学品》的外售刊物，在其1992年第十期上，发表了《我国“八五”期间有机颜料发展计划》，从而说明：即使是这类产品的计划数据，也不是国家秘密。

在说清楚案中涉及的材料的性质之后，有必要就其中的一个重要情况做出我们的分析。

蔡惠林告诉谢家泽上面说明的数据材料，并由谢传真给外商，我们不认为属于“泄密”；因此，尽管谢在整个事件的发生、发展及其结局上都起了重大作用，我们也没有把她视为“同案犯”，并以此为据发表法律见解。我们认为有关的执法部门对谢的行为不加追究是正确的。可是，依据适用法律应当一律平等的宪法原则，又为什么偏偏对蔡惠林加诸刑事责任要求，处以刑罚呢？

五、卷中存有1993年8月5日化工部保密委致北京国家安全局的公函，行文中明确指出：“中国染料、有机颜料和染料体生产情况”等材料，均无密级，“属内部资料”。鉴于内部资料不属于“国家秘密”，法有明定，因而化工部保密部门的这个意见对本案显然有其重要参考价值，应请一并予以考虑。

关于起诉书指控被告人提供给赫斯特公司的第二份材料，即《中国的苯乙烯和醋酸乙烯生产》，敢以下述事实反驳指控，请法庭核查——

第一，这份材料的上述标题，出于蔡惠林自定，我官方并无以此为标题的秘密文件。

第二，这份材料中的关于苯乙烯的全部数据，不差丝毫地引自标价出售的《中国石油化工总公司年鉴(1991)》。

第三，这份材料中的关于醋酸乙烯的数据，出自公开发售的《化工百科全书(二卷)》，详加比较，除个别生产厂家的名称或有笔误外，互相一致。

第四，查阅《有机化工原料通讯》第二十四期，在刊物头版"评述"一栏中，发表了《醋酸乙烯市场和技术状况》，文中详尽地分析了世界市场以及各主要工业国的市场，关于中国市场，也按十三个主要厂家列表公布了"我国 VAM 的产能预测"，其中包括 1995 年和 2000 年的生产能力。同时还具体地确认我国"1991 年 VAM 的产量达到 36 万吨"。

试将上述四点事实联系起来加以考察，足以证明所谓"非法提供国家秘密"没有足够充分、可靠、可信的证据，这项指控，不能成立。

至于起诉书指控被告人提供给赫斯特公司的第三份材料，即《中国的山梨酸和山梨酸钾生产》，谨提出以下证据材料，请对它的可信性予以判定——

第一，关于山梨酸部分：蔡发赫斯特公司的传真件中，有关生产山梨酸的厂家及"总规模"的数据，均引自 1992 年 12 月 5 日出版并公开发行的《有机化工原料通讯》第二、三期；关于"工艺"，则与公开刊物《精细有机化学品技术手册(下)》中公布的，完全一致。值得提请法庭特别注意的是，已公布的"新"工艺，蔡的传真件中概未涉及。

第二，关于山梨酸钾部分：蔡发传真件中所引数据，包括总产量、主要厂家及其各月的产量、进出口情况等，无不来自《有机化工原料通讯》，互相对照，全然一致。

总之，"秘密"来自期刊，得于书市，确实有据；即使提供外商，有何不可，何罪之有？卷中鉴定，应予复议。

综合以上各项事实,不论是蔡惠林告知谢家泽的材料,还是他发往赫斯特香港公司的数据资料,共有以下五个特点:

(一)这些材料及其中所含数字,都是介绍性的;

(二)向外商介绍这些材料和数字,有助于外界了解我国染料、有机颜料、山梨酸钾等方面的底细,从而加强外商来华投资的决心;

(三)这些材料无一涉及技术秘密,都不是科学技术中的秘密事项,更不是国民经济中的秘密,总之不是《保守国家秘密法》第 8 条中所列的“秘密事项”,因而也不会危及国家安全,无损于国家利益;

(四)这些材料及其中涉及的数据,都不是该行业领域中重要的或者敏感的资料,因而没有危及行业的利益;

(五)最后,也是最要紧的,这些材料和其中涉及的数据,都先于蔡惠林告知他人或传送客商,公之于世,因而绝不属于“国家秘密”的范畴,不该再生疑义。

将上述五个特点结合起来考察,应能得出一个判断:根据起诉书中所列事实加人以罪,确属失当,理应否定。

以上是我们从案件的“事实”方面所作的辩护。下面将围绕事实更进一层地发表三点见解,作为我们认为被告无罪的另一方面的几个论据——

一、民用工业、商业领域的年度计划,即使在拟制时作为“秘密”处理,到了年度之末,已经执行完毕,不论是否经过“解密”程序,其密级与程度自然都已降低,而没有理由视之为“国家秘密”;这也正是《保守国家秘密法实施办法》第 15 条第 1 项所定的“该事项公开后无损于国家的安全和利益”的情况。

二、化工系统排产会议提出的数据,因这种会议仅属生产协调性质,没有指令性作用,加上参与人员又具有“面广”的特点,故通常都不认为属于“国家秘密”,这是化工领域中的常规,众所周知,应无疑义。

三、进入 90 年代,我国的“复关”申请正得到普遍关注,我们也更加迫切;为了实现“复关”,我们采取了一系列的政策,制定了相应的法律、法规，宣布："我们政府在享受总协定规定的权利的同时，也承担缔结国普遍承担的一切义务。"为了享受权利、承担义务，我国政府的重要官员在研究世界大势的基础上，发表了一个大家熟知的论断："当今世界相互依存、相互渗透的程度日益加深。"并在这一思想的指导下，采取措施，在发展市场经济中实行开放、公开、公平、公正的原则，增强并提高各自的"透明度"，以利于早日"入关"。正是基于这层考虑，中国代表团团长在关贸总协定中国工作组第十次会议（1992 年 2 月 24 日）的发言中，专门论述了我国实施"透明度"的具体情况和部署，并向会议提供了增加透明度的文件和清单，其中还有 17 个"关于进口管理的内部文件"（请参阅佟志广团长的发言）。增加透明度，在涉外的商务活动中，双方或各方都要在无损于国家、民族整体利益总的原则下，亮出底牌，这是最起码的条件。这也许正是一些刊物发表上面提到的那些材料和数据的原因所在。

有人或许会问：交底与保密是什么关系？这首先得明确两个不同的法律概念之间的原则区别：一个是"国家秘密"，另一个是不属于国家秘密的"其他秘密"。这两个概念及其区别，见之于《保守国家秘密法实施办法》，显然不得混淆或违背。对于国家秘密，自然不发生交底问题，而对于"其他秘密"，因其没有"关系（到）国家的安全和利益"，所以可在商务活动中交底、透明。

由此可见，在正常的商务往来中，就民用商品的发展现状和前景提供一些常用、常见的数据，即使是过去作为内部掌握的数据材料，也不能视之为"国家秘密"，而应认为是适应着新形势的客观需要。这个见解，既有法律上的依据，于本案也有其重大参照的价值，自无可疑。

但考虑到蔡惠林已被指控为有罪的现实情况，我们还有必要补充一点：案卷中的全部材料证明，蔡惠林的行为都未越出法律的界限。我们在上面已经提到，他向外商介绍的有关山梨酸的材料，对其中涉及的新工艺，尽管已经公布，他都没有介绍。这足能说明：在保密与泄密之间，他能够掌握原则，划清界限。凡此一经查证，都能弄清。

通过上面的分析、论断，我们举出的辩护证据可信可靠，毋庸置疑，从而证明了指控蔡惠林犯有“非法提供国家秘密罪”没有根据，不能成立。

事实既失根据，援用的“准绳”必然不准。我们对于公诉机关在适用法律上的偏差发表两点见解——

第一点，《中华人民共和国保守国家秘密法》与起诉书援引的《关于惩治泄露国家秘密犯罪的补充规定》同于 1988 年 9 月 5 日以国家主席令的形式公布。因此，在涉及“国家秘密”的概念和“国家秘密的范围和密级”这些至关重要的问题上，不适用、不援引《保守国家秘密法》是很不适当的。特别是该法第 2 条、第 8 条，对于划清罪与非罪的界限起着无可替代的作用，不予考虑，不加引用，易生偏差，不免失误。鉴于该两条的规定极其明确，不会在解释上发生歧义，深信法庭能以明察，不再赘述。

第二点，蔡惠林告知他人或提供外商的材料、数字，既不“关系国家的安全和利益”（《保守国家秘密法》第 2 条），又不是该法第 8 条第 4、5 两项中规定的“秘密事项”，已如上述；因此，应适用《保守国家秘密法》判定蔡惠林无罪。

至于本案不能适用全国人大常委会关于惩治泄密的《补充规定》，前面的陈述已经说明，这里也无必要再作重复，相信合议庭能以明鉴。

最后，我想针对公诉人发表的公诉词，为被告人再作两点辩护——

一、公诉词支持起诉书的论点，确认蔡惠林犯有罪行；但却没能讲清说明被告人的犯罪动机、犯罪目的、犯罪手段，更没能论证“情节”的性质以及犯罪行为是否造成了什么样的危害后果。总之，公诉机关指控的犯罪不见“动机”，没有“目的”，缺乏“手段”、说不出“后果”，换句话说，既缺乏“犯罪的客观要件”，又缺少“犯罪的主观要件”，当然也就不会有那必须具备的两种要件的有机统一。这是本案公诉人未能划清罪与非罪的根本原因。这种情况，虽屡见不鲜，却是审判实践必须予以纠正的。

二、我们与公诉人有一点认识是相近的，即蔡惠林不应于退休之后不听组织劝止，擅自去赫斯特公司工作。对于长期在化工系统担任重要公职的被告人来说，这是个错误。对于这类行政性的错误，应当运用行政手段绳之以纪律，加强教育，提高认识，绝不可以把错误的性质升格扭曲为犯罪而绳之以法。

我要举一个广为人知的实例说明问题：吉林化工总公司是我国最大的一家化工企业，它的前任负责人在与外商谈判“30 万吨乙烯”这个重大的、重要的项目过程中，准确无误地泄露了“国家秘密”，其情节又并不轻微，有关执法部门也曾介入侦查，最后还是采用了行政手段，几经教育，调职结案，至今仍在特区一公司担任要职。这个实例，对本案既有参照性，又有启示性，恳请予以研究，对案情审慎决断，避免伤及“自己人”的悲剧。

法庭调查和案卷材料都表明：蔡惠林是个诚挚的爱国者，对伟大祖国的建设事业有着强烈的责任感和使命感，退休以前表现甚好。他能力强，水平高，有为人称道的业绩，是我化工系统中的一个人才。他犯有违反组织原则的错误，但究其根源也并不是为了几个马克的卑劣私欲。对于这样的一个专家，按照我们党的一贯政策，实宜从严批评，从宽处分，施以教育，促其改正，使他在有生之年能够再建业绩，多做贡献。

通过今天的法庭调查，我们绝不怀疑，合议庭一定能把握住“具体地分析具体问题”这个思想武器，正确地分析案情，从而作出准确的判断。

我们盼望法庭执法的严肃性，不会使无罪的人受到非分的处理。

一九九四年四月八日

二审辩护词

蔡案审判长、合议庭：

研究了一审关于蔡案的判决书，结合本案的全部案卷材料加以分析，我对其基本内容持否定态度；我作为蔡惠林的辩护律师，认为被告人的上诉确有充分的理由，并进一步地为之作如下的辩护——

一、一审判决断言，认定的事实不仅有书证、物证和鉴定结论，而且有证人证言“在案佐证”。这无疑是说，上述证据是一审判决的全部根据之所在。对此，有以下质疑：

（一）关于“鉴定结论”即“复查意见”。

该“复查意见”提出的“维持原密级鉴定意见”的以下“理由”，不能成立：

1. 关于山梨酸和山梨酸钾的材料，出自《石油化工快报》1993 年 12 月第二十三期，出版于蔡惠林被捕之后，“蔡尚看不到”。（引自“复查意见”）

我们认为，资料是否属于国家秘密或者属于哪个密级，是客观存在，由法律规范，当事者看得到或看不到都不能否定。因蔡“看不到”故属于秘密，而如能看到呢，就属另一种情况，这个立论，怎么站得住呢？

这里有必要着重指出：资料既已出版发行，则无“密”可言，应属常识而无疑义。

2. 蔡写的材料，“以肯定语气提供了我国食品工业防腐剂的全面信息，对外商是非常有价值的，这对于我与外商谈判处于被动地位”。此“理”中有两个问题：

第一，资料是否具有“价值”，可以从不同的角度作出不同的判断；不同的对象又会有不同的估计。是否有“价值”，与是否属于“国家秘密”是两个概念、两回事，怎么能任意混淆、相提并论？

第二，谈判是否处于被动地位与资料介绍之间并没有客观的、内在的、必然的关系，即没有法律意义上的因果关系；更何况，制定该

“复查意见”的单位又不能具体举出哪次谈判是由于蔡的资料而使我“处于被动地位”，试问，怎么可以凭着推测来加人以罪呢？

3. 对《中国的苯乙烯和醋酸乙烯生产》材料的鉴定——复查意见，有以下质疑：

第一，该复查意见认定：“（在蔡惠林整理的材料中）……内部资料没有的，也补充进去了，例如吉林化工公司苯乙烯的生产能力。”诚然，蔡惠林的“材料”中确实用加注的方式说明吉林化工公司有年产苯乙烯两万吨的生产装置，但我们必须辨明的是：吉林化工公司的这套装置引自国外，并非我们的“国家秘密”，因而在该公司的“产品介绍”的材料中已经标明。由此可见，虽属“补充”，绝非“泄密”，应请明察。我们还不得不指出的是，复查意见在本案中用“例如”这样的词语，给人以这样的印象：好像蔡的“补充”非此一件，其罪证是极其充分的。而其实却恰恰是仅此一例。作为“鉴定”，这种写法不能认为是郑重的，它因此而失去了原本应有的证明力，对此请予明鉴。

第二，该复查意见认定：“（蔡惠林整理的有关材料）……是从我部编写的《主要化工产品供需预测》第三十三号（醋酸乙烯）的材料中抄写的。……此材料明确注有‘内部资料，注意保密’。”

请注意：上面引的那份“第三十三号”材料，是全部复查意见中唯一的一份证据性文稿。按照法定的要求，对于这项证据材料，一应提交法院入卷备查，二要与被告人“见面”，经过质证。现在的问题是：都不或者没有这样做，这在客观上、实际上剥夺了被告人的辩护权，不符合我《刑事诉讼法》要求的民主、公正、公开的原则，应请二审予以补救。

由于我国律师工作目前还有着我们难以逾越的局限，不得不请求二审法庭查明两点：(1)这个“第三十三号”材料与卷中证人所说的“国内化工产品近期需求预测”是不是一个东西、一回事？(2)这个名为“主要化工产品供需预测”第三十三号材料是不是从“第一号”起就不是非卖品？事涉定性，至盼查实。

还应申辩的是，据该复查意见，那份“第三十三号”材料，明确注有“内部资料,注意保密”。这恰恰证明着该“第三十三号”材料仅属“内部资料”,绝非“国家秘密”! 因此其上标明的“注意保密”只是一般意义上的,绝非“保守国家秘密”也无可置疑。

第三,该复查意见认定:“(蔡惠林所写的材料)……多处提供了产品的技术关键、发展规划以及重要的技术背景材料等等。”这不是事实。鉴定不能具体地举出例如哪项产品的哪点“技术关键”等,足可从侧面证明我们的论断。我们在一审的审理过程中,曾向法庭明确说明:“值得提请法庭特别注意的是:已公布的‘新’工艺,蔡……概未涉及。”我们坚持这个符合实际的论断。

以上是对于复查意见坚持“维持原密级鉴定”的主要“理由”提出的否定意见或者质疑。

经查,该复查意见援引的法律性文件是《化学工业国家秘密及其密级具体范围的规定》,并具体说明了这个《规定》的第 2 条第 3 项第 1、8 目。我们研究了这个《规定》以及化工部随后发布的《实施〈化学工业国家秘密及其密级具体范围的规定〉的有关说明》,结合本案案情,认为复查意见涉及的有两个问题“都没有解决”,有待于我人民法院依法断定:

第一点,该《规定》确认的“秘密级事项”,其中有一大类是所谓“尚未公布的……资料”。我们的问题是:“具有公布职权的国家机关、部门尚未正式公布的事项”(见《有关说明》第 2 条),却被另一同样具有一定权威的机关、部门标价发售了,在市场这个大海中“流通”了,这种矛盾结出的“不幸的”果,让那按照标价买入的不幸者来承受,这违背了市场经济的法则,不符合我们的法制原则,恳请明断!

第二点,上引的《规定》确认的“秘密级事项”中的另一类是所谓“关键性技术”。我们的问题是:全国的化工行业为数甚多,绝非每一行业都有所谓应视为“国家秘密”的“关键性技术”。从本案的案情出发,指控涉及的化工行业统统属于“民用”,其中的最新工艺、尖端技术无不来自“引进”,而且在国际上不属于“秘密”。由此可见,复查意见援引的《规定》,并不切合蔡案的实际。值得思考的是,在复查意见中，完全没有提及“染料、有机颜料、助剂、中间体”的问题，应当说，同我们提出的问题是互相吻合的，即其中并无“关键性技术”可言。

关于“复查意见”作为鉴定即作为一种证据，我们的否定性意见要如上述。为了进一步地说明指控蔡惠林“泄密”不能成立，再从正面陈明以下事实和意见：

1. 关于“染料、有机颜料、助剂、中间体”：蔡惠林告知谢家泽的材料，早于1991年就被《化工商品报》《中国染料通讯》《染料工业消息》《精细与专用化学品》等刊物公开发表，十分详尽。

2. 关于“苯乙烯和醋酸乙烯”：蔡惠林材料中涉及的资料，分别引自书市可得的《中国石油化工总公司年鉴（1991）》、《化工百科全书（二卷）》、《有机化工原料通讯》等刊物，视之为“密”，悖于情理。

3. 关于山梨酸和山梨酸钾：蔡惠林材料中涉及的资料，分别出自《有机化工原料通讯（第二、三期）》《石油化工快报（有机原料）》《日用化工原料手册》《精细有机化学品技术手册（下）》等刊物，公开流传，传播甚广，硬定为“密”，过于武断。

4. 细查侦查机关指控蔡惠林“泄密”所涉及的材料共三份，其中的事项与数据都不是化工领域中的重要数据、敏感资料，没有也不可能危及化工行业的利益；这些材料无一不是介绍性的，不是科学技术中的秘密事项，不涉及技术秘密，不会危及国家安全，无损于国家利益。退一步说，对于这些民用化工产品来讲，即使一些常用、常见的数据在“改革、开放”的过程中曾被作为内部掌握的数据材料，也不可以视同“国家秘密”，有人在商务往来中予以介绍，应视为适应形势的客观需要。这个见解，不仅有法律上的依据，而且实践中有例可循，著名的吉林化工总公司前任负责人与外商谈判“三十万吨乙烯”项目中的“泄密”事件经过侦讯，调职了结，就是很恰当的一个参照实例。总之，把蔡惠林“整理”的材料定为“秘密”，有其难以解决的矛盾，提请依法公断。

5. 我们认为，司法鉴定，不论出自哪一级权威的部门，它都只是一种证据；人们对证据质疑，是一项重要的诉讼权利，法庭依据相关资料对其证明力加以审核并作出独立的判断，则是一项司法权力。总而言之，任何鉴定都不能由作出结论的部门“定”了就算数，这是毋庸置辩的。基于这些，郑重建议法庭对上引的“复查意见”予以审核，得出定论，以维护被告人的合法权益。

（二）关于证人证言。

一审判决认定“经审理查明：被告人蔡惠林……搜集、整理并提供了……三份秘密级资料给（赫斯特）公司……从该公司得到酬金8000美元”之后，笼而统之地断言：

“上述事实，有……谢家泽等（三）人的证言在案佐证。”对此，我们又有以下几点质疑：

1. 从整体上说，一审判决没能认定哪位证人的证言证明了哪一项“事实”，或者是三人都能证明判决所列的“全部”事实。因此，所谓“在案佐证”之说，尽管语意肯定，其证明力却极其微弱，不具有说服力。

2. 关于史献平证言：我们在一审审理中着重陈明，被告人从史处借得的文件未标明密级，而侦查机关提交作为证据的文件又印有“秘密”字样，那么，这个文件究竟有几个文本？蔡从史处借的那份，已由侦查机关扣押在案，何以不作为原始书证提交法庭？

有必要重复地申明：有关部门在其密级鉴定的“复查”中，对于史献平借给蔡的材料中涉及的内容并未具体地作出结论。

据此，我们有理由指出：史献平证言不能证明一审判决中所认定的如上述的事实。

3. 关于马国华证言：查一审案卷的第二册第59页，马国华的证言是：蔡惠林在他们那里买过《国内化工产品近期需求预测》这本资料，该资料据马证：“……从出版第一本开始就卖了。”

事实是这样明白：仅止于证明卖给资料，显然未能证明一审认定的如上述的事实。对此，恳请二审予以详查。

4. 关于谢家泽证言：谢的证言与被告人的辩解这两种证据之间，互不一致，矛盾突出。我们依据刑事诉讼法的规定要求质证，一审不予采纳，不料却以谢证作为定案依据，这违背了证据运用的基本原则，不是实事求是的态度，应予否定，无可置疑。

以上各点，是我们对于一审判决的证据问题所作的辨析，这些问题，关系到本案的定性，相信二审能以明察，并得出正确的判断。至于一审判决把蔡的正常工作报酬，极其武断地定为“赃款”，这是连起诉书都没有的不正确提法，虽非主要，毕竟失实，应请纠正。

二、一审判决“认定……辩护人的辩护意见缺乏事实”，此论应属臆断。姑且不论我们的当庭发言，我们在庭上呈交法官的书面证据涉及指控被告人有罪的全部问题，共有四十余页，有力地支持着指控失实、被告无罪的论点，这怎么能说是“缺乏事实”？我们请求将这四十余页的证据材料移交二审，附入正卷，以备审查。一审对于如此重要的证据，持回避立场，于法不合，应请补救。

一审判决还“认为……辩护意见缺乏法律依据”，此说也不符合实际。我们的辩护词，不仅陈述了、论证了与本案有关的事实，而且有根有据地提出了法律见解；我们依据《保守国家秘密法》第 2 条、第 8 条，以及《保守国家秘密法实施办法》中的相关条款，具体地分析了案中的法律适用，既从反面依法说明公诉人援引《关于惩治泄露国家秘密犯罪的补充规定》的不准确性，又从正面举出了与本案实为一体的谢家泽行为的实例，说明对谢的处置原则应依宪法原则同样地适用于被告人蔡惠林，否则，何以体现“法律面前人人平等”的神圣宪法原则？凡此诸条，不都是“法律依据”吗？怎么可以那么轻率地把“有”演化为“缺”呢？

三、一审判决“认为，被告人蔡惠林……（的）行为已构成为境外机构非法提供国家秘密罪”。我们不得不指出，这个认定，仍然没能说出被告人的犯罪动机、目的和手段，没能论证“情节”的性质，更讲不出犯罪行为是否造成了什么样的危害结果。总之，既缺乏犯罪的客观要件，又缺乏犯罪的主观要件，从而也就不可能判定那依法必须具备的两种要件的统一。唯其如此，也就划不清罪与非罪的原则界限。而我们主张被告人无罪，既有“根据”，又合“准绳”，相信终能被我人民法院采纳。我们请求二审连同我们的一审辩词一并予以审查。

四、我们既有义务维护国家法律的正确实施,也有责任通过辩护实务促进国家建设事业的蓬勃发展,为此愿以急切的心情再次陈述一个并非不重要的观点:本案被告人是我们自己培养出来的专家,在我化工系统中是一个难得的人才,我们不可以轻率地把这个积极力量化为一种消极的因素。诚然,他于退休之后未听从劝阻应聘于德国赫斯特公司,违背了组织原则,但这毕竟是党内教育或者行政处分的问题,不应该升格扭曲为刑事问题而绳之以法。我们认为,他在一审法庭上所作的陈述是真诚的,因而绝不怀疑,他于案结之后仍能振作精神,做出贡献。我们相信二审能对全案的各个方面都作出具体的分析,从而得出准确的判断,我们盼望二审的公正性。

一九九四年七月三十一日

诉 讼 文 书

起诉书(摘要)

被告人蔡惠林,为境外机构非法提供国家秘密一案,经安全局侦查终结,移送本院审查起诉。现查明:

蔡惠林于 1992 年 12 月间擅自去德国赫斯特公司驻京办事处工作。其间,应该公司雷曼、谢家泽等人的要求,先后提供了《1992 年染料、有机颜料、助剂、中间体生产计划》的主要材料、《中国的苯乙烯和醋酸乙烯生产》、《中国的山梨酸和山梨酸钾生产》(均为秘密级)提供给该公司。蔡惠林先后从该公司得到顾问费 8000 美元。

上述事实,有证人证言、书证及鉴定证据等证实,事实清楚,证据确实、充分,足以认定。本院认为,蔡惠林为境外机构非法提供国家秘密,构成犯罪,提起公诉,请依法惩处。

一九九〇年二月三日

判决书(摘要)

被告人:蔡惠林,法国埃尔夫阿托公司驻京办事处顾问。

起诉书指控被告人于1992年12月非法向德国赫斯特公司提供三份秘密级材料。

蔡惠林辩解他"所提供的情况、数字全是从公开资料上查询的,不是泄密行为"。律师认为蔡为赫斯特公司提供的材料数字均不属于国家秘密,不构成犯罪。

经审理查明:蔡于1992年10月应赫司特公司要求,先后搜集整理并提供《1992年染料、有机颜料、助剂、中间体生产计划》《中国的苯乙烯和醋酸乙烯生产》《中国的山梨酸和山梨酸钾生产》三份秘密级资料给该公司。蔡先后得到酬金8000美元。

上述事实,有书证、物证、鉴定结论及证人史献平、马国华、谢家泽的证言在案佐证。本院认为,起诉书的指控事实清楚,证据确凿。蔡的辩解和律师的辩护缺乏事实和法律依据,不予采纳。

判决:蔡惠林犯为境外机构非法提供国家秘密罪,判处有期徒刑三年。查获之赃款,予以没收。

一九九四年六月十日

法院刑事裁定书(摘要)

……经审理查明,蔡惠林于1992年10月到德国赫斯特公司驻京办事处担任顾问。应该公司要求先后搜集、整理并提供了《1992年染料、有机颜料、助剂、中间体生产计划》等三份秘密级资料给该公司,并获取酬金。上述事实,有国家保密局、化工部保密委员会的鉴定结论及证人史献平、马国华、谢家泽的证言佐证,蔡惠林亦供认不讳。

本院认为,上诉人蔡惠林违反保密法规,为境外机构非法提供国家秘密,其行为已构成犯罪,应当依法惩处。蔡惠林所提他所提供的资料都是公开性的、不属国家秘密的上诉理由,不能成立。辩护人提出蔡提供的数据资料不属于国家秘密,认定蔡犯罪的证据不足的意

见,没有法律和事实依据,不予采纳。原审判决,定罪和适用法律正确,量刑适当,审判程序合法,应予维持。裁定如下:

驳回上诉,维持原判。

一九九四年八月十九日

11. 庄学义“玩忽职守案”

案 情 简 介

庄学义，南京林学院毕业，自愿到大兴安岭工作，长期在基层坚守岗位，“文化大革命”后被选拔为大兴安岭林业管理局所属图强林业局局长，忠于职守，成绩显著。

1987 年 5 月 7 日，漠河林区大火迅速蔓延，20 点，庄乘车察看火情，20 点 25 分到达所辖的育英林场时，两股大火扑来，其势迅猛，育英行将被吞没。庄当即指示育英林场副场长曾凡金动员群众撤离，并电告图强本部火势严重应立即采取相应措施。然后“匆匆离开育英”，撤离途中积极组织群众疏散，在碰见曾凡金时，命其即奔图强本部报告火情。

有关部门认为，庄的行为属于失职，因为他不留在育英部署灭火救灾，又放走了育英林场防火总指挥曾凡金，致使群众“失去组织领导……于 20 点 40 分左右，先后相继烧死和窒息死亡 43 人，经济损失 2377 万余元，损失惨重”。对此严重后果，他负有直接重要领导责任。为此指令检察院提起公诉。

审理中，控、辩双方辩论激烈，辩方坚持庄学义无罪，但被合议庭否定，判处庄有期徒刑三年。庄不服上诉，二审维持原判。

17 年后，终获平反，改判庄学义无罪。

辩 护 词

一审辩护词

审判席：

我们参加今日庄案的诉讼活动，心情既复杂又沉重。因为——

第一，这是一个原本极其简单但却被人为地复杂化了的案件；

第二，我们面对的不仅有尊敬的公诉人和法庭组成人员，而且有蒙受了巨大自然灾害的大兴安岭人民。作为普通律师，我们既要面对法庭履行职责，请法庭审查；又应面对我们的人民讲出真情实感，请人民评判。

我们先就起诉书发言。

起诉书在它的最后提出了一个有关本案的重要命题：“庄学义在‘五·七’大火中，不认真履行其局长的职责。”这个命题显然含有两层意思：一、庄学义作为局长，应履行他的职责；二、他在整个“五·七”火灾中，都应认真地履行他的职责。根据这一实事求是的分析，无可争辩地揭示了起诉书（连同公诉词）的不合情理，因为在它们的字里行间始终未见庄学义在整个“五·七”火灾中作为局长的全部活动，而只是摘取了一个不大的片段。这就不可避免地产生了片面性；片面性不会产生说服力是无须证明的。

关于起诉书摘取的片段，它概括为七个字，即“庄学义育英之行”。而后针对此“行”作了具体描述。起诉书的这些描述，在一系列关键性情节上，也就是在事实上，或者是不真实的，或者是不准确的，我们先举出以下几点为证：

第一点，起诉书说：庄学义5月7日8点25分左右到达育英林场办公室门前，“整个育英面临被大火包围吞噬的威胁”。这里，把火区的范围划定为“整个育英”，是准确的；其错误在于，所谓“面临被……吞噬的威胁”，与实际不符。通过庭审调查，连同全部案卷材料，大量的证言证实,起诉书所说的“八点二十五分到达育英林场办公室前”的那个时候,甚至贮木厂连同贮木厂办公室都已被大火吞噬了,其他地段的火情可想而知。按照当时科学测定的大火以每秒15公尺即每小时45公里的推进速度,真正面临被吞噬威胁的不正是图强局本部吗?

这一点,按照起诉书的思路,可以说是衡量庄学义行为的是非、功罪的一个关键,因而不容含混。

第二点,起诉书在肯定庄于育英向曾凡金布置工作后,指出他“先后两次向党委书记报告育英火情并提出图强应采取的措施,然后便驱车前往综合厂方向,在铁路道口东侧停车,观看一下火情,于八点四十分左右匆匆离开育英”,“仅在育英停留15分钟时间”。

这段指控,是庄学义当时三个行为的概括,即一、通报了火情;二、提出了措施;三、驱车继续查看火情。可是,在当时那种大火天降的危急时刻,他的这三个行为有什么可以指责的呢?这三个行为与所谓犯罪又有什么联系呢?看来问题在于“匆匆”离开育英。起诉书就此做出的判断我们有两点不能同意:第一,“离开育英”这个概念是含混而不精确的,因为在庄离开林场办公室直到他一路疏散灾民、疏通要道的九拐、蘑菇树乃至“鸡场”等地方,统属育英辖区,他在辖区之内奋力做了那么多组织工作,使许多人脱险离开火海,业经庭审调查核实,这怎么能说是“离开”育英?第二,在大火肆虐、烈焰扑人的极端危险时刻,所谓“匆匆”,正是机智聪敏的指挥员形象,难道大火压顶还非得“慢吞吞”地才算坚守岗位、才称得上指挥若定吗?遇事“慢慢来”是恶习,会贻误事业,起诉书的这个指控不能成立。

第三点,起诉书说,庄在育英向“曾凡金询问一下火情,只简单地让曾广播喊话通知群众疏散”。

这个指控中也包含着庄的三个行为,即一、询问火情;二、布置喊话;三、通知疏散。这些行为,不论当时还是现在,应当说都是无可非议的。按照指控,问题出在“只简单地让曾喊话”。可是,在那烈火突来、人力难挡的情势下,这“简单地”三字不正说明庄学义作为指挥员的果断与高效？如果在那时还要按部就班地例如开个首长会；首长动员，分领任务；制定落实，而后贯彻执行，这自然不简单了，但行得通吗？我们不得不指出，为什么面临大火的“此景”还非得“复杂化”不可，“此时”搞点简单究竟何罪之有！

第四点，起诉书指控庄“没有亲自去各单位部署抢险救灾”。我们不再复述证据材料，仅就起诉书本身所承认的，庄在向党委书记通报火情对图强防火、救火做了部署之后，“便驱车前往综合厂方向”，并“在铁道口东侧停车，观看火情”。我们要问：驱车前往，算不算“亲自”？综合厂是不是“单位”？观察火情是不是为了“部署抢险”？至于“各单位”，当时已陷入火海，摄氏千度以上的高温热浪，伴着每秒15 公尺的超高速火势，漫说庄学义，试问谁能一一亲临？谁又能在大火突降，于是各自为战甚至人各逃生的特殊情况下，去进行什么组织部署呢？

第五点，起诉书指控庄“放走了育英地区防火总指挥曾凡金”。很明显，这里采用的手法是“一石二鸟”。一面说曾逃跑；另一面说庄放走了曾。曾是否“逃跑”，另案审议。说庄“放走了”曾，却不得不辩：所谓“放走”，关键在于让曾走向哪里，去干什么？庄命曾驾轻骑急速奔向图强直接报警，使图强一万五千之众有所准备，这难道不是为了抢险防灾？这难道不是积极的救火行为？这难道不是一种在特殊条件下的唯一可采取的正确权宜措施？这里有什么可以指责的呢？

令人不解的是，起诉书一方面承认庄是局长即防火总指挥，另一方面又不承认这位总指挥可以命令部署曾凡金亲赴图强报警，让去就是放人逃跑。这让总指挥如何履行他的职责呢？我们的观点与起诉书的指控之间的分歧，焦点在于曾的出走育英是否必要。我们综合庭审调查核实的证据，得出这样的判断：曾当时出走，显然是为大火所迫，同时又是进一步救火救灾的需要；既是被迫的，又是必要的，无可指责。

审判长，以上并非起诉书中的不实、不足之处的全部；这里指出的五点已足能证明一个无可争辩的事实：这个起诉书在它的根本方面是全然站不住的，理应被人民法院依法驳回。

下面针对公诉人发表的公诉词，提出我们的见解，这将是我们辩护的基本论点和主要论据。

直截了当地说，公诉人发表的公诉词中回避了两个非常重要的问题：一个是，“五·七”火灾对于图强局来说，实是意外的天灾，非人力所能抗拒；一个是被告人的行为到底有没有社会危害性。

关于第一点，考虑到这是公认的事实，相信法庭能够予以充分注意，这里暂不详细陈述。

关于第二点，我们认为，法学常识告诉人们：对刑事被告人定罪的根据，只能是他的行为是否具有社会危害性，而人的行为是否具有社会危害性是客观的，不应因公诉人的主观意念，或某位领导人的意志，或者新闻报道的宣传需要而有所改变。因此，对庄学义能否加罪，应看他的行为是否符合上面提及的刑法学原理，是否符合犯罪的概念以及犯罪构成的要件，绝不能迁就，更不应照顾与被告人行为的“社会危害性”问题无关的外在因素。如果不是坚持这条原理原则，而是顾及或者虑及其他因素，这样处理的案件绝经不住人民的检验！绝经不住事实的检验！历史终将证明：这是错误。

我们不想讳言，任何检察机关，乃至所有的司法机关，不论古今中外，都难免错案。但是，我们的制度的优越性在于，我们绝不故意制造冤案，而且一旦发现了错误，一定能及时纠正。如果能够防错误于未然，那当然是上策。

然而必须指出，听了公诉人的公诉词，使我们不能不预感到：有的同志，在庄案上将决心沿着明知是错误的小道走到底了。这就清楚地说明，以法治国，在我们国家还要经历多么艰难的历程。粉碎“四人帮”十二年了，可我们的冤假错案并未绝迹，作为法律工作者，难道我们真的听不到民间的冤情和怨声！尊敬的公诉人同志，冤情一多，民心易失，这才真正是你们说的政治影响极坏的事。古往今来，这方面的教训太多了，我们能不认真考虑吗？

就庄案而言，针对公诉词中提出的论点和论据，我们不得不提请考虑几个问题：

一、在庄可以不入火区的情况下，主动奔赴漠河，这是不是忠于职守？

二、庄不去漠河，不会被大火困于育英；如果他不到育英，而是坐镇局本部，他对育英大火还应承担责任吗？

三、庄撤出育英林杨，边撤边组织群众疏散，绝无逃跑行为；如果公诉人不能否认这是事实，这样的边退边战算不算忠于职守？

四、庄退守的方向是图强，即林业局的中心，那里有万余居民，上亿元的财富，他作为局长，考虑了全面情况，作出了力保中心的决策，这种战略上的转移，这一临危未乱的果敢决策，是不是忠于职守？

五、公诉人一面要求庄作为局长应认真履行职责，一面对他奋不顾身抢险救灾的尽职行为一概抹杀，试问：这怎能量出庄究竟是玩忽了还是忠于了职守？

六、公诉人引用黑龙江省政府的《春季护林防火命令》论证问题，可是，按照那个文件的规定，庄又有哪一点做得不对？没有，一点儿也没有。大火之先，图强没有火险，没有火情，甚至没有火源。庄本人五日公出归来，六号就上山组织防火。尽管我对大兴安岭的干部情况没有调查，没有发言权，我还是想问：这种单位，这样的干部，在大兴安岭究竟有多少！众所周知，图强是受害单位，来自漠河的那么猛烈的大火，自始至终没有得到起火方面的通报，这算不算失职？何以无人追究？而庄学义则不同。他对友邻及时通报了火情，使之有备，这难道是玩忽职守者办得到的？图强受灾最重，图强领导人受到的待遇又最不公平，这不必讲法，连起码的公道都不讲了，我们怎敢赞同？

审判长：我们的党和人民在复兴灾区的严峻时刻，亟须人才，我们从庄学义的一贯政绩和救火事迹中，绝不怀疑，这是林区的难得人才。一个党的儿子在火海中尽了职责却被投入另一个可能是永劫不复的“火海”，这怎么可以呢？我们还不得不指出，大兴安岭的这场火灾，事后却让无辜的小人物承担如此重大的罪责，这合适吗？合法吗？公诉人说，他当时“有时间、有条件、有人力物力”抢救育英。关于时间条件,我们已经陈明,至于人力物力,也许我们富有人海,可是,请问我们现在有没有足够的物力来防、救去年那样的大火?试问去年的“物力”又在哪里?

总之,庄学义是无罪的!我们的法院对于忠于职守的好干部,不会加诸罪名,给予苛待。请予审查,请予考虑。

一九八八年六月十四日　加格达奇

诉讼文书

起诉书(摘要)

被告庄学义因玩忽职守一案,由黑龙江省委交办。现已侦查终结,查明被告人庄学义犯罪事实如下:

庄学义于1987年5月7日20点过后,会同林业局防火办公室主任赵某乘伏尔加前往西林吉方向察看火情,20点25分左右到达育英林场办公室门前。当时两股大火正从西北和西南方向烧进育英地区。边缘地带的建筑设施已经相继起火。整个育英面临被大火包围吞噬的威胁。庄向育英地区防火总指挥、育英林场副场长曾凡金询问一下火情,只简单地让曾用广播喊话,通知群众疏散,之后,便进林场调度室,用调度电话先后两次向局党委书记迟仁泰报告育英火情,并提出图强应采取的措施。然后便驱车前往综合厂方向,在铁道口东侧停车,观看一下火情,于20点40分左右即匆匆离开育英,返回图强,仅在育英停留十五分钟左右时间。在返回图强途中,在距育英37公里处遇曾凡金骑摩托车朝图强方向逃走,庄不仅未加制止,反而令其去局调度室报告火情。庄学义育英之行,经查犯有如下玩忽职守行为:

一、庄学义在大火即将吞噬育英的严峻时刻,除到林场办公室外,既没有用电话与当地其余三个科级单位等联系,也没有亲自去各单位组织部署抢险救灾,而是匆忙返回图强。

二、庄学义于返回图强途中，见育英地区防火总指挥曾凡金脱离指挥岗位，骑摩托车驮人向图强方向逃走时，理应制止，令其返回育英组织群众疏散与抢险，而其相反，却令曾快去林业局找迟书记报告火情，不仅自己不在育英组织指挥，又放走了育英地区防火总指挥。

由于庄学义上述失职行为，致使育英地区职工群众在"五·七"火灾中，失去组织领导，无人指挥群众抢险和疏散，损失惨重。于20点40分左右，先后相继烧死和窒息死亡四十三人、伤十九人，经济损失2377万余元(原值)，使本应避免和减少的伤亡与损失而未能避免。对此严重后果，庄学义负有直接重要领导责任。

被告庄学义在"五·七"火灾中，不认真履行其局长的职责，已构成玩忽职守罪。故提起公诉，请予惩处。

二审裁定书(摘要)

本院依法组成合议庭，对本案进行了审理，现查明：庄学义刚到育英林场时，只是场区边沿地带起火，林场、贮木场、路电队三个单位的办公室，以及银行、粮站、物资分库等派驻单位和大部分居民住宅均未起火，大量群众尚未疏散；庄学义离开图强时，已让党委书记坐台指挥，到了育英林场之后，又两次用电话向图强通报火情，并对图强的抢险疏散提出了具体安排意见，而当时图强林业局辖区内仅有育英林场进火，恰恰是育英林场更需要加强领导和指挥。放弃了对育英的指挥，就是放弃职守。庄学义明知曾凡金是育英地区防火总指挥，应当预见到曾凡金脱离指挥岗位可能产生的严重后果，而对曾凡金的逃跑行为未加制止，这是明显的渎职行为。庄学义在返回图强后所做的工作，不能成为在育英不构成玩忽职守罪的理由。庄学义所提上诉理由均不能成立。一审判决认定的事实清楚，证据确实、充分，适用法律正确，量刑适当，审判程序合法，经本院审判委员会会议决定，驳回庄学义的上诉，维持一审判决。

终审裁定书(摘要)

上诉人庄学义不服一审判决提起上诉,本院依法进行审查,现查明:

"……庄学义刚到育英林场时,只是场区边沿地带起火,林场、贮木场、路电队三个单位的办公室,以及银行、粮站、物资公库等派驻单位和大部分居民住宅均未起火,大量群众尚未疏散,庄学义离开图强时,已让党委书记坐台指挥,到了育英林场之后,又两次用电话向图强通报火情,并对图强的抢险疏散提出了具体安排意见,而当时图强林业局辖区内仅有育英林场进火,恰恰是育英林场更需要加强领导和指挥……"放弃了对育英的指挥,就是放弃职守;庄学义明知曾凡金是育英地区防火总指挥,应当预见到曾凡金脱离指挥岗位可能产生的严重后果,而庄学义对曾凡金的逃跑行为未加制止,这是明显的渎职行为。庄学义在返回图强后所做的工作,不能成为在育英不构成玩忽职守罪的理由。庄学义所提上诉理由均不能成立。一审判决认定的事实清楚,证据确实、充分,适用法律正确,量刑适当,审判程序合法,经本院审判委员会会议决定:驳回上诉,维持一审判决。

一九八八年九月三日

*此案一审判决与二审同,略

12. 陈峰“玩忽职守案”

案情简介

陈峰,1984 年参加消防工作。1993 年在事故现场积极抢险,受伤致残,立一等功。2001 年任深圳龙岗公安分局一大队一中队队长,工作出色,数次立功,年年受奖,是消防战线上的标兵式典型,著名的消防英雄人物。

深圳舞王俱乐部,2007 年迁址龙岗区。装修过程中,一直没有通过消防检验,亦未采取有效整改措施。负责人王静擅自开业。2008 年 9 月 20 日夜场表演,天花板加装的易燃隔音海绵着火,引发大火,导致 44 人死亡,64 人受伤,损失惨重。

本案火灾事发,公安局拘捕龙岗消防一大队主管消防的副大队长,不料两周之后突然放人,同时改将该大队所属一中队队长陈峰拘捕,以“玩忽职守”罪交由检察院提起公诉。一审法院无视事实,判处陈峰有期徒刑 6 年。

我们介入二审程序。依据调查所得,力主陈峰有功无罪,舞王俱乐部的“消防监督检查”的职责依据有关规定的条款,完全归属该“一大队”,实际情况也正是一大队自始就介入该项事务,惜未认真履行职责。就陈峰及其中队而言,则“完全履行了职责”,根本不发生“玩忽职守”问题。

二审枉法裁决,维持原判。陈峰家属申诉,省高院虽然听取了家属的意见,但至今未下结论,拖延不决。陈峰仍在服刑。在狱中表现极好,受到狱方一致好评。我们将为申诉,继续尽力提供帮助。下面是我们的二审辩词。

二〇一一年九月十八日于北京

辩　护　词

二审辩护词

深圳中院陈案合议庭，

王审判长：

参加陈峰“玩忽职守”上诉案讼事，作为律师，深感困惑。委托我为之辩护的上诉人，在消防战线上苦苦奋斗二十五年，历经艰险，不惜血汗，四次立功，屡屡受奖，曾因扑灭大火伤重致残；他领导的中队同样因业绩卓著，几乎年年获得荣誉称号，堪称消防系统的一面旗帜，深圳的骄傲。“九二〇”大火突发，陈峰正在休假，闻讯急奔现场，组织救援，甘冒生命危险，亲临前沿，为及时灭火减少损失做出了突出贡献。凡此种种，众所周知，有案可稽，有证堪查。孰料一夕之间，情事骤变，功臣勇士竟被控为“玩忽职守”，判刑六年，沦为冤囚。是非颠倒，公平尽失。细查判词断定的缘由，处处漏洞，不能自圆其说，陈峰获冤实属代人受过。官场混浊污染神圣审判，天理泯灭，法将不法，正义公正，徒余空言。于是不得不针对谬误，逐一辩驳，还事件以公正，复原上诉人的清白与荣誉，维护法律的正义与尊严。

先辩事实的认定与法律的适用

一审认定的基本事实是：2007 年 4 月，王静以舞王俱乐部名义申请经营歌舞厅，租房装修，消防验收尚未合格即开业经营，“有关部门竟未依法落实监督责任”。（引号内文字出自一审判词，下同）

2008 年 9 月 20 日，歌舞厅表演节目，演员射出的烟花弹产生火星，引燃舞台顶棚吸音海绵引发大火，酿成巨灾。经调查，定性为“经营过程中的安全生产责任事故”。那么谁应对此重大事故承担责任？一审完全支持检方的观点，认定：“陈峰是（消防）中队辖区内防火监督的第一责任人”，而“消防中队……在辖区内……对所有单位进行监督检查，对安全隐患进行查处，对未经审批的装修工程进行处罚，并责令其到大队补办手续”。据此断言“陈峰身为国家机关工作人员，虽履行了部分职责，但其对消防安全检查工作未落实到位，未采取整改、责令停业等措施，未完全履行职责，存在失职行为，致使舞王俱乐部在未通过消防验收的情况下，长期违法经营，而发生特别重大火灾事故”。

上述认定，过程大体不差，但结论过于武断，更因其漏未涉及以下各项与定罪有关的重要问题，因而不能据以判断陈峰有罪。略加综合，分述如下——

第一，考察行为是否失职，是否构成“玩忽职守”，首先要弄清“职守”即职责何在及其归属。在本案中，主要是分清消防合格的审核和验收职责应由谁承担。对此请看规定：

（一）公安部第 30 号令：“公安机关对建筑工程的消防监督审核实行直辖市、副省级市、地级市及其辖区（市、县）两级和地区（州、盟）及其所辖县（市、旗）两级公安消防监督机构分工审核制度。”（第 13 条）就本案而论，即只有深圳市消防局和龙岗区消防大队有权实施消防监督审核。

（二）再据公安部公通字（1997）19 号文件明定的“谁主管、谁负责”的原则，审核之后的验收自然应由审核单位总负其责。

（三）同样重要的是，龙岗区消防大队正是依据上述规章，于 2008 年 3 月 28 日公布实施了《十大工作职责》，明确规定：“对辖区申报内部装修的项目进行审核和复查”以及“对验收不合格的项目进行整改”都是大队职能部门的职责。

总之，依据规定，消防合格的审核验收的职守归属消防局和消防大队。事实上也正是龙岗大队对舞王俱乐部进行了验收，执行了上述各项规定。控方其实对此也有明确的结论，即“2007 年 10 月，龙岗消防大队根据舞王俱乐部的申请对其进行了装修工程竣工消防验收”。（见龙检刑诉 413 号《起诉书》第 8 页）然而不知何故控方在陈案中竟放弃了这个难得正确的结论。尤其令人困惑不解的是，证据表明：大队对舞王明明三次验收，但控方在诉讼中只提供了该大队首次验收不合格的证据材料，而对于后两次验收的情况和证据则匿不提供。一审对此默许不查。姑且不论其中不无失职之嫌，我们有理由质疑：这到底是为了什么？无情的事实恰如“法医鉴定，44 名死者均系在火场中吸入一氧化碳中毒死亡”。（见龙检刑诉 413 号《起诉书》第 9 页），即由于大厅顶棚的吸音海绵散发的有毒气体所致。可见其中有“弊”，何人在“舞”为何一句不提？我们要问：三次验收都没能发现这个极易发现的非正常情况，经营者竟敢把“吸音海绵”伪装成“石膏板”，怎么就能瞒过“验收者”的慧眼？这些情节，事关重大，罪责在谁，极易查明。一审不查，我们强烈要求二审补救，以利于核实真相。

我们的考察与说明至此可以达到一个毋庸置疑的结论：关于消防合格的审核和验收这项“职守”，上诉人陈峰可望而不可即，根本没有资格、没有条件玩忽。“玩忽职守”者确有其人，但被控方与一审枉法轻纵了。

第二，一审判决还说“根据陈峰的职责，陈峰所在的中队有权对舞王俱乐部进行消防监督检查”，武断地指责陈峰“对消防安全检查工作未落实到位”，凭空指责他“未完全履行职责”，于是“存在失职行为”。

我们首先要问：所谓“没有到位”，陈峰的“位”在哪里？怎样才算“到位”？卷中证据表明：陈峰为落实上级部署的“安全检查”做了大量工作，诸如大队要求“6 月 25 日前对辖区娱乐场所检查一遍”，陈峰当即批示：“两个分队各抽调一名监督员专门负责娱乐场所的检查，具体由陈捷队长落实。”他这样做算不算“落实到位”？一审辩方提供的一系列证据材料还证明，他在奥运之前的大段时间几乎每周召集一次专门会议“落实”相关的防火“安检”工作，这些做法算不算到位？

其次，二审法官不难发现，一审在这里采用了概念换置术，把法定的审核或审查换成了“检查”，一字之改，情况有变。二者的区别在于：前者是特定专项业务职守，由法定部门负责；后者属于经常性的监督职能，县级以下消防部门直至消防监督检查人员都有责任承担，例如龙岗大队的《十大工作职责》中就有“对辖区申报内部装修的项目进行检查”的规范。总之,检查不是审查,即使有责,实施日常检查也不等于有权做出专项审核。

还应指出:一审这个判断中涉及的行为,同时出现了两个主体,而又没有说明理由,一个是陈峰,一个是陈峰所在的中队。试问二者之中谁有权进行“监督检查”,还是都有权?如果都有,二者的职责是否相同?如有不同,又应怎样区分责任?还有,如果他所在的中队对此有专责规定,是否应当遵循?倘若这项专责另有其人,权且假定一审关于职责划分的说法有理,陈峰是否还应担责?一审对此未予考量或者公然回避,产生误判,势在必然。

第三,一审判定的陈峰“未采取整改、责令停业等措施”不属于陈峰及其单位的职责,已如上述,不作重复。至于“未完全履行职责”之说,因其不合情理,同样应予否定。所谓“完全”,指的无非是“完整与齐全”。而在消防这类专业性的活动中,限于客观条件和主观因素,谁敢保证事事处处都做到完整齐全?哪条法律有这样不合情理的要求?我们细查全部消防法规,绝无因未达“完全”的目标或者标准而追究当事者刑事责任的规范,一审之判不无枉法之嫌,实应纠正。

第四,还应指出:据一审判词说:“由于分管防火工作的副中队长”于2008年5月30日至同年8月31日请假,“期间的工作由陈峰代管”,表明陈峰防火有责。从字面上看,此说似乎公允,但实质上却含有三个问题应加辨析予以澄清——

(一)中队安排副职“分管”防火工作,出自上级的指令,陈峰曾召集会议传达执行,合法有效。

(二)既称“分管”,表明中队的整体工作素有分工管理。分管防火,意味着对中队的防火事务有职有权有责,主持全面工作的一把手只有尊重的义务,绝无“代行”的权力。但公诉机关和一审法官却强调“中队长是辖区内防火监督管理的第一责任人”,据此要求陈峰“履行防火监督和管理职责”。一审法官在这里又犯了偷换概念的错误:人们可以把中队长视为该队的“第一负责人”,但绝对不能称为“第一责任人”。重要的是,一审的说法不符合公安机关追究责任实行的

“谁主管、谁负责任”的原则（参见公安部《公安机关追究法律责任暂行规定》第2条），也不符合该《暂行规定》明示的，追究领导责任，“是指县以上公安机关内部各工作部门的负责人，或是受命执行某项具体警务工作、警务活动的临时负责人、现场指挥人员的规定”。（第3条）据此，即使有必要从消防部门内部找出领导责任，也只能从龙岗大队及其上级部门找起，有什么理由违反规定，把责任强行推给不该追究且无罪责的下级呢？

至于分管中队防火工作的副中队长在本案中有无行政责任，因与本案无关，不作评论。

（三）副中队长陈捷请假，工作由陈峰“代管”；陈捷销假，“代管”随之取消。他9月1日到职视事，14日亲赴舞王俱乐部巡查消防事务，可见中队防火工作及其职责仍由陈捷分管与分担应无疑义。因“历史上”曾经代管，就该永远地“代”担责任，世上哪有这个道理？这合乎哪家法律？

概括地说，一审判定陈峰犯“玩忽职守”纯属欲加之罪，根本不能成立，应予撤销，无可置辩。

再析“徇私舞弊”之判的证据瑕疵及其运用

一审判决说：公诉机关指控陈峰有徇私舞弊行为，理由有：“收受了王静的3000元钱；接受了王的宴请；收受了王的两瓶酒。”至于证据，一审说，“公诉机关提供的证据是王静的证言，以及王静本人书写的一张收据……王静证言一直很稳定，且考虑到陈峰的职权对王静经营的俱乐部有利害关系，故应确认”。一审断言“陈峰未认真履行职责，和接受钱财、接受宴请有关，（因此）陈峰存在徇私舞弊的行为”。

一审对相关证据的分析、论证和具体运用，有悖于实际，有的根本未经质证；所得结论，违反了法律。

第一，这项指控的核心问题是所谓“收受王静3000元”，证据则是王的证言与她写的“收条”。

先析证言。一审以“一直很稳定”为理由，虽属孤证也予采信。然而实际情况却是，她的几次证言无一次相同，而且疑点明显，矛盾突出。

第一次的证言内容是:钱,送给大队负责人,还有中队的陈副中队长(见检察卷2,第75页)。"副"字重要,表明与陈峰无关。

第二次,她说先到大队送红包,"然后我们(!)去了隔壁中队办公室,送给陈峰三千红包"。(见检察卷2,第73页)

第三次,换了时间、地点,连具体细节都有了戏剧性变化。她说,晚上七八点钟,她开车到了消防中队附近,电话约出陈峰见面,在等人时,她"把三千元装在一个利是封里,把利是封放在月饼或者是茶叶的盒子里交给他"。(检察卷2,第80页)

第四次的证言另有离奇之处。她说"2008年春节,我们一起喝茶,顺便在廖小姐酒行里买了两瓶XO,并把事前准备好的三千元用利是封包好,趁他们不注意,把包塞在装酒的礼品盒里,陈峰推辞了一下,也就收下了。"(检察卷2,第81页)

这里暂且不论王静书证中的说法与以上证言更是大不相同,试看这样互有重大出入的证言能认定为"稳定"而肯定其效力吗?我们认为,一审支持的控方证言恰能证明陈峰无罪,陈峰本人的辩解合于事理。一经质证水落石出,对此相信二审能够明察。

再析书证。卷有控方从王静处搜到的相关书证两份。一份是她的"领条",上有王注:"此便条是在2007年中秋我去陈峰办公室送他三千元的记账凭证。"另一份标明为"支出单",王静注的是:"此单是2008年中秋,我通过廖小姐转送给陈峰五千元红包的记账凭证。"一审判决在认定的"书证"第14项中附有说明:"拟证实王静于2007年中秋节,送给陈峰3000元,并曾宴请陈峰吃过饭。"其中未提及5000元一节。

对此,有以下辨析——

(一)以上书证,一审判词对其真实性、有效性未做一字论证,仅用"拟证实"之说肯定它的证据效力,这怎么站得住、立得稳,怎么可以用来治人以罪?

(二)以上书证,凡有陈峰名字处,都在其上摁有指纹,但这显然不会是陈峰指纹,那么,这是谁的?其实一经鉴定便见真伪,一审对此为何回避？为什么对作伪漏不审理？

（三）该书证的绝大部分文字都经浓黑颜色涂抹掩盖，仅保留了给陈峰红包一项，这样的书证无疑不具有证明力。

审判长：我们注意到卷存检方提交法庭的一份没有文号的《说明》，行文用“隐去”替代对“卷宗部分书证内容”无可掩饰的涂抹遮盖，跟着“说明”这样做是“因调查及办案的需要”，企图以此保持该证的效力。但这怎么行得通呢？调查与办案，只应完好地保全证据原貌，怎么会需要“隐去”其内容而且用的又是涂抹遮盖的方式！难道检方不知道这样做不论出自哪个机关都不无涂改、变造证据之嫌？而在办案实践中对这类行为应怎样处置，法有明定，是毋庸多议的。一审法庭对此居然未予质证，失误明显。这里需要着重提出的是：依仗权力搞假证是冤案丛生的一个重要原因，因此对于这份《说明》必须从根本上予以否定。我们建议二审严词驳斥，以儆效尤，兼正视听。

（四）其中通过廖小姐转送陈峰5000元红包一节，一审自始至终全然回避，但又不做应予否定的判断，这又是为什么？试想，如果此5000元不能肯定，那又依据什么理由肯定3000元一说？

（五）所谓王静“曾宴请陈峰”，与案中的其他证据有异。证人廖淑容证的是：两次酒楼吃饭，都是她“叫上陈峰”（检察卷2，第61页）。一审判决中的证言第8项写的也是：“有两次廖淑容请陈峰等人吃饭”，与廖的证言雷同。只是由于“考虑到陈峰是负责消防的，王静争着买单”，但王的此种举动并不能改变“廖请”的性质。王静宴请陈峰一说无证可据，不能成立。

（六）上引书证，恰恰证明着王静证言的虚假性，这又是断案之时应予考量的，相信二审定能充分注意。

两种证据辨析既毕，再就陈峰接受王静两瓶洋酒一事说明意见。

陈峰作为国家机关工作人员，先进工作者，消防战线的优秀典型，在与故人私下交往中屈从陋习接受礼品，是否有疵允许见仁见智。尽管我们认为不足为训，但这同“徇私舞弊”的过错甚至罪过又有原则区别：罪与非罪，界限分明。

诚然,一顿饭,两瓶酒,或可称"私";但无"徇"可证,无"弊"可"舞",则是不争的事实。起诉书对此无一句指控,一审就此无一项判处,足以说明。由此只能得出一个结论:一审明知"玩忽职守"之控难以成立,于是借助"徇私舞弊"作为该罪构成的重要条件。不幸适得其反,收到了抹杀犯罪界限混淆视听的恶果。简言之,无论彻查陈峰历史情况,还是衡量他的现实表现,他从来没有"徇私"的不良动机,更没有"舞弊"的不法行为,一审支持公诉人的错误指控,做出了颠倒黑白的判决,不予推倒,何能维护法律的尊严与司法的公正?

第二,一审在对证言做了罗列之后,断言:"考虑到陈峰的职权对王静经营的俱乐部有利害关系,(故)应确认陈峰收受王静三千元(属实),而对陈峰辩解,不予采信。"这是多么荒唐的逻辑!与王静的俱乐部存在利害关系重权在握的,上下都有,以陈峰所在的中队而论,主管防火负责人的职权与王静的利害关系就更为直接,王静在证言中又多次提到给他红包,试问为什么不按照一审逻辑定为"徇私舞弊"进行司法审查?这如果不出自轻纵,无疑是认为所谓"职权产生利害关系"之说荒谬无稽。

应当补充说明:舞王与污吏,确有人徇私舞弊,这有证可查;控方竭力掩盖,但无能灭失,更阻止不住一些人畏罪退赃。严重的问题是:对舞弊有证、徇私有据的腐败分子施加袒护,而对本案上诉人这样奉公守法廉洁从政的官员,却硬要拉入法网代人受过,这到底是代表谁的利益,究竟是为了什么?我盼望二审明断是非,拨乱反正,我们也一定会忠实于律师的职责,在办案的前提下为吏治的清明做出不懈的努力。

审判长:在辩词的最后,我们还不得不论及"危害后果"这个原本与陈峰的行为毫无关联的问题。一审判决在宣告火灾伤亡高达108人之后,硬说这个严重的后果"与陈峰未认真履行职责存在因果关系"。作为辩护人,只好陈明法理,再作申辩,以示对法院裁判权的尊重,以维护上诉人的权益。

第一,据一审判决的认定,起火原因是表演节目发射烟花弹产生火星，引燃了顶棚的易燃海绵。这本把引发“危害后果”的直接原因讲清楚了，符合实际情况，符合事务本身的规律性，也符合中央调查组做出的乃“经营中的”责任事故引发了严重危害后果的结论。但判决紧跟着又说“同时……有关部门未依法落实监管责任，致使舞王俱乐部长期违法经营”，似乎“危害后果”又由此而生。这就产生了三个问题：

1. “违法经营”且是“长期”，足证它不是引发火灾后果的“原因”。用“同时”一词连缀两种性质完全不同的“原因”，反映出既要加罪无辜又不理直的尴尬。

2. 判词涉及“消防中队”之处，从未隐讳，这里使用“有关部门”这样的模糊词语，恰恰能够说明，“有关”之中并不包括陈峰所在的消防中队；既不包括又为什么偏要以此来加罪消防中队？

3. 明知案件的“监管责任”在“部门”，又为什么硬要转嫁给所谓的“中队第一责任人”？

第二，我们注意到，一审判决在结论部分另有与上述认定不同的说词，即“陈峰身为国家机关工作人员，虽履行了部分职责，但……未完全履行职责，存在失职行为，致使舞王俱乐部长期违法经营，发生重大火灾事故，该危害后果与陈峰未认真履行职责存在因果关系”。这段判词，错误明显，具体说明如下：

1. 根据判决，陈峰未完全履行职责，表现在对舞王未通过合格验收之后“未采取整改、责令停业等措施”。但前已说明，一审提出的“措施”根本不是陈峰的职责，他无权“采取”，据此认定为没有履行职责纯属误判，目的在于故意加罪无辜。

2. 所谓火灾后果与陈峰没有“认真履行职责存在因果关系”，此判多有枉法之嫌。试问：从法律角度怎样衡量与确认是否“认真”？

一般地说，在一定岗位上履行职责，不实施非法手段，没有不法活动，就不会产生“危害行为”。至于是否“认真”，按汉语释义，“认真”的反义词应是“马虎”不是“玩忽”；而马虎或者不认真，属于行为的一种状态或者形式，对履行职责来说只反映“量”，不决定“质”，不认真的行为如无其他条件相配同样构不上“危害行为”。结合本案对于陈峰的指控与判处，即使他根本没有履行职责，其中如无非法情事，也仅属工作上的失误。而工作上产生失误的原因往往复杂，诸如制度尚未完善，管理存在弊端就是其中的主要之点，这些当然都属总结经验吸取教训的问题。联系本案情况，这些原因即使能够产生“长期违法经营”的果，却绝不可能引发火灾，应无疑义。概括地说，即使硬指陈峰有“没有认真履行职责”的所谓“危害行为”，这一“过失”也与火灾造成的损失恶果无关，即与火灾所生的“危害后果”没有刑法上的因果关系。

应当指出：危害行为与危害后果的因果关系，必须符合客观规律，不可以凭借某种推理中的思维联系强行断定，为此首先应当肯定，与“果”联系的“因”，只能是违反刑罚规范可能追究刑责的作为与不作为。具体地分析本案案情，陈峰所在的消防中队即使有人履职并未认真，充其量只是行政问题，有可能构成行政责任，但绝不是法律问题，不可能构成刑责。

综上所述，一审判决陈峰“玩忽职守”、“徇私舞弊”既无根据，又失准绳，应予推翻，重新改判。考虑到上诉人陈峰确无罪责，郑重建议合议庭准予取保候判，先行恢复其自由权利。

陈峰辩护人

北京市吴栾赵阎律师事务所律师　张思之

广东卫权律师事务所律师　李　磊

二〇〇九年六月十八日

13. 郭凯“玩忽职守案”

案情简介

1998年10月12日，辽西义县发生的民警枪击解放军事件，震惊东北。事件的起因非常简单，一些军人在酒店会餐过程中，不慎撞坏了店家灯箱，因赔偿数额的争议发生纠纷，民警接到报案前往解决，遭到围攻，案外人王英凡鸣枪，造成两死两伤的恶果后脱逃。虽下令通缉，至今未能归案。

检察机关先以“滥用职权罪”批捕王英凡所属的派出所所长郭凯，后以其事发当时未能“控制”王英凡“致使逃跑”，构成“玩忽职守罪”，提起公诉。此前还有五人作证断言郭凯开枪伤人，被科学鉴定否定。

郭案1999年6月16日开庭。由于郭凯是劳动模范，他领导的派出所被公安厅命名为“辽西第一所”，政绩突出，因而万人关注。当地有关部门的负责人士都出席旁听。郭凯的律师发表长篇辩护词，论证郭凯无罪，应即恢复工作。

7月7日，一审宣判郭凯无罪。检察院提出抗诉。

二审开庭，部队百余人列队持枪坐入旁听席，军容整齐，气氛紧张。法庭辩论异常激烈，律师全部活动一如其旧，针锋相对，威武不屈，驳倒了全部的抗诉理由。二审法庭虽然明知一审判决有理，但迫于压力，竟然宣告郭凯有罪。此件冤案，不知何日得平？

辩　护　词

一审辩护词

合议庭：

郭凯"玩忽职守"一案原本非常简单，十分清楚。事出于一些人在会餐过程中，不慎撞坏了店家灯箱，因赔偿数额的争议发生纠纷；民警得报前往解决，被酗酒者冲击围攻，实施暴力；案外人鸣枪，造成两死两伤的恶果后脱逃，至今尚未抓获。事发，在本地产生了极大的影响，案件有了一定的背景。公诉机关于是指控与开枪致人伤亡没有关系的派出所所长犯有"玩忽职守罪"，从事实和法律两个方面都提出了必须澄清的问题，从而形成了比较复杂的诉讼，要求我们不得不详予说明其中涉及的一系列问题。

我们首先就公诉机关陈述的事实予以辩驳，对起诉书的主要论据提出异议，从事实方面证明指控的错误，为郭凯辩——

先讲三个问题。

第一，根据起诉书，被告人郭凯在本案脱逃犯罪嫌疑人王英凡开枪之前，做了三件事：一、派民警李保友和尹勋东处理三友酒店报案的灯箱被损纠纷；二、自驾吉普车去三友处理问题；三、与军官张永明、李国斌一道，制止了在场人员的"争吵和撕打"，不使事态扩大。

姑且不论以上三件事中涉及的是非曲直，其中无一件与所谓"玩忽职守"有关，应无疑义。郭凯作为派出所所长，接获报案，立即派员前去处理；而后又亲赴现场，在发生异常的情势下，当机立断，与负责的军官一道制止了事态的恶化，当时并未造成不幸的恶果。所有这些，说明郭凯正确地履行了职责，根本不发生什么"玩忽职守"的问题。

还应指出，事发当天，是他的休息日。他因公出月余不放心所里的工作，惦念着同志，放弃休假到所视察。接到报案就立即采取措施积极处理。这是忠于职守的表现,同“玩忽职守”一点也不沾边。总而言之,指控不能成立。

这是第一个问题。

第二,根据起诉书,在逃犯罪嫌疑人“王英凡进到酒店大厅连开五枪”之时以及其后,被告人郭凯又做了些什么呢?

为了反映事件真相,我们先补充一个起诉书漏未说明的基本事实,即王英凡“进到酒店”并不是出于他人的派遣,不是执行公务。他来到三友,纯属个人行为,不是职务行为。特别是王英凡何时、为何事“进到酒店”,以及在场发生了何种程度的“争执”,郭凯自始一无所知。王英凡“进到酒店”后的一切行为,都与郭凯无关,只应由他个人负责。

再看郭凯听到枪声后做了些什么。据起诉书说,他从屋内跑出,马上抱住王英凡,果断地下了他的枪,并且细心地退出了枪膛中的子弹;几乎是同时,见有人倒地,便立即组织送医,亲自把最重的伤员抬上救护车,即起诉书认定的“伤员被派出所警车送往锦州抢救”。他当时采取的行动与举措,降低了、减少了产生更大恶果的可能性,无疑是积极的、得力的、有效的。试想,如果听任枪在王英凡手上而不夺得,将会产生什么样的恶果,真是难以估量!在这点上郭凯功不可没。

总之,在那样严峻事件突发的紧要关头,他的行为体现出优秀公安战士的胆略与干练,他无愧于党、政府和人民给予他的崇高荣誉。他没有过错,即使是按照起诉书叙述的情节思考问题,他也没有过错。

以上是第二个问题。

第三,据起诉书的指控,郭凯在“抢下王英凡的五四手枪后未控制王英凡,使王逃离了现场。事后又未向上级如实报告,致使王英凡逃离至今未被抓获归案”。这项指控,是本案的核心与关键,我们分四点辩驳——

一、在现场一片混乱,四人受伤倒地的严重情势下,作为公安人员,是否应把送医抢救、救死扶伤作为第一要务,首先予以处置?这样做了,是不是尽职尽责?这样做了,减小了损失,有什么错?

公诉人一再对被告人提出质问:作为公安人员,在犯罪现场,应先抓罪犯,还是先救伤员?按照公诉人的逻辑,如不先抓人,就构成玩忽职守!

我们认为,提出这个问题本身就很荒谬。生命是最宝贵的。不论是我国法律所体现的价值观念,还是党和政府的一贯政策,都说明了这一点。当危险发生时,首先考虑的无疑是减少与避免伤亡。比如当劫机事件发生时,政府明令,不论机组人员,还是地勤人员,首先要保证机上乘客的生命安全,为此,甚至可以按照劫机犯的要求行事。再如,今年6月2日,北京发生的警方与负案杀人犯的枪击事件。警方在行动之前,用了很长时间疏散整个小区的居民,就是为了防止人民群众的生命受到威胁。在疏散的过程中,谁能保证杀人犯不会借机逃走?如果发生杀人犯借机逃脱的情况,作出先疏散群众决策的司法人员是否应承担"玩忽职守"的罪责?显然不能!

在司法人员的职责中,保护人民生命财产安全从来都是第一位的,缉拿凶嫌是手段,保护生命是目的,二者从来都是一致的,当不能兼顾时,我们的回答是:当然应当先救人!因此,郭凯的做法没有错,王英凡的脱逃,与郭凯没有关系,指控不能成立。

退一步来说,就算在工作安排上有轻重不分的缺陷,那也仅仅是工作的失误,与所谓"玩忽职守罪"毕竟有其原则上的不同,绝不允许混淆。还可以再退一步地分析问题:即使硬要断定郭凯当时的处置不当,我们认为如不能举出证据证明郭凯是故意放走了杀人的嫌疑人,也只能断为工作上的失误。起诉书指控的是玩忽职守,说明公诉机关不能证明郭凯在王英凡脱逃一事上有故意。怎么可以因某一问题失误就一定得绳之以刑法一棍子打死呢?怎么可以因一时一事的思考不周而要加罪于一个一贯积极工作的公安战士呢?

二、分析判断一个人的作为或不作为都不能脱离实际搞主观推理,凭空臆测。当时现场有二十余人,大都处于情绪激动状态,暴力行为并未减少,此景此情,要求郭凯对自己的同事不分青红皂白地加以"控制",这不仅不合事理,也悖于情理,实在不可思议。我们不得不问:起诉书要求郭凯对王英凡实施控制,指的是什么?都应包括哪些内容,哪些措施?起诉书空泛地提出一个“控制”的概念让人执行,否则就构成犯罪,这符合哪条规定呢?总之,据此指控郭凯“玩忽职守”,断然不能成立。

三、郭凯组织力量照料伤员奔赴医院之后,他不仅处于势单力孤的困境,而且实际上已处于被人围攻袭击的地位。他本人被打多处受伤,有照片可证,请合议庭调取。可见他已经完全没有可能“控制”局势,甚至无能力保护现场。送走伤员之后不久,跟着就有兵力控制了现场。随后,现场四周及郭凯所在的派出所一带,也处于部队实施的戒严状态。郭凯本人失去了人身自由,与外界的电话联系被切断。在这种特殊的情况下,郭凯寻找王英凡下落的一再努力都告无效。从“找而未得”到无能再找,一再受到上述客观情势的严重制约。在这种局面下,对于王英凡的“失控”怎么能让被人控制的郭凯负责?为什么不该由当时已经控制局势的人提出自责?

审判长,我们作为辩护律师,有必要着重指出:当时的郭凯已因被“控制”而不准履行公务,他的上级公安机关的负责官员的正常活动也受到制约而不能有效地进行,在这种状况下,要求郭凯对王英凡的趁乱逃离承担“玩忽职守”的罪责,这不是连起码的公平都失掉了吗?请问:那时郭凯的“职守”又在哪里?如何体现?

四、指控郭凯“事后未向上级如实报告,致使王英凡至今未能抓获”,这既违背真实,又不合情理。

一系列的证据证明,郭凯事后向他的各方面的上级分别所作的报告是如实的,互相一致的。所有事件涉及的要点,诸如事发自三友酒店的灯箱被损坏,引起纠纷;在解决过程中发生了冲突;王英凡动了枪;当场伤了四人,其中一人有生命危险等等重要情况,他都如实汇报,没有遗漏,没有谎言,没有虚报。起诉书不能实指郭凯有哪一点哪一处的汇报未能如实,空言主张,意在加罪于人,这怎么能够成立?

诚然,王英凡在逃,至今仍未抓获。可是,怎么可以把犯罪嫌疑人被通缉八个多月之后还未归案的原因与责任归之于其他人对于案件的汇报的内容如何呢？这无论从哪个角度考虑都是说不通的。起诉书这样指控,无非是想说明,由于郭凯的未作“如实汇报”是“玩忽职守”的表现,并产生了凶犯逃跑久抓未获的后果,因而罪名成立,应依法追究刑事责任。但是,我们对此暂且不作法律上的分析,起诉书的错误恰恰在于:郭凯当时的汇报做到了“如实”,况且犯罪嫌疑人的未能抓获归案与郭凯如何汇报绝无因果关系,由此得出的结论就只能是:指控不能成立!

以上分三个问题逐项对起诉书指控的事实作了辩驳,从而达到了一个基本的认识,即起诉书叙述的事实和它的结论之间互相游离,不是一回事。也就是说,起诉书提出的本案被告人的作为或不作为构成“玩忽职守”罪的论点,没有论据给予支持。说穿了就是,起诉书所讲的所谓事实,其本身就不能证明被告人有罪,公诉机关送交法院审查的十几份证据没有一件能证明被告人的“玩忽职守罪”成立,就是最集中的说明和体现。既然如此,为什么硬要加罪于无辜呢？我们恳请合议庭明断、公断。

下面,我们再从法律上分析起诉书在适用法律上的错误,为郭凯作进一步的辩护——

一、定性错误。

我国刑法对每一具体犯罪行为的构成要件都有严格规定。众所周知,犯罪构成要件是区别罪与非罪,此罪与彼罪的法律依据。犯罪行为侵犯的不同客体,构成不同的罪名——即犯罪行为的性质不同。

玩忽职守罪,是指国家机关工作人员严重不负责任,不履行或不正确履行职责致使公共财产、国家和人民利益遭受重大损失的行为。侵犯的客体是国家机关的正常管理活动。而按起诉书的指控,郭凯的犯罪行为是“致使……犯罪嫌疑人逃脱”,这显然不是国家机关正常管理活动,因为对刑事案件犯罪嫌疑人的追诉活动,是司法机关的司法活动,是司法机关行使的司法权力,与国家机关行使行政管理权的性质完全不同。因此,公诉人将本案定性为“玩忽职守”,给人以“不知所云”的印象。

二、公诉人的指控,违反了“罪刑法定”原则。

我国修改后的《刑法》第 3 条明确规定“法律明文规定为犯罪行为的,依照法律定罪处刑;法律没有明文规定为犯罪行为的,不得定罪处刑”。这是刑法的基本原则之一,即我们通常所说的,法无明文规定不为罪,是各司法机关必须遵循的原则。

对于因司法人员的责任(包括故意和过失),致犯罪嫌疑人脱逃构成犯罪的行为,刑法规定了两种,即(1)私放在押人员罪(《刑法》第 400 条第 1 款):指司法机关工作人员利用职权将已被关押的犯罪嫌疑人、被告人或罪犯非法予以释放的行为。(2)玩忽职守致在押人员脱逃罪(《刑法》第 400 条第 2 款):指司法工作人员由于严重不负责任,致使在押的犯罪嫌疑人、被告人或者罪犯脱逃,造成严重后果的行为。也就是说,只有在上述两种情况下,司法人员才构成刑事犯罪,但又绝不是玩忽职守罪!其主要特征,必须是使已在押的犯罪嫌疑人脱逃。

侦破案件,抓捕犯罪嫌疑人,是公安机关的日常工作之一。在办案过程中,由于各种原因,犯罪嫌疑人从案发现场逃脱的情况是经常发生的。既可能是由于客观条件所限,办案人员不能抓获;也可能由于公安人员主观上的失误、错误或工作安排上的不当,导致不能及时抓获犯罪嫌疑人。所有这些情况,法律上不认为是犯罪,不能作为司法人员的犯罪行为进行追究。道理非常简单,如果将这些情况也作为司法人员玩忽职守的犯罪行为予以处理。我们的公安人员岂不将会大量地、莫名其妙地、在执行公务中一下子突然变为罪犯?

结合本案情况来看,郭凯在事发当时不论是夺下王英凡的枪还是救人,其行为都无可指责!这一点,前面已有详尽说明。而公诉机关就因为王英凡趁郭凯救人之机,在现场混乱之中逃跑,就动用国家公诉权,硬要对郭凯追究刑事责任,实在是于法无据。更何况,案发当时郭凯自身难保,自己处在酗酒滋事者的兵力控制之下。而且,即便把首要任务变成抓住王英凡,郭凯单枪匹马又凭什么可以按照公诉人的某种要求去“控制”住他?很显然,公诉机关知道,郭凯的行为既构不成私放在押人员罪,也构不成“玩忽职守致在押人员脱逃”罪。于是就不顾法律原则,混淆罪与非罪的界限,硬要指控郭凯为“玩忽职守”,这分明是欲加之罪,是枉法。这里已无公平与公正可言,相信合议庭能够明断。

三、公诉人对玩忽职守罪犯罪构成的理解,是错误的。

1. 公诉人对郭凯的指控,是以不能成立的假设为前提,而不是以被告人的法定职责为前提。即如果郭凯当时“控制”了王英凡,王英凡就不会跑脱。

这个假设违背事实、逻辑荒谬。公诉人反复强调,郭凯作为公安人员有义务“控制”王英凡,但是,如上所说,公诉人始终没能说明郭凯应当怎样“控制”王英凡,是发命令“不许跑”,还是与之肉搏?当郭凯抢救受伤军人的时候,仍遭到酗酒军人的围打,现场一片混乱,在这种情况下,公诉人却断言没有“控制”王英凡就是犯了“玩忽职守罪”!其为荒谬,无可争辩。玩忽职守罪必须是以当事人违反法定职责为前提,而不能以违背现实可能的假设为前提,公诉机关的指控显然是十分错误的。

2. 玩忽职守罪的另一构成条件是必须导致公共财产、国家和人民利益遭受巨大损失。即第一,要有巨大损失;第二,巨大损失与行为人的行为之间有法律上的因果关系。

公诉人在指控郭凯玩忽职守的同时,既不能说明巨大损失是什么,也不能就此举证证明巨大损失是郭凯的行为造成的。

也许公诉人会说,事发现场两死两伤的结果是“巨大损失”。不对!这个结果是枪击行为造成的。对此,王英凡是否应负刑事责任,以及应负何种刑事责任尚待法院审判,才能最终确定;而且根据刑法罪责自负的原则,王英凡的个人行为只能由王英凡负责,不能因为王英凡跑了,就株连到派出所所长,硬要郭凯承担罪责。即使王英凡逃跑后又犯其他罪行,也仍然是王英凡的个人行为,也与郭凯没有任何关系。

综上,公诉人的起诉从根本上就是错误的。遵循法律原则和法律规定,郭凯是无罪的。

审判长:研究郭案似乎还应注意到他的职业特点。

警察,是一个很特殊的职业。在辽西,在北京乃至全国,大家都知道一个口号:“有困难找警察。”所以在危险发生的时候,警察是首先应有献身精神的,别人不上,警察不能不上。当警察犯错误时,社会的、舆论的批评往往又是最严厉的。但是,通过今天的庭审,事实证明,今天站在被告席上的郭凯没有做错事,是一个好警察。一个好警察没做错事却要代人受过,承担罪责,法律不会允许。

我们结合案情,认为还有必要对郭凯的一贯表现历史地、全面地加以考察,以便有助于法庭作出公正而切合实际的结论。本案被告人郭凯是一个出色的公安战士,连年立功受奖,他领导的派出所是辽西公安战线上的一盏明灯,在辽西人民中享有威信,为义县赢得了荣誉,实际情况无不证明这是一个大有作为的优秀人才。对于这样一个年轻有为一贯表现出色的公安战士,绝不应拿一些莫须有的罪名使之沦为“罪犯”,由人民的英模变为社会的消极因素,这是自毁长城,不可以这样做!我们郑重请求法庭全面权衡案情,恢复郭凯的自由,使之重建功业!

审判长:面对着两伤两死的严重后果,我们没有也不忍对本案的始发原因作出分析,公诉人在庭审中,对这一点作了虽不充分但能反映真相的说明,我们支持。我们更期望合议庭能在评议案件时给予适当的恰如其分的考量。另有一点不得不提出的是,案发之初,有关机关侦查之始,就有人针对郭凯的行为提供了骇人听闻的虚假证词,那些证言足以置人于死地。郭凯当初被捕,这些证言起了不可低估的作用。现在,大量的证据已经证实那些虚假证词确属伪证,我们有责任请求法庭就此作出相应的司法建议,使任何违法者不论是什么人都不能逃避其应负的责任,进而使国家神圣的法律得到全面的维护。

诸位法官:

以法治国已从建国的方略上升为宪法原则,因而具有了必须执行的性质。治国需要公正的法律,人民需要法律的公正。这是我们经历了半个世纪的风雨而取得的重要经验,其中饱含了惨痛的教训。我们理应牢记。去年的“10·12”事件是令人痛惜的。如果我们再不能对事件带出的郭凯冤案作出正确处理,依法办事,那就不可避免地会产生警心涣散、民心丧失的严重后果,从而增加了社会的不稳定因素,这无疑是我们所有的人都应竭力防止的。我们期待并且相信合议庭会审慎地考虑各方的正确意见,纠正起诉书的错误,最终作出合法的公正的判决,宣告郭凯无罪。

北京吴栾赵阎律师事务所律师
郭凯辩护人　张思之　傅可心
一九九九年六月十六日

二审辩护词

锦州中院
郭凯案合议庭:

义县检察院指控郭凯“玩忽职守”一案,我们在一审中,曾当庭就公诉人提交法庭的全部证据进行了质证。今天,我们在法庭调查中又详细考察了这些证据。我们看到,这些证据,有些与指控罪名无关,有些是对被告人诬告陷害的伪证,有些可以证明郭凯在现场被酗酒军人殴打的同时,以果断、正确的行为制止了事态的恶化,避免了更多的人员伤亡,并且积极地组织了对伤者的抢救;但没有看到一份证明郭凯玩忽职守的证据。

在核实证据查明事实的基础上,我们还就本案所涉及的罪与非罪的法律界限发表了正确的意见。而公诉人既不能证明郭凯有玩忽职守的行为,又不能说明“王英凡在逃”这一所谓后果与郭凯的行为之间有法律上的因果关系,更不能从法律上论证郭凯构成玩忽职守罪具备了哪些法律要件。一审法院以事实为依据,以法律为准绳,做出了正确的判决,避免了冤案的发生,维护了法律的正义,保证了司法的公正,深得警心,深得民心。

但是，义县检察院没有任何新的证据，却提出了抗诉，坚持他们对郭凯"玩忽职守"的错误指控。对此，不得不详予批驳，辨明是非，以维护被告人的合法权益，维护法院正确判决的权威。

一、案中证据的分析及由此产生的结论

全面地、具体地分析检方呈送法庭的全部证据，我们认为，统统与指控的罪名无关。指控被告人郭凯犯有"玩忽职守"罪毫无根据，分述于下：

第一，检方现场勘察照片、尸检鉴定书、刑事技术鉴定书，仅能证明1998年10月20日晚，七里河三友酒店内发生了暴力冲突事件；现场两军人死亡，酒店员工一人受伤；死者是被"五四"手枪击中，但绝对没有也不可能证明以上情况与郭凯有关。

第二，检方提交的军人证言共八份，其中高柏德、刘光辉、李国斌、张晓东、谢孔臣五人的证言中心内容是证明开枪伤人的是郭凯而不是其他人。五人证词的口径一致，作证之前显有共谋，以达到诬陷郭凯故意杀人的目的。我们注意到，公诉机关的起诉书不作"杀人罪"或"伤害罪"的指控，显然是断定此五人的证言属于伪证，不料却仍然作为本案的主要证据提交法庭，用来指控郭凯犯"玩忽职守"罪，这在证据的运用上实属枉法，无可置辩。

另一当时在场的军人张永明的证言证实，当晚冲突的起因是部队车辆撞坏酒店灯箱，但漏证了当晚酒后闹事的军人拒不赔偿且在经理室围打郭凯的事实。

另两位军人王俊亭、许魁元的证言只涉及事件发生后部队如何"控制"派出所及事发现场的情况，与本案公诉人的指控没有直接关系，即不能证明案中的所谓犯罪事实。

第三，检方提交的群众证言共六份，证实了以下事实：

(1)10月12日晚，二十几名军人去三友酒店吃饭，他们乘坐的大轿车将酒店的灯箱刮坏。酒后，拒不照价赔偿，酒店方面向派出所报案要求解决。

(2)郭凯到达酒店表明身份后，聚集在酒店院外的多名军人声言郭凯用车撞人,对郭围打,遭到殴打的还有派出所司机尹勋东。此时有人喊叫要下郭凯的枪,并将郭凯手枪击落在地,郭凯在地上寻得手枪后为防意外朝天鸣枪示警,同时命尹勋东报警。

(3)情况危机,寡不敌众,郭凯逃入酒店经理室,欲打电话报警。电话被跟进的军人打掉,有人叫嚷要夺郭凯的手枪,郭凯被迫跳到床上躲避并退出枪内子弹,此时经理室外有人用脚踹门,室内的军人则与酒店员工发生撕打。

(4)郭凯忽闻枪声立即从经理室冲出,见王英凡持枪,便立即从背后搂住王英凡下了他手中的枪,退出剩余子弹。之后,立即组织酒店员工救护伤者,并安排尹勋东将伤员送往医院。

(5)事发,军人叫嚷“把饭店烧了”,喊“打”声一片,酒店员工全部逃出酒店。

这些证据,说明了案件涉及的是非,表明郭凯自始至终忠于职守,却不能证明他有玩忽职守的表现。

第四,检方提交的义县公安局(包括七里河派出所)干警证言八份,这些证言证实:

(1)10 月 20 日晚,七里河派出所接到报案,三友酒店因灯箱被刮坏发生纠纷,郭凯即派值班并身着警服的李宝友和司机尹勋东前往处理。

(2)酒店内外聚集众多军人,或坐或卧。郭凯到时,聚集在门外的军人声称郭凯用车撞人,在郭凯、尹勋东表明身份的情况下仍遭围殴,有军人喊抢郭凯的枪,郭凯朝天鸣枪示警后逃往经理室,并叫尹勋东向 110 报警。

(3)郭凯在经理室继续遭到军人围打的同时,说服一军官与他一道平息事态,阻止矛盾激化。

(4)王英凡到酒店,郭凯不知情。王英凡在酒店大厅开枪时,郭凯在经理室,之后郭凯抢下王英凡的枪,退出剩余子弹,并将枪交给报警后返回酒店的尹勋东,并派尹勋东运送伤员。

(5)郭凯迅速回到派出所向县局报告(7 时 20 分左右):在三友酒

店，部队和派出所警员发生冲突，王英凡动了枪，伤四人。而后又连续分别向七里河镇党委书记、副书记、副镇长等负责同志汇报了上述情况。

(6)7时50分部队参谋长寇铁向市公安局报案称：“义县县警察和当地部队冲突了，警察开枪打伤四人。”

(7)当晚8时左右，县公安局领导已赶到七里河派出所，部队包围了派出所及酒店，郭凯失去自由。

(8)没有人知道王英凡何时逃离现场。

这一组证据，同样不能证实公诉机关的玩忽职守的指控，却能证明郭凯在事件中有尽职行为及在事后如实向上级报告情况，请求处理的正确表现。

在详细审查这些证据后，我们不得不提出这样的问题：公诉人所举的事实中，有哪一点是郭凯“玩忽职守”的犯罪事实？所提供的证据中，又有哪一个能证明郭凯“玩忽”了怎样的“职守”？

事实是，一点儿也没有！

根据以上证据，只能得出这样的结论：事件的发生起自军人酒后滋事；王英凡开枪的原因不明，但枪击致人死伤纯属其个人行为；在此突发事件中，郭凯及时制止了王英凡可能发生的继续开枪行为，防止了恶果的进一步扩大，并对伤者采取了及时正确的救助措施。这个结论证明一审对郭凯作无罪宣告合于事理，于法有据，完全正确。

二、我们的法律见解

我们在一审中就阐明了这样的观点，即检察机关对本案的定性是错误的，违反了罪行法定的原则，混淆了罪与非罪的界限，将现实生活中经常发生的事情，上纲到违法的高度，错误地指控为犯罪。一审中，公诉人曾经表达了这样一个观点，即郭凯是警察，具有特殊身份，因此“控制王英凡是其第一位的职责，组织救人是次要的，所以郭凯就是犯了玩忽职守罪”。这一观点遭到了我们的彻底批驳。我们发现，在抗诉书中，检察院的观点发生了一点变化，他们不再说抓人是第一位的，救人是次要的；而是说抓人、救人是郭凯应该同时做的，只作一件，就是玩忽职守。

很遗憾,检察院的这个观点也是错误的。

第一,玩忽职守罪侵犯的客体是国家机关正常管理活动,在这里,国家工作人员的“职守”,是前设的、常设的处理日常管理工作的职责,而不是指处理突发事件的具体措施。特别是,不能在突发事件发生后确定“职责”,然后再根据后置的所谓“职责”来追究行为人的刑事责任。

本案检察机关的所作所为,就是在突发事件后,使用他们自制的所谓“职责”,作为指控郭凯玩忽职守的根据,这是违法的。

第二,玩忽职守罪中的职责,在设定上,必须是人力可行的,因为它是为一定的职务设定的,不是为具体人设定的。但是,抗诉书为郭凯设定的两项所谓“职责”,是可以同时完成的吗?是郭凯一人做得到的吗?检察官在发言中反复强调,郭凯既然已经从背后抱住了王英凡,为什么又放弃控制?言外之意是,只要郭凯抱牢王英凡不放,就不是玩忽职守。那么,如果说当时在场的派出所所长是体力较弱的人,检察官是否也这样要求?如果王英凡反抗,抓起仍有子弹的枪继续伤人怎么办?按照检察官的要求,郭凯一方面要与王英凡展开肉搏,同时还要组织对伤者的抢救,否则就是玩忽职守。这种逻辑说得通吗?

第三,玩忽职守罪的另一个构成要件是必须造成“公共财产、国家和人民利益重大损失”。我们在一审中即已向检察机关提出问题:你们所说的“重大损失”是什么?公诉人不能回答。根据抗诉书,所谓重大损失是指(1)“10・12”重大事件(即王英凡开枪事件)的发生;(2)王英凡逃跑至今。我们说,抗诉书将此两件事作为“重大损失”,是对玩忽职守犯罪构成所要求的结果的篡改,根本无效。

试问:检察官说郭凯应对“10・12”重大事件负直接责任,那么,郭凯是激发了王英凡开枪的犯意?还是对王英凡进行了教唆?还是对王英凡给予了帮助?检察官凭什么要求郭凯对他人的行为承担责任?检察官在庭上信口雌黄地说,郭凯开枪示警对王英凡的开枪伤人有示范效应。请问:王英凡当时根本不在现场,郭凯怎么向他示范?

检察官不仅法理讲不清，还故意歪曲事实，请法庭特别注意这一现象。

第四，检察官将郭凯玩忽职守的犯罪事实归纳为：鸣枪示警，没有继续抱住王英凡，在向上级报告中没有说王英凡涉嫌杀人的性质，回到派出所后只是打传呼找王英凡而没有亲自去抓。

这些所谓"玩忽职守"的犯罪行为，任何稍有法律常识的人，都不难看出其荒谬之至，不值一驳。

第五，检察官在发言中说，郭凯对王英凡开枪事件应当负直接责任的因果关系是这样的：郭凯把车停得离军人太近了，特别是郭凯声明自己是警察，冒犯了军人，所以导致军人对其怒骂（实际上还有殴打）；郭凯鸣枪示警后，就应当预见到"10·12"重大事件的发生。

我们经常在街头流氓无赖聚众械斗的案件中听到类似的滋事由头。但是很遗憾，在本案中，这样的借口竟然被检察官用来为军人的酗酒闹事开脱。检察官将人民军队的道德水准、人格涵养、军风军纪降低到了如此地步，我们感到脸红！

至于检察官说郭凯在鸣枪后应当预见"10·12"重大事件的发生，其实是要求郭凯预见王英凡随后会到现场并且会开枪伤人。这岂不是无稽之谈！

总之，对于本案涉及的法律问题，我们坚持在一审中充分论述的正确观点，在此，我们强调指出两点：

检察机关对本案的法律概括是错误的，违背了犯罪构成要件所要求的条件及逻辑关系。总之根本不能成立。

三、抗诉理由荒谬，不能成立

审判长：上面，我们从分析证据入手，辨明了事实真相，论证了与本案相关的法理与法律，论据翔实，论点正确，意见本可到此为止。但，听了检察官坚持错误的发言，认为还有必要结合他们的抗诉书再作辨析，以利公正裁决。

作为律师，我们尊重检察机关代表国家行使权力。我们深知，抗诉权是法律赋予检察机关追究犯罪、维护国法的正确实施、保障司法公正的一项神圣的权力。唯其如此，它的实施才更应十分郑重，特别应避免因不当抗诉而发生冤假错案。

检察官在陈述抗诉理由时着重说到本案发生的一个背景，概括事发当晚为何酗酒时用了八个字："抗洪归来，依依惜别。"言辞文雅，意在动人。但是，检察官忘记了，在6月16日的一审中，也是我们的检察官，对当晚军人酗酒情况概括为另外两点，说：他们当时"心态不太平衡"，因而对当晚的事件"有一定责任"。心态怎样不平衡？有什么样的责任？我们基于对有关方面声誉的维护未予深究。现在怎么可以另换一套来迷惑二审法庭呢？

至于抗诉书指责一审判决的四个错误，因其所持理由不能支持它的论点，统统不能成立。分述如下：

抗诉书说，在1998年10月12日的"整个事件中"，郭凯没有正确履行职责，而且"开车碰了人，引起争执并鸣了一枪，引起在场军人的强烈不满，激化了矛盾"。对此一审判决没有认定。

我们认为，一审判决不予认定完全正确。因为：

第一，所谓"整个事件"，不知起自何时何事，止于何时何事？如始于撞坏灯箱，试问郭凯应履行什么职责？又问：如始于郭派人解决灯箱纠纷，这是不是履行职责？至于事件发展过程中的其他环节，我们在下面说明。

第二，所谓郭凯开车撞人，检察官说："不论碰人与否，停车距人只有一米那样近的距离，当然会引起军人的质问、指责和怒骂。"这个说法虽不讲理但因近于事实，颇为重要。我们要问：既然你们连是否"碰了人"都不能肯定，又凭什么硬要编入"抗诉书"作为犯罪的情节对被告人加以指责？

卷中证据清楚地表明，所谓郭凯开车"碰人"一节，出自军人高柏德、刘光辉、张晓东三人的"证词"。但是，他们三人有的说是"停车之后，又向前冲了一下"把人撞了；有的说是"车稍有停顿，又轰下油门"，把人撞了；还有个说法是，他被撞了两下"然后车便停下"。互相矛盾而且不合情理，纯属胡编。特别是，他们说"车上下来两个人"这与一审查实的是郭凯一人开车的情况全然不符。这，或者是另有一辆车出现在现场，但与郭凯无关；或者是属于伪证，二者必居其一。

第三，鸣枪示警和玩忽职守没有关系。郭凯鸣枪，是在被人围打，有人叫嚣要“下他的枪”的特殊情况下，不得已而为之，有证在案。怎么能够颠倒是非，编造事件的起因，为酗酒闹事者寻求借口，牵强附会地将此作为郭凯“玩忽职守”的犯罪情节呢？

第四，抗诉书中“激化了矛盾”的说法，检察官的关于“郭凯未能正确履行职责而引发了矛盾”的指责，虽是无中生有，似是而非，但因其会有煽动与迷惑的作用，故也应据实提出质疑，以明真相。试问：军人与酒店职工严重对立互相撕打的情势下，由于郭凯与张永明参谋长等人的共同努力，矛盾已经缓解，是不是事实？我们要问：整个事件表明，矛盾激化分明发生在王英凡与另一部分军人之间，而且发生了枪击人亡的不幸后果，作为对这一矛盾毫不知情的郭凯有什么理由让他承担罪责，而且是什么“玩忽职守”？他不在场，他不知情，他的职守是什么，在哪里？

综合以上四点，一审判决在甄别证据的基础上，根据事实，依据法律，不予认定当然完全正确。

抗诉书的第二个理由是：郭凯在“王英凡开枪伤人后，本应控制、组织在场人控制王英凡，同时组织人力对伤者进行救护”，而郭凯在“明知王英凡涉嫌犯罪的情况下，却没有控制王英凡，从而导致王英凡逃跑至今未能抓获”，“对此情节法院却认定其认真履行了所长职责”。

这种理由是“欲加之罪”的典型说法，我们在一审中已详予批驳。现在公诉人运用抗诉权坚持错误，不得不沿着抗诉书的思路对此再次提出质疑：请问：当时在场的军人有多少？郭凯的警员又有几人？在郭凯孤身应付突发事件的严重情势下，要求他“组织在场人员控制王英凡”，这可能么？在场人员主要是酒后军人，当时与郭凯处于对立状态，谁会听从他的“组织”？再问：要求郭凯于控制王英凡的“同时”，抢救伤员，这怎么可能？难道郭凯有三头六臂？当时在场的张永明副参谋长说得好，他作证说：“他见伤者倒在地上后，第一个反应就是赶紧救人。”(1998 年 10 月 22 日证词)他实事求是地既不要求自己更不要求别人在那种情况下去搞什么“同时”控制王英凡!张永明这样做,对;郭凯这样做,为什么不对?

重要的是,如果按照抗诉书的逻辑,控制王英凡与救助伤者都是郭凯的法定职责,都是必须做的。但实际情况又使他不可能对二者兼顾,这样,不论郭凯怎样做都逃不掉玩忽职守的罪责。他的存在就是错误,就有罪过,这不仅不合法理,而且违反常情,未免太不讲道理了。

至于郭凯在事发当晚的处境与行为,包括是否“明知”王英凡涉嫌犯罪,请看事实,便明真相:

1. 郭凯在接到群众报案后,即派警员去现场处理是履行职责;

2. 争执双方意见不一,纠纷一时难以平息,于是郭凯亲自赶往现场;

3. 郭到现场,即被围打,势单力孤,被迫退避至经理室,为护枪而跳上床;

4. 王英凡何时为何事来到酒店,郭凯不知情;王英凡在现场的最初处境,郭凯一无所知;为何开枪,也不明究竟;

5. 听到枪声,奋力冲出,见王英凡开枪,立即夺下,并机敏果断地退出枪膛存留子弹,防止事态进一步恶化;

6. 立即救助伤者,派警车送医院抢救;

7. 事发后,在众多军人一片喊打声中,郭凯在当地农民魏学玉的协助下赶回派出所向上级报告了情况。

凡此七点,再次证明一审判决十分正确;抗诉理由不能成立,对此无可置辩。

抗诉书的第三个理由是:案发,郭凯没有“如实汇报王英凡已逃离现场的情况”。当七里河镇党委书记陈学谦于当晚 8 点 10 分许到派出所询问王英凡的情况时,郭凯还说“跑不远”,“同时郭凯未有效地组织警力抓捕王英凡,导致王英凡在逃至今”。

任何稍有常识的人都不难看出,这里的抗诉逻辑有多么荒谬!分三点说明:

首先,应当指出,王逃离现场,众所周知,无须汇报。其实抗诉书的本意是,"未向上级和有关领导如实报告事件的性质"等情况。对此,我们在一审中已经作了细致的说明,现在不妨提出一个问题:寇铁参谋长当时给市公安局指挥中心报告情况,说:"我是寇铁,义县七里河警察和当地部队冲突了,警察开枪打伤四人。"这与郭凯向上级的汇报两相对照,一模一样,怎么可以硬说郭的汇报没有如实而要加罪?

其次,所谓"跑不远",要点有二:一是"跑了",二是尚未跑"远"。已经查明,事发在晚七点多钟,八点十分的时候,说"跑不远",错在何处?任何一个心智正常的人都会作如此判断,郭凯只如实说出了他的判断,何罪之有?是不是违反实际地说"已跑远",才符合控方的不"玩忽职守"的要求,才能太平无事?可是,怎样的距离才够得上或够不上"远"呢?抗诉方能提出一个合理的公认的"标尺"吗?

最后,说郭凯没有有效地组织警力抓捕王英凡,这简直就是混淆是非,妄加人罪。抗诉书明明白白地提出,当晚8点10分许,镇党委书记已经到了派出所。根据义县检察院的调查,县公安局谢国光副局长不仅到了派出所,而且采取了行动。他的证词说:"在8点钟左右,我到了七里河派出所,看见郭凯在那,部队的人已经把派出所围上了,我叫人把枪下了,并组织人找王英凡。"不仅如此,锦州市公安局的李世昌副局长还写有书面证明,说他们几个市局领导在8点30分也已赶到七里河派出所,跟着,"军地双方就在会议室听了案情介绍"。在这种情况下,怎么还要把什么组织警力抓捕出逃犯罪嫌疑人的责任交给一个派出所长?如果有人硬要说当时公安方面存在"玩忽职守"问题,那这是在指控谁呢?还应提出的是:且不说七里河派出所有多少警力,请问,当晚,事发半个小时左右,是谁控制了案发现场?是谁封锁了七里河派出所,并在派出所的四周实行了戒严,连市级公安局的领导一度都被剥夺了自如进出处置事务的权利?再问:既已实施戒严,为什么不搜捕重大的涉嫌凶犯?检察机关明明知道,郭凯本人当时已经失去了自由,现在却说什么郭凯没有有效组织警力抓捕王英凡,这真是连基本道理都不讲了,还说什么依法!

问题很明显，如果硬要把组织警力抓捕王英凡的责任加给郭凯，不履行就是什么“玩忽职守”，那么，当时强行剥夺郭凯自由的人，是不是涉嫌妨碍公务，而且产生了抗诉书提出的恶果？对此又应承担什么责任？为何不予追究？抗诉理由不能成立，无可争辩。

抗诉书的第四个理由是：一审判决认定“王英凡乘机从经理室的窗户逃掉，缺乏认定依据”。

这个理由更为荒唐而缺乏应有的郑重态度。试问：王英凡从哪里逃掉与指控郭凯“玩忽职守”有什么关系？我们现在有充分的理由请问检察机关：既然你们连王英凡是何时又如何逃掉的都没有搞清楚，那凭什么说是郭凯“玩忽职守”导致的呢？凭什么要郭凯承担罪责呢？当时对现场实施严格控制的人怎么就没有人涉嫌“玩忽职守”呢？这合理吗？

抗诉书根据以上各点“理由”，得出结论说，郭凯应对上述的“10·12重大事件”负直接责任，还应对“犯罪嫌疑人王英凡逃跑至今不能捕获”负直接责任。这不仅是武断，而且是专横！关于王英凡的逃跑，前已陈明，不作复述。对于“10·12 重大事件”不论是它的发生、发展或者结果，郭凯的行为、举措乃至态度，有什么过错应承担责任，而且属于“直接”？谁能举出证据说，事件的起始是由于郭凯的滋事取闹？谁能举出证据说，事件的激化是由于郭凯的恃众打人？谁能举证说，枪击人伤，不是郭凯夺得枪支，组织救人？至于有人硬说什么甚至指认郭凯是开枪伤人的“凶手”，既经核实为伪证，也就没有必要再作批驳。总之，抗诉人的以上结论不合实际，悖于法律，因而不能成立，相信二审能够明察。

审判长，考虑到控方对于本案和本案被告人所作的不正确的分析与判断带有一定的严重性，又鉴于检察官在庭上煽动人们仇恨郭凯，我们认为还有必要再次说明一个并非无足轻重的观点，即建议合议庭结合案情，对郭凯的一贯表现，历史地、全面地加以考察，以利于得出公正而切合实际的结论。本案被告人郭凯，是公安战线上一个年轻的、出色的战士，他领导的派出所在辽西人民中享有很高的威信，是辽西地区公安战线上的一面红旗、一盏明灯，为锦州地区赢得了荣誉。现在，如果硬要以一些莫须有的罪名强加给一个忠于事业一贯表现出色的优秀人才，使之沦为“罪犯”，把人民的英模强行突变为社会的消极因素，这岂不是自毁长城，从而注定会产生警心涣散、民心丧失的严重后果，从而增加社会的不稳定因素。中央要求我们讲政治、讲正气，联系本案实际，关键就是严肃执法，公正司法。我们诚挚地期望二审合议庭能排除一切干扰，澄清与纠正一切错误的意见，维持一审的正确结论，还郭凯以清白，使之振奋精神，重建功业！

我们盼望二审的公正性。

北京吴栾赵阎律师事务所律师
郭凯辩护人　张思之　傅可心
一九九九年八月二十三日

14. 李鸿志“挪用资金案”

案 情 简 介

本案被告人李鸿志原是邯郸“新欣公司”总经理，全国劳模，以创出名牌卫生巾——舒而美闻名于轻工行业。

新欣为吸收外资，于 1994 年与巴拿马金佰利公司合资经营，更名为“邯郸金佰利舒而美卫生用品(集团)有限公司”，李任副董事长兼总经理。

合资之始，外商就妄图蚕食中方股权，独占企业，为此先是诬陷李鸿志侵占公司资金贪污千万元，编织罪状十六条之多；后又逼地方政府以低价让出全部股权。为达目的，外商甚至经由外交途径对中方施压，竟敢直闯省检察院，威逼副检察长按他们的要求行事，狂妄蛮横，令人无法容忍！

某些人士屈从压力，立案侦查。经查外商编造的十六条罪状统属虚构，构成诬陷。不料几经周折，有关部门最后以所谓“挪用公司资金”之罪嫌起诉。案经审理，大量证据证实指控不能成立，邯郸中院秉公执法，宣告李鸿志无罪，弘扬了法威！不料控方不服提出抗诉，但随后又宣布“撤销”，避免了第二次的更大被动。

李鸿志不辱使命，不负众望，目前的企业经营状况极佳，职工欢腾，令人欣慰！

辩 护 词

一审辩护词

合议庭：

我同意我的同事牛律师的意见，请允许我做些补充。

本案的焦点在于：赵伟光在李鸿志的支持下借得的30万元货款，它的所有权归谁。起诉书对于这个关键问题的叙述与认定，词语模糊，给人以很不清晰的印象。但按照起诉书的逻辑与断语去说明问题，仍能察知真相，我指陈两点：

第一，起诉书断定，案中涉及的30万元货款是借彩印厂的，有四点可证：

（一）起诉书说：“李、赵议定从舒而美哈尔滨分公司欠彩印厂货款中以打借条倒账方法借彩印厂30万元。”

（二）起诉书认定：借方王存瑞一开始对赵伟光表示：“我没钱借给你。”协商未成，但双方之间的互相拆借的意思表示明白无误。

（三）起诉书认定：李鸿志对借方说：“火锅城缺资金……从你（彩印厂）这里想想办法，火锅城借你30万元。”

（四）借方同意借款，李鸿志对赵伟光说：“你代表火锅城打借条就行了。”向彩印厂借款30万元的法律关系于此成立。

第二，起诉书断定，上述的借贷事实，得到了彩印厂王存瑞的同意，对此，起诉书分三处作了证实：

（一）起诉书认定：李鸿志对王存瑞说：“从哈尔滨分公司减他们欠你厂的货款，不让赵欠你的，这样就两活了。”王说：“这也是个办法。”尽管起诉书在这里删去了王“表示同意”的语句，所谓“是个办法”表示首肯而且有赞赏之意应无疑义。

（二）起诉书认定：赵伟光告诉王存瑞货款30万元已用后，王“没有再说话”，表示赞同，并无疑义，也极为明确。

（三）起诉书认定：对于这笔借款，王存瑞让会计开了收据。

以上两个方面共七点，在于说明：控方已经认识到，本案的基本事实正是借款，绝不是什么挪用了本单位即舒而美公司的资金。遗憾的是，起诉书却居然作出了远离事实的结论。我们对起诉书的结论持否定态度，不能接受，理所当然，天经地义！

也许有人会说，借款手续是后补的，这是违法行为。我们说，不对。企业中的经济来往，后补手续的情况大量存在，并不违法。只要后补手续是当事人的真实意思表示，并与前此发生的行为（如借款）完全一致，这种后补的行为，实质上构成对前一行为（如借款）的法律确认。这恰恰是严肃的、负责的态度与做法，绝不违法。总之，后补手续不仅不否认，恰恰是肯定了借款的事实。再退一步说，即令后补不合规范、不合手续，即使硬被派定为“违法”，也必须明确：违法与犯罪，违规与犯罪，毕竟不是一回事，难道不是吗？至于王存瑞是否同意借款，除了起诉书作出的肯定性叙述之外，还有庭审中出示宣读的证言可证，更有王本人于借款后“在企管会上说过”（王存瑞1997年9月27日证言及他写的书面材料都说明了这个事实）可证。这些证据的意义无须详述，相信合议庭能以明察。问题就是这样清楚，还有什么可争可辩的余地！

审判长，李鸿志一案，有一个不容回避的背景，即它始于诬告，经由我们自己人的手，对自己的工作在一线的好同志施以无情打击，终于酿成一件新型冤案。有人诬陷李鸿志犯有16条罪行，审查经年，查来查去，有没有呢？我们从起诉书得知，一条也没有。于是起诉书又指控李鸿志犯了“挪用本单位资金罪”。方才的庭审调查充分证明，这一条同样不能成立。控方把借款硬说成是“挪用”，这是对本案性质所作的荒诞的扭曲。我们很清楚，这里发生的错误绝不是来源于“认识”。我们的执法人员许多是优秀的专业人才，对于如此简单明了的问题不可能产生误解，不会得出荒谬的判断。问题来自莫名其妙的“压力”！一个外国公司的高级职员，可以一而再、再而三地敲开我们省级检察机关的大门，向它的高层负责人当面提出一系列极其无理的要求，而其中心点竟是无论如何都得把李鸿志关入大牢，绳之以法。他们凭什么有这样的特殊的权利？这里不是巴拿马，是北京！或者，他们可以通过某国的国务院经由外交途径对我们施压，但这样的虚张声势绝不会引发中国律师的神经衰弱！我深信我们与公诉人有一个共识：中华人民共和国的法律是神圣的，绝不容亵渎！我们伟大祖国既然敢于并决心敞开大门，我们就一定会庄严地维护所有来客的合法权益。与此同时，我们也一定会维护我国公民的合法权益不受非法剥夺，不受任何形式的侵犯。事态的发展往往会出乎善良人们的预料。在诬陷合资企业的中方代表人眼见行将失败的形势下，这家合资企业的外方代表，又采取了十分蛮横的态度，要求中方将全部股权，包括无形资产，以低价转让给外方。令人不解的是，我们的省级反贪局的负责官员不知遵循哪条法律，居然参与其事，积极实现外商的意图。这办的是什么案子呢？

审判长，省级检察机关直接承办李案，在其工作过程中并没有严格遵循法律的相关规定，甚至发生了侵犯当事者的权利和利益的种种情形。特别是在证据的取舍上，没做到实事求是、客观公正。所有这些，为了维护省级检察机关的形象，在这里可以不提；可是，这些现象的存在，使我们痛切地感到：司法机关独立办案，执法必严，以法治国，真是谈何容易！不过我仍然想说：难道我们就真的不能改它一改？《人民检察院组织法》第 7 条第 2 款明文规定，检察院的一项重要职责是“忠实于事实真相”，做到这一点，应该是起码的要求。为纠正检方的失误，为了反映本案的事实真相，我想提出一个问题：赵伟光在李鸿志的支持下借的 30 万元货款，如不是彩印厂的，为什么由彩印厂负责人王存瑞开具收据？还有，如果认为这 30 万元货款是舒而美公司哈尔滨分公司的钱，检察机关又为什么把这笔钱退给了彩印厂，并由该厂开具了收款单据？尽管省检察院没有出示那些对被告人有利的证据，我们的问题依然能够证明事情的症结与真相，这，谁又能够抹杀呢？其中包含的种种，请法庭审慎考虑。

以上是围绕事实所作的论辩，是对我的同事牛炳宜律师方才发言的补充。

下面，再就本案涉及的法律问题陈明两点意见：

第一点，1994 年 9 月 12 日江苏省检察院起草并与省高院联合发布的《关于办理挪用公款案件有关问题的通知》，有专项规定："未经合法批准，擅自以单位名义将公款借给企事业单位、机关、团体使用，并立有借据的，不属挪用公款归个人使用。"（该《通知》第 5 项）这个通知，完全符合两高的相关指示的精神，根据我国法制统一的原则，各地在办理同类案件时即使不援引适用，也应有其重大的参照价值，至少也不该反其道行之，是毋庸赘言的。对此也请予以认真的考虑。

第二点，众所周知，行为的社会危害性是犯罪的本质特征，没有社会危害性的行为依法不能构成犯罪。就本案来说李鸿志出主意为火锅城向彩印厂借 30 万元的行为，对谁构成了危害呢？对舒而美公司有危害吗？没有，一点儿也没有。该款是舒而美应付给彩印厂的欠款，所有权人不是舒而美，因而不可能危及舒而美的利益，更谈不到危害！对彩印厂有危害吗？也没有。企业之间的互通有无，而且已经清还了所欠款，不论从哪个方面看都不存在危害问题。总之，李鸿志的行为没有任何社会危害性，显然不能构成犯罪，这是常识，相信会得到同意而被采纳。

至于本案涉及的其他法律问题，我们拟另行提出。

审判长，庭审调查证明：李鸿志在本案中的所作所为，都不是他的个人行为。他肩负着繁重的任务。他为了组织的最高利益忍辱负重，顶住了巨大的压力，经受了严格的审查，承受了严峻的考验。历史与现实无不证明着他的清白与高尚，勤奋与敬业，这是我们自己培养起来的一个优秀的、难得的人才，我们有什么理由硬要把自己的受人屈枉纯洁无瑕的同志与战友投入监狱，置之死地，使亲痛仇快呢？李案历时年余，因该案给我们自己的企业、给我们的邯郸，带来的损失有目共睹，人所共见。我们又有什么理由，为了满足一个外商的非分的、无理的要求而不管不顾自己的重大损失呢？

审判长，事实无可争辩地证明李鸿志无罪。我们恳切地建议法庭对李案作出无罪的宣告,从而有可能使李鸿志放下包袱,再建功业,为邯郸的经济腾飞,为我们伟大祖国的兴旺发达,贡献出他应能付出的更大的力量。

我相信,神圣的国法不会受到玷污。我也绝不怀疑,合议庭会同公诉人一样的公正。我们终将得到正确的判决。

律师　张思之

一九九八年三月十三日于邯郸

诉讼文书

检察院起诉书(摘要)

被告人李鸿志,男,邯郸金佰利舒而美卫生用品(集团)有限公司总经理兼副董事长,内蒙古乌拉盖牧业有限公司董事长。因涉嫌挪用本单位资金,于1997年9月29日由本院立案,经本院决定,1997年10月1日被公安局刑事拘留,10月13日执行逮捕。现在押。

经审查:

1996年8月,李鸿志、舒而美公司哈尔滨分公司经理赵伟光和哈尔滨个体商人陈松光三人商定在哈尔滨市开办乌拉盖肥羊火锅城。李投资200万元(占50%),赵、陈各投100万元(各占25%股份)。火锅城羊肉由乌拉盖牧业公司提供,赵、陈负责购房、办营业执照等具体事项。后赵购买了商品房728.23平方米,以赵伟光个人名字办理了私有产权证。为及早开业,经李鸿志同意后以赵伟光个人名义办理了个体营业执照。

1996年10月下旬,舒而美公司在北京召开业务会议。其间,因火锅城需买冷藏车从内蒙拉羊肉用,赵说资金紧张,后李、赵议定从舒而美公司哈尔滨分公司欠邯郸塑料彩印厂货款中以打借条倒账方法借彩印厂30万元解决购车款,李认为这样又快又省事。赵说借彩印厂30万元得由李和彩印厂厂长王存瑞说,李答应。11月初,赵伟光给王存瑞打电话,问火锅城的事李和你说了没有。王说,没有说,就是说了我也没钱借给你。当天晚上,李鸿志约王存瑞到邯郸万芳园酒店,李问王:伟光欠你多少钱(指单位)。王说,50多万元,李说,火锅城是缺资金,赵拿不出钱,牧场也拿不出,我看这样,火锅城借你30万元,从哈尔滨分公司减他们欠你厂的货款,不让赵欠你的,这样就两活了。王说,这也是个办法。之后,李给赵伟光打电话说:王老三(指王存瑞)同意借30万元,你和他联系吧。11月15日,因火锅城购房急需交款,赵伟光请示李鸿志同意后,即让会计开了一张30万元的银行转账支票,以哈尔滨分公司账户转入嘉联房地产开发公司,支付了购房款。11月30日,赵伟光和王说,这次还你20万元货款,剩下的30万元火锅城用了,已经去了你的账。王说,别去我的账,你去了我的账,我怎么办。赵说,钱已经花出去了,这是老总的意思。王没有再说话。当晚,李鸿志对王说:伟光说了借款的事,钱已经花出去,我看这样,让伟光打个借条,写明用于火锅城,你俩合计合计,手续怎么走好,以后让火锅城还你。王同意办借款手续,并将赵伟光写的借条"借邯郸彩印厂货款用于火锅城人民币30万元。借款人:赵伟光。1996年12月2日"带回邯郸,12月中、下旬,王存瑞在李、赵要求下,让本厂财务科开具了日期为1996年11月6日的收据,抵平了哈尔滨分公司欠彩印厂30万元的双方账目。

上述事实清楚,证据确实充分。

本院认为,被告人李鸿志身为邯郸金佰利舒而美公司总经理,利用职务之便伙同赵伟光,挪用舒而美公司所属单位30万元,进行营利,其行为已构成挪用本单位资金罪。依据《刑事诉讼法》第一百四十一条之规定,对被告人李鸿志提起公诉。

一九九八年一月五日

法院刑事判决书(摘要)

被告人李鸿志,(下略)。

辩护人张思之,北京市吴栾赵阎律师事务所律师。

辩护人牛炳宜,河北省石家庄市中石律师事务所律师。

检察院指控李鸿志犯挪用资金罪,于本院公开审理了本案。现已审理终结。

经审理查明,1996年8月间,乌拉盖牧业有限公司董事会议决定由李鸿志与舒而美哈尔滨分公司总经理赵伟光和哈尔滨个体商人陈松光在哈尔滨市开办乌拉盖肥羊火锅城有限公司。后三人商定李鸿志代表乌拉盖牧业有限公司投资200万元,赵、陈各投资100万元,李鸿志任董事长,陈松光任总经理,赵伟光任董事,10月下旬,火锅城需购置冷藏车资金不足,赵伟光、李鸿志协商拟从哈分公司欠彩印厂货款中借用30万元。11月初,李鸿志邀彩印厂厂长王存瑞谈及此事,王同意将哈分公司欠彩印厂50余万元货款中的30万元转借给火锅城,并商定以后由火锅城还此款。11月15日,赵伟光从哈分公司转给嘉联房地产开发公司30万元,用于火锅城购房。12月2日,赵伟光代表火锅城给彩印厂出具了30万元的借据,并告知王存瑞此款已用于火锅城。王存瑞回邯郸后将此事向厂企管会做了汇报,彩印厂于12月25日给哈分公司办理了转款手续,并将借给火锅城30万元的单据入账。上述事实,(以下证据略)均经庭审质证,予以核实并确认。

本院认为,哈分公司欠彩印厂的30万元货款已走账还彩印厂,法律手续是完备的。火锅城已向彩印厂出具借条使用此款,这一借贷行为确立了火锅城与彩印厂就本案所涉款项形成了新的债权债务关系。火锅城与彩印厂均为独立法人,两者之间的借贷行为与李鸿志担任舒而美公司总经理职务无直接关系,故公诉机关指控被告人李鸿志犯挪用资金罪,罪名不能成立。依照《刑事诉讼法》第一百六十二条第二款之规定,判决如下:

被告人李鸿志无罪。

一九九九年八月三十日

检察院刑事抗诉书(摘要)

法院对李鸿志挪用资金案的刑事判决书。经本院审查认为:该判决书以李鸿志不构成犯罪,宣告其无罪是错误的,适用法律不当。

判决混淆了本案的事实,李鸿志以空走账的方式,从书面上解除了哈分公司与彩印厂的债权债务关系,但二者之同的债权债务关系并未真正解除。因为直接给付火锅城款的单位是哈分公司,彩印厂从未收到过哈分公司欠该厂的货款,故彩印厂与火锅城的借贷关系并不成立。李鸿志利用其担任舒而美公司总经理的职务之便,授意所属哈分公司将该公司款30万元借给其所参股的乌拉盖肥羊火锅城使用的行为,符合挪用资金罪的特征。应依法追究其刑事责任。

根据《刑事诉讼法》第一百八十一条的规定,提起抗诉。

一九九九年九月十九日

15. 胡燕“贪污、挪用公款案”

案情简介

胡燕，河南证券公司总经理。

1998年10月河南省反贪局根据举报，派员调查该证券公司工作人员的经济问题，声势很大，公司人心惶惶，经营受到影响。有人提出“花钱平事”。案外人郭菊花要求支付80万元从中斡旋。款经证券公司支出，被郭诈骗。账目由会计作平，胡燕未从中获取分文，但被定为“贪污”起诉。

侦查中发现证券公司有与其他企业互相拆借以及对外违规贷款的行为，据此指控胡燕“挪用公款”。

律师断定控方证据大部失实，案经一审连续三日的审理，律师认为胡燕无罪，辩论激烈。法庭拒不采纳辩护意见，判处胡燕死刑，缓期二年执行。

辩　护　词

一审辩护词

尊敬的审判长、审判员：

受本案被告人胡燕的委托及律师事务所的指派，我们担任被告胡燕的辩护人参加诉讼。经过整整三天的法庭调查，情况无可争辩地表明：起诉书和公诉词中对于胡燕的指控完全失实，对法律的理解与适用错误。因此，我们对之基本上持否定的评价。以下按起诉书的顺序，先就"事实"部分分别予以辩驳——

一、起诉书指控被告胡燕第一条犯罪事实是："1998年9月，胡燕得知司法机关对其涉嫌经济犯罪问题进行调查后，便安排叶太顺、郭菊花先后两次从河南证券公司取出80万元，作为非法活动经费，欲阻挠司法机关对其调查。后胡燕又指使公司有关人员将账目作平。"

这项指控，很不客观，在主要环节上有违真实。

第一，1998年10月，河南省检察院反贪局在河南证券公司办案，侦查对象不限胡燕一人，包括公司副总经理金五一等多名员工，涉及所谓"小金库"等问题。这一基本情况，卷中材料的记载已有说明。不仅如此，当时办案人员并不执行省检察院核准的《提请初查报告》中应"隐蔽工作意图"的要求，在证券公司大范围地连续询问职工、公开查账，致使公司人人自危，恰如原公司投资部副经理叶太顺所说："那段（时间）公司上下也议论纷纷，人心惶惶，有的也调走了"。（卷1～14页）总之，公司正常的经营活动已经受到严重影响。在此情况下，有人提出"花钱平事"的要求。而所谓"平事"当然主要是指与公司密切相关的公司利益能以"摆平"而绝不仅限于胡燕个人的利益。在这个大前提下，时任公司资产管理部副经理的叶太顺主动提出他可以出面找人，与检方商量如何"摆平"。现为"平事"而"花钱"，尽管符合胡燕的主观愿望，却主要是为了公司的利益，实质上是企业的要求。正是基于这个缘故，胡燕在 2001 年 9 月 17 日向鹤壁市检察院回答“如果没有你 310 万元的问题，你会不会找人摆平检察院”这一提问时，曾明确表示：“我会”。（卷 1 ~ 6）胡燕在庭审调查中一再坚持了这一点，应属可信。

第二，是证券公司并不是其他人为“平事”而支出了 80 万元，而且胡燕本人自始至终未直接经手。

第三，郭菊花之所以开价 80 万元“平事”，她的态度和语言极其明确、十分生动，就是：“谁不知道你们证券公司有钱”，“钱少了不能保证事情办成”。这就表明，郭菊花开价要钱的对象是河南证券公司，而不是某个个人；它还证明了一个基本事实，因是为证券公司办事，所以只有高额价码才能与时为河南第一大券商的省证券公司的身份相配。

第四，得钱之后，郭菊花向省证券公司提供了发票。这说明：如果她面对的是胡燕个人，或者，她面对的诈骗对象是胡燕个人，有什么必要提供发票？由此表明：郭菊花是通过叶太顺和胡燕，诈骗了证券公司。

第五，我们注意到，检方向法院提供的有关此项指控的证据中，没有郭菊花的一字证言，没有郭菊花诈骗胡燕个人的相关证据。在检察院向法院移交的本案证据目录中，也没有郭菊花的证言或对郭菊花的询问笔录。诚然，庭审中公诉人宣读了对郭菊花的部分讯问笔录，但只是有选择地宣读，因而对该笔录的真实性与完整性无从查证，无法质证，因而不足以否定被告人胡燕对此所作的陈述，也根本没有合法证据的证明力。

综合以上五点，充分说明：考察当时的事发背景，结合胡燕以及具体办事的叶太顺、郭菊花各自的主、客观方面因素进行研究，所谓为了“平事”而支出了 80 万元，是公司法定代表人的职务行为所形成的结果，是证券公司的企业行为。至于这种企业行为的性质，研究它所涉及的主、客观方面以及与之相关的法律问题，只能认为是省证券公司犯有“单位行贿罪”，因中途被人诈骗未及实施，属于未遂。至于单位意图行贿的目的，起诉书说是“欲阻挠司法机关对其调查”。什么是“欲阻挠”？无非是“想阻挠”或者“打算阻挠”，归根结底并未付诸实施。据此，起诉书所说的目的根本没有也不可能实现。由此可知，公诉人在其公诉词中斥责胡燕如何“阻挠了”司法调查，与起诉书的认定完全不同，因其纯属臆测，不符实际。

总之，胡燕并没有侵占一分钱的公司财产，起诉书的第一项指控，根本不能成立。

二、起诉书指控胡燕的第二项犯罪事实是：“1997 年 11 月，被告人胡燕与徐建设共同挪用河南证券公司资金 200 万元，用于徐建设开办的河南博弈文化用品有限公司进行营利活动。后被告人胡燕为达到占有此款的目的，便安排他人以支付装修款为名将河南证券公司的账目作平，从中骗取河南证券公司资金 156. 1 万元，余款 43. 8 万元被其挪用长达一年之久。”

法庭调查与案中材料都证明，起诉书的指控与事实严重不符。第一，该笔款项的发生有河南证券公司下属的一个营业部与森伟公司的借款协议为依据。第二，代表证券公司营业部签订借款协议的是时任公司副总经理的金五一。第三，上述两点，徐建设的供述与金五一的证言互相一致，无可争辩；从而证明：这笔借款，与徐建设的博弈公司没有任何法律上的关系。第四，借款到期，森伟公司无力还款付息，借贷双方又协商用装修款折抵该笔借款，从而使该 200 万元贷款已经体现在证券公司两个营业部的装修中。这是两个企业之间的民事行为，并不发生被人“骗取”的情况，更不存在被胡燕“骗取”的问题。该笔款项或存于森伟公司，或体现在证券公司的装修工程中，因未决算，有无节余难以确定。但可以肯定的是，这笔款项并未被胡燕以“骗取”的方式“占有”；控为“骗取”，也属主观臆断，毫无根据。总之，指控被告人胡燕“贪污”一节不能成立。第五，上述装修工程，当事人双方签有协议，对此卷中有王静等人的证言，以及庭审中出示的森伟公司法定代表人韩玉波的证明可证。实际情况表明：以装修款冲抵借款，于双方有利而无害，不仅合法，且合于事理。最后，还应说明的是，如前所述,上述装修工程尚未结算,亏盈之间都是未知数,检方为指控有人犯罪而代行决算,这种做法显属越权,没有依据。就此提出的证据,包括所谓“鉴定结论”,统统没有证明力,应请法庭予以否定。

三、起诉书指控被告胡燕的第三项犯罪事实是:“1998 年 5 月,胡燕为帮助徐建设归还欠款,挪用河南证券公司资金 200 万元。后胡燕为达到占有此款的目的,便指使公司有关人员从河南证券公司自营账户上提款将证券公司的账目作平,从中侵吞河南证券公司自营账户资金 169. 7 万余元,挪用 30. 2 万余元。”法庭调查的情况表明:这一指控也与事实严重不符。1998 年 5 月,河南博弈公司因卷入经济纠纷,作为公司法定代表人的徐建设被羁押,郑州公安机关提出“交钱放人”的要求。胡燕经多方联系,最终由上海民生公司向博弈公司提供借款 200 万元,并由民生公司董事长在郑州亲手交给了博弈公司的会计。胡燕并未经手。博弈公司将 100 万交给郑州公安机关后,徐建设获释。上述借款,同样是企业的民事行为,与犯罪无关。我们注意到,据公诉人说,这 200 万元是民生公司从河南证券上海营业部借来再转借给博弈公司的,但,这也仅仅能说明三个企业之间的民事借贷关系是清楚的,相关的协议、收条甚至汇票可为凭证,上海营业部及民生公司均可据此依法向各自的债务人主张权利。至于上海营业部与民生公司如何自行解决彼此间 200 万元债务问题,与博弈公司无直接关系,也并不因此导致民生公司与博弈公司之间 200 万元债务的解除。因为博弈公司并未授权上海营业部替自己向民生公司还款 200 万元。至于上海营业部出于某些原因未向民生公司主张债权,而是自行平账。这,一不能证明民生公司与博弈公司的债权债务关系已经解除,民生公司至今依然可以依法继续向博弈公司主张债权。二不能说明博弈公司借民生公司的 200 万元最终被胡燕侵吞。三也没有足够证据证明胡燕指令上海营业部自行平账,借以侵吞这笔 200 万元的借款。总之,起诉书对胡燕有关此项涉及贪污、挪用的犯罪指控也都不能成立。

四、起诉书指控胡燕的第四项犯罪事实是:“1998 年 9 月,胡燕与徐建设共谋用河南证券公司的国库券偿还徐建设欠河南证券公司的借款利息。后胡燕以河南证券公司的20万元国库券属徐建设所有为由,安排河南证券公司有关人员让徐建设取走据为己有,折合人民币28.7万元。"

案中材料和法庭调查的情况表明:这项指控涉及的主要事实并未查清。实际情况是:在胡燕的同意下,徐建设将该20万元国库券取走,而后换成现金交给胡燕,再由胡燕设法托人换成美元,带至香港存入渣打银行并经该行汇入河南证券在美国开办的公司账户,用为开办该公司的注册资金。检察机关调查这笔款项的下落时,胡燕将上述情况如实告诉了公诉机关,并且按公诉机关的要求出具了委托书,委托鹤壁市检察院的负责官员贺恒扬、田保增二人亲赴香港核查。令人百思不解的是,控方在指控被告人犯罪的同时,却不向法庭移送他们的核查结果,直至开庭,才出示了一份对账单。经查,该对账单上附有说明,称"该账户只能进行港币交易,不能进行美元交易"。这里需要说明的是:(1)上述"证明",是调查人的手书,并不是发卡的渣打银行所出具。调查人根本无权代表银行对外出证。胡燕的信用卡能否进行美元交易,只能由发卡银行予以说明,其他任何个人的证明都属无效。(2)"对账单"提供的交易情况均发生在1999年7月7日以后,而胡燕转账汇款的时间发生在1999年6月5日到6月7日,该转账单显然无法否定1999年6月5日至6月7日胡燕转账汇款的行为。还有一点同样重要,即公诉人说胡燕提交的信用卡只能用于港币转账,根本不是美元账户,以此否定汇款美国分公司的事实。可是,据胡燕的法庭陈述,控方调查人员抵港并与渣打银行联系之后,才又安排胡燕按照他们指示的内容出具了第二份"委托书",这才形成了目前极不完整的调查结论。公诉人就此当庭质问胡燕:"你怎么知道调查人员已经到了香港,而后才让你出具委托书?"胡燕回答说:"是讯问我的检察员告诉我的,说他们已在香港。"公诉人当即严词要求胡燕对此举证。这无疑是强人之难。作为辩护人,我们在发言中对此请求法庭调取检方人员的赴港机票,以便确定赴港的准确时间,从而证明胡燕供述是否虚假。不意公诉人竟然说什么“这与本案无关,无此必要”。可是,既与本案无关,又为何严词责令胡燕就此举证?何者是实?何者为虚?看来明白无误了。据此,我们有理由提出,调查人员的香港之行并没有全面核查相关情况,或者,没有向法庭提供有利于被告人的调查结果。这是很不郑重的。我们当庭申请法庭依职权对相关情况特别是对美国分公司负责人苑小莉的收款情况进行调查或审查,至关重要,我们坚持。现在可以扼要地说:20 万元国库券经由胡燕换为美元汇入河南证券美国公司账户的事实无证否定,控方所谓被胡燕“据为己有”的指控也因其没有证据,应属专断,应予否定。

五、起诉书指控胡燕的第五项犯罪事实是:“1994 年 9 月,被告人胡燕伙同徐建设共同挪用河南证券公司资金 310 万元用于徐建设开办的河南博弈实业公司进行营利活动,1994 年 12 月归还。”

审判长,这项指控有以下几点不实:第一,河南博弈实业公司为河南省科技发展公司开办,工商登记核为“集体所有制”企业,徐建设受科技公司委派担任经理,1998 年改制为有限责任公司。这些基本情况在博弈公司工商档案中记载得十分清楚。起诉书关于博弈公司是“徐建设开办的”说法毫无根据。第二,310 万元借款合同是博弈公司与河南证券公司下属的紫金山营业部所签,经手人分别是双方单位的负责人徐建设与金五一。对此,金、徐二人均予肯定。合同履行完毕,博弈公司还本付息,直接交给紫金山营业部,这也是两个企业之间的民事活动,双方追求并实现各自的利益。第三,按照现行的法律规定,根据最高人民法院 2001 年 9 月 18 日《关于如何认定挪用公款归个人使用有关问题的解释》,只有“以个人名义将公款借给”他人使用的,才构成挪用公款罪。这里,既然不存在胡燕“以个人名义”将公款借给他人这一必备要件,依法当然不存在胡燕“挪用”的问题。指控既失真实,又无依据,当然不能成立。

六、起诉书指控的第六项是:“1996 年 12 月,胡燕伙同徐建设共同挪用河南证券公司资金 300 万元用于徐建设开办的河南博弈文化用品商场进行营利活动,至 1998 年 7 月归还。”

法庭调查表明:控方所谓300万元的被人“挪用”,实是借款。现已清楚,这笔借款分别由徐建设代表博弈,金五一代表证券公司下属的紫金山经营部,签署了借款协议,徐建设在其对控方的供述中有非常明确的交代,毋庸置疑。因此,这同样是两个企业自己的经营行为,与挪用公款罪无关。所谓胡燕与人共同挪用的指控更是毫无根据,也应予以否定。

审判长:综合以上的说明与辩驳,应能得出的结论是:控方之所以指控不实,起诉无据,主要是存在如下五个问题:(1)他们将职务行为与个人行为不加区别互相混淆:贪污、挪用都是个人行为,都是利用职务上的便利为个人牟利,而职务行为则是在职权范围内为所代表的企业或其他单位获取利益,获利的是单位而非个人。至于所获利益是否合法不能影响其职务行为的性质。(2)对企业行为与个人行为不加区别互相混淆:起诉书涉及的证券公司与博弈公司、森伟公司等各家企业的借贷关系是企业间的业务往来,所涉款项,都在企业之间周转,并未流入个人腰包,与贪污或挪用无关。(3)将民事法律行为与刑事犯罪活动互相混淆。如前所述,起诉书所涉几笔借款,无一不是企业间的民事往来,企业获取资金以利经营,证券公司获取利息,谋求发展。没有个人直接利益的体现,与个人的刑事犯罪无关。(4)将个人与企业的法定代表人完全混同。例如把徐建设与博弈公司等同。这又是本案控方之所以产生失误的一个重要原因。在控方看来,似乎贷款给博弈公司就是借款给徐建设个人,又由于徐建设曾是胡燕的丈夫,于是徐建设所属的公司得利就等于胡燕非法获利。控方全然不顾工商机关对博弈公司企业性质原始的明确界定,不顾在两企业合作过程中获取利息收益的是证券公司而非胡燕个人这一事实,更不考虑国家法律的明确规定,因而导致他们在侦查起诉过程中出现了一系列的逻辑错误。(5)将企业的违规活动与个人的违法犯罪互相混淆,从而得出只要企业没有银行信贷业务而从事资金拆借就是企业法定代表人的贪污或挪用这一错误结论,从而混淆了罪与非罪的原则界限。对此,另作专题辩驳。

下面再就控诉证据中的问题，论述我们的意见，为胡燕辩护。

(一)关于证人证言。这是本案控方使用的主要证据。对于证言，《刑事诉讼法》第47条明确规定：“必须在法庭上经过公诉人、被害人和被告人、辩护人双方讯问、质证，听取各方证人的证言，并且经过查实以后才能作为定案的依据。”最高人民法院《关于执行〈中华人民共和国刑事诉讼法〉若干问题的解释》第141条规定：“证人应当出庭作证。”除非证人是“未成年人”或“庭审期间身患严重疾病或者行动极为不便的”，经人民法院准许，才可不出庭作证。法律之所以如此规定，就是因为“证人证言”极易处于不稳定状态，是证明力最弱的一组证据，其取得往往又因提取人、提取环境、提取程序以及证人自身因素等多种原因的差别而存在较大的甚至是本质性的差异。在本案中，控方使用了大量的“证人证言”，并一再强调证言上“有证人的签字和手印”。对此，辩护人要特别说明的是：公诉人提供的是“证人证言”，而非“书证”材料，尽管表现形式是“询问笔录”或“讯问笔录”，但该“笔录”上的“签名”是否本人所签、“手印”是否本人所印、内容是否被询(讯)问人的真实意思表示、提取程序是否合法等，都应由作为证人的被询(讯)问人本人向法庭确认，并接受法庭的审查。换言之，证人是向法庭作证，审理过程中对证人证言的审查是人民法院的权力，任何人不能替代。公诉人认为这是“询问笔录”或“讯问笔录”，无须审查，便应认定，这实际上是代行法院的审判权，也是在剥夺人民法院依法向证人讯问以及其他诉讼参与人依法向证人讯问、质证的权力(利)，这与法相悖，极其错误。还应指出：根据《刑事诉讼法》第47条的规定，未在法庭上经被害人和被告人、辩护人讯问、质证的证人证言，不能作为定案的依据。据此，控方作为证据向法庭提交的“证人证言”，因不合法定程序，不能作为本案的定案依据。

(二)在本案的证据运用上，控方还使用了一系列的“司法会计检验报告”，作为“鉴定结论”。姑且不说该“结论”的鉴定人只是公诉机关的一个内部工作人员，一名助理检察官，也不论鉴定结论由其以个人名义出具，并不规范；应加说明的是：尽管她有司法会计职称，但这是检察机关内部授予的职务，独自对外并无约束力。作为法院定案依据的鉴定结论，应由人民法院认可或指定的鉴定机关指派专家进行，并最终由鉴定机关出具。任何以个人名义出具的鉴定结论都属无效。还应说明：我们的诉讼法、会计法、审计法、注册会计师法以及法院的审判规则等等，都没有“司法会计”这一概念。是故，控方作为证据的“鉴定结论”，不具有证明力。

（三）在“书证”的运用上，控方也存在一系列的问题。如将“省长办公会纪要”、“河南省纪律检查委员会第三纪检监察室”出具的扣押徐建设赃款等“证明”都作为书证提交，不仅无实际意义反而有害。“省长办公会纪要”只能证明会议讨论的内容，而不能据此得出任何有效力的结论；至于“河南省纪律检查委员会第三纪检监察室”的“证明”，则因其缺乏证据的基本要件，不具有合法性，同样不能作为证据使用。因为“纪检三室”既非独立组织，没有独立对外承担责任的资格，更非司法机关，故无权“扣押”任何企业或公民的财产，无权确定其为“赃款”。公诉机关在其所谓证据链环中依靠、使用着大量这样一些证据，以致在实践中得出错误的结论，实属必然。

（四）被告人在刑讯逼供情况下所作的陈述，不得作为证据，法有明定，对此不拟详陈。只是考虑到问题带有原则性，谨郑重建议法庭在核实之后，作出相应的司法建议，责令有关人员认真纠正，以儆效尤。我们人民政权在井冈山时代就反对刑讯，明令废止了肉刑，事隔六十余年，怎么可以来个大倒退呢？这种极其丑恶的现象实在应该从执法环境中予以彻底根除了。

以上，是我们对于证据问题提出的质疑。

由于起诉书对我国法律的理解与适用同样存在问题，下面专就几个相关的问题提出我们的见解。

先就关于挪用公款罪所涉及的法律问题，分七点扼要说明：

1. 挪用与借贷，是性质截然不同的两种取得资金的行为。挪用人挪用的公款，严禁以借贷方式转给该款所有者以外的单位或个人使用，而借贷的法律意义恰恰是把公款借给其他单位或个人使用。二者受不同的法律规范。应加说明的是:全国人大及其常委会对借贷问题中涉及的刑事立法,保护的是金融机构的工作秩序与工作程序,扼要地说,法律制裁的不是“贷款”行为,而是在放贷过程中的违法情事,假如贷款人取得贷款时使用了非法手段,受惩罚的是非法手段,而不是贷款行为。

2. 我们在前面援引最高法院2001年9月18日的司法解释,说明胡燕的涉案行为不存在“以个人名义”将公款贷给他人使用的情况,因而“挪用罪”的指控不能成立。这道理很简单,以单位名义借款给他人使用,是执行公务的行为,不是个人行为,因而依法不能认定为“挪用”。还应着重指出:由江苏省检察院起草经由江苏两高会签以“苏检会(1994)第7号”文件形式发布的文件,极其明确毫不含糊地规定,“擅自以单位名义将公款借给企事业单位、机关团体使用,并立有借据的,不属挪用公款归个人使用,按违反财经制度处理”。据此,退一步说,即使胡燕的案中行为如控方所说有“擅自”之嫌,也与“挪用”无关。审判长:法制统一是我们立法、执法的一项基本原则,江苏省的规定,对本案性质的认定应是重要的参照系。控方的指控没有法律依据,无可置辩。

3. 实践中还应注意从程序上、手段上区别借贷与挪用。扼要地说,前者应是公开进行,而后者一般属于“暗中操作”,属隐蔽状态。审查胡燕的案中行为,结合指控加以分析,结论只能是:案中胡燕的相关行为全然属于前者,故与“挪用”没有关联。

4. 违法与违规,性质上截然不同。对放贷过程中的违规,不可以套用“挪用公款”的刑事法律加以规范,总之二者不能混淆,不得混用。还有一点也不是不重要的,即对于金融机构及其工作人员的违规行为,依法应由中国人民银行的相关部门予以行政处罚,其他部门不得专断地越权。

我们注意到,公诉人提出了一个观点,说违规是违法犯罪的前提,这种认识显然混淆了违规与违法犯罪之间的原则区别,会搞乱罪与非罪的界限,因而在实践中极其有害,更由于这种观点有悖于法律与法理,故应排除。

5. 公诉人在其公诉词中反复强调,断言胡燕行为构成“挪用公款罪”的重要根据,是她“利用了职务上的便利”。姑且不论这种断言与最高法院2001年9月18日《关于如何认定挪用公款归个人使用有关问题的解释》这一司法解释相抵触,我们要着重说明的是:贷款,例如博弈公司向省证券公司贷款,之所以得以实现,首先取决于后者的金融性质,而不取决于、也不是利用了哪个人的职务之便。省证券公司的贷款功能,抵押贷款的功能,并不会因贷款人与作为金融机构的证券公司的任何人有什么关系而受到制约,任何人的职务都不会改变企业的这项业务的功能与性质。省证券公司的实际情况也正是这样,当年甚至连公司的人事部门都承担着融资贷款的“任务”,这是该公司尽人皆知、大家都在办的事实。再从另一方面考察,恰如本案第二被告人徐建设经法庭批准所做的陈述,他说:省证券公司可以贷款给别的公司,也就可以贷款给我们的企业(按:即博弈公司)。这种认识合乎实际,非常正确。这些实例说明,所谓利用职务之便挪用公款的指控,没有根据,不能成立。

6. 我们注意到,公诉人还有一个他们一直坚持的观点,即借款之后再补协议就构成“虚假合同”;他们还认为:证券公司对外贷款,由于往往没有抵押,违反了公司业务范围的规定因此构成以“贷款”为名的“挪用”。对此,我们分两点辩驳——

第一,一份协议是否真实,应看他的内容是不是当事人的真实意思表示、是不是反映了客观真实,绝不能因是“补签”就断为虚假。案中涉及的这份补签协议,实际上是对当事人之间此前发生的借款行为的确认。内容真实,因其反映了当事人的真实意思表示,签章有效。至于把协议的补签日期提前到原始借款之时,这正是对当初借款行为的确认,而如果填写实际补签的日子,那就形成了当事人之间新的协议,反倒违背了真实。至于补签是否另有“目的”,它也绝不能否定以此确认协议的这一根本情况,更不能否定当事人体现在协议中的真实意思表示。这些观点,体现在相关的法律规范之中,应适用于本案的情况，毋庸置疑。

第二，认为贷款未按规定履行抵押，贷款就没有效力，当事人的行为就构成“挪用”，这种说法，极其武断。应加说明的是：贷款不按规定的条件履行与实现“抵押”，这仅仅是违规，而且也绝不会因此把企业行为改变为个人行为。是故，这种违规只能引起行政责任或民事责任，它绝不应因此而导致引发刑责。对此，相信合议庭必能明鉴。

7. 结合本案实际，有必要研究一下省证券公司在经营中之所以不断超越规定的业务范围而违规贷款，我们认为以下两个因素应予特别重视：第一，省证券公司的业务范围曾经发生过变化。本案被告人胡燕作为该公司的主要负责人，对于变化后的禁止性规范，没有给予充分的重视，而习惯于按照原先多年实行的、对企业有益有利的旧程序旧制度办事，因而发生了违规情事。这是她的严重错误，她应能从中吸取深刻的教训。第二，长期以来，不少单位，在一系列环节上，并不注意克服、纠正金融秩序长年相对混乱的局面，其突出表现正是绝大多数的非银行金融机构违规贷款，从中牟利；也还有些握有重权的领导人员，胡批条子，乱发指示，非分地、出格地要求非银行金融机构对外放贷，从而造成一些法制观念淡薄的非银行金融机构领导及工作人员只顾局部，只顾眼前；他们只懂微观，缺乏宏观意识，有的甚至为保“乌纱”，只会唯上，于是遇事昏昏，忘记了规章规范，犯了违规的大错。这些状况的普遍性，金融界众所周知。多达八百余页的案卷材料也能反映出这些情况。例如与本案的一系列情节有着密不可分的相连关系的金五一，他作为省证券公司的上层领导者之一，就有着大量违规的行为。正是鉴于金融业的实际状况的这一复杂性与普遍性，中央对这类问题的处理方针一向是“前后照应”。也就是既要执行新法、新规出台后的种种规范，又要“照应”新规、新法出台前的各方面的实际情况。以本案涉及的事例说明：上述金五一的种种违规行为之所以不受追究，原因可能正在这里。由此我们相信，依据法律面前人人平等的宪法原则，国家政策的恩泽绝不会只及于彼而不顾此，从而独薄于本案二被告。我们指望合议庭的公正性。

以上，是我们辩护意见的基本论点和主要论据。下面再补充陈述两个问题，请合议庭一并给予考虑——

第一，公诉词提及胡燕的历史情况，这一点对于审查全案无疑有重要的参考价值；但在认识上我们与公诉人又有严重的分歧。公诉人说，胡燕在证券公司的工作中有过辉煌的劳绩；跟着又说，该公司目前之所以被兼并，是因胡燕一贯作风霸道、为所欲为、滥用职权、违法犯罪造成的；她给公司、给国有资产造成了很大的损失。且不说企业兼并有其复杂的原因，也不论证券公司目前的经营状况依然较好，我们认为，公诉人的这个指控是否属实，只要对胡燕掌权期间的历年经营状况作出审计，也就清楚了。因此我们郑重建议合议庭对胡燕的全面情况作个历史性的考察，作为她的行为是否具有社会危害性，以及她本人是否具有社会危险性的重要参考。我们也曾在她所属的证券公司作了一些肤浅的调查，现任主要领导除对我们说明了她的失误和不足之外，对她一贯的工作表现至今依然保持肯定性的评价。对她目前被指控的犯罪活动持有他们自己独有的看法。我们尊重被调查人的合理考虑，对于这些情况未作证据提出，但又深感有责任提请法庭予以必要的查明，以利于恢复事物及其相关主体的本来面目，而不致被歪曲，也不致被冤枉。

第二，我们注意到郑州媒体和省外大报对胡燕案的大量报道，有的以“跟踪”形式连篇累牍，其实完全是按起诉书的基调和内容所造的舆论，这在客观上极易影响审判。我们不知道他们会不会报道法庭审理的全面情况，从而体现出客观公正性；但我们有充足的理由相信合议庭会排除干扰，在全部审判活动中自始至终体现出司法的公正性，对此我们满怀信心。

基于以上各点，我们达到了一个基本的结论，即起诉书对被告人胡燕的贪污、挪用罪的指控根本不能成立。我们的结论既有事实为据，又有法律可依，请求合议庭予以采纳。

辩护人　张思之　李会更

二〇〇二年一月二十五日

二审辩护词

河南省高院，胡燕上诉案合议庭：

我们受托担任胡燕上诉案的辩护人参加诉讼。首先应向合议庭陈明的是：本案一审中，对公诉方指控的胡燕的所谓犯罪事实，并未查明；一审判决不仅认定事实不清，而且适用法律不当。据此，我们持以下理由，一再请求二审开庭审理，公开质证：

第一，本案事实不清，对事实的断定控辩双方存在重大争议，在一审中表现尖锐。第二，辩护人向二审提交了新的证据，包括对原证券公司工作人员的调查笔录、美国分公司的电子邮件及银行对账单，证明胡燕向美国分公司汇款的事实成立，理应对此开庭质证，予以查实。第三，根据上述的新证，公诉方在一审中有故意隐瞒重要无罪证据的情况，应开庭核实，对这些证据加以质证。第四，根据《刑事诉讼法》第187条的立法意旨，确认“事实清楚的，可以不开庭审理”，应在“讯问被告人、听取其他当事人、辩护人、诉讼代理人的意见”后方能付诸实施。现在的情况是，合议庭并未听取我们的意见，而我们的意见又恰恰是“本案事实并不清楚”，因此，自应执行该第187条前半段的规定“第二审人民法院对上诉案件，应当组成合议庭，开庭审理”。令人不解的是，我们的正当理由，未蒙支持。二审执意“不开庭审理”，虽有不合法定条件之嫌，作为律师，又无可奈何；为维护被告人的权利计，谨提出书面辩护意见，分列三个部分详予说明。

一、涉案证据问题

（一）我们向二审提交的李永红证言，以及省证券公司美国分公司的电子邮件和银行对账单，证明胡燕汇款至分公司的辩解属实，足以说明认定胡燕贪污这笔款项的判决不能成立。值得注意的是，公诉方原本已经收集到这些铁证，但在一审中并不提出；一审合议庭也曾继公诉人之后派员赴香港作了调查，对其结果在判词中也毫无反映，却断言：“胡燕及其辩护人称20万元国库券已兑换成美元通过香港银行个人账户，汇往证券公司在美国开办的分公司，胡燕、徐建设没有占有的辩解不能成立。”对于这种欲加人以罪而隐瞒或者回避关键性证据的做法，不知何以能够“成立”？

至于公诉人赴港调查的情况及其曲解事实得出的判断，包括拒不向法庭提供有利于被告人的调查结果等，我们在一审法庭上曾逐一予以批驳和辨析，因都有据可查，且在一审辩词中做了说明，恳请二审合议庭详予复核。

（二）证人证言。有三个问题：

第一，一些至关重要的证人，诸如金五一、郭菊花、叶太顺、韩玉波等等，都有条件到庭作证、质证，我们依法申请传唤，终未实现。一审根据控方提供的一方之词武断认定，有失公正，严重违法。在这个基础上得出的判决无疑不能成立。

第二，查阅案卷，发现控方居然有涂抹证人证言的异乎寻常的作为。侦查卷之八的第 72 ~ 73 页，将证人李建国的证词笔录中的两处重要说明，都用铅笔重重抹掉（按：决非所作的阅卷符号），就是一例。一审合议庭对此居然视而不见，听之任之，使控方的违法行为畅通无阻，令人惊愕。对此，请求二审采取措施予以补救。

第三，控方当庭宣读的证言，大都不能质证。我们曾明确表态要求公正执法，未得允许；一审竟然武断地确认其为有效，据以下判，这有悖于刑事诉讼法的规定。为引起二审的重视，特再详予说明。

《刑事诉讼法》第 47 条明确规定：证人证言“必须在法庭上经过公诉人、被害人和被告人、辩护人双方讯问、质证，听取各方证人的证言，并且经过查实以后才能作为定案的依据”。最高人民法院《关于执行〈中华人民共和国刑事诉讼法〉若干问题的解释》第 141 条规定：“证人应当出庭作证。”除非证人是“未成年人”或“庭审期间身患严重疾病或者行动极为不便的”，经人民法院准许，才可不出庭作证。法律之所以如此规定，就是因为“证人证言”极易处于不稳定状态，是证明力最弱的一组证据，其取得往往又因提取人、提取环境、提取程序以及证人自身因素等多种原因的差别而存在较大的甚至是本质性的差异。公诉方一再强调证言上“有证人的签字和手印”，企图以此说明它的准确无误。可是,公诉人宣读的是“证人证言”,而非“书证”,尽管表现形式是“询问笔录”或“讯问笔录”,而该“笔录”上的“签名”是否本人所签、“手印”是否本人所印、内容是否被询(讯)问人的真实意思表示、提取程序是否合法等,则应由作为证人的被询(讯)问人本人向法庭确认,并接受法庭的审查。换言之,证人在这里于此时是向法庭作证,也只有法庭才具有审查证言的权力,任何人不能替代。在公诉人看来,既是他们做出的询问或讯问笔录,便应认定,无须审查。这实际上是代行法院的审判权,也是在剥夺人民法院依法向证人进行讯问以及其他诉讼参与人依法向证人进行讯问、质证的权力(利),这与法相悖,极其错误。总而言之,《刑事诉讼法》既有明文规定,未经法庭上讯问、质证的证人证言,不能作为定案的依据,控方作为证据向法庭宣读的“证人证言”,因不合法定程序,不能作为本案的定案依据。更何况他们的宣读往往断章取义,对此我们也曾尽可能的一一予以补正,纠正了他们的错误。无奈他们庭前移送的案卷仅是极小的部分,我们的补正也不免会挂一漏“万”了。

(三)关于“司法会计检验报告”。控方认为这是“鉴定结论”,无可置辩。但是,姑且不说该“结论”的鉴定人只是公诉机关的一个内部工作人员,一名助理检察官,也不论鉴定结论由其以个人名义出具,并不规范。应加说明的是:她的司法会计职称,是检察机关内部授予的职务,对外并无约束力。而且,我们的诉讼法、会计法、审计法、注册会计师法以及法院的审判规则等,都没有“司法会计”这一概念。概括地说,作为定案依据的鉴定结论,只应由法院认可或指定的鉴定机构指派专家进行,并最终由鉴定机构出具,否则无效,即没有证据的证明力。还应补充陈明的是:控方的所谓鉴定人,旁听了法庭调查,这个情况,业经记录在案,一审案卷之三的第44页对此有明确记载。仅此一点,该“鉴定人”也就不具有合法的鉴定人的资格,对此难道还有可疑?总之,控方制作的“鉴定结论”不具有法律效力,应无疑义。

(四)关于被告人陈述。侦查机关在刑讯逼供或控方用其他非法方法取得的被告人陈述,不得作为证据,法有明定。我们和被告都曾当庭一再提出，不料未得法庭同意，依然作为判决的依据，这是明显的错误，不拟详陈。只是考虑到问题带有原则性，谨郑重建议二审在核实之后，作出相应的司法建议，责令有关人员认真纠正，以儆效尤。

（五）关于本案涉及的书证。一审判决以控方举出的《关于核实河南省博弈实业公司企业性质的函复》为有效证据，判定“博弈实业公司、博弈实业有限公司、博弈文化用品公司、森伟实业有限公司均为徐建设个人开办的企业”。必须指出：这份书证是经由非法程序取得与制作的，它自始不具有证据的效力。理由如下：第一，工商机关对企业性质的核定，只能依据工商行政管理法规。据此，没有申请人的申请，工商机关根本无法对企业性质进行所谓重新核定。而这里所称的申请人只能是申请开办企业的人。具体到博弈公司，只能是当时的开办申请人即河南省科技开发公司。第二，案卷材料证明：河南省工商局《关于核定河南省博弈实业公司企业性质的函复》是根据河南省检察院《关于对河南省博弈实业公司企业性质重新核定的申请》（豫检反贪字[1998]第19号）制作的。河南省检察院作为国家一级检察机关，居然能够向同级政府的一个下属部门提出“重新核准”一个普通企业性质的“申请”，已属怪事，更何况申请本身就违背了宪法及检察院组织法的要求，严重超出了其检察职能的范围。因此该“申请”本身就是非法的。以非法手段获得的所谓“核定函复”自不能作为证据使用。公诉人显然意识到这种做法的违法性，因而在庭审中只出示工商局的“核定函复”，而不提供产生该“核定函复”的“申请”。第三，河南省工商行政管理局1999年在对博弈公司年检后核发的营业执照同样否定了博弈公司是所谓私人公司的性质，也否定了此前在1998年所作的重新“核定”。

审判长，综合以上五个问题，可以达到一个结论，即一审判决在一系列的重要问题上无证可据，判决既失“根据”，由此援引的法律不能作为“准绳”自不待言，深信二审能够明鉴，以公正的裁决恢复事物的本来面目。

二、关于贪污、挪用公款的问题

这里第一应说明：暂且不论一审判定的省证券公司与博弈公司的几笔借贷都由时任证券公司副总经理的金五一直接经办，并没有胡燕的参与；按照犯罪构成主观方面的要件，挪用公款是一种直接故意犯罪，即行为人明知博弈公司是“个人企业”还将公款挪用给该公司使用。现在的问题是：姑且不论本案控方与省工商局联手“重新核定”博弈为“个人开办的企业”是否合法有效，卷中材料与庭审调查的情况无不表明：涉案的几笔款项都发生在省工商局对博弈公司的属性“重新核定”之前，既然如此，应当要求胡燕“明知”的又是什么呢？有什么理由要求胡燕“明知”工商局发给博弈的营业执照及其对该企业性质的认定是虚假的，日后会有人申请“重新核查”，并能“核准”呢？如果承认胡燕对此不能“明知”，就必须承认胡燕绝无控方与一审法院断定的犯罪的主观故意。而没有主观故意，没有犯罪构成的主观方面，则根本构不成犯罪，应属常识，无可置疑。

第二，关于一审判决认定的“胡燕为了让徐建设开办的博弈文化用品公司购买紫荆山商场，指使金五一从伏牛路营业部提取200万元转入森伟公司。……1998年10月，省检察院调查胡燕的问题，胡燕让他人编造了两份森伟为证券公司（两个）营业部装修工程承包合同……胡、徐从中骗取153.1万余元，挪用46.8万余元”，因其与事实严重不符，不能成立。实际情况是：第一，该笔款项的发生有河南证券公司下属的一个营业部与森伟公司的借款协议为依据。第二，代表证券公司营业部签订借款协议的是时任公司副总经理的金五一。第三，上述两点，徐建设的供述与金五一的证言互相一致，无可争辩，从而证明：这笔借款，与徐建设任法人代表的博弈公司没有任何法律上的关系的。第四，借款到期，森伟公司无力还款付息，借贷双方又协商用装修款折抵该笔借款，从而使该200万元贷款已经体现在证券公司两个营业部的装修中。该项装修另有协议，我们向法庭提交的当事者韩玉波的证明与证词足以说明其为真实，所谓“编造”，是偷换了“编制”的概念,有违真实。总之,这是两个企业之间的民事行为,不发生"骗取"情事,更不存在胡燕"骗取"的问题。该笔款项或存于森伟公司,或体现在证券公司的装修工程中,因未决算,有无节余难以确定。但可以肯定的是,该笔款项未被胡燕以"骗取"的方式"占有",断为"骗取",纯属主观臆断。第五,上述装修工程,既有当事人协议已如上述,"伪造"之说也属"欲加之罪",更何况以装修款冲抵借款,于双方都有利而无害,又合于事理。两企业之间用此合法行为折抵债务,于"罪"何干?何罪之有?还不能不考虑的是:上述装修工程尚未结算,执法机关为指控有人犯罪而代行决算,显属越权,没有依据。就此提出的证据,包括所谓"鉴定结论",统统没有证明力,应请否定。总之,判定胡燕"贪污"不能成立。

第三,一审判决认定:"1998 年 5 月,被告人胡燕为帮助徐建设还欠款,指使李建国从上海营业部调取资金 200 万元,转入博弈公司。事后……上海营业部按照胡的意图除用胡燕的市值 30.2 万余元股票偿还借款外,其余借款用自营账户的资金将原账填平。"这项判决也与事实严重不符。1998 年 5 月,博弈公司因卷入经济纠纷,公司法定代表人徐建设被羁押,郑州公安机关提出"交钱放人"的要求。胡燕经多方联系,最终由上海民生公司向博弈公司提供借款 200 万元,并由民生公司董事长在郑州亲手交给了博弈公司的会计。胡燕并未经手。博弈公司将 100 万元交给郑州公安机关后,徐建设获释。上述借款,同样是企业的民事行为,与犯罪无关。我们注意到,控方认为,这 200 万元是民生公司从河南证券上海营业部借来再转借给博弈公司的,一审判决予以认定。但,这也仅仅能以说明三个企业之间的民事借贷关系是清楚的,相关的协议、收条甚至汇票可为凭证。上海营业部及民生公司均可据此依法向各自的债务人主张权利。至于上海营业部与民生公司如何自行解决彼此间 200 万元债务问题,与博弈公司无直接关系,也并不因此导致民生公司与博弈公司之间 200 万元债务的解除。至于上海营业部未向民生公司主张债权,自行平账,这并不能证明民生公司与博弈公司的债权债务关系已经解除,民生公司至今依然可以依法继续向博弈公司主张债权。综合以上理由，我们认为：一审否定了控方的“贪污”指控，是正确的；但又判定胡燕犯有“挪用公款罪”，因无足够的证据，并不能成立。

第四，一审判决断言：胡燕从营业部调取20万元国库券，放到公司财务处，伪造徐建设偿还借款利息的假象。后又指使人上河南亚融公司出资购买30万元国库券交营业部平库，胡又指使亚融公司用伪造的发票将账走平，事后，胡燕以20万元国库券属徐建设所有为由，让徐建设取走据为己有，折合人民币28.7万元。案中材料和法庭调查的情况表明：这项指控涉及的主要事实并未审清查明。这里最为关键的一个情节是：徐建设将该20万元国库券取走，即按照胡燕的意图换成现金交给胡燕，再由胡托人换成美元，存入香港渣打银行并经该行汇入河南证券在美国开办的分公司账户，这些都有铁证可查可据，我们在上面的第一部分已经陈明。需要补充的是：胡燕将上述情况如实告知了公诉机关，并且按公诉机关的要求出具委托书，委托鹤壁市检察院的负责官员贺恒扬、田保增亲赴香港核查。不意控方在指控被告人犯罪的同时，却不向法庭移送他们的核查结果，直至开庭，才出示了一份他们取得的所谓对账单。可是，经当庭核对，该对账单上附有说明，称“该账户只能进行港币交易，不能进行美元交易”。问题更在于：(1)上述“说明”，出自调查人的手书，并不是发卡的渣打银行所出具。而调查人根本无权代表银行对外出证应无疑义。胡燕的信用卡能否进行美元交易，只能由发卡银行予以说明，其他任何个人的证明都属无效。(2)控方出示的“对账单”提供的交易情况均发生在1999年7月7日以后，而胡燕转账汇款的时间发生在1999年6月5日至6月7日，该转账单显然无法否定1999年6月5日至6月7日胡燕转账汇款的行为。还有公诉人说胡燕提交的信用卡只能用于港币转账，根本不是美元账户，以此否定汇款美国分公司的事实。可是，据胡燕的法庭陈述，控方调查人员抵港并与渣打银行联系之后，因未得要领，调查无果，才又安排胡燕按照他们指示的内容出具了第二份“委托书”，这才形成了上述的说辞。法庭调查中对此曾激烈争辩。公诉人甚至就此当庭质问胡燕:“你怎么知道调查人员已经到了香港,尔后才让你出具委托书?”胡燕回答说:“是讯问我的检察员告诉我的,说他们已在香港。”公诉人当即严词要求胡燕对此举证。这无疑是强人之难。作为辩护人,我们当即请求法庭调取检方的赴港机票,以便确定赴港的准确时间,从而证明胡燕的辩解与是否虚假。不意公诉人竟然说出“这与本案无关,无此必要。”可是,既与本案无关,又为何严词责令胡燕就此举证?何者是实,何者为虚,看来明白无误了。特别发人深思的是:法庭调查之后,一审合议庭也曾亲赴香港调查,可是他们的调查结果与公诉人的一样,如同石沉大海,这到底是为了什么?现在,证据已经证明:20 万元国库券经由胡燕换为美元汇入河南证券美国公司账户的事实无法否定,所谓被胡燕“据为已有”的判词自属专断,应予否定而无可置辩。我们相信二审必能郑重执法,对不实指控予以推倒。

第五,一审判决认定胡燕于 1994 年 9 月,指使金五一借给徐建设开办的河南博弈实业公司 310 万元,至 1994 年 12 月归还。据此判为“挪用”。这项认定有以下几点不实:其一,河南博弈实业公司为河南省科技发展公司开办,工商登记核为“集体所有制”企业,这一事实有案可查。后改制为有限责任公司,在博弈公司工商档案中也记载得十分清楚。一审附和控方的说法,认为是“徐建设开办的”,毫无根据。试问,如果没有省科技发展公司,徐建设如何开办这家博弈公司?其二,310 万元借款合同是博弈公司与河南证券公司下属的紫金山营业部所签,经手人分别是双方单位的负责人徐建设与金五一,对此,金、徐二人均予肯定。合同履行完毕,博弈公司还本付息,直接交给紫金山营业部,这也是两个企业之间的民事活动,双方追求并实现各自的利益。凡此种种,胡燕并未介入。其三,按照现行的法律规定,根据最高人民法院 2001 年 9 月 18 日《关于如何认定挪用公款归个人使用有关问题的解释》,只有“以个人名义将公款借给”他人使用的,才构成挪用公款罪。这里,既然不存在胡燕“以个人名义”将公款借给他人这一必备要件,依法当然不存在胡燕“挪用”的问题。指控既失真实,又无依据，当然不能成立。我们还不得不指出：如以判词中的立论可以加罪胡燕，那么，事件中的直接责任者，借方的法人代表金五一又该当何罪呢？检方为何不提出指控，一审又为何予以轻纵？假定他们认为金五一“无罪”，那又为何偏偏加罪于胡燕呢？

第六，一审判决认定1996年12月，胡燕“指使”紫荆山营业部借给徐建设开办的河南博弈实业公司300万元，至1998年7月归还。

法庭调查查明：这笔借款分别由徐建设代表博弈，金五一代表紫荆山经营部签署了借款协议。对此，徐建设在其供述中有非常明确的交代。可见，这同样是两个企业之间的经营行为，与挪用公款罪无关。判定胡燕与人共同挪用毫无根据，也应予以否定。

第七，一审判决认定：1998年10月，胡燕“得知司法机关在调查其涉嫌经济犯罪问题，便从该公司营业部调取80万元，安排叶太顺交给郭菊花作为疏通关系的非法活动经费，用以阻挠司法机关对其调查。事后，胡燕指使营业部的有关人员将其调出的现金账目作平。胡燕侵占公款80万元”。

这项认定，在主要环节上有违真实。

第一，1998年10月，省反贪局在证券公司的侦查对象不限胡燕一人，包括公司副总经理金五一等多名员工，涉及“小金库”等问题。这一基本情况，卷中材料十分明白。不仅如此，当时办案人员并在证券公司大范围的连续询问职工、公开查账，致使公司人人自危，恰如叶太顺所说“那段（时间）公司上下也议论纷纷，人心惶惶，有的也调走了”。（卷1~14页）公司的经营活动因而受到严重影响。在此情况下，有人提出“花钱平事”的要求。而所谓“平事”，当然主要是指与公司密切相关的公司利益涉及的诸“事”，即公司的整体利益而绝不仅限于胡燕个人的利益。在这个大前提下，时任公司资产管理部副经理的叶太顺主动提出出面找人“摆平”，显然正符合企业的要求。胡燕在2001年9月17日向鹤壁市检察院回答“如果没有你310万元的问题，你会不会找人摆平检察院”这一提问时，曾明确表示“我会”。（卷1~6页）胡燕在庭审调查中一再坚持了这一点，应属可信。

第二,是证券公司,并不是其他个人为“平事”而支出了 80 万元,胡燕本人自始至终未直接经手,就是明证。

第三,郭菊花开价 80 万元“平事”,她的态度和语言极其明确、十分生动:“谁不知道你们证券公司有钱”,“钱少了不能保证事情办成”。这就表明,郭菊花开价要钱的对象是证券公司,而不是某个个人;它还说明一个基本事实,恰恰是证券公司办事,所以只有高额价码才能与时为河南第一大券商的证券公司的身份相匹配。

第四,得钱之后,郭菊花向证券公司提供了发票,这说明:如果她面对的是胡燕个人,或者,她面对的诈骗对象是胡燕个人,有什么必要向公司提供发票?由此表明:郭菊花是通过叶太顺和胡燕,诈骗了证券公司。

第五,庭审中公诉人宣读了对郭菊花的部分讯问笔录,但只是有选择地作了部分宣读,由于对该笔录的真实性与完整性当时无从查证,因而未能质证,依法没有证据的证明力,无须赘述。

以上五点充分说明:考察当时的事发背景,结合胡燕以及具体办事的叶太顺、郭菊花各自的主、客观方面因素进行研究,所谓为了“平事”而支出了 80 万元,是公司法定代表人的职务行为所形成的结果,是证券公司的企业行为。郑州市中院(01)郑刑初字第 281 号判决,依法追缴的赃款“一律上缴国库”,而不发还胡燕,应能从另一个侧面说明这个论断。胡燕并未侵吞一分钱的公司财产,毕竟是不争的事实。至于这种企业行为的性质,研究它所涉及的主、客观方面以及与之相关的法律问题,最多只能认为是省证券公司犯有“单位行贿罪”,因中途被人诈骗未及实施,属于未遂。判定胡燕贪污,与事实不符,因而不能成立。

合议庭:综合以上的说明与辨析,应能得出的结论是:一审判词之所以不实无据,主要是存在如下五个问题:(1)将职务行为与个人行为不加区别互相混淆。贪污、挪用都是个人行为,都是利用职务上的便利为个人牟利,而职务行为则是在职权范围内为所代表的企业或其他单位获取利益,获利的是单位而非个人,至于所获利益是否合法不能影响其职务行为的性质。(2)对企业行为与个人行为不加区别互相混淆。一审判词涉及的证券公司与博弈公司、森伟公司等各家企业的借贷关系是企业间的业务往来,所涉款项,都在企业之间周转,并未流入个人腰包,与贪污或挪用无关。(3)将民事法律行为与刑事犯罪活动互相混淆。如前所述,本案所涉几笔借款,无一不是企业间的民事往来,企业获取资金以利经营,证券公司获取利息,谋求发展,没有个人直接利益的体现,与个人的刑事犯罪无关。(4)将个人与企业的法定代表人完全混同,例如把徐建设与博弈公司等同。这又是一审判决之所以产生错误的一个重要原因。在一审看来,似乎贷款给博弈公司就是借款给徐建设个人,又由于徐建设曾是胡燕的丈夫,于是徐建设所属的公司得利就等于胡燕非法获利。作为国家审判机关,一审竟能全然不顾工商机关对企业性质原始的明确界定,不顾在两企业合作过程中获取利息收益的是公司而非个人这一事实,更不考虑国家法律的明确规定,因而导致在判词中重复了公诉人一系列的逻辑错误。(5)将企业的违规活动与个人的违法犯罪互相混淆,从而得出只要企业没有银行信贷业务而从事资金拆借就是企业法定代表人的贪污或挪用这一错误结论,从而混淆了罪与非罪的原则界限。

三、判词涉及的其他法律问题

先就关于挪用公款罪所涉及的法律问题,针对判词,分六点扼要说明:

1. 挪用与借贷,是性质截然不同的两种取得资金的行为。挪用人挪用的公款,严禁以借贷方式转给该款所有者以外的单位或个人使用,而借贷的法律意义恰恰是把公款借给其他单位或个人使用。二者受不同的法律规范。应加说明的是:全国人大及其常委会对借贷问题中涉及的刑事立法,保护的是金融机构的工作秩序与工作程序,扼要地说,法律制裁的不是“贷款”行为,而是在放贷过程中的违法情事,以及贷款人取得贷款时使用了非法手段,受惩罚的是非法手段,不是贷款行为。

2. 我们在前面援引最高法院2001年9月18日的司法解释，说明胡燕的涉案行为不存在“以个人名义”将公款贷给他人使用的情况，因而“挪用罪”的判决不能成立。这道理很简单，以单位名义借款给他人使用，是执行职务的行为，即不是个人行为，因而依法不能认定为“挪用”。还应着重指出：由江苏省两高会签以“苏检会(1994)第7号”文件形式发布的文件，极其明确毫不含糊地规定“擅自以单位名义将公款借给企事业单位、机关团体使用，并立有借据的，不属挪用公款归个人使用，按违反财经制度处理”。据此，退一步说，即使胡燕的案中行为如一审的认识所说有“擅自”之嫌，也与“挪用”无关。审判长：法制统一是我们立法、执法的一项基本原则，江苏省的规定，对本案性质的认定应是重要的参照系。由此可见，一审的判决没有法律依据，无可置辩。

3. 实践中还应注意从程序上、手段上区别借贷与挪用。扼要地说，前者应是公开进行，而后者一般属于暗中操作，属隐蔽状态。审查胡燕的案中行为，结合指控加以分析，结论只能是：案中胡燕的相关行为全然属于前者，故与“挪用”没有关联。

4. 违法与违规，性质上截然不同。对放贷过程中的违规，不可以套用“挪用公款”的刑事法律加以规范，总之二者不能混淆，不得混用。还有一点也不是不重要的，即对于金融机构及其工作人员的违规行为，依法应由中国人民银行的相关部门予以行政处罚，其他部门不得专断地越权。

公诉人在庭审中提出了一个观点，说违规是违法犯罪的前提，这种认识显然混淆了违规与违法犯罪之间的原则区别，会搞乱罪与非罪的界限，这种观点有悖于法律与法理，一审合议庭不会表示赞同；但归根结底未能在判决中予以排除，极其有害。

5. 一审断言胡燕行为构成“挪用公款罪”的重要根据，是她“利用了职务上的便利”。姑且不论这种断言与最高法院2001年9月18日《关于如何认定挪用公款归个人使用有关问题的解释》这一司法解释相抵触，我们要着重说明的是：贷款，例如博弈公司向省证券公司贷款之所以得以实现,首先取决于后者的金融性质,而不取决于,也不是利用了哪个人的职务之便。省证券公司的贷款功能,抵押贷款的功能,并不会因贷款人与作为金融机构的证券公司的任何人有什么关系而受到制约,任何人的职务都不会改变企业的这项业务的功能与性质。省证券公司的实际情况也正是这样,当年甚至连公司的人事部门都承担着融资贷款的“任务”,这是该公司尽人皆知、大都在办的事实。我们向二审提供的证据证明了这一点。再从另一方面考察,恰如本案第二被告人徐建设经法庭批准所作的陈述,他说:省证券公司可以贷款给别的公司,也就可以贷款给我们的企业(按:即博弈公司)。这种认识合乎实际,非常正确。这些实例说明,所谓利用职务之便挪用公款的判定,没有根据,不能成立。

6. 一审判决支持控方观点,认为借款之后再补协议就构成“虚假合同”,“是以合法形式掩盖非法调取资金的事实”。这是很不正确的。我们认为:一份协议是否真实,应看他的内容是不是当事人的真实意思表示,是不是反映了客观真实,绝不能因是“补签”就断为虚假。案中涉及的这份补签协议,实际上是对当事人之间前此发生的借款行为的确认,内容真实,因其反映了当事人的真实意思表示,签章有效。至于把协议的补签日期提前到原始借款之时,这正是对当初借款行为的确认,而如果填写实际补签的日子,那就形成了当事人之间的新的协议,反倒违背了真实。至于内容,一审判决也不得不认同该补充协议的形式合法,而其条款(合同的内涵)既反映了签约人的真实意思表示,又无不当之处,其为合法,也无疑义。

以上,是我们的法律见解。结合本案实际,还有必要陈明一个实际问题:省证券公司在经营中之所以不断超越规定的业务范围而违规贷款,以下两个因素应予特别重视:第一,公司的业务范围曾经发生过变化。胡燕作为主要负责人,对于变化后的禁止性规范,没有给予充分的重视,而习惯于按照原先多年实行的、对企业有益有利的旧程序旧制度办事,因而发生了违规情事。这是她的严重错误,她应能从中吸取深刻的教训。第二,长期以来,不少单位,在一系列环节上,并不注意克服、纠正金融秩序长年相对混乱的局面,其突出表现正是绝大多数的非银行金融机构违规贷款,从中牟利;也还有些握有重权的领导人员,胡批条子,乱发指示,非分地、出格地要求非银行金融机构对外放贷,从而造成一些法制观念淡薄的非银行金融机构领导及工作人员只顾局部,只顾眼前;他们只懂微观,缺乏宏观意识,有的甚至为保“乌纱”,只会唯上,于是遇事昏昏,忘记了规章规范,犯了违规的大错。这些状况的普遍性,金融界众所周知。近四十册的案卷材料也能反映出这些情况。例如,与本案的一系列情节有着密不可分的相连关系的金五一,他作为省证券公司的上层领导者之一,就有着大量违规的行为。正是鉴于金融业的实际状况的这一复杂性与普遍性,中央对这类问题的处理方针一向是“前后照应”,也就是既要执行新法、新规出台后的种种规范,又要“照应”新规、新法出台前的各方面的实际情况。以本案涉及的事例说明:上述金五一的种种违规行为之所以不受追究,原因可能正在这里。由此我们相信,依据法律面前人人平等的宪法原则,国家政策的恩泽绝不会只及于彼而不顾此,从而独薄于本案二被告。我们期望合议庭的公正性。

以上,是我们辩护意见的基本观点和主要论据。除此以外,另有一项异乎寻常的情况,关系定罪与量刑,必须补陈于下:

我们在二审阅卷中发现,本案编号为26、27、28的侦查卷宗缺失,说明公诉人在一审时就未按规定移交法庭。鉴于前述的控方赴港调查的情况付诸阙如,我们提交的证据又说明控方同时在境内也查询了证人,并作了笔录,证人还提交了书面材料。所有这些,在其他卷宗中都无反映,据此只能推断应在这三册之中。因为如此重大问题的反复查证,绝不可能不留任何记录和记载,否则岂不有渎职之嫌?不知一审何以不按《刑事诉讼法》第150条的规定予以追索?我们提请二审要求控方补送,不料竟以“与本案无关”而拒绝。可是,既与本案无关,请问为何编为本案案卷的序号?饰辞搪塞,昭然若揭。我们认为,且不论《人民检察院刑事诉讼规则》对于应向法庭移送主要证据有明文规定,本案控方的做法与目前正在逐步实施的“证据展示制度”相距何止万里？这岂不是逆司法改革的大潮而专横的我行我素？从国家的法制建设的大局出发，我们不能不再度郑重提出异议，恳请二审法院按照法定程序弥补公诉方的失误，以利于公平审理，而有助于实现执法公正。

尊敬的诸位法官：总结以上各点，我们达到一个基本的结论：撇开前述的程序违法的情况不论，一审断定胡燕犯有“贪污、挪用公款罪”的判决根本不能成立。这个结论有据可查，有法可依，恳请采纳，重新判决。

张思之　李会更

二〇〇二年十一月十一日

诉 讼 文 书

河南省鹤壁市人民检察院起诉书（摘要）

被告人胡燕，女，系河南证券有限公司董事长、总经理。

辩护人罗建新，叶志宏。

被告人徐建设，男，系河南省博弈实业公司董事长、总经理。

辩护人刘长栓，王晓东。

经依法查明：

被告人胡燕、徐建设原系夫妻，于1998年6月11日协议离婚。

1. 1998年9月，胡燕得知司法机关对其涉嫌经济犯罪问题进行调查后便安排叶太顺（另案处理）、郭菊花（另案处理）先后两次从证券公司取出80万元，作为非法活动经费，欲阻挠司法机关对其调查，后又指使公司有关人员将账目作平。

2. 1997年11月，胡燕与徐建设共同挪用证券公司资金200万元，用于徐建设开办的博弈文化用品公司进行营利，后胡燕为达到占有此款的目的，安排他人以支付装修款为名将账目作平，从中骗取资金

156.1万余元，余款43.8万多元被其挪用长达一年之久。

3.1998年5月，胡燕为帮助徐建设归还欠款，挪用证券公司资金200万元。后胡燕为达到占有此款的目的，指使公司有关人员从自营账户上提款将账目作平，从中侵吞资金169.7万余元，挪用30.2万余元。

4.1998年9月，胡燕与徐建设共谋用证券公司的国库券偿还徐欠公司的借款利息，后胡燕以证券公司的20万元国库券属徐所有为由，安排有关人员让徐取走据为己有，折合人民币28.7万元。

5.1994年9月，胡燕伙同徐建设共同挪用证券公司资金310万元用于徐开办的博弈公司营利，至1994年12月归还。

6.1996年12月，胡燕伙同徐建设共同挪用证券公司资金300万元用于徐开办的博弈文化用品商场营利，至1998年7月归还。

上述犯罪事实清楚，证据确实、充分，足以认定。

本院认为：胡燕利用职务上的便利，采取侵吞、骗取等手段，非法占有本单位资金434.5万元，其行为已构成贪污罪；胡燕为谋取个人利益，利用职务上的便利，以个人名义将本单位资金684万余元挪用给徐建设的公司营利，数额巨大，情节严重，其行为已构成挪用公款罪。徐建设与胡燕勾结共同贪污28.7万元，并与胡燕共同挪用810万元，其行为已构成贪污罪、挪用公款罪。胡燕在共同犯罪中起主要作用，系主犯；徐建设在共同犯罪中起次要作用，系从犯；两被告人均犯数罪，应请依法惩处。

此致

鹤壁市中级人民法院

检察员 苗雨

管明卫

王丽红

刘波

二〇〇一年十二月十六日

河南省鹤壁市中级人民法院刑事判决书(摘要)

公诉机关:河南省鹤壁市人民检察院。

被告人胡燕,女,原系河南证券有限责任公司董事长,代理总经理。

辩护人张思之,李会更。

被告人徐建设,男,博弈实业公司、博弈文化用品公司、森伟公司业主。

辩护人刘长栓,河南铭高律师事务所律师。

人民检察院指控:(略)

经审理查明:

一、1998年10月,胡燕得知司法机关在调查其涉嫌经济犯罪问题,便从平顶山营业部和上海营业部调取现金80万元,安排该公司职工叶太顺(另案处理)将钱交给郭菊花(另案处理),作为“疏通关系”的非法活动经费,用以阻挠调查。事后,胡燕指使平顶山营业部和上海营业部的有关人员,将账目作平,胡燕侵占公款80万元。

上述事实有下列证据证实:

(一)关于胡燕调取80万元的用途问题,有下列证据证明:①叶太顺证言。②郭菊花证言。③河南省人民检察院1998年8月24日提请初查报告。④孙会思、江潮、吴敏证言。

(二)关于胡燕从平顶山营业部和上海营业部调取80万元现金的经过和去向问题,有下列证据证实:①胡燕供认不讳。②叶太顺证明。③郭菊花证明。④王静、冯文娟证明。⑤刘雪梅证明。⑥郑天赏、陈亚军、王莉娜证胡。⑦高询、高嵩、陈伟英证明。⑧各种账目凭证均能与上述证人证言相印证。

(三)关于胡燕从平顶山营业部和上海营业部调取现金后,指使有关人员平账的事实,有下列证据予以证实:①高询、高嵩证明。②郑天赏证明。③牛苏红证明。④陈伟英证明。

以上证据证明了下列问题:①胡燕从平顶山营业部和上海营业部

调取80万元的事实存在;②叶太顺、郭菊花、孙会思、江潮,吴敏等人的证言,河南省人民检察院的提请初查报告,均证明检察院是在证券公司调查胡燕的个人问题;③郑天赏、高询、高嵩证明胡燕事后让郑天赏、高询想办法将其调取的80万元的账平掉。胡燕安排叶太顺将空白发票交给高询平账,证明胡燕主观上有侵吞该借款的故意。胡燕及其辩护人关于胡燕调取80万元是为了公司利益而疏通关系,胡燕没有安排任何人平账的辩解及辩护意见不能成立。

二、1997年11月,胡燕为了让徐建设开办的博弈文化用品公司和豫美公司合伙购买紫荆山商场,指使副总经理金五一从伏牛路营业部提取200万元转入森伟公司。徐建设用其中的37万元交了博弈公司的房租。其余借款投入房地产开发。1998年10月检察院调查胡燕的同题,胡燕让他人编造了两份森伟公司为证券公司伏牛路营业部、行政区营业部装修工程承包合同,其中一份对伏牛路营业部200万元,取代了工程款138.36万余元,一份107万元,转入行政区营部的固定资产,取代了工程款15.53万余元。胡、徐从中骗取证券公司153.1万余元,挪用46.8万余元。

上述事实有以下证据予以证实:

(一)胡燕、徐建设供认不讳。

(二)关于胡燕指使他人编造虚假装修工程合同,加大工程造价,用以抵消徐建设借款款事实,有以下证据予以证实:①胡燕供认不讳。徐建设供述。②韩玉波证明。③王静证明。④冯文娟的证明。⑤吉东升证明。⑥赵泓证明。⑦吴敏证明。⑧丁国政证明。⑨工程鉴定报告书。⑩森伟公司伪造的伏牛路营业部《室内装饰工程承包合同》;伪造的行政区营业都《室内装饰工程承包合同》。

(三)关于赃款去向问题。(略)

以上证据均能相互印证,事实清楚,证据确实充分,足以认定。

三、1998年5月,胡燕为帮助徐建设还欠款,指使该公司总经理李建国从上海营业部调取资金200万元,转入徐建设开办的博弈公司。事后,多次催促胡燕还款,胡除表示用自己在上海营业部股民账户上的市值30万余元的股票偿还借款外，其余借款让上海营业部想法将账做平。

上述事实有下列证据予以证实：（略）。

胡燕及其辩护人提出上海营业部是将200万元借给了上海民生公司，与胡燕无关的辩护理由不能成立。

四、1998年9月为了应付检察机关的调查，胡燕从证券公司行政区营业部调取20万元国库券，放到公司财务处，伪造徐建设抵押偿还1996年在证券公司借款和紫荆山营业部的账时，胡燕便指使丁国政让亚融公司出资28.40万元，购买20万元国库券交给行政区营业部平库，胡燕又指使亚融公司用伪造的发票将账走平，事后，胡燕以20万元国库券属徐建设所有为由，让徐从公司取走据为己有。

上述事实有下列证据予以证实：①被告人胡燕供述。②徐建设供述。③吉东升证明。④丁国政证明。⑤郭敏证明。⑥董芳证明。⑦徐薇证明。⑧江潮证明。⑨河南证券公司留存的河南亚融实业公司于1998年10月19日购买的国库券凭证一张。⑩亚融公司1998年10月13日支付29万元的银行存根，记账凭证和用于冲销28.4万元的发票及记账凭证。

以上证据均能相互印证，事实清楚，证据确实充分，足以认定。

胡燕及其辩护人称20万元国库券已兑换成美元通过香港银行个人账户，汇往证券公司在美国开办的分公司，胡燕、徐建设没有占有的辩解不能成立。

五、1994年9月，胡燕在担任证券公司总经理期间，为了让徐建设与人合伙买断当年郑州糖烟酒交易会期间《郑州晚报》广告经营权，指使紫荆山营业部经理金五一借给徐开办的博弈公司310万元，至1994年12月16日归还。

上述事实有证据予以证实。

六、1996年12月2日，徐建设因缺少资金，让胡燕从证券公司为其借款，胡燕指使紫荆山营业部借给徐300万元，1997年2月27日归还。

上述事实有证据予以证实。

其他证据证明的其他案件事实:(略)。

本院认为,胡燕以非法占有为目的,利用职务上的便利,滥用职权,随意提取单位大量资金归个人使用,事后又指使他人用单位自营资金填补借款,编造虚假工程造价、虚填发票抵销借款等手段,单独或者与徐建设内外勾结,侵吞、骗取单位资金,其行为已构成贪污罪。其中胡燕单独贪污80万元,和徐建设共同贪污,数额特别巨大,情节特别严重。胡燕在共同贪污犯罪中系主犯。胡燕还利用职务上的便利,为谋取个人利益,违反有关规定,将本单位资金856.8万余元挪用给徐建设营利;情节严重,其行为已构成了挪用公款罪。徐建设与胡燕勾结,共同贪污,挪用公款,其行为分别构成贪污罪和挪用公款罪,在共同贪污犯罪中起次要作用,系从犯,应从轻处罚。鹤壁市人民检察院指控二被告人的罪名成立,应予支持。关于胡燕及其辩护人、徐建设的辩护人均提出,河南省博弈公司、河南省博弈文化用品公司属集体企业,两个公司与证券公司之间的借款,属于企业之间的民事行为。以此否认二被告人构成挪用公款犯罪。经查,河南省博弈公司、河南省博弈文化用品公司均属徐建设个人开办,两个公司与证券公司之间虽有借款协议,但是双方之间的行为不符合民事法律行为的基本要件。民事法律行为是建立在双方当事人意思表示真实、一致基础之上的,而徐建设开办的两个公司与证券公司之间的借款行为,是胡燕利用职权,擅自将公司资金挪用给其丈夫徐建设进行营利活动,其行为属于胡燕的个人行为,不能体现证券公司的集体意志,胡燕的辩解及其辩护人的辩护意见、徐建设的辩护人辩护意见,均不能成立,本院不予采纳。案发后,二被告人已将赃款大部分退出,应酌情从轻处罚。

判决如下:

一、胡燕犯贪污罪,判处死刑,缓期二年执行,剥夺政治权利终身,并处没收个人全部财产;犯挪用公款罪,判处有期徒刑十三年,数罪并罚,决定执行死刑,缓期二年执行,剥夺政治权利终身,并处没收个人全部财产。

二、徐建设犯贪污罪，从轻判处有期徒刑十二年，并处没收个人财产二十万元；犯挪用公款罪判处有期徒刑十年，数罪并罚，决定执行有期徒刑二十年，并处没收个人财产二十万元。

（下略）

16. 余祖日“贪污、受贿案”

案 情 简 介

余祖日，工人，因工作努力，成绩突出，廉洁奉公，群众爱戴，被选拔为中山市包装印刷工业集团公司总经理。在领导集体的共同努力下，把一个濒临绝境的企业发展成为驰名全国的优秀大型包装印刷企业。

1991 年，在“承包”大潮推动下，经公司领导集体决定，先是将公司主要原材料统一交由所属的材料公司购买，所得利润上交集团公司解决职工福利问题。余祖日从中领取各种奖金共 145000 元，被定为贪污。

1992 年，集团公司又决定将材料公司交由郑桂炳个人承包。郑于年终获利后，分别付给集团领导成员每人一份答谢费，表示感激。两年里，郑两次赠余祖日 515000 元。余被定受贿。

不久，集团公司发现郑桂炳有经济问题，乃依法举报。在“检查”过程中，集团公司各领导成员，包括余祖日，分别将上述疑款全部退出上交。

检察院认定为“贪污、受贿”，提起公诉。

辩　护　词

一审辩护词

审判席：

互相辩论，各抒己见，是极其正常的情况。方才有的律师同行对我和我的同事进行了无端的指控，我将遵循职业要求，严格遵守职业道德，绝不反唇相讥；但对于那些指控中所反映出的错误观点，诸如断言本案属于什么“共同犯罪”，因其言不及义，荒谬之极，而且直接关联着并有损于我的当事人的合法权益，故又不得不断然拒绝，并请合议庭予以关注，作出裁决。

审判长，我支持第一被告的首席辩护人郑军律师在他的辩护词中所表达的全部观点。我完全同意我的同事孙振科律师为余祖日被指控犯有“贪污、受贿罪”所作的辩护。他们列举的事实，有证可据；他们的观点，有法可依；他们的论证，无懈可击；因此他们分别得出的结论都有充分的说服力，应请合议庭严予审查，依法采纳。

我作如下的补充，进一步地为余祖日辩护：

一、本案起诉书的基本错误，除了在认定事实上缺乏客观性因而失真之外，还表现在以下两方面：第一，没有把握住“贪污罪、受贿罪”的法定构成要件，指控并未依法，很难成立；第二，没有从实质上研究余祖日的案中行为，只是单纯地就问题的某一点现象进行推断并据之以确定问题的性质，因而未能严肃执法，不可能做到不枉不纵。对此将在下面详予剖析，证明我们的观点正确。

二、遵循新《刑法》第 12 条所明示的原则，即一般所说的“从旧兼从轻原则”，审查本案没有理由不沿用 1979 年刑法的条款。而依据 1979 年刑法，按照公诉人指控的逻辑，余祖日的案中行为分属“侵犯财产罪”和“渎职罪”的范畴。我的同事已经从事实上逐一陈明余祖日的行为并未触犯刑律，我不再就“事实”发表意见，这里要补充的是:全面地、历史地来看,余祖日与本案其他被告人,同心协力,惨淡经营,兢兢业业,克己奉公,十年如一日,将一个破旧败落的小厂,发展为资产近十亿元,在包装行业中居于全国领先地位的大型先进企业。职工证明:余祖日清正廉洁,从不贪占公有财物,更没有玩忽职守。研究他的这种一贯的表现,对于考察他案中涉及的特定的行为,特别是对于衡量与确定那些行为的性质,至关重要。因为这是历史唯物主义的基本要求,相信法官对此会有深刻的理解与把握。

三、姑且不论起诉书援引修订的新《刑法》第382条、第385条确属适用法律不当,我的同事既已从事实上论证了余祖日的案中行为不涉及犯罪,起诉书的法律适用就成了无源之水,从根本上失去了意义。然而为了说明问题,我将按照起诉书的论断,对本案涉及的法律问题作出考察,更进一层地从法律上说明余祖日的行为构不成犯罪。

(一)先析"受贿罪"中的问题

1. 据起诉书指控,余祖日将"材料公司"发包给郑桂炳,利润兑现后,郑将承包利润分给余作为答谢。关于这类情况,最高法院有个十分明确的司法解释,即"以酬谢费等各种名义收受财物的行为,是否构成受贿罪要作具体分析,区别不同情况。……要把利用职务上的便利与未利用职务上的便利区别开来"。对于没有利用职务上的便利为他人谋利益的,即使收留了财物,也不应认定为受贿罪。这就是众所周知的二要件:利用职务之便和为他人谋利益(见最高法院1985年7月的司法解释)。

法庭调查证实,余祖日既没有利用职务之便,也未与他人谋什么利益,断为受贿,于法无据。

应当指出,所谓利用职务之便,是指行为人主观上存有为人谋私利的动机,由此出发,运用他职务上处置事务的权限,满足或达到让他人得到私利的目的。其基本表现形式是:依靠、凭借职权收取他人财物。这与正常履行职务、行使职权的行为截然不同,不可以混淆。

2. 从法的角度分析,所谓"利用职务之便",其内容可以分多种,按照公诉人的观点,显然是指余祖日直接利用职权为行贿人谋了利益这一种。按这种“利用职务之便”无非有三种情况，即第一，积极履行职责为他人谋利益；第二，放弃职守，为他人谋利益；第三，采用不当手段通过行使权力去为他人谋取利益。今天的庭审调查证明，余祖日的案中行为全然不符合这些情况。我要重复地说，“利用职务之便”作为受贿罪的客观要件，无疑是该罪得以成立的前提，1979 年刑法把它列入“渎职罪”中，反映了该罪的本质特征是它的渎职性。扼要地说，没有渎职，自然不发生“利用职务之便”的问题，而抽去了“利用职务之便”也就谈不上渎职。本案被告人余祖日正当地、正常地在职权范围内对企业的生产、经营进行操作，而又符合法律与政策，他作为总经理从不越权行事，他从没有以个人行为替代职务行为，总之，这与“利用职务之便”无疑是两类问题两码事，绝不能相提并论。公诉人的指控明显地与法相悖，过于武断，不能成立！

3. 认真地考虑、分析了法庭调查中反映出来的情况，我们还不得不指出：“利用职务之便”在任何情况下都不可以随心所欲地作扩大解释，认为只要是国家工作人员而又收留了他人财物的，不管是否利用职务之便，就统统定为“受贿”，绳之以刑法，这将是适用法律上的原则性错误，应能得到合议庭的纠正。

4. 法庭当然明确，受贿罪的主观方面只能是直接故意，包括认识方面和目的方面这两个内容。

在认识方面，受贿人应认识到收受贿赂与为人谋利之间具有权力与利益的互易、交换的性质，这种交换侵犯着企业的正常管理活动。庭审调查证明：余祖日不存在这方面的问题。而在目的方面，受贿人的行为在主观上应有双重性：一个是为人谋利，另一个是要取得财物，二者缺一不可。否则就不可能实现或完成受贿罪在客观方面的两个要件、两种行为，从而也就构不成受贿罪。据此衡量余祖日的行为不具有受贿的目的，也为庭审调查所证实，因而他主观上不存在受贿的故意，无可置辩。

5. 诚然，余祖日收受了他人的“财物”，但是，第一，法律要求的是“非法收受”；第二，按照最高法院的通行观点，所谓“非法收受他人财物”，是指“行为人允诺或者默许为人谋取利益，他人主动给予财物，行为人收受的行为”。关键在于允诺或默许为人谋利。细查余祖日的行为既无承诺，也无默许，因而不能构成受贿罪。（请参阅最高法院出版的《刑法的修改与适用》第788页）

6. 上述观点的正确性，在司法实践中有典型案例印证。在全国很有影响的湖北厉复兴受贿案，被告人作为建筑公司总经理，将一项很大的工程项目转包给郑某的企业，郑四次给厉送去数万元的巨款。一审判决厉犯有“受贿罪”。二审以厉的行为没有利用职务之便，没有为郑某谋利益，其行为有利于生产力的发展等理由撤销了一审判决，宣告厉复兴无罪。案例刊于最高法院的机关刊物《人民司法》，对于余祖日案应有借鉴作用。

以上是我们认为余祖日没有犯“受贿罪”的基本观点。公诉人会说，余祖日、郑志明等人先后将有利可图的材料公司发包给郑桂炳，岂不是“为他人谋利益”？事后又收受了郑桂炳给予的承包利润中的部分所得，岂不是受贿的典型表现？我们说：不对！姑且不论当年大搞承包是响应中央号召搞活企业的重大举措，是企业的集体职务行为，绝非任何个人的利用职权谋取私利；必须明确：实行承包，首先是“为企业谋利益”，其次才是政策要求的让承包人有钱可赚有利可图。如果把搞承包硬说成是“为他人谋利益”从而构成犯罪，那么，大搞承包的十年，国内的经济犯罪何止成千上万！那岂不是把“一包就灵”，变成了“一包就糟”？数以百万计的承包人将因此而人人自危，试问这样的观点有什么法律上或政策上的依据？

最后还应补充说明：按照起诉书的指控，余祖日收受的贿金来自郑桂炳。可是，郑案早经审理待判，公诉人对郑案的指控并没有行贿余祖日等人这一项罪名，对此我们有理由提出质疑：既然不存在行贿问题，受贿之说又从何说起呢？我们质疑中包含的观点完全符合最高法院通过各种形式表达的见解，因而应能被合议庭接受。

诸位法官，我们的法律分析无可辩驳地证明：余祖日的案中行为没有社会危害性，而对于没有社会危害性的行为怎么可以盲目加罪呢？这涉及一条带有根本性的原则，也是全球公认的刑法学观点，绝不可依某些人的主观意念恣意否定或任意改变。法律反映着、代表着人民的意志，我们在执法上没有理由不取郑重、严肃的态度！

（二）再说“贪污罪”中的问题

起诉书关于“贪污罪”的认定，我的同事孙律师有针对性地就其涉及的事实作出了辩证，进行了澄清，纠正了不实之词，在此基础上，对起诉书的基本观点作了否定性的评价，十分正确。我再补充一点，揭示控方曲解事实，加罪于人。

据起诉书，余祖日等人“私分”了下属公司上交的福利费。可是，庭审调查表明：第一，其间无“私”可言，领取这些福利费的，远不止四名被告人，而且是明着进行的公开行为，绝没有任何隐蔽的手段；第二，当事者都是按单据“领取”了各项奖金或福利金，把“领”歪曲为“分”，改变了事务的性质。我们说，作为执法机关，运用不准确的词语加罪于人，是极不郑重的。

审判长，为了着重说明余祖日领取“福利费”和“奖金”的行为构不成“贪污罪”，请允许我陈明当时的一系列的相关政策，加以衡量，以正视听，以明究竟。其要点如下：

1.“承包经营责任制，是促进企业机制合理转化的重要路子，要……长期坚持下去。”

2.“要结合推广承包经营责任制，全面推行厂长（经理）负责制。”

3.“增强企业活力，是经济体制改革的中心环节。”

4.“可以多搞一些集体福利……增强企业对职工的凝聚力。”

5.“随着留利的增加，要逐步建立企业风险基金……作到既负盈又负亏。”

6.“（要）实行奖金随企业经济效益浮动的办法。”

7.“企业职工奖金由企业根据经营状况自行决定，国家只对企业征收超限额奖金税。”

8.“奖金税以企业为纳税义务人”。

以上八点，分别见于中央1989年《关于经济体制改革的决定》，国务院1988年《关于经济体制改革的总体方案》以及《国营企业奖金税暂行规定》。由此可见，起诉书所谓“巧立名目，进行私分下属公司上交福利款”的指控，完全违背了政策的规定，是十分错误的。退一步来说，即使认为被告人所属的公司的奖金发放不尽如人意，不完全合理，那也是企业内部的管理问题，仅仅涉及公司本身的财会制度和奖励制度如何改进的问题，与刑事犯罪毕竟毫无关系。

值得注意的是，起诉书在指控被告人犯有“受贿罪”时，以“承包”为前提；而在论及“贪污罪”时却又完全回避了承包这一应有之义，从而抹杀了余祖日所属的集团公司大量福利中的绝大部分来自“承包”的材料公司，这又是为了什么呢？如果不能正确地回答这个问题，就不可避免地给人以欲加之罪而又随心所欲的印象。这对于执法来说，当然是不能允许的。

总而言之，断言余祖日犯有“贪污罪”的指控，同样地不能成立。

以上是第三个问题。

四、庭审调查证明：控方指控为罪的一些事实，不论是“私分公款进行贪污”或是收受郑桂炳的所谓“贿金”，都不限于本案四被告，而且包括了一些负责官员以及夫人。他们领取了“福利费”和“奖金”，得了郑桂炳的承包利润提成款，而对于这些人的这些行为，公诉机关又为什么不认为是犯罪而漠然视之呢？法律面前人人平等是宪法原则，怎么可以就同一事件对一部分人这样处置而对另一些人又那样对待呢？既然那些人的行为与罪无关，又凭什么要追究余祖日等人的刑事责任呢？

有人会说，人家把收的、领的都退了，当然可以不再追究。这也不对。因为本案的被告人等也都退了，而且退得很主动、很彻底。不仅如此，本案的被告人还是举报郑桂炳经济犯罪的有功人员，他们凭着党性，凭着对人民的忠诚，及时地揭露了郑桂炳的经济犯罪。这就恰恰说明：他们没有以权谋私，没有意图贪污、受贿的主观故意，因而实在没有理由把他们推上被告席并要求绳之以法。这是一个极其严肃的问题，相信合议庭能够洞察案中的方方面面，做到不枉不纵，还余祖日一个公道。

五、具体地考察与研究具体问题，是我们应当坚持的基本观点，由此出发，具体分析，区别对待又无疑是办理案件应当把握的基本方法。庭审调查已经证明：余祖日在包装集团公司中担负的职务同赋予他的权力有着并不完全协调的特点。他一度身为总经理，但却没有完全的权力指挥、管理整个企业。尽管如此，他也没有辜负工人阶级的培育，长年累月辛勤工作，终于成长为一个工人阶级的优秀企业人才，以工人的身份兼任了一家集团公司的总经理，而且做出了巨大贡献。它的品质更是值得信赖的。他在工作上也会有失误与缺陷，但那都不能掩盖他的功绩，更不该被人为地扭曲为上升为刑事犯罪。审判长，我们郑重地请求合议庭宣告他无罪，尽早地恢复他的自由和工作，使其能以重振精神，再建功业！

诉讼文书

检察院起诉书（摘要）

被告人郑志明，男，原系中山市经济委员会副主任（1986 年 4 月至 1993 年 3 月任中山市包装印刷工业集团公司总经理）。

被告人蔡少荣，男，原系中山市包装印刷工业集团公司党委书记。

被告人余祖日，男，原系中山市包装印刷工业集团公司党委副书记 1993 年 3 月至 1993 年 9 月任该公司总经理。

被告人陈荣全，1994 年 9 月至被捕前任总经理。

被告人郑志明、蔡少荣、余祖日、陈荣全贪污、受贿一案，由本院侦查终结并依法审查起诉，查明：

1992 年 1 月至 1995 年 7 月间，被告人郑志明、蔡少荣、余祖日、陈荣全利用职务之便，采取收取下属公司上交福利款不入账进行私分等手段贪污公款，并通过将集团公司属下的工业材料公司给郑桂炳（另案处理）承包，收受贿赂。

一、贪污犯罪事实

1991年间，被告人郑志明在中山市包装印刷工业集团公司（以下简称集团公司）两委会（即党委会、管委会）上提出并经两委会决定，将集团公司的主要原材料统一由包装工业材料公司（以下简称材料公司）购买，并允许材料公司在购进原材料价格上提高3.5%销售给集团公司，所获利润则上交给集团公司用于解决职工福利。1992年1月至1995年7月间，材料公司共向集团公司上交"福利费"768.575万元，其中422.81万元由集团公司财会科收取，入了集团公司"小金库"账，用于集团公司所有职工（包括集团公司领导）的奖金福利开支。其余345.765万元由被告人郑志明、蔡少荣、余祖日、陈荣全等人决定作不入账处理，一部分用于集团公司的会议费、接待、旅游等项目开支，另一部分则主要用于集团公司两委成员内巧立名目（如"年终奖""节日慰问""开门利市""挂历奖"等）进行私分。被告人郑志明分得136500元，被告人蔡少荣分得191500元，被告人余祖日分得145500元，被告人陈荣全分得165500元。

二、受贿犯罪事实

1992年年底，被告人郑志明、蔡少荣、余祖日、陈荣全经商议后，同意郑桂炳提出的个人承包材料公司的要求，以此作为给郑桂炳"赚钱发达"的机会。1993年1月，在既没有向上级主管部门报告，也未对材料公司审计清算的情况下，被告人郑志明代表集团公司与郑桂炳签订了《承包协议》，该协议规定承包期间，材料公司所获利润4:6分成（郑桂炳个人占40%）。1993年年底，第一年承包期满，上述被告人不经任何审计，仅凭郑桂炳自己所报核算结果即同意郑桂炳在工业材料公司提成"承包利润"125万元。郑桂炳为了感谢上述被告人，于1993年12月至1994年1月间，分别送给被告人郑志明15万元、被告人蔡少荣和余祖日各26.5万元、被告人陈荣全10万元。

1994年1月，被告人余祖日代表集团公司与郑桂炳续签《承包协议》。1994年12月，被告人余祖日、蔡少荣、陈荣全仍不经审计，即同意郑桂炳提成“承包利润”130万元。郑桂炳为了答谢领导们“关照”，又分别送给被告人郑志明10万元、被告人蔡少荣和余祖日各25万元，被告人陈荣全15万元。

案发后，被告人郑志明、蔡少荣、余祖日、陈荣全均退出了全部贪污、收受贿赂所获赃款。

上述犯罪事实清楚，证据确实、充分，足以认定。特提起公诉，请依法惩处。

一九九八年六月二十四日

市中级人民法院刑事判决书（摘要）

被告人：郑志明（下略）

辩护人：郑军、周德智，中山市中元律师事务所律师。

被告人：蔡少荣（下略）

辩护人：侯受汉、胡文坚，中山市茗洋律师事务所律师。

被告人：余祖日（下略）

辩护人：张思之，北京市吴栾赵阎律师事务所律师。

辩护人：孙振科，中山市中元律师事务所律师。

被告人：陈荣全（下略）

辩护人：陈文坚，中山市中元律师事务所律师。

1991年年底，被告人郑志明利用任包装集团总经理的职务之便，决定将公司“福利费”中的一部分不入财务账，用于包装集团干部、主要是“两委会”（党委会、管委会）成员的福利开支。该决定经被告人蔡少荣、余祖日、陈荣全认可同意后，于1992年开始实施。

1992年2月至1995年7月间，郑志明、蔡少荣、余祖日、陈荣全等人将未入集团财务账的345万余元，一部分用于会议、接待、旅游等开支；另一部分则由四被告人假借各种奖金名义私分。其中，郑志明贪污公款136500元，蔡少荣贪污公款191500元，余祖日贪污公款

145500元，陈荣全贪污公款165500元。

1992年年底，材料公司经理郑桂炳分别向郑志明、蔡少荣、余祖日、陈荣全提出由其个人承包该公司的要求。四被告人经商议后，同意并在未进行清算的情况下，由郑志明代表包装集团与郑桂炳签订了《承包协议》，协议规定，承包利润集团分成六成，郑桂炳个人占四成。第一年承包期满，上述被告人不经审计，仅凭郑桂炳的核算，即同意郑个人在材料公司提成“承包利润”125万元。事后，各被告人分别收受了郑桂炳送来的“答谢费”，其中：郑志明受贿人民币15万元、蔡少荣和余祖日各受贿265万元、陈荣全受贿10万元。

1994年1月，余祖日代表包装集团与郑桂炳续签了《承包协议》。年底，又不经审计，余祖日等即同意郑桂炳提成“承包利润”130万元。事后，蔡少荣、余祖日又收受了郑桂炳送来的贿赂各25万元，郑志明、陈荣全各受贿10万元和15万元。

案发后，四名被告人退清了全部赃款。

本院认为，被告人无视国家法律，利用职务之便，非法侵吞公款并收受贿赂，其行为均已构成贪污罪和受贿罪，应依法惩处并予数罪并罚。鉴于四名被告人均能退清赃款，未给国家造成任何经济损失及本案的具体情况，可予从宽处理。被告人郑志明、余祖日、陈荣全的辩护人所提四被告人均不构成贪污罪和受贿罪的理由，经查，四名被告人利用职务之便决定将下属企业上缴利润擅自进行私分，主观上有非法占有公款的故意，客观上实施了将公款不入账私分的行为，已构成贪污罪。四名被告人还利用将企业发给他人承包之机，为他人谋取不合理利益后收受贿赂，其行为符合受贿罪的构成要件，所提无罪的辩解均属无理，不予采纳。

判决如下：

一、被告人郑志明犯受贿罪，判处有期徒刑四年；犯贪污罪，判处有期徒刑三年，总和刑期七年，决定执行有期徒刑五年。

二、被告人蔡少荣犯受贿罪，判处有期徒刑五年；犯贪污罪，判处有期徒刑二年，总和刑期七年，决定执行有期徒刑五年。

三、被告人余祖日犯受贿罪，判处有期徒刑六年；犯贪污罪，判处有期徒刑三年，总和刑期九年，决定执行有期徒刑七年。

四、被告人陈荣全犯受贿罪，判处有期徒刑四年；犯贪污罪，判处有期徒刑三年，总和刑期七年，决定执行有期徒刑五年。

一九九九年六月六日

17. 刘实"受贿、贪污、泄密案"

案情简介

刘实曾任沈阳市人民检察院检察长，中级人民法院院长。

刘涌案发，刘实被视为"保护伞"，被审查。后经起诉，据指控，罪行有三：

一、纪委机关审查著名的"马向东贪污、受贿案"时，对外泄露内部讨论马案的情况；

二、收受刘涌的贿赂；

三、侵占了政府拨给他的购房款中的余额。

刘实对上述三罪统统予以否认。

辩护人认为指控的证据不足，或者根本不实。

法庭辩论激烈，甚至发生了法官与律师直接争辩的异常情况。证人出庭作证，但对律师就关键问题发出的提问拒绝回答，法庭对此置若罔闻，势同默许，此证竟然为判决采纳。合议庭否认了律师的全部辩护意见，三罪并罚，判处刘实有期徒刑 12 年。

辩　护　词

一审辩护词

合议庭：

公诉方指控本案被告人刘实的行为涉及三个罪名。我们仔细地研究了控方移送法庭的材料，听取了庭审调查中反映出的各种意见，认为有足够的理由对指控提出异议。以下按照起诉书的行文顺序，提出我们所持异议的主要论据，为刘实辩护。

一、关于故意泄露国家秘密罪

细查这项指控的内容，只有对情况的抽象概括，并没有具体的犯罪情节。这个做法不符合《人民检察院刑事诉讼规则》第 281 条第 3 项规定的要求。按该项要求，起诉书叙述案件事实应有“犯罪的时间、地点、经过、手段、动机、目的、危害后果等与定罪量刑有关的事实要素”，同时特别规定，“起诉书指控犯罪事实的必备要素应当明晰、准确”，以此衡量本案起诉书，行文很不规范，是不合格的。公诉人说，这是起诉书的文字表述问题，无须辩论。不对！这是执法问题。我们之所以重视这一层，还在于：起诉书不涉及被告人的具体行为以及与之相关的情节，必然会限制甚至剥夺了被告人、辩护人依法享有的辩护权利，从而不利于实现司法公正，这当然是相当重要的原则问题。有鉴于此，我们认为有必要先弄清楚起诉书所说刘实多次参加马向东案件“协调会，会后将马向东案件的有关情况多次泄露给于海洋”，其中的马案协调会内容属于哪一级国家秘密？《保守国家秘密法》第 20 条规定，国家秘密是依照法定程序确定的。诚然，公诉人宣读的国家保密局与最高检察院规定的密级和它的具体范围是重要的法规性文件，但它的规定十分明确，适用于检察院立案、侦查、预审各阶段的情况是否涉密，而刘实一案，转到检察院正式立案之后，没有证据证明刘实泄露了协调会的情况及其涉及的秘密，因此，我们应当考察的是,马案的纪委协调会内容是否具有国家秘密的性质;如果权威机关确定它有国家秘密的性质,在具体诉讼的适用上还应遵循一条原则,即某一会议涉及国家秘密,是就它的内容从整体上作出的规定,并不是说会议的每一个环节,会议中的每一项具体言行都属于"国家秘密"。例如,马案协调会必然涉及"以事实为根据,以法律为准绳"这个根本性的执法原则,有人在会下、会后转述了会上的这个原则及其要求,也绝不发生泄密问题。扼要地说,整体性原则是判断与"协调会"相关事务、相关问题是否具有涉密性质的基本标准,据此又必须弄明白:刘实泄露的"马向东案件的有关情况"是哪些情况,以及这些情况是否国家秘密。根据控方提交法庭的材料,结合庭审调查的实际,姑且假定于海洋去年 12 月 20 日和今年 4 月 4 日的两次互不一致的陈述统统属实,他证的刘实关于马案情况的"泄露",总共有下列五点:

1. 刘对他说:"马向东案件没有什么大事了,要交给沈阳办。"(12 月 20 日证词)

2. 刘说:"你们就不要再掺和这事,谁也定不了,中纪委对这案跟踪到底,省市检察院都左右不了这案子"。(4 月 4 日证词)

3. 刘说:"辽宁省、沈阳市都是木头,不要找了。"(12 月 20 日证词)

4. 刘告诉他:"马向东案,这一拨就这么定了,要判。"(4 月 4 日证词)

5. 刘说:"告诉章亚非,不要再搅和了,这一轮就这么定了……等沈阳这帮人下去了,也有可能翻案……现在找个好律师,为将来翻案作伏笔。"(12 月 20 日证词)

综合这五点内容,涉及三个问题:1. 马案已定,要判;2. 交沈阳市办;3. 中纪委将全程跟踪,省市左右不了,不要再掺和,不要再找人。至于这三个问题是否涉及国家秘密,应依照《保守国家秘密法实施办法》第 4 条的规定,"某一事项泄露后会造成下列后果之一的,应当列入国家秘密及其密级的具体范围",这里所指的"后果"共 8 项,其中第5项“损害国家重要的安全保卫工作”和第8项“使国家机关依法行使职权失去保障”与马案协调会的内容或有牵连，但与上述于证的三个问题却都不沾边，那三个问题中的内涵无论如何都不可能使检法行使职权失去保障，更无损于国家重要的安全保卫工作！总而言之，这五点即使都认定为刘实所为，它们也没有任何危害性，而没有社会危害性的行为不能断为犯罪是毋庸置疑、无可争辩的。

为了反映事实真相，我们向法庭提交了2000年7月号《共产党员》杂志刊发的《马向东的自毁之路》，作为证据，这篇公开发表于7月1日的文章，从程序到实体，清楚详尽地公布了马案的基本情况。而于海洋与刘实谈马案的时间，据起诉书的认定为6～8月间，据于海洋的证言，第一次“是在中纪委协调会以后”，“第二次在7月下旬”，即都在杂志刊发之后。问题是:公诸世人的文章不属“泄密”，刘实对于于海洋所讲的五点根本不涉及实质问题，距“密”甚远，更谈不上“泄”，却要定为泄密，这连最起码的公正都失去了，是我们不能赞同的。至于“翻案”一说，因其显然与协调会内容无关，无须申辩。

由此可见，指控刘实“泄密”，没有根据，缺乏准绳，全然出之于臆测，失之轻率，不足采信。

此外还应补充的是，起诉书另有刘实的“泄密”行为“严重地干扰了马案正常审理”的指控，对此我们有理由提出如下质疑:第一，即使说了案交沈阳办，这里可绝无“不办”之义，又不涉及“阻挠”，何来干扰？第二，即使说了“不要掺和”，“不要再找人”，这分明构成排除可能发生的干扰，怎么扯得上“干扰”而且是“严重地”？第三，即使说了中纪委全程跟踪，地方左右不了，这难道不是发出的排除干扰的告诫与警示，又与干扰何干？特别是所谓“干扰正常审理”之说，近于荒谬。遍查刑诉法和相关的司法解释，审理只适用于人民法院的诉讼程序，刑诉法第158条，第159条的规定最为明确，检察机关对案件有预审、审查、受理、办理的职责，相关程序中绝无“审理”之义。马案的“审理”，迄至刘案起诉尚未进行，严重干扰“审理”之说又从何讲起？我们理解，此说意在表明刘实的泄密已经造成了“后果”，加上“严重地”这个限制性副词无非是为了照应控方适用的《刑法》第398条第1款的规定，即泄露国家秘密罪的成立，应以“情节严重”为要件。可是，既然根本没有泄露行为的种种情节，指为“严重”岂非空穴来风？岂不是欲加之罪？公诉人说：正是由于有了刘实的“干扰”，最高检才不得不指令，对马案实行异地管辖。那么我们要问：对刘实一案，对章亚非一案等等实行异地管辖是否也是有人“泄密”从而有了干扰的结果？

我们还注意到，起诉书为了反映出刘实上述行为产生了恶果，又隐约地提到了马妻章亚非在刘实“泄密”中的作用，这里有两个问题应予辨明：第一，据章亚非本人的证言，她在马案中确有一系列的活动，情托过不少人，她的那些行为对侦办马案是否有所干扰，与刘实统统无关；第二，章亚非本人断然否认于海洋编织的她与刘实互通电话、曾有联系的情节，这与刘实的辩解相一致，从而证明：尽管章、刘相识互知，但刘实却自始未与章发生关系，也绝不会有让章干扰马案办理的过失或者故意。总之，不论章亚非本人在马案中有多少问题，统统与刘实无关应无疑义。至于公诉人在庭审调查中举出章亚非的笔记本记载作为根据，说明刘实有“泄密”行为，但是，这个笔记本中的记载疑点太多，真伪莫辨。我们要求出示笔记本原件，控方以原件“在中纪委，我们可以调取”推脱。中纪委全案移交沈阳检察院，重要的书证却不移送，不知是为了什么？不过，既无原件，所举的证据不足为凭又是于法有据的。

尽管如此，我们同时又必须指出：本案被告人作为国家检察机关的负责官员，手握重权，实不应与于海洋一类案外的闲杂人员漫谈上层关注、地方敏感的马向东罪案，在这方面他应当吸取深刻的严重教训。我们在这点上与公诉人会有共识。我们所持的歧义仅仅在于：应当运用《保守国家秘密法实施办法》第30条的规定去衡量并确定刘实行为的性质，他闲扯马案，仅止于于海洋一人，没有谋取私利的目的，未造成损害后果，危害不大，故不应视为犯罪处以刑罚。我们的这个见解，与最高检察院关于《立案的标准》中对于故意泄露国家秘密案的相关规定相一致,因而有法可依,是正确的。

总结以上各点,达到了一个结论:对于刘实的“泄密”指控,没有可信的证据,缺乏可靠的事实,更没有可依的法律,故不能成立。恳请合议庭对我们的观点、论据严格审查,予以采纳。

二、关于贪污罪

据起诉书指控,财政拨款给刘实购房的余额21万元,经由刘实指使孙瑛于1994年4月9日汇出,而后在多个账户转移,于1995年5月26日转入沈阳中院招待所账户,冲抵两笔预算外资金应收款计20万元。之后又按刘实要求于1995年6月6日从商海拍卖公司提出(本应转入中院招待所账户的20万元应收款),送交刘实,被刘占为己有。对此我们有六点质疑与申辩——

(一)据起诉书,“购房余款21万元由刘实指使沈阳市中院财务科原副科长孙瑛于1994年4月9日汇出,并在多个账户之间转移……”这个认定与孙瑛今年3月3日证言,是“刘实将一张21万元的转账支票交她存起来”的说法完全不同。汇出与转账,是有重大区别的两种方式。“汇出”表明从沈阳中院账户汇出了公款,而后经过几番账户转移,最终提走现金,于是就有了可能实现个人非法占有,形成贪污。但转账支票交孙代存,首先就有一个支票来自何处以及属于何种款项的问题,最后还得查明去向,而后才能定性。这里应当指出的是:控方的指控大都以孙瑛证言为根据,何以在这个关键问题上与孙证截然不同?这种矛盾应如何解释?特别是,起诉书的这种断语有什么证据证实?根据何在?在我们看来,起诉书的指控不能落实,因而不能成立。特别值得指出的是:孙瑛在庭审调查中强调她根本不知财政拨款27万元给刘购房,但公诉方宣读的刘春成证言恰恰说明孙证不实。很显然,这中间有说不清的难言之隐。其中有鬼不可不查。(审判长:请辩护人注意:不要攻击证人,例如说她有鬼。张:我是说这事的“中间”有鬼,谈不上攻击。)

(二)这段指控中所说的20万元购房余款,“在多个账户上转移”,统由时任财务科长的孙瑛一人经办,她在今年3月3日的证言中明确表示,历次转账,从未告诉过刘实,即刘实并不知情。从而表明:在20万元的全部转账过程中,找不见刘实存心贪污的动机和目的。

(三)据孙瑛证言,是她从银行提款20万元,交给了刘实。起诉书据此断定刘实"占为已有"。这是该项指控涉及的至为重要的关键情节,但却只有孙瑛一人的口头证词,并无其他证据参照证实。姑且不论孙的证言属于孤证,依法根本不能据以定案,这段证言的空洞性极其明显,试想:付出现金20万元,却并不履行任何财务手续,甚至说不需要手续,这对于一个富有经验的老会计来说,实在有悖于情理。我们绝不怀疑,合议庭不会采信,绝对不会根据一个不合理不讲理的孤证定人以罪。

(四)据孙瑛证言(见卷00048页),20万元由商海拍卖总公司转入中院招待所,"就作为预算外收入"入账了。那么,既已作为"收入"记账,在不能确知会有20万元入账的情况下,假如不是已经确知刘汉起会同时送来20万元存入,凭借主管财会的职权擅自取出支付,试问如何平账?

还有,孙瑛方才在证言中一再强调她要保证这笔款项的"安全性"即不致流失,以表示对首长的忠诚,可是,现在作为法院的收入了,这对刘实来说,"安全性"已毫无保障,这应如何解释?这是为了什么?因此,孙瑛证言所说"正好赶巧了,刘汉起到我这儿来交钱,正好是20万元。我就把这20万元的转账支票给出纳,让她帮我从农行提出20万元现金来"这段话,就特别值得重视。我们不排除天下会有"事出凑巧"的机遇,但作为一个主管财会,富有经验的政府官员,能凭"赶巧"来处理财会事务吗?如果偏逢不巧呢?于不巧之中不免生出的风险怎么承担呢?我们的质疑,既合乎情理,又不违背事物发展的规律,对此如无合理的解释,这段"赶巧"的说明,缺乏说服力,没有可信性。(审判长:请辩护人注意:不要从"假设"出发提问题。)合议庭批评我们不应从假设出发提出问题,可是,合理的客观的假设是逻辑推理的重要步骤,我们不敢轻视。

(五)再据孙瑛证言,刘汉起拿来的20万元转账支票是"直接交给我本人的”。刘之所以拿来20万元，一是他应交的管理费，二是他先前借的款，三是孙的办公室无钱用而要的赞助。孙说，这20万元“算哪一种，现在记不清了”。（见卷00048页）问题是：如果是刘还的借款，怎么可以不入账冲平就另行支出？还款人难道可以不要还款凭据？如果是交的管理费或者赞助费，这都是公务活动，怎么就可以不入账？怎么会没有任何正当手续？我们注意到，孙瑛在她今年3月3日的证言中曾经说道，这20万元的几番转账的“整个过程都是按非正常过程办的”（见卷00050页），试就转账发生、发展的全过程加以分析，在主要环节上无不显出蹊跷，而上述的一段证言也因其根本没有说明问题，同样不足采信。

（六）我们注意到，卷有材料证明，孙瑛在作证过程中出现过不止一次的严重反复，在关键性问题上没说实话，她对此向预审员解释说，之所以有此情况，一是时间长，年龄大，记忆力不行了，二是因为压力大，三是认为“我也有责任”。在我们看来，这第三点事关紧要。她在作证时曾破口大骂，“刘实你这个王八羔子，我实心实意帮你办这个事，你他妈的画个圈把我画在里面”。现在“想通了，我该担什么责任就担什么责任”。（见卷00050页）这段证词，显出她的无辜而又要“承担责任”，并且说“想通了”。至于刘实怎样画圈圈她，语焉不详，证明说不清楚。关键还在于：她要承担哪些责任，又是什么性质的责任，这正是本项事实的核心问题，她在庭审调查中对此一再拒绝说明，恳请彻查、明鉴！

总而言之，关于贪污罪的指控没有可信的可靠证据。

三、关于受贿罪

据起诉书指控，被告人刘实“收受于海洋贿赂2万元”，“收受梁福全贿赂人民币2万元，美金1千元”，“收受陈长林贿赂人民币3万元，美金2300元”，“收受刘涌贿赂人民币20万元，美金3万元”。我们为了辨析、辨明问题的方便，先就以上四宗受贿中涉及的几个共同性的法律问题集中提出，作为辩论的法律基础，兼为被告人辩护——

受贿罪，依据《刑法》第385条第1款的规定，在客观上表现为

“利用职务之便”和“为他人谋利益”,两种行为的基本特征……(审判长:请辩护人不要向法庭讲法律问题。这我们都懂。张:这个条款是公诉词中提出的,我们当然要表示我们的理解和我们的法律观点。审判长:我们对这些法律问题是清楚的。你继续发表意见。张:我们是在与公诉人进行辩论。我尊重并执行你这个意见。我保留继续行使我们的权利,你的意见不正确。)

(注:此处原拟阐述的三个问题,庭上从略了。)

以下按照起诉书的指控顺序,对所列的四宗受贿行为,提出我们的辩驳——

(一)起诉书指控的第一宗受贿事实是:于海洋多次向被告人刘实打听马向东案的情况,以及为另外两件讼事找刘实帮忙,“为了表示对刘实的感谢,于2000年9月下旬送给刘实人民币2万元”。对于这项指控,辩驳有三:

1. 关于打听马案情况涉及的种种,上面已经详予说明,刘实没有泄密,并未为打听者谋取利益,因而不发生受贿问题。

2. 于海洋提请帮忙的南朝金案件和杨桂林单位账号被封的问题,没有证据证明于海洋本人的行为有谋取不正当利益的目的,依据《刑法》第398条的规定,不构成行贿罪。

我们理解,对于于海洋的行为不具有谋取不正当利益的特征或有歧义。问题的焦点是:对于“不正当利益”的认定,应从利益的性质和取得利益的手段这二者的关系中去把握。具体分析于海洋的行为,他所采用的情托手段尽管并不正当,那也仅仅是促使南、杨两案应有的结果早点到来的一个条件,法律的规定才是南、杨两案应得结果的产生原因。还应指出,即使刘实对南、杨两事曾有批示,如不能证明他有滥用职权或者越权行事的行为,他的指示也不是案件应得结果产生的原因。总而言之,行贿罪不能构成,与此相关,受贿罪当然不会成立。

3. 遵照两高相关司法解释,要求对这类问题应区分不同情况,作出具体分析。这就应考虑于海洋与刘实结交十多年来的友好关系在这起事件中的作用。于海洋在今年8月8日回答法官提问时说:“我和刘实是20多年的朋友，现在要硬往行贿上靠，不太合理，我找他办的事还是单位的事。”这段供述足以说明问题实质之所在。正是由于朋友关系的存在，在刘实迁居时以贺新居为由头，送他2万元，对于海洋来说，这是朋友间的馈赠，而在刘实一方，肯定不致发生误解，他没有理由认为这是贿赂，换句话说，他主观上没有收受贿款的直接故意，犯罪的指控因缺乏构成犯罪的法定要件，当然不能成立。

（二）起诉书指控的第二宗受贿事实是：梁福全为答谢刘实提名他调任沈阳市中院副院长，送刘1万元人民币。此后借刘实出国访问之机，送刘1000美元，1998年2月刘已调离中院，又让陈长林送刘1万元人民币。对此，也有三点辩驳——

1. 梁、刘结交近三十年，共事之初，梁的职务高于刘，后来地位发生了变化，但两人私交始终很好，两家来往密切，时时互有馈赠。为提名调职而用万金答谢，有悖于友好相处之道，实不可信。

退一步来说，刘提名调梁，时在1995年9月，而据起诉书的指控，梁送刘万元谢金却在1997年四五月间，即相距整整20个月之后，这个时间差进一步地说明，“答谢”的理由十分牵强。断定确有此事，需要证据证明。

2. 刘实出国，梁赠美钞千元，并无不良的动机，也无情托的要求；刘实一方既没有利用职务之便，又未与梁谋取利益，显而易见，纯粹是为了朋友异乡远游时的方便，断为贿赂，不仅有悖于法律，而且不近情理了。

3. 派陈长林送刘实万元，据梁证是发的奖金。既是“奖金”，当然与贿赂沾不上边。我们不得不指出的是：发奖之说，与当年沈阳中院颁奖的办法不合，加之没有证据证明，因而也并不可靠。

综合以上三点，说明这宗指控不能成立，无可置辩。

（三）起诉书指控的第三宗受贿事实是：陈长林随刘实访美期间，送刘美金千元，在美国为刘购买日产索尼照相机两架代付美元1300元。回国后，又为答谢法院奖陈住房一套，送刘人民币3万元。对此，我们有以下辩驳——

1. 起诉书断言,陈送刘实美金千元是"为了感谢刘实将他调至沈阳中院任基建办公室主任",此说没有根据,与陈长林今年 7 月 21 日的供述完全不同,这里涉及刘实在陈长林身上有无利用职务之便为陈谋取利益的问题,指控既失根据,罪名自然不能成立。

2. 刘实在美购摄像机两架,是回国赠人的礼品,与个人的购物消费截然不同;陈长林随团负责财务,款由陈付,应属职务行为,这与刘实个人无关,根本不涉及"贿赂"问题。

至于起诉书所说"刘实购买日产索尼照相机两架,陈为其付款"的情节,不是事实,应属控方失察而生的失误。

3. 陈长林送刘实 3 万元一节,仅有陈的孤证,没有其他证据证实,依法不能认定,断言刘实受贿,过于武断。

综合以上三点,结论是:这项指控不能成立。

(四)起诉书指控的第四宗受贿事实是:刘涌在 1997 年 3 月或 4 月的某日,送刘人民币 20 万元。同年 11 月,共同在美国访问时又送刘美金 3 万元。对此,有两点辩驳——

1. 给刘实 20 万元一节,起诉书没有说出任何缘由,刘涌平白无故地给刘实送上 20 万元,有违常理,故不可信。假如说是为了满足刘实的某种私欲需求,也应有证据表明这种私欲是什么,更应凭借事实说明刘涌为什么要承担这样的填人欲壑的义务?然而这些都无一字可证。据刘涌今年 1 月 7 日的供述,他自称是对刘实的检举,但所检举的内容自始至终没有说明他对刘实提出了什么要求或者希望,更不见刘实为他谋取了什么利益,所谓"检举",涉及何事呢?从现有材料来看,来龙去脉,若隐实无,达不到"检举"的起码要求,没有任何价值。总之不足采信。

2. 在美送刘美钞 3 万元,刘实断然否认。那就不能不问:刘涌的这笔美金从何而来?人们可以相信,刘涌利用出国之机,指派会计套汇,但套购的外汇是否带出、能否带出又是另一回事。出境必有申报,不难查知,刘涌自称当年带出了 4 万美元,海关当有记载,是否属实,极易查明。假如刘涌根本没带巨额美金,送人 3 万,岂不是空言主张,完全没有根据？

我们认为，控方根据刘涌“检举”提出的指控，既没有证据证实，当然不能成立。刘涌作恶多端，自知其罪当诛，故而急切立功，企图逃脱死罪，此情可以理解；但心态不正，难免虚夸，其证言前后矛盾，反反复复，其中必然有假，相信合议庭能以明鉴，而不致发生曲枉。

审判长：以上，是我们反驳指控提出的主要论据。还应补充的是：起诉书在行文认定了刘实的“犯罪事实”之后，跟着又对“侦查机关依法扣押刘实借给辽宁省沈阳嘉阳集团有限公司人民币 100 万元”一事，作出了依法没收的建议。我们理解，这分明是暗指刘实贪污受贿的赃款有了去向。正是因为这个情节涉及所谓“赃款”的去向，我们不得不辩的是：这里所说的百万元借款，被告人刘实否认，证人刘涌的供述很不稳定，互有矛盾，总之没有可信的证据。仅凭嘉阳公司曾有百万元的支票入账是不可靠的。刘涌的供述也因缺乏稳定性而不可靠，因此不管最后怎样断定这百万元的归属，断为赃款缺乏根据。

诸位法官：考虑到案中证人的证言几乎都有反复，多有疑点，限于种种条件大多又未能到庭质证，于是就会生出对于证言的选择问题，在这方面，我们敢请合议庭审慎对待，严格遵循法定程序的要求，作出明断。至于用非法方法包括精神虐待的手段取得的供述和证言，最高法院 1994 年第 4 号司法解释第 45 条明定“不能作为证据使用”，相信法庭必能遵照执行，不再申述。只是考虑到我们律师负有维护国法正确实施的神圣职责，敢请合议庭就此提出司法建议，对故意违法乱纪者给予惩戒，以儆效尤，力争尽早地全面清除这种极其落后的丑恶现象。

发言结束。

18. 李富利“侵占、贪污、受贿案”

案情简介

李富利初中毕业后务工，因工作成绩突出，于2002年2月被聘为“环保设备厂厂长”，2005年6月被聘为“金恒企业发展总公司”总经理助理兼该公司所属的“环保设备厂厂长”。

2007年3月，李被唐山市两级法院以“侵占罪、受贿罪”判刑15年。其间李富利及其亲属多次向纪委机关控告涉案的检察长有重大受贿罪嫌，未获结果。

2007年8月，路北区检察院以李涉嫌贪污，再次起诉，指控的罪行有三：

一、2004年2月，代表金恒公司承接“不锈钢公司”的“社会化工程”，侵吞工程利润28万余元。2005年6月，先后两次支取劳务费、信息费合计103万元，据为己有。

二、2005年11月，代表金恒公司承接“不锈钢公司”的“二期工程”，后将其中的土建工程转包给嘉丰公司，得“让利款”80万元。此外，李侵吞水处理工程利润419万余元，并以信息费名义支取118万元据为己有。

三、2006年4月20日上交金恒公司165万元，“抵顶”李在职期间形成的工厂“潜亏”。

检察院以职务侵占、贪污、受贿三罪起诉。

律师认为本案从程序到实体无不严重违法，为之作无罪辩护。下面是我本人的辩护词。

辩 护 词

一审辩护词

审判长,合议庭:

我作为外地的一个普通律师,来到唐山这座值得纪念、令人敬佩的英雄城市办理讼事,带有学习的任务。我会在法庭的统一指挥与指导下,通过与控方的交流和交锋,去维护法律的权威,发扬法律的魅力。我深知,只有这二者的结合才能真正落实司法保证公平、保障正义的基本功能,从而使诉讼获得正确的裁决,恢复与增长人民的对司法的信心。我将竭力做好。如果我做得不够甚至不对,请公诉人批驳,请合议庭裁正。

方才被告人李富利在自我辩护中流露出的愤激情绪,我能够理解。坦率地说,我对本案侦查起诉过程中发生的不正常情况,同样怀着法律人应有的义愤;但作为执业律师,我必须要求自己理性地依据法律、根据事实,履行法定的职责,在此基础上为我的被告人辩护。为此,拟环绕法庭调查,结合案卷材料,对我的同行王律师刚才发表的意见,分五点作出补充。

第一点,证据是案件不移的核心。我先就控方在证据中的问题,提示两点真相:

一、控方公然编造“笔录”,并引为证据。

查卷2第1页至第4页,标明为2006年4月28日的李富利讯问笔录,除第1行记录的时间外,以下44行,占3页,全部抄自卷3李富利2006年4月22日的讯问笔录,只是删除了最后两行的问答,即“问:以上说的都是事实吗?”答:“都是事实。”也许有人会说,李富利记忆力超强,两次问答都一样。可是,连记录的行文错误都一模一样,便可证明此说绝非实际。请看第1页倒数第2行中的“该的”,显然是“该项”之误,李富利不是文盲,不会两次同犯一个语言错误!

问题不止这一篇。再查卷3第54页薛国盛的证言笔录，全文19行，抄自2006年6月3日的笔录，这一篇，甚至连谈话时间的记录都没改，堪称编造中的登峰造极之作。这样的“笔录”竟当庭宣读作为证据，又有什么证明力？

我忍不住想问一句：控方提供的“笔录”还有没有价值，还有没有公信力？且不说其中不乏其他的瑕疵乃至诱供的痕迹！

二、控方提交的《鉴定书》有重大缺失，不具有证明的效力。表现在两点上：

（一）委托方在《合同书》中填写的“委托事项”是：“对环保厂承揽不锈钢公司一期工程利润情况（按：这一点极重要！）及李富利支取信息费、招待费等情况”以及“对环保厂的账外账中支取信息费情况进行检验”。而《鉴定书》中关于“委托事项”写的却是对李富利承担社会化工程（按：与《合同书》标明的根本不同）的利润情况以及相关的支付费用情况进行会计鉴定。委托事项、鉴定项目互不搭界，鉴定结论源于何处？有什么可信的依据？

（二）《合同书》中的“送检材料”两项与《鉴定书》中的“送检材料”不仅单位有异而且材料发生的时间与材料的名称都不同，特别重要的是：不论是《合同书》的“送检材料”栏还是《鉴定书》的“资料摘要”栏，都没有鉴定工程利润涉及的工程原始合同文本，没有合同，不依据合同，这种“鉴定”得出的任何结论都是无本之木，没有实际意义，因而也就不具有证明的效力。

第二点，指控李富利侵占公司利润一节，是本案焦点，作如下的补充辩驳——

一、本案涉及的所谓“二期工程”、“社会化工程”，都有承包合同。发包方是谁，承包方又是谁本已明确，不意公诉人在庭审调查和法庭辩论中一再抛开合同另作推断，因此有必要说明：确认合同主体，只能凭合同。统观全案各项合同，公诉人硬说“金恒公司”是涉案工程的承包方，但没有一份合同，没有一点根据能够证实控方的武断！

二、控方提供的“007”号“中元司法会计鉴定”，其中的“委托事项”分明写着要求鉴定“二期工程由李富利承包(的)……工程利润”,鉴定内容写得更加明确,说是鉴定了“李富利自己承包工程的收入……”从而足证控方分明早知涉案工程的承包方是“李富利”,而与“金恒公司”无关。

再从发包方即不锈钢公司方面来看,他们提交控方的《说明》明确指出:他们与东方公司签订合同,工程款已拨付东方,尚有余款118万元应付东方。(见卷3第71页)东方是李富利借用其资质的公司,与“金恒”同样无关。

卷中另有2006年6月6日发包方负责人牟文恒、李铁山二人的文字批示:另一项工程款只应付给与之签约的“嘉丰公司”,不应付给其他企业。而“嘉丰”则与李富利签有协议,授权李富利对外以其名义签约,总之也与“金恒”无关。

这都是控方提交的证据,有什么理由不按证据中反映的事实断定真相而要别出心裁?

三、承包合同作为一种无名合同,自应按民法、合同法的相关规范分析、判断、处理,这些,合议庭非常清楚,不作赘述。应当指出的是,处理承包问题,还必须按中央和国务院1984年和1988年颁行的《关于经济体制改革的决定》这两份文件办事。与本案讼争相关的一条是,对“承包”来说,应实行“独立核算,自负盈亏”。据此,本案工程的盈亏应由承包人享有或者承担,与承包并不相干的任何企业都无权参与,都不能染指,当然也不承担义务。不妨从另一侧面说,目前工程款尚欠付施工队数百万元,“金恒公司”如属承包方而与合同有关,是否负有清偿这些债务的义务呢?他们干么?

四、姑且不论涉案工程款并未最后结算,利润额是个未定数,如果硬要派定被告人“侵占”了“单位”的利润(可以不去理论这个或者这些“单位”从未表示过意见),公权机关既已查明落实,而且此前有相同的另案判决在先,那为什么不把这些侵占的款项发还给被侵占的“单位”,而由检察机关纳入自己的账上?侵占的既是工程款的利润,外欠那么多工程款,又为什么不从被告人侵占而今被纳入权力机关麾下的工程利润中支付给受损的施工队？这些做法，是以什么为“本”呢？

五、归根结底，应该回到法律观点上来。我要说的是，对于上述的问题，最高法院大法官公开发布的观点具有借鉴作用，就是：“（即使将）应交发包人的利润占为己有，（基于）发包方始终都有索要该项利润的权利，因此这类问题属民事纠纷。”与此相关的观点还有：“（在这类合同中）合法余留的利润，应视为非国有财产”，意即不能随意加人以罪。（前一观点见《刑法（分则）及配套规定新释新解》第 2636 页，后者见同书第 2626 页）据此，退一万步说，即使有人提出被告人“侵占”了他们的“单位”的利润，不是应经民事程序予以清偿么？侵占之罪从何论起？

六、公诉人在辩论陈述中表示控方坚持涉案工程的承包方即被告人“侵占”了工程利润，那么，你们就有责任举出有效的公文书证明以下事项：

（一）涉案《招标书》是无效文件，嘉丰公司不是通过招标而是经李富利通过一个什么“内部政策”中的标。

（二）金恒，或者环保厂，有向李富利收取工程利润的约定。

（三）金恒对涉案工程享有各项权利，负有相应义务。

（四）金恒关于涉案工程的往来账簿以及相关事项的会计记载。这么大的工程，这么高额的工程款项，作为一家法人单位，怎么可能不立账？拿不出来，说明什么问题难道还用明说！

（五）涉案工程不是承包，或者，另有承包合同的其他主体。

如控方不能对上述五点举证，那就推不倒我与王律师在各自的陈述中都已达到的共同结论：涉案工程无论最终有无利润，有多少利润，既与金恒无关，也与环保厂无涉，总之根本不发生李富利侵占工程利润的问题。

第三点，“回扣”指控，不能成立，王律师已有说明，我再补充两点，作更进一层的辩护——

一、《建筑法》第 17 条第 1 款规定，“发包单位不得收受回扣”；该条 2 款规定,“承包单位不得提供回扣承揽工程”。案中发包与被告人无关应无疑义;他虽是承包方却未提供回扣,因此,硬说涉案工程有“回扣”也与法律的规定不相符合。

二、控方提供了一份被告人的“往来账”,其中第 10 页上写有“工程总额 1189 万元——信息费 95.84 万元”,这正是东方公司给付被告人的占工程总额 8% 的“信息费”,应属回扣。对此,请求法庭关注两点:

(一)信息费不等于“回扣”。卷中控方提供的来往账目有大量的信息费记载,控方都不列为“回扣”便可证明。

(二)“回扣”,不会入账。被告人将这 8% 的信息费列账,应属“工程款”的范围,他本人 2006 年 6 月 6 日供词中所作的辩解,符合实际。指控没有根据,不合道理。

第四点,关于本案犯罪主体的认定,控方在支持公诉的发言中作了大量的陈述。按照我的观点,所谓“侵占”、“贪污”及“受贿”(按即吃了“回扣”)的指控既然从根本上不能成立,“主体”问题似无须作辩。考虑到法官在庭审调查中因生困惑而对被告人有着疑虑性的讯问,我愿再补充说明以下四点——

一、控方提供了金恒公司对李富利“免职”的文件,即“金恒劳人字(2006)8 号”,这足以证明此前的“聘职”也是金恒公司这家集体企业的内部事务,而与唐钢集团那家国有公司无关。至于金恒向唐钢备案,也只是证明着他们两家的某种在法律上得不到支持的“挂靠”关系,不能证明人事关系上的隶属。

二、即使是唐钢集团聘任的职员,按照该集团的《厂处级领导干部选拔任用规定》第 32 条,即使被任为领导干部,也不等于就有了“公职”。统观李富利的历史,从无公务人员的任命无可置辩。

三、查《刑法》第 93 条第 2 款,只是国有公司、企业“委派”到非国有公司从事公务的人员,才得以“国家工作人员”论。这里有两个重点:

(一)金恒不是国有企业,有营业执照可证。它也不是国有企业的子公司或分支机构，又有卷载的唐钢的文件可证。

（二）“委派”与“聘任”是两个并不相同的概念。后者仅仅是雇佣或者选用人员的方式，即使“聘任”了某一职务，如未“委派”从事具体“公务”，仍然不能视为国家工作人员。

四、按照起诉书的认定，被告人在同一项工程中一面是公司企业人员侵占了公司资金，另一面又是国家工作人员侵吞了公款。这种极不协调互有矛盾的说法足以证明：控方对本案的犯罪主体问题，实行的是欲加之罪，随心所欲，想怎么定就怎么定。控方分明清楚被告人非本案犯罪的主体，却硬要这样坚持谬误，这难道没有枉法之嫌？

我们盼望法庭的公正性。

第五点，鉴于起诉书存有重大瑕疵，不得不就其要者予以揭示，请控方加以考虑，请法庭予以审查。

一、起诉书说，本案由路北区检察院侦查终结，但何时终结却不明指。其中似有难言之隐，目的无非是掩盖本案涉及的事实早经路北区检察院于2006年12月8日侦查结束，当时已移送路北区法院审判在案。这次起诉，属于旧事重提，公诉人在吃“回锅肉”，这有被告人在庭审调查中的陈述可证，更有以下材料予以佐证——

（一）2006年9月22日控方的“案件来源”这份公文指出：“李富利承揽不锈钢公司一期工程、二期工程、社会化工程中有受贿、贪污事实存在，需要追究刑事责任。”在2007年7月19日的起诉书中又重复了这一论断，旧事重提。这种做法，姑且不用法理衡量，不是连《人民检察院刑事规则》侦查一章中的相关规定都公然违反吗？

（二）本案卷3第54页薛国盛的证言笔录，抄自2006年6月3日的笔录前已说明。问题在于，薛的证言恰恰涉及本案的二期工程，证明此事早在“前案”中业经侦查终结。

这是第一个瑕疵。

二、起诉书说：“李富利以信息费、劳务费名义支取67万元”，2005年6月7日以后“又支取了36万元”。

试问“支取”何罪？既是费用，为什么不可以“支取”？支取了就属“侵占利润”，请问是费用发生在先，还是“利润”发生在先？总之，词意不明，语无伦次，瑕疵明显。

三、指控被告人侵占资金、贪污公款的数额前后互不一致。以上述“支取36万元，据为己有”这笔为例，与起诉书另一处指控被告人“以信息费名义从工程款中支取118万元据为己有”这一笔相同的是，在“本院认为”的总括性结论中都全然缺失。那么，审查案件时应以哪一种指控为准呢？代表政权提起公诉，居然如此，实失郑重。

四、起诉书整段叙述被告人“上交环保设备厂工程利润165万元，以抵自己任职期间的潜亏”，不知这是在指控什么，想说明什么问题，反复琢磨，困惑不解。

最后还想指出：这份起诉书在基本点上根本不符合《人民检察院刑事规则》第281条的明确要求，即叙述被告人犯罪的“经过、手段、动机、目的、危害后果等与定罪量刑有关的事实要素”，“应当明晰准确”。起诉书对以上几个基本要素几乎只字不提，全然缺失，何谈准确与明晰？如此不合规范，其后果是在实质上限制了辩护权的行使和运用，而这是我们理应反对并请设法救济的。

总括这五点瑕疵，应能得出一个判断：这样的起诉书绝不该受到法庭支持。

审判长：综观全案，我得出两点结论：一个是，本案的犯罪指控，全然失实，不论存在着什么背景，都不能成立。另一个是：纵观李富利的工作历史，他有功于环保设备厂，他无愧于哺育他的唐山人民，他终能得到法庭的公正判决，或者，历史终将证明他的清白。

二〇〇八年四月二十二日，于唐山

附录：李富利家属给中纪委领导的函

中纪委领导同志：

河北唐山李富利案确有冤情，恳请干预，为民昭雪，并严惩制造冤案的检方腐败分子。

李富利是唐钢所属集体企业金恒公司工人,工作突出,被聘任金恒下属的环保厂厂长,评为劳模,后被聘为金恒总经理助理。

一、2006年,有人想夺取金恒财权,第一步先由检察院拿李富利开刀,诬指李受贿、侵占予以拘押。但依法律规定,即使指控成立,也应由公安侦查,检院无权管辖。经指出,拒不纠正,足证办案动机有疑。

二、检方自始大量制造伪证,加李以罪,举例如下:

(一)拘押会计杨玉双,逼令编造账目,命李富利签字,而后以假账簿送交"鉴定",作为主证提交法院。杨编账后获释,但至今不敢回家。

(二)扣押说出实情的证人左福宅、薛国盛等人,逼迫制造假证词。李与律师当庭要求对质,被拒绝。

(三)编造"讯问笔录",经律师当庭出示案中的"编造件"(不止一件),检方不敢否认,但检法依然作为证据判案。

(四)藏匿扣押的文件、资料,实质上扣留了大量对被告有利的书证,情节极为恶劣。李富利有详细说明。

三、刑讯逼供,手段残酷,李多次反映,均无效果。

四、李富利根本不具有受贿罪的"主体"资格,也无"受贿"事实。

五、李富利"侵占"工程款的罪名根本不能成立——

(一)李承揽的工程都有合同,经过公开招标,但检法不予理睬,凭主观臆断办案。事实是,涉案工程有无利润都与"金恒"无关。

(二)侵占的既是工程款、工程利润,但却从来没有一家"被侵占"的公司主张过权利。既是工程款,为什么在"查明"之后还不发还给被侵占的公司?检方对此不能说明。

(三)证据表明:工程款尚未结算,有的款项尚未支付,既有"侵占"发生,根据是什么?又为什么不支付给受损害的一方?检方亦不能说明。

(四)最高法院的相应观点非常明确,即即使被告人将"应交发包人的利润占为己有,(基于)发包方始终都有索要该项利润的权利,因此这类问题属债权民事纠纷”。不料检法对此都置若罔闻。

(五)律师当庭要求检方举出李富利侵占涉案工程利润的证据，检方不能作答。

六、检方对李富利立案办理过程中，路北检察院检察长于池及其堂弟于存向李家大量索贿，先后五次收受折合人民币120万元。后得知李家有人告发，退回50万元，实吞70万元。

七、检察长于池得知李家的告发后，决意报复，检出曾经侦查但被否的所谓事实，复以“贪污”起诉，致李富利在原先被判执行15年之后，再次判处无期徒刑，必欲致李于死地。公然枉法，肆无忌惮！

八、检方非法扣押了李富利大量资产，主要有：

(一)承兑汇票两张：一为35万元，二为90万元。

(二)存款4笔共263万余元。

(三)奥迪小汽车一辆。

以上，不仅都没有正式手续或收据，而且不移交法院，办案动机，昭然若揭。

九、于氏兄弟的恶行，众口皆“碑”，人多敢怒而不敢言，说他们“上面”有人支持，但我们相信中央，不信腐败分子能一手遮天。

请求审查，请予指示！

李富利家属：(签名)

年　月　日

19. 黎元江“受贿案”

案情简介

黎元江，曾任广州日报社社长，中共广州市委宣传部长。他领导的广州日报接近群众，广受赞誉，发行量高达120万份，在业内颇有影响。

黎恃才傲物，谗言乃生。他受纪委“双规”审查，始于人说广州日报社有数千万元资金流于境外，被挥霍。案经侦查，传言属于捏造，转检察院后，以贪污、受贿罪起诉，指控的罪行有二：

一、从陶建等人手上拿了“奖金”总计32万元。

二、分别从陈岚尼、蒋美娣手上收取了“贿金”。

黎元江断然否认指控。

律师认为：第一，领取“奖金”与“贪污”不能相提并论。第二，陈岚尼否认行贿，并要求出庭作证，法庭不予准许，此项指控没有事实根据；蒋美娣的证言不仅属于孤证，而且明显的有作伪情事，此项指控根本不能成立。

法庭辩论激烈。黎元江的自我辩护极其充分、十分有力。不料所有辩护意见均未被采纳，黎元江被判处重刑，并经二审维持。

辩 护 词

一审辩护词

审判席：

被告人黎元江在他的自我辩护中，针对指控所作的辩解与反驳，以及为此而表达的主要观点，真实可信，比较充分地维护了他的诉讼权利。作为他的辩护律师，职责要求我给予支持。

我的前后两位同事，张秀华律师和王仲兴律师，分别作出的辩护，有证可据，有法可依，得出的结论有其毋庸置疑的说服力，我完全同意。

我细致地研究了准许律师查阅的案件材料，限于没有参加2月12日的庭审，现在重点围绕控方“补充起诉”的指控，兼及上次庭审前后发生的关键性问题，补充六点意见，进一步为黎元江辩护——

一、本案两份起诉书的共同错误，除了在认定事实上失真无据之外，还表现在以下两个方面：第一，没有从实质上把握住黎元江的案中行为，而是从现象上进行主观推断，搞错了问题的性质；第二，没有从法律上把握好受贿罪的法定构成要件，起诉失却准绳。是故指控不能成立。

至于办理本案的几家机关在程序上包括在取证上的严重失误或者重大错误，当然是产生黎元江错案的重要原因，将在后面专节论辩。

二、我的同事已从事实上有根有据地论证了黎元江的案中行为不涉及犯罪，两份起诉书的法律适用自然也就成了无源之水，从根本上失去了意义。然而为了说明问题，辨别是非，我还是要按照起诉书的逻辑和论断，就它涉及的法律适用问题作出考察，明白无误地说明黎元江被指控的行为构不成犯罪。

起诉书认为黎元江的案中行为触犯了《刑法》第385条，构成受贿罪。查该条规定包含两个主要内容，一个是“国家工作人员利用职务上的便利”,另一个是“为他人谋取利益”。二者互相联系,缺一不可,否则构不成受贿罪。这就是众所周知的受贿罪构成的二要件。至于条文中的“非法收受他人财物”是否构成受贿罪的条件,则应区别情况,具体分析。按最高法院司法解释,关键在于区别是否存有利用职务之便的情况。对于没有利用职务之便收人财物的,不应定为受贿。据此结合黎案实际,可知首应辨明究竟什么是利用职务之便。

所谓利用职务之便,通常是指行为人主观上有为人谋取私利的动机,由此出发,运用职务权限,意图满足或者企图达到让他人获得私利的目的。其表现形式是:依靠、凭借职权收取财物。首先,就其内容分析又有多种。按照方才公诉人在公诉词中表述的观点,显然是指黎元江直接利用职权为陶、张、谭三人谋了利益这一种。而这一种“利用职务之便”,总结实践中出现的问题,无非有三种情形:第一,采取不正当手段,通过行政权力为他人谋取利益;第二,放弃职守,借此为他人谋取利益;第三,积极地运用权力去为他人谋取利益。扼要地说:利用职务之便的渎职性是受贿罪得以成立的前提。尽管现行《刑法》把它从“渎职罪”中分离出来,与贪污罪一起单列专章,但却不能排除该罪的本质特征依然是它的“渎职”性。没有渎职,也就不发生利用职务之便的问题。庭审调查充分证明,黎元江在广州日报社的作为,十年一贯地在职权范围内对报社的业务、经营乃至改革进行操作,从不越权,从没有以个人行为替代职务行为。两份起诉书也举不出事实证实他有渎职的行为,指控失诸武断,与法律相悖。此其一。

其次,从形式上看,黎元江收受了陶建等人的“财物”,但是,《刑法》第 385 条要求的是“非法收受”,这主要是指“行为人允诺或者默许为人谋取利益,他人主动给予财物,行为人收受的行为”。关键在于允诺或者默许为人谋利,因而构成“非法”。考察“补充起诉书”指控的黎元江的行为既无默许,更无承诺,断为受贿,给人以“欲加之罪”的印象。更何况指控所谓的收受他人的钱财竟是他应该领取的合理合法的奖金!利用职务之便领取奖金,您可以认为犯罪,但因法未明定,依据《刑法》第 3 条的规定,自“不得定罪处刑”。这是最高人民法院通行的观点,非一般的学理可比,无疑具有参酌办案的重大价值。(参见最高法院出版的《刑法的修改与适用》)此其二。

最后,公诉人的指控对利用职务之便这一受贿罪构成要件作了随心所欲的扩大解释,认为只要是国家工作人员,而又收受了他人财物的,不管是否具有利用职务之便的情节,就该断为受贿,定罪再说。如此执法,将是适用法律上的原则性错误,其结果必然是极大地扩展了打击面,会损害自己的同志,伤及无辜,而无助于惩处真正的腐败分子。对此,我们决不怀疑合议庭会有准确的判断。

以下再来分析受贿罪的另一要件——为他人谋利益。

这里首先应划清一个界限,即为他人的私利谋与通过这个“他人”为本单位发展的公益谋。我们注意到2003年12月24日的“起诉书”与2004年5月11日的“补充起诉书”有一个重大的区别,前一个“起诉书”只字没有被告人“为他人谋利益”的指控,后一个对此有了补充,就三项指控统一表述为:“为某人的工作及个人升迁给予了关照和便利。”这个表述近乎荒谬。试问,对下属工作人员的工作给予关照和便利,这犯了哪条法,违了谁家规,有什么不对?被告人作为单位的一把手,难道可以对下属的工作不予关照不给便利吗?无须证明:对下属的工作给予关照、便利就是支持,就是管理,就是领导,其目的在于发展本单位的事业!以被告人为法人代表的广州日报的十年发展,正说明我们的观点合乎实际,完全正确。

那么,如何解释公诉人所说的在“个人升迁”问题上给予的“关照和便利”呢?我承认,至今未能理解在“个人升迁”上给予“便利”是什么意思,包含哪些内容。案卷材料以及今天的法庭调查也都找不到被告人在“个人升迁”上给了行贿者哪些“便利”。至于“关照”似有蛛丝马迹,也无妨捕风捉影,就卷中材料所见,把对于“关照”的种种推测或猜想集中到一点上,无非是:被告人在正式讨论人事问题的会议上,实事求是地对陶建、张穗华、谭志豪等三人的升迁持赞同的立场,使之获得了通过。可是,证据证明:黎元江在这个问题上的立场、态度是正确的,而且合乎规范。控方今年3月为补充起诉就这个问题向报社赖南池副社长作了调查,有段问答非常具体,传达了实际情况,证明指控的情况不符合实际——

控方问:提拔张穗华为副总编,有否不正常情况?

副社长答:从整个提拔程序来看,没有不正常。关于(这件事)我上次已讲得很清楚了,就算黎元江在社委会上为张穗华说一些好话,我认为都是正常的。

报社的人事处长,怎么看待这类问题?人事处于小丹处长去年7月14日向控方证明,在提升陶建任副社长的问题上,“是有讨论了,会上以社长黎元江介绍为主,有记录”。她还说:“人事任免,作为报社重大事项,是要由社委会集体研究、讨论决定的。”

报社的上级主管部门怎么看待这个问题呢?据卷中材料,广州市委宣传部李锦源副部长在回答控方询问报社建议提升张穗华二人为社委会委员、副总编,说明什么问题时,作证说:“说明他们广州日报是经过社委会集体讨论作出的,而且是由(字迹不清,推断为“是由”)社委会委员在充分酝酿的基础上,以开会的方式集体形成的。”值得一提的是:主管人事工作的市委组织部干部一处的何晓初处长,在回答控方询问时,所用的语言与上述李锦源副部长的几乎完全一致,他作证说:报社关于提升张穗华等人的请示,“表明了是以会议形式集体讨论,在充分酝酿的前提下作出的决定”。这些证言表明,黎元江在升迁问题上,通过会议给予陶、张、谭的所谓“关照”,没有过错,无可指摘。

关键在于:报社社委会建议提升这几个人的职务是否正确?是否得当?对此,当事者当年的业绩已经作出了答案,且为报社的广大员工所认同。这里还应当进一步释疑的是:对于“行贿人”的提升,他们曾否得到过黎元江的“允诺”或者默许?我摘抄一段控方与陶建去年6月6日的一段问答,借以说明。控方问的是:“黎元江在你的职务升迁上,帮过你什么忙?”陶答:“我想有三点:1. 提升处长,黎定的;2. 升社长助理,虽然由何向芹推荐,但最终由黎决定;3. 黎在社委会上同意提我为副社长人选,报市委组织部。”请注意,这三点都是既成事实,但又都出之于陶建的“我想”，至于黎元江是否有非分的或违规的行为，他一点也说不出。不见默许，也无承诺，因而不发生为人谋利的问题昭然若揭。无妨再从问题的另一方面举出事实，补充说明这个问题——

黎元江作为报社的主要领导，一把手，在实行“社长负责制”的日报社，他在人事问题上并没有搞一言堂，这除了有上述上级主管的评定外，无妨再引报社员工的反映作证。2003 年 7 月 24 日，任职社长助理的谭江涛向检方作证时说：黎元江曾提议由陈某担任报社驻某市的负责人，“社委会没有通过，于是不了了之，再未提起”。这充分说明：黎元江在报社的重大人事任免上并不具备一言九鼎，言出众随，可以为所欲为地为人谋取私利的客观条件，他主观上也从来没有利用重权，为人谋私的卑劣动机。十年一贯，无可指摘。

综上所述，现有的证据充分证明：黎元江从未实施为他人谋取私利的行为，他的那些被指控为犯罪的某些表现，并不符合实际情况，不具备受贿罪的构成要件，定为受贿，于法无据。

三、更进一层地从法律的角度考察受贿罪的主观方面，只能是直接故意，这包括认识方面和目的方面两个内容。在认识方面，受贿人应认识到收受钱财与为人谋利之间具有权力与私利交换的性质，即通常所说的权钱交易，这种交易，侵犯着具体部门的经营管理活动。现有的证据表明：黎元江的案中行为不存在这种情况，他没有用权力与陶建等人交换财物的主观故意。在目的方面，受贿人的行为在主观上应有双重性，一个是得到他人的财物，另一个是为人谋利，二者缺一不可，否则也就不可能实现或者完成受贿罪的两个要件，从而也就构不成受贿罪。据此衡量黎元江的案中行为，主观上绝无这两种目的，也为庭审调查所证实，我们在上面已经做了充分的说明，因此可以断定，他主观上不存在受贿的故意，同样无可置辩。

综上所述，黎元江的案中行为，既没有受贿罪构成的客观要件，也缺少构成该罪的主观要件，证明控方的指控出于专断，法官对此必能明查。

四、本案的焦点在哪里？

案卷材料证明：纪委机关审查黎元江问题，始于人说广州日报有数千万元资金流于境外，黎必有严重经济问题。“双规”经年，移交司法机关，最后落实在他从陶建等人手上拿了“奖金”，收了陈岚尼等人钱财。陈岚尼、姜美娣一度出了证言，但不幸或属虚构，或为孤证，我的同事已经辩明。两次庭审调查，显示本案焦点在于：按照控方的说法，被告人收受陶建“从广告提成中提取的人民币”，以及收受张穗华、谭志豪“贿送的现金”三项合为 32 万元，是不是奖金？这些奖金的分配有无依据？是否合理？被告人是否该领？

我的同事对于这些问题已经作了回答，本无须再论。只是考虑到事关定罪大事，故再作如下的辨析，权当补充——

（一）陶、张、谭三人都有确属“奖金”的证言。例如：

陶建 2003 年 6 月 6 日在他手书的证词中说：“我先后以发放奖金的名义，给黎元江提过钱，作为给领导的奖金……送给了黎元江等领导。”

张穗华今年 2 月 22 日在回答检方的提问时，说：“1999 年下半年，发行量突破 100 万份，报社为此奖励发行公司 100 万元，由我们自行分配，当时大家及我都觉得我们有如此好的成绩，得到如此多的奖金，与黎元江、何向芹两位的支持分不开，所以我决定从奖金中拿出 4 万元送给黎、何各二万元。”

谭志豪的卷中材料很少，我们看到的今年 3 月 9 日的一次答问，语句闪烁，但还是承认他给黎的钱出自报社发给他所在的部门和他本人的奖金。我们之所以信为真实，是由于另有旁证。在何向芹 2003 年 8 月 6 日的讯问笔录中，有这样一段，她说：“因谭志豪主持的……设计工作，节约了大批费用，社委会决定奖励，我三次签发批准的奖金，由谭自行支配。于是他从我们拨付的奖金中送过钱给我。”何向芹的这段供述又有广州日报社社委会纪字（98）07 号办公会议纪要可证，故应无疑义，都可采信。

（二）被告人是否该领？这个问题，允许见仁见智，但在现行体制下，审计部门的意见应属权威。姑且不论报社财务年年都经审计，均未提出异议。1995 年被告人因获五一劳动奖章而专受任内审计，2001 年调离报社时又经离任审计，这两次专门审计对此也都没有提出问题，都没有视为违规、违纪。纪委在“双规”之后的结论中也持有这个观点，并为第一份起诉书所接受，从而在说明报社分配奖金的办法以及被告人的领取奖金均属合理。现在硬要改变问题的性质强行加人以罪，这种做法距实事求是未免太远太远了。恳请法庭予以否定，还事物以本来面目。

五、证据问题在本案中有其特别重大的意义和作用，张秀华律师就刑讯逼供和孤证诸问题，作了中肯的辨析，我另作三点补充——

（一）检方补充起诉卷的头三页，即第 1、2、3 页是姜美娣 2004 年 2 月 29 日（本案第 1 次开庭之后的第 17 日）用广州市人民检察院笔录纸书写的三份《有关说明》。在《有关说明》（一）中，她写的是：

“广州市人民检察院：关于本人姜美娣向黎元江、何向芹两人提供金钱之原始记录，本人已向调查人员交代给予复印，本人认为已将事实讲清楚，没有必要再保留原始记录，便把有关之原始记录自行销毁。

本人再次说明原来向检察机关提供之复印件是真实的，与原始记录相符合一致。”下有签名，标明写于 2004 年 2 月 29 日。

审判长：姜的这个“说明”有违情理。她说的“提供金钱之原始记录”，据纸上的记载，分别写于 1996 年、1997 年、1999 年，又都是 2 月，距她说的烧掉的时间即 2003 年 7 月 22 日“本人已将事实讲清”之后不久，近的有 4 年，远的已有 7 年，在长达数年之间存而不烧，她在等什么呢？她说要向董事会汇报，何时汇报的，为什么没交这个“记录”？准备举报么？可是，按她的交代，不是交个复印件说明与原件无异不就够了吗？姜女士久经商场，有一定阅历，她把重要情况的记录复印件交给调查人员，当然明白这就是提供了证据，而证据的不可烧毁，否则可能承担相应的法律责任，她不会不清楚，那为什么甘冒风险？

事情的起因源于 2 月 12 日第一次开庭。辩方认为姜美娣的原始记录有疑,特别是上有记录为“补记”的说明,应是案发后的追记,要求澄清。于是审判长向公诉人发问:“有无姜美娣关于‘补记’方面的证言?”公诉人回答说没有。跟着,又有两段问答——

审判长问:公诉人,姜美娣的便条原件在哪里?

公诉人答:原件还在侦查机关。

审判长说:侦查机关在庭后将原件提交法庭。

公诉人回答:清楚。(以上见刑事审判笔录第9页)简洁明了,清清楚楚,证明姜美娣“自行销毁”之说是扯了大谎,作了伪证。公诉人在2月12日的庭上表明“原件还在侦查机关”具可信性。道理是明摆着的,检方在办案中调取书证,肯定会依据《人民检察院刑事诉讼规则》第188条第1款的规定“调取原件”。如因特殊情况调取的是复制件,依据该第188条第3款的规定,则“应当附有不能调取原件的原因、制作过程和原件存放地点的说明,并由制作人员和原书证……持有人签名或者盖章”。我们注意到,公诉人在法庭上曾着重向法庭表明:他们所举的“所有的证据都是依法取得的”。(见庭审笔录第25页)书证调取原件,如无原件应作出说明并请原件持有人签名或盖章,属必须履行的程序,从而说明:姜美娣被调查之始就交出了原件,无可置疑。上午公诉人针对质疑在庭上表示,他们这次向姜取证是用的通信方式,我们对公诉方的取证方式不持异义,但他们不把通信的原件交付法庭却又不能不使人困惑。

总而言之,这里出现了异乎寻常的矛盾,这里产生了非常清晰的漏洞。出自对于法庭的尊重与信任,相信合议庭对于姜美娣在第一次开庭之后提供的《有关说明》会作出准确无误的判断,我不必也不愿作出推论。我想向法庭陈明的只有一点:姜美娣作为证据提交检方的三张便条,从形式上看,就有疑点:三张便条,所用纸张,出自同一种拍纸簿,大小一致;三纸右上方都印有“Pure Angel”两个英文字,下附面含微笑的小小天使;三纸记录的时间跨度有4年,却用着同一种小小拍纸簿,而且书写笔迹的大小都几乎一样,似出于同一时间。这样的书证,不经鉴定是难断真伪的。然而面对着当前的局面,我们已不能申请鉴定,不然岂不是故意给法庭出个难题?我们不该也不会这样做!然而我想,作为辩护律师,请求法官作出明断应属合理。

(二)纪委机关在司法程序之外取证,不通过法定的程序,不执行法定的规范,有时还在检方人员的伴随下,持检方专用的“拘留证”,借以产生威慑作用,甚至为取证而强行将证人从上海“护送”来穗,形同押解,这无疑是对人权的侵犯,是对宪法原则的公然违背,由此产生的证言,当然无效。

(三)案中证言,除黄幸群的一例之外,全部未经证人出庭质证。诚然,控方宣读了证言的笔录,但控方笔录是否合乎证人原意,无从查考。请允许我举例说明。卷有广州日报社赖南池副社长2004年3月10日的证言笔录。检方问:“在社委会上,人事处向社委推荐干部,如果黎不同意,能否被提拔?”赖答:“不能被提拔”。检方问:“人事任免不是社委讨论集体决定的吗?”赖答:“在当时情况下,如果黎不同意的情况下,其他社委不敢同意。”赖南池社长在核阅笔录时,把“不敢同意”按其本义改为“不会表态”。卷中的其他证言笔录写作“不敢同意”的还有,无非是要说明黎元江有条件运用权力以权谋私,但它的真实性因与赖南池证言大相径庭而值得怀疑,倘不质证,何来真实?

关于证据,补充这些。

六、检方对指控作补充起诉,法有明定,无可指摘。只是公诉机关所持的补充理由,即所谓“因发现新的犯罪事实”,确与实际情况不符。细查“补充起诉书”列举的三项犯罪事实,都不是检方提起公诉案经审理之后的新的发现。且不说这三项事实在2003年12月起诉的何向芹案中已有认定,在黎元江被“双规”之后的多次说明,以及纪委2003年5月作出的《黎元江同志错误事实见面材料》中也都有相当充分的反映。上午的法庭调查中,公诉人还引用了黎“在603专案组提交的书面材料”中也包含这三项问题。可见分明是旧事重提。至于为什么要把前有定论不属犯罪的问题推倒重来,其中必有缘由。考虑到检方在去年12月的起诉书中并不作为犯罪事实列举,而于第一次开庭之后另行追究,问题的性质发生了根本性的变化,事涉定罪,恳请法庭予以关注。

审判长:我和张秀华律师针对指控作了并不周全但合法有据的辩护。把我们的意见归纳起来,最基本的一条是:控方指控的黎元江的行为其实都没有社会危害性,而没有社会危害性的行为当然构不成犯罪是无须细说的。诸位法官是法学专家,我们坚信不会盲目地加人以罪。通观两次开庭,考察黎案发生、发展的全过程,我们又担心,这件原本相当简单的诉讼会被人为地搞得日趋复杂。在这个背景下,我又不得不表达这样的见解:具体地考察、分析、研究、推断具体问题,是我们坚持不渝的基本观点,是办理案件应当把握的重要方法,包括历史地衡量犯罪嫌疑人的全部表现也是如此。关于后者,我想强调说明:广州日报作为一家市级地方性党报,今天能站在全国媒体的前列,起着公认的标杆作用,为南粤争得了莫大的荣誉,其中自然有报社主要领导人的不凡的业绩。诚然,广州日报广为大众欢迎而饮誉四海,当然首先由于省市千百万群众的支持;其次是受益于广东省市的坚强领导;最后是得力于5000名员工的奋发图强。而黎元江任职十年,勤恳好学,锐意改革,力图发展,毕竟功不可没。他是我们自己培育的优秀报人,是我们的事业目前仍缺的人才。他在工作中会有失误,会有缺陷,但他具备改正的条件,无论如何都不该将一些似是而非的问题扭曲为、上升为刑事犯罪,将他推向可能是永劫不复的凶险境地,那样岂不是我们自毁人才,而这绝不是我们的政策!关键的关键在于他的确无罪。我们郑重地请求法庭对他作无罪的宣告,尽早地恢复他的自由,使他重振精神,再建功业,相信他不会辜负人民曾经赋予的重托!

张思之

二〇〇四年六月八日

上诉审书面辩词

合议庭,诸位法官:

鉴于本案一审事实不清,我们曾申请上诉审公开审理,以利于核实证据,未获批准。考虑到律师在书面审中必然受到的局限,我们将按照书面审的特点,对一审判词详予辨析。逐项论证,或失之冗长,恳请严加审核。

一、一审判词的主要错误。

概括言之,主要有四:

(一)程序上,受理公诉方不符合法定条件的“补充起诉”,制造程序混乱,混淆罪与非罪,尽失公正。

(二)认定事实上,专断地采用孤证,蛮横地把伪证定为有效证据,破坏证据规则,制造了错案。

(三)定性上,不考虑被告人的行为不符合法定犯罪构成要件这一基本的法律要求,为加罪无辜竟至偷换与编织概念,歪曲了案件性质。

(四)适用法律上,公然滥用司法权力,超越权限,曲解刑法相关条款,变司法的权威性为随意性,实具枉法之嫌,性质严重。

二、我们对本案现存主要问题的基本观点。

(一)法定程序,任谁都无权逾越,都不得违反;否则即应驳回,或予纠正。

(二)疑证应从“无”,孤证不能定案,伪证则必须追究法律责任。关于责任,又应实行法律面前人人平等的宪法原则,绝无例外。

(三)奖金非贿金。硬把被告人所得的奖金断为贿金,分明是欲加之罪,原判应予撤销。

(四)黎元江从未受贿,应作无罪宣告。

三、围绕本案的核心问题,一审的错误何在?

黎案判决涉及的核心问题是:权力部门硬把奖金变为贿金,借此罗织罪状,证明指控成立。为实现这个目的,在判词中对“奖金”作出了别出心裁的解释,要为:“奖金是属于这些部门各自的职员的”,非该部门职员即不可得,“不存在下属部门奖励上级领导的情形”,下属部门不能为此发放财物;凡奖金账目上都应有奖予某人的“明晰记载”,并且都要有“形式上的签收手续”。这些说辞,既不符合学理或者常识对奖金的解释,也不符合现行规章关于奖金发放的原则和制度,更不符合目前全国上下、机关单位发放奖金的客观事实,无论从哪个方面审查,都属于主观虚构,不能成立。

奖金是为了鼓励工作人员的积极劳动和突出贡献而支付的货币,是工资制度的补充形式。谁有贡献,谁就能得。为此而实行的发放制度,通常按综合奖项与单项奖金分别拟定。案中黎元江的所得,属"单项"。由于奖金制度能够较好地把国家、企业和个人三者的利益结合起来,有利于提高企业的效益,因此,马列主义的经典作家断言"没有奖金是不行的"。至于领取时记名、隐名,或者亲收、代领,这类方式方法的问题,则由发放部门权衡利弊自行决定。

由此可见,一审关于奖金的一系列"判定",极其荒谬,理当予以否定。

诚然,法官有权对诉讼中涉及的问题作自由裁量,但又万万不能违背正义、公平及公正的原则,此为全球公认的办案圭臬,应无疑义。特别重要的是,法官不是立法者,因而绝对没有任意解释刑事法律的权力,无权独创法律概念。黎元江一案的实际情况表明:法官越权的后果,形成了错误裁决,从而构成对法治的败坏。事关重大,至盼明察。

四、收受"贿金"的判决为什么是错误的?

这里将沿着一审判决的论列顺序,依次说明。

据一审判决,被告人"先后十一次收受陶建给予的人民币 205000 元";"先后三次收受张穗华给予的人民币 6 万元";"先后二次收受谭志豪给予的人民币 3.5 万元":合计为 30 万元。这些内容,既与事实不符,又无法律依据,作如下辩驳——

(一)这些叙述有两处偷换概念:一是将"奖金"换成"人民币",把具体事物抽象化,便于任意解释;二是将"发放"或者"发给"换为意思含糊的"给予",意图改变事务(物)的性质。二者的目的都在于借此加罪被告人。这种做法,丧失了司法的公正性,对代表国家权力的判决书来说实不可取。

(二)一审判决确认的奖金发放者的证言,无不证明:黎元江收受的上述30万元都是奖金。援引如下:

该判决认定:证人陶建证言证明:“其在1996年至2000年春节、‘五一’节、国庆节以发奖金名义,共送给黎元江港币9千元、人民币20.6万元”。

证人张穗华证言证明:“1999年下半年,其从发行公司因报纸发行超过100万份获得奖励的100万元中拿了2万元送给黎元江;2000年元旦其又从销售200万元的微缩珍藏版截留的款项中拿了6万元在黎元江的办公室分别送给黎元江、何向芹各3万元。”

证人曹少萍、区伟雄证言证明:因(谭志豪)“替报社节约了大笔装修设计费,所以奖励30万元给装修办(按:谭志豪为该办主任)”。另据报社记账凭证,“证明装修办已领取奖金”三笔共50余万元。谭志豪本人在今年3月9日的一次答问中,承认他给黎元江的钱出自报社发的奖金。

无须论证,单凭这些事实,已足以说明一审判决关于黎元江收受“贿金”的结论是错误的。

(三)这些奖金,按照报社的制度,授权各部门“自主掌握”,至于是否存入各部门的“小钱柜”(见判决书第7页),都不能改变“奖金”的性质,绝不会因暂存“小钱柜”就会变为“贿金”,于是合法的分配制度也就演变成为非法的措施。更何况一审判词所说的“小钱柜”因其没有明确的概念与内涵,根本不具有法律上的意义。

(四)这些奖金,根据报社的制度,报社的领导层与相关的主管人员,只要有相应的贡献,就都可以接受。这个制度,在广州日报沿用已久,报社的上级领导机关从无异议。逐年的审计,乃至逐月的财务审查,都因其合乎广州市“穗编字(1994)185号文件”以及国务院《全民所有制工业企业转换机制条例》和《企业法》的相关规定,也予以首肯,确认有效在案。而类似的相关规定,在南方其他媒体中多年来也普通运用,万千干部受惠,企业事业获利,行之有效,无人言罪。现在以判决的形式推翻,又拿不出任何依据,试问何以服人?

（五）黎元江多年间对于上述三个部门工作付出的心血、劳绩和贡献，证明他完全有资格、有条件领取各该部门授予的单项奖金，事实俱在，无可争辩。

（六）一审判决断言："奖金是属于这些部门各自的职员"，因此，黎元江"不属于这些部门分发奖金的人员之列"。是这样吗？奖金属于谁？发出之前属于报社；发出之后属于有权利收受的获得者。一审"属于这些部门各自的职员"的说法纯属主观臆断，生编硬造。

"不存在下属部门奖励上级领导的情形"，一审判决的这个论断首先涉及概念问题。它把主管部门统统改成"下属部门"，再把"主管领导"换成"上级领导"，据此作出了这个结论。其次涉及现实状况。包括广州在内，目前"下属部门"发奖金给"上级"的事例何止千百，何其普遍，难道能对这些大大小小的"上级"都定为"受贿"绳之以法？照此办理，中央高层官员的奖金岂不是无人发放？莫非他们没有资格受奖？

（七）此外还应补充的是，根据纪委机关发布的《黎元江同志错误事实见面材料》，张穗华先后给黎15.6万元。一审将其中6万元定为"贿金"。可是，同一性质涉及的同一事实，竟能一分为二，一为奖金，二为贿金，二者的界限在哪里呢？我们有理由质疑一审判词，既然15.6万元中的大部分已被确认为"奖金"，又凭借什么硬把另外的小部分排斥于奖金之外，定为贿金，借以加罪"受奖者"呢？

（八）问题还涉及收受"镇长朱启明等人所送的现金人民币3万元"一事。据一审判决：1994年中秋节前，黎元江"收受了由原芙蓉镇镇长朱启明等人代表房地产综合开发公司送给的人民币3万元"，断为"受贿"。对此，我们有以下申辩——

1. 朱启明代表谁？判决书说，他是镇长。镇长当然代表镇政府。省纪委对黎元江问题的结论支持我们的观点，它明确表示：是"代表镇政府（送钱）"。朱启明本人的证言同此，他说："这是我们镇给（黎）过节的一点意思。"（引见朱2003年10月15日证词笔录）现在，一审硬把一家公司拉扯上来，无非是想证明行贿成立，于是收受者难逃法网。这种做法,不是太不郑重,极不严肃了吗?

2. 判决书说,钱“是从房地产综合开发公司提取的”,因此与镇政府无关。一审在这里搞了文字游戏,故意漏去了主语,瞒过了行为的主体。我们不能不问:这笔钱,是谁向那家公司提取的呢?镇长代表政府向他经营或者主管的公司提出款项由他发出,就能变成“代表……公司”了吗?

3. 据判决书说,黎元江与该公司有业务往来,证据是:“1992 年至 1994 年广州日报社多次向花都市芙蓉房地产综合开发公司购买土地,被告人黎元江参加了购买土地会议并同意购买。”这段貌似客观的描述,意在表明黎在他与该公司往来之间有“利用职务之便”,然而这也是“辞”中之罪,故又有三点辩驳:

第一,购地时间写为从 1992 年到 1994 年,其实这是从卖地到“给过节的一点意思”慰问买者的全过程。客观情况是:卖地行为到 1993 年已告结束。1994 年“慰问”时不是“进行中”,是“完成时”。由于这一情况与是否“为他人谋取利益”这一犯罪构成的要件密切相关,故不容含混。

第二,“多次”之说,不无浑水摸鱼之嫌。不知一审是否把实际上只有“两次”的购地也断之为“多”?这里的关键在于,两次也好,多次也罢,其中有无“罪”行?对黎来说,有无“利用职务之便”?一审说“有”。证据是:他“参加了购买土地会议并同意购买”。我们说:“不对!”参加会议,是履行职务;同意购买,是行使职权。黎元江作为单位首脑,对本单位的重大经营行为不参加会议研究,讨论之后对合法可行、效益甚好的经营项目公然反对,不予“同意”,该不该视为失职?或者算不算玩忽职守?与此相反,尽职尽责地“参加”了,“同意”了,分明是正确履行了职务,怎么能说成是“利用职务之便”构成犯罪!如此罗织罪状,谁还敢工作?谁还敢尽责?如此判词会达到什么样的恶劣效果难道还用证明吗?

第三,或者有人会问:镇政府为什么要“送钱”呢?好!我们先看朱镇长的回答,他说是“为了搞好关系”。(引见 2003 年 10 月 15 日证词）搞好关系，按时尚说法，是感情投资。其特点在于，对投者，没有具体的目的；对受者，没有明确的目标。朱启明镇长1994年中秋慰问之后，双方再没有经营上的或其他利益上的联系，可以印证。因此，即使把慰问行为表述为“送钱”，也与“贿赂”犯罪毫不相干。

再看“送钱”的时机，选在中秋节前。这在案中也很重要。政府机关，节前慰问，应属常理，各地相同，已是常规，对此任谁都只能作此理解，黎元江何能例外？他接受政府机关的慰问即使是心安理得又何罪之有？与“利用职务之便”有什么相干！

还有必要引用最高法院的通行观点：“如果谋取合法利益而收受财物数额较大的，可分两种情况来研究。一是寻找过年过节等契机给予财物的，一般不宜认定为受贿，而应认定为受礼。”（引见人民法院出版社发行、最高法院大法官主编的《刑法（分则）及配套规定新释新解》第2728页。）最高法院大法官把问题辨别得这样清楚明白，有什么理由不照此办理？

总括以上八点，从各个侧面证明了黎元江“受贿”之判确属错误，请予批驳，合法有据。

五、归根结底，一审判决所定之罪不具有法定的构成要件。

我们在一审的辩词中，对本罪的两个构成要件已有说明，因其合法，请准坚持。被告本人在上诉意见书中也有详细的论述，完全正确，我们支持。这里再针对一审判词的错误论点与不实论据，作出补充——

（一）据一审判词，黎元江“利用其负责广州日报社全面工作的职务之便，在决定征购土地、采购印刷设备及干部的人事安排中为行贿人谋取了利益……”通观全部判词，除却这个空洞的结论外，无一处有具体的指控。黎元江用什么方式，在他主管、负责的“全面工作”中怎样地利用了哪些“便利”？这些“便利”表现为哪些具体的行为？判词中找不到相关的事实。用空泛的断语替代具体的罪状，强行加罪于人，何能服众？怎能服人？法院的判决还有什么公信力可言？

(二)黎元江是否为他人谋了利益？对此本已当庭通过对起诉书的批驳作出了否定性的回答,无可争辩。不料一审判决只在词语上对控方观点作了调整,依然予以肯定,认为黎元江“在提拔、任用陶建、张穗华、谭志豪的过程中,对陶、张、谭给予了关照”。于是为他人谋利成立。

“关照”何罪?

“关照”一词,通常是感情用语,不关职务行为,内涵非一。如何运用,因事有别,因人而异。现在,既然硬与职务挂钩往权力上拉,那就必须围绕以下几点进行释义。即关照什么？怎样关照？向谁表示关照？特别是涉及人事任命,更应回答:对哪个上级部门,又是怎样地实施了关照？把问题集中到一点上,就不把“关照”变成行为,或者,你举不出诸如徇私照料、枉法舞弊等情节,是不能构成犯罪的。镇长朱启明的中秋节给钱,是“为了搞好关系”,你可以解释成“想得到关照”(引见判词),但毕竟构不成“为他人谋了利益”。总而言之,“关照”之说,也属欲加之罪的空洞言词,控为犯罪,怎会成立!

至于判词所说“黎元江参加社委会讨论谭志豪(的)提任及调任”,“提任张穗华的报告由被告人黎元江签发”,以及会议纪要等证明“陶建的职务升迁过程中黎元江起了决定性的作用”云云,不仅恰恰证明黎元江是在职权范围内正确地履行他的职责,而且所涉事项又无不经过上级的审查批准,前已说明。判决书本身所列的证言也证明:“宣传部、组织部对陶建担任广州日报社副社长与黎元江交换过意见和提交部长办公会议讨论,做出了拟同意推荐陶建为副社长的意见。”按照判词的逻辑,市委宣传部、组织部岂不也对陶建作出了“关照”,从而为他谋了利益？这当然是十分荒谬的!

综上所述,黎元江在案涉的人事任命上,既没有利用职务之便,也没有为他人谋取利益;他“同意”对上述三人的提职任用,既不违规,更无私弊,断为符合构成“受贿”罪的要件,极其错误。世有沉冤,此其新例!

此外,还应补充:众所周知,查明被告人有无犯罪的动机与目的,有助于全面地分析案情，准确定性。但控方对此不查于前，一审对此回避于后。这只能有一个不容置疑的解释，黎元江的案中行为根本没有“受贿”的动机与目的。实际情况正是如此。衡量他在广州日报社多年一贯的社会活动（行为），其间绝无贪赃受贿、满足个人财欲的动机与目的，应是不争的事实。据此，可知断定黎元江“受贿”的判决纯属不实之词，相信二审能以明查，还事物以本来面目。

六、取证、采证违反规则。

一审判决所列证据，计有38项，貌似比较周详，实则尽失规则。

（一）关于证人姓名用上“姜××”。

判词中12处提及“证人姜××”，用一个只见“××”不知其为谁人的“证言”，就判了黎元江“受贿”大罪！查所谓证人证言，自应以该人之言为证，而此人是否有资格出“证”，应具备法定条件。据此，该“人”也定是具体的特定的对象，绝不可能抽象地“泛指”，更不能以“××”或“某某”取代。既可任意取代，就会随机变换。而这对被告人来说，如何判断所证的真伪，何能进行质证？这种做法比捏词加罪更具有随意性，距法治更远，它开创了证据运用上的恶劣先例，应请驳斥，以儆效尤。

（二）关于姜美娣证言前后不一的更改。

案中有港商姜美娣提供证言，判决认定她“先后六次送给黎元江美金1.9万元，港币1万元”。她的证言颇有疑点，细查全卷，有前后互不一致的记录。以她所证最后一次（2000年）给钱黎元江的情况为例，最初的陈述是在香港给了港币5000元。不知她何时从何得知黎元江2000年春节没有出境的记录，不可能在香港受贿，乃把行贿地改为广州，而又不援例（根据她的说法）支付人民币。至于为何未改币种，并无说辞。其中蹊跷，令人生疑。这中间的来龙去脉，曲曲折折，我们曾请求二审详予查明，未被采纳，考虑到事关定罪，至盼补救。

还应指出：被告人反复地、有理有据地提出证人姜美娣与控方工作人员在证据上有互相勾串的嫌疑，事关伪证，更不能听任一审含糊其辞一笔带过，导致对扰乱司法程序的伪证者故作轻纵！

（三）关于姜美娣的书证。

公诉方提交法庭姜美娣不知写于何时的“书证”复印件三份，证明她三次行贿黎元江等人的情况，因上有事后“补记”的夹注说明，我们要求出示原件以便鉴定。公诉方当庭明确表示：原件“还在侦查机关”，并向审判长承诺“庭后提交法庭”。不料庭后变卦，居然又由姜美娣写了三份“有关说明”，证明三份原件“均已销毁”。任谁都明白，“销毁”与“还在”之间尖锐对立，其中必有一项属于作伪，而且情节恶劣显已触犯刑律，对此没有理由不予彻查。起码应弄清楚，为什么有人怕端出原件，是否怕露出什么马脚？

诚然，一审判词对前三份复印件和后三份“有关说明”都没有明示是否采为据之定罪的书证，全然予以回避。但在实质上，却是按照复印件那三纸“书证”所列的币种与数额，判了黎元江“受贿”罪。因此，我们就不能对姜美娣“书证”等闲视之或熟视无睹。关于三份复印件作为书证的可疑之点，我们在一审辩词中已有说明，合乎情理，请准坚持。这里再补充两点：

第一，复印件明明写着“补记”，这就必须查明补记于何时。是行为实施的不久之后，还是侦查机关索证的当时？能说这个时间概念对于证据的采信是不重要的么？为什么漏而不查？

第二，复印件上的问题涉及另案人何向芹，检察机关审查何案为何不要求姜美娣提供这些复印件？三份“书证”涉及两个犯罪嫌疑人，但却单单针对黎案提供，这是什么道理？说明什么问题？

总而言之，围绕姜美娣“书证”涉及的伪证问题，我们希望并且相信二审合议庭必能查清。

（四）关于被告人供述。

我们注意到，一审判词已将被告人供述列为证据，因其合法，当然有效。问题是黎元江的供述分前后两个阶段。前一阶段，他在饱受苛待、极不正常的关押条件下所作的供述，源于一些人员的非法手段，出于违心，于是在后一阶段向检察机关特别是向一审法官作了详尽的更正。他的说明，情真意切，具有可信性。据此，应当明确，只有他在后期向法庭所作的供述才是真正有效的证据。一审判词对此佯装不知，极不认真，很不严肃。

或谓这是“翻供”。是的，是这样！我国的宪法和三部诉讼法，有哪条哪款不准“翻供”？在实践中，又有哪位敬业的检察官、公正的法官怕人“翻供”？问题不在“翻供”，而在于所“翻”是否合理，是否有据，是否有采信的价值！

然而，一审判决不加区别，笼而统之地把被告人供述列为证据，用来证明本人有罪了，这又是何等的蛮横与专断！恳请二审详查被告人在上诉意见中所作的相关剖析与论述，判明真伪，合法采证，以昭公允。

（五）关于非法取证。

我们绝不怀疑，采用刑讯逼供等非法手段取得的证据，一定会被彻底排除。我们想着重说明的是，我们坚持在一审法庭上发表的如下见解，即“纪委机关在司法程序之外取证，不通过法定的程序，不执行法定的规范，有时还在检方人员的伴随下，持检方专用的‘拘传证’，借以产生威慑作用，甚至为取证而强行将证人从上海‘护送’来穗，形同押解，这无疑是对人权的侵犯，是对宪法原则的公然违背，由此产生的证言，当然无效”。鉴于这种情况不仅带有严重性，而且愈加普遍，作为律师深感有责任郑重建议：合议庭就此类问题提出司法建议，企盼有关机关在办事过程中不要越出宪法和法律的轨道，不应自恃手握重权，可以自行其是，以致阻碍国家法制建设的进程。事涉法治的全局，关系不为不大，至盼予以采纳。

（六）关于原始证据。

案中的许多证据，据知现存纪检部门，至今未移送司法机关，给审判工作带来许多困难，影响辩护权的充分行使，至盼能够得到补救，以利辨明真相，减少失误。

七、适用法律上的其他问题。

（一）关于罚金刑。

一审判决援引《刑法》第 385 条第 1 款，对被告人“并处罚金人民币 10 万元”。查该条并无罚金的罚则。罚金作为附加刑的一种，分别规定于刑法第 3 章、第 5 章，计有数十条之多，每条都有明确的规范。一审法院擅自修改《刑法》第 385 条，另定罚则，越权立法，执法的随意性已达极致，其裁决当然无效。

（二）关于“行贿罪”。

两个问题。第一，把镇长代表一级政府“送钱”断为“贿赂”（从判定被告人“受贿”可知），行贿者当然是镇政府及其法人代表。问题是，把一级政府作为行贿的犯罪主体，法无明文。细查刑法规定的“单位犯罪”何止百条，可唯独没有“政府犯罪”的条款。一审于编织罪状之中将镇政府“所送的人民币 3 万元”断为贿赂，不无枉法之嫌。指控与判决都不能成立，无可置辩。

第二，姜美娣自供“行贿”，情属“多次”，数额巨大，按照最高检的“立案标准”和两高“高检会字（1999）互号文件”的原则规定，都应及时立案，严予打击。然而种种迹象表明，控方对她爱护有加，一审对此也是佯装不知，这只能有一个解释，她的“自供”是为了“指证”受贿而作，实际上并无其事。否则，检方人员岂不是严重失职？一审法官岂不是严重失察？

把两个问题集中到一点，是：行贿不能成立，受贿应是无源之水，根本靠不住的！

八、“最后”的话。

前已查明，黎案始于虚构被告人滞留公款 5000 万元于境外，任意挥霍。审查经年，纯属诬指。几经反复，终以“受贿”起诉。无奈证据不实，指控不能自圆，复违反法律规定，悍然补充起诉。过程似有曲折，其实极为简单。之所以演变得相对复杂，盖由于另有重权悬于司法权力之上，公然违宪，对审判权实施“制约”，独立办案，何其艰难！然而，我们真诚地企盼二审法官运用法律智慧，依恃非凡胆识，在力所能及的范围内，排除干扰，使法律人的作为能以最大限度地符合宪法和法律的要求，不致过分出格，经不住检验。事关依法治国大局，我们对合议庭执法的严肃性充满信心，我们盼望二审的公正性。

我们自信,上述各节经得住现实的检验,自信做得到对历史负责。然而,我们会有欠缺,或有失误,又至盼得到诸位法官的修正或批驳。

黎元江关押已久,为国为民的锐气可能受挫,诚挚地请求采取措施,还他以自由,中国的传媒事业幸甚!!

黎案辩护律师　张思之　张秀华

二〇〇四年十一月三十日

诉讼文书

广州市中级人民法院刑事判决书(摘要)

公诉机关:广东省广州市人民检察院。

被告人黎元江,男,原系中共广州市委宣传部部长,曾任广州日报社社长、总编辑。

辩护人张秀华,广东环球经纬律师事务所律师。

辩护人王仲兴,广东岭南律师事务所律师,在补充起诉后变更为张思之,北京市吴栾赵阎律师事务所律师。

广州市人民检察院指控:(略)

黎元江辩解称收取朱启明的款项是芙蓉镇政府发的奖金,不是受贿。没有收受姜美娣、陈岚尼、罗家文的财物,亦不知道其妻子收取了罗家文的款项。收取陶建、张穗华、谭志豪的款项是报社拨发给部门的奖金,其为各部门的工作付出努力,是各部门对其的奖励。

黎元江的辩护人的辩护意见:指控黎元江收受姜美娣、陈岚尼、罗家文的财物的证据不足。收取芙蓉镇政府朱启明给予的财物是奖金并已捐献给人民大学,不构成受贿罪。收取陶建、张穗华、谭志豪的财物是奖金,黎并没有利用职务便利为陶、张、谭谋取利益,不构成受贿罪。本案在侦查过程中对黎元江的讯问和对证人询问均有违反程序的行为,违法取得的证据不能作为定案依据。辩护人出示了询问证人陈岚尼的笔录、陈岚尼寄给有关负责人的函件、“罗家文”的自书材料、黎元江的捐献收据等证据。

经审理查明：

一、1992年至1994年，广州日报社多次向花都市芙蓉房地产综合开发公司购买土地，黎元江参加了购买土地会议并同意购买。1994年中秋节前，黎元江收受了朱启明等人代表房地产综合开发公司送给的人民币3万元。

上述事实，有证据证实，本院予以确认。

二、1996年至2000年春节前后，黎元江主持和参加了购买印刷设备的会议并确定向瑞士WIFAG公司购买印刷机，由香港维昌公司作为中介，先后六次收受该公司经理姜美娣送给的美金1.9万元（折合人民币约15.7万元）、港币1万元（折合人民币约1.07万元）。

上述事实，有证据证实，本院予以确认。

三、黎元江在为提任陶建充任广告处长、副社长、社长助理等职务上对陶提供帮助，先后十一次共收受陶建给予人民币二十万零五千元。

上述事实，有证据证实，本院予以确认。

1. 证人陶建、阮秀玲、曾巨、于小丹（广州日报社人事处处长）、何向芹、赖南池、张增志、李锦源、何晓初的证明。

2. 有关会议纪要、任命、请示提任材料和陶建的有关履历资料证明。

3. 广州日报社穗报（1993）09号《编委会廉政制度》。

4. 黎元江供述。

四、黎元江在拟提任张穗华为社委会委员、副社长及任命张穗华为广州日报社副总编、社委会委员等方面提供帮助。黎元江先后三次收受张穗华给予的人民币6万元。

上述事实，有证据证实，本院予以确认。

五、1999年至2001年，黎元江为提任谭志豪提供帮助，先后二次收受谭给予的人民币3.5万元。

上述事实,有证据证实,本院予以确认。

对于黎元江及其辩护人均提出黎收取朱启明的款项是奖金且已捐献给人民大学,不构成受贿罪的辩护意见,经查:是黎利用职务便利而收受的财物,如何处置并不影响对其受贿罪的认定。黎元江的辩解及其辩护人的辩护,本院不予采纳。

对于黎元江提出没有收受姜美娣的贿赂,辩护人提出认定黎元江收受姜美娣财物的证据不足,经查,对该事实有证言证实,黎元江亦多次供述在案,细节与证言相吻合,且证人姜美娣证言的可信性有何向芹的证言佐证,足以认定。因此,黎的辩解及其辩护人的辩护,不予采纳。

对于黎元江辩解及其辩护人均提出黎元江收取陶建、张穗华、谭志豪的款项是奖金而不构成受贿的辩护意见,经查:奖金是基于特定事由对特定人员的一种物质奖励,具有正当性和合法性,就本案而言,广告处、发行处、装修办的奖金是属于这些部门各自的职员的,黎元江不是广告处、发行处、装修办的人员,不属这些部门分发奖金的人员之列;作为报社领导,其奖金应由报社决定和分发,不存在下属部门奖励上级领导的情形,黎在庭审中也承认报社本身已经发放奖金给他,黎收受这些钱财,没有任何签收手续,在相应部门的账目上没有明晰记载是给黎元江的,而是另立名目或者根本没有记载。因此,这些钱财完全不具有奖金的性质和特征。

对于黎元江辩解及其辩护人提出的指控黎元江收受陈岚尼、罗家文的财物证据不足的辩护意见,本院予以采纳。

判决如下:

一、黎元江犯受贿罪,判处有期徒刑十二年,并处罚金人民币十万元。

二、黎元江退出的赃款予以没收。

审 判 长 李 燕

广东省高级人民法院刑事裁定书(摘要)

原审判决认定:

1991 年 8 月至 2001 年 6 月,黎元江利用职务上的便利,为他人谋取利益,收受他人财物,具体事实为:

一、广州日报社多次向芙蓉公司购买土地,黎元江参加了购买土地会议并同意购买。黎收受了由原镇长朱启明等人代表房地产公司送给的人民币 3 万元。

二、1996 年至 2000 年春节前后,黎元江主持和参加了购买印刷设备的会议并确定向瑞士 WIFAG 公司购买印刷机,先后六次收受该公司经理姜美娣送给的美金 1.9 万元、港币 1 万元。

上述事实,有证据证实:(略)

三、1997 年至 2000 年,黎元江为陶建提任提供帮助,先后十一次收受陶建给予的人民币 205000 元。

上述事实,有证据证实:(略)

四、黎元江在拟提任张穗华为副社长及任命张为报社副总编等方面提供帮助。先后三次收受张给予的人民币 6 万元。

上述事实,有证据证实:(略)

五、黎元江在提任谭志豪为装修办主任、任命为大洋房地产公司总经理及审批对装修办奖励方面提供帮助,先后二次收受谭给予的人民币 3.5 万元。

上述事实,有证据证实:(略)

原审法院认为:被告人黎元江利用职务便利,在决定征购土地、采购印刷设备及干部的人事安排中为行贿人谋取了利益,非法收受他人给予的财物,其行为已构成受贿罪,数额巨大,应依法予以惩罚。黎元江犯罪后,能退清全部赃款,可以酌情从轻处罚。

黎元江上诉及其辩护人辩护提出:1. 黎元江收取朱启明的款项是芙蓉镇给的奖金,且已捐献给中国人民大学,其行不构成受贿罪;2. 黎元江没有收受姜美娣的贿赂,原审认定黎收受姜美娣财物的证据不足;3. 黎元江收受陶建、张穗华、谭志豪的款项是奖金,不是贿金。请求改判。

经审理查明:原审判决认定事实清楚,证据确实、充分。

对于上诉人黎元江上诉的理由及其辩护人的辩护意见。经查:1. 黎元江如何处置其收受的朱启明的财物,并不影响其受贿罪的构成;2. 对于黎元江收受姜美娣的财物,黎元江多次供述在案,且与证人姜美娣证言相印证,证据足以认定;3. 黎元江收取的陶建、张穗华、谭志豪的款项,根据广州日报社当时的有关制度及相关的证人证言,没有足够的证据证明是奖金。故黎元江及其辩护人的上诉和辩护意见不能成立。

本院认为,上诉人黎元江身为国家工作人员,无视国家法律,利用职务便利,在工作过程中收取他人财物,其行为已构成受贿罪。黎元江犯罪后退清了全部赃款,可以酌情从轻处罚。原审判决认定事实清楚,适用法律正确,维持原判。

审 判 长 吴铭泽

20. 苏利民“受贿案”

案情简介

苏利民，担任法官22年，曾任广东省高级法院经济庭庭长。一贯勤恳敬业，多次被评为优秀法官，并获得其他荣誉称号，被选为省政协委员。

2001年年初，省院经济庭受理一件承包合同纠纷。一方当事人的律师找到苏的政协友人从中说项，继宴请之后，经该律师周密策划，使用各种手段，分五次以“过年过节，表示礼貌”为由头，贿赂苏利民人民币共计4万元。适因纪委审查高院院长麦某的经济问题，命苏揭发未果，旋即受到“双规”审查。苏彻底交代了自己的上述问题，积极退赃，悔罪真诚。

律师在法庭上就问题的各个方面分析了她的犯罪原因和后果，论述了她罪前、罪后的具体表现，建议实施缓刑，被法庭采纳。

鉴于案中行贿的律师的犯罪情节极为恶劣，建议依法追究，不宜姑息，法庭对此不予表态。

辩　护　词

一审辩护词

审判长：

今天的诉讼活动，在我的律师生涯中至今是唯一的一次，对案件涉及的事实与控方没有分歧，并且在一些基本问题上有着共识。公诉人的公正立场和客观态度给人们许多启发，我表示敬意。

现在，此刻，当涉及罪案的全部情况大体清晰之后，我的心情又相当沉重。作为一个律师，我不会动摇反对司法腐败的意志和决心，我对法律工作者渎职受贿现象深恶痛绝，可是，细致地考察苏利民一案的各个方面和各个环节，联系她的全部历史，又不禁为之深深惋惜！诚然，苏利民的受贿事实，恰如起诉书的指控，无可争议。尽管如此，在察知其犯罪活动发生发展的全过程中存在值得探讨的情节的情况下，我有责任依据法律的规定和国家奉行的一贯的刑事政策，为她作如下的辩护——

一、依据刑法第八章，受贿罪是渎职罪的一种，它所侵犯的客体具有一定的复杂性。统观苏利民的案中行为，她在本案涉及的一起承包合同诉讼中，自始至终尚未违背法律的原则，没有歪曲事实，没有破坏程序，没有提出过损害当事人一方合法利益的枉法主张，甚至征询过领导的意见，总之既没有滥用也没有超越权限行事。她收受贿赂的行为无疑败坏了国家廉政制度，但尚未破坏法院正常的活动和应有的威信，所侵犯的社会关系仅有一端，从而说明其行为的社会危害性有别于那些既受贿又枉法的贪婪分子。凡此种种，尽管并不影响案件的定性，但在量刑上似应有所区别，从宽考虑。

二、苏利民的案中行为，确有“利用职务上的便利，非法收受他人财物，为他人谋取利益”的问题，触犯了《刑法》第385条的规定，细作考察，其中又包含了三个相互关联的环节：行贿者的要求，双方的约

定,受贿者的收受。加以辨析,应有申辩:

第一,从法律的角度分析,《刑法》第 385 条所指的“利用职务上的便利”,其内容可分多种。苏利民的行为应属直接运用职权为他人谋取利益。按这种利用职务之便,大体上说无非有三种情况,即一、积极履行职责为他人谋取;二、放弃或者玩忽职守为他人谋取;三、采用不正当手段滥施权力为他人谋取。前已说明,苏利民的情况与第一种大体吻合,但绝不属另外两种,因而情节较轻,应请考虑在具体分析的基础上有所区别,从宽对待。

第二,关于“收受”。统观她先后五次收受贿金的情况,被动地收受,是苏利民受贿的基本形态,有时还含有难辞友情或者碍于情面的因素,总之绝无主动或者其他相似的意思表示;特别是当她表示婉拒,而对方提出“是否嫌少”的说辞之后,她已是处于无奈之中了。加之行贿者又利用了年节的时机,制造了一种出于礼仪而非情托的假象,使她在思想上丧失了理应保持的警觉,受到了麻痹,终致失足落水。法官落水对廉政制度产生着败坏作用,不应原谅;但她毕竟是在三两个讼棍的预谋之下,被拉下水的,这个过程与结局,证明着她的人身危险性相对较小,如果这些行贿者都能被轻纵,对苏,则更宜从宽发落。

第三,关于“约定”。贿赂活动中的“约定”,一般表现为请求与许诺。本案的特点是:一方止于要求“尽快与公正”地处理讼事,尚无其他非法、非分的要求,而被告人除了承诺“省高院会抓紧、公正处理”之外,也没有其他的许诺,甚至连暗示性的默许也没有。这无疑反映着苏利民案中行为的社会危害性相对较小,因而具有从轻处罚的条件。

三、按照《刑法》第 385 条的规定,“为他人谋取利益”是构成一般受贿罪的不可缺少的要件。对此我们结合案情,向法庭陈述以下的见解,至盼能够审慎研究,予以考虑。

(一)在司法实践中,在一些学理性的解析里,都断定这个条文中的“利益”,包括了正当的或合法和利益。换句话说,即使没有“枉法”的情形,尽管行贿者得到的是正当的、合法的利益,同样属于即合于该

第 385 条明示的“谋取利益”。这种扩展性的学理解释,有利于打击受贿犯罪,据之定性是正确的,但因其有可能扩大打击的范围,又不利于巩固司法战线,团结司法队伍。有鉴于此,倘能在量刑上体现出正当利益与非法利益的区别,则有可能减少或者避免这种可能发生的负面影响。权衡利弊,极宜审慎,恳请斟酌。

（二）还应考察“利益”的种类和谋取的手段。特别是应区分是依职权而实施的正当谋取,还是行为人在职权范围以外所致力的谋取。这一点之所以具有重要性,是由于如不区分,其结果必然是:凡属依职权实施的合法行为。或者说,只要合法合理地行使职权,也就注定发生“为他人谋取利益”的结果。这无异是说,只要有了“非法收受他人财物”的前提,此后即使是忠于职守,尽职尽责,也必然属于为他人谋了利益,成为非法行为,这显然会扩大打击对象,而无助于打击真正的、最为恶劣的犯罪活动,实不可取,恳请考虑。

（三）苏利民的案中行为,自始没有固定的“利益”目标,没有为实现行贿人的主观“目的”而采取过行动。因而表现为只有“取”,并无“谋”。在涉案的“工程承包合同”的诉讼过程中,尤其是在审理之后的评议中,她从未采取任何主动、积极的态度发表意见,足可证明。查阅卷中的“评议记录”,她仅仅是表态同意主审法官的见解,而主审的意见又是合法有据的。我们认为,这种只有“取”而无“谋”的情况,同样反映出她的主观恶性较小,因而可从情节上与那种谋而后取,谋取兼备的情形加以区别,在量刑上酌情从宽。

（四）考察本案的实际,如果说,“他人利益”的取得是“果”,那么,法律规范与政策规定则是其“因”。他人得到的,是法定的“应得利益”,与苏利民非法收取他人财物的行为没有直接的联系。也就是说,非法收受财物,不是他人取得利益之“因”。这一点似也应予以考虑,在量刑上从宽处置。

以上是对于苏利民“为他人谋取利益”一节所作的分析与辩护。

四、关于苏利民的刑事责任。

依据《刑法》第 5 条规定的原则,刑事犯罪人的宣告刑应当考虑他承担的责任的大小,而刑事责任的大小,则主要取决于行为的社会危害程度的轻重,其次还应受行为人犯罪中的情节,犯罪前的表现,以及犯罪后的态度三方面因素的影响。只有在量刑时对这些条件和情节从整体上加以通盘的考虑,才能符合《刑法》第 5 条规定的量刑原则,达到宣告刑与刑事责任大小的完全适应,达到罪与刑的均衡,实现罪责刑三者相适应的原则。关于苏利民犯罪中的情节所包括的各个方面,前已说明,不作重复。这里对她罪前表现和罪后态度作一番考察,以利于准确说明其行为的危害性和她的人身危险性程度,或有助于合议庭在量刑时参酌。

先说罪前表现。她担任法官 22 年,从无大过,从未受罚。她在吉林高院任职期间,四次被评为先进工作者,调来广东,在担任高院中层领导职务以前,连续四次被评为优秀法官,几乎年年都有拒贿的良好记录,这些都有案可查。根据她的工作表现,又被选为省女法官协会会长和省政协委员。我们无意为一个犯有受贿罪的人评功摆好,只是想说明:她的工作历史证明她的主观恶性确实较小,有纠正错误,改恶从善的条件,适当地从宽量刑,给予一个自新的机会,使消极因素转化为积极力量,不是不适宜的,敢请法官予以酌量。

至于罪后态度,概括地说,她悔罪真诚,与侦查、检察部门的配合富有成效;方才在庭上又作了不是敷衍的自我解剖,这些也都说明她的社会危害性和人身危险性已大为减轻或有减弱。至于其中涉及的具体情况与细节,将在下面陈明。

诸位法官:考虑到刑法第 386 条依据第 383 条第 1 款第 3 项规定的量刑幅度较大,准确把握有其难度,谨依据《刑法》第 61 条的原则精神,联系实际,就与量刑有关的几个问题,说明辩护观点,应属必要。

首先要讲的是:在量刑幅度较大的情势下,须结合与量刑相关的法定情节和酌定情节,参照影响受贿罪量刑的重要情节,通盘研究,一并考虑,方有可能定出最为适当的刑罚,这应属审判实践的常规;结合苏案,以下三个情节是量刑应予考察的重点:

第一,受贿数额。这是衡量罪过大小、危害程度与责任轻重的重要尺度。诚然,法律规范是衡量罪过与刑责的准绳,但从社会危害性这个角度考察问题,不同的发展地区似宜有相异的数额标准,而不应拘泥于全国划一的法定条件。我们的见解,与最高法院的法官们编写的《刑法及配套规定新释新解》一书中的对受贿罪“不能死抠数额”的观点完全一致(参见该书第 3220 页),应有参考价值。此外,还应根据某地区不同时期的经济、治安的发展变化,调整数额标准,以期能够达到全局的、实际的平衡。因为相同的数额在不同地区、不同时期的价值不尽相同甚至大有差异是客观存在,只有在承认差异的基础上实施不同的数额标准,才是实事求是地体现法制统一的原则。具体地说,在经济发展较快较好的广州地区,受贿数额不满 5 万元的,是否可考虑修正起诉书与公诉词中的说法,以不定为“数额较大”更为适宜,更贴近实际,敢请合议庭裁夺。

第二,退赃情况反映着被告人的罪后态度,相关的法律和司法解释明定对量刑有其较大的影响。苏利民退赃主动、彻底,这在起诉书附项之 5 中已有反映,应无疑义。

第三,坦白交代。本案涉及的受贿行为,是在苏利民被纪检部门“双规”之后主动坦白交代的。囿于律师职业权利的局限,我们无从了解纪检部门前此是否已经掌握了线索,或者有了根据,设如并未掌握,依据最高法院 1998 年法释(98)第 8 号司法解释,是应当“以自首论”的。事关量刑,请求法庭核查。案移检察机关,她又做了先后始终一致的供认,对于及时查明案情起到了较好的配合作用。这是她愿意改恶从善的起点和条件,似应以此为据,有效地贯彻惩办与宽大相结合的刑事政策,将坦白从宽的正确方针付诸实施。

五、在围绕本案的主要方面和重要情节作了认真细致的考察之后,出于职业的责任感,认为有着比较充分的根据对苏利民的受贿行为适用缓刑,为其回归社会创造一个基本的条件,详陈理由,恳请斟酌。

第一,她既是初犯,又属偶犯;尽管受贿数额已达到应予惩处的标准,但毕竟出之于一案一事,22 年法官生涯中的一案一事,与贪婪成性的赃官相比,主观恶性相对较小,显而易见。再从她犯罪中的情节,犯罪前的表现和犯罪后的态度这三个方面考察,也都反映出她的人身危险性较小,案中行为的社会危害性较轻,证明着她绝不至再有危害社会的行为发生。前已说明,请予审查。

第二,分析她的犯罪动机,有它一定的复杂性。就其行为考察,主要是贪财,而从事件的发展过程来看,友情动机又占有一定成分,从而说明她的犯罪目的并不完全是为了取得非法利益,这也反映出她的人身危险性相对较小,证明着她能够改过自新,不会重蹈覆辙。

第三,她的受贿行为,尚未造成其他更为严重的政治上和法律上的后果,也未形成更为恶劣的影响。

第四,她失足落水,问题源于主观,出于经不起他人的物质诱惑,但与目前的大环境不能令人满意毕竟存在千丝万缕的联系。

第五,广州有受贿 5 万元经由法院宣告缓刑的实例。前不久判决的中院法官李健华受贿 5 万元一案,作了缓刑的宣告,据知收效甚好。我们相信,法律与政策的恩泽绝不会只及于李而薄于苏。另应参照的是,覃旭春一案与苏利民案无论在性质上或情节上都大同而小异,极为相似,实质上又属同案,因此在处理上也宜大体一致,方能体现出法律面前人人平等的原则,方能体现出国家法制的统一。这一点事关大局,建议一并通盘考虑,不致偏颇。

在说明了宜对被告人作缓刑宣告的各项理由之后,还要向法庭表明:我绝不是同情苏利民的罪过,她由于主观上放松了警惕,被人打开了缺口,触犯刑律,咎由自取。但她的罪过毕竟较轻,又确有悔悟,经过一年多的反省与各方面的教育,已有了改正的愿望,据此我诚挚地希望,在一个人已经下坠尚未沉底之时,会得到及时、有效的挽救,从而体现出惩办与教育相结合的政策,符合不朽的人道主义精神,诸位法官一定会掌握住这一政策的精髓,贯彻始终。

审判长:我知道,缓刑考验期间当事人的表现在缓刑宣告之先乃至之初都是未知数。作为一个与被告人不沾亲带故,没有任何利益关系,素昧平生的普通律师,我愿向庄严的法庭作出郑重的保证:一旦缓刑的宣告生效，苏利民不仅会坚决执行《刑法》第 75 条的各项规定，而且一定会重振精神，真正地回归社会，用汗水把自己浇灌成有益于伟大祖国的积极力量。我的保证具有法律上的效力与作用，如不幸出现闪失，我甘愿承担相应的法律责任。

在结束我的辩词之先，还要提出一个建议：案中材料证明，我的律师同行吕绍东等二人实是律师中的败类，他们为自己的客户介绍贿赂，出谋划策，而后互相勾结，连续实施行贿活动，硬是把一个原本优秀的法官拖入几乎是万劫不复的绝境，如不依法追究，何来公平？如不予以惩办，天理难容！我郑重恳请法庭向有关部门提出司法建议，使该当依法惩处的讼棍不被轻纵，以儆效尤，从而纯洁我们的律师队伍。

我的辩词到此结束。诸位法官严肃的执法态度给人以深刻的印象，我对苏案终能得到公平的判处充满信心。

请予审查，并请采纳。

二〇〇三年七月二十四日

21. 王哲“杀人案”

案情简介

王哲、刘跃辉“杀人案”，死者是法院工作人员，佩戴枪支，媒体大加宣扬，在内蒙古哲里木盟几达家喻户晓。

案发，刘供述与王共同作案杀人。王供认帮助“埋尸”，否认杀人。尸体由刘家地下挖出。案经审理，不仅关于王哲有无作案时间的证词多次多人一再反复，其他主要情节也未取得确凿的证据：卷有供词，说杀人事经“三人预谋”，但并不取得另一人刘海青的证实，且有“刘海青在逃”的虚假证明附卷；死者遇害的时间也不能落实，主审法官公然撕毁死者上级出具的证词，疑点更难排除。此外对于诸如犯罪动机、犯罪预备、犯罪实施、作案工具、赃款去向等等一系列重大问题，无不缺乏可信的证据，两被告的供述在主要之点上又互不一致，审理不清不楚。律师对各个主要问题详尽地提出了质疑。一审判处王哲死刑，判处刘跃辉死刑缓期二年执行。王哲上诉后发回重审，二人均被判处死刑，经上诉审维持。

辩 护 词

一审辩护词

审判席：

今天法庭就王哲“杀人”所做的庭审调查，在一些重要环节上没有严格依法进行。我们作为王哲的辩护人不得不首先指出以下几点：

（一）被告人之间的质证，只是同案犯刘跃辉质问，要求王哲“扼要作答”。而后不经王哲反诘和要求刘跃辉回答。既不对等，显失公正。我们曾表示异议，并请求在下面的诉讼进程中补救，未被采纳。

（二）在关系相当重大的问题上，旁听者王凤友在休息时间向律师提出“作证”要求，我们将所证内容报告审判长，并按《刑事诉讼法》第117条申请传唤，被无理否定。

（三）庭审调查，法庭宣布“分组”进行，要求律师对证据的质疑或提问，按“组”一并进行。在此情况下，我们要求质证的发言一再被用“下面各组中可以提出”打断。为了履行职责，我们在庭审调查即将终结之先，明确提出还有问题质疑，不料却因审判长突然宣布辩论开始而被剥夺了这项重要的诉讼权利。

我们再次陈明这样的观点：对于如此重大的案件，而且存在疑证甚多、有人采用非法手段取证、主要事实并不清楚等情况，法庭竟然不能严格遵循刑事诉讼的规定审查证据，甚至极其草率地驳回了律师的合法申请，这绝不可能保证审判的合法与公正，因而是不郑重的。

下面，我们围绕起诉书和公诉词中涉及的事实问题发言。

一、起诉书说：被告人王哲“因赌博与毕卫国发生纠纷”，因毕“向其索要输掉的钱款，遂产生杀人之念”。意图用这一情节说明王哲有杀人动机。但是，起诉书表述的这个情节或者缺乏证据，或者是不完整的，因而不能用来说明起诉书意图说明的问题。

例如，说毕向王要输掉的钱，那就必须弄清楚：第一，要多少钱？

如数小就不足以引发杀人意念。第二,要过多少次?偶一为之未必能使人狠下杀人之心。第三,什么时候要过?如果与作案时间相距太长,考虑到王、毕之间的亲密关系,怎么能证明其中没有别的因素介入从而发生出其他心态?总之,空有结论性的认定,而无具体的根据,并作出合乎逻辑的论证,这种结论当然缺乏说服力。明确地说,公诉人在公诉词中加给王哲的杀人动机,因没有可信的证据而缺乏说服力。

二、起诉书、公诉词都断定,被告人王哲与同案犯刘跃辉于1989年冬至1990年2月上旬曾“商议杀死毕卫国”,并购买了锤子、扳子。这无疑是说,被告人的犯罪预备包括两个重要内容:一是曾经商议,二是买了凶器。这个断定,在主要之点上是不清楚的,不明确的。

(一)商议杀人。对此暂且不说应当明确商议的地点、次数和距实施相隔不太久远、较为具体的时日,其中有两点必不可少:一是哪些人参加了“商议”?二是“商议”的大致内容都有哪些?关于参加人,两被告都供述,“谈时还有刘海青”。但整个调查阶段都未取得刘的证实,卷查通辽市公安局出具证明刘海青在逃。我们于11月9日,在刘海青住所找到了他,据告从未出逃。尽管检察院对此漏未指控,考虑到“预谋杀人”这一情节的重要性,一审应当传唤刘海青到庭质证,或者作出交代。

至于商议的内容,起诉书并不涉及。从指控犯罪的角度考虑,既未见“商”,更没有“议”,以一个空泛的“商议”概念定罪,失之空洞。

总而言之,这项指控,根据不足。

(二)购买凶器。刘跃辉当庭供述的买时的价格,与实际情况出入甚大。我们对此进行了市场调查,证明刘的供述缺乏真实性,不能采信。由此不能不指出,王哲辩解说,他没有准备杀人工具,也没有与刘一起购买凶器,是可信的。

就杀人案弄清作案工具的法律意义,至为明显。在本案中,至少能够据以查明作案人在犯罪预备阶段的部分活动及其作用,因而具有一定的重要性。对此,相信合议庭能够明断。

三、起诉书和公诉词,关于被告人王哲实施犯罪行为的主要情节的表达和论述，尤其缺乏可信的证据，我们分别予以说明：

（一）杀人的时间，起诉书定为2月19日上午，根据不足。

据死者的妻子赵桂华证实："……我出去串门，1990年2月24日回来的，后来听法院的人说，毕卫国是2月19日上午10点半到11点走的。"这份证词，与检察院卷宗之三中所缺的第35页的内容，在时间上是一致的。该第35页作为证据，任何人都无权将它从卷中撕去。我们坚持在庭审调查中已经表明的原则立场，审判员撕毁证据是违法的！

另据毕卫国生前所属的法院办公室的领导同志出具的证明材料，说："在我的记忆中，1990年2月19日早上班后，就见到了他（指毕）。之后我去开院务会，从此再也没见到他。"这份材料，说明毕卫国在2月19日上班时的确到了单位；上班后领导人没再见到，并不等于说，也没有根据说，其他的同志没再见到过他。

我们之所以认为这个情况应当查明，之所以坚持就杀人时间问题提出质疑，绝不仅仅是为了肯定时间本身，主要是因为案中的其他情节与此密切相关，而在证据上又存有疑点的缘故。

（二）作案的步骤，据起诉书指控，王哲实施的第一步是"与毕说话吸引毕的注意"。这一点，遍查全卷，除王哲曾有供述之外，别无证据，与同案犯刘跃辉供述的用"摩尔"（MORE）牌香烟吸引毕的情节大不相同。细查起诉书，也没能说明他们"说话"的内容，证明哪些"说话"足能引起死者的注意力。更何况，王哲在供述之后又由其辩解而予以否认。

应当指出，从常理常情推断，用"说话"方式吸引一个身带手枪的被害人，为着手杀害创造一个便当的条件，必须具备一个客观前提，即说话之间有机会使杀人者在两三秒之间发动突然袭击，这不仅要求做第一次打击的人始终瞄准被害人，而且一直是右手（用力的一只）靠近凶器。可是，现有的证据还不能使这些重要之点得到落实。与此相关，刘跃辉在庭审调查中辩解说，打击毕卫国，是他与王哲几乎在同一时间内动手。这个情节，在实际上不可能存在，与上面提到的"吸引"

之说也很不协调,法官将能明察。他的编造情节的目的在于推卸罪责,毋庸置疑。

我们认为,由于这“第一步”对于整个犯罪的实施具有决定性的意义,故必须有根有据地予以断定。否则,将不能认为案情已经基本清楚,可以定案。

(三)杀人者实施第一击的后果,起诉书说是被害人“当即倒地”。但是,“倒地”的判断仅仅说明某种特定的现象,而没有反映出问题的实质。问题的实质在于:被害人倒地之时,已经濒临死亡或者已经停止呼吸,总之不再有自卫能力;否则,他一定会枪击凶手是不言而喻的。对于身高 1.8 米左右、身体壮实、动作灵巧的死者毕卫国来说,他将有各种条件实施正当防卫,并且不会犹豫。我们的这个判断与法医的“尸检报告”完全一致。该“报告”着重指出:死者受到的钝器打击是绝对致命伤。这一点,对于确认是谁、用什么凶器致人于死等关键情节,至关重要,应请明断。同案犯刘跃辉在这一点上的供述前后不一,互相矛盾,请予审核。

四、起诉书关于赃款 4000 元的“分配”与去向,未作说明。庭审调查的情况表明,在“分配”上,证据之间并不一致,互相矛盾。考虑到确定赃款由谁占有在本案中对于判断“犯罪动机”有其一定的联系,故应在客观分析的基础上予以肯定。我们有根据说,刘跃辉的供述与辩解不符合常情常理,应属编造,请求明断。

综合以上各点,我们辩护的基本点是:案中尚有较多疑证。疑证不能据以定案,是刑事诉讼的一条基本原则,应无疑义。公诉词就王哲杀人发表的基本观点及由此确定的主要情节,失之武断;关于其他细节方面的意见,将在互相辩论中详予说明。

一九九一年四月十四日

二审辩护词

高院刑庭,王案合议庭:

遵审判长指示,就王哲杀人案发表书面辩词如下:

一、哲盟中院关于王哲杀人问题的认定,在犯罪动机、犯罪预备、犯罪实施、赃款状况等等一系列重大问题上,统统缺乏可靠的、可信的证据,失之武断。

二、一审在整个审理进程中,对许多相当重要的情节或问题,或未予调查,或审查不细,有的则是从臆断出发,失诸片面,甚至限制、剥夺了被告人王哲及其辩护律师的诉讼权利。诸如:

(一)卷有材料,说除王哲和第二被告刘跃辉之外,"还有刘海青(参加了)预谋"。公安局证明刘海青"在逃",失实。我们在访问刘海青的同时,通知一审合议庭与刘海青见了面;但卷中至今无一字涉及刘本人的陈述或证词,法庭未传唤他出庭作证或质证。事关"预谋"合谋杀人,如此轻率,应请纠正。

(二)卷中有证言,反映刘跃辉与死者毕卫国生前相识。刘对此坚不承认,讳莫如深,甚至编造(!)了这样的虚假情节:王哲带领被害人去他家实施杀害,进门见面介绍说:被害人"是水产站的"。刘的意图一在掩盖其杀人动机,二为推卸严重罪责,至为明显;但他没有想到:来人既然是"水产站"的,当然不是有钱、有枪的法院干部毕卫国,即不是"预谋"欲害的对象,那又为什么对这样一个"陌生人"突下毒手立即击杀呢?

法庭对此,根本未查。我们申请传证,被驳回。在庭上书面报告合议庭,明确提出:"……其中确有值得审查核实的问题。"审判长批复:"将在闭庭后商榷,请予谅解。"孰料闭庭之前就宣示了一审判决!对于如此重要的情节竟然不查,作为律师,不敢涉及是否"谅解",但不能理解则属实情,敬祈二审明察。

(三)第一现场,未见一审勘查。我们认为,本案的情况是:时虽过,但境未迁。时过经年,不能算短,但从现场勘查角度衡量,也不能说“长”。杀人现场,隔上三年两载仍取来“痕迹”的事例,各地都有,在技术手段日新的条件下更是如此。退一步来讲,从审判角度考虑,也许不能查出问题,但不可以据此作出“不查”的决断。审杀人案而不查第一现场,不得不请求二审补救。

(四)与上述(三)相关,杀人凶器未作指纹鉴定。一审不退侦查机关补充,自己又不予以补救,庭上还不给律师以质疑机会,实属重大漏洞。相关的疑点因而未能排除。

根据(三)、(四)两点,被告人王哲提出:第一现场没有本人的任何痕迹,何能证明我在现场实施杀人? 问得有理,应予深究。

(五)凶器问题,一审认定为“购置”。谁去购置,判决书含糊其辞,未予明指。购于何处,价格多少,都漏而未查。我们当庭指出,刘跃辉供述的购价,与我们调查来的实际价格相差悬殊,其中有疑。法庭也不核查,忽略过去。细查一审卷(二)第 169 页刘父刘汉文的证言,说:那锤子、扳子,“这不是我们家的,是刘跃辉拿回来的”。拿,给人提供了一个线索,刘跃辉曾是淀粉厂锅炉工,我执法部门又知道他经济来源不清,那两件作案工具是否从淀粉厂“拿回来的”,为何不能予以查核?

(六)关于赃款。一审判决对此居然以所谓“……毁弃、隐匿(死者)随身所带物品”的笼统说法,一笔遮过,显不妥当。刘跃辉先是自供杀毕意在“一举三得”,其一正是“为钱”,可是,在赃款上,他却说什么从被害人身上搜得 4000 元后,王哲只给了他 50 元钱,另借给他 400 元,而且“后来我还他了”;但他在杀人后偕伴同游山海关,却花了 2000 元,有同行者安刚、王凤友的证言存卷可证;但他告诉父亲刘汉文“花 2000 多元买的”彩电,时在杀人之后;但他供认王哲平素时常在经济上对他给予资助与补贴,还钱之说另有供述拆穿。这些矛盾点、可疑点,当庭都已摆出,一审不予核查,令人吃惊。

还应指出,刘供“毁了”被害人的存折一个。据被害人之妻作证,折上存款被人取走 17000 元。这个取款情节、特别是取款时间对于确定案中的一些重要环节相当重要,一审理应向银行核查。我们设想,倘若被害人正是2月19日取的款,其被杀时日显然可以另作推算。如此疏漏,敢请补救,我们坚持。为了排疑,此“证”不可不核!

（七）庭审调查中,对于重大问题未予细查者,一是作案时间,二是作案过程。这里先陈后一点——

1. 据刘供:他与王哲说定,由王用“摩尔”牌香烟吸引毕的注意,以便下手。但一审判决没有认定这一情节。那么被告究竟采用了怎样的手段?法庭对此既未做调查,判决书也未予载明。

起诉书另有说法,是:“（由）王哲与毕说话吸引毕的注意。”但措辞闪烁,颇多疑点。我们有理由问:当时,实施杀人行为的前一秒的“当时”,王与毕说话没有?如能肯定为“已说”,那么,再问:说了哪些足以“吸引毕（即被杀者）的注意”的或者有趣、或能生异的话?倘若对此不能回答,试问又何能实施杀人行为?

一审对于这样重大情节上的矛盾不在质疑和质证的基础上详查细核,令人不解;我们在一审辩词中就此所做的分析,合情合理,将予坚持,请求参照。

2. 不能不指出一审判决在这点上的断定缺乏根据,不讲道理。该判决以乘被害人“不备”概括了这一重要情节。这种概括,适用于“各”案,却并不适用于“个”案。试问:谁在乘人不备?用什么方式乘人不备?这种方式又如何在实施中得到体现?是否达到了“完满”的体现?一审统统无能指出,空言“不备”,“理”在哪里?

3. 至于一审判决断言“由王将毕骗到刘家”,则纯属臆测之词!姑且不说一审不能明指“骗”的具体内容,仅就“到刘家”一节就大有疑问。王、毕之间,本是赌友,不赌不聚,但都没有证据表明他们曾在“刘家”聚赌,何以这次竟成例外,而又能令毕深信?我们无意以这个说法为“据”,只是想来说明:不讲实质内容,以“骗”定案,过于武断!

4. 刘跃辉一再供述杀毕是他与王“同时动手”。这是彻头彻尾的编造。在没有统一的号令之下,“同时”之说不能成立。即使有统一号令,两被告人距被害人的距离如不相等,两被告人各持的凶器与他们各自击中的“部位”的距离如不相同,还有,两被告人发出凶器的弧线与力度如不一致，都不可能“同时”击中目标。更何况两被告人所站的位置据刘供与死者是一前一后，因而绝不可能“同时”都击中死者的“脑后”，一审对此未能查实，却在判决书中采用了不够实在的手法，以一人持扳，一人持锤，“照毕头后枕部，先后猛击数下”，这样不清不楚的说法了却了这一段。

然而这怎么可以？

尽管一审判决虽未明示实乃暗指是王、刘两人同时实施杀人行为，可是，该判决却又来了个“先后猛击”！既是同时，何来“先后”？既有先后，谁人在“先”，何人在“后”？作为判决，无法回避！为何回避？

关键在于：究竟是谁一击致毕死命的？一审对于上述几个至关重要的情节，不花力气详查，其判词的不能成立乃属必然。主要事实并未查清，毋庸置辩。

（八）再说作案时间。

诚然，作案时间是重要问题；但我们之所以重视这一点，主要是因为其中疑点甚多，承办法官又曾审前毁证、审理时公然改证的缘故，谨分陈于后：

1. 死者生前所属法院办公室主任金强同志曾于 1991 年 7 月 5 日出具证明，说死者是“2 月 19 日上午 10 点半到 11 点”之间离开法院，从此未再见。这份证词，开庭前被承办人从卷上撕去。庭审中，审判员“向北京律师加以解释”，说“撤出”证词是“经工作组批准的”，要求“给予谅解”。他在说明“撤”证原因时，将证明人原写的“10 点半到 11 点”改为“上午 8、9 点钟”。对于这个说明，我们当庭严正表示，“无论经谁批准，这种做法都是违法的”；然而更令人震惊的是，我们在庭上的这段发言，在现今的庭审笔录中，竟然变成了“对金强证言、对审判员的说明表示赞同”（庭审记录第 105 页）。我们压不下心中的愤激：天哪！我们作为律师，怎么可以昧着法律与良心去“赞同”人们的违法行径？尽管它出之于我们尊敬的国家审判员！应当说明，这与书记员同志无关，全部合议庭审判人员都审阅笔录、亲笔签名其上便能说明。书记员的工作是值得尊敬的。

必须指出,证词作为证据,即令毫无证明力,即令失真失实,审判员也无权“撤出”,更何况是公然“撕掉”!审判人员的毁证远比证人的伪证或隐匿证据在性质上更为严重,则是无须论述的!

2. 卷有死者妻子赵桂华的证词:“……后来听法院的人说,毕卫国是2月19日上午10点半至11点走的”。庭审查证,审判员宣读了这份证词,但却公然删去“10点半到11点”这个核心之点。我们当即表示异议,明确宣告:“审判员宣读的部分是真实的;审判员漏未宣读的部分是重要的。”并就上述删掉的部分做了补充。我们之所以重视赵桂华证言,恰恰是由于它同那份被撕掉的金强证言在内容上完全一致;依法宣读时不容删去其要点,也无须论述。

诚然,可以经过核查确认赵的证言缺乏证明力,但是,把上述的有关情况联系起来加以考察,审判人员意图确定一个“2月19日上午”的作案时间,至为明显;然而这些做法与法制原则相距太远,我们断然不能“赞同”,并坚持请求上诉审依法纠正!

3. 一审终结后,承办人将金强另写的原已订入卷二第25页的一份证词补为原卷第35页撕去的那份,日期仍填为原证上的“7月5日”。按新移证词,仅仅是一个间接证据,倘无其他旁证,缺乏证明力不言而喻。我们认为,尽管“新”证在内容上有所变更,作案时间依然不能据之定为“2月19日上午”。

(九)关于“杀人动机”。庭审中,止于对刘跃辉的讯问。刘于交代了“一举三得”之后,明显地暴露出同王哲的供述互相矛盾,但不知法庭为何不作质证?

按照一审判决书的认定,王哲的杀人是因为与毕赌博,做鬼赢钱,分得3800元;毕得知后,二人“发生争执”,王“生忌恨,蓄意杀毕”。这个认定,缺乏证据,且有疑点,为了求真,分陈于下——

1. 毕本人在赌场也不断“做鬼”赢钱,从未因此与人发生争执。

2. 一审认定已有争执发生,但却不能实指争执起自何时、争执的异常表现、争执的激烈程度等具体内容,卷中材料也无一字显示,空言主张，失之主观，因无证据，不足采信。

3. 对于王哲来说，3800 元的赌款绝不至于引发出杀害“赌友”的恶念。对王的经济状况及为人的日常表现加以考察，应能得出这种判断。王哲多次被人殴伤，并不以杀死加害对方，也有一定的“说明”作用。

相关的是，一审判决中的“忌恨”之说，也纯属主观分析，过于武断，无“忌”可言，便是证明。

总之，就现有的证据材料分析，找不出王哲的“杀人动机”。无此重要环节，何能定案？

（十）被告人作案、“毁证”之后，据刘跃辉供述，当即把尸体装入木箱，跟着就又上赌场“玩去了”。一审对此，全然不查，判决中则避免涉及。我们对这个情节的重视，不仅在于它是整个犯罪实施前后过程中的一个环节，而且在于：一审定案，基本上依据了刘跃辉供述，并认定他“能如实供述……确有悔罪表现”，所以“可不予立即执行”，处以“死缓”。因此之故。必须对重大问题上的重大疑点，详予揭示，供上诉审参照研究——

1. 杀人之后，竟能置尸体于住房之内而不加掩埋，不予“毁弃”，就离尸而下赌场，有违常情；刘家经常有人来访，难道杀人者对此毫无顾虑？有悖常理。

2. 刘供：王哲出资 50 元支走老父，以便实施杀人，其父刘汉文对此不予证实，卷有材料可查。

刘又供：王哲出资 50 元支走幺妹，其妹的证言与刘供并不一致。王哲则断然否认。姑且不论以上情况真伪，刘供杀人后离去、尸存家中等等，难道不怕家人恰于此际返回（谁能保证没有意外情况，使人突生回家之念），从而由是败露？

3. 还有，杀人之后犹能坦然聚赌，心境如此逍遥，也实在不合常情常理，难以置信。

以上疑点，请予核查，至盼依法得出有根有据的判断，以利正确定案。

三、一审在诉讼进行中不能严格遵循《刑事诉讼法》,限制、剥夺了当事人、辩护人的诉讼权利,有的问题,情况严重,实无助于查明事实真相,我们在一审辩词中已经指出,恳请二审依法补正、补救。

四、综上所述,把我们的辩护集中到一点上,即一审认定王哲"杀人",缺乏可靠的、可信的证据。一审判决在认定事实上极其武断,除了援引法律条文外,又无一处讲"理":应予撤销,自无可疑。

坦率陈词,意在弄清真相,协助我人民法院正确判案,别无他求。我们盼望二审的公正性。

一九九一年十二月

注:王案与付可心律师合办。

诉讼文书

检察院起诉书(摘要)

被告人:王哲,男,二十四岁,汉族。

被告人:刘跃辉,男,二十二岁,蒙古族。

上列被告人抢劫、杀人一案,由通辽公安局侦查终结,犯罪事实如下:

1989年秋,王哲因赌博与被害人毕卫国发生纠纷,遂产生杀人之念,并购买了1磅重的铁锤一把,15厘米的活口扳子一把,为杀人准备了工具。

1990年2月19日上午,王哲先与刘跃辉商议后,将毕卫国带到刘家中,王哲与毕说话吸引毕的注意,被告刘跃辉乘机从床上拿起事先准备好的扳子向毕的后枕部猛击一下,毕当即倒地,王哲接着用锤子向毕的头部打了数下,二被告唯恐毕不死,又用电线将毕的脖子勒住。毕死后,二被告从毕的身上翻出六四式手枪一支、人民币4000元、工作证一个及其他物品,而后二人将毕的衣服扒下,把尸体抬放到刘家附房西屋一只木箱内,随后二被告清理了现场,将毕骑来的二六型凤凰牌自行车存放到火车站存车处。2月20日上午,被告王哲、刘跃辉将毕卫国的尸体及衣服埋于刘家附房西屋地下。法医尸检报告记载:死者头后枕部有10×7厘米的颅骨粉碎性骨折,系头部受钝器多次打击所致颅脑损伤死亡,头部缠绕电线对死亡有辅助作用。

王哲在看守所羁押期间,与同号犯人申兆喜、孟庆海等商议逃跑,并将号内铁水管拧下,撬窗户没有撬动,后又用褥子拧绳子准备晚间脱逃,因同号人犯检举被发现。

上述事实有现场勘查笔录、法医尸检报告、证人证言、作案工具、被告供述等在案佐证。证据充分,足以认定。

王哲、刘跃辉合谋杀人,手段特别残忍,后果特别严重,社会危害极大,其行为构成故意杀人罪,系共同犯罪。王哲在收容审查期间预备脱逃,其行为构成脱逃罪。请依法惩处。

一九九一年十月二十一日

中级法院一审判决书(摘要)

王哲1989年9月间,勾结童志才、耿玉江与被害人毕卫国赌博,董、耿暗中做鬼赢得毕款10000元,王哲从中分得3800元。毕得知,与王发生争执。王遂生忌根,蓄意杀毕。1990年2月间,王哲与被告人刘跃辉预谋杀毕,购置了作案工具,选定了作案地点。19日上午,由王将毕骗到刘家,乘毕不备,刘持扳子,王持铁锤,照毕头后枕部,先后猛击数下,见毕未死,王令刘找来电线,又勒毕颈,致毕死亡。次日,两人将毕的尸体埋在刘家附房的西房。尸检证明;毕头后枕部有10×7厘米的颅骨粉碎性骨折,因颅脑损伤死亡。王哲在押期间畏罪脱逃、自杀未果。

上述事实,有证人证言、勘查笔录、尸检报告、作案工具等为证,证据确实、充分,足以认定。

王哲、刘跃辉的行为构成故意杀人罪。判处王哲死刑;判处刘跃辉死刑,缓期二年执行。

一九九一年十一月十四日

(中级法院重审)再审判决书(摘要)

王哲、刘跃辉杀人案,二审以部分犯罪事实不清发回重审。现经查明:

王哲1989年9月间,勾引董志才、耿玉江与被害人毕卫国赌博,耿、董暗中做鬼赢得毕款10000元,王哲从中分得3800元。毕得知后,与王发生争执。王遂生忌恨,蓄意杀毕。1990年2月间,王哲与刘跃辉预谋杀毕,购买了作案工具,选定了作案地点。19日上午,由王将毕骗到刘家,乘毕不备,刘持扳子,王操铁锤,照毕头后枕部,先后猛击数下,见毕未死,王令刘找来电线,两人又勒毕的颈部,致毕死亡。后又湮灭现场血痕,毁弃、隐匿毕随身所带物品。次日,两人又将毕的尸体掩埋在刘家附房的西屋内。法医尸体检验证明:毕卫国头后枕部有10×7厘米的颅骨粉碎性骨折,因颅脑损伤死亡。王哲在羁押期间,畏罪脱逃、自杀未果。

上述事实,有证人证言、现场勘查笔录、尸体检验报告、弹痕鉴定及查获的作案工具为证。事实清楚,证据确实、充分。刘跃辉供认不讳,当庭质证无异;王哲拒不供认,但足以认定。

本院认为:王哲在赌博中骗赢赌资,为掩盖丑行,勾结刘跃辉杀人灭口,均已构成故意杀人罪。且手段残忍,后果严重,社会危害极大,不杀不足以平愤。判决如下:

被告人王哲、刘跃辉犯故意杀人罪,均判处死刑,剥夺政治权利终身。

一九九二年六月九日

高级法院终审裁定书(摘要)

上诉人:王哲

上诉人:刘跃辉

因故意杀人一案,不服一审判决上诉,本院依法组成合议庭,经审理查明:

王哲于1989年9月间，勾引他人与毕卫国赌博时，借机暗中做鬼赢得毕款10000元(其中王得款3800元)。毕得知此事，与王哲发生争执，王遂产生杀人歹念。1990年2月间，王哲与刘跃辉密谋，并准备了作案工具。19日上午，王哲将毕骗到刘家，乘毕不备，刘持扳子，王操铁锤，先后照毕头部猛击，恐毕不死，王又指使刘找来电线，两人共同勒毕颈部，致毕死亡后，王、刘将毕佩带的六四式手枪一支和现金等劫取，即湮灭现场血痕。后恐罪行败露，王、刘次日将毕的尸体掩埋在刘家的附房西屋地下。归案后，王哲曾畏罪脱逃、自杀未成。

上述事实清楚，证据确凿。王哲、刘跃辉目无国法，胆大妄为，合谋行凶杀人越货，情节后果特别严重，社会危害性大，应予严惩。上诉理由均不能成立。经本院审判委员会讨论，裁定如下：

驳回上诉；维持中级人民法院均判处王哲、刘跃辉死刑。

本裁定为终审裁定。

根据最高人民法院依法授权高级人民法院核准部分死刑案件的规定，本裁定即为核准杀人犯王哲、刘跃辉死刑的裁定。

一九九二年八月十五日

22. 李拴狗“故意杀人案”

案情简介

李拴狗，内蒙古农民。来京投靠亲戚案外人贺雄飞，为贺家开车。

贺与妻子、案中证人刘新华感情破裂，长期分居。本案受害人、死者刘新荣与刘新华是兄妹。刘新荣是李拴狗的舅父，相处一向融洽，绝无私怨。

2004年3月16日，刘新华断定丈夫与情人在“中海雅园”幽会，组织刘新荣等数人前往破门，贺雄飞拒开。刘等静待至次日晨。

17日晨，贺雄飞命李拴狗驾车送女友和另一女士上班，出门即有一辆“宝来”车追上，从车上跳下二人。李车在小区门口减速受检时，被从车上跳下的刘新荣追上拍打风挡玻璃示意停车。李拴狗见状急驶。刘新华驾驶“宝来”车迅速追来。李企图躲开，向左打轮，不意左侧正有其他车辆行驶，急向右转，正巧刘新荣在右侧阻拦。李在慌张之际加油急躲，不期碾上刘新荣。李停车报警，与人一同送刘至医院。据医检，至医院时已死亡。另据出具检验报告的法医的说明：“可以确定身体的致命伤是由挤轧造成，而不是轮胎轧过去形成的。”

一审断定李拴狗的行为构成“故意杀人”，判处无期徒刑。律师认为判为“故意杀人，缺乏证据支持，不能成立”。李上诉。

控方认为，李的杀人行为“手段残忍，情节恶劣，危害后果严重”，“应当适用死刑刑种”，提起抗诉。

法庭辩论激烈。二审维持一审原判。

辩　护　词

一审辩护词

合议庭：

我完全同意王律师发表的意见，扼要作三点补充——

一、起诉书指控被告人“……在公路上，明知刘新荣在前拦截，却强行将刘撞倒”。这段叙述中包含的断语，提出了本案事故发生的背景：

第一，肇事者处于正常行驶状态。从空间上说，他驾车在公路上；从时间上看，处于进行中的正常状态：证明：被告人不是违章行车。

第二，驾驶员即肇事者，在常态下遭遇到外在的、意外的因素的侵扰，即起诉书承认的“前有拦截”，以及起诉书漏未叙述的后有追逐。拦截与追逐，是《刑法》第 293 条的用语，这是两种主动的行为。它在本案中的特点是：追逐者，有四人之多，势众；拦截者，身高体壮，相对被告人而言属于力强。鉴于刘新荣先生已不幸逝世，我们可以不研究这些外在因素实施者在事故中是否应承担相应的责任；但从法律的角度考察，又不能不注意到滋事与肇事毕竟存在密切的关联。公诉人认为，滋事发生于家庭成员之间，因此不能算作问题，你就应当马上停车。如果这个立论可以成立，那么，同时又是在同一家庭成员之间发生的肇事，是否也该不算问题并应免责？公诉人的意见实属偏见，又含专断，似难成立。现经庭审调查已经摆明的情况是：在滋事、肇事两种力量对比后者居于弱势的情态下，结合头天晚上发生的相当激烈、异常尖锐的家庭冲突，被告人因吃惊而紧张，应在情理之中，由紧张而失措，也就难免了。总而言之，肇事源于滋事，应无疑义。

为什么不停车？很清楚。因为追逐者中有人（即指使死者拦截的人）一直扬言要伤害坐在肇事车上的案外人，停车就有险情。

为什么把人撞倒？对此应注意以下两个情节：一个是被告人见拦

截者直立车前迫其停车，于是缓缓前移，可以说是“顶”着来者行进，是一种消极的无奈情态，与“强行”有质的不同；另一个情节是见拦截者气势汹汹，于是左避右躲，企图逃脱。这些情节充分证明被告人自始没有强行撞人的故意。辨明这些情节，再进一步地回答指控，我们有理由发出三个问题：第一，为什么要拦截正常行驶的自用车？第二，如果拦截是出于善意，或者绝无恶意，立于车前、伸手示意即可，为什么要使用强力拍打人家正在行驶中的机动车？对于使用了一定体力的行为，受到阻击的驾驶员会有哪些反应才算合理？我们对此又应当作出怎样的法律评价？第三，拦截者如果不是坚持要达到自己的某种目的，为什么在被阻者左右躲让、意图逃避之后，依然着意堵截？

正确地分析与回答这些问题，对于确定本案的性质，研究被告人的主观恶性的大小，至关紧要。

首先应当重点分析被告人面对拦截所持的态度和所采的行为：对此，我要补充说明，从实际出发，可以分三步来看：

第一步，他于惊恐之中不知所措，于是“顶”着对方缓缓前移，寻机逃脱；

第二步，“顶”未奏效，于是左让右躲，企图避开矛盾；

第三步，在自认为已经避开的情势下，加了速度，意在一走了之。

我们注意到，这第三步正是起诉书指控被告人“强行驾车将人撞倒”的主要论据。这里的关键在于：被告人在左避右躲之后，何时又为什么加了油门，以致发生了撞人的恶果？

庭审调查表明：对于这个问题，案中证人的看法与说法不尽一致。但统观全案，我们认为，海淀黄庄交通队民警高峰今年 3 月 29 日对海淀公安分局所作的证词最为重要。他作证说：

“我又问肇事司机是怎么回事，司机说，他从中海雅园出来，这个死者拦他车，他一点点往前走，后来看不到这人了，以为他滚到一边去了，就加了油要走，没想到轧到他了。”这个证词的基点是：踩油门加油，是为了“走脱”，而不是要“撞人”。这一层，从他在一段时间里“一点点往前走，并不加油施力”，也可证明。

高峰是最先到达现场处理事故的民警,他证的内容是客观的,没有任何主观偏见,因而最具可信性,最有说服力,证据力最强。

由此可以得出结论:被告人强行驾车撞人的指控与实际不符,不能成立。

以上是第一点。

二、起诉书对本案的定性是:被告人"故意撞人并使人死亡"。

这个判断不够清晰。对照《刑法》第235条或者第234条"故意伤害他人身体,致重伤的"的表述,就可看出起诉书的表述很不明确,易生歧义。

所谓"故意撞人并致人死亡",与"故意撞人致死"大不相同。前者是两个行为,两种罪状。故意撞人,词义明确,无可争辩。被告人的案中行为没有"故意撞人"的情况,前已说明。退一步来说,即使硬要认定撞人成立,又应注意到,撞人不等于伤人,更不等于"杀人",撞人不一定必然导致死伤的结果。

至于"致人死亡",依据法律规定,有故意与过失两种情况。

王律师已经周详地论证了被告人的行为没有杀人的故意,我从另一个侧面作以下的说明——

判定被告人的行为是否故意,我认为还应综合分析案中各方面的事实以及与案件有关的一些情况,主要是:

(一)从事件的起因看,事出于一方的激动与一方的无奈,不是矛盾激化的结果,因此——

(二)被告人的行为自始没有预谋,没有准备,没有故意杀人的思想基础,也没有故意杀人的动机。起诉书讲不出犯罪动机,正说明我们的意见合情合理。

(三)被告人与被害人相识多年,关系正常,无冤无仇,即便一时发生摩擦甚至冲撞,也不可能产生故意杀人的目的。

(四)证据表明:被告人为人善良,行为端正,乐于助人,从无伤人、害人、欺人、压人的不良表现,不可能产生一时怒起,有了故意杀人的冲动。

尽管这些不是问题的实质所在,但对分析被告人行为的性质,判断他主观恶性的大小都有重要的意义，由此出发，我们的结论是：

被告人行为的性质属于“过失致人死亡”。证据表明：在被告人看来，他与拦截者顶着行进，这种行为即使会有恶果，至多也只是擦伤，“不会有大事”（见被告人 3 月 17 日供述笔录，卷宗第 11 页）从而充分说明：一方面，他既不希望发生死亡的结果，又没有放任死亡结果的发生；另一方面，既有应预见而未能预见的疏忽，还夹杂着虽然想到会“擦伤”，但又有其可以避免出“大事”即避免死亡恶果的“自信”，总之，是典型的过失心理状态。

经上所述，起诉书关于被告人的行为“已构成故意杀人罪”的指控，不符合实际，与法律的规定相悖，恳请予以否定。

以上是第二点。

三、我们认识到：本案最大的不幸承担者是未被救活的刘新荣先生。被告人对受害人的死亡来说，是肇事者，是加害人，因而应当承担法定的罪责。这是一方面。另一方面，统观全案发生发展的全过程，研究事故发生的背景及原因，又应看到，被告人实际上又是一个家庭矛盾久积、恶果造成这种不幸的另一类承担者。而这个家庭的主要成员又是他的至亲，他的长辈！他作为一个来京打工初入社会的年轻农民，面对复杂的家庭纠纷，承担极其沉重的恶果，面对严重的刑事诉讼还将承受无能排解的罪责，而制造矛盾、引发冲突的、另一类的案外肇事者，却可以自由地寻觅解决自身矛盾的良策，还可以自在地对被告人的案中行为加以苛责，这又未必合理，也未必公道。我们希望并且相信，诸位法官在考察被害人死亡结果这个客观事实在案中的地位与分量的同时，又会考虑到与案件相关的种种因素，客观地衡量被告人案中行为的发生出之于过失，他的主观恶性相对较小，这些基本情况，据此全面贯彻执行几十年来行之有效的惩罚与教育相结合的刑事政策，从轻量刑，使被告人能以较快的回归社会，成为一个对人民有益、有用的人！

张思之

二〇〇四年十一月二十六日

二审辩护词(一)

合议庭:

我们作为李拴狗的辩护人,对本案发表以下意见,为李拴狗辩护:

一、一审判决书以及检方抗诉书认定上诉人(即一审被告人,下同。)具有杀死刘新荣的主观故意,构成故意杀人罪,缺乏证据支持,于法无据,不能成立。

(一)一审判决书以及检方抗诉书均以李拴狗"明知刘新荣在前拦阻,仍强行驾驶该车将刘新荣撞倒"为论据,论证上诉人具有杀害刘新荣的主观故意。我们认为,这是根据案件后果推导出来的断语,没有证据证明,在法律上站不住脚。它表明:似乎只要说明李拴狗"明知刘新荣在前阻拦",即可断定李拴狗就具有"杀人"的故意,因为从案件后果看,刘新荣死于被告所驾车下,势必首先被车"撞倒",但实际情形是,用"强行"一词并不能表达驾车人"故意"的内容,更何况所谓"强行"的概念在这里并无具体内容,极不确切。

(二)一审判决书和抗诉书中断言的"明知",显然不是《刑法》第14条规定的"明知",不能用以说明上诉人的行为属于故意杀人。

刑法上的"明知",是指行为人预见到或者认识到其行为的危害结果,在故意杀人案中,则是对于死亡结果的明确认识。也就是说,只有当行为人明确知道自己在实施某种手段必能产生致人于死的结果时,才构成故意杀人的"明知"。换句话说,就是他知道自己在干什么,知道自己在杀人。

抗诉方会问:驾车撞人是不是"故意",我们说,上诉人驾车撞人应认为是故意实施的行为,但问题的关键在于,他对其行为发生的危害结果并无认识,因而不能构成故意杀人罪。退一步说,即使行为人明知自己的行为会发生危害社会的结果,但如果不是持希望或放任的态度,也不能构成故意犯罪。这是《刑法》第14条的明文规定,应无疑义。

概括地说,抗诉方与一审相同,都不能举出切实可信的证据证明上诉人明知他驾车撞人是要致被害人于死地，对问题的分析判断又与刑法的规定相违背，空言主张，失之武断。

还应说明：检方既然肯定上诉人驾车行驶明知有人“在前拦截”，那么作为刑事案件，执法机关就不能不查：这种拦截是否基于或者出于驾驶人确有行车的过失或者其他应予查究的错误？其次，拦截的行为是否构成对于正常行驶的妨碍？是否正当？还有，这种拦截，对案发、在案中起着什么作用？令人不无遗憾的是，一审与抗诉方仅仅肯定上诉人“明知”被害人的拦截行为，却漠视一审辩护律师恰如其分的辨析，依然回避了该行为在案中的作用与意义，失之偏颇。恳请二审予以补救，以示公正。

二、判断犯罪人主观故意的内容，不能单凭口供，或者仅仅根据某项事实就下结论，而应在调查研究的基础上，全面分析案情，根据案发原因、行为发展过程、作案的时间、地点、环境和其他具体情节，以及与被害人平素的关系、犯罪人的一贯表现和犯罪后的态度等，综合起来，分析判断。这是法律界公认并经最高法院支持的正确观点。据此，我们认为：以下几点影响本案的定性与量刑，提请二审予以审查——

（一）案件的起因：第一，从主观方面考察，前有拦截，后有追赶，在连续与人通话时，侧面又有来车，上诉人出于一时的慌乱、紧张，于是有了不当的举措，既非预谋，更无熟虑，绝无杀人的思想基础。

第二，从客观上考察，上述的拦截、追赶，使上诉人在慌乱中不得不采取躲——逃的举措，而绝无杀人的动机与目的。

第三，从远因上说，被害人的死亡是一个家庭矛盾产生的不幸恶果。矛盾双方是肇事者的至亲、长辈，其间可能有亲疏之别，但绝无恩怨之分，他实是案中的第二受害者，尽管他是肇事人，理应承担相应的罪责！问题是，家庭矛盾的当事人、制造者都能平安无事，却让一个与他们的矛盾并无干系的局外晚辈承担如此严重的后果，失诸公道，未必合于情理。相信二审能以慎予权衡，合理判处。

（二）面对着上述的复杂背景和上诉人始料不及的起因，在从开车到肇事前后不过五六分钟的时限内,不管其心态多么起伏,从其行为的发展过程分析,都没有根据没有理由认为他主观上产生了致人于死的故意。

在这里,最高法院有个权威性的通行观点很值得重视,即"一般生活上的'故意',不等于刑法上的'故意'",就此作出的具体的分析是:如果行为人只有一般的意图,并无具体的故意,由于某种原因或条件引起死亡结果,就不能认定为故意致人于死地;如果行为人主观上对死亡结果具有过失,就应认定为过失致人死亡罪。

(三)庭审调查一再证明:上诉人与被害人平素相处,富有亲情,他自始没有杀害被害人的思想基础。证据表明,面对拦截,他"缓缓推进",是企图逃脱,针对拦截而"左、右打轮"意在避开,总之在随着被害人的车前跑动而摆动行车方向的异常情势下,他自始至终没有也不可能产生撞死拦截者的动机与目的。他的悲剧在于,他想脱离一个家庭矛盾的旋涡,不幸堕入了不能不承担罪责的深渊!

(四)卷有材料证明,上诉人一贯与人为善,从无惹是生非蛮横霸道的行为,没有恶习,没有前科,不会有害人,杀人的企图。

(五)案发,上诉人知道舅父刘新荣被撞,在车上分秒必争地立即电请"120"急救,绝无逃避责任的心态;下车后又积极采取了救人措施,其情急切,其意真实,凡此都有证可查,尽管上诉人对此认为"不足以从轻处罚至判处无期徒刑",而在我们看来,它毕竟实实在在地说明他确实没有剥夺他人生命权的故意。

三、我们认识到,案中上诉人何时以及为何加油提速前行,对判断他有无杀人的故意具有至关重要的意义。现在的问题是:第一,抗诉书断言"刘新荣因被碾压头部、胸腹部"之说,与张伯旸法医 2005 年 6 月 10 日提供的意见颇不一致,他明确回答检方的提问说:"不好确定是否有轮胎从死者身上碾压",也就是说,不能排除死者先被剐倒于地的可能性。第二,一审和检方都没有足够的证据证明,上诉人在行驶中加油,是为了撞杀刘新荣,甚至不能证明"加油"就是被害人"倒地"的原因。第三,尤应指出,案卷证据中只有"被告人供词"涉及这方面的内容。以下是李拴狗在分别回答交警和刑侦队讯问时的口供实录：

1. 3 月 17 日上午 9 点对交警陈述：“这时从我旁边过来一车，我就注意那辆车，但我车也没停就将刘新荣给压了。”

2. 3 月 17 日下午 5 点在刑侦队供述：“……我向右边打轮后，一加油，当时我看见刘在我的右前脚，我就一加油就从他的身上碾了过去。……当时刘新荣给我气急了，我觉得加油过去顶多碰到他的胳膊腿，不会有大事，顶多是个擦伤。……我觉得顶多是擦破胳膊和腿。……加油后我感觉右前轮和后轮发生震动，同时发出两声‘砰’声……”

3. 3 月 18 日早 7 点供述：“……当时对面来车了，我赶紧向右打轮，刘又跑到我车的右前角，我一踩油门向前一冲将刘撞倒了，之后听见‘砰砰’两声。……我看见刘被我车撞倒了，我看见他倒地上，慌了，没想起踩刹车。……当时我气急了，想撞他最多也就碰上他胳膊或腿，不会有什么大事。……他怎么倒在地上的我没看清，我车的右前轮和右后轮轧的刘新荣，因为我听到两声‘砰砰’的声音……”

4. 3 月 23 日下午 18 点供述：“……我又向右打一把轮，刘又跑到车的右前角，我想车可以过去就踩一脚油……当时我又急又慌，想撞了他最多会碰伤胳膊腿，不会有什么大事。我踩油门后看见刘倒下了，之后就听到‘砰砰’两声响，车的右侧两车轮轧着刘新荣了。……我认为他向外倒了，我没看清他倒什么位置了。”

5. 3 月 29 日下午 15 点供述：“……（看到有人拦车，你为什么不停车）我想我能躲过刘新荣……（是什么时间踩油门的）我躲刘新荣时踩油门的。（刘是怎么倒地的）没看见。……我看对面来的汽车，没看到刘新荣是怎么倒地上的。”

6. 3 月 17 日书面供词：“……刘新荣拦我的车，我躲他，我往左，他往左，我往右，他往右并拍打我开的车机器盖子，示意我停车，我有点急了，想撞他一下，就加了一脚油，没想到就把他撞倒了，并车从他身上轧了过去……当时我想到了撞着他，但是没想到这么严重。”

7. 8 月 25 日供述:“(你开车撞刘新荣时打手机吗)这期间我通话呢,我只是不知是什么时间挂断的。(这过程你以前供述为什么没交代)以前我吓傻了,这些天我慢慢地才想起来的。”

分析上述口供的内容,姑且不论上列书面供词中的虚假成分,可以得出以下结论:

第一,对刘新荣如何倒地的供述互相矛盾:

一种说法是没有看到刘是怎么倒地的;另一种相反的说法是看到刘在车的右前角,一加油将其撞倒。

第二,对为什么加油的供述互相矛盾:

一种说法是以为车可以过去就踩一脚油,碰到了顶多擦破胳膊腿,不会有大事。另一种不同的说法是有点急了,想撞他一下,就加了一脚油,没想到就把他撞倒了。

第三,所供车的右前角将刘新荣撞倒,右侧两轮轧到刘新荣一节,没有得到痕迹检验的支持。

尸体痕迹表明死者全身位于肇事车的四轮之内,出具检验报告的法医对死者尸体痕迹的解释是:“从尸体上看,伤的走向不明确,但从死者的衣服上,可以看到有一处破口,可以确定方向是自下而上的……从伤情看,不能确定是否有轮胎从这个死者身上碾过。……有可能是轮胎先致这个死者倒地,后再由汽车底盘挤压……可以确定身体的致命伤是由挤压造成,而不是轮胎轧过去而形成的。”

因此,客观分析被告供述,姑且不论前后不一,互相矛盾,依法根本不能作为定案的根据,即使按照一审的引用,刘是如何倒地怎样被轧的供述,也是根据事后的印象和自己对车辆行驶常识的分析推论出来的,而不是对事发当时实际情况的客观描述。

我们认为,根据上述证据,不能确认被告具有杀人故意。尤应提出的是,没有理由排除另外的可能,即被告人没有看到刘新荣如何倒地,以为摆脱了刘或以为刘倒在车右侧外,而加油意图摆脱死者和刘新华等人的围追堵截,这于案件定性有重大关系,不应等闲视之。我们认为,这些情节,乃至其中包含的细节,事发当时的交警现场勘验笔录中应有最为原始极其真切的反映，一审始终未能调取这一至关重要的证据，实不利于查明事实真相，再次恳请二审予以补救。

四、检方认为一审判决“适用主刑刑种错误，量刑不当”的基本理由是“犯罪情节特别恶劣，后果特别严重”，但缺乏具体的抗辩理由。关于“后果”，不解“特别严重”的实指是什么？不作申辩。至于情节，遵照最高法院的权威观点，情节是否严重或特别严重，应考虑以下几个方面：一、动机是否卑劣，如图财、奸淫等等；二、手段是否残酷，如：火烧，肢解等等；三、影响是否恶劣，如杀害的特定对象是知名人士，重要人物，从而易造成社会震动等等；四、后果是否严重，如造成多人死亡等等；五、民愤是否极大，如犯罪人恶贯满盈，群众要求处死。细查本案实际，上诉人的行为无论如何定性，按其“情节”，都达不到公认的“严重”或者“恶劣”的程度。检方的抗诉理由出之于主观，不能成立。对此恳请二审明察，予以驳回，以昭公正，以维国法。

二审辩护词(二)

我完全同意我的同事傅可心律师方才发表的意见。

鉴于检方对本案的抗诉基本上不符合高检《关于刑事抗诉工作的若干意见》的要求，我们对抗诉书从根本上持否定的态度。核心问题是：高检的《意见》贯彻了“死刑宜少，杀人应慎”的刑事政策，具有各级检察机关必须执行的法律效力。而市检居然在没有充分根据、缺乏充足理由的情况下，因受制于被害人妹妹“控告”的压力，不顾上述高检《意见》第3条第2项中的相关规定，支持下属分院的抗诉，要求对原审被告人判处死刑立即执行，姑且不论一审判决的不当与失误，检方的诉求，类如“草菅”，考虑到事关重大，不得不首先针对抗诉书的问题予以辩驳，并进一步地为上诉人辩护。这里发表三点意见——

一、抗诉书提出：“原审被告人……明知刘新荣在前拦截……却强行驾车将刘撞倒。”据之以说明李拴狗“故意撞人并致人死亡”的犯罪成立。然而这一论断中所说的“明知”，不是《刑法》第14条规定的“明知”，不能用以说明上诉人的行为属于故意杀人。

刑法上“明知”的内容，是指行为人预见到、认识到其行为的危害结果，在杀人案中，则是对于死亡结果的明确认识，并不是像抗诉书所说，指“强行驾车将刘撞倒”的行为。也就是说，只有当行为人明确知道自己实施某种手段（如驾车）必能产生致人于死的结果时，才属于“故意杀人”的明知。换句话说，就是他知道自己在干什么，知道自己在杀人。而现有的证据表明：李拴狗根本不知道他在故意撞人致死，在杀人。

检察官说：驾车撞人就是故意。检方在作出这种论断时忽略了两个重大的区别：（一）驾车撞人不同于驾车撞“了”人；（二）“一般生活上的‘故意’，不等于刑法上的‘故意’”，最高法院在具体论证这个权威性的通行观点后得出如下的结论：如果行为人只有一般的意图，并无具体的（如伤害、杀人）故意，由于某种原因或条件引起死亡结果，就不能认定为故意致人于死；如果行为人主观上对死亡结果具有过失，就应认定为过失致人死亡罪。这个结论，无疑符合《刑法》第 14 条的规定，即行为人不仅对其行为产生的危害结果确有明晰的认识，还必须是对这个结果持希望或者放任的态度，才构成某种故意犯罪，这正是《刑法》第 14 条的内容，相信检方不会表示疑义。检察官方才说：“既然想到会撞人，就会想到会撞死人。”这种说法，距法百里，甚至连常识都不顾，是不是太过武断了？庭审调查的情况表明，抗诉方没有或不能举出切实可信的证据，证明李拴狗明知他驾车撞人就足要致被害人于死，并且希望或者放任死亡结果的发生。我们注意到方才检察官举出的例证，说李拴狗曾供认他撞死人是“为了出气”，证明他对死亡结果持有放任态度。我们在质证中已经辨明这种说法根本不符合实际情势，李拴狗本人也一再否定“出气”之说是出自他的本意，更何况检察官曾经着重论述了“间接故意的犯罪不存在‘动机’问题”！我们不拟多作法理上的分析，只想问一句：既无“动机”问题，又为什么把“为了出气”作为例证进行指控呢？

总而言之，认定李拴狗故意杀人，不能成立。

二、判断犯罪人主观故意的内容，不能单凭口供，仅仅根据某项事实就下结论，而应在调查研究的基础上，全面分析案情，根据案发原因、行为发展过程、作案的时间、地点、环境和其他具体情节，以及与被害人平素的关系、犯罪人的一贯表现和犯罪后的态度等等，综合起来，分析判断。这是法律界公认并经最高法院支持的正确观点。抗诉未完全符合高检《关于刑事抗诉工作的若干意见》第4条第1项、第2项两项中的相关规定予以考虑以致有所疏漏，谨提出与本案定性、量刑有关的几个问题，恳请二审审查——

（一）案件的起因：第一，从主观方面考察，在前有拦截，后有追赶，在连续与人通话时，侧面又有来车，上诉人出于一时的慌乱、紧张，于是有了不当的举措，既非预谋，更无熟虑，绝无杀人的思想基础。

第二，从客观上考察，案中既有人事前闹事，又有人事发时滋事，现场情况使上诉人在慌乱中不得不采取躲—逃的举措，其中不可能产生杀人的动机与目的，应在情理之中，无可置疑。

第三，从远因上说，被害人的死亡是一个家庭矛盾产生的不幸恶果！矛盾双方是肇事者的至亲、长辈，其间可能有亲疏之别，但绝无恩怨之分，他实是案中的第二受害者，尽管他是肇事人，理应承担相应的罪责！问题是，家庭矛盾的当事人、制造者都平安无事，却让一个与他们的矛盾并无干系的局外晚辈承担如此严重的后果，失诸公道，未必合于情理。相信二审能以慎予权衡，合理判处。

（二）面对着上述的复杂背景和上诉人始料不及的起因，在从开车到肇事前后的短促瞬间，不管其心态多么起伏，从其行为的发展过程分析，没有根据也没有理由认为他主观上产生了致人于死的故意。

（三）庭审调查表明：上诉人与被害人平素相处，没有恩怨，且有亲情，没有杀害被害人的思想基础。他自始至终没有也不可能产生撞死拦截者的动机与目的。他的悲剧在于，他想脱离一个家庭矛盾的旋涡，不幸堕入了不能不承担罪责的深渊！

（四）卷有材料证明，上诉人一贯与人为善，从无惹是生非蛮横霸道的行为，没有恶习，没有前科，原本是个善良的青年，不会有害人，杀人的企图。

（五）案发急救，情真意切，自始没有逃避责任的心态，对此作出的指责统属无的放矢。这一层不仅仅涉及量刑，尽管抗诉人有“不足以从轻处罚至判处无期徒刑”的论断，然而这毕竟实实在在地说明他确实没有剥夺他人生命权的故意。

这是补充的第二点意见。

考虑到本案事发于极其短促的刹那之间，行为人既没有预谋，又不可能深思熟虑地采取措施，取得充分的证据客观上确有一定的困难，因此，在行为人的认识因素与意志因素相当模糊、不易划清的特殊情况下，郑重建议执行我们一贯奉行的刑事政策，即从考虑对被告人有利的立场出发，就低不就高。是否有当，统请审查。

三、抗诉书认为一审判决“适用主刑刑种错误，量刑不当”的基本理由是“犯罪情节特别恶劣，后果特别严重”，用两个“特别”，也许可能致人于死，但无不空空洞洞，缺乏具体的说明，根本不符合高检《意见》第5条第3项的规定，因此实应予以批驳，而绝不能使之达到“特别”的目的。

先说后果。我们不解“特别严重”的实指是什么？不知是否故意杀人既遂案中死亡一人就都应视为“特别严重”？至于情节，遵照最高法院的权威观点，情节是否严重或特别严重，应考虑以下几个方面：一、动机是否卑劣，如图财、奸淫；二、手段是否残酷，如火烧，肢解；三、影响是否恶劣，如杀害的特定对象是知名人士，重要人物，从而易造成社会震动；四、后果是否严重，如造成多人死亡；五、民愤是否极大，如犯罪人恶贯满盈，群众要求处死。细查本案实际，上诉人的行为无论如何定性，按其“情节”，都达不到公认的“严重”或者“恶劣”的程度。检方的抗诉理由出之于主观，没有说明问题，无可置辩。恳请二审明察，予以驳回，以昭公正，以维国法。

诉 讼 文 书

北京市人民检察院第一分院起诉书（摘要）

被告人李拴狗（别名：李峰），男，23岁，农民，经北京市海淀区人民检察院批准，于4月22日因涉嫌故意伤害罪，被北京市公安局海淀分局逮捕。

现查明：李拴狗于2004年3月17日7时许，在北洼路中海雅园小区北门东侧公路上，明知刘新荣（男，殁年50岁）在前拦截其所驾驶的奥迪牌轿车（京HJ55050），却强行驾驶该车将刘撞倒。刘被碾压头部、胸腹部导致颅脑损伤合并创伤失血性休克死亡。

上述犯罪，事实清楚，证据确实、充分，足以认定。

本院认为，被告人李拴狗驾驶汽车故意撞人并致人死亡，犯罪性质恶劣，情节、后果严重。其行为已构成故意杀人罪，提起公诉，请依法惩处。

此致

北京市第一中级人民法院

检察员　崇惠来

二〇〇四年十月二十八日

北京市人民检察院第一分院刑事抗诉书

原审被告人李拴狗（别名李峰，男，23岁，农民）因故意杀人一案，经北京市公安局侦查终结，移送本院审查起诉。北京市第一中级人民法院判决如下：

1. 被告人李拴狗犯故意杀人罪，判处无期徒刑，剥夺政治权利终身。

2. 被告人李拴狗赔偿附带民事诉讼原告人刘文泉、苏进如、苏凤、刘力经济损失、抚养费共计三十三万七千五百元。

被害人刘新荣父亲刘文泉、母亲苏进如、妻子苏凤不服原审判决，书面请求本院依法提出抗诉。

经依法审查，本案事实如下：

原审被告人李拴狗于2004年3月17日7时许，在本市海淀区北洼路中海雅园北门东侧公路上，明知刘新荣在前拦截其所驾驶的轿车,却强行驾车将刘撞倒。刘因被碾压头部、胸腹部导致颅脑损伤合并创伤失血休克死亡。

本院认为,原审被告人李拴狗目无国法,驾驶汽车故意撞人并致人死亡,犯罪情节特别恶劣、后果特别严重,虽然其作案后拨打急救中心电话,有救助行为,但不足以从轻处罚至无期徒刑,对原审被告人李拴狗判处无期徒刑确系使用主刑刑种错误,量刑不当。

为严肃国法,准确惩治犯罪,特提出抗诉,请依法改判。

此致

北京市高级人民法院

二〇〇四年十二月三十日

北京市第一中级人民法院刑事附带民事判决书(摘要)

检察院指控,李拴狗于2004年3月17日7时许,在本市中海雅园小区北门东侧公路上,明知刘新荣在前拦截其所驾驶的奥迪牌轿车,却强行驾车将刘新荣撞倒。刘新荣因被碾压头部、胸腹部导致颅脑损伤合并创伤失血性休克死亡。

在开庭审理中,李拴狗辩称其行为不构成故意杀人罪,其积极救治被害人。对附带民事诉讼原告人的诉讼请求,表示愿意赔偿。被告人的辩护意见是:指控被告人李拴狗强行撞人与实际情况不符,被告人李拴狗的行为构成过失致人死亡罪,犯罪后积极救治被害人,请求法院对其从轻处罚。

经审理查明,被告人李拴狗于2004年3月17日7时许,在中海雅园小区北门东侧公路驾驶奥迪牌轿车时,明知刘新荣(男,殁年49岁)在前阻拦,仍强行驾驶该车将刘撞倒。刘因被碾压头部、胸腹部导致颅脑损伤合并创伤失血性休克死亡。作案后李拴狗拨打急救中心电话。

上述事实,经庭审举证、质证的证据在案证实,本院予以确认。

对于被害人近亲属的诉讼代理人提出被告人李拴狗当庭未如实供述的意见,经查属实,本院予以采纳。

对于李拴狗的辩护人提出指控李拴狗强行撞人与实际情况不符的辩护意见，经查，经庭审质证的证人魏燕等人的证言及李拴狗在侦查阶段的供述等证据均证实，李强行驾驶汽车将刘新荣撞倒的事实，故对上述辩护意见，本院不予采纳。

对于李拴狗及其辩护人提出李犯罪后积极救治被害人的辩解及辩护意见，本院酌予采纳。

本院认为，李拴狗故意非法剥夺他人生命，致人死亡，其行为已构成故意杀人罪。鉴于李拴狗作案后有救助行为，故酌予从轻处罚。北京市人民检察院第一分院指控李拴狗犯罪的事实清楚，证据确凿，指控的罪名成立。李拴狗提出其行为不构成故意杀人罪的辩解及其辩护人提出被告人李拴狗的行为构成过失致人死亡罪的辩护意见，经查，李拴狗明知被害人刘新荣在其驾驶的汽车前阻拦时，仍驾车将刘撞倒，证明其主观上具有非法剥夺他人生命的故意，客观上又实施了该行为并致人死亡，符合故意杀人罪的构成要件，故对上述辩解及辩护意见，不予采纳。对于李拴狗的辩护人提出请求法院对李拴狗从轻处罚的辩护意见，本院予以采纳。被告人李拴狗的犯罪行为使附带民事诉讼原告人遭受的经济损失，依法应予合理赔偿，但附带民事诉讼原告人苏凤所提抚养费的诉讼请求，因无证据证实，以及附带民事诉讼原告人所提诉讼请求中要求过高部分，本院均不予支持。据此，判决如下：

一、李拴狗犯故意杀人罪，判处无期徒刑，剥夺政治权利终身。

二、李拴狗赔偿附带民事诉讼原告人刘文泉、苏进如、苏凤、刘力的经济损失共计人民币三十万三千五百元；刘文泉的抚养费人民币一万四千元；赔偿苏进如的抚养费人民币二万元；赔偿刘力的抚养费人民币一千元。

审判长　刘　香

二〇〇四年十二月二十日

北京市高级人民法院刑事附带民事裁定书(摘要)

北京市第一中级人民法院审理李拴狗犯故意杀人罪及原审附带民事诉讼原告人刘文泉、苏进如、苏凤、刘力提起附带民事诉讼一案,作出刑事附带民事判决。宣判后,北京市人民检察院第一分院就刑事部分判决提出抗诉;原审附带民事诉讼原告人刘文泉、苏进如、苏凤、刘力对附带民事部分判决不服,原审被告人李拴狗对刑事部分判决不服,分别提出上诉。本院公开审理了本案,现已审理终结。

北京市第一中级人民法院刑事附带民事判决认定:

被告人李拴狗于2004年3月17日7时许,在北洼路中海雅园小区北门东侧公路驾驶奥迪牌轿车时,明知刘新荣在前阻拦,仍强行驾驶该车将刘撞倒。刘被碾压头部、胸腹部导致颅脑损伤合并创伤失血性休克死亡。作案后李拴狗拨打急救中心电话。被告人李拴狗的犯罪行为确使附带民事诉讼原告人刘文泉、苏进如、苏凤、刘力遭受了一定的经济损失。

判决:一、李拴狗犯故意杀人罪,判处无期徒刑,剥夺政治权利终身。二、李拴狗赔偿附带民事诉讼原告人刘文泉、苏进如、苏凤、刘力的死亡赔偿金、交通费、医疗费、食宿费、丧葬费等经济损失共计人民币三十万三千五百元;赔偿刘文泉的扶养费人民币一万四千元;赔偿苏进如的扶养费人民币二万元;赔偿刘力的扶养费人民币一千元。

北京市人民检察院第一分院抗诉意见:李拴狗驾驶汽车故意撞人并致人死亡,犯罪情节特别恶劣、后果特别严重,虽然作案后拨打急救中心电话,有救助行为,但不足以从轻处罚至判处无期徒刑,原判确系适用主刑刑种错误,量刑不当。

北京市人民检察院支持抗诉出庭意见:1. 一审判决事实清楚,证据确实充分,定性准确,李拴狗上诉理由不能成立。2. 一审判决从轻判处其无期徒刑,与其应当承担的刑事责任不相适应,抗诉意见正确。建议二审法院驳回上诉,依法改判。

上诉人刘文泉、苏进如、苏凤、刘力及其诉讼代理人请求撤销一审判决，对李拴狗处以极刑。

李拴狗及其诉讼代理人对原审附带民事部分判决不持异议，表示愿意赔偿被害人亲属的经济损失。

李拴狗上诉辩称他没有杀人的故意，当时他边开车边打电话，第一次已绕开被害人，被害人第二次突然冲过来，他没躲过去，意外造成严重的结果；事后及时拨打120急救电话，有救助行为，没有想逃避责任。

李拴狗的辩护人付可心律师的辩护意见：李拴狗对刘新荣的死亡具有过失，认为李拴狗犯有故意杀人罪，证据不足，定性不当；李拴狗意识到撞人后，积极采取救人措施；被害人本人亦有过错，其行为具有高度危险性，是本案严重后果发生的重要原因之一；原判量刑过重，请二审依法改判。

另一辩护人张思之律师的补充辩护意见：李拴狗没有剥夺他人生命权的主观故意；其行为无论如何定性，按其“情节”，均达不到公认的“严重”或者“恶劣”的程度；抗诉基本上不符合最高检察院《关于刑事抗诉工作的若干意见》的要求，恳请二审驳回。

经审理查明：李拴狗驾车，见刘新荣在前阻拦示意其停车时，李拴狗先打方向盘，意图避开刘新荣，后在明知刘新荣仍在车前阻拦时，强行驾车将刘撞倒并碾过。刘因被碾压头部、胸腹部导致颅脑损伤合并创伤失血性休克死亡。作案后李拴狗拨打急救中心电话，与他人一起将被害人送往医院。

李拴狗的犯罪行为确使上诉人刘文泉、苏进如、苏凤、刘力遭受了一定的经济损失。

上述事实，有证据证明：

1. 证人康瑞锋证：（略）2. 证人魏燕证：（略）3. 证人张丽滨证：（略）4. 证人高岚证：（略）5. 证人贺雄飞证：（略）6. 证人刘新华证：（略）7. 证人柳刚证：（略）8. 证人杨凤山证：（略）9. 证人杨程证：（略）10. 公安局海淀分局现场勘查笔录证明：在该车左前车门和左后车门上发现有擦蹭血痕。车前机器盖上发现指掌纹。地面上未发现紧急刹车痕迹。11. 现场照片经李拴狗一审当庭辨认。12. 公安局尸体检验鉴定结论证明。13. 李拴狗供述。

本院认为，上诉人李拴狗故意非法剥夺他人生命，致人死亡，其行为已构成故意杀人罪。鉴于李作案后有救助行为；李拴狗的亲属在二审期间积极代为赔偿被害人亲属的经济损失及本案的具体情节，故对李拴狗依法可酌予从轻处罚。经查，北京市人民检察院所提“李拴狗置被害人刘新荣的生死于不顾，主观上具有放任被害人死亡结果发生的主观故意，为了摆脱刘新荣的一再拦截，李拴狗踩了油门，撞倒了刘新荣并从其身上碾压而过，放任了被害人死亡结果的发生。李拴狗的行为已经构成故意杀人罪，李拴狗关于其行为系意外或者过失的辩解缺乏事实和法律依据”的出庭意见，理由充分，予以采纳。上诉人李拴狗所提原判定性不准的辩解，没有证据支持，其上诉理由不能成立，应予驳回；一审法院根据本案的具体情节，对李拴狗酌予从轻处罚，量刑适当，对北京市人民检察院所提改判对李拴狗适用死刑刑种的意见，不予采纳。李拴狗的辩护人所提原判定性不准，量刑过重的辩护意见，缺乏证据支持及法律依据，本院不予采纳。裁定如下：

驳回北京市人民检察院第一分院的抗诉；驳回刘文泉、苏进如、苏凤、刘力及李拴狗的上诉，维持原判。

本裁定为终审裁定。

审判长　赵德云

二〇〇五年八月一日

23. 郭印洲“伤害、盗窃案”

案情简介

郭印洲，江西奉新县干洲工艺厂厂长，曾被评为“劳动模范”。

1988年，郭妻与工艺厂出纳张某因私怨斗殴，郭劝阻未果，卷入，被职工劝开。之后，张某要弟弟纠集亲属斥骂郭印洲夫妇；张弟持锄准备打人，被在场职工夺下。此时，正值郭妻打开水回家，双方对骂，郭妻掷出热水瓶，击中张妹张小毛，于是互相扭打在一起。郭见此突然事变，从室内拿出一把做工用的篾刀，砍了张小毛一下，中左肩胛，再砍张妹张小芸，中右耳，后被人拉开。后经“鉴定”，认为“张小芸的损伤属轻微伤范畴”。

在此之前，张的丈夫周某曾写信侮辱诽谤郭印洲夫妇及其女儿女婿，郭依法自诉，法院不予受理，矛盾久积。

1988年10月，郭印洲去广州参加交易会，见江西九江美术厂展柜无人，取走该厂参展出售的图画三幅，离开展厅时被保卫处发觉查获。次日，郭印洲与九江美术厂周厂长见面，周将画取回。“出售后，得款480元。”

奉新县人民检察院认定郭的上述行为分别构成伤害罪、盗窃罪，起诉于县法院。一审于1990年12月22日判决：郭印洲犯故意伤害罪，处徒刑8个月；犯盗窃罪，处徒刑6个月，决定执行有期徒刑一年。

郭不服上诉。二审辩护律师认为郭的行为构不成“伤害罪”,至于盗窃问题,因其情节显著轻微,且早已解决,依法也不构成犯罪。二审维持一审关于“故意伤害罪”部分的判决,判处郭印洲有期徒刑8个月。

辩　护　词

二审辩护词

郭案二审合议庭：

郭印洲“伤害、盗窃”上诉案，考虑到一审审理中的重大失误，我们曾建议上诉审进行公开审理，业经合议庭负责人口头裁定否决。我们尊重法庭的决定，并遵照指示，提出书面辩护意见。

一、关于“伤害罪”部分

（一）郭印洲“伤害”案，起自郭妻吴君玉与张玉华的“相互斗殴”（引见《起诉书》）。而斗殴之发生，又源于张玉华之夫周绪象前此对吴君玉之夫及其女的极其秽污的侮辱诽谤。经查周绪象等以书面方式侮辱诽谤郭、吴及其女儿、女婿，有证据在卷。被害人曾依法提起自诉，奉新县法院竟不受理。矛盾久积未决，终于酿成“斗殴”。这是本案的重要背景，也是案中之“果”的主要之“因”，一审公然回避，从而也就很难做到公正裁判。

（二）查上述的“七·七”斗殴，纵观其全过程，实有两个应能分离的“阶段”。先是吴、张互殴，郭印洲劝解无效，并被张抛出的瓶子击中，于是介入殴斗，成为“殴”中一员，但终被他人拦开劝去各自离开斗殴场地。如果双方就此息事，问题本来已告平复或者缓解。不料张玉华宁愿事态扩大，纠集众人，到郭、吴住宅寻衅滋事，于是形成了第二个“阶段”，出现了较前一阶段为恶劣的后果。一审对此不予详察，自不能明辨是非，分清责任，从而不易做到公正审判，准确定案。

（三）一审判决对于一些主要情节的认定，缺乏可信证据，失之主观。诸如“郭……砸下的钢管仍（似为‘乃’之误——律师注）将其……打得倒于地上”；“郭举刀朝张小芸……砍一刀致张小芸当即血流不止，昏倒于地。后……抢救。”这些认定，不仅无证，而且违背常理。审判人员如此臆断，不得不辩，应请二审明察。我们已经提供证据予以说明,请予审核。于此不赘述。

(四)据一审判决所认定的"事实"有三种证据"为证",即"被害人陈述;证人证言;被告人供述"。漏举或者不举"法医检验鉴定"。但仔细研究判决书,一审认定郭印洲触犯刑律,犯"故意伤害罪"的最关重要的证据,又恰恰是法医的"鉴定"。因而我们必须再次申明,该鉴定书因其有重大的缺陷与失误,故不能作为本案的证据加以适用。考虑到这个证据问题在案中的重要地位,谨略作说明于下——

这里姑且不论该"鉴定书"不符合规范化的要求,尽管不合程序、不符规范要求的鉴定足能导致其失效或者无效;从实质上看,我们确有根据地说,鉴定"依据"的主要情况及做出的基本结论,或者纯属主观臆测,或者没有科学根据,总之不能作为可信的证据。要如:

第一,鉴定书的"案情"叙述,断言"被鉴定人砍伤后倒在地上不省人事约四、五分钟",送去治疗时,"对受伤经过回忆不清",这绝非事实,不知从何而来?所谓"倒在地上,不省人事",纯属伪造的故事,至于"四、五分钟"的时间测定,不知何人所为,用的又是什么科学手段?鉴定书上都不见记载。这种"鉴定",言辞吓人,实则无力,不足采信,无须详陈。我们在"申请重新鉴定书"上列举了理由,应请参照。

第二,鉴定书中的"检验所见",其中的"穿孔"之说没有医学上的说明,毫无说服力。依据江西省两院、两厅颁布试行的"人体损伤分级鉴定标准"第 10 条之规定,这类鉴定首先应做到"具体伤情,具体分析"(第 1 款);而后要求在具体鉴定时应依据:(1)写明伤情;(2)损伤后果或结局。并应"全面分析,综合评定"(第 2 款)。但该鉴定书在说明它"7 月 18 日检见"的情况后,特加注说明它的依据仅止于"见人民医院五官科会诊记载"。那么我们不禁要问,法医的检见与鉴定,与所"见"的医院"会诊"之间有何关系呢?又是什么关系呢?尤其令人生疑的是,鉴定书借"医院会诊记载"断定被鉴定人的损伤的"诊断为外伤性鼓膜穿孔"。可是,遍查"会诊记录"其中仅有医师的"穿孔"说的"印象",并无"诊断为"的判断性结论。鉴定书所引,有失真实。何以如此，百思难解！总之，该鉴定书从根本上违背了上述的江西两院、两厅文件规定的要求，犯了“枉法”的失误，故不敢不辩。

最后，应当陈明，考虑到司法机关在案中确有违法情况，我们想指出：郭印洲一案，被告人于该年的 7 月 7 日被收容审查，7 月 30 日被捕，迟至 9 月 20 日，始“将案卷材料移送我院审查起诉”（见起诉书），3 日后即 29 日，检察院印出起诉书旋即起诉于县法院。可是，不知何故，该年 7 月 9 日，即被告人被收容审查的第三天，案件尚在公安局立案侦查阶段，竟由“奉新县法院接待室”作为委托单位，为张小芸作“受伤程度鉴定”。这不仅是一个程序问题。法定的权力，如此互相替代，任意转移，是极不严肃的违法现象，更何况这做法直接违反了《刑事诉讼法》第 3 条各款的有关规定！为了彻底地、不折不扣地“厉行法制”，我们冒昧陈词：这样的“鉴定书”如不明令撤销，将有碍于培养起我们应有的健全的法制观念，无助于纠正错误。事关重大，请予明鉴。

（五）为了辨明真相、是非，我们不妨再退一步，即使从“鉴定”的结论出发进行研究，我们认为一审以该鉴定书为主要根据做出了被告人犯有伤害罪并予刑事处罚的判决，也是很不适宜的。

研究江西两院、两厅的《人体损伤分级鉴定标准（试行）》，轻伤与轻微伤的主要区别在于损伤后果的程度，结合本案实际，则在于功能受到的影响，如属轻伤，应是“轻度”，如系轻微伤，则属“轻微”。审查本案被鉴定人的具体伤情，明显地符合江西两院、两厅《人体损伤分级鉴定标准（试行）》第 8 条的规定，即“……造成组织结构、器官的损伤较轻微或者功能受到短暂的轻微影响，经治疗在较短时间内痊愈的损伤”。据此可以得出结论：郭印洲的行为所造成的结果是“轻微伤”。行为人对“轻微伤”不应负刑事责任是无须说明的。

再退一步，按照鉴定书的结论，郭印洲的行为所造成的结果属于上述的两院、两厅文件的第 6 条，“损伤后，致使……听觉……功能受到轻度影响的损伤，即属于‘轻伤乙’”。对于轻伤乙级，江西省以南昌为代表，包括九江各地县在内，都规定为行为人不负刑事责任，这个精神，应有重大参考价值，没有理由不遵照办理。

综合以上各点，因被人侮辱、诽谤而引发的斗殴，致对方受到轻微伤，抛开案发的具体环境、情节，单从后果而论，也不应给郭印洲加以“故意伤害”的罪名，一审明显偏袒，有失公允，导致错判，应请撤销。

二、关于“盗窃罪”部分

对此，有以下几点申辩——

（一）一审认定，郭印洲“盗窃价值 480 元的山水画三幅”。一个明显的问题是：被窃之画早已售出，售价多少，无据可查；那么，“价值 480 元”之“价”试问从何得知？如果是“依据此类”产品估出，那么为什么又不根据该画所属的九江工艺美术厂提供的 1988 年该类国画规格价格表中所明示的每幅 41 元之“价”？“画”已售出，鉴定价格确实不易得到具有权威性的“估价”，因而当然应以上述的“价格表”为主要参照。对此，应无疑义。以此为准，则“数额”实为 123 元。据此审查一审的定罪，显然不当。

（二）郭印洲身属省级优秀企业家，不经对方允许，窃取他人产品，行为卑劣，应受教育。但一经指出，即与对方厂长商量，付出百元代价，该厂长旋即与有关各方讲清缘由，问题即告解决。现在，事隔两年，借“伤害”案起，重又以“盗窃罪”提起公诉，令人不解。我们想指出的是，如果郭在 1988 年 10 月之后，另有“盗窃”行为发生，联系“历史”，可见其对社会的危害程度，由此而加诸罪名，合情合理。现在问题是：在此前后均无这类恶行，1988 年在广州的所为，属于偶然“失足”，也可以说是“不检点”。用政策衡量，以判刑方式加以打击，虽非致命，毕竟过严。盗窃案小，政策事大，相信二审会全面权衡，做出妥善决断。

三、我们认为，本案被告人郭印洲与其他有关人的纠纷，本质上属于“自诉”范围内的问题；检察机关认为应提起公诉，作为律师无权加以评判。但是，检察院花费力气处理这类细小问题，毕竟会有碍于处理检察院组织法第 4 条中赋予的更为重要的任务，而且使当事者之间失去了“和解”的机会,不利于矛盾的缓解,无助于安定团结。这虽与本案诉讼没有直接关联,我们之所以敢于陈明,无非是想提请二审考虑,如何在刑事诉讼中更为妥帖地执行党的一贯的刑事政策,怎样更好地化消极因素为积极力量,使那些可以为社会的发展、经济的繁荣做出一定贡献的人,不至于因司法部门的处置不当而转化为消极因素。郭印洲作为一个农民企业家,因其贡献而赢得省劳动模范的荣誉称号。他的错误有损于人民给予的光荣,有愧于党和政府的信赖,然而他的错误确实并非达到严重危害社会的犯罪的程度,当可挽救。我们没有忘记辩护人的职责,首应着力于研究、判断本案中的人与事的是非与责任,但我们又不能不考虑到处理一人、一事而给经济、政治、社会带来的结果,并提请我人民法院给予关注。至于利弊轻重,相信二审定能做出准确的权衡。

一九九一年三月五日

注:本案与王庆平律师合办。

诉 讼 文 书

一审判决书(摘要)

被告人郭印洲故意伤害、盗窃一案,本院进行公开审理,查明:1990年7月7日上午,郭见其妻吴君玉正用酒瓶殴打本厂女工张玉华,未制止。张气愤地拾起一酒瓶颈,向郭抛去,打中腹部。郭旋即抓起钢管折椅朝张砸去,张一挡,砸下的钢管折椅仍将其左眼下睑打肿,当即被打得倒在地上。张妹张小毛、张小芸闻讯赶来,质问郭夫妇为何打人,吴君玉即将手中的热水瓶向对方掷去,致张小毛胸部被热水烫伤。接着,吴与张小毛、张小芸揪扯一起。此时郭印洲返至家中,捡起一把篾刀,朝张小毛左肩胛部砍一刀,朝张小芸右耳后颞骨处砍一刀,致张小芸血流不止,昏倒于地,被人送医院抢救。经鉴定,张小芸出现短暂意识障碍和近事遗忘及外伤性鼓膜穿孔。

此外，郭于1988年10月在广州参加秋季交易会的一天，趁我省九江展销会无人，窃得价值480元的山水国画三幅。

本庭认为，郭的行为构成故意伤害罪，盗窃罪。依法判决：犯伤害罪，判处有期徒刑八个月；犯盗窃罪，判处有期徒刑六个月，决定执行有期徒刑一年。

一九九〇年十二月二十二日

申请重新鉴定书

郭印洲"伤害案"，曾经法医进行"伤情鉴定"，奉新法院在判决书中一再引用该"鉴定"的结论性意见，作为定案根据。经我们反复研究，认为该鉴定中的一些至关重要的情况与结论属于主观臆测，缺乏科学根据，如下：

一、"鉴定"的"案情"叙述，断言"被鉴定人砍伤后倒在地上，不省人事约四五分钟"；送至医院治疗时"对受伤经过回忆不清"。这个断言有三点不实：

第一，所谓"倒在地上"，纯属虚构，卷中没有证据予以认定。仅以常理推断，试想：以刀"砍"人致伤，终致"倒地"，其"力"可见；其后果将不可能是该鉴定中的"分析说明"所主张的那种"轻伤"。

第二，所谓"不省人事"显系编造，卷中不少证据可以证明绝无此种情况发生。至于"不省人事"竟达或者"仅达"四五分钟，不知何人测定？据何测定？对于如此重要的"依据性"资料，不在鉴定中据实叙明，凭空一说不足采信，似无须详陈。

第三，所谓"对受伤经过回忆不清"，不仅意思含混，近于"不清"，而且与实际不符。被害人在对被告人进行指控时，举尽了细节，其"回忆"甚"清"，几达"至细"程度，审查案卷，随处可见。鉴定书中的这一"案情"，虽属"简要"，却非客观事实。其弊在于失之主观，同样不足采信。

二、鉴定书中的"检验所见"部分，有两处重大疑点：

第一,"穿孔"之说,缺乏有根据的医学说明,做出的结论没有科学的说服力。尤其令人不解的是,鉴定书在说明它"7月18日检见"的情况后,特别加一小注:"见人民医院五官科会诊记载……"那么,鉴定书执笔者的"七·一八"之检究竟"源"于何处?我们有理由提出质疑。

第二,鉴定书在注明"见……医院会诊记载后",接着又断言为"诊断为外伤性鼓膜穿孔"。经查"会诊记录"仅记载有医师的"穿孔"的"印象",并无"诊断为"的判断性结论。鉴定所引,有失真实,应请明察。

三、根据两院、两部《人体轻伤鉴定标准(试行)》鉴定为"出现短暂性的意识障碍和近事遗忘",应经"确证"(第八条)。然而该鉴定书并无"确证"记录,可见没有"确证"的科学根据以证其"确",空口主张,怎能成立?应予否定,理所当然。

综上所述,依据《刑事诉讼法》第三十一条鉴定结论"必须经过查证属实,才能作为定案的根据"之规定,以及同法第九十条,第一百一十七条赋予被告人、辩护人的诉讼权利,特提出申请,请求对原鉴定书予以重新鉴定,以维护当事人的合法权利,从而保障执法的准确与严肃。

恳请批准,并祈明示。

一九九一年三月四日,宜春

二审判决书(摘要)

上诉人:郭印洲,因伤害、盗窃一案不服一审判决上诉,经本院审理,查明:1988年,郭与本厂出纳张某勾搭成奸。张的丈夫写匿名信交郭的女儿,称郭乱搞男女关系。郭妻吴某知道后,于1990年5月21日打了张一顿。7月7日,张到财务室上班被吴辱骂,为此二人对打。郭闻声赶到,被张抛出的半截酒瓶打中,郭即拿起钢管折椅朝张打去,将其左眼打伤,被劝开。不久,张的弟弟妹妹赶到,质问并骂郭夫妇。张弟拿起锄头准备打人,被在场群众夺下。张的妹妹在与吴对骂中,吴将手中的热水瓶掷中张小毛，为此双方扭打在一起。郭见状，从家中拿出篾刀，砍中张小毛左肩胛处，张小芸右耳部。张小芸的伤情经鉴定，属于轻伤范畴。

郭印洲于1988年10月在广州秋交会的一天，乘九江展台无人，窃取了三幅山水国画。次日，郭找到九江工艺美术厂周厂长了结了此案。周将画拿回，在广交会上售得480元。

本庭认为：上诉人盗窃国画的行为，情节显著轻微，不构成犯罪。其持刀伤害他人身体的行为，构成伤害罪，维持一审判决，判处有期徒刑八个月。

本判决为终审判决。

一九九一年四月一日

24. 胡全“流氓案”

案 情 简 介

1996 年 5 月 23 日晚，正值又一次全国性的“严打”期间，合肥市公安局刑警支队一大队民警张永创等四人穿便装到位于市中心的棕榈滩歌舞厅。张与李上二楼后，提出要找小姐来陪，并且“要漂亮的”。领班王芳即为其安排了一位。张又提出要王芳来陪，王告以工作时间不能坐下予以回绝。张说：“我是刑警队的，现在要传唤你，你跟我们走。”王看了张的工作证，说：“那好吧，我换下工作服，把钥匙留下，再交代一下工作就跟你们走。”张说：“从现在起，你不准对任何人讲任何话，不准做任何事，跟我们走。”随即强行带离。他们下楼梯时，被歌舞厅总经理胡全碰上，胡问“怎么回事”？予以阻拦。张说：“我们是刑警队的，要传唤她（王芳）。”胡索要传唤证。张说“我凭什么给你看？”恰在此时，武警机动中队的中队长张庆在旁，说：“你是刑警，我还是武警呢！”随即向张永创猛击一拳。张见不是对手，即向门外跑去。胡全一边大喊：“关上大门，不要让他跑了！”一边追去，并呼人报警。工作人员即按胡全要求分别向“110”及派出所报案“有人滋事”。

冲突中，双方均有人受伤。经法医鉴定，张永创、向先平受轻伤，对胡全等人未做伤情鉴定。

24日，即案发后第二天，市公安刑警支队一支队长在刑警队内强迫王芳在一份传唤证上签字，并倒签时间为“1996年5月23日9点”。

1996年8月19日，市中级法院公开开庭审理本案。

辩　护　词

一审辩护词

审判席：

胡全等人被指控犯有“流氓罪”一案，就其实质来说，原本并不复杂，但因个别有关同志的无限上纲，被人为地尖锐化了，以致一度成为在合肥具有广泛影响的重大事件。然而实际情况与他们当初对上级报告和对社会宣传的种种说法可真是差之甚远，谬以万里了。

关于本案的定性，王亚林律师对于起诉书的论断作了否定的评价，并且就相关的问题陈明了律师的观点。那是我们经过认真研究、缜密思考之后达到的共同意见，我绝不怀疑它完全符合现行法律的规定，因而是绝对正确的。为了更加充分地论证我们意见的正确性，为了履行律师应当协助法庭查明事实真相的责任，为了揭示这起一度引起轰动的事件的真相，还事物以本来的真面目，从而使问题最终能够得到合法的、公正的处理，我补充做以下的说明，进一步地陈明观点，为被告人胡全辩护。

我向法庭陈述以下几个问题——

一、“起诉书”对于“五・二三棕榈滩事件”事实部分的叙述与认定，源于公安局的起诉意见，有的并不真实，失诸武断；有的很不完整，失之片面。

庭审调查充分说明：就案件涉及的“事实”来看，“五・二三事件”的真相是：

持有公安人员身份证的张永创、李峰同志，于 5 月 23 日 21 时 10 分以后，着便装到棕榈滩歌舞厅楼上，强行带走女领班王芳，受到歌舞厅总负责人即本案第一被告人胡全的查询、阻拦，发生争执并互相扭撕，恰有武警身份的另案人张庆在场，因张永创的身份不明竟要带人而激起不平，遂施以拳击，于是引发了对打互攻，张永创、胡全二人互有殴伤的血迹显露。歌厅工作人员目睹突发事件，一面堵截与扭打张永创等人，一面连续电话报警；张永创曾两次鸣枪震慑。双方都在以各自的方式防范事态扩大，故未酿成命案，无人重伤。终因防暴人员及时赶到，胡全等人被扣押而告平息。

审判长：我这里概括的事实，业经卷中证据与法庭调查一一证实，应无疑义。那么，我们从这些事实中能够得出什么结论呢？或者说，它分别说明什么呢？

第一，它说明：起诉书中关于张永创等四人“依法传唤王芳”的断语完全没有根据，因而不符合实际，是不正确的。所谓依法传唤，那就必须具备法律明定的要件。根据《刑事诉讼法》第 63 条规定的精神，传唤人到指定的地点讯问，应当出示“证明文件”，请公诉人注意，法律规定的是“证明文件”并不是只能表明身份的工作证。这里讲的证明文件，根据《治安管理处罚条例》第 34 条第 2 款第 1 项的规定，只能是“传唤证”。现在问题已经清楚了，传唤是不是依法，首要的条件是执法者是否具有并使用了传唤证。

张永创没有使用传唤证，有王芳、胡全等人的供述可证，有李峰 1996 年 5 月 27 日的证词可以参照，更有张永创本人的自述证实。他在 1996 年 5 月 24 日所作的自述可作代表，他说：“我和向先平、李峰、沈刚等四人带传唤证赶到棕榈滩二楼，我掏出工作证给王芳看……”这段话记在预审卷第五册，法庭已经宣读，无人表示异议。请看，他只是怀揣着传唤证，但不使用，关于这一层的证据既真实又充分，足堪认定，无可置辩。那么，张永创等人去传唤王芳，到底有没有传唤证呢？对此，起诉书在文字上下了点功夫，回避了这个极为重要的问题。我们在预审卷第二册中发现内附市公安局的第 123 号传唤证，似乎可以证明传唤王芳确有传唤证。可是这里毕竟存在着三个不容回避的问题，我们不得不据实提请考虑：

（一）既然开具了并且带上了传唤证，为什么不出示？掏出工作证与出示传唤证都是举手之劳，前者不符合法定要求，后者却是法定要件，为什么偏要舍合法而以并不合法取代？

不向被传唤人出示已然不对，而当歌厅总负责人于阻拦之中要求出示时仍拒不出示，于是酿成事端，其中的是非与法律责任，显然已无须论证。根据过去胡全对于公安机关每唤必到的历史表现，不难查知，如果张永创真的出示了合法有效的传唤证，他是不会也绝不敢阻拦张永创执行公务的！

总之，张永创5月23日持有“传唤证”之说，并不属实，应请法庭审核明鉴。

（二）本案第七被告人王芳供述，公安局的同志曾于1996年5月24日要求她在该第123号“传唤证”上将时间倒填为1996年5月23日，这种伪制书证的做法因卷无旁证，我们一时又没有可能进行深入的调查，故不轻下断语。但是，我从该123号“传唤证”中要求王芳于当天晚9时到公安局接受讯问，而王芳签署的时间不是21时（即晚9时）而是9时来看，使人感到他们之中的差异，显示着某种并不实在的蛛丝马迹。这绝非吹毛求疵。卷中另一份于5月24日开出的传唤张庆的“传唤证”可作对比，其中要求张于23时到局接受讯问，张的签收时间是当天的22时30分，并不写作10点30分，这个对比源于实际，绝不能认为没有道理。

我们之所以细说这些材料中的情况，一是考虑到其中涉及的问题包括王芳的揭露带有十分严重的性质，二是与胡全的行为有着直接的关联，因此郑重建议法庭予以彻查。

（三）仔细辨识该第123号传唤证，竟然没有该证明文件所要求的局首长的签发。失去了这一必须具备的要件，该第123号传唤证不论何时填写，都不具有法律上的效力难道还有疑问吗？扼要地说，卷中所附的第123号“传唤证”不论填于5月23日或其他时间，统统没有法律上的效力，而对一份没有法律效力的文书，扼要地说，有等于无。

根据以上的几点说明，可以达到这样一个结论：张永创5月23日晚上在棕榈滩实施的传唤行为，自始没有依法。

审判长：任何一个国家工作人员都没有离开法定条件、法定要求行使行政权力的特权！不是依法执行职务的行为都不应也不会受到法律的保障，都应受到人民大众的抵制。这是我们法制原则的一个基本内容，我相信在这一点上能与公诉人达成共识。

这是第一点。

第二，上面指出的事实还说明：张永创带走王芳的措施带有强行传唤乃至拘传的性质。这里姑且不论王芳的多次供述，张永创本人在1996年6月3日的证言中也承认："……王芳要把工作交待一下，我说不行，我现在带着传唤证传唤，不允许再跟其他人讲话。"这段证言与被告人王芳方才的供述完全一致，因而这两种证据都具有可信性。这里的问题是：按照现行的法律规定，只允许"对无正当理由不接受传唤的，公安机关（才）可以强制传唤"。今天法庭已经查明，王芳并没有不接受传唤，她从一开始就顺从了张永创不合于法律规定的传唤行为，这怎么可以"强制传唤"呢？这个事实，这一情况，进一步证明着张永创的传唤行为与法律的规定很不一致，即没有依法。难道不是吗？

第三，上面指出的事实还说明，张永创和他所属的单位都熟知关于传唤的法律规定和要求，都十分清楚"传唤证"的有无在本案中的重要意义。我们在预审卷第五册中还看到公安局刑事警察支队一支队于今年6月1日开具的一份题为"关于传唤王芳情况说明"的材料，其中说："1996年5月23日，我支队在查处一起卖淫嫖娼案件时发现棕榈滩美食文化娱乐村服务员王芳有卖淫行为，当晚7时，大队长……研究决定由张永创等四同志开具传唤证对该王芳进行传唤审查。特此说明。"这个内容使这份材料在案中起着书证的作用，我们因而不得不依照法律的规定提出以下质疑：

（一）公安刑警传唤人，有什么必要在传唤之后写出这样的书面说明？

（二）谁要求刑警支队书写、出具这样的说明，并且还标明为"特此"？

（三）"决定……开具传唤证"，与确已开了传唤证是两回事，不可以含糊其辞，以彼代此。

（四）尤为重要的是，这是对谁作的说明？意图何在，想“说明”什么呢？

质疑完毕，还要提出的是：这样的“说明”究竟能说明什么，人们可以从自己的角度做出不同的判断；我们的判断是：这种于事后补写的“说明”，如无其他旁证可以证实其内容的真实性，它绝无证据的证明作用，而只能从一个侧面证明，该刑警支队及其工作人员张永创都明知执行传唤公务必须持有“传唤证”，否则就是违法。

第四，对于张永创不按法定程序和法律要求执行职务的行为，起诉书断定为“依法”，那么，具有武警身份的人出面阻止张永创带走歌厅工作人员的行为，人们能否认为也是执行公务呢？审判长，我们并不赞同武警干部张庆拳击张永创的做法，只是以此反证，起诉书中的逻辑是站不住脚的。

人们都很清楚，张永创的传唤行为是依法还是违法，在本案中起着关键性的作用，是案件如何定性的重要根据，因此大家包括公诉人都给予充分的重视，我们详予剖析，应属必要。

第五，上述事实说明：胡全作为歌舞厅总经理，有义务维护企业职工的人身权利；作为王芳的男友，有责任保护女友的人身安全，因此，他出面查询、阻拦对胡全来说属于身份不明的人带走王芳，于公于私，都是正常的，合理的。

第六，上述事实说明：胡全在查询之时阻拦之初，有人突然动手拳击张永创，一下子使争执发展为、演变成扭打，从而失去了用正常的言词把问题解释明白的机会，矛盾陡然升级，这是胡全无法预料到的突发行为。唯其如此，尽管无论谁打人都属非法，也绝不能让胡全对矛盾激化之后的一系列行为，例如枪声响后的事态发展，统统承担所谓的首要责任。特别应当指出的是，拳击张永创的偶发行为，就足可以否定起诉书中的胡全等人“寻衅滋事”的种种认定，我们断言流氓罪的指控不能成立，在这里也可以得到证明。

第七，上述的事实还说明：事发之初，歌舞厅的几位员工，上下一致，不是一人不止一次地分别向"110"和派出所报警，这充分说明：

（一）他们当时绝不认为张永创是正在依法执行公务的人民警察；

（二）他们那时的判断是，企业的正当经营受到了损害，企业的员工有人受到了侵害，因而要求公安机关予以保护，依靠公安机关处理问题；

（三）他们的做法有助于帮助纠正张永创的不法传唤，有利于弄清问题的真相；

（四）因此，他们在公安人员赶到之前，不准张永创等人跑开，自在情理之中，否则，报警岂不失去了意义？

也许有人会问：既然如此，为什么事态竟会发展到调来防暴队，立即扣押胡全等人的结果？这应由事实回答。实际情况是，当时有两个报警，张永创的同事也报了警。一个报的是"打架闹事"，一个报的是"手枪被抢"。至于哪一个报警有利于问题的正确解决，相信法庭会作出明断；这与我们的辩护关系甚微，不拟详陈。而我应加说明的是：面对着企业经营场地发生了冲突、骚动、扭打、响枪等等现象，被告人等在情急之中报警，反映着对于人民公安的信赖与拥戴，从而足能否定起诉书中关于所谓"无视国法"、"聚众"殴打的指控，我们断言流氓罪的指控不能成立，再次得到了证明。世上哪里有这样的"流氓"？！

第八，胡全在事件的全过程中，矛盾激化之后，不仅要人报警，不仅用言词和行动劝阻与制止干警开枪，而且庭审调查中不止一人证实，他曾高呼"不要拿刀"，不准砍人，这些，对防止事态的进一步恶化起到了一定的作用，应请法庭查核并做出相应的估量。

以上，我们围绕本案的事实做了八点说明，集中到一点上就是：起诉书中所讲的干警张永创等四人"依法传唤王芳"，胡全等 14 人"公然阻挠公安人员执行公务"，因与实际不符，根本不能成立。明确地说，被告人胡全的行为不发生什么妨害公务的问题。这是我们与公诉人的一个重大的分歧，这是一方面。另一方面，我们也已充分地注意到、认识到公诉机关对被告人胡全没有作出其行为构成"妨害公务罪"的指控，在这个基本点上，我们与公诉人的观点又是一致的。

以下陈述第二个问题。

二、关于案中的“被告人的辩解”。

被告人的辩解,是一种法定的证据。我们注意到,这项证据在案卷材料中所反映的内容与被告人在上午法庭调查中的陈述,有的并不一致。这种情况的产生,一方面是出之于事发现场的混乱与人杂,人们的视线必然受限,不易对每个情况的每一细节都看得十分精确。另一方面则是源于严重、恶劣的刑讯逼供。

(审判长口头裁决:请律师注意:关于这个问题,与法庭调查的事实没有直接关系,请不必讲了。)

法庭多次制止提出案中的刑讯逼供,我尊重审判长的意见。这个问题,我们在适当时机一定要讲。现在先向法庭提出一张关于刑讯逼供后果的照片,作为证据,请予存查。还有其他证据,将在以后向有关方面提供。我们从井冈山时期建立人民政权之初就明令废止了肉刑,现在居然又恢复了,这是不能接受的。

(审判长:不是不让你讲,而是因为它与指控的事实无关。)

我非常理解,我尊重审判长的意见。下面接着讲第三个问题。

三、张永创的干警身份和他的工作证在本案中的意义和作用。

我对这个问题只说明一个观点:干警身份与工作证,对于执行公务来说,在“五·二三事件”中,不是法定的形式要件,不具有人民大众必须遵从的作用。

研究本案的这个问题,还必须联系当前各地都有假冒公安干警为非作歹的实际。九天前,8月10日、11日,国家安全部通过媒体通告国人,要提高警惕,防止有人假冒该部工作人员的事件发生。本市今天的报纸公布了前天(17日)有两人冒充公安干警在西蒲打人行凶的事件。正因为有这些情况,公安部七年前就发布了《人民警察警容风纪管理办法》,其中不仅明定工作执勤时应穿警服,而且规定了“非因公外出着便服”以便于区别于执行公务。这就说明:张永创着便服,并且未持有与出示法律要求的证明文件,却对人采取强制性措施,这怎么能说明他是干警在执行公务?又有什么理由要求人们都遵从他的举措？我们说，在冲突之中有人喊出“假警察”绝非无理取闹，煽起事端；这个呼喊，今天的调查证明也符合胡全的认识。因此，单凭工作证并不能排除张永创前述行为的不合法性。试想：如果仅凭工作证就可以带人，这必然会使人民失去安全感，一定会损害人民公安在群众中理应享有的尊严和威信！就本案来说，在棕榈滩歌舞厅中的一些工作人员心目当中，张永创那时只是一个强行带人的身份有疑的人，因此发生了被打轻伤的不幸事故，其中的是非与责任是应加全面分析才能得出合情合理的结论的。

审判长：任何权力都必须有制约，否则，人民的权利必受限制或遭剥夺。我们之所以对上述一点作出评价，其故在此。事关法制原则与人民权利，与案件又有直接的重大牵连，不敢不坚持。

有人会说：张永创传唤王芳被打成伤，却被律师断为传唤的行为非法不应受法律保障，这岂不有损人民干警的尊严及其光辉的形象？

诚然，人民大众有责任维护人民公安的形象。但是人民公安的光辉形象归根到底是由其行为与业绩树立起来的。济南交警，其形象何其光辉！那中间凝聚着他们不凡的行动与不朽的业绩，不树而自立！如果本案中的有关干警能从事件中吸取教训，纠正错误，从今而后严肃执法，他们的形象必然也会放出异彩，给合肥市的人民留下永不磨灭的深刻印象。

四、关于领导人针对案件做出批示……（审判长制止说：这个问题与指控的事实没有关系，请不要讲了。）

我可以不讲，但与案件确有关系。

（审判长：我们法院独立办案，我们只服从与执行法律，不会考虑领导批示。）

审判长表示了将依法独立行使审判权，我们非常满意，非常高兴，这个问题不讲了。下面我想向法庭提出一条建议。

（审判长：可以。）

五、律师的建议

本地一家报纸，在事件发生之后，用了不正当的爆炒新闻的手段，连续地、大量地运用不准确的或者虚假的文字，向社会渲染了“五·二三事件”，不正确地报道了事件真相。该报5月24日的第一篇报道起着定调的作用，他说：“在……棕榈滩美食娱乐城发生的一起严重暴力妨碍公务案件，三名执行‘严打’侦破公务的公安干警遭到殴打，二人重伤，一人轻伤。”跟着第二篇报道出现了胡国俊将张永创的手枪抢去后逃离现场的离奇说法。次日就浓笔渲染，“五·二三”事件如何激起了市民公愤，由此一发而不可收拾，不止一篇地在头版头条的显著位置，做了并不如实地宣传，甚至用公布领导人内部批示的反常做法，支持他们的不适当宣传。有的文字肆无忌惮地侵犯公民的名誉权，竭力设定他们错误的舆论导向。该报的做法，无疑对合肥市的治安现状起到了抹黑的作用。该报对“五·二三”事件的一系列报道违反了中宣部相关的指示精神，破坏了宣传纪律，因其在主要之点上严重失实，干扰了有关机关对事件的审查处理。有鉴于此，我们郑重建议，合议庭于审理胡全一案的同时，对该报的上述错误向有关部门提出司法建议，责令纠正，以儆效尤，以利于加强与提高新闻报纸正确的舆论监督作用。

审判长：依据法庭调查和案中证据，只有细致、审慎、如实地考察发生、发展、变化及其结局的全过程，把握住这个过程中的每个关键性情节中体现出的案中人的动机、目的、权利、义务、作用、责任，才能对案件作出准确的判断。我们正是从对事件的整体把握中提出了以上所述的几个问题。现在再从法律的角度把各点意见概括如下：

（一）起诉书在一些重要问题上失实，因而定性不准；

（二）张永创的行为自始不是依法执行公务，案中情况不发生也不存在阻挠执行公务问题；

（三）指控胡全犯有“流氓罪”，不符合实际，没有法律依据，根本不能成立。

至于胡全本人应当记取的教训，因与流氓犯罪没有关联，略而不述。

恳请审查，并祈采纳。

我的第二次发言

审判长：听了两位公诉人方才在互相辩论中发表的意见，我再讲三点：

第一点，我对公诉人的发言从整体上有三点评价：一、不讲事实；二、没有道理；三、无视法律。这样，也就失去了继续辩论的基础，因此不再作具体的辩驳。

第二点，公诉人为了掩盖、掩护张永创的不良的（到歌厅传唤人证，先找漂亮小姐做陪就是适例）、不法的行为，提出了种种说法；所有这些经过编制的说辞，都没有也不可能抹杀、否定法律的规定。

第三点，有位同行方才说，通过审理，她的心情沉重。是的，法庭审理到了此时此刻，一切都已清楚明白，我心有同感，十分沉重。对于这群无罪的甚至是无过的孩子，我郑重建议采取"取保候审"措施暂予释放。如果对全部14名被告都这样办确有难处，也不妨先对其中的一部分如此处置。面对一群有些竟是十分可爱的孩子，不可以如公诉人方才所说的让他们"沦为阶下囚"。我们不能这么办，同志们！（话为热烈掌声断，中止。）

一九九六年八月十九日，二十二时十分，在法庭上

二审书面辩词

胡案二审合议庭：

获悉胡全上诉案已决定不再开庭审理，谨针对一审关于胡案的判决，结合全案情节，向上诉审提出书面意见，为被告人胡全辩护。

一、原判错误，上诉有理

查一审合议庭就胡全一案作出的判决，其基本内容主要为："被告人胡全……公然藐视法纪，阻挠公安人员执行公务，继而在公共场所殴打公安人员，致二人轻伤，扰乱社会秩序，情节恶劣……被告人的行为构成流氓罪。"而对其行为涉及的"恶劣"情节则概括为"胡全作为单位领导，在公安干警遭到殴打时，不仅不予制止，反而积极参与，

助长了其他被告人的犯罪气焰,对全案后果负有直接责任”。一审据此断言被告人胡全“应当根据各自的罪责,依法从重处罚”。

上述判决的错误在于:(一)对于案中事实的认定,在主要情节上严重失实,缺乏根据;(二)对于案件的定性,连同涉及的主要问题没有依法,未依准绳。以下将提出论据,陈明论点,论证一审的判决因其犯有以上的错误而不能成立,上诉有理,应请改判。

二、主要论据

(一)分析胡案涉及的“五·二三棕榈滩事件”,关键在于案中的张永创等公安人员着便装到棕榈滩歌舞厅强行带走女领班王芳,是不是一审判决所判定的“执行公务”。对此,应当首先弄清案中的“公安人员执行公务”的内容。据一审判决的认定,张永创等人执行的公务是“受单位领导指派……传唤王芳”。按照这项公务的内容,依据规定,就必须查明“传唤”是不是遵循了、履行了法定的手续与程序,是不是符合法定的条件。我们注意到:一审判决除在叙述公诉机关的指控时引用了起诉书中的“依法传唤”这个说法之外,一审合议庭本身在他的判词中却自始至终不对“传唤”这项“公务”是否“依法”作出判断;说得明确些,一审的判决根本没有认定张永创等人的“传唤”行为属于“依法”。

可是,既未“依法”,而又硬说是“执行公务”,这就使一审陷入了不能自拔的矛盾的困境。鉴于这个问题在本案中有其突出的意义和作用,必须辩明,以利于协助法庭准确断案.故不得不细陈我们的见解和根据,请严格审查——

第一,依据(刑事诉讼法)第63条,传唤应当出示“证明文件”;依据《治安管理处罚条例》第34条第2款第1项的规定,该项“证明文件”只能是“传唤证”。

第二,张永创等没有使用“传唤证”,业经王芳、胡全分别供述证明在案,且为张本人提交法庭的“自述”所承认。

第三,根据公安部颁布的《警容风纪管理办法》,执行公务“应着警服”;该《办法》还进一步明确:着便装,是“为了区别于执行公务”。

张永创自称执行公务，当时又不具有法定的可以排除的情况，却不着警服，公然地混淆了“公”、“私”，并因此而出现了问题，发生了事端，其责任应由张本人承担。

张永创等没有依法执行公务，问题至此已经明确；然而却未结束。张坚持他“带（着）传唤证”，只是未曾出示；他所在的单位于事发十天后的6月1日，竟然补写了一份题为“传唤王芳说明”的正式材料，说经研究决定为张等“开具（了）传唤证”，于是一审案卷中就保存了编号为“123”的“传唤证”。不久，即开庭的前四天，该单位的负责人又补了一份“情况说明”，确认该“传唤证是经支队领导批准”。于是一审就以一句“虽未出示‘传唤证’，但其受领导指派执行公务的证据充分确实”，对问题作了判定。这样，问题因判词的误断而复杂，我们便不得不补充说明以下几个更为重要之点，以明真相，兼正视听。

第四，一审判决只能明确张等“虽未出示”传唤证，但却不能回答一个根本性的问题：他当时是否持有合法的“传唤证”？我们认为，作为判决，对此没有理由回避。

第五，事实的真相是：张永创去“传唤”王芳的当时，他根本没有带“传唤证”；卷存的第123号“传唤证”是后补的。当事者王芳在一审法庭上对于有关人员命她在该“传唤证”上倒填时日补造书证的做法有其翔实的供述，参照案卷中其他“传唤证”的开具填写情况，应能证实。我们的一审辩词对此有详细的论述，在此不赘。

第六，张永创的所属单位开具的上述“说明”，无可争辩地出之于后补。只是后补者始料不及，这种做法不仅不可能起到证明的作用，而且也没能脱开“弄巧成拙”的困窘状态。我们当庭提出的质疑对“说明”的作者倍加照顾，是很有分寸的。倘一定要入人以罪，也只好直言那是造假，请二审明察并决断了。

第七，最后还应指出：一审判词中的“虽未出示传唤证”，实质上应为“虽不合法”的含蓄说法；至于“受领导指派执行公务”云云，我们不能不说这是强词夺理。试问：“受领导指派”就可以代替依法执行公务吗？“受领导指派”就可以任意违反法定的手续和程序，那设《刑事诉讼法》第 63 条还有什么作用？无可争辩的是；“受领导指派”而未依法，指派者是也应视其具体情节而承担相应的责任的。任何人都没有特权可以指派下属不依法行政！由此可见，一审判决所说的“证据充分确实”，恰恰证明着张永创及“指派”他的“领导”未依法执行公务的证据既充分又确实。难道不是吗？难道还能提出另一种稍有说服力的说法吗？总括以上各点，应能达到一个结论：不是“依法执行公务”，当然不存在“阻挠执行公务”的问题；一审判词中的“公然藐视法纪”的判定也就失去了根据，变成硬拉法条强行定罪的空话！

（二）关于“在公共场所聚众殴打公安人员致二人轻伤，扰乱社会秩序情节恶劣”的这段判词，其中的问题也多，以下拟分三点详予申辩：

第一，判词用“继而”总领其后的情节，并拟收到将被告人的行为划分成两个阶段的效果；这么一来，即使“妨害公务”的判词不能成立，那“继而”之后的情节毕竟事出有因；有人被打，二人轻伤，则属查有实据的。然而不对！实际情况是：观察“五·二三事件”的全过程，当事者双方的行为都属一“气”完成，没有阶段性的划分。庭审调查查明的是：强行带人受“阻”之始，殴打行为同时发生；跟着，一方因有“阻”而外跑，一方疑不法分子作乱而急追。互相殴打于此升级，“社会秩序”由此生乱。前因后果，清楚明白。怎么可以欲加人以罪而把过程加以分解割裂呢？

第二，“聚众殴打公安人员”的判词似是而实非。

“棕榈滩”，是一家企业，按判词说法是一个“单位”，有固定员工六十余人，“众”已成群，早“聚”于斯，目的仅在于正当经营，服务社会；或能赢得利润，安身立命，绝非为了“殴打”：聚众殴打之说，不能成立。判词照搬公诉词的说法，有欠考虑。

再查法律规定。判词中的“殴打”与一审援引适用的《刑法》第 160 条明定的“斗殴”并不相同；一字之改，回避了“斗殴”中应有双方的内涵！煞费苦心，以至于此！但是，殴打与“斗殴”不仅是概念上的不同，法律在这里之所以不论“殴打”而规范“斗殴”，就正是为了划清罪的“是、非”界限，因而在执法上不容混同。一句话归总，“聚众殴打”不是《刑法》第160条第1款明定的罪状，不能据之定人犯有“流氓罪”。

至于事件真相，张本人今年8月13日的陈述一再说明那是“打架的事”（中院卷一），合乎实际，一审有何理由不予认定？

第三，判词中的“扰乱社会秩序”，分明是《刑法》第158条明定的罪名。而该第158条对侵犯的“社会秩序”的范围乃至侵犯的对象的范围都有其明定的“特指”；对被告人胡全的行为当然不能适用。再从另一方面考察，“扰乱社会秩序”也不是“聚众殴打”行为中的“恶劣情节”，更何况一审判决又根本未援引第158条，从这一点出发只能得出一个结论：胡全的行为不构成犯罪！

三、关于犯罪构成

犯罪的认定还需要从法律规定的犯罪构成要件出发，对案件事实作出法律的判断与评价，因此之故，将犯罪构成问题单独列出予以辨析，作为我们的辩护论点能以成立的法律依据。众所周知，犯罪构成要件是判断具体行为是否构成犯罪的标准，而且是缺一不可。细查流氓罪的犯罪构成，姑且不论该罪侵犯的对象通常是“非特定的”，这与本案判定的“殴打”对象特指公安干警张永创等人完全不同；依据《刑法》第160条第1款，构成流氓罪，在客观方面必须有流氓活动，其主要表现形式有“聚众斗殴、寻衅滋事、侮辱妇女”三种，都应达到“情节恶劣”程度。至于什么样的行为应断为“情节恶劣”，两高（最高人民法院、最高人民检察院）1984年11月2日以“解答”形式作出的司法解释有具体的说明；其中对“聚众斗殴情节恶劣构成流氓罪的”，规定了五种具体情况，结合本案涉及的“五·二三事件”及胡全的行为，无一与之相关，无一与之符合。通观胡全在事件全过程中的行为，既不是“成帮结伙地斗殴”，又没有“出于私仇争霸”的动机，除他本人的伤势相对较重外，“二人轻伤”也不能认为是“造成（了）严重后果”。总之，胡全的行为因其缺乏客观方面的条件而不构成流氓罪。

再论其主观方面，结合上述的两高“解答”，只能是以凶残下流的手段,故意地对公共秩序施以破坏,行为人明知自己的流氓活动会发生危害社会的结果,并且希望这种结果发生,胡全的行为不具有流氓罪的直接故意这一主观条件。审查他的案中行为,没有哪一项、哪一点可以证实他“明知自己的行为会发生危害社会的结果”,即“破坏公共秩序”的结果。问题很清楚,“五·二三事件”发生时的“公共秩序”,首先包括了“棕榈滩”这个公共场所的经营秩序,他有什么理由使之生乱或者遭到破坏呢?更何况异常情况一经出现,他就立即令人报警,依赖政权来维护公共秩序,这与希望破坏公共秩序的结果发生岂不是风马牛而不相及!

还应指出:准确认定行为人的动机与目的,对于分析犯罪构成的主观要件、正确定性有着重要意义。如何认定?一个公认的原则是:只有对行为人的行为历史地、全面地联系起来加以分析,才能得出合乎实际的正确结论。据此研究胡全行为体现出来的动机,仅止于“阻挠”张永创等人带走他的企业的领班王芳,其中并没有实施犯罪行为的内在起因或意识冲动,即没有犯罪动机。至于目的,则无非是为了保护企业职工(女友)的人身安全和企业的正常经营不受非法干扰或侵犯。庭审调查表明:胡全在经营中从来没有对抗公安人员的行为,此前每“唤”必到。可以设想:张等如持有合法手续执行公务,他肯定不会加以“阻挠”。至于“阻挠”非法行为而采取了过火手段,那绝不是目的本身。总之,胡全的行为不具有流氓罪的目的,也无疑义。

结论:胡全的案中行为完全不符合“流氓罪”的构成要件,相关的指控与判决不能成立。

四、判断与请求

综上所述、所辩,考察本案主要事实所反映的“五·二三事件”全过程,结合一审判决援引的法条,研究“流氓罪”的犯罪构成,可以断言:被告人胡全没有流氓犯罪的故意,没有实施“情节恶劣”的“聚众斗殴”的流氓行为;他在阻挠干警没有法定手续而要强行“带人”之时,与之发生争执,并有扭撕、互殴的过火行为,但绝非“公然藐视法律”(判词的提法为“法纪”,不用法律,用意也苦),虽有二人轻伤,也够不上危害社会的后果。总之,我们有充足的、无可辩驳的理由重复地说:胡全的案中行为构不上“流氓罪”,一审的错误结论应予推倒。

诉 讼 文 书

检察院起诉书(摘要)

胡全,男,二十七岁,棕榈滩总经理。

胡国俊,男,十九岁,棕榈滩收银员。

刘成山,男,十八岁,棕榈滩传菜员。

邓继宇,男,二十岁,棕榈滩服务员。

童伟,男,十八岁,棕榈滩副领班。

胡玲,女,三十一岁,棕榈滩餐饮部经理。

王芳,女,十九岁,棕榈滩歌舞厅领班。

另七人均略。

上列被告人流氓一案,由公安局侦查终结,移送本院审查起诉,经审理查明:

1996年5月23日晚9时左右,市公安局刑警支队一大队干警张永创、向先平、李峰、沈刚(实习生)去棕榈滩歌舞厅依法传唤王芳,在二楼歌舞厅张永创向被告人王芳出示了工作证后带其往外走,在楼梯处,遭到被告人胡全的阻拦,张永创说“我是公安局的,来传唤王芳”,这时,胡全的战友张庆(男,27岁,武警市支队机动中队副中队长,另案处理)冲上前讲“你是公安局的,我还是武警呢”! 说着,即朝张永创脸上打一拳,被告人柏伟也向张打了一拳,胡全夺下张永创的手机往其头上就掼,被告人童伟到歌舞厅叫来邓继宇、胡国俊,邓、胡各持一根铁棍和童伟一起殴打张永创,张只得丢下王芳往大门外跑去,胡全叫“不要让他跑了”,被告人胡全、邓继宇、童伟、胡国俊、王芳及张庆随后追撵张,被告人刘成山、胡玲、蔡俊峰、卢俊、严飞、侯书友、陈光明、梁德生也相继追出,在棕榈滩大门外,对张永创等四人围攻、殴打。

张庆将向先平摔倒在地，胡全用手机猛砸，胡玲抓住向的衣服，并喊"假刑警，乱抓人"。张永创在几名干警遭多人殴打的紧急情况下，鸣枪示警，刘成山跑回棕榈滩后堂，拿了两把菜刀，边跑边喊"老子砍死你"，胡国俊乘张不备用铁棍将手枪打落在地，侯书友捡起手枪，又被胡国俊夺回，胡跑进棕榈滩将手枪藏匿于一楼储藏室。刘成山持刀追上张，将张打倒在地，用刀背往张的背部砍一刀，刀被蔡俊峰、卢俊等人夺下。刘成山又用皮带抽打向先平，胡全、胡玲抓住向，在刘成山、卢俊、蔡俊峰、严飞、邓继宇、童伟、梁德生的协助下，将向拖进棕榈滩一楼大厅，胡全命令放下卷闸门，被告人童伟、邓继宇、刘成山继续殴打、辱骂向，接着，增援的公安人员赶到，解救了向并找回了被抢的手枪。向、张被殴打致伤，经法医鉴定：均为轻伤。……

综上所述，被告人胡全、胡国俊……（等十四人），无视国法，公然阻挠公务人员执行公务，继而在公共场所寻衅滋事，聚众殴打公安干警，致使两名干警轻伤，造成社会秩序严重混乱，其行为显已触犯《刑法》第一百六十条第一款之规定，构成流氓罪。……特提起公诉，请依法惩处。

一九九六年七月十五日

中级法院判决书（摘要）

公诉机关：人民检察院。

被告人：胡全、胡国俊……等十四人。

检察院于1996年7月15日以胡全等十四人犯流氓罪提起公诉。本院于8月19日公开审理了本案。现已审理终结。

经审理查明，1996年5月22日，市公安局刑警支队干警在侦查某一案件中，需要向在市棕榈滩美食文化娱乐村（以下简称棕榈滩）工作的王芳了解情况。次日21时许，该刑警支队干警张永创、向先平、李峰受单位领导指派带实习生沈刚到棕榈滩传唤王芳。到二楼歌舞厅找到王芳后，张向王芳出示工作证，并说："我们是公安局的，现在传唤你到公安局。"王芳未提出异议，随张往楼下走。行至楼梯拐角处，胡全从包厢内出来，见张带王芳往楼下走，立即追上去。与此同时，被告人童伟到歌舞厅喊被告人胡国俊、邓继宇"快出来，楼下打架了"！胡全追上张永创，即抓住张左肩衣服和右手，质问张是干什么的，要看证件，张答说："我是刑警队的，传唤王芳到刑警队问话。"张用左手正在掏证件时，张庆（另案处理）冲上前，朝张面部猛击一拳，边打边说："你是刑警队的，我还是武警呢！"此时，被告人柏伟见张庆动手，亦打张永创一拳，随后离开现场。王芳制止说："不要打了，是公安局的人！"胡全等人不听，童伟、胡国俊、邓继宇踢打张，胡全拽过张手中的手机，连续掼在张头部。张挣脱后往楼下跑去。胡全边追边喊："不要让肇事的跑了！"王芳再次大声制止："这个人是公安局的，不要追了！"胡国俊、邓继宇、童伟置若罔闻，紧随胡全追出门外。陈光明、卢俊、王芳、严飞、侯书友、梁德生亦随即追出。向先平见有人持棍追撵张，上前阻止说："我们是公安局的，你们想干什么？"说话间，便遭到胡国俊、邓继宇用铁管猛击，向头部、额头被击裂伤。胡全拳击向，胡玲逮住向先平胳膊喊："假刑警，乱抓人。"王芳朝向先平胸部打了两拳，胡国俊、刘成山、邓继宇、童伟、侯书友、严飞转身追打，刘成山跑回一楼，拿出两把菜刀。张永创在紧急情况下，掏枪制止。胡国俊、邓继宇、童伟、严飞被震慑，退回，但刘成山仍持刀威胁，张不得已鸣枪示警，胡国俊用铁管猛击张持枪右手，手枪落地，被侯书友拣起。接着刘成山用刀背砍击张右后背，致张肌肉裂伤六厘米。胡国俊行凶后，夺过侯书友手中的手枪，藏匿。张被打倒后，被告人一伙又返回棕榈滩门口，协助胡全、胡玲将向拖进棕榈滩大厅，行进中，刘成山用皮带抽打向先平，卢俊、蔡俊峰、邓继宇分别朝向的臀部、腿部踢了一脚。胡全令关上卷闸门，直到公安干警赶到。经法医鉴定：张、向二人伤情属轻伤。

本院认为，胡全作为单位领导，在干警遭到殴打时，不仅不予制止，反而积极参与，助长了其他被告人的犯罪气焰，对全案后果负有直接责任。……

……部分辩护人提出公安干警不是依法执行公务。经查，张等四名公安干警在传唤王芳时虽未出示传唤证，但其受领导指派执行公务的证据充分确实。为了维护社会秩序……打击犯罪，依据《刑法》第一百六十条第一款，第二十二条第一款，第二十三条，第二十四条，第十四条第一款、第三款，第六条，第三十二条，第十条，第六十条和《刑事诉讼法》第十一条第一项之规定，判决：

胡全、胡国俊，各处有期徒刑五年。

刘成山、邓继宇，各处有期徒刑四年。

严飞、梁德生、柏伟、蔡俊峰、胡玲、卢俊，免予刑事处分。王芳、陈先明无罪。

高级法院裁定书(摘要)

上诉人：胡全，胡国俊，邓继宁，童伟，侯书友。

市中级法院审理胡全等十四人流氓一案，于1996年9月26日作出判决，胡全等上列五人不服上诉，本院现已审理终结。

原判认定……

经审理查明……(注：与一审判决同)。

胡全上诉提出：1. 部分事实不符，如：是被对方用手机砸了头才夺过手机；2. 定流氓罪不当；3. 量刑过重。其辩护人提出：1. 公安人员未依法执行公务；2. 胡并非寻衅滋事、并非聚众殴打干警、非扰乱社会秩序，不构成流氓罪；3. 胡全被手机打中头部才夺的手机。经查，胡全及其辩护人提出是对方用手机打了头才夺手机一节，没有证据印证，不予采信。胡国俊上诉提出……(略)

本院认为……(注：与一审判决同)，裁定如下：

驳回上诉，维持原判。

一九九六年十二月二十日

25. 雷霞“诬告陷害案”

案 情 简 介

湖南威胜中外合资公司的港方权益，包括“专利权”和上亿元投资，被该省高官用非法手段剥夺。港方投资者被诬指为犯罪，经该省高院判处有期徒刑 20 年。

湖南中共省委原第一书记熊清泉等四位老人，就威胜公司港商巨额资金被非法鲸吞，担心改革开放的国策不能在湖南实施，乃委托威胜公司办公室主任雷霞草拟“真相报告”，来京通过李锐老先生提请中央干预。历时数年，多次反映均因省委的阻挠抵制而未发生作用。与此同时，该公司职工中敢于反对者广泛遭受迫害。雷霞被迫逃亡，终遭逮捕，以诬陷省委领导和非法持有国家秘密罪被判处徒刑。雷霞坚持认为无罪，上诉后被驳回。律师作无罪之辩，未被采纳。

辩　护　词

一审辩护词

审判席：

起诉书指控雷霞涉嫌“诬告陷害罪”，开宗明义，明确提出：“1998年间，雷霞一直就威胜公司股权变更、资产重组问题向湖南省政府反映意见”，从而不经意地指明了雷霞问题的深刻背景，概括地说就是：一切问题都起自向省政府反映情况和意见，而这正是本案的焦点所在。

雷霞作为威胜公司工作人员，兼有党员身份，她既有责任又有权利，就公司的重大权益问题向省府反映意见，为宪法和党章所明定，对此无须详论。我想提请法庭注意的是：雷霞在她反映意见的过程中，接受原湖南省委负责人熊清泉、刘正等四位老同志的嘱托，携带他们四位亲笔写给中纪委反映情况的意见书，北上首都，通过对湖南情况比较熟悉、对家乡工作一向关心的李锐同志，向中央高层反映意见，于是引起湖南当政领导层的高度关注，问题转向尖锐，并且日趋繁杂，发生了一系列异乎寻常的事件。雷霞竟被列为所谓“4・18”敌特嫌疑专案的审查范围，调查取证无不由省纪委和省公安厅的官员出面操作，足可证明。

问题在于：雷霞受前省委书记的重托，经由李锐同志向中共中央高层反映意见是否正当，四位老同志和雷霞所写的书面意见内容是否真实，其中有无诬陷情节，是否出于公心，这是审查雷霞问题的一个重要环节。前此的侦查、审理中对此全然疏漏，甚至未向熊清泉等四同志取证，更未调取他们书写的材料，应请依法补救，以利于把握全局，分清是非，弄清真相，判明责任。原先的几位高官捅了马蜂窝，现在却让一个无辜的普通党员承受与她的行为极不对应的后果，且不讲法理与党性，这哪里还有一点最起码的公道与公正！

诚然，雷霞在她就威胜公司权益问题反映意见的过程中，经由一位人称反腐老人陈荣杰同志引荐，同意由本案第二被告人易长林整理材料反映问题，此后形成了几次举报；这些举报是否属于公诉人所说的“诬陷”，应结合法条，联系实际，予以分析，作出判断。下面我先针对起诉书的指控，围绕事实讲两个意见——

一、起诉书在提出雷霞一案的上述背景之后，跟着指出：她于1998年11月，与第二被告人易长林“达成了制作威胜情况材料的协议”。此说没有根据，缺乏证据支持。

第一，“协议”之说，不仅被雷霞依据事实断然否认，易长林在8日的庭审调查中回答公诉人讯问时也说：“我没有与雷霞之间有书面协议”，两种说法完全一致，相互印证，应属可信，可见指控失实。

第二，公诉人也许会说，是口头协议。我们也请事实说话。这里先撇开雷霞的辩解不论，据公诉人作为证据提交的易长林1999年2月1日的日记，他与雷霞口头所说的内容也仅仅是：“他（雷）提出报酬，我不愿说出价数，后来，他讲了两个月内，每月定K。”（易长林在庭上说，K代表千元）这个记载，与他本人在8日的庭上陈述一致。据此当能证明：即使硬要把这种交谈视为“口头协议”，但它的内容既没有撰写材料的方式和时限，也没有反映情况的内容和素材的来源，总之没有一句实质性内容，构不成“制作反映威胜情况材料”的一项“协议”，可见这项指控不能成立。

二、据起诉书指控，本案二被告“为达到把周伯华告倒的目的，由雷霞提供经费与素材，二人共同起草、修改、定稿，先后杜撰了包括《周伯华的品行太不端雅》等四份材料”。对此我们有四点申辩。

第一，关于“经费”。雷霞确曾按照易的要求，分若干次总共给付过1500元，对此易长林在8日庭审中说：这是因为生活有困难，“雷霞帮我忙”，这与雷的陈述完全一致。为解决某些生活困难而帮忙，与提供经费简直是风马牛不相及，根本不搭界。为“告倒”一个省长，提供区区千余元的“经费”，近似玩笑，怎能轻信？

第二，关于“提供素材”，起诉书与公诉词都不能具体指明雷霞提供了哪些素材，更不能说明雷提供的素材有无可靠来源，内容是否出于捏造，仅有一顶空帽子断人“诬陷”，怎么能加人以罪呢？

雷霞已实事求是地向法庭陈明，她提供的素材仅限于两个方面，一是威胜与“国开”两个企业的问题涉及的材料，二是几份剪报。这与易长林的供述互相一致，易长林在8日庭审中回答公诉人“雷霞还给过你什么材料”的提问时说：“有威胜的具体情况资料，还有国开公司的一些材料和附件，其他没有了。”足证雷霞的陈述真实可信。

还应着重指出：雷霞提供的这些素材都有其可靠可信的来源。例如，公诉人所举的那份《湖南人民叩求党中央排除杨正午、周伯华的干扰，实施中央专案查办湖南国开公司的紧急报告》中，雷霞提供的“素材”都见于文后附件，其中有五份出自职工的举报，这类素材，既有来源，当然不是雷霞捏造；至于内容是否真实，又应经过查核才能得出结论，不经核查，绝对不应轻言失实。即以公诉人所指的上述《紧急报告》中涉及的周伯华给湛世明写条子批给吉为五千万元用作私人经商，结果有去无回为例，联系湛世明与吉为二人的证言细加分析，他们可以否认五千万元一事，却绝得不出他们在经济上没有问题的结论。按照湛世明的证词，吉为的问题是明摆着的，因此，即使批给吉为五千万元一事失真，也谈不上凭空捏造。更何况，仅此一项失真，也不足以断定全篇举报失实。至于其他两项犯罪事实的指控，分别见于《湖南省委杨正午、储波、周伯华权势庇护下的湖南国际经济开发公司的腐败内幕》和《从我公司15亿元亏损揭开副省长周伯华腐败贪婪的本质》两份举报，公诉人举不出证据证明是基于雷霞提供的素材，或出自雷霞的捏造，加之易长林也不否认这两份材料出自他的手笔，因此，即使其中有的材料失真不实，也与雷霞无关，怎能据此加罪于雷霞？

审判长：由于易长林在今天法庭的供述中，在素材问题上有推脱责任的情况，我不得不引述一段公安机关2002年4月18日的认定：公安机关早在1988年已掌握易长林与境外某方联系的情况，并曾于1992年对他进行过教育，易拒不接受，并在“近几年，又发现其有收集破产、困难企业及社会敏感或热点问题,向境外敌特机关提供”的问题,于是对易立案侦查。试想,这样的一个人,他手上的“素材”还少么?公安局从他家里搜出材料有几十公斤之多,难道不是事实?威胜公司作为“困难企业”,公司外方董事长被人长期关押,上亿元资产被吞并,当年又是“热点问题”,恰是易长林关注的重点,有什么理由可以推得一干二净呢?

总之,断言雷霞提供了“诬告陷害”的素材,出自臆测,没有证据支持,因此也不能成立。

第三,根据以上两点申辩,指控被告人“杜撰了”四份诬陷材料的说法与实际情况相去甚远。一份材料是否“杜撰”,应从它的整体加以考察,如仅有小部分具体事项、具体情节不够准确或有失真实,不能定为“杜撰”。本案起诉书的指控涉及的四份材料,其中反映出来的问题粗略统计有数十项之多,而起诉书充其量只能说出有三例不实,这样怎么可以把四份材料从整体上加以否定硬派为主观编造呢?更何况雷霞所举的材料有来源,有素材,有的还有旁证,并非出于主观的臆造,或者凭空的编制,凭什么断为“杜撰”控为犯罪呢?

我们注意到,起诉书说控方有足以证明捏造成立的证据。其中最重要的应是“省纪委的出具的调查结论证明函”。对于这份证据,我们从根本上持否定态度,理由有三:

(一)“复函”不是鉴定结论。二者的性质、效力及其制作程序都大有差别,不可以互相混淆或随意取代。

(二)“复函”的内容泛指“近年来陆续”发生的对湖南省级领导的举报材料的情况,并未特指雷霞举报,不能说明“复函”作者对雷霞的材料业经审定,更未批示雷霞有“诬陷”问题,总之,“复函”与本案无关,引为证据,不知何意?

(三)退一步说,“复函”既被控方举为证据,不知有什么理由不出示原件提请法庭依法质证,不经质证的证据不具有证明的效力,法有明定,公诉人拒不执行,是必须加以纠正的。

诸位法官,省纪委的调查报告复函既然在法律上不具有证据的效力，怎么能够据此断定被告人有罪呢？

第四，关于“雷、易二人共同起草、修改、定稿”了四份诬陷材料。这项指控包括被告人的三个行为：起草，修改，定稿。公诉人反复断言这三个行为都是被告二人的共同行为。我们要求公诉人说明：你们说的“起草”与“定稿”这两个行为如何“共同”实施？怎样操作？诸如采用何种方式“共同”，是一人动手还是二人分别执笔？是否经过讨论？于何时在何地？最后怎样“定”的稿？这些问题，统统没有证据予以证明，凭借什么可以轻下结论？尤应指出：那份《周伯华的品行太不端雅》，最后由其他两个人署名，但经指纹鉴定，却出自易长林一人之手，并无雷霞指纹，这就从一个侧面证明：二人共同之说，既不合情理，更没有根据，公诉人主观臆断，不难明察。

以上是针对控方关于雷霞“杜撰诬陷材料”一节所作的申辩。由于公诉人今天在法庭上再三支持易长林的“雇佣”说，因其违背真实原则，故须予以辩驳。

易长林对法庭说：他与雷霞是“雇佣关系”，他“受雷霞雇请”。意在推脱责任，至为明显。

众所周知，雇佣关系表现为主从关系，是支配与被支配的关系，易与雷有没有这样的关系呢？公诉人方才说，“两被告人的法律地位没有主次关系”，既如此，从哪里来的“雇佣”关系？为了反映真相，不妨再考察一下易长林日记，一是 1998 年 11 月 12 日的记载，他直呼雷霞为“小雷”，方才在回答我们的提问时也承认，“平时称她小雷”；二是 1999 年 2 月 1 日所记，他因雷霞比约定的时间迟到 8 分钟，不仅在等候过程中，电催雷迅速赶到某地，而且在见面后毫不客气，直截了当地批评说，约会不宜迟到，此时雷只好推辞说“事多”。公诉人提交的日记仅此两页，就已充分地反映出所谓“雇佣”关系纯属或推诿责任或加罪于雷的枉说。请问，在这些记载中能反映出谁是主谁是从、谁是雇主谁属佣从呢？由此可见，作为国家公诉人，居然支持易长林意在推诿责任的供述，这是很不郑重的，应请法官明鉴，还事物以本来的面目。

下面再就本案“诬告陷害罪”涉及的法律问题，针对指控，为雷霞辩——

（一）起诉书认定雷霞所谓“诬陷的目的是为了把周伯华告倒”，这种说法不仅违背刑法关于本罪的规定，而且属于臆测，极其武断。

首先，我们要问：什么是“告倒”？公诉人在三轮答辩词中都不能回答。“告”的种类很多，“倒”的区别有异。举报可以视为“告发”，申诉可以称之为“告”；“倒”可以界定为“认输”，可以理解为“下台”，也表现为有所收敛，或者能够改正；躺倒不干也属于“倒”。雷霞的“目的”归于哪种“告”，哪类“倒”呢？

其次，从法律的角度分析人的行为的“目的性”必须从主客两个方面进行审查，也就是应从实际出发，而不能凭推论，靠臆测。雷霞坚持多年的上告、举报、申诉，从她投递、上报的材料本身分析，其动机与目的仅止于搞清楚威胜公司的权益问题，恢复公司原貌，使生产得以复原，职工生活获得保障，从而有利于改善三湘投资环境，间接地推动与促进经济的发展，尽到一个中共党员对国家应尽到的责任，这种目的，天人共鉴，怎么可以恣意抹杀或予以曲解呢？

最后，还应指出：指控为“诬陷”的四份材料，分别涉及杨正午、储波、周伯华，还有梁锦仁和吉为，前三人在该材料的标题中明列，公诉人为什么把雷霞告倒的对象仅限于周伯华一人了呢？是不是因为凡涉及杨正午、储波、吉为、梁锦仁的材料都与雷霞无关呢？或者，是不是因为这几位的问题都确实存在而应该“告倒”呢？还是另有难以明说的原因？凡此我们不拟推断，但公诉人关于“目的性”的指控，不仅与公认的法学原理相悖，而且不无随心所欲之嫌，已是清清楚楚，因而不能采信！

（二）诬告陷害罪的构成，依据《刑法》第243条第1款的规定，应具备两个要件，一是“意图使他人受刑事追究”，二是“情节严重”，两者缺一不可。本案被告人雷霞有无这个“意图”，应结合她的行为的“目的性”进行考察，对此前有陈述，不作重复。这里应补充说明的是：雷霞固然就周伯华围绕威胜公司的股权等问题向中纪委作过举报，有所揭发，至于周本人有无问题，有多少或多大问题，雷霞仅止寄希望于中纪委的审查，实际情况也正是这样：结论有待于中纪委作出。雷霞自始至终未向司法机关对任何官员“举报”，“意图使他人受到刑事追究”又从何谈起？公诉人说：中纪委有可能向司法机关移送，因此举报人的“意图”正在其中。可是，请公诉人想一想，如果中纪委要向或会向“司法机关”移送，岂不恰恰证明着被举报人确有严重的违法问题而应受到追究吗？混乱的逻辑，不可能得到正确的结论，公诉人在这个问题上的辩解，除了证明着他们强烈的倾向性之外，还能说明什么？诸位法官，一个党员向党的纪委反映情况揭发问题，这是履行职责、实施监督、忠于事业的表现，倘由是获罪，不知会将党章与国法置于何地？事关重大，请慎思之。

至于“情节严重”这个要件，我们既然肯定雷霞的行为构不成犯罪，当然不必再就此作出辨析。现在是退一万步说，即使认为公诉人关于“诬陷”的指控成立，起诉书列举的事实也构不成“情节严重”。所谓“情节”，是指结合罪名与案情所发生的犯罪动机与目的，手段与方法以及所产生的危害后果等；是否“严重”，则主要应审查犯罪动机是否邪恶，手段是否卑劣，最关紧要的是，是否意图并已产生了使人受到刑事追究的恶果。遍查本案材料，研究公诉人发表的公诉词，完全不存在“严重”的情节，因而缺乏这一必备要件。公诉人方才重复地说：被告人的行为已足以影响全省的政治稳定，严重破坏了省领导人的信誉，据此应断定“情节严重”。这种指责，分明属于无限上纲，是“文革”的遗风，谁还会轻信呢？这里姑且不论周伯华等人身为要员应受广泛的监督，即使强行认定有人破坏了他的名誉或者声誉，事涉侵权，他完全可以依法提起民事诉讼，要求恢复名誉，停止侵害，又何至于惊动检察机关以国家的名义提起公诉？

总结以上论证，可以达到无可置辩的结论：雷霞围绕威胜公司的权益问题，以普通党员的身份，向党的纪委机关所做的一切举报，都是正常的，正当的，根本不构成犯罪。强行认定，会给党的政治生活带来负面影响，它将能产生的后果倒的确是严重的，恳请法庭明鉴。

以下再讲起诉书列为第一项的涉嫌犯罪的行为。

据起诉书,从雷霞住处搜出中央 48 号文件的复印件一份,“雷霞无法说明文件的真实来源与用途”,因而构成“非法持有国家机密文件罪”。这项指控存在着严重问题,有以下七点申辩。

(一)查抄所得,分明是一份中央文件的复印件,而不是起诉书认定的中委(2002)48 号文件。复印件绝不能等同于正式文件,我分三点说明:第一,正式机密文件,不经授权,不可能被复印。第二,正式机密文件,都有特定的主送单位和抄送部门,不得逾越,不准变换。中央的这份 48 号文件共印 400 份,抄送范围有明确限定,不可能被复印。第三,复印件仅仅是某种资讯的载体,任何复印件,即使是合法制作,都不能等同正式文件,也不能视之为正式文件,加上复印件往往真伪难辨,它自然就失去了正式文件的性质和效力。正式文件一旦经由非正常的途经流向非抄送范围,流入社会,情况更是如此。任何人都不会按这种复印件行事是无须证明的。据此三点说明,我们有理由提出问题:持有机密文件的非法复印件应否定罪,应定何罪,法无明文。而法无明文规定者不为罪则是毋庸置疑的。恳请合议庭给予特殊的考察与衡量,期能达到不纵不枉。

(二)按照《刑法》第 282 条第 2 款的规定,“非法持有”,以主观上的故意为要件,同时还应具备“持有”的目的性。雷霞的保密观念不强,犯有疏忽大意的过失,但她自始没有“持有”该复印件的目的,其行为不属故意非法持有中央机关文件,应无疑义。

(三)按照《刑法》第 282 条第 2 款的规定,仅仅是“非法持有”,并不能构成犯罪。为了说明这一观点的正确,不妨举例比较。某人看了机密文件,摘抄了,这种行为与“非法持有”相比较,在性质上大同小异,但只要摘抄之后不使用,不泄密,就不能认为构成犯罪。

(四)因此,法律明定,构成“非法持有机密文件罪”必须以具备“拒不说明”真实来源与用途为要件。

起诉书用“无法说明”真实来源与用途,取代刑法明定的“拒不说明”,学术界也有人持这种主张把二者互相等同,但学理不是法理,更不是法条本身，故应作辨析。

我们认为，拒不说明与无法说明有重大区别。前者，是主观上的对抗，属故意；后者，往往是客观上的不能，因其不能故成“无法”之势，属无奈。所以前者为构成犯罪的要件，后者则不能。

雷霞既没有“拒不说明”，她持有文件复印件的行为显然不能构成犯罪。

（五）还应补充的是：“无法说明”，有时是权力者的判断，是对于“拒不说明”的扩大解释，是当权者对于嫌疑人的“说明”未能满足，不能满意，而派定或设定的一种状态。结合本案的情况，应当着重指出：雷霞持有的文件复印件的来源，因其来自欧阳华，故又止于欧阳华。至于欧阳华来自何处，具体地说是否来自廖汉生办公室，雷霞并不知情，故“无法说明”。这是事实，又合于情理，相信合议庭会推倒控方关于“无法说明”的不实论断与逾越法定规范的指控。

（六）关于“用途”。基于该 48 号文件复印件的内容，与雷霞和威胜公司都没有关系，因此她并不关心，无“用途”可言。没有用途就正是“用途”的说明。由此也正反映着事发于偶然，而非“故意”。扼要地说，正因为没有用途，恰好说明不具有“非法持有”的故意。

（七）卷中有份湖南省保密局湘政保（02）34 号关于上述 48 号文件密级鉴定的复函，虽出自权威部门却极不规范，并有严重瑕疵，但因其对本案定性显然发生了重大作用，故应详予辨析——

1. 根据最高法院 2001 年 23 号文件的规定，凡鉴定，必须有具备鉴定资格的鉴定人，必须合于法定的步骤，至关重要的是必须出具“鉴定文书”，此外还特别规定：鉴定人“有义务”出庭宣读鉴定结论，并回答与鉴定相关的提问。据此，该 34 号复函决非“鉴定结论”，不具有鉴定的作用。

2. 即使硬要把该 34 号复函作为“鉴定”，因其是证据的一种，故必须经由法庭质证与确认，绝不是也绝不许一“鉴”就“定”，如果这样，岂不是把鉴定等同了判决书？

3. 从内容上考察，我们对 34 号复函也有以下质疑：

第一,据复函,他们的鉴定意见业经“报请国家保密局审定”,意在加强其可采性和公信力。但是,《刑事诉讼法》第 42 条第 2 款规定的 7 条证据中,只有“鉴定结论”,并无“审定结论”,以审定取代鉴定,于法无据,因而没有法律上的效力。

第二,公诉人说,中委 48 号文件中含有未公布的公安、安全、司法和监狱机关的专项编制数额,复函认为尚未公布应属机密。但是,据知,网上已经公布了司法系统包括监狱在内的编制数额,公安机关的也有部分业已发布,凡已发布者自无机密可言,对此也至盼合议庭具体分析,得出实事求是的结论。

综上所述,关于雷霞“非法持有国家机密文件罪”的指控,同样不能成立。

审判长:我们比较细致地批驳了不实的指控,说明了为被告人雷霞辩护的要点,总结起来可以得出一个判断:本件诉讼涉及的事实与法律极其明确十分简单,但不幸被人为地复杂化了,而且在一系列的环节上流露着行政干预的迹象,司法独立受到令人不安的干扰。企业职工对政府官员实施监督,作出举报,居然被指为“诬陷”,把宪法的规定视为空文,这些都是反常的。然而我们依然盼望着法官的公正性,不会使无罪的人受到诬枉。至于案中的违反程序方面的问题,将另行提出。考虑到雷霞重病在身的实际状况,结合她的一贯表现证明着她本身决无人身危险性,我们重申取保候审的请求,至盼能从人道出发予以批准。

二〇〇三年七月十六日　湘潭岳塘

二审书面辩词

湘潭市中院,雷霞案合议庭:

雷霞一案当事人上诉后,我们接受委托担任二审辩护律师并将全部规定手续呈送贵院,但迄未得到合议庭启动二审程序的通知。不意日前突得雷霞家人电告,合议庭催要律师辩词甚急,我们考虑到目前执法环境在许多环节上会有异常情况，认为应以维护当事人的辩护权利为重，谨依据现有的书面资料，遵示扼要提出书面辩护如下——

一、一审判决不顾庭审的实际情况，不考虑控方证据或被当庭否定，或经质疑难以成立的客观事实，在对起诉书不实的指控加以若干文词修饰，罗列15项“证据”，并断言都“经当庭质证，予以确认”，之后作了全面的肯定，然后据此宣告雷霞的行为触犯刑律，予以治罪。一审判词的这段叙述，有两点失真不实：其一，“上述证据”中有的并未“经当庭质证”；其二，有的虽经“质证”，但疑点不能排除，矛盾并未解决，显不“属实”，不知根据什么予以“确认”？这就使一审判决陷入事实不清、证据不足的境地。我们有充分的理由坚持在一审辩词中提供的事实，发表的观点，认为它的客观性与正确性无可置疑，恳请二审一并予以审查。

二、本案的焦点在于：雷霞在湖南原省委书记熊清泉等四位老人的指点、策动和具体帮助下，就威胜公司的合法权益被省内高官非法剥夺，巨额资产被公然鲸吞等问题，虑及改革开放的既定国策不能在三湘贯彻实施，乃通过原中顾委成员、中组部副部长李锐同志，向中纪委以及总理、总书记说明真相，提出异议，连带省内高官涉嫌的一些问题反映情况，吁请干预。这些都是公民的宪法权利，共产党人的神圣义务，与所谓“诬告陷害”相距何止十万八千里！我们已经取得熊清泉等四人致李锐的亲笔函和附件，也有李锐同志致中央领导的信函和附件，细查其中无一事、一句、一词、一字涉嫌“诬陷”。雷霞奔走其间，不过是信使，联络人，熊老诸人无过，有何理由加罪雷霞？

一审判词说：“雷、易二人共同起草、修改、定稿，先后杜撰了……（四篇）诬告陷害材料，投寄给中纪委和国家主要领导人……”其证据主要是：“省纪委出具的调查结论函”；二被告人的供述及“易长林的日记，相互印证了两被告人共同制作四份告发材料的过程；“手印、笔迹的鉴定”。据此，似乎雷霞背着熊清泉等同志搞了“诬陷”活动，意图“把周伯华告倒”。对于上述三项证据，我们在一审辩词中已有批驳，这里再着重指出以下三点，作为质疑：

第一,省纪委的“调查结论函”,控方在一审法庭上拒不出示,何来“质证”?一审判决的“质证”之说,纯属编造。据此该项“证据”根本不具有证明的效力,依法不得作为判案的依据。

一审结束,我们看到了该“调查结论函”,该函反映出两个特点:一个是并未特指“雷霞举报”,只是针对“省公安厅转来的有关周伯华同志的举报材料”作了调查核对,因此不能断定与雷霞有关;另一个是仅有“举报……失实”的结论,并未证实何人有“诬告陷害”的行为。省纪委的“调查结论”在这一点上写得很有分寸,因为举报与诬陷截然不同。举报即使“失实”,也构不成“诬告陷害”,这是区分罪与非罪的一条原则性界限。据此可以认为,即使雷霞有“举报”的活动,而且犯了“失实”的过错,也构不成犯罪。尤应指出:根据党的十六大的精神和以胡锦涛总书记为核心的中央领导集体的一系列指示,党和国家的高级领导干部必须把自己的执政活动置于人民大众的监督之下,据此,对湖南省级干部实施监督,就其不正常的行为作出举报,是不容限制、不准剥夺的政治权利,怎么可以指为“诬陷”控为犯罪呢?按照控方和一审法院的逻辑,谁还敢对那些违法乱纪的现象实施监督进行举报?雷霞作为一个普通党员,向党的纪委和其他领导机关反映情况,揭发问题,即使视为举报,也是履行义务忠于事业的表现,又何至于运用国家权力,实施种种报复手段,直至断为“犯罪”,请问这将置国法与党规于何地?请问这是执行的什么法律?

总之,依据上述“调查结论函”判定雷霞有罪,从程序到实体,都不符合法律的规定,都是违法的。应请纠正,无可置辩。

第二,认定“二被告共同制作四份告发材料的过程”,依据是二被告人的供述与易长林日记的“相互印证”。这里必须指出:二被告人的“供述”互不一致,雷霞断然否认与易“共同制作告发材料”;至于易长林的日记,法庭上出示的仅有两页,其中根本不涉及“共同制作”问题,一审判词也不能实指哪段日记的记载能够证明“二人共同制作”,徒有空言,出之臆测,“互相印证”的断语完全不能成立。

第三,案中“手印”,经鉴定属于易长林一人,控方举为犯罪的“举报材料”上的笔迹,也仅有雷霞个别词句的修正,这些修正,即所改的文词,无一字与一审判决指出的三项“诬陷事实”有关,从而更能证明雷霞既无诬陷的动机,又无诬陷的行为,怎么可以混淆是非,强行作为定雷霞以罪的证据?

三、鉴于一审判决不顾法理,公然枉法的实际,我们不得不着重说明:诬告陷害罪侵犯的是复杂客体,既有人身的关系,又有司法机关的正常活动秩序。这种常识性的学理已被公认,参阅最高法院大法官编写的相关专著可证。雷霞向中纪委反映情况(或如一审所定是举报),始终如一,从无一审判词认定的“使他人受到刑事追究”的“意图”,也绝无侵犯司法机关的正常活动秩序的行为,不具备诬告陷害罪的构成要件,理所当然地构不成诬告陷害罪。

四、关于“非法持有国家机密文件罪”,有三点补充申辩——

(一)一审判决认定“证人欧阳华的证词证实,欧阳华不具备持有获得该文件的条件”,据之作为判定雷霞犯有该罪的证据,但二者之间并没有必然的联系。用证人证言来证实该证人本身是否具备实施某项行为的条件,不符合证据规则的基本要求,近似荒谬。还应指出:如果欧阳华可以一锤定音,“证”了就算,那么,雷霞为什么不可以?两人的言词互不一致,谁的可以证实涉案的事实呢?更何况,据判词,该文件的发出单位——廖办的主管秘书陈杰勋的“证词证实,从未给雷霞看过文件,更没有复印文件给雷霞”,据此,雷霞“持有”的文件既不是来自欧阳华,岂非从天而降?总之,案中证言不能证明雷霞有罪,这项指控也不能成立。

(二)湖南保密局(02)34 号关于涉案的 48 号文件密级鉴定的“复函”,存有严重瑕疵,不具有鉴定的作用和效力,对此我们在一审辩词中已详予陈述,请求参阅,得出结论。

(三)据起诉书,雷霞持有的文件编号为(2002)48 号,而案中鉴定、审理的却是(2000)48 号文件,曾疑为公诉书的“笔误”,在质证时要求公诉方予以明确,作出改正,两次提出,公诉人都不予置理,说明起诉书并无错误应予更正。既然如此,合议庭当然没有根据审理

(2000)48 号文件及其与雷霞的关系,更没有根据以此治人以罪!

五、由于料想不到本案二审程序的“简化”,我们没有机会向合议庭呈递前述的熊清泉诸同志的函件作为证据。但这些材料湖南省纪委及中纪委都有案可查,至盼调阅,以利于查明案情,避免错案。

请予审核,并祈采纳。

张思之

二〇〇三年十月二十二日　北京

诉讼文书

湖南省湘潭市中级人民法院刑事裁定书(摘要)

原公诉机关湘潭市岳塘区人民检察院

上诉人(原审被告人)雷霞,女,1994 年开始任湖南威胜电子有限公司办公室主任。

湘潭市岳塘区人民法院于 2003 年 7 月 17 日作出判决,认定:

(一)非法持有国家机密文件罪。搜查发现雷霞持有《中共中央、国务院关于湖南省人民政府机构改革方案的通知》文件的复印件 1 份,无法说明该文件的真实来源与用途。经湖南省国家保密局鉴定,该文件中相关内容属于机密级国家秘密。

(二)(略)

(三)诬告陷害罪。1998 年间,雷霞一直就威胜公司股权变更、资产重组问题向省政府反映意见,1998 年 11 月与易长林相识后,二人达成制作反映威胜情况材料的协议,因有关材料寄出后未能得到令雷满意的答复,雷霞迁怒于周伯华等省领导,为达到把周告倒的目的,由雷提供经费和素材,雷、易二人共同起草,先后杜撰了包括《周伯华同志的品行太不端雅! 为什么他的官位稳如泰山?》、《湖南人民叩求党中央排除杨正午、周伯华的干扰,实施中央专案查办湖南国际经济开发公司的紧急报告》等诬告陷害材料,投寄给中央纪委和国家主要领导人以及相关单位进行告发。

证明被告人雷霞犯非法持有国家机密文件罪的证据有:(略)

证明被告人诬告陷害罪的证据有:(略)

原审判决认为,雷霞非法持有国家机密文件,拒不说明来源与用途,其行为已构成非法持有国家机密文件罪。雷霞捏造事实,诬告陷害他人,意图使他人受到刑事追究,情节严重,其行为构成诬告陷害罪。雷霞犯数罪,应当数罪并罚,决定执行有期徒刑三年。宣判后,雷霞上诉。

辩护人张思之认为,认定雷霞犯诬告陷害罪和非法持有国家机密文件罪不能成立。

经审理查明,原审判决认定的基本事实清楚,证据确凿,本院予以确认。原审判决定罪准确,量刑适当,审判程序合法。裁定如下:

驳回上述,维持原判。

二〇〇三年十月十日

26. 赵岩(记者)“诈骗案”

案 情 简 介

赵岩,因“非法提供国家秘密罪”被捕,案发前供职《纽约时报》北京分社。侦查期间,控方“发现”赵岩另有“诈骗”行为,乃以两罪提起公诉。

一审合议庭认为“非法提供国家秘密罪”不能成立,但以“诈骗罪”判处赵岩有期徒刑三年。

赵上诉后,委托我们介入诉讼,发现控方的“诈骗”证据严重失实,在重要环节上有作伪情况,依法要求传唤证人进行质证,并据此要求“开庭审理”,被二审拒绝。

我们在无奈之下,根据法庭提供的案卷材料,写成书面辩词,对控方证据或予批驳,或予质疑,并依据可信的事实论证了“诈骗”之控根本不能成立,但未被采纳,二审维持了原判。

辩 护 词

二审辩护词

审判长,合议庭:

本人在赵案上诉审阶段接受委托,为上诉人赵岩辩护。我从问题的各个方面研究了二审提供的赵案中与诈骗相关的材料,察知一系列的控方证言或者自相矛盾,或竟出自串通,或者与赵岩供述冲突;冯善臣、张熙、冯善民、蒋发、时金仁、黄贤辉、王荣阁以及李海平的证言或书面证词分属上述情况。另有主要人证例如洪小狮则不见他的证词入卷。所有这些,不予补救,不经质证,不知根据什么判别事实的真伪虚实?赵岩先后对两级法院都反复提请传唤上列证人到庭质证,合情合理,不予采纳,于法无据。恳请再作斟酌。

还应说明:二审以“事涉机密”为理由未准律师查阅一审庭审记录,不符合两高、三部、一委关于律师参与诉讼的规定的原则精神,是对律师工作的歧视。律师办理刑事诉讼,地位与控方平等,这条原则,举世公认。设如律师在执业中有泄密行为,自有法律规范,怎能用上述口实去限制律师的诉讼权利?合议庭明知本人未参与一审讼事,不准查阅一审法庭记录,势必削弱辩护的内容,减轻辩护的力度,这对上诉人当然极其不利,会降低律师制度的意义和作用,是故至盼予以纠正。

目前,只可遵照合议庭的安排,只能按照“书面审”的特点和要求,根据查阅到的证据,表达我对本案的基本观点,即原审在认定事实上片面地支持了公诉机关在所有关键性情节上的不实指控,因而必然会作出错误裁决。下面将围绕案中证据,逐一陈明与原判截然相反的见解,支持上诉人的正当请求,实事求是地为之作无罪辩护。

重点讲五个问题。

一、原审认定,赵案“诈骗”实施地是松原。据此,赵岩是否曾与周起财一同赴松原调查“冯善臣案”,以及周能否证明赵是否实施了诈骗的证据,无疑至关重要。原审认为公诉机关的证据可信,判断合理,对此作以下的质疑与辨析——

(一)一审判决书说:“公诉机关认为,(周起财的证言)……不能排除赵岩在接受冯善臣委托的初期曾单独前往松原市进行调查,在案的其他证人均未证明赵岩是与周起财一起到松原市调查。”这个断语及其涉及的证据说明三个问题:

第一,“不能排除”说,无疑是从侧面肯定了赵、周确曾一同前往松原调查的事实。

第二,“不能排除”赵“单独前往松原调查”,是主观推断,倘无旁证予以证实,不可以作为证据使用。

第三,其他证人均未证明不等于绝无此事,也没有理由否定相反的证据。

(二)侦查机关第一次询问周起财,有几段相当重要、颇为精彩的记录,见侦查卷第9页:

王志琴检察官问:“2001年秋,你陪赵岩去过松原之后,赵岩还单独去过松原吗?”

周起财答:“赵岩没去过……他也没跟我说过他后来还去过。”

这个问答,说明两个问题:

第一,检察官明知赵、周一同“去过松原”,时在2001年秋;

第二,检察官急于由周起财处得到赵岩“单独去过松原”的证据,不幸未果。

王检察官不满意周的回答,跟着问周,记录的文字是:“周起财,你现在的证言,与赵岩的供述基本不符,你怎么说?”

周起财当然无从知道他的证言是否真的与赵供“基本不符”,他的回答透出了无奈:“我本人陪赵岩去过一次松原。我也不知道他是否还去过松原没有。”

以上两点质疑与辨析,从不同的方面证明:检察机关、一审法院无不十分清楚,赵岩与周起财确曾于“2001年秋(一同)前往松原调查”

过冯善臣事件,而“单独前往”,纯属臆测中的虚构。

(三)周起财向有关机关作了或者举了哪些“证”,是否可信?

为了清晰地陈明真相,我们对周的举证分列如下:

1. 周起财提交了当年在松原公安局调查时的录像。对此,一审判决支持公诉机关的辩驳意见,认为“画面内容不能证明赵岩是与周起财一起到松原市调查”。理由主要是画面中没有赵、周的身影和声音。然而问题的核心在于:画中人是不是松原公安局的官员?图像的背景是不是该局的办公处所?一审法官有什么理由对此不予核查、不作判断?

更为重要的是——

2. 周起财至今保有并已提交法庭的2001年7月对冯善臣的《呈请劳动教养审批表》,上面分明记有松原“市(公安)局意见”,并有负责官员的签署,这是公安局的内部文件,周起财不去松原,不是公安人员提供,他绝不可能获得。

依常理常规,这两项证据已足可辨明真相,但卷中证据还不止此,另有——

3. 周至今保有当年在松原收集到的另外两种材料,已适时提交一审。其一是2001年9月17日当地中共乡委员会出具的《关于冯善臣工作表现的情况说明》,其二是16位证人2001年9月14日联署的反映冯善臣“实在冤枉”的《证实材料》。

更有——

4. 周也已提交法庭的当年的《移动电话漫游记录》,从时间上判断,赵岩在松原调查时,正同周起财在一处。

5. 周的证言证明,他与赵,松原调查仅一日,两人始终没有分开,未见赵对冯诈骗,未见冯付赵两万元。

以上五点证据说明:在主要情节上,周的证言与赵岩供述大体相符,不存在“不符”的情况。正是由于这个缘故,正是由于周证具有无可辩驳的说服力,起诉书未能否认周起财松原调查的事实,一审判决有什么理由对此置若罔闻?如不是故意加罪无辜,又有什么理由否定这一系列的客观证据？

（四）赵岩供述既与周起财证言大体相符，不存在“不符”的情况，依据《刑事诉讼法》第42条第2款第4项的规定，无疑也是案中证据，并且具有证明力。然而一审判决以“公诉机关认为”为由头，提出“赵岩在预审期间的多次供述中均供称其一人到松原市进行调查，只是在后期才提及和周起财在吉林省前郭县一起调查”，故赵供“与事实不符”。姑且不论赵岩起初不提周起财确有其意图保护朋友的正当理由，如果断言公诉机关的“认为”可信，赵供中显然出现了两种情况，一种是没有其他证据支持的一人单独调查，特别是判决书列出的全部25项控诉证据中无一处涉及“一人调查”；另一种是有充分证据的“二人调查”，而按照法律的规定和通行的采证规则，审判机关应当否定“一人说”，支持并采信“二人说”，难道还有疑问吗？

二、一审判决列出的证据和相关的理由中，确有不支持前述周证的说法，但或属虚假，或者缺乏证明力，总之无一可信。

第一点，据判决列证的第21项，说“前郭县公安局法制科出具的情况说明：2001年夏天，法制科没有接待过新闻记者赵岩采访”，据以否定前述周起财与赵岩一道前往公安局调查并得到资料的证据以及当时的录像。然而此证不仅把秋天换为“夏天”，改变了时间，而且作了换置概念的文字游戏，法制科既不能代表更不能替代“公安局”。请看该公安局局长许辉2005年10月21日向侦查机关提供的证言，他说：“我印象中，关于冯善臣的事是有记者来过。”从而有力地否定了证据21的证明效力。

第二点，据判决列证的第5项，说“证人冯善林、冯善民、蒋发（五人）的证言分别证明：2001年秋天，赵岩向他们进行调查，后他们一起在琳彬饭店吃饭……”据此“排除”周起财一同调查的事实。然而此证不实。此证源于2004年3月经济体制改革杂志社就冯善臣控告赵岩骗钱一事的调查。据被调查人蒋发、蒋娣2005年3月29日向本案侦查机关所作的证言，“当时，我们几个人对赵（岩）来的时间印象不深，一起商量了一下”。商量，绝不仅仅是对证据的“污染”。污染证据,也可能有其客观上的缘由,应视污染的内容与程度判断其性质;这是合谋,这是勾串,更何况他们的所谓证词竟然是“在他人的证词上签了个名,画了押,(也没看)具体内容”。合议庭:这种经过合谋、串通搞出来的证言,不足采信,难道还有疑问?

我们注意到一审判决引用了公诉机关的一个说法:“冯善民、蒋发等证人与冯善臣有亲属关系,但法律并未规定有亲属关系的证人证言不能作为证据使用。”这种辩驳没有抓住分歧的焦点。关键在于:这种有利害关系的证人证言是否有证明的效力?有多大的效力?更何况存在着互相串通的事实!我们坚持一审律师提交的相关证据是很有价值的,恳请合议庭重新审查。

三、赵岩原属单位“经济体制改革杂志社”的“证明”和该社张熙等人的“调查报告”,确认冯善臣2004年9月向杂志社状告赵岩“收受冯2万元”属实(一审判决证据18、13)。此证颇有迷惑性,细加分析,可见虚假。

第一,证据18所列《关于对赵岩非法拿取钱财一事的调查报告》,反映赵岩“拿取钱财”的主要情节有两个,分别是:(一)据时金仁三人说:“(冯善臣说)吃饭时,冯当场给了赵岩2万元。时金仁、蒋辉、蒋发向我们见证了冯所说。(按:原文如此)”三人合谋之后所作的“见证”犹有漏洞:当场给钱与另说“凑款支付”显然有别,矛盾突出。(二)“(因赵不接电话)冯又打电话给黄先辉(按:名字写法有误),黄说赵岩说没有办法给冯打电话,也没有办法说。”这个情节,与其他证据也不吻合,同前面列举的证言互不一致。总之二者都不能作为证据使用。

第二,时金仁、蒋辉、蒋发当着调查人员张熙的面书写两份证词,主要内容竟然完全一样,都是:“2002年4月,一天晚上,在前郭县琳彬饭店,冯善臣给记者赵岩2万元钱,办事用,当时我在场,情况属实,特此证明。”三人之证,写在一张纸上,两种笔迹。后一种签名的是二人,并不把文中的“我在场”改为“我们在场”。签字笔迹也出自一人,即蒋发之名是时金仁所签。至于三人合谋串通的其他情节前已说明,不作重复。这样取证出自杂志社的中共支部书记,富有经验的政工人员,就绝不是缺乏经验,或有所疏忽能够解释得通的。这种证据包括证据 13 张熙的与上述“调查报告”内容相似的证言,都没有证明的效力,无可置辩。

第三,据证 18,“杂志社根据调查结果对赵岩作出劝其辞职的处理”。此说不经质证不能成立。有三疑应质:(一)上诉人提出,辞职是为了参加“保钓”。(二)据杂志社 3 月 25 日声明:“本单位聘任记者赵岩、郑现莉二人已于 3 月 22 日辞职。”说明赵、郑的辞职确与杂志社不同意他俩参加“保钓”活动有关(按:二人都是“保钓”的积极参与者,当时正在申请前往钓鱼岛),并不涉及其他。(三)如确有“非法收人钱款”情事而劝辞,应属对于严重违纪的处理,那么,杂志社为何在 4 月号还刊发赵岩关于“劳动教养”问题的文章,并列为“策划”与“责编”? 该期的编后记写在 4 月 1 日,因此也不发生未及撤稿的情况。三疑不除,不能说明杂志社对冯氏“状告”已有定论。因此,目前写给侦查机关的材料也应存疑,不能据以定案。

四、本案的焦点在于:赵岩是否收了冯善臣两万块钱,从而构成诈骗。以下分两点说明。

(一)据一审判决,经审理查明:2001 年秋,“赵岩对冯谎称自己可通过在‘国务院法制局’的熟人,为其解除劳动教养决定,骗取了冯善臣的人民币 2 万元”。证据除“冯善臣的陈述”(证据 1)外还有证人冯善林、冯善民等五人的证言(证据 5)。五人证词被概括为:“他们一起在琳彬饭店吃饭时,赵岩说冯的事不够劳动教养,他在国务院有人,能给办,办事需要 2 万元。冯善臣让冯善林、冯善民去凑钱,后二人各拿回 1 万元,冯善臣将钱交给了赵岩。”判词特别单独提出:“冯善民还证明,当时其家中只有 8 千元,为凑 1 万元还向刘杰借款 2 千元。”

证据 5 中关于给赵岩钱的以上两段证言,存在严重的问题:

第一,赵岩自始否认曾在“琳彬饭店”与冯氏家庭的 6 个人一块用餐。

第二,周起财对他和赵岩当天的用餐情况有具体详细的证词,他自始至终与赵岩在一起,其间没有曾在“琳彬饭店”用餐的情况。

第三,琳彬饭店说明的用餐人员既不编入周起财,也不编入开车送他们去饭店的司机,这种组合不合情理。可是,编入又恐泄露真相,权衡利弊,只可如此。

第四,据黄贤辉 2006 年 3 月 29 日的证言,他对侦查机关说:“冯(善臣)说他早就给了赵岩两万元钱,当时冯家好多人在场,王荣阁也在场。”(该证第 7 页)这里不见“凑钱”情节,却又多出了一个“王荣阁”,胡编乱造,昭然若揭!

第五,查 2004 年 3 月 16 日蒋辉、时金仁写给“经济体制改革杂志社”的书面证词,也根本不见“凑钱”情节,证明这一说法是后来的编造。

第六,既说是冯善臣让人“凑钱”,怎会这般巧合,凑钱者恰好各自“拿出 1 万元”,凑足了赵岩说的“需要两万元”?

第七,尤其重要的是,上述关于冯善民的证言,与他 2005 年 3 月 27 日的证词互相矛盾。他在后一份证词中说:“我哥(即冯善臣)问我身上带多少钱,我说只带 8 千。”这与“家中只有 8 千元”全然不同,两种证言在主要之点上存在矛盾,怎么还能作为证据使用?

诚然,证据 6 提出了刘杰的证明,但他证的只是:“2001 年秋天,冯善民向其借款 2 千元”连借款的用途都没敢证,这与“凑钱”给赵岩有什么关系呢?

至于证据 8 琳彬饭店经理林庆龙的一句“2001 年秋天,冯善臣等人在琳彬饭店请客吃饭”,既没具体说明是何人请客,更未指明被请人是谁,有几位宾客?这与本案又有什么关联?

总之,在琳彬饭店“凑钱”两万元付给赵岩的指控,没有可信的证据支持。

(二)公诉机关举出的黄贤辉、王荣阁的“证言”同样不能证明赵岩有诈骗收钱的行为。

先议证据第 11 项王荣阁证言。王证:“在冯善臣和黄贤辉谈话时听冯讲,以前有个……记者叫赵岩的,答应帮冯办事,但赵岩拿了钱,也没办成事。”“听讲”,分明来自“传闻”,如无旁证,不起证明作用。还有,“答应帮冯办事”没有办成之说即使成立,这与“诈骗”又有什么关系?

再析黄贤辉证言。据证据9认定的黄证是:黄“给赵岩打电话问赵到底拿没拿冯2万元钱,如果拿了就好好给冯办事,要不就把钱退给冯”。

姑且不论这是一个因其无头无尾同样不起证明作用的证词,关键在于,它与黄贤辉本人2005年4月1日的证词直接冲突。当天侦查机关询问黄贤辉:“冯善臣又给赵岩钱了吗?”黄答:“好象听说给了2万元,具体情况我不清楚。”(侦查卷42页)又问:“冯提到他给赵岩2万块钱的事,你问过赵岩吗?”黄答道:“没问过。赵岩也没提过。”这里也姑且不论“好象”、“听说”之类的证言根本没有证明的效力,重要的是:既没问过,也没提过,上引的证据9中那几句措辞严正的对话,当然不能采信。特别是其中那句“如果拿了就好好给冯办事”,更是蹊跷。这次通话,黄说是2003年10月,但早在2002年3月,他已从赵处接手冯事,此后两上松原,发有专稿,其间与冯善臣还多次通话(见黄贤辉证言第7页),并曾住在冯家(见王荣阁2006年4月17日证言)。由此可见,该“好好办”的不正是他自己而不该是赵岩,不是明摆着的吗?有必要着重指出:这里涉及的事实,对判断行为人实施的行为的性质至关重要,恳请二审明察。

至于证据1中所说,冯善臣听黄贤辉说,“赵岩曾给黄打电话,说那2万元钱一旦出什么事就让黄承担下来。其中1万8千元用于建长春记者站,2千元当路费了。”这段认定,与上述黄的4月1日证词也不一致。当时侦查人员问黄:“关于(冯给赵)钱的问题,赵岩和你之间有什么约定吗?”黄答:“我记不太清楚了。”再问:“冯给你说过这2万元是什么钱吗?”黄:“没什么印象了,但是赵岩曾经跟我说,让我负责办记者站的钱,我没答应。”(见侦查卷第43页)其中的这句“让我负责办记者站的钱”,词意闪烁,一与他2006年3月29日证词中说的“在黑龙江办站”不一致(该证第7页),二与上引的什么“承担下来”,颇不协调。依据 2005 年 3 月 1 日施行的《报社记者站管理办法》申报办站应呈交“记者站经费来源的有关证明”(该《办法》第 12 条第 2 款第 4 项),赵岩受权办站,当然熟知;至于办站用款,则应经财务手续,自是众所周知,空口一说,“承担”得了吗? 黄说“没答应”,解释得通,但赵岩的电话要求,未免过于不合情理,有什么理由可以证实赵岩竟会愚蠢到置法律与法定手续于不顾? 这里需要的是证据。徒有指控,不见证据,怎么能够定罪!

概括以上证据分析,可以达到一个结论:一审所谓“赵岩骗人钱财”,构成犯罪的裁决,没有可信的证据予以证实,失之武断,应予否定。

五、一审判决的结论中,判定赵岩“虚构事实”一节是否成立?

先查事实。

通观一审判决书,所谓“虚构事实”,唯一的说法是:赵对冯“谎称可通过国务院法制局的熟人,为其解除劳动教养的决定”。这个认定,与该判决书中所列的证据各项并不一致。试看——

证据 1,冯善臣证,赵岩说,他在“国务院行政复议办公室”有熟人;

证据 2,李海平证,赵岩“自称是记者,认识国务院信访办的人”;

证据 3,冯善林等五人证,“赵岩说他在国务院有人”。

三种不同的说法中统统没有“法制局”! 应加说明的是:李海平的此证与她 2003 年 4 月 15 日的一份证言大不相同,那时她说:“赵自称是法制日报驻吉林站的记者,能曝光。”这个说法与冯善臣陈述他第一次见赵时的情景基本一致,即冯当年通过李海平认识洪小狮,洪介绍了赵岩,洪说:他找到了记者赵岩去调查这件事,通过媒体呼吁一下,领导重视了,造成影响就好办了。(见侦查卷第 88 页)当时,侦查人员问冯:“赵怎么介绍自己?”冯说:“(赵)给我名片:百姓信报采访记者。”另据黄贤辉 2006 年 3 月 29 日证言,“当时赵岩让我们报道这个事的目的,就是想通过舆论把这个案子翻了。”(该证词第 4 页)。侦查人员问黄:“赵岩跟你说过他准备怎么翻这个案子?”黄的回答是:“赵岩说过他能找洪虎的弟弟洪小狮。”(该证词第6页)。以上各证,与前述证据2李海平的说法不同,而与赵岩的供述则颇为一致,从而证明:参与“该”事的人,自始就达成了共识:通过调查真相,媒体曝光,进而促成“领导”重视,最终解决问题。“领导”何指?当时的具体指向就是洪的兄长、时任吉林省长的洪某,不仅是高官,而且属正管。所有这些,与什么“谎称”法制局如何如何,岂不是风马牛不相及?既无“谎称”,何来“虚构事实”?诈骗又从何说起?

再析法理。

我们的分析有两个前提,即假定“谎称”成立;假定冯付出了两万元。

按所谓“谎称”,与“虚构事实”同义,属欺诈行为的一种表现形式。而从实质上考察,则是使“被害”的对方陷入错误认识的行为,从法理上说,这又是欺骗行为应有的内容。即在欺骗行为与对方交付钱财之间,还须有对方的错误认识始构成诈骗。就本案而言,冯说因有人“谎称”,他才付出了两万元。但统观全案的发生、发展过程,他可自始至终没有产生过错误的认识。实地调查,媒体曝光,按他的意愿逐一实现之后,他又一再咨询专业律师,直至提起行政诉讼,就从根本上否定了他相信找什么“法制局”能解决他的教养问题的“谎称”!

诚然,我们没有根据,认同或者否定冯善臣为了解决他的问题,曾经向某人或某些人支付过人民币,但这里的问题是:如果不是因有人实施了欺诈行为(如“谎称”)而使你产生了错误认识,也就不能成立诈骗。这是最高法院的大法官认可的通说,应会受到二审法官的尊重。

总结以上五点,充分说明,判定赵岩犯诈骗罪,根本不具有犯罪构成的客观要件,因而绝对不能成立。

最后,围绕赵案发生的法律问题结合一审的审判实际,另有两点补充——

第一,依照《刑事诉讼法》第186条第1款的规定,二审合议庭会“就一审判决认定的事实和适用法律进行全面审查”,为此郑重表明:一审辩护律师对于指控赵岩非法提供国家秘密一节所作的辩护合法有据,原审关于赵岩未犯该罪的判决正确无误,没有新的意见。

第二,赵案侦查—起诉—审理的各个阶段,在程序上无不存在违法情事,主要是:管辖问题;抗诉之后并无新的事实与证据再行起诉问题;等等。我们料想,这些问题的存在可能源于赵案的特殊背景,但“公诉机关在撤回对赵岩的起诉后,经侦查又取得王荣阁等证人的证言……新的证据材料,公诉机关再行起诉亦未违反我国刑事诉讼法及相关司法解释的规定”,这段判词,因其公然违法,无异于给自己抹黑,实在不能接受。首先,它违反《刑事诉讼法》第 18 条第 1 ~ 2 款和《人民检察院直接受理立案侦查案件范围的规定》;特别是,撤诉经法院裁定批准之后,对“诈骗”嫌疑再行侦查,绝无理由可以不移送公安机关。其次,据案卷材料,向王荣阁取证的“侦查人员”就是本案公诉人“王志琴检察员”,记录者就是列于起诉书的书记员,全然违背了侦查与起诉应实行分离的原则,违反了《人民检察院刑事规则》第 5 条以及第 267 条的规定,检察院内部的侦查部门与起诉部门也应当“各司其职,互相制约”。怎么能说是“亦未违反……规定”呢?一审怎么可以公然支持检方的违法作为,这到底是为什么?为国家的法治计,律师理当表明维护国法正确实施的严正态度,建议合议庭对一审在执法中产生的原则性错误严予批驳,明示正道,挽回并树立人民法院严肃执法的权威形象,兼收以儆效尤的功效。

统请采纳。

张思之

二〇〇六年十月二十五日　北京

诉 讼 文 书

北京市高级人民法院刑事裁定书(摘要)

原公诉机关北京市人民检察院第二分院。

上诉人(原审被告人)赵岩,捕前系美国《纽约时报》北京分社私聘工作人员，因涉嫌犯为境外非法提供国家秘密罪，于 2004 年 10 月 20 日被逮捕。

北京市第二中级人民法院刑事判决认定：

2001 年秋天，赵岩在得知冯善臣对吉林省松原市劳动教养管理委员会对其作出劳动教养一年零六个月的决定不服后，私自接受冯的委托，利用担任《百姓信报》记者的身份，前往调查。期间，赵岩对冯谎称自己可通过在“国务院法制局”的熟人，为其解除劳动教养决定，骗取了人民币 2 万元，后赵岩并未帮助冯善臣办理此事。

认定上述事实的证据有：（略）

北京市第二中级人民法院认为，赵岩以非法占有为目的，虚构事实，骗取他人钱财，数额较大，其行为已构成诈骗罪，判处有期徒刑三年，并处罚金人民币二千元；继续追缴赵岩违法所得人民币二万元，发还被骗事主冯善臣。

赵岩上诉。

赵岩的辩护人张思之、关安平律师意见：原审判决认定赵岩虚构事实，收取冯善臣人民币 2 万元的事实不清；认定赵岩犯诈骗罪的证据存疑，缺乏证明力；原审判决适用法律不当，建议二审法院撤销一审赵岩犯诈骗罪的判决，宣告无罪。

在本院审理期间，赵岩的辩护人提交了四篇署名赵岩的文章、杂志社的《声明》、照片复印件、辩护人与周起财、黄贤辉的谈话笔录、郭昕良的证明材料等复印件，经审查，上述材料均与原审判决认定赵岩犯诈骗罪的事实和证据不具有关联性，不影响案件事实的认定。本院对一审判决书认定的证据经审核予以确认。

本院认为，赵岩以非法占有为目的，虚构事实，骗取他人钱财，数额较大，其行为已构成诈骗罪，依法应予惩处。赵岩所提上诉理由，不能成立，应予驳回。辩护人的辩护意见，缺乏证据支持，不予采纳。据此，裁定如下：

驳回赵岩的上诉，维持原判。

审　判　长　王海虹

二〇〇六年一月二十四日

27. 李奎生(律师)“诈骗案”

案情简介

李奎生,郑州律师,在中原地区享有盛名。自1998年12月始,先后被公安、司法机关以“索贿,受贿,帮助伪造证据,伪造国家机关证件、公文,变造国家机关证件、公文,诈骗,敲诈勒索,偷税等”八项罪名先予拘留,继而逮捕。后以诈骗罪、偷税罪、敲诈勒索罪、帮助伪造证据罪提起公诉,舆论哗然,法界震惊,反复辩驳,几经周旋。终在最高法院的干预下,原审河南中牟县法院宣告李无罪在案。万万没有料到,不久之后在一个所谓“专案组”的主持下,河南荥阳市检察院又就同样的事实、同样的罪名重复提起公诉,得到法院支持。有关部门为了达到恶治李奎生的目的,动用酷刑,以致满身血痂,遍体伤痕,手段相当残忍。

案经并无管辖权的荥阳市处置,严重违反法律规定,目的在于使李案难出河南郑州市的“法网”,审级制度已成虚设。

关键在于:李奎生的执业行为与“诈骗”无关,控为犯罪,不能成立。我们应李奎生所属事务所之邀,参与二审讼事,与有关单位、有关官员进行了交流与交锋,同时为李做了实事求是的无罪之辩,不出所料,未被法院采纳,依然判决李有罪,上诉被驳回,亦在意料之中。下面是我与付可心律师在二审发表的辩词。

辩　护　词

二审辩护词

合议庭：

李奎生案的全部卷宗材料说明，涉案的主要证言多有反复又统统未经证人出庭质证，根据刑事诉讼法和最高法院的相关司法解释，应归无效。一审法院运用这些无效证据认定被告人的行为触犯刑律，实有不当。为补救计，我们请求二审通知案中的主要证人出庭质证，未获支持。据主审法官答复：进入二审程序，法官无权取证，律师可以自行调查，而后向法庭举证。此说似与现行法律的规定不尽一致。对法官而言，调查取证，审查证据，应属职责，是义务，并不表现为权力。至于律师，诚然可以依法取证，只是考虑到律师在现阶段的实际地位，是否取证，如何调查，又必须研究案件的实际，一切从诉讼的实际出发。细查李案言词证据，几乎无不出现反复，喻为“翻饼”，并非夸张。这样，假定律师的取证与检方现在主张的证据再次发生分歧，势必又会引发新一轮的“再调查”，直至达到与检方要求互相吻合，此种情况，案中材料有例可证。由此出发，是否会指摘律师“伪证”，不便揣测。我们并不顾虑会担风险，只是不忍也不愿把案中讼事弄得更加复杂，增加处理的难度，故未遵示办理。但我们仍然希望二审合议庭会采用实际步骤，在书面审理中排除非法证据，使全部诉讼程序合法化，以期保证司法的公正。

以下各节是我们书面辩护的要点——

我们查阅了李奎生全案 41 册卷宗中的 39 册（其中第 3、4、5 卷未向律师提供），首先研究了以下诉讼文件：荥阳市公安局 1999 年 59 号起诉意见书，荥阳市检察院 1999 年 174 号起诉书，中牟县检察院 2000 年第 10 号起诉书，中牟县法院 2000 年 142 号判决书，荥阳市检察院 2002 年年底 327 号起诉书，以及认定李奎生犯有诈骗罪的荥阳市法院2003年第62号一审判决书。这些司法文书突出地展现出一个极其严峻的事实:自1998年12月3日始,李奎生先后被有关机关以索贿、受贿、帮助伪造证据、伪造国家机关证件公文、变造国家机关证件公文、诈骗、敲诈勒索、偷税等八项罪名先予刑事拘留,继之宣布逮捕;其间以诈骗罪、偷税罪、敲诈勒索罪、帮助伪造证据罪提起公诉。从而表明:李奎生纵无此罪,将获彼罪,总之必欲绳之以法。尤其令人震惊的是:中牟县法院2000年142号刑事判决书已经确认李奎生帮助伪造证据罪因公诉机关既不能证明李有主观犯意,也没有证据证明李有实施犯罪的行为,故不能成立,已宣告李无罪在案,荥阳市检察院2002年第327号起诉书却仍能就同样的事实和同样的罪名重复提起公诉,并得到法院的支持,公然违反法制原则和公认的法理,在当代审判史上创出了一个十分恶劣的先例。

不仅如此。荥阳市几家执法机关为了达到加罪李奎生严予惩治的目的,侦查阶段不惜动用酷刑,拷打逼供,手段残忍;李奎生身上的累累伤痕和他提交一审法庭的斑斑血痂应属铁证,无可怀疑。转入诉讼程序,则公然违背法定的管辖制度,竟至乱用“指定管辖”的办法,驳回了当事人完全合法的“管辖异议”的申请,企图使不符合法定要求的管辖达到“合法化”。可是,即使是“指定管辖”,也不得随心所欲任意指定,而必须遵守诉讼法规范的管辖权的配置原则。人们通过上述的八项罪名的不断变换不难察知,有人之所以硬要把李案置于荥阳市的管辖之内,无非是要动用手握的那点权力,做出有罪判决,终使李奎生难逃法网。然而,如此广泛地动用国家权力,以政权的名义强行加罪一个无罪的执业律师,也是中外罕见的恶例,标志着专制主义在某些环节上已经达到了令人无法容忍、必须纠正的地步。敢请二审关注,严肃对待。

荥阳市的种种不法的做法之所以能够付诸实施,无疑是由于得到了一定级别的上级机关的支持。卷中有相当数量的正式文件表明,李奎生本人和李案,无不受到一系列权力部门的关注。上起省级领导机关和省高级法院,下至县一级公检法各个单位,都在其内,无不如是。

从1998年12月2日第一次刑事拘留李奎生开始,荥阳市公检法即联手对李展开侦查。2000年12月31日中牟县法院对李奎生偷税、帮助伪造证据一案宣告无罪后,2001年2月河南省再由省高院牵头,联合郑州市检察院、荥阳市检察院、荥阳市公安局组成了专案组,据称是“根据中央领导的指示”,对李奎生一案进行复查。同年3月29日,荥阳市公安局重新对李奎生立案侦查,以在复查中发现李的律师资格证是变造的文书,李“有变造国家机关证件的嫌疑”(见第18卷《刑事立案报告表》)的所谓理由,在全国范围内发出通缉令,声势之大,决心之强,就围攻一个执业律师而言,同样是前无先例。通缉令发出,李被捕。在此前后,对李案的侦查范围涉及或者波及李奎生生活、工作的各个方面、各个领域,从历史到现实,纵横交织,绝无疏漏,“认真负责”,几达极致。为了对付一个无罪但被认为“极其可恶”的执业律师,在长达五年的时间里,使用各种非法手段,不惜浪费大量的人力、财力和司法资源,不达目的绝不罢休。于是,谁都不免发出这样的质疑,这到底是为了什么?然而我们非常清楚,无可争辩的事实在在证明:李案从一开始就破坏了《宪法》第138条明定的公、检、法三家分工负责、互相制约的原则,几家联合以专案组的形式坐在一条板凳上,联手一致地对付一个被告人,从而构成违宪。进入诉讼程序,更是视国家法律明定的程序规范为儿戏,破坏了一系列的法制原则,包括:以事实为根据,以法律为准绳;一事不再理;重证据,重调查研究等项,背离了刑事诉讼正义与公正这一基本目标,听任“其他”机关插手审判,终致把宪法规定的法院独立办案的根本制度变为空泛的口号。

胡锦涛总书记在十六大报告中反复强调要发展社会主义的民主政治,建立社会主义的政治文明;要从制度上保证审判机关和检察机关依法独立公正地行使审判权和检察权,保障公民和法人的合法权益。河南有关方面在李案中却公然与十六大的精神对抗,与社会主义的政治文明背道,我们断然反对。所有以上这些意见,绝非异端邪说。试想,以“法治”为其治国方略的民主国家,能够长期听任荥阳市一些部门的上述种种非法做法流布而不予纠正吗?尚存职业良知的法律人,执业的律师,谁能与之合污而不直言反对!我们在为李奎生辩护的同时自信也是在为国家的法制辩护,是故不敢保留,直陈所见,恳请重视。

诸位法官:尽管李奎生一案因其有着复杂的背景而在实质上不是法律问题,我们还是认真地研究了李案的一审判决。李的案中行为,或者说一审断定的“犯罪行为”,都与他的执业行为相关。李奎生作为执业律师,他的执业活动,执业风格,乃至执业过程中所持的态度和方法,就我们卷中所见,有些确实会引起同行的异议,有的也不会受到广大同行的欣赏,但这些都属于律师个人的素质、品格、态度、风度乃至职业观和世界观等等方面的问题,或褒或贬,见仁见智;无须通过诉讼加以探究,应属不争。退一万步说,即使有权单位,如司法厅(局),认为李在执业中有违规情事,或有败坏职业道德的行为,也只能由行政纪律规范,绝不可以绳之以法。扼要地说,李奎生案中的行为构不成诈骗罪,荥阳市法院的一审判决于法无据,严重错误,请允许我们作如下申辩——

第一,一审判决认定李奎生构成诈骗罪的事实共两项。其中“诈骗”史小改12.8万元一事早在1999年2月5日荥阳市公安局的起诉意见书中就已提出,表述为:“李奎生在已明知自己会见不成薛五辰的情况下,仍告诉史小改:郑州法学会会长胡天中与荥阳检察院李志罗检察长、荥阳市委书记牛西岭等人关系不错,胡天中出面会让李会见薛五辰,骗取史小改的信任,让史小改交出12.8万元,供李奎生、胡天中等人出国之用。”荥阳市公安局的这个意见,市检察院并不赞成,因而在1999年9月4日的起诉书中未作为犯罪加以指控。不料到了2002年12月27日,荥阳市检察院为了达到坚决惩治李奎生的目的,竟能旧事重提,只是在新的起诉书中变换了罪名,改“诈骗”为“敲诈勒索”,表述为:“1998年5月,李奎生在已骗取史小改现金30万元的情况下,以所谓的王全贵案件少交钱被判刑为例相要挟,迫使史小改不得已交出了应由李奎生个人承担的12.8万元,作为出国考察费用。”一审经过激烈辩论,证明“以王全贵案为例要挟”迫使史小改补交12.8万元之说根本不能成立，合议庭不得不承认，李奎生的行为“不符合敲诈勒索罪的构成要件”，“指控……不当，应予更正”。表面上摆出了公正执法的姿态，其实根本无意纠正检方的原则性错误，故又把这同一件事改为“李奎生在已收取委托人史小改交付薛五辰案件代理费30万元后，借口可以通过胡天中从中斡旋而见到薛五辰，并虚构王全贵因其家人交钱太少而被判刑的事实，骗取史小改12.8万元，其行为已构成诈骗”。似乎把“要挟”改为“借口……并虚构……”就能认定这12.8万元属于李奎生的“骗取”，符合诈骗罪的特征了，其实同样荒谬之极。首先是王全贵案当时尚未判结，李奎生不是王案合议庭成员，怎么敢用“预测结果”的手段骗取当事人的巨额代理费用？说用这种低级骗术会引发被骗者的惊恐，从而达到骗财的目的，谁能相信？其次，请胡天中提供帮助是李奎生向史小改明确提出，并征得了史小改与胡天中的同意，事实上胡天中也已履行了受托的责任，史小改亲自将12.8万元交到胡天中所在的律师事务所后，胡天中多次和李奎生、史小改一同前往荥阳与有关部门联系，这其中没有什么“借口”。史小改交12.8万元，目的是请胡天中提供服务，这不仅符合逻辑而且有证据证实。如果硬要说史小改的行为是受李奎生“虚构的”、王全贵因其家人交钱太少而被判刑的事实惊吓的结果，为何史自始至终没有对李提出“诈骗”的控告？果真如此，胡天中难道不是“诈骗”的同谋，又为何从来没有对胡立案侦查？有什么理由予以轻纵？总而言之，收取12.8万元的胡天中所属的况钟律师事务所，事实上已经与当事人的亲属形成了合同关系，胡天中应履行约定的义务，提供帮助，促成及时会见史小改的丈夫薛五辰。在这个过程中，李奎生并未“虚构”事实，也未找来“借口”隐瞒真相，判定李奎生是“诈骗”，纯属“欲加之罪”，请求二审明断。

第二，一审判决认定李奎生犯诈骗罪的另一项“犯罪事实”是：“李奎生以非法占有为目的，虚构其能为王全贵办理取保候审，保证不被检察院起诉等事实，骗取王的家属20万元。”

值得注意的是，一审判决的这一认定，修改了、否定了起诉书指控李奎生诈骗的理由。起诉书在其指控第一项诈骗罪标题下,重点描述了李奎生通过行贿、修改试卷等手段骗取律师资格的情节,然后做出结论说:“李奎生骗取律师资格后,大肆宣扬自己是‘法坛怪杰’,谎称自己是刑法学、民商法学‘双硕士’,骗取他人的信任,并以所谓的交钱保证不被起诉或保证无罪的手段,骗取他人财物。”然后罗列了李奎生诈骗的两项犯罪事实。显然,起诉书将李奎生通过非法手段“骗取”律师资格一节作为其“诈骗”的前提条件或重要手段。但是,“骗取律师资格”包括“骗取”的手段,都因证据矛盾百出不得不予否定。因此,一审判决在认定李奎生诈骗时只好另换词句描述“事实”。这一点只要与起诉书的文字一作对比即可一目了然。起诉书说:“……李奎生听后称,只要交20万元,即能保证王全贵不被检察机关起诉,否则退费。”而一审判决的说法是,李奎生“虚构其能为王全贵办理取保候审,保证不被检察院起诉等事实”,并删去了“否则退费”的内容,据以认定“诈骗”成立。然而一审合议庭忽略了一个基本事实,即李奎生是执业律师,接受委托为被告提供法律帮助是其日常工作的内容,为被告申请并争取取保候审也在律师提供法律服务的范围之内,无可非议,不用“虚构”,同时还有“否则退费”的承诺,请问这何骗之有?更何况,现有证据不足以证明李奎生和他的律师事务所确实收到了王平贵的20万元。对此我们有三条根据:第一,不论是王平贵还是他的亲属都不能出示律师事务所收费之后开出的收据。所谓收据丢失一说,不足为信。第二,王平贵不能提供他在王全贵被起诉后曾向李奎生或律师所索要20万元的证据,李奎生既有“否则退款”的承诺,却不索要,不合情理。第三,王平贵始终也没有采取其他措施比如起诉或者报案,索要这20万元,显然是由于自知没有根据,明知索取无理。因此,一审判决认定李奎生收到了王平贵的20万元一节,没有证据支持。李奎生既未收款,何来“非法占有”?诈骗之论又从何说起?这真的也只能用“欲加之罪,何患无辞”来表明了。

尽管如此,我们还是有必要申明:卷中证据证明:王全贵之妻赵松梅通过王平贵的媒介,与李奎生所在的律师事务所签订了委托协议,双方通过合同建立了委托关系,合同中约定有风险条款。姑且不论合同约定的收费是否合理——关于这一点,只要当事人不持歧义,没有异议,司法行政部门不认为违规,其他任何人都无权予以否定。即使按照一审的说法,这20万元已由李奎生“骗取”到手,达到了“占有”的目的,在律师没有按照合同条款履行职责实现约定目标的情况下,受托的律师依法也只能承担返还所收款项的义务。如在委托人催索之下拒不返还,则应承担违约的民事责任。总之,无论从哪个方面考察,一审认定的这项“事实”都与刑事法律关系无关,根本构不成诈骗犯罪。一审法官对于如此简明的法律问题,其实早就了然于胸,只不过是为了某种狭隘的目的强行加罪于人,必欲使李奎生成为有罪之人而已。然而不幸,这种做法才是真正违法的!

综上所述,我们达到的结论依然是:李奎生律师无罪。为了贯彻新一届中央领导集体的最新指示,维护司法权威,恳请二审坚决执行宪法明定的原则,顶住各方压力,排除一切干扰,独立执法,纠正一审的错判,实现司法公正,为建设国家民主政治和法治文明树立光辉榜样。对此我们怀有信心。

李奎生辩护人

张思之律师　付可心律师

二〇〇四年二月十八日

28. 乔春宝“走私案”

案情简介

乔春宝，广东深圳大鹏电子实业有限公司副总经理。

1988年6月，案中另一被告北京通庆电子公司的王启勋，与中国通达公司副总经理刘巍签订了购置5万只彩电显像管合同后，王又与乔春宝签约，将其中的2万只显像管供应乔所在的大鹏公司，乔预付了200万元的周转金，但因刘无货可供，两份合同都无法履行。

与此同时，湖南益阳市华侨旅游侨汇公司经理张博能（案中被告），与香港商人赵美华议定，由赵提供一张盖有香港公司印鉴的空白函头纸，以赵的名义，“赠予”益阳侨汇公司显像管（张填为一万只）。由张造了一份“赵美华捐赠函”，获得省侨办的批准，发了“批文”。

案中另一被告，广东商人李志和共同将批文正本送海关备案。之后，李又倒手以130万元的价格将上述批文卖出。

1988年8月，王启勋得知有上述批文可进口彩色显像管，与刘巍合伙，出资960万元将该批文买下，然后告知乔春宝，乔当即汇付货款1025万元，并要求将货运交上海无线电三厂，加工彩色电视机。此后，乔又介绍王启勋与港商冼某洽谈进口显像管事宜，将8640只显像管运到文锦渡海关水贝保税库存放。10月10日，乔春宝、李志和、刘巍等人到海关报关，因批文未及加盖湖南省政府公章，未果。12 月 7 日，益阳侨办主任姚永贵（案中被告）得知长沙海关正在调查，即商得张博能同意到公安机关“投案”。

长沙海关将 8640 只显像管引入境内并调至长沙变卖，得款 681 万余元。

检察机关认为上述被告人“违反海关法规，假借捐赠名义进口货物，情节严重，其行为……均构成走私罪。……乔春宝为了本单位的利益，与走私罪犯通谋，并为其提供资金，联系货源……特提起公诉”。

一审判决：乔春宝犯走私罪（未遂），免予刑事处分。二审予以维持。乔春宝不服，依法申诉，湖南省高级法院再审，认为“原判认定乔春宝参与走私的证据不足，不能认定”。判决“宣告乔春宝无罪”。

辩 护 词

一审辩护词

审判席：

我针对起诉书、公诉词和公诉人的答辩做补充发言，讲五个问题，为我的当事人辩护。

一、公诉词在其第一部分专题论述本案的“性质”。抓住这个关键性问题从法律和政策的高度加以论述，是正确的；然而公诉人并没有达到正确的结论，特别是把它放在公诉人着重阐明的案发的历史背景和当时政策的“大环境”中加以考察，其错误就更为明显。

在我们看来，本案的性质恰如法庭调查、辩论所揭示的是：通过这件诉讼，是不是以及怎样坚持改革、坚持开放、坚持原则并服务经济建设的问题。

无可争辩的事实表明：这是一个原本可以通过行政手段纠正一些人片面地急于为家乡、为单位谋取狭隘利益的错误做法，同时又保护正当的经济合作关系，使生产、经营在一些具体环节上得到发展的具体事件。应当说，湖南省府主要负责人要求当事者就工作中的疏忽、失误作出检讨的安排也是基于这个考虑。

可是不幸，这个事件被人以所谓的“大案曝光”先于审判公诸舆论，又有人采取了极不妥当的恶劣措施，把他们视之为、断定为“走私”的货物引入境内，调来长沙，把可以防止的恶果专断地使之发展到无以复加的地步，终于产生了原本不会产生的损失。这后一种人明显地是想一口吞成胖子，但这种做法无疑没有坚持原则，也谈不上为经济建设服务。这，难道不是事情的真相和问题性质的根本所在吗？公诉人可以辩解说，“我们打击经济犯罪就是为了实行你所谓的‘三坚持，一服务’”。可是我们必须指出，你们在本案中的犯罪指控不能成立，我们对你们在起诉书和公诉词中所做的论证，从根本上持否定态度。为了说明我们的观点，以下谈第二个问题。

二、分析起诉书、公诉词和公诉人答辩的基本内容，从整体上看存在着两个原则性问题：一个是没有弄清楚刑事犯罪与经济纠纷是两个不同的法律概念，没有就本案被告人的行为划清罪与非罪的界限。对此我的同事们多有论述，不拟重复。另一个是没有正确地适用和解释法律与政策，我举实例加以印证：

（一）研究公诉人援引的《关于惩治走私罪的补充规定》第5条第2款，姑且不论该款分明是关于法人犯走私罪的罚则，它在规定中并列了两类人员要求一并予以处罚，即“对其直接负责的主管人员和其他直接责任人员”。可是起诉书的指控，在断言例如王启勋“为单位谋利进行走私”的同时，把他派定为“直接责任人员”要求加罪，可为什么指控中少了法定的更为重要的、与王启勋一案的实际有着密切关联的“直接负责的主管人员”呢？如果说无人“主管”，那又为什么要援引这个条款生拉硬拽地给人定罪呢？

歪曲法律条文，执法不取郑重态度，必然会侵害公民的权利和利益，不可能不产生错案。

（二）公诉人方才在“答辩”中用内蒙古的“杀夫”实例，说妻子杀人后对捕她的公安人员表示：“这是我们的家务事，你们少管！”以此说明：杀人者尽管不知其行为是犯罪，但也绝不会因此不处以杀人罪。从而得出结论：不论被告人是否明知其行为触犯刑律，都应依法处以走私罪。

公诉人的例举颇有迷惑性；但细加推敲，便知其根本不能说明问题。杀夫被说成“家务事”就应当弄清楚杀人者是不是精神病患者，如是，那当然不能认为她的行为有罪。还有，杀人者如此“气壮”，其中有没有意外情节，例如是否属于正当防卫？如是，理所当然地不负刑事责任，从而不可以推断她“明知”其行为已触犯刑律。应当指出，用一个与本案毫无关联的事例来支持一个法律观点，不是失之片面，就是失之武断，公诉人的例举就是适例。

总之，公诉人所举事例不能说明本案中的任何问题，应请合议庭明察。

（三）尽管我们并不认为刘巍犯有“走私罪”，可是，公诉机关明知刘在本案涉及的事件中的地位与作用远比被告人王启勋重要，何以不将刘及其所在单位——通达公司都列为被告，交付法庭审判（如确实在逃，也应缺席审判）？被告人在辩论中要求公诉人对此加以说明，未被接受。公诉人的做法违背了法制统一原则，公诉人的态度反映着执法上的不够严肃。

三、至于起诉书中的一系列具体的缺陷和失误，我的同事多有指出，这里再补充说明一点：

起诉书中说：“被告人乔春宝为了本单位利益，与走私犯通谋。”这个指控只是空泛的概念，并无实际的内容。第一，所谓“为了本单位利益”，试问是指什么利益？为了本单位的合法利益与违法犯罪又有什么关系？如果公诉人指的是“非法利益”，那么非法利益的受益者或者谋取非法利益的策划者作为法人，又为何不予追究？第二，所谓“通谋”在起诉书和公诉词中都指不出“通”的表现，又不见“谋”的具体内容，凭空指控，无根无据，欲加之罪，应请否定。

四、本案公诉人指控的“犯罪活动”实即案中涉及的事件，经庭审调查已经证明，如无相当一级的政府法人指挥和支持，如无相当高层的领导人员的赞同与批准，根本不可能发生。进一步来说，即使有人一心一意要搞假捐赠，如有人严格把关，也一定能得到有效制止。对于这中间的问题，公诉词非常轻松地用了“官僚主义，不负责任”加以掩盖，这无疑是放松了检察机关的法律监督的重任。从维护法律正确实施的角度考虑问题，对此不敢同意。被告人要求那些大量签发假捐赠批文的负责人承担政治上、道义上的责任，合乎情理，应予支持。

五、公诉词罗列了本案被告人的行为造成的“危害后果”共四条，其后两条抽象空词，至于所说被告人因此而不能享受天伦之乐的感慨，与“案”离题稍远，都不予评论。应当指出的是，公诉词说“用捐赠名义大量引进显像管是不顾国家计划，打击民族工业”的行为，指责这些行为“破坏了国家经济计划，危害了正常的经济秩序”等，看似有理，但稍加思考就会提出一个不容回避的问题：这批所谓的“走私”显像管，如果不是长沙海关有人插手，滥用权力，调来湖南，公诉人所讲的“破坏”与“危害”的后果怎么可能发生？海关别具心思，另有考虑，处置不当，由此造成的危害后果不令责任者承担，却无端地加在本案被告人头上，这不仅是偏袒，而且是制造错案！公诉人一再讲到本案造成的社会、政治影响，这一点无可非议；可是我想说，就诉讼研究政治影响，难道不应首先听听怨声，看看冤情？冤情既生，民心易失；错案一多，何来稳定！这是古今中外公认的客观法则，也是公诉人最为担心的恶劣政治影响。惟其如此，我们作为法律工作者，实有责任极力地予以防止，并努力制止更为严重的恶果发生。难道不是吗？

总结我的意见，结论有三：

1. 本案是人为地制造的；

2. 因本案的存在而在客观上形成的危害和损失，与本案的被告人的行为无关；

3. 公诉人对本案被告人乔春宝、王启勋等人的指控不能成立，恳请合议庭对于无罪的被告人在判决宣示之前先予释放。

我们绝不怀疑法庭的判断力，相信法庭会严肃执法。我们指望法庭的公正性。

一九九一年十一月二十八日

注：乔案与熊斌、王世伯律师合办。

诉讼文书

检察院起诉书（摘要）

1988年4月中旬，被告人张博能（益阳华侨旅游侨汇公司经理）在深圳与港商赵美华商议，以赵的名义搞“捐赠”，由赵提供了“香港溢德有限公司”的空白函头纸并盖有印鉴。张将此情况告诉侨务办公室副主任被告人贺宇声。二人向侨务主任被告人姚永贵作了汇报。随后，张博能伪造一份署名赵美华捐赠彩色显像管一万个的信，姚永贵签署了“同意接受”的意见，报省侨办审批。同年7月10日，被告人贺宇声将“捐赠”已经批准的情况电告正在深圳出差的张博能，张得知后，拟将批文倒卖给被告人李志和（个体工商户），并于7月29日与李在长沙商定了买卖批文的价格业务费等事宜，并向被告人姚永贵作了汇报。8月初，姚要求张、贺与李志和签了正式协议，以50万元人民币买下批文，另口头协定付5万元业务费给张、贺二人，均先支付50%。随后张博能将批文和进出口许可证交给李志和，李电汇25万元给益阳侨汇公司，将2.5万元现金交给张、贺。

张、贺回益阳，由姚永贵主持会议听取汇报，对上述的25万元汇款和25万元现金的处理分别做了研究，并对报关事宜作了具体安排。

此后，李志和以180万元将批文和许可证卖给深圳市锦江贸易公司业务部经理赵某（另案处理），签了协议。

赵某得到批文，又以260万元转卖给被告人王启勋（通广电子公司干部）和冶金部所属通达公司副总经理刘巍（在逃），双方签了协议。王、刘先付赵某130万元。

王启勋获取批文、许可证后，给被告人乔春宝（中国电子公司深圳工贸公司大鹏电子实业有限公司副经理）看了，王启勋准备货款1025万元，按刘巍开出的通知书付款，乔将1025万元货款，汇到王、刘的银行账户上，并将与上海无线电三厂订有联合加工彩电协议等情况告诉王启勋、刘巍，要求王、刘进口十八英寸三星牌彩管。在此情况下，王、刘找到李志和，要李协助办好彩管运往上海的准运手续，并将此情况报告了张博能。为了逃避海关监管，提出由上海无线电三厂与益阳方面签订联合加工协议；之后张起草协议，派本公司银某与上海三厂的代表季某签署了所谓联系加工协议，同时签署了一个废除加工协议的补充协议。益阳工商局对上述“加工协议”予以签证，核发了销售彩电的一次性营业执照。

王启勋、刘巍收到乔的货款，经乔介绍与港商冼某洽谈：冼提供

8640个三星牌彩管给王、刘,货款额共832.7万余元;洗将彩管运抵文锦渡海关监管的水贝保税仓库,将提货单、报关手续交付王、刘。

同年10月10日乔春宝、李志和、刘巍持手续到文锦渡报关,因批文未经湖南省政府盖章,海关不予发行。

本院认为:被告人等违反海关法规,假借捐赠名义进口货物,情节严重,其行为构成"走私罪"。……贺宇声为单位牟利进行走私,为本案的直接责任人员。……乔春宝为了本单位利益,与走私犯同谋,并为其提供资金,联系货源,其行为适用全国人大常委会"关于惩治走私罪的补充规定"第八条、第五条第二款之规定……根据《刑事诉讼法》第一百条之规定,提起公诉,请依法审理。

一九九一年九月二十日

中级人民法院判决书(摘要)

被告人姚永贵、张博能、贺宇声、李志和、王启勋、乔春宝走私一案……11月26日至28日,依法公开审理,现查明:

1988年4月,张博能与港商赵美华商议,以赵的名义搞"假捐赠",赵开给了张盖有"香港溢德有限公司"印鉴的空白函头纸一张。张向贺宇声报告后,又一同向姚永贵作了汇报。张提出,以赵的名义"捐赠",搞一万个彩色显像管,姚、贺同意。随后,张将伪造的"捐赠"信抄在"香港溢德有限公司"空白函头纸上,为申报手续,由益阳地区侨办盖公章后,报省侨办审批。7月19日,贺将"捐赠"已经省政府办公厅批准电告张博能。张得知后拟将批文倒卖给李志和,并于8月初与贺一起在长沙同李志和商定了买卖批文的价格业务费等事宜,并向姚永贵作了汇报后,与李签了正式协议,以50万元买卖批文,另给张、贺业务费5万元,均预付50%。8月18日,姚主持会议,对上述两笔款项的处理做了研究,并商定了报关事宜。

李志和得到批文和进口许可证,以130万元倒卖给深圳某公司经理赵贵权(另案处理),赵预付60万元。

赵得批文后,又以260万元倒卖给被告人王启勋和在逃的刘巍,王、刘先付款130万元。王为了履行原与被告人乔春宝签订的彩色显像管购销合同,给乔看了批文与进口许可证,乔看后同意要货,并按王、刘开出的付款通知书将1025万元货款汇到王、刘的账户上,与此同时,将与上海无线电三厂订有联合加工彩色电视机协议的情况告诉王、刘,要求进口十八英寸三星牌彩管。王、刘找到李志和,要李协助。李将此情况转告了张。为了逃避海关监督,李提出要由上海三厂与益阳方面签订联营加工协议。张起草并签署了“加工协议”,并经益阳工商局签证,核发了销售彩电的一次性营业执照。

乔春宝汇出货款后,得知王、刘无彩管货源,又介绍王与港商洗某洽谈。由洗提供8640个十八英寸三星牌彩管给王、刘。王、刘付款后,由乔出面,通知洗某将彩管运抵文锦渡海关监管的水贝保税仓库,将报关手续交王、刘。10月10日,乔随张派的银某及李、刘等人到文锦渡报关,因批文未盖省政府公章未成。12月7日,张投案自首,嘱咐不要把他讲出来,有事他可以周旋。

本庭确认:姚永贵……是本案直接负责的主管人员……王启勋……是本案的直接责任人员;乔春宝为本单位利益与走私犯通谋,并提供资金、联系货源,是本案的直接责任人员。其行为均构成走私罪。王、乔均免予刑事处分。长沙海关扣押的走私物品十八英寸三星牌彩管86400个,折款681万元,没收。

高级人民法院裁定书(摘要)

乔春宝、姚永贵、张博能、贺宇声、李志和、王启勋“走私”一案,一审认定被告六人均犯走私罪,判处……乔春宝免予刑事处分。被告人分别提出上诉。

本院经审理,查明:

上诉人姚永贵原为地区侨务部门主要负责人,参加研究并同意侨汇公司以假捐赠名义获取进口批文及许可证进行倒卖……协助报关,案发……又授意他人为其隐瞒犯罪事实,系本案走私直接负责的主管人员,其上诉理由不能成立,但系犯罪未遂,可以从轻处罚。被告人贺宇声,参加研究和同意侨汇公司以假捐赠获取进口批文和许可证,参加洽谈出卖批文,系本案走私直接负责的主管人员,但系犯罪未遂,案发后认罪态度较好,有悔改表现,可以从轻处罚。上诉人张博能串通港商搞假捐赠,伪造捐赠信件骗取进口批文和许可证,并经手倒卖为公司牟利,欺骗海关逃避监管,系本案走私犯罪的直接责任人员,上诉理由不能成立。但系犯罪未遂,且有自首情节,可以减轻处罚。被告人李志和明知是捐赠进口批文、许可证、转手倒卖……系个人走私犯罪,因系未遂,退赃积极,可减轻处罚。上诉人王启勋擅自代表公司收买捐赠批文、许可证,假借捐赠名义自行采购国家限制进口的产品放到保税仓库,企图在境内销售未逞,是走私的直接责任人员,上诉理由不能成立,但系犯罪未遂,可从轻处罚。上诉人乔春宝明知王启勋借假捐赠名义进口货物走私而为其提供资金,联系货源和仓储,系走私的直接责任人员,其上诉提出"付款前没有看过捐赠批文和许可证","无走私的共同故意",经查与事实不符,理由不能成立,但系未遂,且是在王启勋原有合同不能履行的情况下所为,情节轻微。依法驳回乔春宝等人的上诉,全案维持原判。

本裁定为终审裁定。

一九九三年四月二十四日

高级人民法院再审判决书(摘要)

原审被告人姚永贵、张博能、乔春宝走私(未遂)一案,地区中级法院1999年12月19日作出判决,不服上诉,本院1992年4月24日裁定驳回,维持原判。姚永贵、乔春宝不服申诉,本院决定进行再审,现已审理终结。

本院再审查明:原一、二审认定姚、张的犯罪事实清楚,证据确实充分,定罪准确,审判程序合法。但原判认定乔春宝参与走私的证据不足,不能认定。……

宣告乔春宝无罪。

姚永贵、张博能犯走私罪(未遂),免予刑事处分。

29. 梁锋“走私、虚开增值税发票案”

案情简介

梁锋，广东渔业公司董事长、总经理。勤恳敬业，正派清廉，贡献突出，广受拥戴，被选为市人大代表。

梁锋突被纪委机关查询，源于要求他“配合调查”家属的经济问题。因无可揭发，被视为抵制，为此蓄意惩处。历时经年，几番反复，最后以完全失实的证据认定他犯有“走私、受贿、挪用”三罪，提起公诉。案经审理，三项指控无不受到严重质疑，不能成立。法庭宣布定期宣判。

待判期间，公诉机关鉴于庭上失利，未能得手，于是又异乎寻常地翻出前此在侦查阶段已被推翻的所谓“虚开增值税发票”问题，旧“事”重提，不知通过哪层哪级哪个部门，令公安机关再作“侦查”；尽管事实依旧，绝无新的补充或者变化，却公然违反法律规定，“补充起诉”。合议庭居然给予“配合”，重又开庭，再作辩论。律师指出程序不公，严重违法之后，再次逐项举证，批驳了各项控诉证据，证实梁锋无罪。同时严正指出：审判权力之外，另有权力意志对诉讼发生主宰作用，实属违宪，要求立即放人。所有意见，均被否决，法院四罪并罚，判处梁锋有期徒刑三年。千古奇冤，又增新例。

辩　护　词

一审辩护词

合议庭:我完全同意于律师围绕“被告方无罪”这一基本论点所提出的全部论据,扼要作如下补充——

一、我们参加诉讼,是出于对法庭的尊重,不等于我们对一审受理本案“补充程序”的赞同。检方的“补充起诉”,异乎寻常,是不合法的。本案9月开庭,法院已经完成了全部庭审程序,在听取被告人的“最后陈述”之后宣布定期宣判。不料判决无日,被告人竟领来新罪。诚然,发现新罪检方有权补充起诉。但前提条件又必须是发现了“新的犯罪事实”,而本案的情况却是将侦查经年认为不构成犯罪的“虚开增值税发票”的旧事,交由公安机关“补充侦查”,然后再移交检方“补充起诉”,根本没有新的事实。卷中2003年11月市纪委92号函,以及市局、市检今年4月、7月的相关文件,无不充分地证明着这一点。现在,我们从案卷中看不出是哪个单位重又提出了“虚开增值税发票”问题,通过公诉并经受理在案。这种执法的随意性,在正常情况下,不可能源于检方或者一审,分明在检察——审判权力之外另有权力意志对诉讼发生主宰作用,这显然违背了宪法的原则,是对国家法制的一种损害,律师作为法律人,有责任维护国法的正确实施,面对着法外权力的滥用,我们不敢同意。

另外,公诉人方才还对上次开庭审理结束的“走私犯罪”重新提出两个问题进行质证,尽管这种做法获得了法院的同意,我们同样表示反对。且不说控方的新证根本不能证实梁锋犯了“走私罪”,业经我们提出异议,问题的要害是:交证有时效,举证有规则,在证据问题上诉讼参与人的权利平等,义务对等,谁都不可以违规。试想,如果律师仿效公诉方,在任何审判时段都可以重提证据要求开庭质证,法庭能同意吗?能不批驳吗?司法程序有其严肃性,太过随意,权威尽失,对当事人来说,还有什么根据指望公正!

二、本案的焦点在于:渔业公司的“八·四会议”及梁锋的会上讲话的性质应如何认定。一家国营集团公司的一次会议是否构成犯罪,必须用事实证明:第一,这是“黑会”,未经批准,没有领导,内容触犯刑律;第二,会议有具体的犯罪预谋及策划。至于会上的讲话是否构成犯罪,则应审核其内容有无犯罪的号召或者教唆。统观控方提出的所谓“大量的证据”,包括会议参加者的三份会上实录,统统不能证明“八·四会议”以及梁锋的会上讲话带有犯罪的性质,触犯了刑律。卷中证据表明:会议的主旨是解决自产鱼的销售问题。会议专门邀请了各单位销售人员参与便可证明。而销售的基础是生产这是常识,无须申明。控方提交的会议记录更表明,梁锋的会上讲话不仅不涉及“虚开”,甚至连这方面的暗示都没有。诬为犯罪,敢不请求还他清白。诚然,有人对梁锋讲话作出了与本意相异的理解,但这不能让讲话人负责。一家大型企业的老总,就公司的业务性问题作了一番原则性的讲话,要求下属“扩大生产,扩大销售”,四年之后竟被控为犯罪,照此办理,谁还敢对工作尽责?而对于当事者来说,这真是天大的冤枉!

三、起诉书硬说,“在梁锋主管负责下”,“八·四会议”之后,远洋公司有“虚开增值税发票”的问题,因此梁锋与单位都应承担罪责。“主管负责”,在起诉书中是个空洞的概念,除了他在“八·四会议”上的所谓布置或者指示之外,再无具体内容。从控方提出的证据来看,即使是一口咬定“梁锋对于虚开发票一事肯定知情”(卷第 29 页)的公司财务中心主任苏效昭,也承认“我就没有同梁锋汇报过”关于虚增产量,虚开发票的情况。从而说明即使有人“虚开”,梁锋既非主管,更不知情,这让他承担什么罪责呢?更何况根本不发生“虚开”的问题!

我们注意到,起诉书关于“主管负责”的提法源于《刑法》第 205 条,并在文字了上作了有别于条文的调整。条文的规定是“直接负责的主管人员”。梁锋何人?他是公司的“一把手”,董事长,是主要负责人,或称“主要领导者”,对于公司的全面工作,他负领导责任;对公司的各项具体业务,他不负“主管”责任,即不是“直接负责的主管人员”。

我们还研究了与本案完全相同的市检第157号起诉书,对另外三个单位即海洋渔业公司、渔业供销公司、冷冻厂作为被告提出了指控,认为三单位犯有“虚开增值税发票罪”,已另行立案,不日开庭审理,可都未按《刑法》第205条第3款的规定,追究“直接负责的主管人员”的责任,这是为什么呢?难道这三个单位都没有人员“主管负责”吗?这就涉及关于《刑法》第205条第3款的适用问题。查该款对单位实行“两罚制”,既罚单位,又罚责任人。而对于责任人则明定为两类,即既有主管人员,还有“其他直接责任人员”,条文用的是“和”而不是“或”,足证绝非只惩“主管”不罚“其他”!尤为重要的是,条文明定的是“主管”,并不是“领导”,因而绝不是不分青红皂白地什么事都得由“一把手”担责。由此可见,即使强行断定梁锋在会上作了“虚开”的部署,那在实施过程中总还应有“其他直接责任人员”应加追究,不然怎样贯彻执行《刑法》第205条第3款?如果说,其他再无人“负责”,这无疑是为了将惩办矛头对准梁锋一个人而不惜曲解法条,于是就形成了何患无辞的欲加之罪。这种做法,谁能认为合法?

而对本案涉及的单位即远洋公司来说,必须着重说明一点:只要有交易,就应开发票。不开涉嫌偷税。现在是开了,又被控为“虚开”。这让企业怎样运作呢?怎样做才算合法,才能免除罪责呢?

审判长:问题已经清楚,为了惩办梁锋,甚至采取了曲解法条的手段,又连带上他领导的单位,这种搞法,于法、于理、于情都相距太远太远了。这类指控,是理应予以驳回的。

四、公诉人说,“行为的目的是多样的”。想以此证明“八·四会议”的召开别有用心,另有目的。这个论断提示我们,应考察被告人的犯罪目的这一犯罪构成要件。众所周知,犯罪目的决定行为的性质,反映行为人的主观恶性及其社会危害性的程度,在诉讼中必须认真考察。可是,从指控来看,包括起诉书在内,却都指不出梁锋有犯罪目的。法学常识告诉我们:犯罪目的是犯罪人通过实施犯罪行为达到危害结果的希望和追求。比如通过虚开,希望与追求达到偷税的目的。结合本案来研究《刑法》第 205 条的主旨,正是与国家税收征管制度密切相连。现在指控梁锋犯了“虚开”罪,但他和他的单位却不仅没有偷税,而且因有“虚开”还多交了“防洪费”、“教育费附加”等共约三万元,犯罪的目的竟然是多交税,刑法的概念岂不应重新修订?

看来研究犯罪的目的还得从犯罪人的行为入手加以具体的考察。控方的指责重点是梁锋讲了要把一条鱼变成三条,于是就有了虚拟的交易和此后的“虚开”增值税发票,构成犯罪。

什么是“一条变三条”? 这是梁锋为了让员工有饭吃,让企业得发展,让国家有税收,吸取他人经验,提出的经营方略,是扩大销售的经营方式,合乎市场经济的客观规律,早经人们实施并获得收效,为全球公认。它绝不是什么“虚构”,更不是犯罪手段。公诉人一再说到,有的环节明明没见到鱼,怎么理解? 从表面上看,问题似乎有理。但请注意,市场交易并不一定以实物交付为前提,期货交易正是适例。就本案情况来说,这是冰冻鲜鱼易化易腐而产生的特殊周转方式,是由商品的特性决定的,其特点在于:鱼货实有,即有“一”,所以才能有“三”,不是凭空设想“变”出个“三”。对此最有发言权的是在公司专事供销业务的卜丁山。他 2003 年 12 月 9 日的证言讲得明明白白,应请查证,不须复述。至于“变”出了什么效果,公司职工大都清楚,它的确带来了效益,会让企业脱离困境,这也是不争的事实。还不能不指出:“一变三”实质上是企业的完税过程,不影响、没减少国家一分一厘的税收。大家都知道“虚开”是没有交税而伪装交税,将已收税款通过抵扣骗回来。梁锋单位“一变三”的结果是多交了税,其中绝对没有通过“虚开”达到偷税的目的难道还需要证明吗? 由此可知,结合犯罪目的这一犯罪构成要件考察本案,同样达到了一个结论:梁锋无罪!

五、然而控方说有证据证明梁锋有罪。我们方才在庭审调查中对控方证据作了大量的质疑,考虑到这个问题在讼事中的极端重要性,我再补充说明两点：

（一）控方举出的书证带有片面性，引用采取了择其所需的办法具有随意性。其中涉及的最重要问题是：除市纪委外，公安方面的《呈请破案报告书》(2003 年 12 月 19 日)和《起诉意见书》，税务方面的《稽查报告》(2003 年 9 月 9 日)以及审计方面的《审计意见书》(2003 年 78 号)无不承认被告单位实实在在地售出了自产鱼货，根本不发生"无货交易"问题，但竟统统被控方忽略。此外，卷有捕捞公司 2003 年 1 月 16 日的致市审计局的书面说明，控方又采取了视而不见的办法予以回避，方才公诉人说这份"说明"的证据来源有疑，不知何人签署，形式上有违规定，不足采信。我们要问：既然如此，你们又为什作为证据移交法院审查呢？难道这不是你们提交的？我们一看说明原文，一切就都清楚了。它说明的是：

"鱼货由捕捞公司卖给远洋渔业公司，再由远洋公司卖给冷冻厂、供销公司，然后冷冻厂再卖给客户。……捕捞公司收到客户的鱼货款返纳给渔业公司财务中心。"

据此，那些所谓"虚构交易"、"假设交易"的证言还有证明的效力吗？

如此要紧的书证，有什么理由回避呢？

另外，控方举出的三份"八·四会议"的记录，我们在上面已经陈明，把一次以"扩大生产、扩大销售、增加效益"的企业会议，指控为梁锋犯罪的策源地和总根子，是骇人听闻的歪曲。总之，控方运用书证的态度极其片面，应请关注。

（二）控方提交的证言具有以下特点，不足采信。

第一，前后矛盾。我这里只能举例来说：供销公司的负责人郑炳文去年 12 月 10 日的证言说，他们公司搞的就是"无货交易"(卷第 80 页)。今年 7 月 21 日的证言说的是："我们供销公司是有货销售出去。"其中真伪也只有依靠旁证了。

第二，公开扯谎。蒋壬凤、黄健作为财会人员，都分别作证说她们虚开了销售发票，顾客的名字单位如"陆丰水产"，个人如"林国新"都是她们分别编造的。然而大量事实证明:陆丰水产或者林国新都是实实在在的买鱼老客户,辩方提交的他们与供销公司签订的“协议书”已质证在案,编造之说才是真正的编造,也无须细说了。

第三,侦查机关的询问笔录,所作的证言,有格式化倾向,许多证人的陈述几乎是一个模式,即梁锋召开“八·四会议”授意下属虚开,于是搞了“无货交易”,显然违法。模式化的产生说明什么问题,法庭自能明察,无须赘述。

第四,我们认为,上述三种情形的出现,重要原因之一是源于指供(证)诱供(证)。黄玉环去年12月5日的证言,一气讲出了“虚开的27份增值税号码”,而且说得清哪14份开给供销公司,哪13份开给冷冻厂,号码也背得一清二楚,不是指证,怎么可能办到?苏效昭的证言更神,她具体地逐一背出了发票号码,而且断言其中“虚开”情事梁锋一定知情。苏证的虚假性业经法庭调查证实,无须辨析。

总而言之,控方证言应逐一辨析;全然肯定,注定会造出冤案!

审判长:9月开庭以后诉讼的发展进程表明,审判权力之外另有特权执意要加罪梁锋,一些极不正常的做法实无助于提高我们的执法能力。我们对艰难的执法环境十分理解。然而客观事实又表明,梁锋是一个正直清廉的国家工作人员,是一个勤恳敬业的中国共产党党员,他因此获得人民拥戴被选为人大代表绝非偶然,他不该成为反腐的对象。即便他不幸被判处有罪,他完全可以坦然地宣告自己的历史无愧于人民。而我,作为律师,则会因本身的软弱,未能对他提供有力、有效的法律帮助深感愧疚,为此我欢迎诸位法官的批评与指责!法官是神圣的裁判者,诚挚地期望充满法律智慧的诸位优秀法官能够通过本案体现出中国法律人的历史责任感,从而实现神圣的使命!

二〇〇四年十二月十四日　广州

诉讼文书

广州海关缉私局起诉意见书(摘要)

犯罪嫌疑单位:广州远洋渔业公司。

犯罪嫌疑人梁锋,系广州市海洋渔业集团董事长、总经理,兼广州远洋渔业公司(以下简称渔业公司)经理、法人代表。2003年4月17日,因涉嫌贪污、挪用公款被广州市公安局白云区分局刑事拘留,同年4月29日被该局逮捕。

犯罪嫌疑人梁锋在渔业公司任职期间于2001年9月以渔业公司法定代表人的身份代表该公司与印尼光明企业集团(以下简称光明公司)签署渔船租赁合同,决定以租船收租金的形式与对方合作。而之后实际上渔业公司派往印尼的四艘船在印尼并无作业生产,船员由印尼光明公司安排,代该公司收购鲜鱼,渔业公司则以“远洋自捕”的名义,代光明公司报关进口冻带鱼等水产品,并由光明公司在我国自行销售,货款归光明公司所有。2002年5月梁锋又积极组织其下属联系国内客户,以其公司远洋自捕鱼的名义代客户报关进口水产品收取手续费,并指定销售科长岑克俭专人负责向海关申办征免税证明,并要其做好保密工作。经查,在2001年至2002年期内广州远洋渔业公司以“远洋自捕”方式向广州海关内港办事处申报免税进口的鱼类产品共1363吨,其中有343.3795吨渔货有从船上的航海日志及来往函电等单据中反映是该公司渔船自捕的鱼外,其余的1019.6205吨渔货则是广州远洋渔业公司利用其远洋渔业运回自捕水产品不征税的优惠政策,采取伪报贸易方式的手段,以“远洋自捕”的名义,代印尼光明企业集团报关进口冻带鱼等水产品509.6205吨,代深圳客户宏谭英报关进口冻带鱼等水产品510吨,并收取宏谭英的代办进口手续费人民币176750元。上述违法进口的1019.6205吨渔产品的价格为人民币272.17万元,经关税部门计刻偷逃税款合计人民币

1722891.74元。

综上所述，犯罪嫌疑单位广州远洋渔业公司、犯罪嫌疑人梁锋的行为触犯了《中华人民共和国刑法》第一百五十三条，涉嫌走私普通货物罪，根据《中华人民共和国刑事诉讼法》第一百二十九条的规定，特将本案移送你院审查起诉。

此致

广州市人民检察院

二〇〇三年九月二十一日

广州市人民检察院起诉书（摘要）

被告单位：广州远洋渔业公司。

被告人梁锋，原系广州远洋渔业公司经理、广州市海洋渔业公司经理。

现查明：

2001年12月至2002年11月间，被告单位广州远洋渔业公司在被告人梁锋的主管负责下，利用其远洋渔业运回自捕水产品可免税进口的优惠政策，将非公司自捕的水产品共1019.6205吨以“远洋自捕”的名义向海关申报，经海关关税部门核定，偷逃应缴税额共计人民币722891.74元。

1997年1月至4月及2001年4月、5月间，梁锋利用职务便利，二次收受承建该综合楼的建筑商广东省廉江市建筑安装工程公司廖思笛（另案处理）贿送的人民币共31800元，利用职务便利，收受租赁其公司广州市天河惠万家经济发展有限公司法人代表钟剑标贿送的东芝牌34寸彩色电视机1台（价值人民币7410元）。

2002年9月28日，梁锋利用职务之便，擅自决定将其公司公款人民币300000元借予广州市荟翠贸易发展公司营利，至2002年10月8日归还。梁锋收取人民币500元的感谢费。

以上犯罪事实，经查证属实，证据确实充分，足以认定。

本院认为，被告单位广州远洋渔业公司在被告人梁锋的主管负责下，以伪报贸易方式的手法逃避海关监管，偷逃应缴税额较大，其行为已触犯了《刑法》第一百五十三条第二款的规定，构成走私普通货物罪；梁锋利用职务上的便利，非法收受他人财物为其谋取利益，挪用公款供其他单位使用并谋取个人利益的行为，已触犯《刑法》第三百八十四条第一款、第三百八十五条第一款的规定，构成受贿罪、挪用公款罪。为严肃国家法律，保护对外贸易管理体制及对进出关境货物的监管，维护社会主义市场经济秩序，及维护国有企业正常管理秩序和国有企业从事公务人员行为的廉洁性，保障社会主义建设事业的顺利进行，依照《刑事诉讼法》第一百四十一条之规定，特提起公诉，请依法判处。

检察员：陈国坚

二〇〇四年七月七日

30. 邓洁瑜“非法经营案”

案 情 简 介

市财政局工作人员罗斌贪污、挪用公款案,数额特别巨大,情节相当严重。罗负案在逃,牵连多人被捕。

本案被告人邓洁瑜所属的广达公司与罗斌有借贷关系,并曾作为中介,代罗私购外汇,疑其为罗案“共犯”。经立案侦查,查处经年,认为“挪用”罪名不能成立,复以“非法经营罪”起诉。

2000 年 6 月,一审开庭审理,判定被告人有罪,处刑 4 年。

辩 护 词

一审辩护词

合议庭：

邓洁瑜一案，一开始就被有关机关与当时成为“五一八专案”的佛山第一大案——罗斌贪污、挪用公款案挂上了钩，邓本人被断定为涉嫌“挪用公款”，并疑她“企图潜逃”，先予拘留，后转为逮捕。我们介入后，遵循法律的明确规定，提出充分法定理由，一再要求检察机关变更强制措施，都未获得答复，给人以莫测高深的印象，问题似乎相当严重、复杂。因此，我们不仅十分重视，而且极其慎重，在每个环节上都依照法律的规定认真地履行职责。通过今天的法庭调查，分析研究了控方举出的证据，使我们对案情终于有了比较正确、相当明晰的认识；在此基础上，我与池英花律师针对起诉书和公诉人方才发表的公诉词，发表以下意见，为邓洁瑜辩护。这是我们的联合发言。

重点讲三个问题——

一、邓案在程序上严重违法

（一）起诉书隐约表明，邓案始于涉嫌挪用公款，按照刑事诉讼法对于管辖问题的划分，以及最高检察院1998年5月7日颁布的《检察院直接受理立案侦查案件范围的规定》，挪用公款案应由检察院直接立案侦办，无可置疑。使人难以理解的是，起诉书对此不知何以并不正面说明，只是在介绍被告人的自然状况中加入一句，说邓洁瑜“1998年5月21日因涉嫌挪用公款被佛山市公安局石湾分局刑事拘留，同年6月3日……由石湾分局执行逮捕”。这分明使用“打马虎眼”的手法给人一个假象，仿佛邓案从1998年5月起，自始由公安机关侦办，其间对邓采取的强制措施出自公安机关而不涉及检察院。然而这不是事实。我们在侦查阶段作为犯罪嫌疑人委托的律师进入程序，自始与检察机关发生联系，并经他们批准会见过邓洁瑜，就足以证明。

现在的问题是,石检刑起字(2000)79 号起诉书分明断定邓洁瑜的“挪用公款”罪并不能成立,那么,按照刑事诉讼法的精神和原理,根据最高检察院的《实施刑事诉讼法的规则》,依据该罪名所采取的强制措施当然也是不正确的,从而应予取消,对邓洁瑜立即释放。不料检察机关并不纠正失误,却用变换罪名的办法,把案件推移到公安机关,借以回避前此严重超期羁押犯罪嫌疑人的错误,这种做法是很不正常的,没有法律上的依据。

(二)邓洁瑜因一个莫须有的罪名被关押,最终以“非法经营案”起诉,长达两年之久。超期羁押,相当严重。检察院不仅不执行全国人大常委会和公安部分别发布的相关指示,而且不考虑最高检察院1998 年和 1999 年两次颁布的《人民检察院刑事诉讼规则》中的相关规定,即“经审查超过法定期限的,应当提出释放或者变更强制措施的意见由检察长批准,通知公安局执行”,从而侵犯了当事人的人身权利,问题相当突出。

(三)检察机关在向人民法院移送案卷材料时,不遵照最高人民法院《关于执行〈刑事诉讼法〉若干问题的解释》,移送“侦查、起诉程序的各种法律手续和诉讼文书复印件”,看来也无意接受合议庭和诉讼参与人对此必须实施的法庭审议。按说,依据上引最高法院司法解释第 117 条第 2 项的规定,人民法院应退回要求移送,如不能达到要求时,“应决定不予受理”。按照目前的情况,起诉机关对邓的起诉不符合法定要求。我们基于对合议庭的尊重,才在审判长的指挥下实施各项诉讼程序,但实感有责任请求合议庭就此对有关机关提出司法建议,要求纠偏,以儆效尤,并切盼在本案诉讼进程中采取补救措施,维护被告人的合法权益。

(四)根据卷内由公安分局刑警大队出具的“抓获经过”,暂且不论其中在主要之点上的不实叙述,它表明邓案从一开始就由一个由公安、检察等家参加的“专案组”统筹侦办。专案组直接办理案件,必然与宪法和法律抵触,这是本案在程序上不能依法办事的根源。我们在这方面有着极其惨痛的教训。中央早在 1979 年就发出了著名的 64

号文件，严禁设立“专案组”办理讼案，不料有些地方至今拒不执行。试想，“专案组”行使或者代行了公、检的职权，不违宪，就违法，这个问题具有严重的性质，恳请对其错误，加以明查，予以纠正。

二、起诉书的指控基本失实，证据不足

起诉书指控的犯罪事实两项，庭审调查表明，都没有达到“清楚”的程度，证据并不充分与确实，分别说明：

关于第一项，据起诉书指控，邓洁瑜利用广达公司账户，分六次将人民币 18,277,279 元汇到金叶、瑞昌、中农三公司，换成港币 1540 余万元。然后邓将境外单位在香港的银行账号提供给上述三公司，将换得的港币汇到香港的指定银行。这里有三个问题——

1. 姑且不论上述的 18,277,279 元人民币并无确实的凭据证实，问题还在于：这是谁的钱，属于什么性质，在案中是必须查实的，不知何以没有查实？再者，邓洁瑜作为广达公司的法人代表，指控她“利用”自己的账户之说，显然过于牵强，没有任何说服力。明确地说，起诉书指控的邓洁瑜的行为实际上是邓所属的“单位”的行为，事关“主体”的确认，不可以含糊其辞。

2. 所谓将换得的港币“汇到香港的指定银行”，是哪一家或哪几家？又是谁“指定”的？为何不能实指？一个明显的道理是：邓洁瑜的公司既然在香港有自己的“银行账号”，自然无须再“指定银行”让金叶等三家公司汇入外汇。起诉书之所以闪烁其词，无非是为了回避这些账号有些属于罗斌指定的银行。这就从另一个侧面表明，邓洁瑜的广达公司在兑换外汇上仅止于提供了账户，起到了“中介”作用，非法买卖外汇的主体则分属罗斌和为他兑换的公司。

3. 这笔港元外汇现在是否还在“指定银行”的账上，还是由谁取走，起诉书未能说明走向与去向，这也是指控中的重大瑕疵。根据查证，这笔外汇，已由罗斌分八次取走，卷中所附的罗斌收据应是可信的证据，这说明邓洁瑜的广达公司前此实施的行为确属中介而且早已完成，无可争辩。

关于第二项，据起诉书指控，邓洁瑜分五次“将罗斌涉嫌贪污的人民币在佛山的烟档等处兑换港币1848万元，然后由罗斌取走”。这里的问题是：

1. 起诉书所说的人民币，没有明确、具体的数额；认定这笔人民币属于涉嫌贪污的款项，对于邓洁瑜来说，是虚妄的。邓洁瑜在自己被捕后方从检察部门得知罗斌涉嫌贪污，她所属的广达公司与罗斌只有借贷关系有证可查。

2. 指控邓洁瑜分五次在烟档兑换港币1848万元，没有证据证实。

3. “由罗斌取走”一说失之于笼统，按照起诉书的逻辑，既已查知“先后五次”兑换，那么，是一次或分几次“取走”，用什么方式取走，竟都不能实指，作为指控，这是缺陷，清清楚楚。

总而言之，证据表明：第一项指控中实指的人民币1800余万元，就是第二项未能明示的人民币的数额，是罗斌要求邓洁瑜的公司介绍兑换的款项。而第一项指控中没有实指的外汇去向，正是第二项中所明示的“罗斌取走”。上已说明，罗分八次取走了这些外汇有他亲笔开具的收据可证。

综合以上几点，首先表明起诉书关于“邓洁瑜非法购买外汇”的指控带有严重的片面性。事实是：邓洁瑜代表的广达公司作为中介，代人非法购买外汇，这反映出两个要点：第一，邓洁瑜作为法人代表实施的行为，依法属于法人行为，不是个人行为；第二，介绍购汇，是中介行为，不是非法购买的行为。

其次庭审调查证明：公诉人指控的非法买卖外汇数额严重失实，两项指控中分明存在严重的重复与重叠。公诉人表示“可以扣除”，这当然值得赞许。但又说应请合议庭合议时对证据再加复核然后认定。这种事实不清贸然起诉，诉后又将举证责任推脱得一干二净的做法，则是我们不能同意的。关键在于，上述的事实，对于分析当事人行为的性质，无疑具有重要的意义和作用。我们不能够草率从事，更不会置法律于不顾。此情应请明鉴。

至于邓洁瑜所属的公司因业务需要而非法购买的小量外汇，鉴于并不涉及案中的事实，故不申辩。

三、起诉书适用法律的失误

起诉书援引全国人大常委会《关于惩治骗购外汇、逃汇和非法买卖外汇犯罪的决定》(以下简称《决定》)第4条第1款,指控邓洁瑜的行为构成“非法经营罪”,是不正确的。这项《决定》发布施行于1998年12月29日。1999年3月16日,“两高一部”发布了公通字(99)39号文件,其中第12条有两项明确规定。第一项指明:“对于上述《决定》公布施行前发生的,公布后尚未处理或者正在处理的行为,依修订后的刑法第12条第1款规定的原则办理。”众所周知,该项原则就是审判案件适用法律应当遵循的“从旧兼从轻”的原则。据此,审判邓案应按“从旧兼从轻”的原则办理无可争辩。其第二项则是:执法部门处理骗汇、逃汇、非法买卖外汇等类案件,应严格遵照最高人民法院1998年8月28日发布的法释字(98)26号文件,即《关于审理骗购外汇、非法买卖外汇刑事案件具体适用法律若干问题的解释》定罪量刑。这就有必要对最高的这个司法解释结合本案做出明确的判断了。

查该最高法院的司法解释,凡属单位犯罪几乎都有特别规定;而唯独对于非法买卖外汇,并不明示单位犯罪应如何处理的罚则,具体地说,并未实指单位非法买卖外汇也以20万美元以上为起点,援引刑法定罪处罚。但是,参照该司法解释第4条,有单位为他人向银行骗购外汇,数额在500万美元以上的,可按照刑法相应条款定罪处罚的规定。骗汇,无论是性质或手段乃至行为的动机目的,都比非法买卖外汇严重,但规定以500万美元作为犯罪指向的数额的起点,据此,单位非法买卖外汇的处罚不应低于500万美元是有法可循的。我们观点的正确性,还可以从以下两个方面得到印证:

(一)在政策上有据。中纪委、中政委、外汇局和两高,1986年4月20日发布了《关于单位、企业违法买卖外汇问题的几点处理意见》,其中提出的处理原则是:“非法高价买卖外汇,数额较大,或者情节比较严重的,除给以经济处罚外,还要对直接责任人员分别给以党纪或政纪处分。”而对那些数额特别巨大,给国家造成严重损失的,才依法追究刑事责任,其最高刑是三年以下的有期徒刑。这个文件还特别指明，执行外汇政策“要前后加以照应”。由此可知，参照上引的最高司法解释的第4条衡量本案，符合“前后照应”的政策精神，绝非我们的主观妄断。

（二）在实践中有例。佛山市因罗斌一案受到牵连的为数不少，其中有的人、有的单位非法买卖外汇的数额和情节都比邓洁瑜所属的广达公司为严重，有的还有其明白无误的营利目的，但都未获深究。法制统一是我们实施依法治国方略的重要手段，法律面前人人平等是我们必须遵行的宪法原则，政策的恩泽绝不会只及于彼而不顾此，独薄于被告人邓洁瑜，我们相信合议庭能够采纳我们的意见。

此外还应着重说明两点。第一，涉案行为的主体不是一般的自然人，而是“单位”；第二，《刑法》第225条规定的非法经营罪，其特征除“违反国家规定”这一点之外，还有三点，即（1）有非法经营活动；（2）扰乱市场秩序；（3）情节严重。证据表明，以邓洁瑜为法人代表的广达公司的行为不符合这三个特征。第一，广达公司与罗斌之间在违法买卖外汇之间的关系，大都是居间介绍的中介关系，重复地说，实质上是罗斌通过广达的中介，向金叶等三公司购买外汇，广达公司绝无那种以筹划和管理为特征的经营活动。特别应当提出的是，广达公司实施中介行为也绝无从中营利的动机和目的。第二，广达公司介绍罗斌非法购买外汇，这种行为本身构不成对市场秩序的直接扰乱。第三，至于情节是否严重，除应审核数额这个因素外，还应着重审查是否因介绍买卖外汇而造成了某种严重的后果，或者产生了特殊恶劣的影响。从案件的实际情况出发，我们认为不存在这些问题。公诉人在讼词中将罗斌一案可能产生的恶果加诸邓洁瑜，既无法可依又没有事实作为根据，不足采信。广达之所以甘愿居间介绍，是因为该公司与罗斌之间存在着经久不断的借贷关系或业务联系，换句话说，这种居间介绍并不是广达的一贯的活动，不仅情节轻微，而且情有可恕。更何况还不能不考虑：以邓洁瑜为法人代表的合资企业，为开展进出口业务，它本身也需要兑换外汇，但又很难得之于指定银行，这种特殊的现象既是客观现实，又涉及我们的政策，由此产生的负面影响或消极现象，让一家小型企业的法定代表人承担罪责，并不公正。我们在前面引述的中央机关 1986 年 4 月的政策规定充分表明我们的意见有理有据。总之，以邓洁瑜为法人代表的广达公司的行为缺乏“非法经营罪”的特征，指控不能成立。

综上所述，邓洁瑜被认为涉嫌挪用公款一案，确因罗斌贪污巨款、负案在逃而起。经过长期认真的审查，证实罗案与邓洁瑜无关，只是在长期关押之后，不顾公检两家独立办案、相互制约的原则，又以广达公司非法购买外汇为由头，重又指控邓洁瑜犯了“非法经营”罪，从而显示出一些单位执法上的随意性。公诉人方才在法庭调查时因证据上的失察公然宣称要求“口头补充起诉”，在我们表示异议之后虽又宣布撤销，反映出有“想怎么定就怎么定”的专断观念，这无疑都是对依法治国方略的削弱乃至否定。我们从事实和法律这两个基点上论证了起诉书的失误与不足，证明指控不能成立，为此恳请合议庭严肃执法，作出公断，尽早地恢复被告人邓洁瑜的自由，使这个年轻有为的企业工作者在克服缺点的基础上，总结经验教训，为佛山的经济发展做出新的努力。鉴于本案有人民陪审员的积极参与，注意到审判长在审理过程中所持的认真态度，我们有充分的信心，指望合议庭的公正性。

辩护人　张思之　池英花

二〇〇〇年六月二日

诉 讼 文 书

检察院起诉书（摘要）

被告人邓洁瑜，女，三十一岁，原系佛山市城区广达工贸公司、广达装饰材料有限公司法定代表人。1997 年 6 月 3 日，由公安局执行逮捕。

1997年10月8日至1998年3月3日，邓洁瑜利用其公司的账户，先后六次将人民币共18277279元汇到南海市金叶财务发展有限公司、南海市瑞昌贸易有限公司和中农企业总公司，自上述三公司兑换成港币共15404368.59元(折合2094057.68美元)。然后，邓洁瑜将境外单位在香港的银行账号提供给上述三公司，委托将换得的港币汇到香港的指定银行。

1997年10月15日至1998年1月24日，被告人邓洁瑜先后五次将罗斌涉嫌贪污的人民币在市高基街、南海市大沥的烟档等地方兑换成港币共18480000元(折合1660849.13美元)，然后由罗斌取走。

以上犯罪事实清楚，证据确实、充分，足以认定。

本院认为：邓洁瑜无视国家法律，在国家规定的交易所以外非法购买外汇共计港币35544660.6元(折合3754906.81美元)，已构成非法经营罪，根据《中华人民共和国刑事诉讼法》第一百四十一条的规定，特提起公诉，请依法惩处。

二〇〇〇年五月八日

区法院刑事判决书(摘要)

区检察院起诉书指控被告人邓洁瑜犯非法经营罪，于2000年5月15日向本院提起公诉。本院公开开庭审理了本案。

邓洁瑜的辩护人提出的辩护意见是:1.侦查程序违法;2.应该查清用来非法购买外汇的人民币是罗斌的还是广达公司自己的;3.非法购买外汇的行为是广达公司的法人行为，不是邓洁瑜的个人行为，并就此意见向本院提交了市工商行政管理局出具的广达公司工商登记材料;4.邓洁瑜所在的广达公司在购买外汇的行为中只起了中介作用，没有从中获利，也没有构成扰乱市场秩序;5.起诉书中通过银行转账将人民币182772799元兑换成港币15404368.59元的指控，与用现金人民币兑换港币18480000元的指控重复;6.本案不应该适用全国人大常委会《关于惩治骗购外汇、逃汇和非法买卖外汇犯罪的决定》第四条第一款的规定，而应适用最高人民法院《关于审理骗购外汇、非法买卖外汇刑事案件具体适用法律若干问题的解释》的规定。

经审理查明:1977年10月8日,邓洁瑜从广达公司账户中,将人民币1100000元通过交通银行汇入瑞昌公司,委托瑞昌公司兑换成港币汇入香港展鸿国际有限公司在香港的账号。9日,瑞昌公司以金叶公司的名义委托其在香港的公司按邓洁瑜的委托将港币1010101元分两笔汇入香港展鸿公司。

1997年10月23日、24日、27日,邓洁瑜以广达公司的名义通过交行将人民币6001880元汇入瑞昌公司(其中5331880元为另案人罗斌汇入广达公司的账户用于非法购买外汇),委托瑞昌公司将该款兑换成港币汇入香港展鸿公司及辉宝公司在香港的账户,再由瑞昌公司分三笔汇入香港展鸿公司港币4388575元、辉宝公司港币505692.59元。

1997年11月18日,邓洁瑜从广达公司账户中,通过交行将人民币3062399元汇入瑞昌,委托瑞昌公司将该款兑换成港币汇入展鸿公司的账户及MAN MOU LO在中国银行澳门分行的账户。随后,瑞昌公司将港币2300000元汇入展鸿公司在香港的账户、将港币500000元汇入MAN MOU LO在中国银行澳门分行的账户。

1997年12月3日,邓洁瑜从广达账户中,通过交行将人民币3822000元汇入瑞昌公司,并委托瑞昌公司将该款兑换成港币汇入展鸿公司在香港的账户。12月4日、12月5日,瑞昌公司将港币35100000元分两笔汇入展鸿公司在香港汇丰银行的账户。

1998年1月13日,邓洁瑜从广达账户中,通过交行将人民币1000000元汇入瑞昌并委托瑞昌将该款兑换成港币汇入谭侠铮(TAM HAP CHANG)在香港的账户。15日,瑞昌公司将港币1000000元分两笔汇入谭侠铮(TAN HAP CHANG)在香港的账户。

1998年3月3日,邓洁瑜从广达的账户中,通过中行南海支行将人民币3291000元汇入中农企业,并委托瑞昌将该款兑换成港币汇入WONG WAI CHONG在中行香港分行的账户。3月4日,中农企业又委托韶关市外经进出口贸易公司按邓洁瑜的委托将港币3000000元汇入 WONG WAI CHONG 在中国银行香港分行的账户。

1997 年 10 月 11 日至 1998 年 1 月 24 日期间,邓洁瑜用人民币兑换成港币共 4145000 元,并分十三次交给罗斌。

上述事实,有下列证据证实(略)。

证据均经质证和认证,确实、充分,足以认定。

邓洁瑜在国家规定的交易所以外非法买卖外汇,扰乱市场秩序,情节严重,已构成非法经营罪。检察院指控的罪名成立,但指控的数额 3754906.81 美元不当,应予纠正。邓洁瑜及其辩护人提出起诉书指控的以人民币 18277219 元(折合 2094057.68 美元)兑换成现金港币 18480000 元是重复计算的辩护意见,对用现金兑换成港币 18480000 元扣除 4145000 元以外数额重复计算部分的意见合理,可予采纳。对邓洁瑜及其辩护人以邓洁瑜系广达公司法人代表,其买卖港币的行为是法人行为,且在买卖港币的行为中仅是起到中介作用的辩解和辩护意见不予采纳。对辩护人提出的侦查程序违法的意见,查无依据,不予支持。对辩护人提出本案不应适用全国人大常委会《关于惩治骗购外汇、逃汇和非法买卖外汇犯罪的决定》第四条第一款的规定的意见,理由不充分,不予采纳。判决如下:

被告人邓洁瑜犯非法经营罪,判处有期徒刑四年。

二〇〇〇年六月二十八日

31. 张启生“贩毒案”

案情简介

公诉机关指控张启生的罪行有二:一、“1998年中秋节期间”,将300多块共100多公斤海洛因从云南运至广东普宁销售。二、1999年11月,张启生通过阮亚明“购得一批海洛因,由谭晓林指使王鲁豫从云南运到广州,而后通过陈炳锡与庄顺盛商定,由庄购买,并约定由罗建光协助交接。”“庄顺盛清点并验收时被当场抓获,缴获海洛因108.85公斤”。

一审判处张启生死刑,没收全部个人财产(据计算高达七千余万元)。庄顺盛因有立功表现,处无期徒刑。罗建光因另有制造毒品罪,判处无期徒刑。谭晓林、王鲁豫、陈炳锡均“另案处理”。对阮亚明则未作交代。

我们受托参与二审诉讼。全案卷宗多达59册。关于第一项罪行,居然没有“货主”,没有“运主”,没有“买主”,尤其令人震惊的是,未见实物。指控“贩毒”,又不知价格,说不出“获利”数额。关于第二项罪行,同样全凭口供。曾作“辨认”,但虚假成分明显,不能说明任何问题。严重的是,涉案人员的口供互相矛盾,有些细节竟出于编造。刑讯逼供相当严重,非法证据,统未排除。

同样荒唐的是,庄顺盛的立功内容,与张启生的揭发检举几乎全然一致,且晚于、少于张的正式举报。庄因此而被从轻判处,减为无期,对张则执意立即执行死刑。

张上诉后,二审主办法官玩忽职守,拖而不办,违反审限多年。延至2005年2月末,通知律师递交“书面辩护意见”。我们按时于该年3月1日呈上,但又如石沉大海。拖至2008年,二审另换审判长,重组合议庭,于3月8日正式开庭审理。

我们当庭发表了翔实的辩护意见,断言指控张启生的犯罪事实除口供外再无证据,对张的立功表现不予认定更于法无据,有违真相。对刑讯逼供现象作了充分的揭露,力主排除非法证据。法庭辩论激烈。审判长宣布定期宣判。

合议庭经过七个月的合议,于当年10月13日宣告终审裁定,对律师意见只有14个字的裁决:“所提理由,经查不能成立,不予采纳。”至于查了哪些,为什么不能成立,则付诸缺如,只有天知了。

案经死刑复核。我们向最高法院递交了家属的复核程序阶段委托书,要求进入程序,听取律师的意见,不期自始至终未得任何回应,主审法官也一直没有会见张启生,却在最高法院的《排除非法证据》的规定和《办理死刑案件审查判断证据若干问题的规定》发布不足一个月之后突然下达了执行死刑的指令。大法官如此执法,芸芸众生还能说什么呢?

至于律师的辩护是否有理有据,请细审我们下面的“法庭辩词”。

辩 护 词

补充辩护意见

高院刑庭李毅审判长并
张启生案合议庭：

25日面谈，体察到你们案多事繁，目前还未来得及考虑张案中的关键性问题，因而也没能审核那些问题中包含的重要细节的苦衷。事后，反复思考了李审对于张案的思路和观点，认为有必要根据2000年《全国法院审理毒品犯罪案件工作座谈会纪要》（以下简称南宁座谈会《纪要》）的精神，就几个特别重要的问题形成书面意见，作为我2005年3月书面辩词的补充，呈请审核，或能为合议庭的顺利工作提供点便利条件。

一、前述2000年南宁座谈会《纪要》有以下指示：

（一）“对于仅有被告人的口供和同案被告人的供述，因能相互印证而作为定案依据的，对被告人判处死刑立即执行要特别慎重。”

（二）“完全排除诱供、逼供、口供等情形，被告人的口供与同案被告人的供述才可以作为定案的证据。”

（三）“对可能判处死刑的案件，必须严格执行法律的规定和党的死刑政策，一定要把死刑案件办成铁案。”

（四）“对于具有法定从轻、减轻处罚情节的罪犯，应当依法从宽处理。”

（五）“毒品数量只是依法处理毒品犯罪的一个重要情节而不是全部情节。因此，执行量刑的数量标准不能简单化。特别是对可能判处死刑的案件，必须综合考虑……多种因素。……具有可酌情从轻处罚等情节的，可不判处死刑立即执行。”

以上五点，对张案有直接的指导意义，相信二审终能纠正一审的失误严格遵行。

二、张案判词违背上述精神，定案仅凭供述且矛盾甚多，以致犯罪事实不清——

（一）关于第一项罪行：一审判决断定张启生贩、运毒品海洛因“300 多块 100 多公斤”，姑且不论只有概数，不能确指，瑕疵明显，有失严谨。要害在于既无货主，又无运主，更无买主，不知毒品来源，不见流向何处，重要犯罪事实竟缺主要环节，据之定性，实无根据。没有买价，也无售价，不知利润，不见分赃，伙同“贩卖”之断，缺乏实证，如此定案，太过草率。

值得注意的是：省公安厅作为侦查机关，对这项罪行的原始指控与判词大不相同，并不那样空泛，据该厅“粤公诉字（2002）001 号”《起诉意见书》：张启生 1994 年开始与朱二、阮亚明“密谋贩毒”，做了分工，朱、阮运送，张启生销售，获利私分。至 1998 年，共 6 次，运至普宁海洛因 500 公斤，张启生以每公斤 3 万元至 6 万元不等的售价，转销给陈炳锡。可是，公诉机关、审判机关对上述的具体指控未予采信。这就出现了一种无法排除的可能性：难道是侦查机关对张的指控自始失实？本件案情重大，事关人命，对此不宜漏而不查，不该不予查明。

（二）关于第二项罪行：一审判决断定，张启生是实施该项犯罪的主犯，“经查，被告人罗建光、庄顺盛均供述该批海洛因是张启生运至本市贩卖的；同案人谭晓林的证言及辨认照片证实张启生是该批海洛因的所有人；同案人陈炳锡的供述证实该批海洛因是张启生所有并运至广州准备贩卖的……”（引见一审判词第 21 页）。这个断定，与云南省检法机关的认定完全不同。云南的认定是：谭晓林“与境外毒犯张自莹、王鲁豫合谋（张在逃，王另案处理），并由王鲁豫安排运输一批至广东贩卖……同年 11 月 4 日运至广东，被警方查获”。（转引自（2003）昆检刑诉字 305 号《起诉书》）其中根本未涉及张启生。谭是云南头号“毒王”，已被执行死刑在案。

据案卷材料，广东侦查员在“云南省看守所”讯问谭晓林先后三次，其中第一次（2003 年 4 月 5 日）中关于冰毒问题的供述，因与谭晓林、张启生无关，已不可信。第二次（2003 年 4 月 7 日）重点是供述张启生案发后的情况和相关问题，但在主要情节上，编造明显，对此我们在去年 3 月的书面辩词（以下简称“三月辩词”）中已有详细的剖析。总之，不实之供竟能作为证据运用，在一般刑事诉讼中已属出格，更何况本案关涉死刑！

至于其他几个据之定案的同案犯如罗建光、庄顺盛关于张启生罪行的供述，在主要之点上无不来自传闻，且诸多矛盾，有的则分明是自编的伪证（如罗建光）；至于陈炳锡的供述，虽相当重要，但矛盾点也多，对此在“三月辩词”中有具体说明，不作重复。

综上所述，一审的采证，充分证明南宁座谈会《纪要》中关于仅有口供和同案犯供述应“特别慎重”的指示确有针对性，极其重要。相信二审终能准确地把握案情，纠正一审的偏差。

三、关于证据和采证的其他三个问题——

（一）“辨认”有疑

一审判决将形象“辨认”作为确定犯罪主体的重要证据多次使用，但细查案卷材料，辨认疑点明显，很不可靠。我们在“三月辩词”中对庄顺盛、谭晓林“辨认”张启生的过程与结论作了实事求是的质疑，恳请详查。

（二）侦讯“笔录”的真实性有疑

我们在“三月辩词”中对被告人指摘侦讯人员“制造”笔录，或者不如实记录口供的异常情况作了分析，并举出案卷材料说明可信。谨再补充如下：

据侦查员第一次讯问云南谭晓林笔录第 7 页，在记录谭的供述的行文中，记录员有个夹注：“（经谭晓林辨认，该普宁老板是张启生，即运往广州那车海洛因的买主）。”细查“辨认笔录”的辨认时间，这是在讯问中间进行之中的举措，即在当日的“11 时 10 分至 12 时”，应是讯问中间有所停顿，命谭“辨认”。问题发生在笔录最后一页（第 12 页）的最后一句，记的是：“那个普宁老板外号叫阿佬……我可以辨认出他的照片或其本人。”时为当日“18 时零 5 分”。这就怪了，6 小时前已作了辨认，此时为什么还会讲述“可以辨认出”的问题？这里只能有一个解释，笔录的制作过程有疑。

不妨再查第三次“讯问笔录”。且不说讯问计两小时45分钟却只有三页半的记录，查讯问时间分明是当年的4月8日，但被讯人谭晓林最后签署的日期却是“5月”8日。诚然，也许会作出笔误的解释。但即使如此，此“误”足可否定它作为证据的效力难道会有疑义？须知这是涉及人命的要案啊！

（三）采证方法严重违法

案中的“刑讯逼供”不止一人一次，受刑者身上的斑斑伤痕，更不是一肢一处：落后野蛮，尽失国格！面谈中，审判长希望我们能予以举证，以利核实。律师力薄言轻，无能举证。然而通观全案五十余件卷宗之后，我敢于郑重申明：倘有诬陷，甘担罪责！

对此之所以不厌其烦，再次重提，主要是考虑到，一审将侦查机关用非法手段取得的“口供”、“供述”作为定案证据，严重地违背了国法明定的采证原则，违反了最高法院的多次相关的指令和前述的南宁座谈会《纪要》。事关生杀，斗胆陈词，恳请补救，是为至盼。

四、两点要求——

第一，考虑到年来案卷常在检察机关的实际情况，如控方新有补充材料，请通知我们及时阅卷，以利有所准备，以便诉讼得以顺利进行。

第二，研究一审2003年11月26日“刑一初字第271号”关于张启生等涉毒案的“审理报告”，全文共23页约4万字，在“经审理查明的事实和证据”一节中有7处涉及张启生，即

（一）“12. 庄顺盛辨认张启生……”

（二）“13. 罗建光辨认张启生……”

以及——

（三）“41. 谭晓林关于毒品是张启生购买的证言（B14卷第1～32页）。”（按：这段“证言”，与一审判词所引相同无异。）

（四）“42. 王鲁豫辨认谭晓林和相关证言。”（按：证言全文约280字，其中无一字涉及张启生。）

（五）“43. 陈继英证言:（B4 卷第 40 ~ 51 页）。”（按:证言无下文。）

（六）“44. 陈炳锡供述:”（按:原件只此五字,无下文,无卷号）

另有——

（七）“23. 张启生对庄顺盛、陈炳锡、阮亚明的‘指认’（B1 卷 p. 131,B2 卷第 8 ~ 12 页）。”

这七条证据,不能证明指控属实,但足证一审的审理不无草率之嫌,为此依据相关规定,拟请求退回一审法院重新审判,以昭郑重。

是否有当,请予明示。

五、关于张启生确有立功表现的情况,在面谈中已经陈明,并有“三月辩词”的细列,无可置辩,于此不赘。我们相信并指望二审的公正性。

本件请附卷备查。

张启生辩护律师　张思之

二〇〇六年五月二十八日　北京

二审法庭辩词

审判长,合议庭:

张案久拖,终得开庭审理。庭审调查一日,我们对法官的审讯作风表示敬意！此前遵命呈上张启生案的书面辩词,至今恰已三年,其间虽作补充,但有一个基本点则坚持不移,即死刑宜少,杀人应慎。因为这是国家一贯倡导、理当付诸实施的正确的刑事政策。三年多来,我们反复研究了案情,审核了证据,基于一审对其他被告立功而有从轻裁决不处死刑的判定,考虑到上诉人张启生也有类同的情况;考虑到侦查机关对张启生立功表现的补充侦查基本上流于形式的实际;又鉴于二审原主办法官的工作作风留给我们的深刻印象,为避免形成令人遗憾的失误,乃一反法庭辩论的常规,暂不质疑和辨析案情本身涉及的一系列问题,先就张启生的立功表现,针对一审判决所作远不如实的认定,提出异议,恳请审查。

我们认为,一审判决认定本案"第二被告人"庄顺盛因检举他的同案犯庄永生的重大犯罪事实,属"重大立功表现",因而"减轻处罚",于法有据,对此不持异议。问题在于:上诉人张启生对庄永生的"检举"和其他几项重大揭发,远远超过庄顺盛检举的深度和广度,一审却予回避,处以极刑。既失公正,更违国法,不予纠正,何能服众?对此分四点说明——

一、张启生检举庄永生贩毒、走私、行贿,还涉及受贿官员汕头机场许华民处长(普宁人)的重大渎职嫌疑,以及其他毒犯庄泰源、庄赛珠等人的问题。根据案卷材料,概括其要点如下:

庄永生起始与庄顺盛,后与庄赛珠、庄泰源、许文伟等共同贩毒。庄永生的叔叔是云南的警察,所贩毒品从缅甸经云南入境售至广东普宁。1995 年,销出毒品后,庄泰源等人携美金 83 万元由汕头飞回云南,在机场被扣。后由许文伟带庄永生面见许华民,贿送 38 万元人民币,后又付 200 万元,庄泰源等人获释。

张启生的上述检举揭发,最早应在 2003 年 11 月。卷载:侦查员王海涛讯问张启生:"你在 2003 年 11 月 26 日写的检举揭发材料中,讲到果陇村人庄永生的贩毒问题,属实吗?"张回答说:属实。跟着还着重揭发了庄等行贿汕头机场许处长逃脱惩罚的种种犯罪行为(见 2004 年 3 月 31 日讯问笔录)。2004 年 2 月 28 日,他通过一审辩护人罗峰律师又呈交法庭一份举报材料。尤其值得关注的是,一审蒋丽君法官 2004 年 3 月 12 日审讯张启生的笔录中,分明记载着张启生的上述揭发(见笔录第 4 页,书记员徐兵)证明一审法官完全了解张启生的立功表现。加之 2004 年 4 月 20 日侦查机关在"补充侦查"期间还命张启生"辨认"了庄永生,4 月 25 日,庄永生第 6 次回答侦查员的讯问时,上述"汕头机场那件""109 万美元的事"业已证实(见卷 2)。因而没有理由断言张的揭发属于"乌有",然而一审判决对此只字不提,是疏漏还是失误,或者另有其他原因?事关生杀,恳请查明,予以补救。其他人的罪嫌是否建议有关部门彻查,理当由合议庭决断。

二、张启生对上述各点的举报早于庄顺盛。据庄顺盛的法庭供述，他检举庄永生是在“2004年3月，具体时间忘了。”（见2004年9月2日审判笔录第2页）但在此之前他曾明确供述“3月4日（按为2004年）我还没有揭发到庄永生。我也怕庄报复我和我的家属，所以我就信口开河，随便编了个名字，主要是有思想顾虑，没有讲出真实情况”（见2004年3月27日笔录第4页）。这与张的检举情况两相对照，先后之别清清楚楚。其中细节，一审辩护人罗峰律师在他的那份“补充辩词”中有具体详尽的说明，恳请一并予以审查。

审判长，为了说明张启生以上检举合理存在，以及他的某些表现不仅同于而且早于庄顺盛的立功，尤其是为了更进一层地证明侦查人员对于张的立功自始至终熟视无睹，我们不得不从另一侧面指出以下事实，供合议庭审查。卷载公安厅广公刑（函）字（2004）64号《关于庄顺盛……立功问题》的函，其中把庄提供另一在押犯“在梅州监狱服刑”的情况，竟然断为“缉捕（该犯）起了重要作用的”“重要线索”，实在难以理解。关于庄揭发同案犯罗文鹤的问题，一审在第二次开庭时分明用公文确认“目前无法证实”，可是此后不久，侦查机关竟能具函证明庄的揭发“为侦查破案起到积极作用”。在这里，案件涉及的时序与程序都可以倒置，这到底是为了什么？审判长，重复地说，我们赞同一审对庄的从轻判处，只是两相对照，情有偏袒，应无疑义。而其结果则是硬要置张启生于死地，这种做法，不无枉法之嫌，至于其中有无其他非分的缘由，鉴于事关重大，恳请彻查。

除此之外，张启生另有两项检举揭发，如下——

三、张启生于2002年7月就揭发了陈炳锡（另案处理）的贩毒问题，同时检举普宁市检察院蔡副检察长“与陈炳锡的关系好得不得了”（2002年7月16日笔录第8页）。延至2004年3月22日，张再次向侦查机关揭发了陈、蔡的问题（见2004年3月22日笔录）。对此，即使如省公安厅刑事侦查局所说“张启生主张其提供线索抓获陈炳锡的事实是不成立的”，也应考虑陈炳锡在制毒、贩毒的一系列犯罪行为中都是主犯、首恶这一基本情况，考察张揭发陈的贩毒事实是否成立，是否属于“立功情节”，更应调查“普宁蔡检”有无涉嫌犯罪的问题。一审判决根据侦查机关的一纸公函，基于检举中的某一情节（提供线索抓获陈炳锡）失真，就断为“经查不属实”（一审判词第65页），从而一笔抹杀，这显然不利于查明真相，无助于裁判公正！

四、张启生检举张坚兴涉嫌虚开增值税发票一节，据侦查单位致中院刑一庭函，表示“无法查实”，一审据此判决：“因检举线索不具体，不真实，无法查证，其行为不构成立功。”

这是一段强词夺理的判词！试问：既“无法查证”，根据什么说张的揭发检举“不真实”？司法裁判，何其神圣，不应该这样蛮不讲理。

“不具体”之说因其有伸缩余地，不作具体辩驳。但检举人明确提供张坚兴在深圳开设工厂的线索，广东省一级的侦查单位只是“批转揭阳市公安局武警支队调查”，不知为何不批转深圳公安予以查实？还有，检举人提供了“证明人陈武军”，陈曾被传唤就其他问题作证（见一审判词第50页），又为何不传唤陈武军对张的揭发查证核实？总之，侦查单位在此事上的倾向性非常明显，一审失察，最终剥夺了张启生立功的条件。

综上各点，我们认为，姑且不论涉及张启生的案中事实是否有证可据，一审的定罪是否合法，张启生的立功表现既不亚于庄顺盛的立功情节，庄因立功而获免死，就没有理由立杀张启生！事关生死，郑重请求二审法官慎予考量，公正判处。

以下再结合一审合议庭的审理情况，辨析一审判词中的其他问题，提出我们的见解为张启生辩护。这正是案中问题的要害所在，分五点论列——

一、关于张启生的第一项罪行，据一审判决认定：1998年中秋，张将300多块共100多公斤的海洛因，通过朱二、阮亚明（另案处理）从云南省运至普宁，由陈炳锡（另案处理）指使被告人陈俊国，卸到陈的哥哥陈俊玉的手袋加工厂内。随后张予以销售（判决书第11～12页）。

这项认定，一没有“货主”，二没有“运主”，三没有说明“销售”给谁，即不见“买主”。不仅如此，还有四，将“毒品”定为海洛因，未见实物,除口供外没有其他根据。大批量的毒品,价格很高,居然只是300多元的概数。“多”了多少? 死刑之判竟然这般认定,太不严谨,有失郑重。最后,张启生既将毒品“售”出,那么,价格多少? 获利多少? 为何缺失“买主”证言,或者其他的证明? 诚然,按照控方提供的材料,有张启生“销售给普宁果陇镇的庄增强‘或’庄增雄”的交代,姑且不论“或”的不确定性令人生疑,不足为凭,控方对于该镇有无此二人根本未予查实,正是因为这个缘故,一审判决对于这样的材料中反映的情况未予认定。“买主”缺失,应是事实。总之,无证判案,依法应予否定。

关于张启生的第二项罪行,一审判决认定:1999 年 11 月,张启生通过阮亚明向张自莹(另案处理)购得一批海洛因,由谭晓林(另案处理)指使王鲁豫(另案处理)等人,驾大车从云南运至广州。张又伙同陈炳锡联系买主销售。陈即同庄顺盛商定,由庄购买,并约定罗建光协助庄交接。11 月 4 日,清点验收时,被抓获。

这项认定,在主要之点上,也没有可靠的证据支持——

第一,经云南昆明检察院“(2003)昆检刑诉字第 305 号《起诉书》”对该项犯罪指控的内容是:“1999 年,谭晓林与毒贩张自云、王鲁豫合谋,并由王安排一批海洛因至广东贩卖,11 月 4 日运至广东,被查获。”其中根本没有张启生向张自莹“购得一批海洛因的情况”。该《起诉书》制作于 2003 年 5 月 15 日,恰在广东警方赴昆明提讯谭晓林调查张启生的贩毒情况之后一年,昆明检方当然了解广东警方掌握的材料,因而不致发生将主要案犯的重大罪行漏而不宣的严重情况。扼要地说,根据云南警方掌握的情况,这项犯罪事实与张启生没有关系。这是很值得注意的。

第二,一审判决认定的证据之 7 即“谭晓林的供述证实”:张自莹对他说,普宁老板“阿佬”(按指张启生)向他购买海洛因,“张自营叫其(指谭)帮忙运输”。谭介绍了王鲁豫负责运输海洛因,王让他手下人用大货车运到广州市,车开进仓库,被抓获。

这段供述与上述云南昆明检方《起诉书》的认定不符,与王鲁豫的"供述"有异,作为传来证据,没有可信的价值,不应据之定人以罪。

第三,庄顺盛、罗建光的口供,被用作本项指控的另一主要证据,但其中有虚。而且大半来自传闻,关键在于根本不能证明张启生参与贩毒、运毒,前已说明,因此应从合法有效的证据中排除。

第四,陈炳锡的供述作为证据之9,对于认定张启生的罪行至关重要。据判词认定,陈的"供述证实":1999 年 10 月的一天,张启生要他帮忙找地方卸海洛因,11 月 2 日,张又亲来总统大酒店商量"卸海洛因的事",陈让罗建光与张启生及张带来的"云南货主"见面后,告知庄顺盛,张有海洛因要运到广州,让庄帮忙卸,若质量可以、价格不贵,就让庄买下,庄答应了(见判词第 18 页)。

这段认定,第一,与判词判定的"张启生伙同(!)陈炳锡联系买主进行销售"等情节颇不一致,证据证明的事实与判决认定的情节不能吻合,两者或极不可靠,或不能采信,总之不能据以定罪。第二,其中的"云南货主"与判词中的"向张自营(当时逃在境外)购得"毒品的判定也不一致,"云南货主"的说法,缺乏证据支持,同样不能采信。第三,陈炳锡的供述与罗建光、陈俊国的供述也不尽一致。一审的失误在于,未传唤陈炳锡到庭质证,方才我们极力要求二审弥补这个缺陷,传陈质证,却被检方轻松否定。可是,在供述互相矛盾的状态下认定陈的供述为有效证据,确乎有悖于法,恳请明断。

综合以上四点,再结合我们将在下面指陈的关于证据的相关辨析,足以说明现有证据不能证实判词中的第二项犯罪事实能够成立。

还应说明的是,案中其他被告人的涉毒犯罪,都有一定的历史根源。诚然,卷中材料也有同案人多次指证张启生在家乡是人所共知的大毒犯,但经侦查机关在当地调查,竟无一人知道张是"毒犯"。特别是早年就与张过从甚密在经营上长期交往的李加达,也从未听说。这些有利于上诉人的证据同样应予审核,弄清真相。

以上所陈,说明把张启生列为全案第一被告,判刑最重,与案件的实际情况实有差距。关键在于:大批量制造冰毒的罪行,当然比贩毒、运毒更为严重,危害更大,而无论是侦查机关的材料,或者《起诉书》、

《判决书》的认定，张启生都未参与制造、贩运冰毒，因而没有任何理由将他列为第一被告。

二、一审在证据的采信与运用上存在严重问题。涉及张启生的证据，除"辨认记录"外，只是控方提供的所谓证言和"讯问笔录"，但不实之处甚多，就其要者，辨析如下：

（一）分明属于编造。

举如涉及张启生第二项罪行的谭晓林的"证言"笔录，对实施贩运毒品的时间、地点、人员，以及"犯事"过程中的各个细节，包括两人"跳墙"逃跑的方式等，讲得细致入微。他并未直接参与其事，又不在现场，所证各节怎么可能比亲临其事、身在其境的当事者的所见、所知、所述还要具体清楚？作为"传来证据"，如此复述"事件"，还有几分可信？无妨就其中的一段做点分析，可见虚实。他说："（谭的马仔）李国安向他报告（在缅甸）认识张启生的经过，说：'阿佬'（原注：即张启生）带着他的小老婆，她哭哭啼啼的，说家里被公安机关查封，财产、股票、写字楼都被查封了，都在深圳的，现在有家也不敢回了。"跟着李国安又补充了一个细节："阿佬就说，他的财产全被封了，冰毒也被查封了，损失很惨。"全段证词，交融情景，清楚明白，惜属编造——

第一，"小老婆"只能是韩莉艳，因为张的"小老婆"和情妇，除韩外，无人去过缅甸。而韩又从未到过张在深圳的"家"，与张家的深圳财产也没有关联，更不发生"有家不敢回"的情况。哭述各节，明显失真。

第二，上述"证词"涉及的情况或者适用于张启生的妻子张少贤，但她也从未随张出境，没有去过缅甸，没有见过李国安或谭晓林。

第三，张启生与"冰毒"一事毫无关联，所谓"冰毒也被查封了"，应是出自另一种"知情者"的编造。

据此可知，谭晓林的"证言"如无可靠旁证，极不可信。

（二）自始就是伪证。

案卷材料不止一处记录罗建光的供述，说明他与张启生认识及联络的经过和事由，并着重交代说“龙哥”就是张启生。但罗建光 2003 年 11 月 27 日向法庭供述，说他“不认识”张启生（见庭审笔录第 29 页），还着重交代：“龙哥（这个称呼）是公安局逼我时我编出来的。”（见庭审笔录第 38 页）在今天的二审法庭上，他承认“张启生（根本）没有外号”。

罗建光是认定张启生第二项犯罪事实的主要证人，他的说辞既属伪造，不能作为证据，无可置辩。对此一审罗峰律师在其 2003 年 11 月 28 日的书面辩词中有详细的论述，真实可信，请合并审核。

（三）出于臆测，自相矛盾。

应当说明：证言的自相矛盾，不止一人一处。鉴于庄顺盛在案中的特别重要的地位，权且以他的“证言”为例，陈明如下：

第一，他究竟是否认识张启生，说法不一，一审庭审调查时，他还是两种说法并举，先交代说“不认识”（见庭审笔录第 21 页），后来又说：“认识”（见该笔录第 23 页）。但又不能说明“认识”的缘由及其经过。今天在法庭上回答诘问，他依然闪烁其词，不能确定。

第二，他在“总统大酒店”是否见到过张启生，这个情节相当重要，对此他在 1999 年 12 月 6 日交代说：“我一人坐在房间的床头柜边，从开着的房门往外看到张七生（按指张启生）在房门口的背影。”姑且不论一个大毒犯住入酒店是否敢于公然开着房门，他当晚住在该酒店 2302 号房间，只要作一下模拟试验，便能断出“坐在床头柜边”，是否能看到“房门口”外人的“背影”。更何况罗建光供述说，他与庄等从当晚(2 日)7 点多打牌直到次日凌晨 2 点多，可知根本不可能发生庄“一人坐在房间”的情况，从而也不会有见到张启生背影的事实。

到了 2000 年 12 月 25 日，他的这番“证词”有了变化。这次说的是：“我住在总统大酒店 2302 房，见到一个高大的背影进了对面房间，这个背影应该就是张启生。”

什么叫“应该就是”？这是推论，是臆测，总之没有客观上的依据，因此没有理由认为此说可靠，即不具有可信性。唯其如此，他在庭审中又改口说：那人“是不是张启生，不能肯定”。方才的法庭调查，他坚持“背影”之说，与罗建光今日的供述依然互不一致，不足采信。

（四）控方提供的“笔录”，有的不能相信，有些不可轻信。

第一，卷有材料说明，张启生与另外多名被告指出侦查机关工作人员在讯问中自行“制造”笔录，而后强使被讯问者签字。对此我们当然无能举证证实，但似宜综合案中各种实际状况审慎考虑，不宜轻率否定。

第二，罗建光、陈俊国、纪文生、张少贤等多名被告当庭分别指责侦查人员对于被讯问者的供述并不如实记录，这里显然是采取了“择其所要”的办法。有的竟“是公安人员乱写的”（2003 年 11 月 27 日审讯笔录第 104 页）。主要证人陈俊国在庭审中明确地说：“公安机关对我供述的许多事实都没有记录。”这个指责可信。查阅公安机关 2002 年 6 月 27 日至 28 日长达 5 小时的讯问笔录，总共只有 3 页零 3 行。7 月 4 日至 5 日长达 10 小时的讯问笔录仅有 5 页零 4 行，不足 6 页，可见没有记录的东西比记下的要多得多！这样的“笔录”，即使被讯问人签名确认“无错”或者“正确”，也根本没有证据的效力，应无疑义。

第三，相关的上诉人在二审审理中对“非法笔录”都有尖锐的指责，情真意切，绝非偶然，值得重视。

三、关于形象“辨认”的不可信性。举例言之——

（一）庄顺盛供述他只在一个夜晚看到过张启生的“背影”即使属实，他与张并非久识熟知已如上述，他凭借什么能根据侦查机关的安排从“正面”认出了张启生？

他在 2000 年 12 月 25 日的口供中说，他见的“是一个高大的背影”，现在辨认的是坐姿头像，与是否“高大”无关，他根据什么特征作出的“辨认”？倘无可信的事由，不是瞎猜，就是另有一时不能道出的缘由，总之绝不可靠。更何况庄的“背影”之说，与同案犯罗建光的一审供述截然相反（见笔录第 29 ~ 30 页）。而罗的供述又为公诉人的辩论发言所肯定，他说的是：“庄顺盛也供述称，当天晚上，他有见过张启生。”（见笔录第 106 页）

人们不禁要问：这种辨认，到底是怎么一回事？其结果能作为证据使用么？

（二）谭晓林到底是否见过张启生，二人的说法不一，也没有证据证明，更没有证据说明谭掌握了张启生头像面部的特征，那又是根据什么一下子就作出了准确的“辨认”？我们的质疑合乎情理，恳请二审关注。

问题的要害在于：“辨认”如果失实，辨认者作出的“证言”还有什么价值！

四、关于刑讯逼供。

公安人员对本案被告人实施刑讯逼供，不止一人一次，卷有材料反映，张启生身上的斑斑伤痕更是铁证。然而一审公诉人在法庭上却以律师“没有这方面的证据”，提出“不需要对该问题进行讯问”，不料居然得到法官批准，并要求律师“予以注意”（见庭审笔录第13页）。试问我们作为律师该“注意”什么呢？出席二审法庭的检察官今天一再要求“受刑者”提供证据，否则不能采信！我们要问：一个坚持民主、伸张人权的国度设置的检察机关，能不能实行这样落后极其不公的证据规则？宪法赋予你们的“监督”权力在刑讯问题上还该不该行使？面对一系列当事者的刑讯举报，你们有什么理由不予查证依法处置？为什么要轻纵这类涉嫌犯罪的恶劣现象？其实，全案五十多册卷宗多处流露出非分“讯问”、变相“逼供”的实录，较之“刑讯”，异曲同“工”。作为律师，无能制止这种种丑行劣迹，深以为愧。我们只能向二审提出，用非法手段搜集的“证词”或者“供述”，不能作为证据使用，法有明定，且经最高法院三令五申要求遵行，不得违反。一审对此已经失察，甚至还将此类“被告人供述”列为主要证据，至盼二审依法补救。

五、一份应当“弥补”的证据。

阮亚明（判词宣告“另案处理”）在张启生的两项罪行中都具有极其重要的中介作用，一审判词在两项中都认定张是“通过阮亚明”实施的贩毒行为（见判词第12、14页），但判决依据的几十项证言、供述中，却不见阮亚明的只言片语。“另案处理”之说，更给人以困惑。事关重大，实应补救。

审判长：归纳以上五点，我们认为：一审判决的主要错误在于，在确认与运用证据上违反了现行法律、法规的一系列规定，特别是直接违背了 2000 年《全国法院审理毒品犯罪案件工作座谈会纪要》的下述相关指示——

（一）“对于仅有被告人的口供和同案被告人的供述，因能相互印证而作为定案依据的，对被告人判处死刑立即执行要特别慎重。”

（二）“完全排除诱供、逼供、口供等情形，被告人的口供与同案被告人的供述才可以作为定案的证据。”

（三）“对可能判处死刑的案件，必须严格执行法律的规定和党的死刑政策，一定要把死刑案件办成铁案。”

（四）“对于具有法定从轻、减轻处罚情节的罪犯，应当依法从宽处理。”

以上四点，对张案有直接的指导意义，相信二审终能纠正一审的失误严格遵行。

合议庭：现在来总结我们的辩护论据，应能达到以下的结论：一审判决就张启生一案认定的两项犯罪事实，无不缺乏可靠的证据，因而断言他犯有此罪或者彼罪也都没有根据。退一步说，即便硬要判定罪名成立，因他确有立功表现，也应援判处庄顺盛的实例，减轻处罚，确保不至滥杀。

敬请审核，并祈采纳。

张案二审律师

于志鸣

张思之

二〇〇八年三月六日

32. 曹天予诉周国平“名誉侵权案”

案情简介

1963年2月，郭沫若长子郭世英与三个学友（其中有二人不是北大学生）创办一份手抄本地下文学刊物，意在探索人生和未知世界，命名“×”，共办三期。他们的言论和活动与时潮不合，成员中既有“文艺旗手”、国家领导人郭沫若的长子，又有著名学者、钦定“间谍要犯”（一大冤案）张东荪的长孙，加之正值国际“反修”高潮，“×”被猜为“苏修头目”赫鲁晓夫大名的字头：备受关注，势在必然。公安部三个月内截获他们的通信竟有94封，可见势头。该年5月上中旬，×成员中有“非法出境”的私议；18日，四位成员统统被捕。本案原被告双方与郭世英是同班挚友，且属“知情”，受牵连，先后做了揭发、交代。案经公安部审查，×定性为“反动小集团”，其中两位骨干被处以“劳动教养”。郭世英因得最高层关照，从轻发落“下放农村锻炼”。周、曹二人不是“×”成员，当年未受处分。1964年，曹天予被批斗，定为“反动学生”送“劳教”。在事件的发生、发展过程中，有人以曹天予4月4日致函郭沫若，5月7日家访于立群为由头，认为“×”的败露是由于曹的“告密”。40年后，周国平著书《岁月与性情》，列出专节，以转述的方式，重复肯定上述推断，指责曹是“出卖”学友的“告密者”，“思想反动”，郭世英“文革”惨死似与之有密切关联。曹天予则以其有违真实，蓄意侮辱人格，愤而提起名誉侵权之诉。其间，当事人双方共同的师友，包括著名哲学家、伦理学家周辅成教授，极力斡旋，期望私下和解，不幸两造互不相让，坚持“法庭上见”。2005 年 12 月 22 日，案经连续 7 小时审理，×成员有二人出庭，北大当年的中、基层保卫干部也有两人作证，双方观点尖锐对立，法庭和解失败。2006 年 3 月，宣判“驳回曹天予之诉讼请求”。曹不服上诉，二审维持原判。

代 理 词

一审代理词

审判长：

我接续吴律师的意见，作补充。

因为一件本不该发生的历史陈案，使两位当年同窗、目前又各有一定成就的知识界人士反目成讼，我们出席法庭，心情沉重。谨以理解与和解的态度，向法庭陈述相关的主要事实与基本观点，以利于促使对立双方在合议庭的主持下，能在基本点上达成共识，消除隔阂，并肩携手。

本案的特点在于：通过对历史事件的介绍，在标示个人性情充分坦露的前提下，对现实人物施加灵魂的鞭挞，并作出了结论性的评价，关涉名誉。

这个特点，为我们分析、研究、处置本案讼事，提出了一系列这类名誉权纠纷独具的原则，主要是：

（一）对×这样一组青年学子探求真理横遭镇压的历史事件，当年的参加者、介入者、知情者，不可避免地都有各自的做法、看法或者说法，涉及的深浅程度也各有不同，现今都不宜着重个人的责任，而应着力分析产生×事件的背景和根源，考察那时的政治条件与社会环境，研究防止今后继续发生的办法。

（二）对于当年的揭发、批判或者交代，不论出自原告或者被告，都应放在当时的历史背景下考察，不可以用日后的或者当前的眼光与标准衡量。

（三）涉及对于事件的评论，应持历史的态度，而对人物的评价，应取现实的态度。换句话说，对人与对事，应作分析，应有区别。

（四）对同一种、同一类的“丑事”、“丑闻”、“丑恶”现象，如发生在今天，无妨作尖锐的指责与批判；如是历史上有过的情况，则应加以历史的分析，与现实情况不可以相提并论，更不宜对特定人物在历史过程中涉及的问题鲁莽地上升到对“人格”的高度轻率否定。

概括地说，叙述、分析本案涉及的历史事件，重点往往不在于对于人物和场景的描绘，而在于体现史家的识见、品格和良知。关键在于对历史现象抱有现实的感受，这也许就是史学家们主张的“现实与历史的拥抱”。我们认为，没有这种“拥抱”，不可能体现史家的深刻，很可能在具体问题上产生失误。

考虑到这些原则对于严格执法、公正执法具有重大的意义，郑重建议合议庭审查采纳。

为了解决讼事中包含的问题，首应把握本案的关键所在，即《岁月与性情》中对于本案原告人曹天予先生的结论性评价是否失实？是否使用了侮辱性的语言从而构成名誉侵权？

对曹天予的评价是什么呢？

周国平先生对此作出了高度的概括，说：他写的关于曹的事情“比较负面”。“负面”一说，我们不持异议。遍阅全书，这个“负面”的具体内容主要涉及两个方面，一个是“告密”与“卖友”，另一个是“思想反动”。

有没有证据证实呢？

据周国平说，“我写的事情……不是完全有把握”。哪些事没有把握？先以告密为例说明：周说：“我毕竟不是第一知情人，向我转述的是张鹤慈，还有班主任陈志尚。这种转述是否符合事实，我也不能判断。”

研究案件材料，特别是研究了被告方律师提交法庭的证据，我们注意到，张、陈二位的所谓转述，除了确有其各自不同但又都有自相矛盾的说辞之外，都不能举出证据予以证实。其中的自相矛盾处，下面的说明将会提示，于此不赘。

这个转述的说法没有涉及孙经武先生。那么，孙是否能举出证据呢？他在《×问曹天予》一文中说：“说实话，除了相信郭世英这一说法，我并没有多少别的根据。”尽管如此，他却提出了一个非常武断的说法，即曹天予写信给郭沫若，就是"间接告发"。怎么可以这样呢？连信的内容都弄不清楚，竟能创造出一个"间接告发"的罪名。不见证据，只让人看到了对无辜者的"罗织"，说明他的"转述"也没有落实。

诚然，关键在于是否失实。对此围绕告密兼及出卖分九点陈明——

第一，周国平《岁月与性情》不排除"失实"。他在该书第105页说得很清楚，"如发现有不合事实处"，希望"指正"以便他"澄清疑点"。

第二，张鹤慈先生在接受记者访谈中指出，《岁月与性情》中"有大大小小的问题"，并且指明这"是曹天予能给予反击的一个理由"。可见也不排除失实。

第三，万伯翱《四十春秋》中说："×小组的言论和活动方式，不久就引起了北大和公安部门的注意，有关部门从截获他们的来信和油印刊物上，掌握了他们'严重的政治问题'……"

第四，公安部《干部子弟蜕化变质九例》中说："×杂志创立前后，他们写了很多文章和书信，据已经查到的就有文章25篇，信件94封。"

据张鹤慈说，这94封信，是公安对他们"实行秘密邮检的拷贝件，（因为）原件都被销毁了"。

以上两点情况证明，×小组自始在公安的视线之内，与"告密"无关。如果我们联系到其中有张东荪先生（鹤慈令祖，当年被诬控为国际间谍）的影子，对于这种情况，不难理解。

第五，据北大党委1979年7月18日的"复查结论"，是"公安部会同市公安局破获了……×"，不涉及曹天予"告发"。公安部主办该案的白浩局长否认曹天予有"立功"表现，也可以说明。

第六，陈志尚先生最初知道×，不是来自曹天予，即不是来自曹的"告发"，请考察以下事实——

1. 据《岁月与性情》，周国平于5月5日晚上去见陈志尚，意图摸清情况,陈当时讲了两点:第一,他刚刚送走叶蓉青(按:应为金捷,周的记忆有误);第二,“不就是×嘛!”“我都知道,有什么了不得的事呢?”(该书第92页)据此推断,初告者非金即周,总之不是曹。陈志尚方才在作证时一再强调他于5月6日才找曹谈×,更能证明。

2. 根据哲学系党组织“复查结论”,据周国平1963年7月14日的揭发材料,“在曹天予知道陈志尚老师知道×的事以前(按即5月5日以前),曹天予很怕上面知道×及出国的事”。既“怕上面知道”,当然不会主动报告即所谓“告密”。

3. 根据北大校党委1974年的《复查报告》:“曹天予在我公安部门侦破×小集团过程中,当组织上找曹谈话后,曹揭发交代了一些问题。”证明不是曹主动“告密”。而曹在组织谈话后揭发交代的情况与当年周国平的表现几乎完全一致,这些都有材料可证。

第七,据《岁月与性情》一书中的转述,张鹤慈于36年之后(推算应为1999年)对周说:1963年三四月间,曹天予写信给郭的秘书告发了小团体之事。这个说法与转述全然失实:

1. 曹天予从未给郭沫若秘书写过信。

2. 曹天予1963年4月4日曾写信给郭本人,但查阅当年曹天予交代这个问题的原件,其中并未涉及×。

第八,退一步说,即使曹天予5月7日对于立群谈了×,这种与学友家长的交谈,与所谓“告密”有其不同的“质”应无可争辩。正因为如此,才有孙经武所谓“间接告发”的创造,但他的说法不合情理,于法无据,也是不争的事实。

总而言之,“告密”的指责,完全失实。

以上八点,除个别外都涉及证据。因此有必要说明:案中证言因年久而极易失真,陈志尚的证言极不稳定,又是另一种情形。方才他在作证时说:“×小组的事,我概括为8个字就够了:事出有因,查无实据!”妙在“查无实据”。陈先生作为当年的党务工作者,竟然这样作证,意欲何为呢?这种证言还有可信性么?

第九,关于“卖友”,这里只举一例便可说明问题。据北大哲学系

"复查报告"中引述的郭世英本人的揭发,郭说:"曹天予对他的揭发,漏了很多对话都是反动的。"众所周知,在当时的政治氛围中,学友之间不互相揭发,绝无可能。×涉及的几位青年学子无一例外可证,这种情况当然不能认定为"出卖",而能在揭发中竭力不触及要害,则实属不易。据此又可看出,曹天予本人自始坚持的他与于立群谈郭世英的在校情况出自于助友、救友,并非虚妄。总之"卖友"的指责,完全失实。

鉴于"思想反动"的评价与北大的1979年的组织结论根本不同,说明这种指责的失实,已经足够。只是《岁月与性情》的作者2005年依然坚持这种指责,令人不解。

事实既已辨明,按照最高相关司法解释的原则精神,还应更进一层地探讨失实的发生是否出自当事者的主观上的过错。

基于以下的客观情况,我们只能认为,《岁月与性情》的作者在上述问题中的主观状态绝无善意,分两点说明——

(一)明知重要事实会有不实或者虚假,作为一位对哲学有深入研究的知名作家,至少应对涉及的重要情况保持深切的怀疑态度,无论如何都不该不计后果地轻率地对"人"作出人格的贬损、负面的评价。否则,断之为没有善意难道还有疑问?

(二)周书有个小标题——"不得不提及的一个人"。审判长,作家写什么,我们本无权发言;问题在于,书中"提及"的人以及与之相关的事,与人的名誉有关,事涉权利,不得不陈明意见。

通观《岁月与性情》,之所以"不得不提及"曹天予这个人,恰恰是由于作者认为曹自始就采用下作的手段"利用"朋友,而在朋友处于困境之时,又卑劣地"出卖"了他,甚至隐隐约约地用曲笔告诉读者,"朋友"之死与当年的"出卖"者有着千丝万缕的联系。总之,曹天予是"利用—出卖"朋友,终至发生了不幸死亡恶果的那个始作俑者,因此"不得不提及"。这是在写自家的"性情"吗?如果在"岁月"中一定要涉及郭与曹的关系,这样下笔写的是当年情况的"全貌"吗?由此我们只能认为,这里是通过写郭的受压被害,表明曹的人格卑下。

其实,这种格调洋溢书中,不含偏见应无歧义。该书出版后在海内外产生的恶果已为证据所表明,这进一层地证明着我们的论断。

追寻作者“岁月”,真正该下力去写的应是“不能不提及的一件事——×”。而在×事件中,按照《岁月与性情》序言中表明的主旨,则应着力于探求本人的性情,拷问自家的灵魂,这样才会更有教育意义和启示作用。无论如何都不该对自己当年的“性情”,特别是那时在批斗会上对曹天予重炮轰击,包括无情揭露与凶狠批判,竟无一句交代,也几乎没有像样的反思,却又着重去鞭挞他人的灵魂,申言“恨”之甚切,这与《找灵魂》、《思痛录》、《人生败笔》这些传世之作相比,问题显见,评为“稍逊风骚”当非失实,想来周先生会予以赞同。

概括地说,不拷问自己的灵魂,却借“不得不”之义无情地、轻率地贬损他人,主观上的非善意或者按术语所说“有过错”已是昭然若揭了。尽管如此,我们还是要说明一点:古今中外一切伟大的作家,都有直面本人心灵的勇气和魄力,对此,我们对周先生又寄予期望。

于此还有一点不能不涉及的是:对人的评价是否使用了侮辱性的语言?能否构成侵权?我们认为有,侵权因而成立。扼要讲四点:

(一)告密、卖友、思想反动,属于明显的人格侮辱,构成侵权,无可争辩。

(二)言词是否具有“侮辱”性,应因人而异。例如,指摘少儿或学子“扯谎”,未必含有人格的侮辱;而对于一个为人师表、在一定的学术领域有其成就的人来说,斥其“撒谎”,无异带有“侮辱”性。

(三)被告方答辩书中关于“这家伙真卑鄙”的辩解,不无狡理之嫌,法官当能明察。言语中的侮辱性明明白白,不作剖析。答辩书只说“这家伙”实指郭世英,而回避“真卑鄙”是否具有辱人的性质,正说明他们知道要害的所在。

(四)答辩书还说,周书二十多万字,涉及曹天予的不到三千字,据此似乎够不上名誉侵权。他们的律师弄错了一个问题,就是:是否名誉侵权,不决定于“量”,而取决于“质”。漫说三千字,只是“真卑鄙”三字,就能反映出问题的性质,是不是呢?更何况,从整体上分析周先生所写的有关章节,自始至终充斥着对曹人格的贬损,难道不是事实?客观地说,如果对于曹的评价涉及社会公众利益,或者为了大众的应有的“知情权”,而曹被认为是一个“公共人物”,行文中发生这样、那样的失误也许可以理解为不慎,然而问题并非如此,因此,案中侵权的不幸成立,实在也就无可争辩了。

刚才对方提出了“言论自由”问题,说反对或者否定周书中的一些评论与说法,无疑限制了作家的言论自由。这是什么逻辑?这岂不是说,尽管曹天予的诉求成立,名誉侵权存在,然而我们有“言论自由”,岂奈我何!

是的。对方有提出“应维护我的言论自由”的言论自由。合议庭给了这种自由。我们尊重这种自由。问题是,借口行使言论自由的权利去侵害他人的合法的权利,难道不应限制不该剥夺?您自由地发表侮辱他人人格的言论,不许反对,不准批驳,不可以强制性地予以制止,当今世上有这样的法律吗?言论自由与司法权力的矛盾应遵循法律、法理和相应的规范去解决难道还有疑问吗?值得警觉的是,用出版物的形式恣意辱人人格,说是实施“言论自由”与“出版自由”,这种论调如能畅行,让人依稀又见到处暴乱极其反动的“十年文革”!让我们都遵守规范、按照法律的原则去自由地行事罢,目前我们的这种自由正少,而这恰恰是大家应该努力奋斗合力争取的。难道这不是应当回顾“岁月”反思历史的一个严重任务吗?

二○○五年十二月二十二日　北京

二审代理词

尊敬的审判长及合议庭:

吴栾赵阎律师事务所受上诉人曹天予的委托,指派我们一道出席法庭,参与本案的诉讼。经过质证和法庭调查,我们综合本案所涉事实和适用的法律,联合提出以下代理意见,请法庭在作出终审判决时考量。

一、周国平《岁月与性情》一书侵犯曹天宇名誉权事实清楚，证据确凿

被上诉人周国平在2004年7月出版《岁月与性情》一书（以下简称周书），部分篇幅描述了作者在青年时期与郭沫若次子郭世英的私人关系，用作者在封底的话作为概括，就是："我是在最容易崇拜一个人的时候遇见郭世英的，然而，即使在已经度过了大半生的今天，我仍然敢说，他是我今生今世遇见的最具人性魅力的一个人。"私情至深由此可见。与此对称，周国平在书中运用各种方式丑化曹天予，声称："我的确爱憎分明，对郭（世英）有多爱，对曹（天予）就有多恨。"（引自周书第103页）正是基于这样的恨，对曹天予的人格和名誉肆意诋毁，性质严重，情节恶劣。

（一）污蔑曹天予"告密"×并导致了郭世英后来的死亡：1963年2月，在北大哲学系读书的郭世英与张鹤慈、孙经武等人意图组织一个文学小组取名×，通过交换各自的文章抒发抱负与感慨。同年5月，×受到公安部门追查，后被定性为反革命小集团。×案发的由来，档案至今仍应尘封于公安部。当年北大主持哲学系保卫工作的要员谢龙证实，是出自该部自上而下的追查，并非源于某一个人的检举揭发。他的证言极其详尽，客观上符合当时相关单位的工作实际，附卷可证。但是周国平却另造细节，告诉读者，出卖×的是曹天予，由此导致了郭死的惨剧。以下是书中的有关段落：

"我看见他（郭世英）和张鹤慈一起把曹叫出去，曹一脸晦气。我隐约感到，是曹告发了×，后来陈老师向我证实了这一点。"（引自周书第93页）

"三十六年后，我见到张鹤慈，从他那里知道了稍微详细一些的情况。据他说，1963年三四月间，曹写信给郭沫若的秘书，告发了×小团体之事。"（引自周书第93页）

"对于导致他（郭世英）后来惨死的那个×小团体的情况，我可以算是一个相当知情的人。"（见周书第71页）

他写道："世英被农大的那伙人扣押了。……肖肖（郭世英的未

婚妻)好像知道更多内情,但她闷闷地不说话。我走时,她跟了出来,把我叫住。在幽暗的廊檐下,她问我是否知道曹秋池的地址,使我感到曹与发生的事有某种关系。"(引自周书第135页)

对上引周书中的不实之词,我们在一审已经作了批驳,鉴于一审判决对事实作出了带有偏袒性的曲解,有必要对其主要之点再予说明:

第一,所谓"后来陈老师向我证实了这一点"。这个"后来"未敢实指,我们有理由质疑:后来到底是指的什么时间?"证实"的内容又是什么?周书讲了那么多细节,怎么如此重要的问题居然不见一个字的具体说明?

关键在于"证实"之说如无时间概念便是虚构,这有周书的叙述可证。该书第92页上写得清清楚楚,他5月5日晚上去找陈志尚即陈老师,陈当时就对他说:已经有人找了他,"不就是×嘛","有什么了不得的事呢?"这个人绝非曹天予。陈志尚在一审作证时一再坚持他本人于5月6日才找曹谈×。这说明他那时,即1963年的5月5日,并没有"证实""是曹告发了×"。

第二,还有旁证。周本人1963年7月14日揭发曹天予时说:"在曹天予知道陈志尚老师知道×的事以前(按即上引的5月5日前),曹天予很怕上面知道×及出国的事。"甚至说曹要他"与组织对立,对组织隐瞒真相"(见北大哲学系党组织"复查结论")。怕人知道,想隐瞒真相,当然不会报告,不会"告密"。

北大校党委1974年的《复查报告》清楚明确,即"在我公安部门侦破×小集团过程中,当组织上找曹(天予)谈话后,曹揭发交代了一些问题"。这与周国平当年在这个问题上的做法几乎完全一致,都是"找上门来,被迫交代"。能说这是"告密"吗?如能,那么,周呢?

第三,张鹤慈于事隔36年之后的1999年告诉周,曹天予于1963年三四月间曾写信给郭沫若秘书,告发了×之事。张的说法失实。曹从未写信给郭的秘书。周国平在法庭上也不得不面对这一事实,承认张的证词有误。

周国平先生在答辩状中说：曹天予对此“并未提供任何能够证明其所谓的事实真相的证据”。这真是奇怪的逻辑。您转述谎言辱人“卖友”，拿不出实证，却让被辱者去证明“未卖”，这不仅于法无据，简直近于蛮不讲理了。尤应提出的是，张鹤慈曾对记者说：周书中“有大大小小的问题”，是曹“能给予反击的一个理由”。周国平认为张是这段历史的重要知情人，张不仅认为周书中涉及曹的部分有问题，而且有“大”的问题，且不止一处，“大大”可见。对此是否还要张来举证呢？

（二）侮人“卖友”，骂人“卑鄙”，仍嫌不足，于是再用道路传闻的笑话中包含的隐私贬损羞辱曹天予。请看周书的描述——

“我和林铭述再去郭家是在惨剧发生后的第三天。……走在街上，我和林铭述都默然无语。并肩走了一会儿，他突然嚷道：‘这家伙真卑鄙，把我们害得好苦啊！’”（引自周书第 137 页）

他写道——

“我恨的是，对于郭世英这样一个纯粹的人，曹与他来往时仍怀着强烈的功利心，开始时利用他，最后出卖他。”（引自周书第 103 页）

而后又借人之口侮蔑上诉人“经常撒谎”，“虚伪”，甚至传播“笑话”进行丑化，如说：

“还流传着一个笑话，说刚入学时，他知道郭沫若的儿子在我们年级，便使劲靠拢他们班上一个姓郭的同学，不久发现弄错了目标，马上和那个同学疏远了。我不知道这是否事实，只知道后来他到我们班来结交郭世英是非常主动的。”（引自周书第 103 页）

他明知“笑话”出自传说，不足以说明问题。跟着又深入曹天予内心，再编故事，作出解说，坚持达到损毁人格的目的。他写的是：

“曹的演戏冲动的确令人费解，小早说的追求东语系女生是一例，我也遇到过类似例子。1963 年 5 月上旬，郭刚出事，有一天，我与曹在校门外散步，他突然决定立即去郭家一趟。回来后，他向我叙述经过。据他说，他见到于立群，开口尊夫人，闭口贵公子，使于大为气恼。他还把郭沫若又娶新妇并遭到周总理责备的谣传告诉了郭本人，并指出人们一致认为他现在写的诗根本不像诗。几天后，我从陈老师那里知道，事实是他“吃了闭门羹”，郭沫若和于立群拒绝见他。当时，因为做郭世英的工作之需，陈老师与于立群保持着密切联系，他应当是了解真实情况的。我看不出曹有什么必要向我编造这种故事，只能解释为这是他自己的一种心理需要吧。”（引自周书第104页）而后做出结论：“他的一些毛病……是人性在非正常条件下的扭曲。”（引自周书第105页）

以上几例侮辱曹天予人格构成侵权的事实，出自周书，堪称证据确凿，不意一审偏听周的辩解，恣意偏袒，故又有必要说明以下几点——

第一，辱骂上诉人“真卑鄙”之例，涉及名誉，关系侵权，无可争辩。被上诉人对这个问题的答辩过程，也可从侧面反映真相。他在一审的答辩中只说“这家伙”是指郭世英，不敢提“真卑鄙”何所指。待一审法官创造出“语境说”后，认为“天下太平”，于是若无其事，干脆回避，具体话语统统消失了。

一审判词中的“语境说”能达到目的吗？显然不能。它的逻辑是：尽管周的“词语带有一定的贬义性”，尽管“真卑鄙”一句“贬义色彩比较浓厚”，但因“均有特殊的语境”，指为侵权“证据不足”。

可是，这语境的“特殊性”何所指呢？“特殊”在哪里呢？一审判决又语焉不详。我们不禁要问：既然周的用语含“贬义色彩”，为什么不能构成名誉侵权？既然骂人“真卑鄙”属于“贬义色彩浓厚”，又怎么可能是贬郭不是贬曹？周国平、林铭述那么热爱郭世英，即令在气急败坏的情态下，即令会有一种“特殊的语境”，也绝不会骂郭“卑鄙”，这是人尽皆知的常情常理，还用证明吗？我们不拟论述汉语的用法问题，相信一审法官和知名作家熟知此道，因此我们断然否定林的后编证词具有可信性。即使不视为“伪证”，属于“孤证”应无可争辩。法官对“孤证”有什么理由不予以客观的分析？法官怎么可以凭孤证断案？

第二，一审判决于“语境说”外，还有一条理论，即周书的某些说法“并非杜撰”，因此构不成侵权。强词夺理，莫此为甚！众所周知，侵权作品并不是非要有杜撰才构成侵权。如若这样，作家们岂不是可以听信流言蜚语甚至蛊惑人心的谣言写书而不受追究了吗？因此，所谓“并非杜撰”和“语境”都不是判定侵权是否成立的标准，虚构一种说辞，不足以服众，还是让我们依照法律来作出经得起检验的判断吧。

第三，我们坚持这样的观点：言词是否具有“侮辱性”，应因人而异。上诉人作为高等学府的教席，在他专攻的学术领域又有一定成就，被人任意地辱为“撒谎”，“欺骗”，必然有损其人格。一审判词说：“同时他（周）也肯定了曹天予的才分和毅力，客观的记述了曹天予所取得的成就。”可是，说上一句与品行、品格无关的“好话”，就能抹掉谩骂与侮辱的存在吗？

综上所述，可知一审判决所谓“该文（按指周书）构成了对其（按指曹天予）名誉权的侵害证据不足”的裁判完全失实，应予纠正。

二、关于案中的其他证据问题

鉴于证据问题大都清楚明白，有的我们在前面已有涉及，这里只是针对一审的失误，作出提示性说明，不拟详细陈述：

（一）为周国平作证的陈志尚、张鹤慈、孙经武，林铭述等人，都是周书提到的人，涉及损害曹天予名誉的内容绝大部分是借他们的口说出的，他们的证言无异于重复当年曾对周国平所说的话，可是那些话连周国平本人在写书时都心存怀疑，这样的证据怎么会有证明力？怎么能成为驳回曹天予起诉的依据？

（二）证人陈志尚当年在“×事件”的角色，人所共识，于今不拟苛责。问题是：43 年前与自己学生的恩恩怨怨，居然带到今天的法庭之上，犹不能实事求是地向法庭、向世人就事涉的基本问题陈明真相，有的分明含有虚假成分，这就不能不认真对待了。例如，周书借陈志尚之口说曹天予去郭家“吃了闭门羹”，经法庭调查，陈在一审的证词被证伪。周国平也承认书中的这一内容与事实有出入。为此，我们支持谢龙与陈志尚冷静质证以便辨明真相的要求，请予考虑。

（三）被上诉方在一审中提出的罗点点证言、方小早证言，都有各自的并不如实的成分,请审查上诉方在二审提交的新证,重予核实。

三、周国平侵犯曹天予名誉权的后果严重

首先，先论周书的影响:第一,该书首印十万册并在《北京青年报》和上海《文汇报》连载,影响广泛深远。第二,大部分报纸和网络等媒体对此事的追踪报道提要中都有类似的评断:“在周国平的自传中,曹天予是以郭世英的出卖者形象出现的。”(引自《南方周末》2004年8月5日文学版D27)这准确地概括了曹天予在周书中被描述的形象,也反映了广大读者在读完该书后应有的理解。这样的恶劣影响在已有的名誉权侵权案件中也是极为罕见的。上诉方为此举出的几份实证,特别是有位知名作家认为应据此把曹视为“杀人犯”,令人震惊,足以为证。然而,一审判决却以“并非杜撰”和“均有特殊的语境”而轻描淡写地为之开脱了。可是,上诉人因对方的侵权造成的种种恶劣影响与损害后果却并不会因此而消除,一审可以不顾客观事实,但可以不考虑司法公正吗?

其次,周书中涉及具有典型意义的历史事件即对×的整肃。作为一名有影响力的哲学家,他本应用心搜集历史资料,研究并深刻和全面地揭示它的历史根源,揭示当年错误的意识形态给郭世英等思想活跃的年轻人造成的历史悲剧的成因,对国家新时期的发展起到良好的警示作用。然而,周国平却在书中大肆宣扬个人恩怨,却又不去检讨自己也是参与揭发检举×的一分子,更不去触动当年在×事件中的关键人物支部书记兼班主任的陈志尚,而是把这盆脏水一股脑泼在曹天予身上。以一个著名作家的身份在作品中随意诋毁和损害他人的名誉,将给文学界特别是有志于写作的年轻人带来严重误导,客观上起着不良的示范作用,从而具有一定的社会危害性不言而喻。

四、周国平侵犯曹天予名誉权的法律过错

(一)周书中涉及他断言的“大是大非”问题,但却只凭道听途说,捕风捉影,或借流言蜚语,下笔成书,主观过错至为明显。

他自己在书中也做了证实。他这样写道:“如果他(指曹天予)读到这本书,发现有不符合事实的地方,我希望他指正。我很愿意通过这个机会澄清我的一段重要生活经历中的疑点。”请看，明知有疑又事涉人格，竟不在“澄清”之后再下笔评说，这是故意损害曹的名誉，应无疑义。

这个判断，复经周国平 2004 年 8 月 5 日与《南方周末》记者师欣谈话证实：当记者问他“曹秋池”是否真名时。周国平说：“是化名。就是不希望太刺激人。我写的这件事情比较负面，也不是完全有把握。”在对相关事实的真假没有把握的情态下，就敢对人作出负面评价，不是故意侵权又是什么？

更有甚者，周国平对记者还说：“关于他（曹天予）的告发行为，毕竟我不是第一知情人，向我转述的是张鹤慈，还有我们年级的陈主任。这种转述是否符合事实，我也不能判断，因为我没有针对此事进行调查。……”对于严重的“大是大非”，作为一个著名哲学家和作家，在自己无能力判断是非的情形下，居然不“进行调查”，就把一系列的恶言毒语加给上诉人，不是故意侵权，又是什么？

（二）还应说明的是：周先是在书中请曹天予出来澄清疑点，但当曹天予真的加以“澄清”后，周国平又找来几乎所有当年对曹天予怀有敌意的人，与曹展开论战，其中不乏更为露骨的诋毁、侮辱甚至谩骂。在法庭上，周国平虚伪地说：是曹天予自己把不良影响扩大了。事实是这样吗？一查报刊，一切都清楚了。周国平 7 月 20 日对媒体宣告，他反映的问题，极其真实，他与曹之间的矛盾，属“大是大非”，有关媒体，大字标出，昭告天下。这时曹天予吭一声了吗？没有！迟至 8 月 5 日，他才不得不作出反应，这是同一位名家在“大是大非”上唱的“反调”，引发了反响，势在难免。可是，让我们借用一个说法，究竟是谁开的“第一枪”呢？是首先发难者在故意放任损害结果的发展呢，还是被迫“应战”的一方在给自己制造恶果？我们不想对明白无误的事实再作争辩，可是我们要问：被上诉方为什么要对法庭歪曲事实，掩饰真相，嫁祸曹天予？敬请回答！

五、判断周国平侵犯曹天予名誉权的法律依据

（一）《民法通则》第 101 条规定：“公民、法人享有名誉权，公民的

人格尊严受法律保护，禁止用侮辱、诽谤等方式损害公民、法人的名誉。”

（二）《最高人民法院关于贯彻执行〈中华人民共和国民法通则〉若干问题的意见（试行）》第 140 条指出：“以书面、口头等形式宣扬他人的隐私，或者捏造事实公然丑化他人人格，以及用侮辱、诽谤等方式损害他人名誉，造成一定影响的，应当认定为侵害公民名誉权的行为。”

（三）《最高人民法院关于审理名誉权案件若干问题的解答》（1993 年）指出：“以书面或口头形式侮辱或者诽谤他人，损害他人名誉的，应认定为侵害他人名誉权。”

该解答进一步指出：“描写真人真事的文学作品，对特定人进行侮辱、诽谤或披露隐私损害其名誉的；或者虽未写明真实姓名和住址，但事实是以特定人为描写对象，文中有侮辱、诽谤或披露隐私的内容，致其名誉受到损害的，应认定为侵害他人名誉权。”

对于侵权行为的认定，该解答明确指出：“是否构成侵害名誉权的责任，应当根据受害人确有名誉被损害的事实、行为人行为违法、违法行为与损害后果之间有因果关系、行为人主观上有过错来认定。”

（四）最高人民法院民他字（1990）第 48 号致贵州省高级人民法院的函在答复该法院就个案的请示时指出：“本案被告刘守忠因与原告胡骥超、周孔昭、石述成有矛盾，在历史小说创作中故意以影射手法对原告进行丑化和侮辱，使其名誉受到了损害。被告遵义晚报社在已知所发表的历史小说对他人的名誉造成损害的情况下，仍继续连载，放任侵权后果的扩大。依照《中华人民共和国民法通则》第 101 条和第 120 条的规定，上述二被告的行为已构成侵害原告的名誉权，应承担侵权民事责任。”

这里应加以说明的是：一审判决支持被上诉人的说法，他的书没用真名，书中的“曹秋池”是他起的“化名”，目的就是不想伤害曹天予。为了证明这个说法真实，他在一审法庭上还编了一段情节：他想到曹天予喜欢李商隐的诗，联想到那句“巴山夜雨涨秋池”，于是用了

“秋池”。可是,周先生是大作家,请您说明:李诗中传达的那么美的意境,怎么会安到您最讨厌的曹天予身上?按您的说法,化名用“秋池”足矣,为什么偏偏冠以“曹”姓?诚然,这些都是分析,周先生会持不同见解。要害是,现有的证据证明,“秋池”正是曹天予当年的曾用名,上诉人已将相关书证呈交二审,事情的真假虚实,相信二审会有明断。

为此,敬请法庭在合议时参阅最高人民法院民他字(1994)第11号对安徽省高级人民法院的复函,该复函指出:“彭拜撰写的小说《斜阳梦》,虽未写明原告的真实姓名和住址,但在人物特征有了明显指向的情况下,侮辱了原告或披露了有损其名誉的家庭隐私。彭拜应当也能够预见《斜阳梦》的发表会给原告的名誉造成损害,却放任了损害后果的发生,主观上有过错。因此,同意你院审判委员会的倾向性意见,彭拜的行为已构成侵害他人名誉权,应承担民事责任。”

总体来说,周书描写的正是“真人”,曹秋池人物特征指向甚为明显,即上诉人曹天予本人,周书中又确有针对上诉人的侮辱人格的描写,违反了《民法通则》第101条保护公民人格和名誉的规定,周对此主观上具有故意,并且造成了严重的损害后果,依法构成侵权。

周书中的侵权事实证明:被上诉人长江文艺出版社出版周书未能履行必要的审查核实的义务,诉讼中又不能举证证明它已履行了此项义务的主张真实可信,因此应当对周国平的侵权行为负连带责任。

据此得出的结论只能是:曹天予的上诉合法有据,一审判决严重失误应予撤销,上诉人的各项请求合情合理,请予准许。

上诉人代理人　北京市吴栾赵阎律师事务所

律师　张思之　吴以钢

二〇〇六年八月二十三日

民事上诉状

上诉人：

曹天予(CAO TIAN YU)，男，1941 年 7 月 16 日出生，美国国籍，普林斯顿高等研究院研究员，住美国新泽西州普林斯顿奥本海默街 120 号。

被上诉人：

周国平，男，1945 年 7 月 25 日出生，中国国籍，中国社会科学院哲学研究院研究员，住中国北京市朝阳区农光里二区 202 楼 803 号。

被上诉人：

长江文艺出版社，中国湖北省武汉市武昌雄楚大街 268 号，社长：周百义。

上诉请求：

撤销一审判决，支持上诉人一审全部诉讼请求。

上诉人因不服中国北京市第二中级人民法院二中民初字(2005)第 07490 号民事判决书，特提起上诉，理由如下：

一、一审判决书在认定事实方面有重要错误

本案的焦点在于：(1)被上诉人周国平(以下简称周国平)在其著作《岁月与性情》(以下简称书)中指责上诉人出卖朋友郭世英，并暗指对郭之惨死负有间接责任，这样严重的指控，有无事实根据？(2)周国平在书中捏造事实丑化上诉人的人格，以侮辱、诽谤等方式损害其名誉，在国内外媒体和公众舆论中造成负面影响，是否构成名誉侵权？

对于第一点，一审判决宣布“经审理查明”书中记述的“×小团体被破获及郭世英之死的情况”，“有双方当事人的陈述及……各项证据在案证明”，断言“通过证人证言，可以证明周国平对这一部分的记述并非凭空杜撰”，从而判定“曹天予认为构成了对其名誉权的侵害证据不足”，“驳回曹天予之诉讼请求”。判决书通篇词意闪烁，但却从根本上全盘肯定了周国平书中的不实之词。

一审判决的根本错误在于歪曲或回避了下述重要事实:周国平在书中污蔑上诉人出卖朋友、间接造成朋友死亡时,提出的两条“根据”都不成立:(1)当年×成员张鹤慈告诉他,“曹写信给郭沫若的秘书,告发了×小团体的事”;(2)当年北大哲学系政工干部陈志尚向他证实是曹告发了×。

真相如何?事实是上诉人从来没有给郭沫若的秘书写过信。张鹤慈作为周国平的证人在作证时也曾明确否定了曹给郭的秘书写过信。周国平举不出一条“证人证言”“可以证明”曹给郭的秘书写过告发信。陈志尚的证言在主要之点上则统属伪证,已在当庭质证中被我逐一驳倒。特别重要的是:上诉人的证人谢龙(陈的直接领导,当时主管保卫工作的北大哲学系总支副书记)引用北大总支、北大党委的档案材料,提出了权威的、极具说服力的对抗性证据,批驳了陈的伪证谎言,并曾要求合议庭专门与陈当庭对质,以利于澄清真相。不料一审对这些基本事实或者公然回避,或者竟予以曲解,或者置若罔闻,最终居然以“并非凭空杜撰”为由袒护被上诉人。我们要问:若凭谣言杜撰,又有同一谣言伪证,就可以断为真实吗?一审判决弃常理常规于不顾,遑论司法公正!

此外,周国平在书中反复使用侮辱性语言诋毁上诉人,编造上诉人“经常撒谎”、“虚伪”、“总是在演戏”、“卑鄙”,等等,伪造事实,虚构细节,夸张描绘,极尽丑化之能事。白纸黑字,贯穿于所谓“三千余字”的始终。不料一审判决竟以“均有特殊语境”而一笔勾销。什么“语境”?伪造一个“语境”,或借死人之口编出一个“语境”,就能够抹杀事实本身并从而为诽谤者开脱吗?

概括地说:周书虚构事实,臆造情节,诋毁上诉人的人格,至为明显,可是一审却一概引用采信,裁判错误势在必然。对此,上诉人将向二审合议庭当庭详陈。

二、一审采证不公,偏听偏信

这是一审错判的另项重要原因。

关于证据,一审判决的特点是:凡对上诉人有利的一律回避,置之不理;凡表面上对周国平有利的,不加分析,不顾质疑,几乎全面肯定。主要有:1. 陈志尚的证言自始至终充满矛盾,漏洞百出;一审却无视上诉人的质疑、对抗性证据的存在和上诉方证人要求当庭对质的合理要求,断然采信;2. 谢龙作为当年的主管要员,其证言具有权威性,一审竟置之不理;3. 林铭述的证言稍加分析,便知其假,一审判决违反采证原则,居然也予肯定;4. 被上诉人的其他几个证人的证言也多有不实,凡此拟向二审合议庭逐一陈明,以利公正裁决。

三、对法律的解释与适用不当

一审判决有失“准绳”,不无枉法之嫌。

首先应当指出:根据1987年《中华人民共和国民法通则》第一百零一条,“公民、法人享有名誉权,公民的人格尊严受法律保护,禁止用侮辱、诽谤等方式损害公民、法人的名誉”。根据最高人民法院1988年《关于贯彻执行〈中华人民共和国民法通则〉若干问题的意见(试行)》第一百四十条,“以书面、口头形式宣扬他人的隐私,或者捏造事实公然丑化他人人格,以及用侮辱、诽谤等方式损害他人名誉,造成一定影响的,应当认定为侵害公民名誉权的行为”。本案是侵犯公民名誉权的案件,一审判决不依据并援引上述有关公民名誉权保护的基本法律,应属重大失误,理当补救。

查一审判决驳回上诉人诉讼请求所引用的是最高人民法院1993年《关于审理名誉权案件若干问题的解答》中针对第九问的解答第二段:“描写真人真事的文学作品,对特定人进行侮辱、诽谤或披露隐私损害其名誉的;或者虽未写明真实姓名和住址,但事实是以特定人为描写对象,文中有侮辱、诽谤或披露隐私的内容,致其名誉受到损害的,应认定为侵害他人名誉权。”那么,比照本案的基本事实,(1)周书是描写真人真事的文学作品;(2)上诉人是周书中描写的特定人;(3)周书中有针对上诉人的有辱人格的描写,上诉人的名誉由此受到损害。据此,理应判定侵权事实成立而无疑义;可是,一审判决引用该解答的结果竟然是驳回诉讼请求。这难道不是公然枉法?我们期望适用法律的严肃性和执行法律的公正性,使一审的错误得到纠正。

四、判词偏袒、有失公正

一审判决在事实认定和法律运用上明显偏袒周国平，为其侵权行为开脱责任，不一而足。判决书中特别显著的开脱之词显然经过刻意斟酌。比如，判决书说：周国平在书中"也肯定了曹天予的'毅力'和'才分'，客观的记述了曹天予所取得的成就，并反思自己参与批判曹天予的行为是'丑恶的'、'非正义的'、'由于偏激和无知，客观上充当了这场斗争的一个工具'"。（第16页第2行）姑且不论这部分判词与本案讼争的事实与标的绝无关连，难道几句貌似正面的话就能抵销书中的侵权内容、开脱周国平的侵权责任？一个有"毅力"和"才分"的人去干"利用和出卖朋友"的勾当，难道不是更加危险、更为卑鄙吗？一个取得"成就"的人却"经常撒谎"，又有"演戏的冲动"，这种心理病态、人性扭曲的"怪胎"只会令人鄙视，还谈得上什么"成就"？至于周国平现在承认当年"客观上充当了工具"，上诉人不禁要问：什么样的工具？谁的工具？而今被上诉人口口声声说是在反思历史，按其书名是透过"岁月"反思其"性情"，那么，"客观上"之外，主观上又如何？当年斗争会上穷凶极恶的心灵袒露怎么没有片言只语的交代与描述？然而一审竟能为周开脱，其实难以服人。

一审法官为了开脱周国平，真是用尽了心机。曹秋池明明是上诉人用过的名字，不是周国平起的化名，当年的书证还在。可是当周在法庭上一说，这是他起的化名，因为他记起上诉人喜欢李商隐的名句"巴山夜雨涨秋池"。这种明显的谎话，一审居然一听就信！如果不是为了偏袒，谁能犯这种错误？

特别重要的是，一审判决竟然把周书对上诉人使用的侮辱性、诽谤性的词语，轻描淡写地说成是什么"带有一定的贬义性"，并进而断然肯定并用周本人伪造的虚无缥缈的"语境"为周开脱。如此偏袒，除了指望二审予以纠正之外，还能说什么？

五、结论

上诉人对有养育大恩的祖国怀有特殊的深厚情感，对于祖国首都一家中级人民法院的如此判决失望之余深感不安，如不予批驳，影响深远,恳请二审慎予考量,作出明断。

综上所陈,鉴于一审判决书认定事实错误,采用证据不公,适用法律不当,明显偏袒被上诉人一方,上诉人请求二审法院依法撤销原审判决,对本案作出公正的裁判。

此致

北京市高级人民法院

曹天予

二〇〇六年四月

诉讼文书

中华人民共和国北京市第二中级人民法院民事判决书(摘要)

曹天予诉称:1962 年至 1964 年,我就读于北京大学哲学系,与周国平同学。“曹秋池”为我在北京大学读书期间使用过的笔名。2004 年 7 月,周国平所著自传《岁月与性情》出版发行,他为该书所写的序言“我判决自己诚实”,内容表明该书是作者对自己经历的历史的记载,而非虚构作品。周在书中毫无事实依据地指责我“利用”、“出卖”郭沫若之子郭世英,将郭之死归咎于我,并以侮辱性词语对我进行人身攻击人格贬损,严重侵犯了我的名誉权。具体事实如下:一、指责曹天予“利用”、“出卖”郭世英,将郭世英之死归咎于曹天予。1. 采用虚构事实或者借他人之口的手段,指责曹天予“告发”了“×团体之事”。2. 周以知情人的身份,将 1963 年被定为反动组织的“×团体”的遭遇断定为导致郭世英死亡的原因。3. 虚构事实、主观臆断误导读者,将郭世英之死归咎于曹天予。4. 无端指责曹天予“利用”和“出卖”郭世英,毫不掩饰其对曹天予的仇视。二、借人之口,使用侮辱性言词宣扬曹天予“经常撒谎”、“虚伪”、“总是在演戏”,甚至编造情节,说曹天予有“演戏冲动”,把曹天予描绘成一个人性扭曲、心理病态的人。对曹天予的人格肆意丑化。《岁月与性情》出版后，曹天予被舆论界普遍认为是×小组的出卖和告密者，如2004年12月13日大连日报“从轻盈到沉重”一文在对该书的评价中写道：“曹天予在书中被化名为曹秋池，以一个告密者的形象出现。……而周国平则表示，郭世英是对自己影响最大的人，不仅×小组事件与曹有关，他后来跳楼自杀也是为曹所累。”综上，周国平在《岁月与性情》一书中恶毒诬蔑曹天予是出卖者、告密者，对曹天予的人品进行丑化，对原告名誉极大损害，性质恶劣。周国平应当对此负侵权的民事责任。长江文艺出版社出版发行周国平的《岁月与性情》，使得周的侵权作品广泛传播，应承担侵权的连带民事责任。请依法判令：1. 周国平在全国性媒体上向曹天予赔礼道歉；2. 周国平、长江文艺出版社赔偿曹天予经济损失人民币10407元；3. 周国平、长江文艺出版社赔偿曹天予精神损失费人民币500000元；4. 长江文艺出版社立即停止《岁月与性情》的发行，销毁库存并不得再版。

周国平辩称：一、书中对于本案所涉历史事件的基本事实没有任何主观臆断的内容，对曹不构成诽谤。1. 我作为本案所涉历史事件的亲历者，本着对历史负责的严肃态度，对自己所见所知的相关事实作了客观的有分寸的叙述。在该书出版后，曹天予在公开发表的文章中也承认他首先通过信件与口述的方式将郭世英的事告知他人，导致×小团体事发的后果。当时的所有当事人亦均证实，×小团体是因曹天予的告发而事发。因此，我书中叙述的相关内容有事实依据。2. 郭世英之死与×小团体的遭遇是否有关联的问题。郭世英死亡的原因复杂，是多种因素共同作用的结果。如果没有“文革”，就不会产生郭死的结果。但是，在“文革”中，农大造反派整郭的主要理由就是×问题。如果没有×小团体的遭遇，郭就不至于在“文革”中惨死，这也是不争的事实。令人费解的是，曹天予出于什么心理，一定要从郭世英之死的原因中排除掉×的事。而且，即使我写到×小团体的遭遇与郭世英之死的联系，这个内容本身对曹构不成任何损害。3. 至于所谓我将郭之死归咎于曹天予这一指责，在我的书中完全找不到根据。曹错误地解释书中的内容,例如,书中叙述林铭述在郭世英死后所说的"这家伙"显然不是指曹,而是指郭。林的意思是郭死了,却把痛苦留给了亲人和朋友。令人惊讶的是曹为何硬要把"这家伙"往自己身上套。曹的曲解不能作为其名誉权受侵害的事实和理由。4. 曹所引书中第102~103页一个段落的文字有删节,看原文便清楚,这一段话前半部分的描述对象是我自己当年在批判会上发言时的心情,这个心情可以概括为"对郭有多爱,对曹就有多恨","恨"的原因则是"对于郭世英这样一个纯粹的人,曹与他来往时仍怀着强烈的功利心,开始利用,最后出卖",答辩人并没有因为当时的这个心情而原谅自己,在后半部分中对自己在批判会上发言这个行为本身作了自我批评。曹天予断章取义,断言我"毫不掩饰其对曹天予的仇视",是对原文的歪曲。二、我在书中没有使用侮辱性词语对曹进行人格贬损。曹所举"撒谎"、"虚伪"、"演戏"等词语,原书中皆有具体语境。而且"演戏冲动"这样的词汇完全构不成"侮辱"。曹天予还引了"是人性在非正常条件下的扭曲"一语,书中在此前有一整段话,曹在转引时也删去了。《岁月与性情》写作的初衷只是追忆和反思历史,绝无使任何人现有社会评价降低的动机。全书共240000字,其中写到"曹秋池"的篇幅仅3000余字,出现在我对四十几年前大学时代的回忆中。我在书中不用曹秋池的真名,用意正是不让一般读者知道所写的那个人是谁,同时希望书中所写的往事能引起曹天予的反省。事实上,在此书出版后,这方面的情节并未引起读者的注意。但是,从8月5日起曹开始频繁向媒体发表谈话和在网站上发表文章,证实他发表的大量措辞激烈的言论直接把问题推到了公众面前,使得他本人以及他在×事件中的作用引起了舆论的关注,也迫使其他几位当事人和知情人不得不出面澄清那段历史。因此,如果说书中有关曹秋池的描写"引起了很大反响",这个反响也是由曹自己鼓动出来的,而不是我书中的内容导致的。综上所述,我认为《岁月与性情》一书中没有任何文字内容构成对曹天予名誉权的侵犯,请求驳回曹的诉讼请求。

经审理查明:原告曹天予与被告周国平于1962年至1964年期间

共同就读于北大哲学系。2004年7月,长江文艺出版社出版了周国平所著的自传体文学作品《岁月与性情》记述了其在北大学习生活的经历,重点描写了其与郭世英之间的交往,记述了其所知的郭世英参与×小团体被破获及郭世英之死的情况。在回忆上述历史事件时,涉及当年曹天予(文中化名曹秋池)。主要内容如下:1.5月3日和4日,没来上学。5日晚上,曹突然来找我,开口便说:"真紧张,出事了。"接着告诉我:"五一期间,郭世英一直没回家,他们试图偷越国境,被发现了。"2.陈老师说:"过去你们不来找我,现在出了事,都来找我了!有什么了不得的事呢,不就是×嘛。"我听了心中一惊,知道×之事已经暴露。……我看出来,郭世英极厌恶曹秋池。有一次,他问我:"你要不要我搞曹秋池一下?"我说:"算了吧,就让他混,反正也混不久。"……三十六年后,我见到张鹤慈,据他说,1963年三四月间,曹写信给郭沫若的秘书,告发了×小团体之事。其后风声甚紧,郭世英和他便筹划从云南方向偷越国境,但事实上并未实施。3.在"不得不提及一个人"一章中,周记述了对曹秋池进行批判的情况,他写道:我的确爱憎分明,对郭有多爱,对曹就有多恨。我恨的是,对于郭这样纯粹的人,曹与他来往仍怀着强烈的功利心,开始时利用他,最后出卖他。遗憾的是,众口一词声讨一个人而同时剥夺他的申辩权,这种方式根本就是丑恶的、非正义的,由于偏激和无知,我在客观上充当了这场斗争的一个工具。……曹秋池人缘不好,公平地说,原因不在他思想反动。他的才气使他十分自负……人们还有一点看不惯的,便是他热衷于拜访教授名流……1963年5月上旬他见到于立群,开口尊夫人,闭口贵公子,使于大为气恼。我不喜欢他的为人,但现在我倾向于认为,在当时中国的特殊环境中,他必须经历特别艰难的生存斗争,他的一些毛病也许部分地可以由此得到解释。听说曹现在定居美国,如果他读到这本书,发现有不符合事实的地方,我希望他指正。我很愿意通过这个机会,澄清我的一段重要生活经历中的疑点。4.郭世英对我说,把曹算作×的主要成员,这不符合事实。5.我和林铭述再去郭家是在惨剧发生后的第三天。晚上,我到客厅向于立群告别。走在街上,我和林默然无语。并肩走了一会儿,他突然嚷道:“这家伙真卑鄙,把我们害得好苦啊!”

现曹天予认为《岁月与性情》一书采用虚构事实或借他人之口的手段,指责曹“告发”了×小团体并毫无根据地断定“×小团体”的遭遇为导致郭世英死亡的原因;误导读者,将郭世英之死归咎于曹;使用侮辱性言辞描绘曹“经常撒谎”、“虚伪”、“总是在演戏”、“这家伙真卑鄙”,甚至编造情节,说曹有“演戏冲动”,把曹描绘成一个人性扭曲、心理病态的人,造成了其名誉的损害,故提起本次诉讼。

庭审中,曹天予为支持其诉讼请求,提供了证据:(略)

针对曹天予所提证据,周国平的质证意见为:(略)

针对周国平所提的诉讼证据,曹天予的质证意见为:(略)

长江文艺出版社未提供诉讼证据。

本院认为,描写真人真事的文学作品,对特定人进行侮辱、诽谤或披露隐私损害其名誉的;或者虽未写明真实姓名和住址,但事实是以特定人为描写对象,文中有侮辱、诽谤或披露隐私的内容,致其名誉受到损害的,应认定为侵害他人名誉权。本案涉诉的《岁月与性情》一书是周国平所著的自传体文学作品,作者以自己的人生经历为主线,描写了一些对作者产生过这样或那样影响的人和事。在“北大岁月”一章中,周国平重点描写了其所知道的郭世英以及其亲身经历的×小团体事件,其中的部分篇幅涉及到了本案原告曹天予(文中化名曹秋池)。而通过证人证言,可以证明周国平对这一部分内容的记述并非凭空杜撰。在文中,周国平虽然比较直白地表达了他对大学时代曹天予的观点和看法,有些看法甚至是负面的看法,但同时他也肯定了曹天予的“毅力”和“才分”,客观的记述了曹天予所取得的成就,并反思自己参与批判曹天予的行为是“丑恶的”、“非正义的”,“由于偏激和无知客观的充当了这场斗争的一个工具”。全文并未使用侮辱、诽谤曹天予人格的语言,所使用的“利用”、“虚伪”、“演戏冲动”等词语虽带有一定的贬义性,但均有特殊的语境,文中出自林铭述之口贬义色彩比较浓厚的语句如“这家伙真卑鄙”,也由林铭述出具证言证明这句话是在说郭世英而并非指责曹天予，因此曹天予认为该文构成了对其名誉权的侵害证据不足，其要求周国平在全国性媒体上向其赔礼道歉、要求周国平、长江文艺出版社赔偿其经济损失人民币等诉讼请求本院均不予支持。综上，判决如下：

驳回曹天予之诉讼请求。

中华人民共和国北京市高级人民法院民事判决书（摘要）

上诉人曹天予因名誉权纠纷一案，不服北京市第二中级人民法院（2005）第07490号民事判决，向本院提起上诉。

曹天予认为，周国平在书中污蔑曹出卖朋友郭世英，并暗指对郭之惨死负有间接责任缺乏事实依据，捏造事实丑化曹的人格，以侮辱、诽谤等方式损害其名誉，造成负面影响，构成名誉侵权，故请求撤销原判，判决支持曹天予一审的全部诉讼请求。周国平、长江文艺出版社同意原判。

经审理查明，曹天予与周国平曾于1962年至1964年期间共同就读于北京大学哲学系。2004年7月，长江文艺出版社出版了周国平所著的自传体文学作品《岁月与性情》，在该书的第二部分"北大岁月"中，周国平记述了其在北大学习生活的经历，并重点描写了其与郭沫若之子郭世英之间的交往，其间还记述了其所知的郭世英参与成立×小团体、×小团体被破获及郭世英之死的情况。

在回忆上述历史事件时，文章中的部分篇幅涉及到了当年与郭世英有密切关系的曹天予（书中化名曹秋池）。主要内容摘录如下：（略）

原审庭审中，曹天予为支持其诉讼请求，提供了如下证据：（略）

针对曹天予所提证据，周国平的质证意见为：（略）

周国平为支持其答辩意见，也提出了如下诉讼证据：（略）

针对周国平所提的诉讼证据，曹天予的质证意见为：（略）

长江文艺出版社未提供诉讼证据。

二审诉讼中，曹天予提交了如下证据：1.《北京青年报》2004年7

月20日B2版人物在线对周国平的采访，证明周国平首先在媒体炒作《岁月与性情》，并公开指出曹出卖×小组是大是大非问题。2. 曹天予给郭世英的信，证明曹天予青年时代曾经使用过“曹秋池”的笔名。3. 谢龙的书面证词，叙述×小组发案和处理的背景和经过，并就该事实向尔联柏、任宁芬等知情人士核实，证明周国平在《岁月与性情》中关于曹天予“告发”×小组的内容以及陈志尚的证言均与事实不符。4. 罗点点给曹天予夫人林春的书信，证明罗点点对其书中所述现在有不同的认识。5. 作家徐晓在三味书屋的谈话，证明《岁月与性情》的恶劣影响已经遍及海内外。6. 曹天予的书面陈述，陈述周国平构成名誉侵权的主要理由。

针对曹天予所提二审新证据，周国平的质证意见为：对于证据1的真实性无异议，但我在采访中回答“大是大非问题”这句话在整个访谈中所占比例极小，不可能、事实上也没有引起公众注意。对于证据2的真实性有异议，且该信件是一封未寄出的私人信件，曹天予在任何公开发表或传阅的文章上均未使用过“曹秋池”这个笔名。对于证据3的证明力有异议，因证言中提到的尔联柏、任宁芬均已辞世，证言中的转述是否真实已不可考，并且证言的内容不合情理。对于证据4，罗点点的书信无证明内容，不能证明曹天予检举×小组的事实不存在。对于证据5不能证明“《岁月与性情》的恶劣影响已经遍及海内外”。对于证据6，曹天予本人的陈述不属于证据，且存在明显不实。

上述事实，有双方当事人陈述及前文提及的各项证据在案证明。

本院认为，公民的言论、出版自由受法律保护，但不得以侮辱、诽谤方式侵害他人的名誉权。本案性质为侵害名誉权纠纷，审查的重点在于周国平在《岁月与性情》一书中是否存在故意虚构事实，侮辱、诽谤损害曹天予名誉权的内容，并不涉及对相关政治事件的定性和对相关人物的历史评价。在本案中，《岁月与性情》一书是周国平根据其个人回忆撰写的心灵自传，其中在“北大岁月”一部中回忆作者与郭世英交往过程时有部分篇幅涉及到了曹天予（书中化名曹秋池），因相关史实历史久远，相关史料多至今尚未公开，故曹天予与周国平根据各自回忆对同一事实的描述存在较大争议，应当允许双方在法律的限度内发表各自不同的意见。

综观书中该部分内容，周国平在肯定曹天予有“毅力和才分”的同时，又较直白地表达了其对大学时代曹天予的一些负面的看法和评价，文章并未故意使用侮辱、诽谤性的语言，作者在表达其负面看法时多具有特定的语境和历史背景，不应割裂看待。关于双方争议较大的涉及曹天予与郭世英及×小团体事件的部分，周国平一方面记录了陈志尚、张鹤慈等历史亲历者在事件发生时的语言和事后的回忆，另一方面表达了其在事件中的亲身感受。应当指出，周国平在书中的记录客观反映了陈、张等历史亲历者当时所要表达的真实意思，不存在歪曲意思，故意侵害曹天予名誉权的情形。在“不得不提及一个人”一章中，周国平提到曹天予时的确使用了“对曹就有多恨、利用、出卖”等一些带有贬义性的词汇，但该章主要是记录周国平在曹天予批判会上的内心真实感受，是特定历史时代的产物，并且，周国平在该部分中也对这种批判方式和自己当时的行为进行了一定程度的反思，更表达了希望曹天予对该部分事实予以指正的愿望。曹天予在事后也确实根据其回忆发表了多篇针锋相对的文章，言辞激烈，客观上为读者提供了不同的历史资料和阅读角度，为最大限度地还原历史真相提供了另一种可能。

综上，曹天予上诉主张周国平、长江文艺出版社侵害其名誉权缺乏充分的事实依据，故对其要求本院均不予支持。判决如下：

驳回上诉，维持原判。

33. 赵玉忠诉记者董服民
“名誉侵权案”

案 情 简 介

电影导演古榕、演员徐松子夫妇，状告包毅范发表的《影视圈里家天下》，使用侮辱性词语贬低人格，损害名誉权。案经人民法院受理，本案原告人赵玉忠在该案中代理被告方参加诉讼。记者董服民于审理后发表《〈影视圈里家天下〉的纷争》，记录了论辩实况，由《民主与法制》杂志刊载。赵玉忠以董文“捏造（他的）代理词”，“内容严重失实，并施以侮辱行为……侵害（其）名誉权”，以及发表的刊物又“印发侮辱（他的）虚假照片”丑化了他的形象，诉请停止侵害，赔礼道歉，给予赔偿。

律师代理董服民应诉，《民主与法制》杂志社参加诉讼，共同对赵玉忠的无理缠讼严词批驳。一审判决赵玉忠败诉，驳回了他的全部请求。

代　理　词

一审代理词

审判长：

我们作为本案被告人董服民的律师，受托针对原告人的起诉发表如下的代理意见：

我们认为董服民所写的《〈影视圈里家天下〉的纷争》，作为诉讼实录，其基本事实有据，文字公允，态度严肃，无一字一句侵犯任何人的名誉权。原告的侵权之诉，情属无的放矢，于事不合，于法无据。

一、本案的基本事实

（一）董文涉及的情况和相关资料，全部来源于另案（以下代称"家"案）当事人和代理人提交法院的正式书面材料。

（二）董文是一场民事诉讼的实录，所录各节分属原被告双方的论点、论据。文章的标题原本就是"论辩录"。其中不仅没有评点，而且没有本人的立论，客观交代，公正严肃，无可指摘。

（三）董文在《民主与法制》的附刊发出时，由于外在的原因，行文中增添了"赵某某"三字，本案被告人即作者董服民对此事先并不知情。这种增添在文字上或有败笔，读来不顺，但与侵权无关。

这些事实在本案中所能反映的问题，借用"家"案被告一方代理律师的概括，就是："所谓的名誉侵权完全是原告的主观臆造。"

二、关于原告的起诉理由

原告的诉状称：董文"内容严重失实并施以侮辱行为，不仅误导社会舆论，而且侵害原告名誉"。其根据则是"捏造原告代理词"。至于"捏造"的根据，原告诉状又提出以下四点：

（一）董文对于废片问题的说法"没有一句摘自原告代理词"。

（二）原告曾出版过法律专著，不可能说出如董文报道的"一部片子的时间则不到十分钟"之类的话。

（三）原告在“家”案中“列举《红尘》计划拍摄十二部，不是如董文所写的十部；实拍总数一百十三部，不是（如董文所写的）一百十部”。

（四）董文“将金忠德律师代理词的部分内容（庭上有些未讲或依新证据更正），偷偷弄到原告（或）‘家’案中另一被告人三凡（古榕一案的代理人之一）名下，目的在于歪曲法庭辩论真相”。

以上这四点概括起来，无非是两条：

1. 董文中涉及的数字，有两处误差，一是把十二写作十，一是把一百十三写作一百十；

2. 对他“长达七千余字的代理词视若无睹”，倒把另一位代理律师讲的部分内容安在他的名下了。这两大问题说明什么呢？原告诉状说，它证明“作者主观动机别有用心，客观损害原告名誉”，甚至还误导了“社会舆论”！

三、我们对原告诉状的辩驳

冷静地分析一下原告诉状中的上述论点与论据，客观地说，实在不值一驳；但是，我们基于对法庭的尊重，考虑到既是应诉，就理当说清事实，陈明观点，以利于澄清是非，从而有助于合议庭的决断。为此作如下的辩驳——

第一，写文章弄错数据发生误差诚然是应当纠正的缺点，但这与名誉侵权毕竟是风马牛，根本不搭界，更何况董文中涉及“耗片比”的数字误差，全部来自于本案原告同为“家”案被告代理人的金忠德律师的代理词！我们注意到，原告的诉状在这点上花了点心思，他用括号加了个说明，表示金的这份代理词“庭上有些未讲或依新证据更正了”。可是，董文引用的恰恰是庭审之后提交法庭的正式书面文件，它当然是“更正”之后的正本，与当庭念或未念毫无关系。两人同时代理一个当事人却在代理词中出现了互不一致的偏差，现在让写作诉讼实录的案外人承担法律责任，这不仅于法无据，甚至连起码的情理都不顾了。对于原告的这种无端指责，我们代表我们的当事人断然拒绝，恳请法庭明鉴。

第二，我们在前面提到，董文在《民主与法制》附刊发出时，行文中被增添了赵某某的名字，于是出现了“将金忠德律师代理词的部分内容……偷偷弄到原告或三凡名下”的现象，其结果是在文字上有了不畅不顺的败笔，这从著文的角度来看，显然也是应当纠正与改进的。至于由此是否发生侵权或损害原告名誉的问题，那又当具体分析。我们姑且不论原告与金律师在“家”案中同为一方，基本观点自然完全一致，两人的说法即使在行文中互相倒置一下，也不可能发生实际危害或损害；如果硬要与“损害名誉”挂钩，那只能是出现了一个极为反常的情况，即金律师的“代理词部分内容”相当低劣或极其荒谬。这里的问题是，原告如举不出事实证明“金”词中确有这样的反常情况，那我们要说，原告的“损害名誉”之说倒真的是“别有用心”了。审判长，我们在这里还想提请原告考虑一个事实：他在诉状的行文中也有败笔，上面提到的“偷偷弄到原告名下”的说法就是实例。董文白纸黑字，昭昭明明，用“偷偷”这样的谤语，不伦不类，距事实也太远了。尽管人们能够洞察诉状作者的用心，可谁也不会因此而指责他应负“损害（人）名誉”的法律责任。对于一些“长期从事……法律法规研究”的工作者来说，包括我们在内，拿这类小题目硬从法律的高度做大文章，是应当具有分寸感的。真理与荒谬的界限，在这里是再清楚不过了。

审判长：尽管原告诉状所说的“配发照片”丑化了原告社会形象，贬损原告人格尊严一节，于被告人董服民没有任何牵连；但是，鉴于原告采取了含混其辞的办法，不实指“配发”一事应放在哪个被告人名下，而泛指为“被告”的作为，故不得不加以辩驳。

对于原告的这项指责，总的印象是：不知所云。认真研究其论点、论据，实在弄不清楚他到底在讲些什么，“理”在哪里？

第一，诉状所谓“配发侮辱原告的虚假照片”，这指的是什么呢？哪张照片，或者照片中的哪个人物的形象是“虚假”的呢？既然是假的，也许构成民事欺诈，怎么会“侮辱”到原告的头上了呢？

第二，所谓“采用偷梁换柱，故意丑化”何所指呢？有哪些事实呢？例如，哪根大梁被哪个人换成了一根柱子呢？丑化且属故意，这从何谈起呢？审判长，原告把明知为友人戏谑“调侃”的内容也列入诉状并公然依为论据，且不论其是否严肃郑重，我们有理由请原告说明：揉眼、抠鼻，即使是照片中的真情实景，也无非是照片上人物本身的形体动作，怎么就能构成“侮辱”了呢？退一步说，即使是某个动作体现出的某一形象，未能表现出人物的最佳状态、最雅特征，似乎也不宜把这种不足委祸于摄影者，因为摄影技巧在这里绝不起决定性的作用，那决定性的因素，得从人物本身去寻找才合乎道理。比如说，人物如把那“明显疲劳”的情态，换作全神贯注、神采飞扬就绝不会生出令友人“调侃”、本人神伤的效果。方才原告人说：“难道在法庭上解裤子，或只戴乳罩、穿三点式也能拍下来？”我们正告赵玉忠，这是放肆，是对法庭的亵渎。谁让你在法庭上脱裤子？你想干什么？总之，摄影者是无辜的。凡属法庭摄影，无不是经过批准的现场实拍，这中间怎么能产生出如原告诉状所指的诽谤、侮辱、丑化与贬损呢？

第三，无论是人物的个人形象或者什么“社会形象”，同人物的“人格”都是两类性质不同的问题。形象差些，或者一时有了点缺陷，“人格”也因而有了问题，甚至损及尊严，这是谁家的道理？！

第四，诉状援引一位学者为“新闻侮辱”表述的概念，来证实原告的上述指责有理。这其实是多余的。人们不会忘记，本案原告人在“家”案中为己方辩护时曾给“侮辱”下过一个定义，就是：“侮辱是指以下流语言或动作对他人进行侮辱。”我们无意讨论侮辱的定义，只是想指出：作为学人，对于如此严肃的事物，怎么可以对己一种说法而对人则又另举一套呢？这里到底有没有是非标准呢？

第五，也是与被告人董服民的关系最为密切的，原告诉状明明写着，是“报纸配发……（的）新闻照片”，却为什么一定要把两被告捆在一起肆意攻打呢？难道清水真的能让一些人搅浑吗？浑水摸鱼者总是心存侥幸，这不是我们适用法律解决问题的正道！

四、我们对本案的法律见解

根据以上的陈述和辩驳，可以得出以下的判断：

第一,董文的文字,说明作者即本案被告董服民主观上没有任何过错。

第二,董文的文字,无一字一句构成违法。

第三,董文作为客观事物的实录,绝无损害原告人名誉的事实。

第四,原告人设想的“侵害”和“误导”,与被告人董服民没有关系。原告人设想的损害后果或者是他的朋友的“调侃”,或者是语焉不详的某人的旁敲侧击,本质上构不成起诉的依据。

这几点判断,用最高人民法院1993年8月发出的关于审理名誉权案件的著名司法解释加以衡量,可知董文即董服民的行为不具有“侵犯名誉权”所应具备的四个法定要件,原告之诉,于法无据。

这里应加补充说明的是:我们认为,名誉权是一个具有很高的道德价值、严格的法律界限和现实可能的判断标准的概念。名誉权因其庄严、神圣而受到国法的坚定不移的保护。公民要求保护他的名誉权是他庄严、神圣的基本权利;可是,采用曲解事实、违背法律规定,假想一个“对立面”,而后抓住人家在行文上某些事先不能预料的细微瑕疵,滥用这项神圣的权利,纠缠于诉讼,这又是我们坚决反对并竭力抵制的。

综上所陈,应能达到这样一个基本的结论,即原告所谓“停止侵害,赔礼道歉,消除影响,赔偿损失”的几点要求,纯属捕风捉影,无理无据,依法应予以驳回,以维护被告人董服民的合法权益,以维护法律的尊严不受损害。

鉴于原告人在法庭上肆无忌惮地对被告方及其代理人进行了放肆的攻击,甚至诬蔑我们的当事人董服民搞什么“有偿新闻”,我们对这类实属侮辱、诽谤的恶言毒语保留追诉的权利。请予审核,请求采纳。

一九九五年十月九日

诉 讼 文 书

原告起诉状

原告:赵玉忠,男,某学院讲师

被告:《民主与法制》社法定代表人:王厚德职务:社长

被告:董服民,男,《民主与法制》杂志社记者

案由:侵害名誉权

事实与理由:

《民主与法制》画报发表署名“董服民”的《〈影视圈里家天下〉的纷争——古榕、徐松子名誉权案庭审纪实》报道,内容严重失实并施以侮辱行为,不仅误导社会舆论,而且侵害原告(“家”案被告代理人)名誉。

一、捏造原告代理词。报道称:“对于废片问题,被告代理人赵玉忠举了……”共有六个自然段,但是没有一句摘自原告代理词。原告长期从事影视法规研究,曾经出版过专著《影视音像业实用法律知识》,不可能说“一部片子的时间则不到十分钟”之类的话。原告代理词中引用行业规章:故事片每部标准长度 2700 米(即九本),标准放映时间为九十分钟,也即行业标准每画本为十分钟。有位同行由此推断:这篇报道虚假且带有倾向性。再有原告列举《红尘》计划拍摄十二部,不是十部;实拍总数一百十三部,不是一百十部。被告作者对于原告长达七千余字的代理词视若无睹,却又将金忠德律师代理词的部分内容(庭上有些未讲或依新证据更正),偷偷弄到原告或三凡名下,目的在于歪曲法庭辩论真相。这种嫁接手法表明,被告作者主观动机别有用心,客观损害原告名誉。

二、配发侮辱原告的虚假照片。报纸配发“家”案被告一方新闻照片,采用偷梁换柱、故意丑化的手段。第一,该照片是当天下午另案庭审实景,而非上午本案实景。因为上午原告外着皮夹克且水杯放在

桌下。被告作者3月11日在《法制日报》发表内容略有删减的相同文章,不过改用正常照片。第二,我方参与全天庭审七个多小时,下午略显疲劳无可非议;但是拍摄者从旁听席角度趁本人摘眼镜瞬间抓拍下来,主观恶意暴露无遗。有位朋友打电话调侃:"你是在揉眼睛还是抠鼻子?"还有读者一针见血:"这就叫恶心人!"著名学者魏永征先生论及:"新闻侮辱是以污秽、粗鄙、下流的词语或图像施加于特定人。"被告采用诽谤加侮辱手段,丑化原告社会形象,贬损原告人格尊严。

原告认为:新闻应当遵循真实性、客观性、公正性原则。诉讼代理人基于证据事实和法律理解为委托人出庭辩护,其合法的代理行为及其人格尊严,同样应当受到法律保护。被告作者及报社丧失起码的新闻职业道德,严重侵害原告名誉。为了维护公民个人合法权益,根据我国民法通则第一百二十条规定,特提出以下诉讼请求:

第一,要求判令被告停止侵害,公开在《民主与法制》画报和《法制日报》上向原告赔礼道歉、消除影响。

第二,要求判令被告赔偿原告经济损失,给付原告精神损害补偿。

区人民法院民事判决书(摘要)

原告诉称,被告董服民在1995年3月1日的《民主与法制》画报上发表了《〈影视圈里家天下〉的纷争——古榕、徐松子名誉权案庭审纪实》(以下简称"影文")一文。同年3月11日的《法制日报》全文转载。该文严重失实,在六个自然段中将该案另一代理人的代理词安在我的名下。该文中"一本片子的时间则不到十分钟"等语句与电影行业的实际情况不符,我在代理词中也从未说过,而被告董服民却写明是我所说,严重损害了我的职业道德和职业能力;而被告《民主与法制》社在刊发该文时,有意将另案中我形象不好的照片加以配发,严重损害了我的形象。综上,我要求被告停止侵害,登报致歉;赔偿我经济损失800元;《民主与法制》社及董服民分别给付我精神损失费20000元和5000元。

被告《民主与法制》社辩称,"影文"客观地记叙了古榕、徐松子名誉权案的庭审情况，文中虽将另一代理人的代理词误写为原告的，但未侵害原告的名誉权。配发的照片系上海市徐汇区人民法院所提供，是原告的客观形象，我们未构成侵权，不同意原告的诉讼请求。

被告董服民辩称：(略)

经审理查明，1995年3月1日的《民主与法制》画报刊登了署名为董服民的“影文”，同年3月11日的《法制日报》全文转载。该文报道了上海市徐汇区人民法院开庭审理原告古榕、徐松了诉被告“三凡”侵害名誉权一案的庭审情况。本案原告系该案被告“三凡”的代理人。该文在“本案争论焦点之二”部分第十一自然段中写道“对于废片问题，被告代理人赵玉忠列举了电影《红尘》中的一组数字。通常，一部电影的放映时间为九十到一百二十分钟，而一本片子的时间则不到十分钟……”事实是，庭审中上述代理意见并非赵所说。被告《民主与法制》社在刊登该文时配发法院提供的三张庭审照片，《法制日报》在转载上述文章时未配发，原告在庭审中明确表示不要求《法制日报》社承担责任。

本院认为，“影文”是案件庭审情况的纪实报道，文中将另一代理人在庭审中发表的代理意见误写成原告所说，属于工作疏忽造成失误。该文中未有侮辱、诽谤及贬损原告的言辞。原告未能提供被告系属主观故意的有关证据，亦未能提供由此造成其职业能力和职业道德等社会评价被贬低的相应证据。关于《民主与法制》画报配发的照片，是徐汇区法院所提供，确系庭审中所拍摄，被告《民主与法制》社不存在过错。原告称其形象因该照片而被损害的说法不能成立。故二被告的行为未构成对原告名誉权的侵害。现原告要求二被告停止侵害、登报致歉、赔偿损失，本院不予支持。综上所述，依法判决如下：

驳回原告赵玉忠的诉讼请求。

案件受理费1010元，由原告赵负担(已交纳)。

一九九五年十二月十三日

34. 陈小俐兄妹、刘小明、交警支队、林国兴诉《南方周末》“名誉侵权案”

案情简介

1995年3月12日晚，陈小俐驾驶摩托车自翻于途。雷州市外经公司凯华食品厂厂长刘秋海与司机冯昌炳路经发现，送医院救治。

4月19日刘秋海公出该市，基于关心，电询陈的情况。陈兄认为有机可乘，用好言稳住刘秋海，表示欲当面致谢；同时约亲戚电邀交警林国兴“处理”，诬指刘撞伤陈小俐后逃逸。林强行将刘秋海公司的“农夫车”扣押，交陈兄开走，后作出《道路交通事故责任认定书》，断定“冯昌炳（刘的单位司机）负此事故的全部责任”。《南方周末》记者经过调查采访，发表《做好事招来的横祸》。

不久，陈氏兄妹状告刘秋海赔偿损失。记者又发表《恶人先告状》。

刘秋海不服交警的《责任认定书》，提起行政诉讼。此后，交警、民警林国兴及陈氏兄妹又分别状告《南方周末》名誉侵权。于是引发了四起民事诉讼与一件行政官司。记者在此期间发表了《追踪报道》、《叫他如何做好人》和《最新报道》等一系列文章，详尽地披露了问题的真相。不料行政诉讼以刘秋海的败诉而告终。判决的失误请参阅《终审判决书辨析》。四起民事诉讼，《南方周末》通通败诉，一审断言“侵权”成立。我们参与了二审诉讼的全过程，发表了四份代理词。

代 理 词

二审代理词(答辩陈小俐兄妹)

高院合议庭:

我们针对一审判决,结合被上诉方答辩状,就本案涉及的几个主要问题,发表以下见解——

一、一审判词以"查明"、"另查明"、"还查明"为导语,对案件涉及的问题下了断语,意图肯定事实经查已明;然而细查判词全文,虽在文字上花了心思,却因其立论不公又回避了重要情节和主要事实,只能说是或有查并不明,或甚至歪曲了真相。因此,我们对一审判决从根本上持否定态度。

二、一个人所共知的道理:法院裁判的"必须如实",与新闻报道的"应当如实",有其各自不同的衡量尺度。对于后者,关键在于新闻的来源如实,而对它的法律要求则是主要新闻点的基本如实,语言上的要求是明快尖锐;而对于前者,那当然需要"以事实为根据",乃至细节的真实,而在文字上则应严谨、周全,在此基础上方能下断语,作裁决,据以实现"生杀予夺"。

三、本案是因新闻报道的内容引出争议而产生的"名誉权"纷争。作为审判机关,为了查明事实,以便弄清是非,理所当然地应着眼于并着力于审查新闻报道的基本内容和它表现出的精神与主旨,审查它的新闻源是否客观存在抑或出之于主观臆测,不无遗憾的是,一审合议庭没能做到。

一审判决表明,他们查了上诉方发表的五篇文章,所"查明"的开头两篇,其内容反映出的重点是两个,即(1)在文章报道的"3·12 事件"中,刘秋海是否做了好事?(2)是否存在"恶人先告状"的事实?

这两篇文章,用客观事实反映出刘秋海"3·12"救人一事的发生、发展及其如何演变成"横祸"的过程,报道了这个过程涉及的主要情节，其中隐约可见当事者双方互相不同的品格。而所有这些，一审判词在“查明”的由头下竟然一语带过，实质问题，概不涉及，这是很不客观的。

刘秋海在“3・12 事件”中的救人行为，当时在场的目击者秦达辉，现场协力救人的李文俭和陈子有，被救者被送往医院后帮助办理医疗手续的值班保安莫月军，以及当晚接触伤者的医生潘战、黄少伟，多人多次或直接或间接地予以肯定，相互一致，更何况还有《市人民医院住院病案》可证。记者对此作了反复查访，认为足堪认定，无可置辩。

救人义举之所以演变成“横祸”，有一个发展过程。源头起自人的贪欲。被上诉人陈小俐“3・12”翻车住院，几个小时之内换了两个名字，最终登记为刘某某。其真实意图当时就已被人明察，黄少伟大夫的证词说得很中肯，他说：“估计是考虑药费报销问题乱报姓名的。”我们有理由认为，用别人的姓名登记就医，病愈出院时都不纠正，这在人格上是有重大瑕疵的。记者予以报道，既有助于提高人的素质，又有利于减少公费医疗上的弊端，一石二鸟，应属尽职。一审对此全然回避，没有道理。

还有一位大夫作证说，“如果陈小俐认为自己可以获得赔偿的话，她完全没有必要这样做”。把换名与赔偿联系起来考察，是远见，事物的发展正是这样。陈小俐果然提起了民事赔偿之诉，要求赔偿的数额包括美容费、伤残费共为 15 万元，当时的一审被告人是司机冯昌炳。

分析陈的诉状，可以得出一个结论：刘秋海的“横祸”之来，带有偶然性。一个明显的事实是：本案被上诉人早就看见了、知道了那辆所谓的“肇事车”上喷着车主“雷州凯华食品厂”的全称字样，那时如果就把“祸”嫁到刘秋海和食品厂头上，已经立案的交警支队只要按规定发个“协查通知”，问题大约也就解决了；然而时机尚未成熟，只能按兵不动，静待事态发展。

以后的情况是，刘秋海不幸中计“自投”，人入圈套。他 1995 年 4

月 19 日“自投”以后的情况,与本案无关的部分,将另案陈述。这里只着重说明一点:陈兄说,事发后,刘秋海多次与他通话,起初是问伤情,后来,“可能找到市里当官的撑腰了……电话一通,立即恐吓辱骂我”。陈兄使用的语言卑劣下流,不堪入耳,不便援引。这些都有他本人 1995 年 7 月 12 日写的书面材料可证,但却与陈小俐的陈述截然不同。后者在 1995 年 11 月 23 日回答一审审判长的询问时这样说:“一个月左右,刘秋海打我哥哥的手机,我哥哥接到电话后由我亲自与刘秋海对话,刘第一句就问我伤势如何,好了没有,第二句就问我的记忆如何,是否还记得过去发生的事。我回答说,‘伤势差不多好了,但记忆已不好。’我与刘秋海的对话……以上几句话记得非常清楚。”下面还有一段,是:“交警……认为该车撞我,过一个星期后,刘秋海打手机同我讲,‘只要你肯讲不是刘秋海的车撞你的,你出到十几二十万,我们会给你的。但有条件,要你登报……内容是刘秋海救了你,不是开车撞你’,但我不同意,不要为了钱而埋没人格。”

我不想指出两人陈述的互相矛盾,只是想说,当事人分别编造的两段故事,统属虚构,而且是公然对政权机关扯谎,对善于说谎者的言辞不能也不应轻信,是我们的采证规则,应无疑义。自“3·12 事件”始,到本案一审终结,历时近五年,被上诉方在本案涉及的一系列问题上,扯了多少谎,作了多少假,已达难以容忍的程度。一审对此明知,居然置若罔闻。相信二审对此会取审慎态度,予以辨析,还事物以本来的面目。至于对于两个一贯扯谎者的人格该作出什么样的评价,这是极为浅显的道德准则问题,似无须详陈。

到了 1995 年 8 月,被上诉人得到了《事故责任重新认定决定书》,以为万事俱备,时机已到,于是 9 月起诉了。尽管起诉状从形式到内容都不符合规格,基层法院破格受理了,从而引发了《恶人先告状》那篇报道。

这篇报道已列为证据入卷。查其内容,主要是围绕“告状”,报道了相关的事实及其涉及的情节,说明原告人在主要问题上作了不实说辞,反映基层法院并不合法的做法。关于证据,报道不仅详述了莫家英的录音谈话内容，还举出了现场目击者秦达辉的证词，秦达辉用事实满怀激情地向世人宣告，原告的赔偿之诉实属黑白颠倒，他甘愿承担风险，出庭作证。作为新闻记者，面对这样的现实，认定这是善与恶的一次搏击，以《恶人先告状》命题，披露真相，何辜之有？不料，一审法院不这样看。该院判决书在“查明”的内容中，对于证据仅仅“查明”了莫家英的证言一节，其他的，都“顾左右”剔除了。但是，一审不提的，并非客观上没有；用这种办法袒护一方，加罪另一方，这哪里还有司法公正可言？

四、我们注意到，一审判决在以下三个问题上对报道作了严厉的指责，对此谨向二审合议庭逐项申明真相：

第一，关于陈小俐与毒品的关系。在这个问题上，新闻源先后有七个方面，互相印证，应能得出肯定的结论，它们是——

1. 1994 年 6 月 13 日，公安人员在一间男女杂居的客房里查出了“白粉”，陈在场，未作申辩。

2. 陈不止一次自认，她常与吸毒、贩毒者在一起。

3. 陈的男友林某某交代说：“陈小俐每天都抽白粉……我在香港给她买过五六次戒毒药，但她没戒掉。”

4. 陈家的一个邻居证：“陈在合浦曾有个姓姚的姘头，外号叫跛仔，吸白粉。”

5. 莫某某的录音谈话说，“陈小俐有吸毒行为”，并提出她住院开的处方中有戒毒药。

6. 黄某某医生证：“陈住院时……一位年轻人来探望她，她将情况告诉说头疼，那位青年找我反映，并说道怀疑她吸白粉所以造成头疼。”

7. 一审判决认定，医院出具证明说，她住院期间使用过杜冷丁、非那根、冬眠灵，并说是治疗头痛的需要。我们注意到陈的病历有人改动，详查处方，又未见使用杜冷丁的记载。杜冷丁作为麻醉药物不是可以随意轻施的，其中有鬼，应能证明。

把以上七点互相联系，加以考察，作为新闻源，记者没有理由否定她与“毒品”有关系。加之明知她是公安局发出“协查通报”要求缉拿的疑犯,对此加以报道,是职责的所在,主观上绝无毁人名誉的故意。

第二,卖淫一节与上情类似,分别来自与她非常亲近、至为密切的莫某某、林某某。他们提供情况时都说是“亲知”,新闻来源应属可靠;联系到她本人自称“身带巨款”,又长期没有正当职业,广东省公安厅广公(办)字(1998)113 号文件,明确提出“陈小俐的化名叫阿玲”,这无疑增加了它的可信度。总之,报道内容既不是出之于杜撰,也不是出之于编造,应请明察。

第三,关于绑架、勒索问题。

首先应说明的是,陈小俐对此有案在身。据深圳南山区院 1995 年刑一初字第 150 号判决的认定,“被告人林某某及其女友阿玲(陈小俐,在逃)因怀疑被害人宋某指使高敏偷了阿玲的钱,故于 1995 年 1 月 4 日晚伙同余某等人……将宋抓住殴打,然后绑架……逼他交出所谓盗取之款”。林为此被判刑十二年。1994 年 5 月 21 日,“在逃”的陈小俐被公安人员抓获拘留,公安局出具的文书上记载的案由分明是绑架勒索。这样的新闻源当然无可怀疑。一审判决说“案卷中没有任何材料反映陈小俐有卖淫吸毒等行为”,用一“等”字把绑架勒索吸收了。但是,“案卷中没有材料”,判词中“经审理查明”的上述事实据何而来呢?依据什么断定陈为“在逃”疑犯呢?一审判决的未能如实,而袒护有据,这又是一例。

其次是陈兄的情况。记者的报道内容,源于李某某和周某某等人的证词,源于一家外商独资企业“恒浩娱乐有限公司”的举报,他们历数被陈勒索的情况,非常具体;特别是还有代表雷州市政协处理“3·12 事件”的蒋某某的证词,形象地揭示出陈对刘秋海的勒索:1995 年 4 月 22 日午夜,陈还通过电话威胁刘秋海,扬言“你不给钱,你们就不可能安全离开,就是逃出了该市,也逃不出该区!”凡此件件有证可稽,记者只是做了客观报道而已。至于陈锡明的历史状况,记者作过调查,有证附卷,属善属恶,群众自有品评。证词不雅,不再复述,然而这些情况是极易审清查明得出准确判断的。总之,报道文章没有脱离实际，没有侵犯谁的名誉权。

五、一审的错判，根子在于荒谬的观点。判词说，卖淫、绑架、勒索“均系触犯我国法律的违法犯罪行为，公民是否触犯法律，应由司法机关裁决。……证人证言不能证实其报道内容属实”。被上诉方也以此作为一项重要的答辩理由提交二审法庭。鉴于这是一审和一方当事人的一个理论根据，故不得不作出辩驳。

姑且不论判词两段意思之间的逻辑混乱，要害在于：判词不能说明，哪个证人的哪项证言不能证实“报道”的哪点内容。研究判词的文义，似乎证人证言“不能证实”讼争问题的内容。如果此判有理，诉讼法中又何必把证言作为一种证据加以规范？一审合议庭对于许多证言不予置理，看来根源在此。证言既不能证实什么，质证何益？一切由“司法机关裁决”也就是了。但证据在诉讼中异乎寻常的重要性世所公认。一审判词不是也用了很长的篇幅摘出了莫某某的录音谈话，并援引最高法院的司法解释，做了否定性的评判吗？关于莫的这份证据，是一审判断证据的核心，有必要提出以下两个问题请二审合议庭考虑：

第一，按照相关司法解释的要求，如不能满足一定的条件，录音谈话不可作为“诉讼证据”，这是问题的一个方面；另一方面，我们之所以提出莫家英的这份录音，意在表明新闻来源，意在证明报道内容源于客观反映。

第二，莫家英从不否认录音谈话内容的真实性。一审判决说，“该电话录音未征得莫家英的同意”，但这与录音内容的真实与否是两回事。如果一审认为其内容有假，那是应经调查而后才能予以否定或者肯定的。现在的做法只解决了形式方面的问题，实质问题全然未得解决，如此判案怎能令人信服？

审判长，我们还不得不指出，被上诉人陈小俐另有一些涉嫌违法的行为，在一审指责的《恶人先告状》、《刘秋海事件再追踪》等后续报道中也有披露，按照一些人的逻辑，也是事涉名誉，但一审判词却加以回避，合议庭并不审理，这岂非怪事？陈小俐私藏枪支就是适例。枪，是公安人员从她身上查出来的,她此后在说明持枪理由时说,因"身带巨款,买枪防暴"。私买、私藏枪支,新刑法颁布以前,是罪名的一种,应当追究,法官当然熟知,对于这样的人应作出什么样的评价,能无公论?

本报发表的《再追踪》中,记者报道了陈小俐"负案在身,偷渡香港"的情节,陈对此保持沉默,没敢说侵犯了她的名誉权,于是一审判决来了个"不告不理"代为遮掩了。然而一个不容回避的问题是:偷越边境,关押四月,而后强行遣返,这些行径难道不涉及公民的人格,难道不涉及当事者的名誉?媒体难道没有责任作出评价?

六、就有关事实、相关观点辨明真伪、是非之后,可以断言;报社发表的几篇报道,基本上没有主观性的描述,评论是客观的。只是由于"3·12 事件"涉及社会生活中的重大主题,涉及政治生活中的一些原则性问题,要求记者的报道不带感情色彩的议论,又是不现实的,也是不公正的。问题在于:那些报道并没有导致被上诉人品德、声望的社会评价的降低,换句话说,不发生侵犯名誉权的问题。

被上诉人在答辩中提出了损害后果,借以表示侵权成立。但是,我们有足够的理由指出,这些所谓的损害后果,也是虚拟的。陈小俐指出,她因报道而失去了在深圳金星印务公司月工资 5000 元的工作。这是不真实的。她的职业状况,历次陈述互不一致,有的法院文书也在为她掩饰,她提出的这个证明,从形式到内容都说明是份伪造的文书,更何况这家公司经查早已不复存在,这正好证明:陈小俐与所谓的金星公司从来没有工作关系。

陈兄说,他因报道先失副总经理的职务,后又在人事局的干部考核中落选。法庭熟知我们的用人制度,试问哪一项干部任免的考核能单凭一份报道作出决断?既称"考核",当然包括政治上、思想上、品德上的考查,一经考查就落了选,难道还不能说明问题?

陈小俐提出,她因报道而被拘留十天,这是对真相的歪曲。广东省公安厅办公室广公(办)字(1998)113 号文件中明确指出:"1996 年 5 月中旬,陈因偷渡香港被港方遣返,南山区公安分局派员到深圳市收容站对陈执行刑事拘留。”这有案可查，怎么可以坚持作伪、嫁祸于人并以此索赔呢？

七、概括我们对一审判词中错误的批驳，可以得出以下判断：一审没能全面审核证据，因而严重地歪曲了事实真相；一审没有全面、准确地使用法律、法规，因而搞错了问题的性质。二者结合起来，集中地表现为：滥用审判权，对诉讼作了极富随意性的自由裁量。一个众所周知、世人公认的法律原则：名誉权保护的首先是当事人人格方面的利益。涉案人格有了重大缺陷，还奢谈什么保护涉案的名誉权呢？一审对此未能明察深究，由此引发的司法不公，比之个别官员的贪污受贿影响更为深远。

本案，刘秋海事件，原本简单，只是不幸被人为地复杂化了。其特点则是，有人把好事居然演变成为坏事。在这个过程中，媒体只不过有限度地行使了舆论监督权，协助大众获得一点理应享有的知情权，借以分清是非善恶，净化风气，如此而已。可是我们享有与运用的权利在实实在在的治理权力面前真是太苍白了。我们眼看着一些官员凭借人民赋予的权力把一种虚拟的“坏事”推到了极致，他们之间又存有千丝万缕的联系，并且形成为强力。我们也深知这种“力”的对比，之所以还要认真地、不厌其详地作出申辩，主要是希望合议庭终能理解，我们，我们的报道，在坚持什么，提倡什么；在反对什么，否定什么。作为人民的喉舌，我们的报道大体上反映了社会公德和人民利益。我们会有缺点，或者失误，但瑕不掩瑜，在上述的根本点上，从原则立场到具体工作，都经得住人民的检验，也将经得住历史的检验。唯其如此，一旦遇到逆流冲击，也就一定能坚守原则，半步不退。我们恳请严予考察，并给我们一个公道。

律师　张思之
傅可心
二〇〇〇年三月二十一日

二审代理词（答辩刘小明）

高院合议庭：

一审判决书，在基本点上违背了“以事实为根据，以法律为准绳”的审判原则，对上诉方发表的几篇报道，运用极不公正的手法，加以曲解，作出了错误的判决，我们将依靠事实，就其主要观点，予以批驳，并请二审予以撤销。

一、本案的关键在于，对涉讼报道中所说“陈小俐的医疗费5500余元（是否）已由刘小明拿回单位报销”一语，应如何理解与评判。对此，应把握住以下几个环节——

1. 陈小俐住院治病十五天，病案与处方上都用刘小明之名。

2. 刘小明是陈的姐夫，自始便知陈的上述违规、违纪、违法做法，他经常去医院探视足以证明。

3. 陈小俐在医疗期间用刘的姓名贯彻始终，出院时不改，显然是为了达到由刘小明报销医疗费的目标。对此“路人皆知”，黄某某大夫的证言就有恰如其分的说明；刘小明作为税务干部，这点应属明知。

4. 写有刘小明姓名的医院报销凭证，一出院门，不论由谁持有，只能由刘小明使用、处分，刘对此当然清清楚楚。一审已经查明，该凭证不但早已“拿回”，到了意图报销或者可以报销的公民手中，而且一直保存到起诉。不为报销，何故保存？

5. 既为报销“拿回”之后，自然得寻找“单位”，报道依据新闻来源提供的情况，说的只是“拿回单位”，并没有断言会拿回本单位报销。刘是男性，本单位人所共知，而医院凭证上的刘小明分明是女性，这是当事者无能跨越的障碍，也是这笔5500余元医疗费无法拿到“本单位”或者一时未报的谜底。

由这五个环节，形成一个确凿无疑的证据链，从中可以看出，刘小明确有参与陈小俐意图骗取医疗公费的行为。那篇报道的新闻源没有可以指摘之处。至于刘小明本人当时的心态怎样，出于哪种考虑，那是另一回事，报道未作探究。

刘小明的观点是，反正我没拿回本单位报销，而且有证可据，报道的说法失真，就是侵权。

这种观点似是而实非。众所周知，新闻报道的内容不仅有时间性，而且有阶段性。比方说，有人把假发票弄到了手，目的当然是为了报销，此事如事关社会公益或有某种价值，记者报道了；但由于种种缘由，假发票在记者写文章的当时还没有报销，人们能说记者报道说某人弄到假发票报销违背了客观真实吗？显然不能！新闻媒体就某一事件之所以要作出后续或追踪，不正是由于新闻报道的“阶段性”可能发生的一时的不足或缺陷吗？

总而言之，没有报销，不能抹杀将标有假名的凭证“拿回”这个基本事实。没有报销，不能抹杀寻机或待机报销的动机目的。我们的报道，没有侵犯谁的名誉权！

二、一审判词超过了原告人诉求的主张，违反世所公认的民事诉讼“不告不理”原则，违反《民法通则》第12条的精神，公然代替当事人一方，指责本报编发的《刘秋海事件再追踪》（1998年3月13日）和《“刘秋海事件”最新报道》（1998年4月14日）的内容失真，构成侵权。作为中院，如此执法，令人震惊。应当指出，由于这都不是起诉状的内容，原告人无此主张，因而一审中也没有就相关的事实进行质证，我们当时作为被告方更不可能作出答辩，这无疑在实际上剥夺了我们一方一系列的诉讼权利。如此执法，哪有严肃、郑重可言，如此审案，谈得上什么公平与公正！

三、为了便于二审纠正一审的错误，再就一审判词指出的两篇报道的失实各点，予以申辩，请予明察。

1. 关于“刘小明何许人也？”报道的内容仅有一句作答，是：陈小俐姐夫，税务所干部。这既不失真，又无贬义，侵了谁的什么权呢？

2. 关于刘小明的起诉。报道几乎是全文引出起诉状，只是针对陈小俐对医疗费的处置，认为刘小明明知其目的，曾说：“相信刘小明心里比谁都清楚。”记者如是“相信”，难道不对吗？这与“名誉权”又有什么关系？

3. 比较容易令人受惑的，是一审判词引用的这段话，即刘小明“向本报索要23万元的官位损失费”，“指控本报报道使他丧失官位，则纯属讹诈”。

是的，报道中确有这些言辞。但那前半句来自原告人的起诉状，后半句有市税务局局长即刘小明的上级的证言在卷可供参照，又有哪一点出自记者的杜撰呢？

也许刘小明认为“纯属讹诈”太过刺激，不能接受。对于这种心态，可以体谅，但有必要说明：报道讲的那种行为“纯属讹诈”，不是刑法上的诈骗，不是民法中的欺诈，这里指的是行为方式表现的道德观念或思想品质的一种反映。具有权威性的辞典对于“讹诈”的释义是：“假借某种理由威胁别人索要财物。”这不恰好适用于本案吗？报道所说，语不中听，却不失实，绝无侵权的故意是明明白白的。倒是我们作为当事人的诉讼权利，在一些重要环节上被一审剥夺得一干二净，又是清清楚楚的。

四、刘小明的诉状并不涉及本报1995年10月27日刊发的《做好事招来横祸》那篇著名的报道，但一审判决在他“经审理查明”事项的开头就醒目地提出来了。问题在于，在这点上，一审的“判”法可又有别于代刘小明主张权利而提出的那两篇，取其所需，逐条引证，这里仅止于一笔带过，按下不表。这又是为什么呢？陈小俐假刘小明姓名拿到“医疗费凭证”不正是始于刘秋海的“做好事”吗？对此即或硬要否定，又为什么不像对待其他两文一样地条分缕析逐项批驳？袒护什么，否定什么，真可以说是昭然若揭了。

五、一审判决对于我们主张的证据，判词中只提了一项，即“报道来源于陈小俐之兄的前妻莫某某给刘秋海打电话的电话录音”。这种说法有违真实。我们报道的新闻源何止于三项五项，何止于莫家英的一次录音谈话！

至于莫的录音谈话，重复地说：即便一份录音谈话因不能满足法定的条件而不应作为“诉讼证据”，但这绝不等于说，录音谈话的内容就因此而不真实。这是一份涉及重要内容的谈话，作为一审合议庭，不是正应按照最高法院的相关要求进行调查核实吗？未经核实，断然否定，这不是郑重的态度，恳请二审补救。

六、本案案情极其简单，背景却又相当复杂，至盼二审能够严肃执法，使天平不致倾斜。

北京市吴栾赵阎律师事务所

张思之

二〇〇〇年三月二十一日于南宁

二审代理词（答辩交警支队）

合议庭：

我们作为《南方周末》的委托代理人，就中级法院一审判决认定《南方周末》发表的《做好事招来的横祸》《恶人先告状》《只手岂能遮天》《恶人又告状》《评“刘秋海事件”》《“刘秋海事件”最新报道》六篇文章侵犯交警支队“名誉权”判决《南方周末》刊登道歉声明并赔偿交警支队“名誉损失费”2 万元，发表以下意见，说明一审判决是完全错误的。

一、交警支队作为行使行政权力的行政机关，不享有民法规定的名誉权，它所提起的名誉权之诉既没有实体法上的依据，也不属于民事诉讼法所管辖的范围。对此，从以下四个方面具体说明：

1. 民法调整的是平等主体之间的财产关系和人身关系。这是民法的本质特征。

根据民法的这一本质，行政机关作为国家意志的执行机构，只有当它以自己所领得的一定经费，从事交易活动而形成的民事法律关系中，才具有民事主体的地位。行政机关以国家拨给的行政经费作为它行使行政职权的费用，而只有当它以此经费作为支付手段，从事与机关活动所必需的商品交换的时候，它才处在民事法律关系当中，享有民事权利，承担民事义务，与交易的对方处于平等地位。

这就是说，行政机关只可能在一定范围内与公民、法人和其他经济组织发生平等的财产关系,但它在任何情况下都不可能与上述社会生活参与者发生平等的人身关系。这是由行政机关的性质决定的。

脱离开平等的财产关系,行政机关就不是民法上的权利主体,它因为行使行政权力而与公民和其他法人、组织所发生的关系,不是民事法律关系,不是民法所调整的对象,因此,行政机关的民事权利能力是法定的,也是有限的,它不能从事法律规定之外的任何经营性活动,它也不享有专属于自然人和其他法人的民事权利能力。

行政机关在从事与它的行政职能相关的社会管理活动中,在行使行政权力时,与公民和其他法人、组织的地位是不平等的。一方面,他们之间是管理与被管理的关系,对于行政机关的行政行为,相关的公民、法人必须接受,没有选择的余地。因此,行政机关必须依法行政。另一方面,中华人民共和国行政机关的权力来自人民,它必须服务于人民并接受人民的监督;而人民批评、监督行政机关的权利受到基本法的保护。我国宪法明确规定:中华人民共和国的公民对于任何国家机关和国家工作人员,有提出批评和建议的权利。舆论监督就是行使这项宪法权利的重要方式。

因此,对国家行政机关的批评,不论批评的内容是否准确,即使过火甚至错误,行政机关都不能依民法提出名誉权诉讼。

2. 民事诉讼法的适用范围是:公民之间、法人之间、其他组织之间以及他们相互之间因财产关系和人身关系提起的民事诉讼,即必须是基于民事法律关系而发生的纠纷争议,当事人才能提起民事诉讼。

名誉权属于民法上的人身权范畴。如前所述,行政机关与公民、法人和其他经济组织之间,不存在平等的人身关系,因此,它也不享有民法所规定的人身权。它不仅不享有专属于公民的姓名权、肖像权、生命权、健康权等民事权利,也不享有法人享有的名称权、荣誉权和名誉权。

总之,行政机关提起的名誉侵权之诉,不能成立。

3. 行政机关没有要求名誉侵权赔偿的法律基础。民事权益的存在,是民法保护的前提。

公民的名誉包括公民品质、能力、信誉及社会地位等各方面的社会评价。对公民的名誉权的侵犯，可能导致公民的精神痛苦和财产损失，这正是民法保护公民名誉权的民法性质。

行政机关以国家政权为基础，以行使行政权力为目的，它既不能从事任何经营性活动，没有经济利益要实现。行政机关是国家政权的执行机构，在其行使行政权力的活动中，如前所说，它与社会其他成员的地位是不平等的。行政机关的行为、政策、措施、能力，不同社会层面有不同评价，甚至每一个人的评价都会不同。而社会对行政机关的任何形式的社会评价，既不会引起它的精神痛苦，也不可能够导致它有任何财产损失，更不会妨碍它继续行使权力，因此，政府行政机关对公民、法人和其他组织提起名誉权诉讼是没有法律依据的。

4. 对行政机关的批评，并不导致民事责任的发生。

侵权的民事责任的成立，需要同时具备四个条件，即侵权行为，主观过错，损害后果以及侵权行为与损害后果之间的因果关系。民事赔偿，必须以民事权益损害结果的存在为前提。对公民个人来说，名誉侵权应当有精神损害或财产损失的事实存在，对法人来说，应当是商业信誉的损害导致的财产损失的存在。没有民事权益的损害结果，就没有民事责任的承担。这是民事责任的基本原理。

任何一个行政机关，即使有假设的“好”名誉，也不可能获得一致“好”的社会评价。对任何行政机关的施政行为，其社会评价都会是毁誉不一的，这是客观规律也是社会现实；而不论这种评价是“毁”是“誉”，都不引起行政机关民事权益的增加或损失，因此，行政机关要求所谓名誉侵权的民事赔偿，根本不能成立。

行政机关提起名誉权侵权诉讼，只有一个目的和可能发生的后果，即借以限制或剥夺公民批评政府机关的政治权利。由此所导致的民事判决，则肯定是错误的。

根据民法的规定，侵权赔偿包括两个方面，一是对精神损失的赔偿，二是对经济损失的赔偿；而中级法院的一审判决中，对判令《南方周末》支付给交警支队的 2 万元，有两个说法，其一是“精神损失费”，其二是“名誉损失费”，一审法院想要用这两个不同的说法表明何种法律概念？众所周知，“精神损失”是对公民因侵权行为而导致的精神痛苦的民事赔偿制度，根据最高法院 1993 年《关于审理名誉权案件若干问题的解释》第 10 条规定，精神损失的赔偿显然仅限于公民。中级法院根据什么判定交警支队有价值 2 万元的精神痛苦？又为什么不依法判决而故意含糊其辞？

我们还要问：这 2 万元所谓的“名誉损失赔偿费”，交警队将如何处置？是作为国家的收入上缴国库呢，还是由交警队私分？

综上所述，由于中级法院对本案的受理及审理完全背离了民法和民事诉讼法的原则，其判决结果必定是荒谬的。

二、中级法院认定的所谓“侵权事实”也是不能成立的。

1. 一审判决认定侵权的《恶人先告状》一文中，涉及交警支队的文字只有一处，即“事实上，交警作出的责任认定书是非法的，一方面，因为其大大超越了法定的受理期限，另一方面，被告一方无一人在场，同时《车辆痕迹检验意见书》也是非法的，因为其同样超越了法定期限，而且是在被告一方不在场的情况下提取的”。这段文字，对交警队“违法”的理由表述得很清楚，而且全部都是事实，有这样的事实存在，说交警队“违法”有什么错？怎么会构成侵权呢？这是其一。其二，抛开交警队一系列的违法事实不论，任何公民指摘行政机关的具体行政行为“违法”，即使没有事实根据，也不可能对行政机关构成“侵权”，这是公民的基本政治权利。公民不仅可以认为行政机关的行为非法，而且有权以此为理由对行政机关提起行政诉讼，不论诉讼的结果如何，均不可能构成对行政机关的“侵权”。其三，因为行政机关是以纳税人的赋税为基础而存在，行使社会公权，因此，不仅行政行为的相对人有权主张行政行为非法，而且任何公民都有权就某一具体行政行为是否合法发表意见，不论该行为的相对人是否提起行政诉讼，也不论诉讼的结果如何，都有权坚持自己的意见。

行政机关以行政诉讼的判决为前提，提出所谓“名誉权”诉讼不仅没有民法上的依据，而且是公然企图以行政权力剥夺公民批评政府的基本权利的行为,违反宪法,侵犯基本人权,极其荒谬。

2. 一审判决认定《恶人先告状》侵权的另一处文字是:“……彭部长……透露,××公安,尤其是交警的确存在许多问题,市里正准备着手加以整顿。”

首先,我们必须指出,一审判决将此段文字概括成“原告内部有许多问题”,歪曲了原文的意思;其次,我们认为,不论彭某某是否承认说过此话,或者是别人甚至记者本人认为如此,都不构成对交警队的“侵权”。抛开报道本身揭露的交警在刘秋海事件中的一系列违法行为,说公安、交警存在不少问题,难道不是社会现实吗?难道在中央政府都将反腐败作为重要任务的今天,公安、交警一点问题都没有吗?谁能作这样的担保?被上诉方的代理人,在法庭上也不得不承认这段文字的内容,不构成侵权,而一审法院竟将这样的文字也判定为“侵权”,究竟想要达到什么目的呢?

3. 一审认定《只手岂能遮天》关于林国兴的上级领导对林的违法行为“无动于衷”,没有证据证实,构成侵权。我们认为,林国兴的一系列违法行为是客观事实,而交警队的领导对此不仅仅是“无动于衷”,而且是知错护错:明知林没有处理道路交通事故的资格,而纵容他接受私人邀请,处理“交通肇事逃逸”案件;而且交警队直接从事了一系列非法行为,包括接受陈兄假报案材料,超期扣押刘秋海车辆,不对事故现场进行勘验,不在法定时间内作出责任认定书,等等。一审法院认为“无动于衷”的批评没有证据证明,请问还要什么证据?

4. 一审判决认定《做好事招来的横祸》一文所说“交警我行我素,继续以刘秋海肇事逃逸为名将刘价值 16 万元的车辆扣留至今,且不断虚构情节以掩饰自己的错误”,没有证据证明,构成侵权。但是,交警以“交通肇事逃逸”为名,超期限扣押刘秋海的车辆是不争的事实;而交警队自称“3·12”事故已按交通肇事逃逸立案,但在明知肇事车辆所有人的情况下,在长达一个多月的时间里,不采取任何调查措施,所谓“交通肇事逃逸已经立案”,不是谎言是什么?

5. 被上诉方举证侵权的《刘秋海事件再追踪》、《法庭上喊打喊杀》两篇文章，没有任何内容涉及交警支队，因此，不可能对交警支队构成“侵权”。

6. 一审判决认定侵权的《刘秋海事件最新报道》一文，是对公开审理案件的纪实报道，如实引述诉讼参加人在法庭上的发言，依法不构成名誉侵权。

综上所述，一审判决《南方周末》报社侵犯交警支队的“名誉权”既没有法律依据，也没有事实根据，是错误的，应当予以彻底纠正。

《南方周末》报社委托代理人
北京吴栾赵阎律师事务所律师
张思之　傅可心
二〇〇〇年三月二十三日

二审代理词（答辩林国兴）

高院合议庭：

本案的关键在于：林国兴是否具有合法资格，按照法定程序，查处了“刘秋海肇事逃逸”后的“4・19 事件”中涉及的问题。一审判决歪曲事实真相，作出了错误的判决。先向法庭陈明以下事实：

一、据林国兴说，他在“4・19”执行公务之始，先给“事故科”打了电话，想请他们出面处理，偏偏因占线而未通，意在说明他的行为事出有因，合理有据。可是，第一，这恰恰说明，他明知处理“肇事逃逸”事故，只有事故科的有关人员才有资格，而他本人并不具备这种资格；第二，电话占线，说明那里有人值班，那又为什么不稍等片刻？我们将在下面说明情况又绝非十万火急，不容稍缓。

林国兴明知没有资格处理事故，越权处理了，违了法，从而迈出了错误的第一步。报道说明了实际情况，错在哪里了呢？

二、由于林国兴不具有处理案中事故的资格，当然也就不会有相应的法定资格证件出示。一审判词居然替林遮丑，向大众打了“马虎眼”,笼统地说什么林出示了“证件”。什么证件?没敢实指。此后有家报纸说,是“警官证”。可是,即使确实出示了“警官证”,依然属于违法行政。公安部1993年第三十号文件,要求处理这类事故必须持有“道路交通事故处理证”,而且必须公开出示,并且不得用工作证之类的身份证明替代。还应说明:取得这种“处理证”,必须具备法定的条件,而林国兴是并不具备的。一审判决为了袒护一方的目的,判定林的行为“经请示(并得到了)大队长的同意”。似乎有人“同意”便等同于履行了法定手续。这种说法当然错误。须知:谁同意,谁违法。因为他同意的是“违法行政”!直截了当地说,大队长的这种同意,根本没有法律上的效力;可是,由此开始,人们把林个人的违法行政变成了某一组织的违法行政从而使错误有了更为严重的性质。

三、我们的报道披露,林国兴是应友人私下邀请,身着便装,在业余时间,按友人的指引前去办事,这两种情形集中地表明:他利用警察身份把公务当作私事做了随意的处置。按照公安部《关于警风、警容的若干规定》,执行公务,就必须穿警服,不得着便装;着便装办事就不是执行公务。对此没有含糊的余地。一审判词肯定了林的辩解,认定:林接到报告,“去晚了恐该车离去,身着便装立即前往”。分明以“事急”为借口,歪曲真相。林的违法行政由此又得到了一审审判机关的认同,从而具有了更为严重的性质。可是,据知交警此前早已知道该车的归属,“3·12”或“3·19”或“3·21”报案至此或超或近一月,连发个“协查通报”请当地交警协查都没做,能说事急吗?肇事逃逸,不是一般事故,怎么可以“按兵不动”,经月不查不理?一旦有人自投,中了圈套,才“恐该车离去”,说得通吗?一审对此既不否认,那又为什么不判定违法行政?有人利用《警察法》第19条,说:“人民警察在非工作时间,遇有其职责范围内的紧急情况,应当履行职责。”可是,结合本案援引适用该第19条,必须注意两个前提:(一)事件早已立案,非紧急情况;(二)所谓“肇事者”早已逃逸,按“职责范围”,林无权处理。关于“职责”,又不能不适用该《警察法》第6条的规定,即警察履行职责“必须按照职责分工”实施。因此，如硬要套用《警察法》，恰恰证明林的前述行为违法。

四、关于对涉嫌车辆作“暂扣处理”，以及一审认定的在林的“监督下将车交由陈兄开至交警大队院内保管”等情况，不是掩盖真相，就是回避关键，因而有必要说明以下三点：

第一，对“肇事车”，一审认定林国兴做到了“现场查看”。可是，《道路交通事故处理办法》的要求明明是“勘察（非查看）现场，收集证据”（第8条），并及时“检验或者鉴定”（第11条）。不仅如此，公安部颁布实施的《道路交通事故处理程序规定》对勘查更有一系列的明确要求，其中包括应有在场的当事人在勘查材料上签字（该《规定》第17条）。而一审同意的林的“查看”却是主观随意性的，一审判决距法定要求不是太远了吗？

第二，让陈兄把车开到交警大队“保管”。这无疑是林国兴作决定，陈兄去执行。交警与当事者一方如此配合办案，能认为是合理、合法的吗？一审所说的“监督”，饰词而已，实际上绝无此事。林国兴说，当时只有陈一人有驾驶证，所以才如此处理。这显然不对。司机张志耀难道没有驾驶证？刘秋海的驾驶证难道不算数？特别重要的是：当时，车究竟开到何处去了？交给谁了？如此重要的证物为什么没有一点正式的书面交接手续？证据表明，林国兴对《人民日报》记者说，车已交大队的卓文同志封存，然而卓文同志断然否认此说，如此虚构实情，又是为了什么呢？

第三，既然是“现场查看”，而且扣车作为物证，以便日后处理，那又为什么不按《道路交通事故处理程序规定》第16条的精神，对陈小俐“3·12”翻车出事的那辆摩托车也作为证物采取保全措施，难道这是疏忽？一审对此又为何不按法定的要求也作出判断呢？

总之，林国兴当时的行为在一系列环节上几乎没有一处合法，如此严重的违法行政，记者怎能隐恶不报？报道涉及的这些内容切中了林的错误的要害，没有哪一点有违真实，不发生侵权问题，但却被一审所曲解，我们对一审判决断然否定，有法可依。

五、林国兴指责报道说的“陈兄伙同一股‘烂仔’将刘秋海及司机殴打致重伤”与实际不符。一审断言我们的报道“无证据证实”。这里应申明以下几点：

第一，刘秋海被打伤，有法医诊断为凭，足能证实。另有蒋大舜的证言可作旁证。

第二，尽管林国兴与其他当事者否认当场打人的事实，有一些单位的报纸也极力为之遮掩，他们说法之间的不够协调又恰能说明问题的所在。广西的一家报纸对现场情况写得很轻松，说林“见到几个人在吵吵嚷嚷，（他才）向刘秋海出示了警官证”。就算是“吵吵嚷嚷”，所为何事呢？作为处理事故的交警为什么不问清楚呢？北京一家权威性很高的报纸变了个说法，讲林见一些人在“互相吵打”。所谓互相，显然是说陈兄等人在吵中也挨了打。且不说现场的力量对比，陈等人如果真的被打，他们怎么连一份伤情诊断都做不出？遍查全案材料，陈等一直没有主张过他曾被刘打过的情况。据此，我们只能说，刘秋海被打属实。当时林正在现场，却对被打者未实施任何救助，对打人者未采取任何限制措施，这难道是人民警察应持的态度？对于这样不正常的情况，记者报道，媒体披露，无非是利于改正，以儆效尤，怎能说是侵权？

林国兴奢谈报道侵权给他带来了什么“损害后果”。侵权不存，“后果”自属虚构。退一步说，即使报道存有缺陷，这与他讲的“后果”诸如家庭和美或者不和，有什么因果关系？说“交警形象”因此受损，我们以为关键在于交警是否违法行政，被批评之后又持什么态度，而绝不在批评本身，此理甚明。至于对方律师举庞强、陈荣宽的证言，企图说明林在报道发表之后，确实受到了损害，已是判若两人。可是，这两份证言因其内容虚假而与林 1996 年之初填写的 1995 年度考核登记表中的自述恰成鲜明对照，林说：“9 月下旬，领导安排我到刚组建的福成中队工作，对福成这个边远、人们交通意识较淡漠的地方进行了声势浩大的交通法规宣传，对福成辖区的交通进行了大力整顿，取得了明显效果。总之，不管自己在哪一组，做什么，我与其他干警都相互尊重，团结协作，出色完成领导交给的各项任务。”这段自述，反映出与当地群众的融洽关系，说明与同志之同的团结、协作与互相尊重，因而出色地完成了任务。报道给他带来的极大损害请问表现在哪里呢？所举的庞、陈两证都假，绝无可疑。

诚然，报道中或有过激言辞；但是，媒体要求公务员与对待公民不能相同，应有更高标准。公务员手握纳税人赋予的权力，应当提高操守，严肃执法。关于这一层，林国兴在他的年度考核登记表中明确写道：“交通管理工作是项法规性、政策性很强的工作。”证明他很清楚，可为什么在行动中不照此办理呢？公务员在执法上可以“随心所欲”，能行吗？一旦因执行不力或出现问题而受到批评，无疑应实行“有则改之，无则加勉”的原则，这是我们的常规常理，难道还有疑义？

我们的报道和媒体会有缺点，会有失误。对此谨诚挚地接受各方面的监督、批评，我们将力争做得更好，不辜负全国读者、人民大众的厚望。

请合议庭严格审查我们的观点，相信法官们终能做出正确的裁决。

律师　张思之

傅可心

二〇〇〇年三月二十二日

诉讼文书

刘秋海诉交警大队违法行政案终审判决书（摘要）

上诉人（原审原告）广东省雷州市外经公司凯华食品厂（以下简称凯华食品厂）。

法定代表人刘秋海，厂长。

上诉人（原审原告）刘秋海。

上诉人(原审原告)冯昌炳,司机。

被上诉人(原审被告)广西壮族自治区北海交警大队(以下简称交警大队)。

上诉人因道路交通管理行政强制纠纷一案,不服市法院行政判决,提起上诉。现已审理终结。

经审理查明,1995年3月19日,被上诉人区交警大队接到陈兄的口头报案,陈述其妹陈小俐于同年3月12日晚驾驶摩托车被从背后驶来的汽车撞翻,车损人伤。肇事者将其妹送到市人民医院抢救,在交纳了600元押金后驾车逃离,请求追查肇事者。3月21日,陈兄按照被上诉人的要求,送交了一份书面报案材料,立案在卷。同年4月19日下午6时许,正在家中吃饭的交警大队民警林国兴接到陈小俐亲戚廖某某的报告,说撞伤陈的汽车停放在森美大院内,请求马上处理,去晚了恐该车又会离去。林国兴身着便装立即前往。见到了肇事车辆及肇事者刘秋海。林向刘秋海出示了证件,说明来意,并现场查看被指认的车辆,发现该车前部有被碰撞的痕迹。经电话请示当时的交警大队领导莫同意,林当场开具暂扣凭证给刘秋海,以肇事逃逸待查为由,将广东农夫车及行驶证作暂扣处理,然后将暂扣车辆存放于被上诉人院内保管。5月23日,被上诉人委托市公安局对被扣车辆及陈小俐驾驶的摩托车的碰撞痕迹进行检验。次日又提取两车碰撞痕迹处的遗留物进行鉴定。5月29日被上诉人根据检验结论和鉴定结论作出事故责任认定书,认定农夫车为肇事车辆,司机冯昌炳负事故的全部责任。冯昌炳申请重新认定。8月6日,市公安局交通警察支队维持了被上诉人作出的事故责任认定。9月26日,陈小俐向市人民法院提起民事诉讼后即申请诉讼保全。1996年1月15日,刘秋海、冯昌炳向法院提起行政诉讼并同时请求赔偿扣车造成的损失13万元,但未能举出具体证据。二审期间,刘秋海列举其本人因此案所受的经济损失总数为95万余元,亦未提供具体证据。

本院认为,本案属行政诉讼,仅就被上诉人暂扣上诉人车辆及其行驶证的具体行政行为的合法性进行审查。被上诉人作出的道路交通事故责任认定正确与否不在本案审查范围之内,本院不予审查。根据国务院《道路交通事故处理办法》第十二条第一款的规定,被上诉人根据交通事故受害人及其亲属的报案和指证,以及经查看发现农夫车确有碰撞痕迹和上诉人亦承认曾驾驶该车到过事故发生地的事实,将该车认定为肇事嫌疑车,采取暂扣措施,以待调查处理,这一具体行政行为符合法律规定。被上诉人的工作人员扣押车辆及其行驶证前经领导批准同意,扣车时出示了执行公务证及当场开具暂扣凭证均有证据证实,其扣车、扣证属执行公务的合法行为。被上诉人所使用的暂扣凭证亦合法有效,扣车后将车辆存放于本单位院内保管,根据检验、鉴定的需要,依法办理了延期扣车审批手续,并作出事故责任认定,符合公安部的规定,上诉人关于审查交通事故受害人陈小俐的道德品质以作为分析本案部分依据的请求于法无据,显属无理。本院对此予以驳回。一审法院在审理中涉及了交通事故责任认定是否正确的问题超出了本案的审查范围实属不妥,判决主文未能认定被上诉人有超期扣车的违法行为,而对被上诉人暂扣车辆及其行驶证的整个行为都予维持则属认定事实有误,本院依法予以改判,如下:

一、撤销市中级人民法院(1996)行初字第二号行政判决第一项;

二、确认被上诉人区交警大队从1995年4月19日至9月13日暂扣上诉人的车辆及其行驶证的具体行政行为合法;确认被上诉人区交警大队从1995年9月14日至9月29日暂扣上诉人的车辆及其行驶证的具体行政行为违法;

三、维持市中级人民法院行政判决第二项,即驳回上诉人要求被上诉人赔偿损失的诉讼请求。

一、二审案件受理费各4010元,合计8020元,由上诉人共同承担7218元,被上诉人区交警人队承担802元。

本判决为终审判决。

一九九九年一月十八日

中级法院民事判决书(摘要)

原告陈小俐,女。

原告陈某某,男。

被告《南方周末》报社。

被告朱德付,《南方周末》报社记者。

原告陈小俐、陈兄与被告侵害名誉权纠纷一案,现已审理终结。

原告诉称,1995年10月27日被告朱德付以《南方周末》报记者身份,对刘秋海交通肇事损害赔偿一案进行报道,撰文《做好事招来的横祸》。同年12月8日对该案进行跟踪报道,撰写《恶人先告状——〈做好事招来的横祸〉续篇》。其中在《恶人先告状》中,把原告陈兄描写成"一直从事敲诈勒索的勾当"、曾受到过公安机关收容审查的"当地臭名昭著的恶势力分子"。而陈小俐则被描写成一位以卖淫为业,与黑社会分子狼狈为奸从事敲诈勒索勾当,并曾携带手枪与香港黑社会分子从事绑架勒索活动后畏罪潜逃的有吸毒行为的罪大恶极的犯罪分子等。被告故意捏造虚假事实,对原告进行侮辱、诽谤,致使原告失去了做人的尊严,不能正常工作、生活,造成原告陈兄失去了晋升为公司副总经理职务的机会和考取了县人事局招聘干部而考核落选的事实;原告陈小俐亦因此失去每月工资5000元的工作并被深圳公安机关收容审查十天之久。请求判令被告立即停止对原告所实施的名誉侵权行为,为原告恢复名誉、消除影响和公开登报赔礼道歉,并赔偿精神损失费20万元和实际损失费10万元。

被告辩称:(略)。

经审理查明,(下略)

在本案审理期间,《南方周末》报还三次刊登涉及原告名誉权文章。重复刊登了本案讼争的上述关于陈兄敲诈勒索,陈小俐卖淫吸毒、绑架勒索的报道内容,并把原告的起诉写成是"一次有计划有预谋的反扑行动,目的在于釜底抽薪,推翻整个'刘秋海事件'"。

诉讼中,被告主张上述有关原告陈兄敲诈勒索,陈小俐卖淫、吸毒、绑架勒索等内容的报道来源于陈兄的前妻莫家英给刘秋海打电话的电话录音。经当庭质证,查明该电话录音未征得莫家英的同意。

本院认为,公民的人格尊严受法律保护,禁止用侮辱、诽谤等方式损害公民的名誉。被告《南方周末》报刊登的《做好事招来的横祸》、《恶人先告状——〈做好事招来的横祸〉续篇》二文的基本内容,以及文中出现的陈兄“一直从事敲诈勒索的勾当”、“被当地公安机关收审”、“多次敲诈本地一间夜总会”、“是当地臭名昭著的恶势力分子”,陈小俐“以卖淫为业”、“狼狈为奸从事敲诈勒索的勾当”、“绑架一北方女子”、“绑架一富婆,欲勒索300万”、“有吸毒行为”等描述,均没有经过调查核实,即擅自公开刊登内容严重失实且有侮辱、诽谤原告内容的文章,致使原告的名誉受到严重损害,已构成对原告名誉权的侵害。被告主张上述有关报道来源于原告陈兄前妻莫家英的电话录音,但该电话录音未征得莫的同意,系不合法行为,不能作为证据使用。况且绑架、勒索、卖淫均系触犯法律的违法犯罪行为,公民是否触犯法律,应由司法机关裁决。被告所提供的证人证言,均不能证实其报道内容属实。判决如下:

一、被告《南方周末》报社立即停止对原告名誉权的侵害,并在该报上连续两期刊登道歉声明,为原告恢复名誉、消除影响。如拒不执行,本院将采取公告、登报等方式,将判决的主要内容及有关情况予以公布,所付费用由被告《南方周末》报社负担;

二、被告《南方周末》报社赔偿原告陈小俐精神损失费65000元,赔偿原告陈兄精神损失费45000元。

三、驳回原告要求被告赔偿经济损失10万元的诉讼请求。

一九九九年十月十八日

中级法院民事判决书(摘要)

原告刘小明,男,广西某市国家税务局干部。

被告《南方周末》报社。

被告朱德付,《南方周末》报社记者。

原告刘小明诉称,1995 年 12 月 8 日被告在《南方周末》报刊登了被告朱德付题为《恶人先告状——〈做好事招来的横祸〉续编》的文章。写道:“……据查,刘小明实为陈小俐的姐夫,其工作单位是市国税局咸田税务所。陈的医药费 5500 余元已由刘小明拿回单位报销。”该文发表后,在社会上引起了强烈的反响,市有关领导也指示市国税局对此事进行查处。被告捏造事实,损害原告的人格和名誉,使原告在精神上受到很大打击,严重干扰了正常的工作和生活,以致原告参加本税务系统的中层干部竞选失败。被告已构成侵害原告名誉权的行为,并造成了严重后果,故请求判令被告立即停止侵害,赔礼道歉,恢复名誉、消除影响,并判令被告支付因侵权给原告造成的经济损失和精神损害 23 万元。

被告辩称,(下略)

经审理查明,(下略)

另查明,陈小俐治伤的 5500 余元医疗费凭证原件现存在法院诉刘秋海、冯昌炳损害赔偿纠纷一案的案卷中。上述朱德付所写文章见报后,原告所在单位调查,“调查结果是刘小明没有在咸田税务所及分局报销过任何医疗费用”。

本院认为,新闻出版单位依法享有舆论监督权。法律保护正当的舆论监督。但必须客观、真实,不得侵害公民的合法权益。《中华人民共和国民法通则》明确规定,公民享有名誉权,公民的人格尊严受法律保护,禁止用侮辱、诽谤等方式损害公民的名誉。被告《南方周末》报社未经调查核实,该报道失实,已构成对原告名誉权的侵害。判决如下:

一、被告《南方周末》报社立即停止对原告刘小明名誉权的侵害,刊登道歉声明,恢复名誉、消除影响。

二、被告《南方周末》报社赔偿原告精神损失费 10000 元。

三、驳回原告要求被告《南方周末》报社赔偿经济损失的诉讼请求。

一九九九年十月十八日

中级法院民事判决书(摘要)

原告:市公安局交通警察支队。

被告:《南方周末》报社。

被告:朱德付,《南方周末》报社记者。

原告诉称,1995 年 3 月 12 日发生刘秋海、冯昌炳交通事故后,被告偏听刘秋海一面之词,不依据事实,利用《南方周末》报肆意歪曲事实真相,对原告进行诬蔑,诽谤和恶毒攻击,侵害了原告的名誉权。请求判令被告为原告恢复名誉、消除影响,登报赔礼道歉,赔偿经济损失 18 万元。

被告未作答辩。

经审理查明,(下略)

另查明,1999 年 3 月 18 日市委常委、宣传部长彭某某证实,被告朱德付发表有关他的谈话,纯属不实之词,是朱德付事后杜撰出来的。

诉讼期间,《南方周末》报又分别在该报刊载文章《评"刘秋海事件"》及《"刘秋海事件"最新报道》,称"本案的复杂之处在于交警方面的介入以及由此引发的诸多复杂关系",区交警大队追认并袒护林国兴的违法行为,属区交警大队行政违法,"随意使用自行印制的车辆暂扣凭证,不仅是行政违法的问题,而且是性质更为恶劣的抢掠行为"。

本院认为,新闻舆论批评监督必须内容客观真实,不得违反宪法和法律。公民和法人的人格尊严受法律保护。禁止用侮辱、诽谤等方式损害公民法人的名誉。被告在报道"刘秋海事件"引发的一系列民事行政案件过程中,对事实未经核对查实便断下结论。基本内容与事实不符。该报道损害了原告的形象,构成对原告名誉的侵害。原告请求被告停止侵害、恢复名誉、消除影响、赔礼道歉,并赔偿损失有理,本院予以支持。但原告请求赔偿经济损失 18 万元过高,本院不予支持。据此,判决如下:

一、被告《南方周末》报社连续两期刊登道歉声明,为原告恢复名誉、消除影响。

二、被告《南方周末》报社赔偿原告名誉损失费人民币20000元。

三、驳回原告市公安局交通警察支队对被告朱德付的诉讼请求。

一九九九年七月十六日

中级法院民事判决书

原告林国兴，男，市公安局交警支队区大队干警。

被告《南方周末》报社（住所略）。

被告朱德付，《南方周末》报社记者。

被告谭庭浩，男，《南方周末》报社编辑。

原告诉称，被告朱德付以《南方周末》报记者身份对刘秋海、冯昌炳交通肇事损害赔偿一案进行追踪报道，在《南方周末》报刊登《做好事招来的横祸》、《恶人先告状》及《恶人又告状》三篇报道文章，称原告在处理所谓刘秋海肇事逃逸时，未向刘秋海主动出示证件，并与伤者之兄伙同一班“烂仔”将刘秋海及司机殴打致重伤，在勒索5000元未遂后，非法扣留了刘秋海的汽车，任由伤者家人开回家的惊人事实；林是见利忘义执法犯法的公安败类等，内容严重违背客观事实，使原告的人格尊严受到严重损害，精神上无比痛苦，心理上增加了沉重的压力，在人格上、精神上、名誉上都受到了严重损害，已构成侵害原告名誉权的行为。请求判令被告立即停止名誉侵权行为，并登报为原告恢复名誉、消除影响、赔礼道歉，赔偿原告名誉、精神及实际损失费15万元，依法追究被告朱德付的民事责任等。

被告均不作答辩。

经审理查明，（下略）

被告《南方周末》报社侵权行为主观故意明显，在本案诉讼期间，仍继续刊载有关不真实的报道，扩大影响，侵权行为情节严重。故原告请求被告停止侵害，恢复名誉，消除影响，赔礼道歉及赔偿精神损失费有理，本院应予支持。原告请求赔偿数额过高部分不予支持。至于原告请求赔偿实际经济损失，证据不足，本院不予采纳。判决如下：

一、被告《南方周末》报社立即停止对原告名誉权的侵害，并在《南方周末》报原刊登侵权文章的同一版面刊登道歉声明，为原告恢复名誉、消除影响。

二、《南方周末》报社赔偿原告精神损失费45000元。

一九九九年七月十六日

35. 李淑琴、齐齐哈尔市二轻局诉戴煌、《南方周末》等“名誉侵权案”

案情简介

1997 年初冬，齐齐哈尔市帐篷厂民选厂长刘敏霞任职的第十天，家被砸；不久，复遭暴徒五人夜袭，“血溅白墙”，因伤住院。1998 年 1 月 4 日，该厂老工人郭荫范老伴被杀家中，未劫财物。2 月 26 日，该厂职工李中欣被五名暴徒路砍十刀，未劫财物，幸免于死。三案连发，三十个月未破。该厂法律顾问连续发出六次呼吁，要求彻查，恳请媒体关注。新华社记者戴煌采访经月，写出《工人投票罢免渎职厂长，齐市连发三起血案》，《南方周末》1998 年 3 月 27 日全文刊发，全国多家报刊转载。文章内容请参阅《媒界在审判席前的抗辩》一文。

当年 5 月和 7 月，帐篷厂原厂长李淑琴母子和该厂上级主管二轻局，在市领导的授意下，分别以戴文“名誉侵权”提起诉讼。延至 2000 年 1 月开庭审理。3 月，第二次重复审理，全部诉讼程序运行完毕，审判长宣告“定期宣判”。不料等了三个月之后，复于 6 月 20 日、21 日进行了一场“第三次开庭”。被告方认为此庭目的只是要证实原告方前此提出的一份公文性书证“合法有效”，法庭帮原告方杀了个“回马枪”。

前两次开庭，双方争辩激烈。第三场开庭，戴煌及其代理人均不出席；《南方周末》的代理人则当庭郑重宣告：程序违法，诉讼活动应归无效。

代 理 词

一审代理词(李淑琴诉《南方周末》名誉侵权案)

合议庭:

受《南方周末》报社和北京市吴栾赵阎律师事务所的委派,我们作为本案第二被告《南方周末》的诉讼代理人,参加本案诉讼活动,根据本案事实和有关法律、司法解释,结合今天法庭调查,发表以下代理意见:

方才第一被告戴煌的代理律师对原告起诉状中涉及的问题所作的批驳与论证,我们完全同意。相关的完全一致的见解,我们支持,尽量不作重复。

我们主要陈明以下几点:

第一,应当弄清名誉侵权与舆论监督的关系,并确定二者的内涵。法律保护公民的名誉权,同时,法律也保护正当的舆论监督权。舆论监督是指新闻媒介对社会问题和现象所作的报道或者评论,是公民和法人行使宪法赋予的批评权利的主要手段和重要方式,客观真实的舆论监督不发生名誉侵权问题。

诚然,由于新闻机构受各方面的限制和制约,新闻工作者无法做到新闻报道毫厘不差地与事实绝对相符,个别枝节问题的失实有时难免,要求报道的每一个细节都符合事实也是不切合实际的。这里应当明确,只要不是故意地采取侮辱或者诽谤或者披露他人的隐私这些行为,就不可以因枝节的失实而断为侵犯名誉权。也就是说,只要基本事实客观真实,即使细节有出入,也不影响整个报道的真实性,不能借此苛责新闻报道侵权。我国相应的司法解释和司法实践,将新闻报道尤其是新闻批评报道细枝末节的非原则失实界定为不构成侵权,绝非偶然,是正确的。

最高人民法院《关于审理名誉权案件若干问题的解答》第 7 条特

别强调“严重失实”,其第8条规定:“文章反映的问题基本真实,没有侮辱他人人格内容的,不应认定为侵害他人名誉权。”由此可见,新闻报道和撰写、发表批评文章引起的名誉权纠纷,“严重失实”“基本真实”是鉴别侵权与否的重要标尺,是考察与处理名誉权诉讼时所必须明辨的关键。贯彻最高人民法院的这两条规定,有助于加强舆论对于腐败现象的监督,本届全国人大把这个问题再次作为一项重要内容着重提出,反映了客观上的需求,也不是偶然的。

本案争议的焦点在于:《南方周末》刊载的批评李淑琴的戴文内容有无严重失实的情节。

原告在诉状中坚持认为:由于《南方周末》刊登的《工人投票罢免渎职厂长,齐市连发三起血案》(以下简称戴文)“报道严重失实,给原告在社会上造成了很坏的影响,严重地侵害了原告的名誉权”。可是,该厂职工提供的情况,我们通过调查取得的第一手资料,包括经法庭质证的书面证据,无不证明原告人起诉状中提出的主要问题严重失实,她的侵权之诉缺乏根据。

第二,戴文反映的基本事实是客观的、真实的,是有据可查的。

一、原告李淑琴在起诉书中竭力表白她是好干部,无私为公,受到上级的好评,并试图以此论证戴文诸多方面的“严重失实”。对此,本案第一被告的代理人已详予辩驳,论证了人们对李淑琴的社会评价,我们同意。李的个人品行如何?在职工中口碑如何?是不是一位称职干部?在帐篷厂广大职工心目中,是与非一清二楚。戴文的目的在于舆论监督,不是评功摆好,也不是替人做工作总结。尽管如此,我们仍有必要依据大量证据所反映的客观事实,补充说明李淑琴在帐篷厂究竟是她自称的无私为公、严守财务制度的称职干部,还是“以权谋私,大肆挥霍企业财产”,因损害职工利益而被职工大会罢免的渎职厂长,进而说明李如何以不实的诉状指责反映客观事实的批评报道侵犯了她的名誉权。

1. 关于报销医药费。原告辩解说“并不是她在任时报销的”,可见她对“报销”并不否认;然而,问题是:1993年2月帐篷厂第七届职工代表大会通过的《职工医疗费用改革的方案》第2条1款规定:"职工每人每月医疗费标准为4.50元,退休职工为3.50元,在工资中支付,实行医疗费包干,超支不补,节约归己,平时不再报销其他任何医疗费用。"在全厂职工按照规定不能报销医药费的情况下,李淑琴是如何执行规定的呢?证据证明:她自1995年至1997年以报销医药费为名领取了2660多元。戴文针对这种特殊现象揭示的问题又有哪一点失实?

证据还证实:李报销的医药费单据,大部分出自药店,有的还是同一药店的连号单据,而开票日期却相差二十天,且前后颠倒,可是却能照报不误。更有甚者,单据中居然包括百货公司的"洗发水"!难道这仅只是一个"报销"问题?有人对这些单据取不屑一顾的态度,是令人费解的。

至于是否美容眼睛或者什么部位,都不影响美容手术费用作为医药费报销这一反常情况的事实。戴文讲她"老来俏"并非贬义,《辞海》释"俏"义为:容态轻盈美好,与《新华字典》释义为"样子好看"相互一致,这怎么能涉及人的"名誉"呢?

2. 关于招待费问题。戴文说原告在厂内滥支招待费并用"白条"报销。李在诉状中辩解说"有关部门已经多次审查没有问题,其中,报销的票据中没有一张是白条,没有违反财经制度",意图说明戴文失实;但客观事实是,她签字报销的票据中不仅有大量"白条",而且有三十多张发票没有经办人,没有说明用途,根本违反企业财务制度。

更为严重的是,李担任厂长期间,全厂下岗职工已增至二百余人,分文不发,真正在岗的不过四十人,生产状况相当艰难,可就在她在任的这四个多月中,报销的招待费用却扶摇直上。1997年6月527元,7月1699元,8月5772元,9月和10月,也就是因"动迁"争议、厂房被扒,全厂职工四处上访,企业处于瘫痪状态的时期,招待费竟然分别高达13030元、13078.60元。戴文仅仅写了一句"厂里近期没接待过任何客人",却报了这么多的招待费,这有哪一点失实?怎么就构成了侵犯名誉权呢?

至于原告人报销儿子入厂前的“培训费”以及代前任厂长交付2万元的保释金至今不予偿还等问题，建议法庭向有关方面提出司法建议，予以纠正。

3. 所谓动迁涉及的问题。案卷材料证明：李淑琴宣布的将厂地卖给兵工开发公司进行房地产开发的“动迁方案”，严重损害职工利益，遭到强烈反对，职工大会按合法程序罢免了她的厂长职务；又由于她不顾职工的合理意见，在双方未达成协议的情况下，擅自口头专断地同意兵工开发公司拆扒厂房，职工为此集体上访，不久又诉诸法律，终经省高级法院认定：1997年9月末，兵工房地产开发公司在没有取得合法手续、房屋拆迁许可证及未与帐篷厂达成动迁安置协议的情况下，对帐篷厂1189.93平方米房屋拆扒，帐篷厂职工维权正确，依法获得经济补偿。该案已于1999年6月14日结案，从而证明戴文的报道客观真实。原告辩称“不是她的个人行为”，她“尊重职工的权利”以及“工作责任心强”，等等，她自己提供的那份所谓《调查报告》及其附件，充分翔实地反映出这些都是谎言，毫无价值。

4. 关于李静涛进入帐篷厂工作问题。百余职工纷纷下岗，几辆汽车被一辆辆地卖掉，李淑琴的儿子李静涛却能入厂上岗，拿着帐篷厂的工资到上级机关开车，为上司服务。戴文予以披露，发扬正气，有什么不对？原告狡辩说，让李静涛在二轻局开车是“避嫌”。这可就怪。当初，李静涛进厂，李淑琴身为主管劳资的副厂长一手操办，甚至还代李静涛在《招（聘）用职工登记表》上签署意见，签名画押，那时为什么不“避嫌”？这里暂且不论她们母子在履历表上的作伪问题！

5. 李淑琴以李静涛的名义从工厂支取18万元问题。首先要说明的是，戴文反映的事实有票据为证，无法否认。问题在于：身为厂长，以工厂的名义向自己身为本厂职工的儿子借款，不与其他厂领导商量，没有合同，而且竟超出三分的高利贷利息，难道这中间没有问题？至于后来又向兵工公司借款18万元，照付高息，并无任何书面协议，为什么？难道不应审查？说是“个人从中捞一把”，难道就侵犯了谋私者的“名誉”？

总括以上五点,戴文指出:帐篷厂作为一家连续四年利润超过百万元的集体企业,“从1988年开始像走马灯似的换了六任厂长,企业一蹶不振”,李是最后一位,职工纷纷指责她“以权谋私,大肆挥霍企业财产”,终因擅自同意出卖工厂利益而被厂职工大会罢免,这些基本事实难道还有争议?这样的厂长,受到舆论批评,就硬说是名誉受损,这是哪家的道理?是什么逻辑?

二、帐篷厂作为一家自1988年以来连年亏损的集体企业,还要向二轻局缴纳管理费,戴文涉及两笔,即1997年5月上交的90000元,1997年10月又上交的35000元,原告李说这是返还联社的欠款,通过法庭调查,我们清楚地看到以下事实:

1.不论帐篷厂如何亏损,有多少职工下岗,只要有经营,二轻局就要收管理费。

2.为了收到管理费,二轻局不惜采用高额奖金奖励有关领导和财会人员的办法。

3.联社没有给帐篷厂投资,帐篷厂也从不欠联社资金。

李淑琴说“35000元不是向局里上交的管理费,而是偿还对联社的欠款。即使向局里上交了管理费,也是合理合法的”。对此我们不禁要问:帐篷厂不欠联社的款,作为厂长,还的是什么钱?企业连年亏损、上百职工下岗分文没有,却还要向行政机关上交管理费,这合的是什么理、什么法?既然合理合法,为什么后来又把收取管理费的票据改换为偿还借款的单据?戴文通过媒体予以披露,反映职工的强烈不满,希望引起重视,能够纠正,这侵了谁的权?

三、总之,戴文涉及的内容无一处出于编造和杜撰,从根本上说,不发生侵权问题。戴文发表后,我们又通过调查,获知更多的情况,当时寄希望于当事者能够有所觉悟,纠正错误,所以没有做连续的追踪报道,这证明我们的善意,表明我们作为一家有责任感的媒体绝无意侵犯任何公民的名誉权。此情请法庭明鉴。

四、关于三起血案问题。

职工大会依法罢免李的厂长职务、改选新厂长之后的两个多月内，齐市连续发生三起血案，三起血案都与该厂厂长候选人或者职工代表有关，这是铁的事实。当时，这三起血案迟迟未破，职工人心惶惶，该厂的法律顾问向社会发出紧急呼吁，这也是不容抹杀的事实。戴文客观地报道这三起血案和该厂法律顾问的呼吁，何处“严重失实”？又侵犯了哪家、何人的“名誉权”？现在居然有人、有的单位作出伪证，对三起血案作出与实际不符的所谓“证明”，妨碍司法，恳请严肃对待，予以纠正。

在就事实问题向法庭陈明真相的最后，我们代表《南方周末》坦诚承认，报社发表的戴文中有一处明显的技术性的文字失误，即将“李静波”误为“李静涛”，报社已在今年1月28日《人与法》专栏的报道中说明“原报道（将李静波）误为李静涛，查系笔误，表示歉意”。该市二轻局1998年3月31日就本案涉及问题形成的正式文件中，把李静涛之“静”误写为同音字，也属于这一类。尽管如此，考虑到技术性失误也是一种“误”，我们愿当庭再次表示歉意。

综上所述，我们对本案的判断是：戴文围绕帐篷厂罢免并改选厂长前前后后所发生的一系列事件和职工群众的强烈反应所做的报道，真实、客观；文章呼吁维护社会正义、维护广大职工合法利益，抨击社会不良现象，主导思想正确。其中个别措辞有欠斟酌或有技术性的失误，都属细节，因而根本不构成对原告名誉的侵害。原告提出的侵权之诉不能成立。至于在法庭上提出，她是党员，故会如何行事，企图以此说明戴文的不实；但是，一条公认的行为准则是：作为一名共产党员，不论职务高低，其活动宗旨应当是全心全意为人民服务，廉洁守法，大公无私，自觉接受职工、人民群众的监督，接受舆论的监督。对待来自各方面的批评，即使是过分、过激的批评，也应当遵循党所历来提倡的原则，“有则改之，无则加勉”。对于来自人民的批评和社会舆论的监督，动辄以侵犯个人名誉权为借口，用不实的诉状指责反映客观事实的批评报道侵权，试图以此改变个人本不太好的名声，这种做法，背离了共产党员的行为准则，在法律上也站不住脚。原告李淑琴不应轻信代理人为她作出的“三七开”的荒谬说词，我们愿意看到原告人纠正自己的错误。《南方周末》也一定会改正工作中的一切失误和缺点。对本案来说，我们相信，合议庭对于错误的诉讼请求不会支持，从而作出公正的裁决。

《南方周末》报社诉讼代理人：
张思之　郭国松
二〇〇〇年三月九日

附录：市二轻局诉《南方周末》名誉侵权案代理词

合议庭：

受北京市吴栾赵阎律师事务所的指派，我们受托作为本案第二被告《南方周末》的诉讼代理人，参加本案诉讼活动，现就本案涉及的问题发表以下意见：

刚才第一被告的代理律师就本案原告作为国家行政机关，是否有权主张所谓“名誉侵权”问题提出的见解，因其不仅合于法理，而且完全符合我国宪法和民事法律的相关规定，我们完全赞同。谨郑重声明：她们的那些观点，代表了、传达了我们的意见。恳请记录在案，以备查考。

为了更加充分地反映我们的观点，略作两点补充：

第一，我国民法对于应否承担民事责任，主要实行“过错原则”；而人民政府对于来自社会各方面的批评、建议，包括舆论监督，即使不尽客观、或有过分，历来遵循“有则改之，无则加勉”的方针，而不允许以侵犯名誉权为由，将批评者和新闻媒介诉诸法庭，因为，这种观点与做法会堵塞言路，导致政府脱离人民，其后果不堪设想。

第二，我们注意到起诉状的一个重要提法，即戴文发表后，给二轻局的五位领导增加了不少精神压力，损害了他们的名誉。这无疑说明：无论戴文是否或有多少失实，都不发生侵犯二轻局这个行政机关的名誉权问题。至于五位领导认为损害他们的名誉，依照民法通则的规定，他们理所当然地有权另行起诉，请求裁决。而本案诉求的无法无理，应予驳回，也就不必多论了。

下面，我们就《南方周末》刊载的戴煌文章的内容是否严重失实，从而构成侵权，说明情况，提出见解。这是本案的另一个关键问题，或者说，事实真相问题，故不得不逐一陈明。

戴文作为报道，所反映的问题是客观的，主要内容是如实的，在法庭调查中，被告方提供的证据足以证实这一点。

起诉书列举戴文有八点“失实”。我们按照原告的行文略作归纳，依据法庭调查中核实的证据，分别予以剖析或批驳，以明真相。

1. 当帐篷厂已有大批职工下岗，工厂生产、职工生活十分艰难之时，该厂厂领导之子却能进厂上岗，拿着帐篷厂的工资，到原告处上班开车，为原告服务，已是不争的事实，但这样做正常吗？对帐篷厂下岗职工公平吗？原告说，“李静涛在外厂工资较高，并不是一分工资开不出”，这是连李静涛的母亲在她的诉状中都不敢说的理由，他们的领导居然编出来了。那我们要问：为什么偏要去一个工资较低的厂子，进厂之后再连连晋级提薪？这是为什么呢？原告又说，这是“正常招工录用，不是调入”。姑且不论这些说法与李淑琴的陈述互相矛盾，录用也好，调入也罢，从外面进到了帐篷厂总归是铁的事实吧，进厂之后拿着厂里的工资却去二轻局上班，不论是给张局长或哪个副局长开小轿车，难道还能抹杀给局里工作的事实？这些事，要害在于帐篷厂有人以权谋私，原本不涉及原告的名誉，可是，原告这样不顾事实一讲歪理，倒真的无助于提高二轻局作为政府机关在人民群众中本应享有的声誉了。扼要地说，戴文对这一客观事实的反映，意在揭示一个以权谋私的现象，予以批评，与原告的“名誉权”根本没有关系。

2. 关于拆扒帐篷厂厂房变卖场地而引发职工上访事件。有据可查的是，兵工房地产开发公司一方违反有关动迁的地方法规和行政规定，在没有取得合法手续、房屋拆迁许可证以及未与帐篷厂达成动迁安置协议的情况下，对帐篷厂1189.93平方米房屋拆扒，构成侵权，帐篷厂职工维权举措正确，案经省高级法院审理，帐篷厂依法获得经济赔偿。职工在依法维权过程中，曾集体到原告处上访，并罢免了专权的厂长。戴文对于事件发生、发展过程中的一系列情况如实地作了报道，说明某些官员压制民意、压制民主的不负责任态度。有的官员认为“拆迁是政府行为，我们局阻止不了”！说“原动迁方案是经过研究的，是可行的”。文章揭示原告对职工代表的意见“不置可否”或是“虚晃一枪”，这些意见并不尖锐，仅止于反映客观真实，二轻局负责官员推诿责任让职工去找市建委出具的介绍信，难道不能说明真相？现在原告还坚持认为“动迁是依法进行的，不存在违法的地方”，与省高院的意见完全对立，从而充分证明戴文的真实性，无可指责。

3. 原告向连年亏损的集体企业——帐篷厂收取管理费，并且断言这种行为合理合法；可是又在诉状中说：“李上交的不是管理费，而是厂里欠联社的资金。”那么我们要问：帐篷厂何时欠了联社多少资金？问题的要害在于：既然原告认为收取管理费合理合法，那又为什么把原先入账的管理费收据换成“借款”收据？这种改换是不是弄虚作假？为什么要弄虚作假？从法律的角度衡量，这是什么性质的问题？戴文的主旨在于报道一个同职工两条心的厂长怎样虚掷了他们的血汗钱，原告人如此一辩，对事实加以掩盖，就使人看出他们与那位厂长确是十分一致，戴文的客观报道又有什么不对？

4. 帐篷厂作为一家起初连续四年利润超过百万的集体企业，“从1988年开始，像走马灯似地换了六任厂长，企业一蹶不振”，李是第六位，广大职工对她的基本评价是：“以权谋私，大肆挥霍企业财产”，终被职工大会罢免。对于她的劣迹，原告人以“瑕不掩瑜”加以掩护；然而我们要问：你们既然承认此人有“瑕”，就应向法庭说出她的“瑕”都表现在哪里？又属于哪种性质？可不可以揭露与批评？在我们看来，她身上不仅有“瑕”，说是劣迹斑斑也绝不为过，考虑到不是本案的重点，暂不详予陈明。总之，原告认为此人“比较称职”的辩解是与实际相悖的。戴文的内容真实可信。

5. 职工代表大会依法改选厂长之后不久，新厂长和全厂职工收到二轻局关于任免通知的第十天，几个歹徒居然对新任厂长的住宅实行打砸，二十四天后，五名歹徒有恃无恐地深夜破门，血洗了新厂长一家，本人受伤住院。此后不久，厂里职工与家属又有二人遭歹徒血刃，一死一伤。厂内人心浮动，法律顾问连连向社会呼吁，直指有关公职人员："你们还要让'黑手党'横行到几时？……你们再不能束手无策、听之任之了！"戴煌文章报道呼吁转述事实又有什么错？二轻局诉状说，他们不知道（其他两起案件）是正常情况。这正是二轻局对血案漠然视之的铁证！二轻局硬说"三起血案与帐篷厂罢免厂长、民选厂长无关"。请问：刘敏霞作为该厂一位纯朴、忠厚的老工人，被选为厂长之前，有人对她进行过威吓、打砸直至血洗吗？其他两起，为什么偏偏发生在积极反对李淑琴的错误行径并带领工人上访要求民主选举厂长的李中欣、郭荫范的家中？有什么"事实"证明这些都属偶发事件？原告代理人称"血案都不是发生在厂内，所以与罢免厂长、另选厂长无关"，以此证明戴文失实；他们还说，刘敏霞一事，她家的东西只有一件被击裂，只见墙上溅了几滴血，并不严重，够不上"血流如注"，以此论证戴文失真；但这除了明证一个行政机关在这里失去了维民、护民的立场之外，还能有什么可说的呢？

审判长：问题不是戴文"硬把另两起血案与民选厂长联系在一起"，这是事物本身有机的联系，并不以哪些人的意志为转移。目前有关血案的侦查与审理情况，更进一步地说明了这个判断的准确无误。至于说什么戴文"说明原告默认、纵容血案的发生，丧失了全心全意为人民服务的宗旨"，这是原告的虚构，意在表明报道失实，可惜毫无根据。通观戴文，哪里有这些断语！

戴文并没有偏听群众的一面之词，他的报道在"二轻局的态度"专节里集中反映了二轻局领导的意见，如实地交代了对群众反映情况的更正，如"至于买小汽车，没有那回事"等。有的则引用了二轻局领导的话作了充分的解释，从而间接地纠正了群众反映中不够准确的意见，这难道不是客观的、求实的态度？又有什么可以责难的呢？

综上所述，可以得出一个不容置辩的结论：原告人的诉求，既不符实际，又不合情理，而且与我国现行法律与相关政策直接违背，我们对它持否定态度是正确的，予以批驳也是必要的。

审判长:还有必要说明的是,原告人在其诉讼请求中要求本案十个被告“赔偿损失100万元”;但细查其理由,竟无一字涉及这是什么损失,为什么索赔百万之巨?原告人在庭上回答审判长对于这个问题的询问时依然闪烁其词,不敢正面阐述问题,说不出他们到底有没有以及有哪些损失。依照规定,名誉权涉及的损害,无非是两个方面,即物质的和精神的两种。原告人说得清他们在物质上受到了怎样的“损失”吗?至于精神上的,起诉状不用“损害”而用“损失”,恰恰说明原告人对这一项采用着欲言又止的态度,从而又从另一个侧面证明,原告人作为行政机关,是明知自己无权就“名誉侵权”提起诉讼的。至于二轻局的某位领导人认为自己在精神上因戴文的传播而受到了损害,前已说明,他可以举出证据另行起诉,甚至请求被告人赔偿数额更大的巨款,但那是与本案无关的另一码事。

诚然,原告诉状中列举有六项损害事实,可是这六项要么属于乱扣政治帽子,如“助长了无政府主义思潮的泛滥”;要么与原告无关,如“使市委、市政府蒙受了很多不白之冤”,“影响了该市的经济发展”。可是,这些所谓“事实”,即使有人认为可以成立,试问与二轻局有什么关系?市委、市政府授权你们代为主张损害赔偿了吗?我们注意到,原告向法庭提交了一位书记在一封群众信上的批示,要二轻局提起诉讼。姑且不论这个批示本身的是非,它不是市委或某书记的特别授权代理诉讼毕竟是无可更改的事实。

经过法庭调查,原告终未能就上述六项损害事实提交任何证据,于是要求法院去该市调查取证,这又是出格的要求。《民事诉讼法》和相关的司法解释对法庭在什么条件下有权调查取证,作了明确的规定,其中包括“当事人及其诉讼代理人因客观原因不能自行收集证据”。本案原告连市纪委所作的与本案有关的《调查报告》都能弄到手,还有什么“客观原因”不能收集证据而要法庭代劳?其中有鬼,我们坚决反对,建议加以警惕!因为这不仅根本违背《民事诉讼法》规定的“谁主张,谁举证”的原则,更有悖于法庭公正审理。

审判长:现在可以就全案作出判断了。我们认为:记者书面采访,是正当、合理的,这是基本常识,无可非议。戴文对帐篷厂围绕卖地、罢免并改选厂长所发生的一系列事件和职工群众的强烈反应的报道真实客观,文章呼吁维护社会正义、维护广大职工合法利益,抨击社会不良现象,主导思想正确。其中在枝节问题上的个别之处与事实有所出入(如帐篷厂有几栋办公楼房),不能自此认为“严重失实”,换言之,不构成对原告名誉的侵害。最高人民法院《关于审理名誉权案件若干问题的解答》第 7 条和第 8 条对此有着明确的解释。原告因所谓“失实”而构成“侵权”提起诉讼,与最高人民法院的上述规定违背,因而根本不能成立。《南方周末》作为严肃的报刊,对稿件是严格按照规定的程序审核的。我们还作过实地调查。就我们手上掌握的材料,戴文揭露的恶劣行径、不法现象仅仅是问题的一个局部,我们会在适当的时候公布全部真相。这里只是想说,报社的审稿态度是认真的,至于在个别地方不符实际或者某些技术性的失察,我们将予改正;但我们绝不会因发表戴文引发的诉讼而放弃我们实施舆论监督的职责。我们是人民的喉舌。我们相信人民,恰如我们相信人民的法官一样,唯其如此,我们将实现报社总编在今年元旦向全国人民作出的承诺:“我们决不放弃!”而作为律师,作为报社的诉讼代理人,我们又有什么理由不敢坦陈真相,严予执法呢? 这就是我们的原则性态度。

我们相信,合议庭对于一个无法无理的诉讼请求是不会支持的。我们绝不怀疑,诸位法官能够以事实为根据,以法律为准绳,排除一切干扰,作出公正的裁决,我们指望合议庭执法的公正性。

代理律师　张思之　阎如玉

二〇〇〇年一月十三日

附录:李淑琴等诉戴煌名誉侵权案代理词

合议庭:

我们代表戴煌,就李淑琴、李静涛诉戴煌名誉侵权一案,发表以下意见:

一、原告在起诉状中指控戴文失实构成侵权的事实不能成立。

1. 关于上交管理费。李淑琴说1997年5月交的90000元是前任厂长办的，与她无关；但证据表明，虽然李淑琴当厂长是1997年6月17日正式任命的，但早在1997年2月，前任厂长曹希成被检察院传唤，李淑琴就以党总支书记和副厂长身份宣布厂里工作由她主持。交管理费是企业行为，李淑琴作为帐篷厂的主要领导，也应当对交管理费的行为负责，因此，戴煌在报道中对此事的表述不存在失实的问题。

李淑琴1997年10月又向二轻局交35000元管理费，也是事实。李淑琴在起诉状中说35000元是还联社借款，不是事实。证据表明，管理费收据变为还借款收据是二轻局后来做的手脚，帐篷厂账目中所谓长期借款科目也是后来假做的。

李淑琴举证说明，交管理费是按规定交的，实际是还联社借款，并且宣称不论是交管理费还是还“借款”都是“合理合法”的，二轻局在他们的起诉状中也认为如此。既然如此，李淑琴又起诉说，报道中提到这一事实，是侵犯了她的“名誉权”，岂不是自相矛盾？

至于二轻局是用该款买了汽车还是干了别的什么事，与李淑琴的名誉无关，本不拟涉及；但是，原告提交法庭的证据反映出，管理费中的一部分，用于二轻局发了奖金，而且大部分给了领导！这难道不是比买汽车更恶劣吗？

据此，我们不难看出，为什么原告方和二轻局都认为交管理费“合理合法”，而帐篷厂广大职工则对此义愤填膺。

2. 关于报销招待费，报道中的数字准确，事实俱在。李淑琴说经审计没有问题，没有违反财经制度。我们没有看到所谓审计结论；但我们向法庭提交了李淑琴报销的原始单据及帐篷厂财务的统计说明，即使不懂财务，其中的问题也会一目了然。戴煌在文章中只是披露了10月份李淑琴在账内报销的13000元招待费这一数字，尚未包括同期李淑琴用账外款报销的6000多元吃喝费，也并未深究在报销单据上表现出的问题。

事实本身和问题的性质决不像李淑琴自己所标榜的那样没有问

题,她提交法庭的证据——半截纪委调查报告就恰恰可以说明问题。该报告写道:“李淑琴任职期间……其余5586元公款用于厂内人员吃喝是错误的;用账外资金支付李淑琴等三人观鹤节期间的厂长奖金1500元也是错误的,对此李淑琴应负主要责任。另1326.60元招待费无法认定其支出去向,李淑琴应负主要责任。”

请问:在帐篷厂多数职工下岗、一分钱拿不到的情形下,支付这么多所谓招待费,另有这么多说不清去向的支出,是不是挥霍?更何况还有那些纪委调查报告未涉及的问题,比如李淑琴退交检察院的7000元的问题。

3. 关于李淑琴以李静涛名义提款18万元,也是事实。关于此事,应当说,文章仅止于说出了现象,而18万元背后的问题,文章并未揭露。李淑琴私自以其儿子李静涛的名义一手进出,向帐篷厂放贷,短时间内支取高额利息、多付利息的行为,其性质岂止是“捞一把”?

李淑琴提交法庭的齐市纪委的半截调查报告中,对18万元的来龙去脉极力掩饰,但我们仍能看出其中的蛛丝马迹:1997年8月李淑琴就接受了兵工开发公司的15万元,全部以个人名义存入银行,其中的12万元根本没有进帐篷厂的账户,而是直接还了李淑琴的个人债务,另3万元直到10月16日工人上街要求罢免李淑琴的情势之下,李淑琴才将此3万元匆匆转入帐篷厂账户,并于10月26日提出。调查报告又说,10月3日,因为生产需要,李淑琴又向兵工开发公司借款3万元。这就令我们不得不问:10月3日,李淑琴明明有3万元借款在手上,为什么又要以生产需要为名再向兵工开发公司借3万元,而在10月16日,李淑琴在遭罢免的前夕,才将这3万元转入帐篷厂账户,十天之后提走?

戴煌在文章中说她“再捞一把”,何错之有?

4. 关于李淑琴报销医药费。帐篷厂早在1993年即规定,每人每月3.50元医药费包干,医药费不再报销;但李淑琴报了。不仅如此,我们向法庭提交了李淑琴报销医药费的单据,绝大多数是药店、商店发票,而且发票连号、连号发票日期倒错的情况不是个别。

李淑琴的这些行为，帐篷厂的广大职工早就知道，当然，有一个细节我们应加更正：职工中盛传的她报销"割双眼皮"一节，准确地说应为"美容手术"费。对此，必须说明的是，此事的基本事实是：首先，不论李淑琴现在怎样解释这一"美容手术"，这笔费用是不应当报销的，但是报销了；其次，报销割双眼皮费在职工中早就盛传，在该市纪委的调查材料中职工就有反映，并非源于报道；第三，"美容手术"，与割双眼皮仅止于部位与方式上的稍有出入，性质则雷同，这里也不发生侵犯名誉权的问题。

李淑琴说医药费的报销是前任厂长批准的，言外之意即使不应报销，错在批准的前任厂长。这说得通吗？对广大职工来说，不论是谁批准的，仍属"捞一把"的性质。

5. 说李静涛不是调入的，是社会招工的。即便如此，进帐篷厂是事实。在帐篷厂大量职工下岗之际，除了李静涛，还招过别的人吗？还有，李淑琴的父亲在退休后又调入帐篷厂是怎么回事？难道不都是因为她在帐篷厂身居要职的作用吗？帐篷厂职工中，有多少人的待业子女招工进了帐篷厂？又有多少人的退休父母调进帐篷厂？李淑琴说，为了避嫌才让李静涛去二轻局工作，既然如此，李静涛进厂的时候为什么不避嫌？她父亲调入的时候为什么不避嫌？李静涛十二天之内连晋二级工资为什么不避嫌？

李静涛拿帐篷厂的工资给二轻局开车是事实，不论是否给张局长开车，问题的性质都是一样的。怎么一说给张局长开车就侵犯李静涛的名誉权了呢？

6. 李在诉状中说自己不是"绊脚石"，自称任厂长四个月内，生产板房 49 栋，产值 78 万元。这种自夸，脱离了报道本身，我们不作具体批驳；但是，必须指出，根据帐篷厂的生产记录，完全不是那么回事。她的自我表功不是事实。

7. 关于卖地、卖托儿所及流动资金的问题，报道中无非如实记述了广大职工提出的，并没有说是李的个人所为，她自己在向市纪委的谈话中也承认："（职工）质问我让我把丢失的土地找回来。"作为帐篷厂的主要领导(党总支书记、副厂长、厂长),职工向她提出这样的问题难道不应当吗?难道用"均系前任厂长所为",就可以把责任推卸得干干净净吗?难道工人们提出这样的问题就侵犯了她的名誉权吗?

8. 李说,在帐篷厂动迁的问题上,动迁方案一是二轻局领导同意的,二是经过职工大会讨论的,而且二轻局领导认为"李工作责任心强,接任厂长后努力工作,未发现有不称职和渎职问题",因此,她"没有专制"。

关于李在帐篷厂动迁中的表现、做法,应当说,戴煌的报道客观准确,广大职工提出罢免李淑琴,到二轻局、市政府上访,以实际行动作出了对李的评价;所以,她的自我评价与广大职工的社会评价,差之天壤。一个人的名誉,是一定范围的公众评价,而不是自我评价。

动迁,是引发帐篷厂职工上访、请愿的直接原因,也是戴煌文章的重要内容。问题的爆发在于职工否定了李的动迁方案后,在未签动迁协议的情况下,她擅自让兵工开发公司拆迁厂房! 9 月 29 日,在厂里广大职工不同意动迁协议内容的情况下,有人开始拆扒厂房。为此,职工们公开警告李淑琴,并开始向二轻局、向市政府反映问题,同时将他们的处境和呼声发向媒体;然而直到 10 月中,拆扒厂房的行为仍在继续。直到帐篷厂职工罢免了李淑琴,厂房被全拆的危险才得以解除。我们从原告方提交的证据中得知,实际上,二轻局有关领导在这个过程中曾经指示,动迁协议签订之前,不能拆厂房;但是,兵工开发公司说得很清楚:是李让他们拆的! 为什么在职工大规模上街请愿的情况下,李淑琴仍然有胆量授意他人拆扒厂房?这是问题的关键。她在起诉中说动迁方案是集体研究的,是二轻局领导同意的,但是,私自授意他人拆扒厂房是谁同意的?身为厂长,这种行为岂止是"专制"?我们从她提交法庭的半截《调查报告》中,也可以看出一些问题:她口口声声向广大职工宣称不认识兵工开发公司的人,但是,以李静涛名义向帐篷厂集资的 18 万元,却与兵工开发公司有直接关系! 这两者之间难道真的没有关联吗?

9. 李在诉状中说她没有挥霍厂里的流动资金，并举例说李静涛为工厂联系展棚，创收10万元，应获7000元奖励，李淑琴未给，以证实自己“无私为公”。

首先，是否挥霍厂里的流动资金，前面已有事实和证据表明；其次，是否无私为公，群众的心里有数，帐篷厂职工的罢免行为已经作了最好的说明；第三，所谓李静涛创收10万元，根本不是那么回事！展棚是为观鹤节之用，市经办给帐篷厂的业务，与李静涛有什么关系？而且，从销售报表上反映，这批展棚的销售收入应当是10万余元，但实际账面反映却只有8万元，相差的2万元到哪里去了？

10. 关于威胁民选厂长郭志德事，李静涛在诉状中说，不是他干的。我们在此声明，李静涛是李静波之误。到帐篷厂威胁郭志德的是李淑琴的另一个儿子李静波。这一误差是材料传输中的技术性差错，我们特予更正。而李静波带人到帐篷厂威胁郭志德则是事实。对此，市纪委调查材料中，有大量证据证实，不容抹杀。

11. 关于三起血案。报道中对血案及血案发生的时间、地点以及对案发前前后后的情形的描述都是准确的。这三起血案发生于职工上访、举报、罢免与民主选举厂长期间；血案的受害人分别是厂长候选人以及职工代表、活跃分子或其亲属。所以并不是戴煌在文章中歪曲事实，对血案作不实报道，而是血案本身在向人们诉说有这样的线索，而三起血案却迟迟不能破案，任凶手逍遥法外，这是任何有良知的人都不应当坐视的。谁是凶手，有无主使，戴文未作结论，发出呼吁，盼望侦破审结，何罪之有？这侵犯了谁的名誉权？

二、原告代理人在诉状之外补充的所谓“侵权事实”，都不能成立。

首先，一篇新闻报道，是由多重事实构成，其中有些事实的出入可能构成侵权，有些事实即使错误也不可能构成侵权，比如原告说报道中对帐篷厂厂房的报道为4幢，而实际上只有1幢，对帐篷厂车辆的报道为6辆，而实际有9辆，等等，即属于不可能造成侵权的事实，因为这些都与原告方的名誉无关。

其次,除非是侮辱性言辞,新闻报道中的非事实性文字,不可能构成侵权。比如戴煌的文章中说在民主选举中“李淑琴仅得了两票,由此可见人心向背”。原告说这句话也侵犯了她的名誉权,理由是:“这怎么能看出人心向背呢?”这种说法非常荒谬,李得两票是事实,记者当然可以说“由此可见人心向背”!难道说对这样一个事实,也要记者说“由此可见李淑琴大得人心”吗?

还有,原告方还说,被歹徒打砸的刘敏霞家“只有少量的血迹”,所以报道中说“血流如注”侵犯了他们的名誉权。这就更不着边际了。试问:在原告们的概念中,多少重量多少容积的血才够得上“血流如注”?

三、根据法律规定,新闻报道构成名誉侵权,客观上要具备基本内容严重失实并导致他人名誉受到侵害的条件。戴煌的文章并不具备这两个条件:

1. 戴煌的文章基本内容是真实准确的,特别是涉及李淑琴的事实,是属实的。

2. 对他人的名誉损害,是指一定程度上导致了当事人名誉即社会评价的下降。这种社会评价的下降,应是客观的,绝不能凭借当事人的主观感受。

戴煌的文章无论如何都不可能引起李淑琴、李静涛的社会评价下降,因为戴文的主旨并不是针对个人品质,文中所披露的李淑琴的行径,只是很少的一部分。她在帐篷厂职工中的“名誉”如何,职工早已用实际行动作出了结论,对李的举报早在文章发表之前就有;指出李违背、侵害全厂职工的利益,是广大职工公开宣示的;要求罢免更是帐篷厂职工在该市的公开行动。所有这一切,无不是她任厂长期间的作为所招致的必然结果。

至于起诉说,由于戴煌文章的发表导致公安机关及调查组对她进行了调查。但根据原告提交的半截《调查报告》的记载,早在戴煌文章发表前,检察院就已开始对她的调查;公安机关对李淑琴的调查,是她本人涉嫌刑事犯罪,这是其一;其二,不论是二轻局在戴文发表后的第四天拿出的《关于……的说明》,还是后提出的起诉书,都坚持认为:李是"比较称职的"、"尤其好"的干部。可见,戴煌的文章并未使二轻局的领导降低了对李淑琴的评价。

这一方面说明,李淑琴对自己的评价以及二轻局的领导对她的评价,与帐篷厂广大职工对她的评价有巨大差距;另一方面说明,这两方面的社会评价都不是因戴煌文章而形成和改变,因此,李淑琴说戴煌的文章侵犯了她的名誉权没有事实依据,也不符合法律规定。

综上,原告方的起诉不能成立,应予驳回。

北京吴栾赵阎律师事务所律师
戴煌的代理人　傅可心　高华苓
二〇〇〇年三月九日

附录:李淑琴诉帐篷厂名誉侵权案代理词

审判长:

受帐篷厂之委托,我代理该厂参加被诉名誉侵权案的诉讼,发表如下代理意见:

我完全赞同第一被告代理人、第二被告代理人刚才围绕本案事实发表的法律观点,分析透彻,合法合理,不容置疑,其中大体相同的内容,不作复述。这里我扼要申明以下几个问题:

第一,原告将帐篷厂列为本案被告,是滥用诉权,原告的诉讼请求根本不能成立。

帐篷厂职工向新闻工作者及新闻媒体反映本厂的现实情况和问题,广大工人向媒体揭露本厂厂长的劣迹乃至违纪问题,都是职工群众的合法权利,不存在对他人侵权的问题。至于戴煌根据广大工人的反映和有关人员的呼吁写成的文章,基本内容客观、真实,如实地反映了那段时期帐篷厂的基本情况。原告举出内容不实的"事实和理由",对戴煌所作的批评报道提起"侵权"之诉,索取巨额赔偿,相信不会得到法律的支持。

为了证实戴煌文章涉及的基本内容与广大职工的反映相一致，谨就以下几个重点问题作出扼要的说明：

（一）帐篷厂向二轻局上交管理费，是铁的事实，二轻局党委对此也从未否认，局里收到管理费后开出的票据完全可以证明。现在，用改换票据的办法，把管理费改换为偿还“借款”，借以说明戴煌文章失实，这怎么办得到呢？

（二）在“动迁”问题上，原告不顾职工大会的要求和二轻局领导的意见，擅自同意兵工房地产开发公司拆扒帐篷厂厂房，给工厂造成重大经济损失，至今不能挽回。事涉渎职，广大职工为什么不能揭露？媒体为什么不可以报道？事实俱在，铁证如山，我们侵犯了谁的名誉权呢？她作为厂长，给工厂造成那么大的经济损失可以不计，揭发了她，倒应向她赔礼道歉，还得赔偿损失，天下哪有这样的理？

企业负责人在职工群众中威信高低、声誉好坏，不由个人自夸或上级评价划分。业绩不好，品行不端，必然会受到职工乃至社会上的批评。受到批评后不是深刻反省，积极纠正，却以所谓名誉侵权诉诸法律，甚至在任何理由都不能说出的情况下把自己所在的工厂列为被告，公然要求赔偿，仅此一点，还看不出她与工厂的关系吗？对于她的以权谋私，也就不奇怪了。

（三）关于李的大儿子带人到帐篷厂威胁候选厂长郭志德一事。李及其代理人在法庭上一再予以否认，称根本不存在“威胁”，所以“文章失实”。我们认为：此事的关键不在于李的大儿子是否说了一个“滚”字，而在于事情的性质是否是对郭志德进行了威胁。在这个是与非的问题上，我们通过本厂所在地正阳派出所严所长 1998 年 4 月 24 日的证词，就足以辨明究竟是谁的说法不实。严所长证词如下：

1997 年 10 月 30 日下午 2 点市帐篷厂职工郭志德和其他职工代表七人左右来所反映，10 月 29 日该厂召开职代会郭本人当选厂长，原厂长李淑琴儿子带人到厂里闹事，并扬言威胁厂长要找人打厂长。派出所接报案后，派高树林、傅志坤、刘名三名干警前往市帐篷厂了解情况。职工反映李淑琴儿子来厂和郭志德发生争吵后被职工劝走，派出所当即传唤李淑琴及其儿子,因当时没有在厂,我们向厂长交代,职工选举厂长是大事,不允许任何人捣乱和破坏,请单位通知该人。第二天或是第三天,李淑琴同儿子来所,派出所当即提出警告和训诫后让其离所。以上情况属实(见原告作为主要证据提交的市纪委调查案卷)。

第二,原告所谈“损害事实”基本上与《南方周末》刊登戴煌的文章无关,原告索赔无据。

(一)在本案两次法庭调查时,两位原告人均哭诉:她(他)们都是老实守法的公民,由于《南方周末》刊登了戴煌的文章,她(他)们才被司法机关传讯,受到办案人员的威胁和羞辱。公安人员刑讯逼供,导致她(他)们精神上造成很大压力,在社会上名声扫地,家人也受到刺激,因此要求巨额赔偿。乍一听,似乎顺理成章,然而,通过法庭调查,证据表明:本案二原告确实曾多次被司法机关传讯,但与《南方周末》刊登戴煌的文章无关,而是另有原因。其一,检察机关根据职工举报,依法对李淑琴进行传讯,调查她在任期间的经济问题。其二,1998 年 12 月 18 日厂长刘敏霞家被砸、人被打伤,公安机关根据报案立案侦查,“决定对重点嫌疑人进行实质性接触,并同时采取技术侦查手段,发现了李淑琴有作案嫌疑的重要线索”,“公安机关马上传讯了李淑琴及其两个儿子”。其三,在帐篷厂职工大会罢免厂长、选举新厂长的过程中,由于新当选的郭志德受到人身威胁(即李的儿子带多人到帐篷厂威胁郭),职工多人向公安机关报案,当地派出所对她们母子进行传唤和告诫。由此可见,原告人所说的因受到司法调查导致“名誉”受损,与本案被告人都毫无关联,相关的诉讼请求自应依法驳回。

必须指出:在法庭上,原告人以其亲身经历痛斥公安机关在对其多次的传讯中不仅拳打脚踢,而且强制其坐“铁椅子”,二十四小时戴手铐,甚至威胁要给其戴“头盔”、脚镣,其中一次传讯时间竟长达二十六小时……受尽人身折磨和羞辱,使原告痛不欲生。原告的哭诉,感染在场旁听的市二轻局主要领导潸然泪下。尽管此事与本案被告无关,也不是法院民庭审理的范围,但我们帐篷厂作为李的所在单位,还是郑重地请求法院高度重视这一在民事案件审理中反映出来的公安机关刑讯逼供问题,依法向有关部门提出司法建议,要求予以追查并依法追究有关责任人的法律责任。请合议庭充分考虑这一请求,帐篷厂也将通过正当、合法的方式和渠道向有关部门反映。

(二)帐篷厂停发二原告工资问题,与《南方周末》刊登戴煌的文章毫不相干。因为:

1. 原告李淑琴是在 1997 年 11 月 4 日被职工大会罢免厂长职务的,此后,就不去上班,形同下岗,帐篷厂没有为她安排新的岗位,但不论情况发生什么变化,这完全是帐篷厂内部事务,属于管理上的问题,而且帐篷厂停发二原告工资发生在 1997 年年底,早于《南方周末》刊出戴煌文章,足以证实此事与戴煌文章同样没有关系。

2. 停发二原告工资的原因与本案审理的"名誉侵权"无关。概括地说,停发工资是正确的,李淑琴被罢免厂长职务,此后没有新职,又不去上班,自然应与其他下岗职工同等对待,不能再听任其享有特权。原告李静涛长期不在工厂上班,也应停发工资。二原告对停发工资不服,可以依法申请劳动争议仲裁。在本案中故意混淆两种不同的法律关系,是别有用心。相信合议庭会明察。

第三,市纪委的《调查报告》包括数百页的调查附件竟成为被调查者提起诉讼的诉讼证据,是对国家法制和党的纪检工作的戏弄。

众所周知,人民群众、企事业单位对违法违纪行为和违法嫌疑人向纪检、检察机关进行举报,出于保护举报人、鼓励向违法行为作斗争,国家各有关部门制定有严格的保密规定和制度;然而,齐市纪委的《调查报告》包括数百页的调查案卷不仅送到了被举报人手里,而且成了她的诉讼证据,这对举报人来说已无密可保,连司法机关的办案过程、侦查方向和方式均暴露无遗。本案审理中反映出的这种不正常现象事关重大,建议法庭提出司法建议,彻底纠正,挽回由此而造成的一切损失。我们作为案件的当事人对此将保持高度的警觉,静观事态的发展,并在必要时向有关方面表明我们的原则立场。

需要指出:原告及代理人在第一次庭审中,细数戴煌文章的"不实”时，句句离不开上述《调查报告》，将此《调查报告》作为支持其诉讼请求的主要证据；而在第二次庭审时，不仅只字不提《调查报告》，甚至将它称为“市委个别人的意见”，为何会有如此大的反差，耐人寻味。

综上所述，帐篷厂认为：本案原告的诉讼请求和理由根本不能成立，请依法予以驳回。

帐篷厂诉讼代理人　阎如玉

二〇〇〇年三月九日

附录：市二轻局诉戴煌名誉侵权案代理词

我们作为被告戴煌的代理人，对本案发表以下意见：

一、市二轻局作为行政机关，不存在名誉权问题。理由如下：

1. 行政机关与公民不是平等的民事主体，公民对行政机关提出批评是宪法赋予的不可剥夺的政治权利，不属于民法调整的范围。

民法调整的是平等主体之间的财产关系和人身关系。根据民法的这一本质，行政机关作为国家意志的执行机构，只有当它以自己所领得的一定经费、从事交易活动而形成民事法律关系，才具有民事主体的地位。原告二轻局作为行政机关，是以国家拨给的经费作为行使行政职权的费用，而只有当它以此经费作为支付手段，从事商品交换的时候，它才处在民事法律关系当中，享有民事权利，承担民事义务，与交易的对方处于平等地位。因此，行政机关的民事能力是法定的，也是有限的，它不能从事法律规定之外的任何经营性活动。它也不具有专属于自然人和法人的民事能力。

原告的代理律师在发言中，引用《民法通则》第 101 条、第 120 条作为二轻局提起名誉权诉讼的法律依据，割裂了民法原则与民法具体规定之间的有机联系，是对法律的错误理解。

行政机关在行使行政权力、从事与它的行政职能相关的社会管理活动中，与公民的地位是不平等的。行政机关在行使它的行政职能时与相对应的公民、法人是管理与被管理的关系，对于行政机关的行政行为，相关的公民、法人必须接受，没有选择的余地，因此，行政权力必须受到法律的限制。一方面，中华人民共和国行政机关的权力来自人民，它必须处于人民的监督之下，服务于人民。另一方面，由于行政机关握有权力，没有人能够阻止它行使权力，因此，法律规定人民批评、监督行政机关的权利受到基本法的保护。我国宪法明确规定：中华人民共和国的公民对于任何国家机关和国家工作人员，有提出批评和建议的权利。舆论监督就是行使这项宪法权利的重要方式。

自此可知，公民对行政机关行使职权行为的批评是公民依宪法行使其政治权利，它不是平等主体之间的民事法律关系，不属于民法调整的范围。因此，对国家行政机关的批评，不论内容是否准确，即使批得过火甚至有错，行政机关都不能提起名誉权诉讼。

2. 行政机关没有要求名誉侵权赔偿的法律基础。

名誉权是民事主体享有的一项人身权，不是与生俱来的，而是法律赋予的。根据民法通则的规定，公民和法人享有名誉权，公民的名誉和法人的名誉内容完全不同：公民的名誉包括公民品质、能力、信誉及社会地位等各方面的社会评价。企业法人、社团法人的名誉主要是它的商业信誉、资产经营、工作成果等方面的社会评价。企业法人是为从事营利性活动而成立，社团法人是为了实现一定宗旨而成立，如果没有名誉权的保护，企业法人无法实现经济利益，社团法人无法实现其社会活动目标。这正是民法保护企业法人、社团法人名誉权的民法性质。

民事权益的存在，是民法保护的前提。行政机关以国家政权为基础，以行使行政权力为目的，它既不能从事任何经营性活动，没有经济利益要实现，也没有其他的社会活动宗旨。行政机关是国家政权的执行机构，在其行使行政权力的活动中，如前所说，它与社会其他成员的地位是不平等的。行政机关的政策、措施、能力，不同社会层面有不同评价，甚至每一个人的评价都会不同；而社会对行政机关的任何形式的社会评价，都不能够导致其财产损失，也不妨碍它继续行使权力。

因此,政府行政机关提起名誉权诉讼是没有民法基础的。

侵权责任的成立,需要同时具备四个条件,即侵权行为、主观过错、损害后果以及侵权行为与损害后果之间的因果关系。民事赔偿,必须以民事权益损害结果的存在为前提。对公民个人来说,名誉侵权应当有精神损害或财产损失的事实存在,对法人来说,应当是商业信誉的损害导致的财产损失的存在。没有民事权益的损害结果,就没有民事责任的承担。这是民事责任的基本原理。任何一个行政机关,即使有假设的“好”名誉,也不可能获得一致“好”的社会评价。对任何行政机关的施政行为,其社会评价都会是毁誉不一的,这是客观规律,也是社会现实;而不论这种评价是“毁”是“誉”都不引起行政机关民事权益的增加或损失。因此,行政机关要求所谓名誉侵权的民事赔偿,根本不能成立。行政机关提起名誉权侵权诉讼,只有一个可能的目的,即意图故意限制或剥夺公民批评政府机关的政治权利。二轻局在起诉状中一面挥舞着什么“助长无政府主义思潮的泛滥”、“煽动蛊惑人心”、“使领导威信下降、指挥不灵”等上纲上线的大帽子,一面索要100万元的“赔偿”,即是明证。这100万元如能到手是作为国家的收入上缴国库呢?还是作为二轻局创收留用呢?还是由起诉书中所说的那几位官员均分呢?特别值得注意的是,原告至今不能举出任何证据证明二轻局有任何财产损失。这说明二轻局的诉讼请求十分荒唐,理应驳回。

二、尽管原告的起诉不能成立,基于对法庭的尊重,还是愿意就诉状涉及的问题,说明真相。共四个问题:

(一)二轻局认为,戴煌文章说,由二轻局任命的帐篷厂的六任厂长大多挥霍帐篷厂职工的血汗,是“想说明二轻局任人不能以德取人,用了不少贪官,领导不力”,这是戴煌侵犯其名誉权的事实。为了要表明二轻局领导是“任人唯贤,领导有力”,诉状特别申明“六位厂长大都是品行良好的干部……尤其是李淑琴……”。借以说明戴文失实,侵犯了他们的名誉权。

姑且不论这六位厂长领导失败的客观事实,也不说李淑琴任厂长期间的种种恶劣行径帐篷厂职工有目共睹，这些，有证据在手。我们要问：李淑琴的品质是否良好，与二轻局的名誉有什么关系？难道二轻局任命的干部批评不得？指出她的错误，怎么就会涉及二轻局的名誉？难道她与二轻局是一体的吗？

（二）二轻局为了说明李品行良好，证明报道失实，在起诉状中自相矛盾地一会儿说她的儿子李静涛在外厂工资较高，不是一分工资开不出；一会儿又说李静涛是正常招工录用，不是调入帐篷厂。还特别强调二轻局临时借用李静涛开车是因为给其母亲厂长开车“不便”，看来够得上正直廉洁！可是，为什么调李静涛入厂的时候没有想到“不便”从而应当避嫌呢？李静涛在帐篷厂拿工资而为二轻局开车是事实，至于是为某局长开车还是为二轻局的其他人开车，并不影响事情的性质，因而并不构成侵权。

对李本人，二轻局在诉状中除了说她品行良好、工作称职，还特别强调，对她的任命经过严格考核，干部职工没有意见，不存在独断专行胡作非为的问题。以此说明二轻局领导有方，用人得当。但李本人是不是胡作非为，是不是独断专行，广大职工坚决罢免、另选新人便能说明问题。因为这与二轻局的“名誉”无关，在这个法庭上也暂不论证。这里只指出一点，既然二轻局的领导将李是否称职当作自己的名誉是否良好的前提来看待，还能指望二轻局的领导会按实际情况说她一个“不”字吗？

（三）关于管理费的问题，二轻局并不否认帐篷厂交出管理费的事实，二轻局在诉状中为李开脱说，90000 元是李前任厂长交的，35000 元是二轻局索要的，不是李主动交的。又说，“不论是交管理费还是还联社借款，都是合法的，是无可非议的”。姑且不问合的哪一个法，合的哪家的理，问题在于，既然如此，为什么二轻局在职工提出疑问后，要求帐篷厂假造财务科目，撤换发票，将管理费改为归还并未发生过的借款？为什么弄虚作假？这是什么性质的问题？

既然二轻局认为交管理费“合法”，戴煌在文章中不过是作了如实叙述，怎么会侵犯二轻局的“名誉权”呢？

（四）对于围绕着动迁发生的厂房被拆以及广大职工抗议、上访，罢免另选及其后发生的一系列与帐篷厂相关的血案，二轻局不顾事实和法律，说动迁是依法进行的，不存在违法的地方。对此，有关帐篷厂诉兵工开发公司的案件已经审理终结，动迁问题的是是非非已有结论，二轻局的说法既不合实际，又违反了相关规定，这已有案可稽，不攻自破了。

对血案，二轻局反驳说“二轻局不是公安机关，无侦查惩办的权力和义务”，讲得多么轻巧，多么无辜。可是，你作为帐篷厂的上级机关，对于下属企业发生的重大血案，能够用“我无权管，也管不着”这一类的说法推诿责任吗？这不正好证明戴文对此所作的揭露真实可信吗？

戴文对血案的发生时间、地点及被害人的报道准确无误，文中只是讲述了客观发生的事实，对于谁是凶手，有无主使，未作判断。同时，对二轻局有关领导的观点也作了如实交代，并无隐瞒，这怎么会侵了二轻局的“名誉权”？

按照二轻局代理人的说法，三起血案中除了一起没有侦破，其余两起正在审理中，与帐篷厂罢免厂长没有关系。但是证据表明，两起血案，只有一起经侦查终结提起诉讼，但经法庭审理后不能定案，检察院已不得不于1999年11月23日撤回了起诉，二轻局及其代理人凭什么一口咬定三起血案与某人或某事无关？

三、起诉所列出“损害事实”不着边际。

第一条损害事实是，二轻局的五位领导及其家庭的名誉受到了损失。请问：是哪五个领导？五个领导个人的名誉受到了损害，他们自可以诉上法庭，与二轻局这个行政机关的名誉及其名誉是否受损有什么关系？怎么可以打着国家机关的名义，为领导个人主张权利？或者，二轻局的五个领导认为他们等于二轻局这个政府机关，如果真的拿到100万元“赔偿”费，是不是该由五个领导均分？

第二条说戴文助长了无政府主义思潮的泛滥。这是一顶政治帽子，空空洞洞，不着边际，不值一驳。

第三条说文章发表后，二轻局的领导威信下降了，指挥不灵了，全局工作受到很大影响。尽管这也是一堆空话,我们还是想问问:是哪位领导威信下降了?哪位领导指挥不灵了?在什么问题上还是所有问题上指挥不灵了?而按照现行的制度和规则,对于这样的干部,对于没有威信又指挥不灵的领导,应当让他下岗,连分流都不行,而不是给予什么赔偿。

第四条说二轻局和市委市政府也受了很多不白之冤。这纯粹是拉大旗作虎皮的伎俩。请举证说明,市里因为戴文受了哪些不白之冤?谁授权二轻局负责人通过诉讼手段替他们打抱不平?

第五条说文章发表后市委市政府成立了二个专案组进行调查,给各级领导的工作带来很大影响,耗费了大量精力、物力和财力。原来如此,有人被查了,于是恼羞成怒了,于是不惜用行政机关的名义起诉,争不来名誉,也要争得巨额赔偿,称得上机关算尽了。可是,你们说的两个专案组所花财力、物力,尽管不一定合理,但那是纳税人的钱,不是二轻局的,二轻局以此为由向戴煌要100万元,说得通吗?

第六条最吓人。据说,戴文一发,人们对该市的社会治安和投资环境就丧失了信心,影响了二轻局和该市经济的发展。我们记得,二轻局对戴文说他们把责任推给市建委很不满,信誓旦旦地说他们没有推卸责任。但是二轻局诉状中的这一条说法分明告诉人们,二轻局领导推卸责任,已到了匪夷所思的程度,他们不仅推卸自己的责任,还替市里把三起血案本身所反映的社会治安问题、投资环境不佳引发经济发展不利的责任一股脑推卸给了戴煌的文章。如此不着边际,谁能相信?

四、二轻局及李淑琴以市纪检委的半截《调查报告》为起诉的主要证据,我们表示震惊。今天,原告代理人在法庭上又说,那是市委市府的《调查报告》。先不论他们打的是什么旗号,纪检委的《调查报告》和市纪检委第一检查室盖章的调查材料怎么跑到被举报人手中去了?看了半截的《调查报告》,我们更感到不解:市纪检委当帐篷厂职工不断举报李淑琴的问题时,当职工上街游行、要求罢免李时,为何不查职工反映的问题,戴文发表后,开始查了,但,查的是什么呢?一是查戴文的瑕疵，比如帐篷厂只有 1 幢厂房而不是 4 幢，二轻局并没有用 90000 元管理费买桑塔纳轿车，李的儿子是开黄副局长工作用车而不是给张局长开车等，说明戴文夸大事实。二是为李开脱责任。比如，调李静涛入帐篷厂，李的父亲退休后调入帐篷厂，都是二轻局同意的；李报销药费不符合制度，但那是前任厂长批准的；兵工开发公司给李的 18 万元是李淑琴为了生产之需借的，等等。

这样一份纪检委的《调查报告》，广大职工看不到，记者看不到，媒体看不到，李淑琴和二轻局却能拿在手里作诉讼证据！这件事情的性质非常严重，非常恶劣。

我们深切地感到，记者、媒体的权利与我们的一些党政机关的行政权力相比是多么弱小！尽管媒体的权利来自人民。

总之，对二轻局起诉的事实及理由略作辨析，便能明察其谬误，希望法庭能够作出公正的裁决。同时诚挚地期望二轻局的领导能够通过这次诉讼认真学学宪法，学点民法，真正体会为人民服务的精神，正确对待舆论监督。至于戴煌报道在行文上个别技术上的失误、误差，因与二轻局无关，故不论及。

北京吴栾赵阎律师事务所律师

戴煌诉讼代理人　傅可心　高华苓

二〇〇〇年一月十三日

诉 讼 文 书

民事诉状（摘要）

原告、被告：（均略）。

诉讼请求

1. 确认八被告对二原告构成名誉侵权；

2. 请法院依法责令八被告停止侵害，恢复名誉，消除影响，赔礼道歉，赔偿损失100万元；

3.诉讼费用由八被告承担。

事实和理由

1998年3月27日，《南方周末》刊登了戴煌的文章——《工人投票罢免渎职厂长，齐市连发三起血案》。紧接着《生活报》、《黑龙江晨报》、《价格信息报》、《中华周末报》、《中国老年报》等报纸全文转载，在社会上引起了广泛的影响。报道严重失实，给原告在社会上造成了很坏的影响，严重地侵害了原告的名誉权。

一、关于报道失实的问题主要有以下几个方面：

（一）报道李淑琴以上交管理费的名义给了二轻局90000元，帮助局领导们买了辆桑塔纳新轿车，竭力向上买好奉送工人血汗钱。而实际情况是：

上交90000元管理费虽有其事，但不是李淑琴所交，二轻局也没有购买桑塔纳新轿车，并不存在李淑琴“竭力向上买好奉送工人血汗钱”的事实。

（二）报道中以《李厂长赶紧再捞一把》作为小标题，指责李以权谋私。依据是：李向局里上交“管理费”35000元；在厂内报销招待费13000元，虽然工厂近期没接待过任何客人，大部分白条上都是她一人签的名，既无经办人，又无财务审核人；更为严重的是，她以她儿子的名义，接连两次从工厂支取共18万元；李厂长报销1615.28元医药费，并把她为了老来俏，单眼皮割成双眼皮的美容手术费也报销了。而实际情况是：

1.35000元不是上交的管理费，而是偿还对联社的欠款。即使上交了管理费，也是合理合法的，不能算作是“再捞一把”。

2.李在厂内报销的招待费，有关部门已经多次审查没有问题。报销的票据中没有一张是白条，全部都有两人以上签字或经财务科长签字，没有违反财经制度。

3.以李静涛名义提出18万元是事实，但属于借款，不存在捞一把的问题。

4. 所报医药费经其前任厂长分三次批准后报销，李本来就是双眼皮，哪来的“为了老来俏”将单眼皮割成双眼皮?! 又何来美容手术报销的问题?!

(三)报道她把自己的儿子李静涛，从一分工资开不出的外厂调进帐篷厂，在帐篷厂拿工资，人却去二轻局给局长兼党委书记张云学开轿车。而实际情况是：

李静涛 1992 年初中毕业后曾在大田公司做过一段临时工作。1995 年 12 月前任曹希成厂长经劳动局批准正式在帐篷厂办妥就业手续，做小车司机，不存在从外单位调入的问题。李任厂长后，为避嫌，曾多次向局领导提出能否给李静涛调换一个单位。1997 年 7 月，二轻局把李静涛暂借到局开车，根本不存在给局长开车问题。

(四)报道指责李淑琴是工厂起死回生的绊脚石。指责擅自与人签订“动迁方案”。此方案未经职代会讨论，有人顺势提出了一连串责问：工厂 3500 平方米的场地哪去了？托儿所哪儿去了？是谁决定变卖的？卖来的钱是咋开销的？李推托搪塞，前言不搭后语。该报道贯穿着工人合法，李专制，不顾工厂利益，不顾工人利益违法动迁。而实际情况是：

1. 李淑琴并不是工厂起死回生的绊脚石。在其接任厂长四个月内，生产经营没有中断，共生产板房四十九栋，创产值 78 万元，受到上级好评。

2. 关于工厂卖土地的问题不存在，托儿所及资金使用等问题均系前任厂长时所为，李接任后既未卖工厂土地，亦未接收任何流动资金。李淑琴让职工看了账，不存在推托搪塞，前言不搭后语的情况。

3. “动迁方案”是二轻局闵副局长帮助协调，经与兵工开发公司协商，领导班子初步同意的，不是李的个人所为。同时，召开了退休职工代表会议、全厂职工大会，听取职工意见。职工提出：一要求全部动迁，给动迁费 800 万元；二要求参与动迁谈判；三对李不信任，要求民主选举厂长。李与班子成员商量，同意选职工代表参与动迁工作，选出了二十三名职工。当时二轻局党委认为李工作责任心强，努力工作,未发现有不称职和渎职问题,没有理由罢免。可见李没有专制。

(五)报道中指责李在任期间突出的政绩是把工厂尚存的流动资金挥霍得一文不剩,债台越筑越高,指责李贪得无厌,是渎职厂长。实际情况是:

李上任时工厂没有流动资金,何谈挥霍得一文不剩?! 在其任职期四个月内,创产值78万元,生产秩序良好,保证了工人开支,并偿还了前任所欠的债务50000余元。尤其值得指出的是,李不仅没贪,反而无私为公。其子为工厂联系展棚创收10万元,按厂里规定,应当给付7000余元的奖励,而李从企业利益出发,不同意给予奖励。不存在渎职事实。

(六)报道中称:在李即将交出帐篷厂印把的关键时刻,她的儿子突然率领五名彪形大汉,分乘两辆出租车,横眉竖眼地赶到帐篷厂,公然叫阵,“谁姓郭,给我滚出来”。临走时还对工人们甩出三个字“走着瞧”! 并称李子等人为“歹徒”,是“黑手党”行径。而实际情况是:

那天李静涛开着局里的车同二轻局的黄书记等人一起来到帐篷厂开会,会后又拉着他们离开,当时开的是皇冠车。既没有带领彪形大汉,也没有说任何威胁的话。根本不是“歹徒”,更不是“黑手党”。

(七)报道中称:该厂连续发生三起血案,都与厂长候选人以及职工代表、活跃分子有关:案情脉络清晰,这案子是“秃子头上的虱子——明摆着的事”,但凶手仍逍遥法外。而实际情况是:

这三起血案均不是在该厂内发生。同时,两起血案已侦破,均是社会上他人作案,与李和罢免厂长事件无关。后任厂长刘敏霞这起血案未破,但经公安机关侦查,与李淑琴及其朋友无关。

二、关于报道失实造成损害的事实

该报道严重失实,产生了广泛的不良影响,给李淑琴及家人在物质上和精神上造成极大的损害。与李同住的父母年近八十,因受到刺激,病情加重,以致生活不能自理。李淑琴因此报道后两次被公安机关传唤,身心受到严重影响。省内外亲朋好友和社会各界,不少人都相信是真的,李为此受到巨大的打击。现在李神经衰弱,记忆力明显减退。大儿子婚期被推迟,大儿子和未来儿媳也被传唤。李现在无法上班,几个月未开一分工资。同时,社会上都议论李静涛是歹徒、凶手、黑手党、贪污犯,李静涛也多次被公安机关传唤,给其精神上造成了很大压力,同时数月未开工资。

为维护原告的合法权益,特诉至人民法院,请依法作出公正的判决。

一九九八年五月十一日

民事诉状(摘要)

原告:市二轻局。

被告:戴煌,新华社退休干部。

被告:《南方周末》等媒体。

诉讼请求

1. 确认上述被告对原告名誉构成侵权;

2. 责令上述被告停止侵害,恢复名誉,消除影响,赔礼道歉,赔偿损失100万元;

3. 诉讼费由上述被告承担。

事实和理由

1998年3月27日,《南方周末》刊登戴煌文章——《工人投票罢免渎职厂长,齐市连发三起血案》。紧接着《生活报》等八家报刊分别转载。报道严重失实,在社会上造成了极其恶劣的影响,严重地侵害了二轻局的名誉权。

一、关于报道失实问题主要有以下几个方面:

(一)报道中称:其主管单位——齐市二轻局——更换了六任厂长,多半都"勤勤恳恳加苦苦"地挥霍职工的血汗钱,汽车一台台地被卖掉了,3500平方米的场地被卖掉了,连工厂托儿所也被抛售了,工厂六七百万元流动资金一文不剩,还拉下了200万元外债。此报道的用意想说明二轻局不能以德取人,用了不少贪官,领导不力。

事实是:(下略)

（二）报道称：李静涛从外厂调进帐篷厂拿工资，人却去二轻局给局长兼党委书记开轿车。1997 年 5 月，李淑琴又以上交管理费名义给了二轻局 90000 元，帮助局领导买了辆桑塔纳新轿车。用以说明二轻局在进人上走后门，接受李淑琴的好处，大揩工人的血汗钱。

事实是：（下略）

（三）报道称：二轻局认为职工上访不过是“瞎子点灯——白费蜡”，并用了“不置可否”未作出“负责的答复”、“虚晃一枪”等词来说明二轻局不重视上访，不站在工人利益一边，消极观望，推托搪塞。

事实是：（下略）

（四）报道称：李淑琴知道她这个厂长快当不成了，赶紧向局里“上交管理费”35000 元。以此说明李与二轻局关系不正常。

事实是：（下略）

（五）报道称：二轻局领导一方面把责任推给市建委，一方面与李淑琴研究“动迁一事”。

事实是：（下略）

（六）报道称：李被任命为帐篷厂厂长，未履行职工（代表）大会讨论通过这一法定手续，又一贯独断专行、胡作非为，职工完全有权罢免并要求民主选举厂长。几经交锋，二轻局领导们才不得不接受这一合理要求。

事实是：（下略）

（七）报道称：他们在退休老工人郭荫范等职工代表的带领下，向二轻局领导汇报并要求惩办李静涛等歹徒们的行径。对于惩办黑手党的要求，二轻局似乎没听见。此报道以此说明原告对厂里的违法、犯罪纵容，不闻不问。

事实是：（下略）

（八）报道称：从整个谈话可以看出，二轻局对所属工厂接连发生的这些血案似乎并不那么太着急、太惊痛。此报道说明原告默认、纵容血案的发生，丧失了全心全意为人民服务的宗旨。

事实是：（下略）

二、关于报道失实造成损害的事实

由于报道严重失实，产生了广泛的不良影响，严重损售了二轻局的合法权益。体现在：

（一）报道发表，被点名的五位领导的亲属、朋友从各地打来电话询问，给他们个人和家庭增加了不少精神压力，损害了他们的名誉。

（二）二轻局下属企业开始出现不安定因素。有的企业仿效帐篷厂，搞串联集体上访，提出一些无理要求为难企业，为难领导，助长了无政府主义思潮的泛滥。

（三）报道的发表，使局领导威信下降，工作上指挥不灵，有的甚至公开讲二轻局的班子是腐败的班子，市委要动大手术，闹得人心惶惶，使全局工作受到很大影响。

（四）全国各地很多不明真相的读者纷纷来信、来电指责二轻局和市委、市政府，使二轻局和市委、市政府蒙受了很多不白之冤。

（五）报道发表后，市委、市政府调集了三十余人，成立两个专案组，对报道反映的问题进行为期近两个月的调查，耗费了大量精力、物力和财力。

（六）报道使人们对我市的社会治安和投资环境丧失信心，影响了二轻局和我市的经济发展。

据上，二轻局认为，戴文未经深入细致调查，《南方周末》未经严格审核，发表此严重失实的报道，严重侵害了二轻局的名誉权，应当承担侵权的主要责任。其他八家报刊予以转载，构成共同侵权，也应承担相应的民事责任。为维护二轻局的合法权益，特诉至法院，请公正判决。

一九九八年七月十四日

36. 同仁堂诉温州叶同仁堂“商标侵权案”

案情简介

同仁堂历史悠久，世代相传，至今335年。

1982年《商标法》发布施行，北京同仁堂将“同仁堂”作为企业商标申请注册获准。1989年经国家工商局公示认定为“中国驰名商标”，同时宣告“应受特别保护”。

2001年，即北京同仁堂申请注册商标18年之后，温州叶同仁堂药品零售连锁有限公司及其前身，将“叶同仁堂”作为企业字号主要部分在温州市登记注册。北京同仁堂认为此举侵权，要求协商解决未果，乃提起诉讼。

叶同仁堂提出答辩，坚持认为他们同样具有悠久历史，并经温州工商局准予注册在案；而且“叶同仁堂具有独特性与显著性，与同仁堂商标具有鲜明的区别，两者之间不存在相近似，不可能产生误认或误解。”至于二者“部分相同，是历史巧合，或品牌重生”。

讼争的焦点在于：即使是“百年老店”，是否具有特权，既能排斥商标的“在先权”，又可否定商标的“专用权”？与此相关，“叶同仁堂”字号与“同仁堂”商标就其主体部分来看，在外观、读音、含义等方面是否完全相同或者几近相同，从而会产生使相关公众误认的效果或结果?

同仁堂的代理律师当庭详举论据,证明了侵权成立的论点,为法庭采纳,判决叶同仁堂败诉,并在法庭的督促下,执行完毕。

代 理 词

一审代理词

审判长,合议庭:

原告诉叶同仁堂侵权一案,我们自始尊重并表示接受主审法官主持调解的良好愿望。出乎意料,在双方8月3日交换证据并经质证、认证之后,被告方连续几天在温州媒体上发表言论,片面宣传,昭告世人欲与原告争抗到底,彻底关闭了调解之门。原告方无意利用媒体影响审判,从未公开与之交锋。今天也只能怀着遗憾参加诉讼。

我们研究了案中的证据和对方答辩,认为本案的首要焦点在于:“同仁堂”这一驰名商标是否应当得到法律的特别保护,温州叶同仁堂药品零售连锁有限公司及其前身,于2001年8月将“叶同仁堂”作为企业字号主要部分登记注册的行为,是否对1983年注册、1989年经国家商标局公示认定的“同仁堂”驰名商标构成侵权。现在围绕这个焦点,发表以下见解,请合议庭审查。

一、同仁堂是驰名商标,应予特别保护,早经行政权力机关确认,并向境内外宣告,属国家行为,任何人都无权用任何方式否定或者反对。

众所周知,同仁堂历史悠久,名扬中外。335年来,世代相传,除“文革”一段极其反常的历史时期之外,绝无间断,从未更名,承继绵延,一以贯之,同仁堂商标与同仁堂字号一同度过了创建、发达与不断发展的光辉历程。所产药品,配方独特,疗效显著,其中不少成药已被视为中华民族传统中药的著名标志和光辉象征,赞为国之瑰宝,享誉全球。北京同仁堂至今拥有两家境内外上市公司和近400家境内外药店,储备800余种品种丰富、门类齐全的中药方剂,已成为集科工贸、供产销于一体,聚名店、名厂、名药、名医于一身的现代化大型中医药集团,位居国内中药企业50强之首,知名度很高。

1982 年《商标法》颁布，原告即时就依法将“同仁堂”作为企业产品商标申请注册，获得国家批准（注册商标证书为第 171188 号，使用商品为“第 31 类中药”，商品国际分类第 5 类）。此后，又在菜肴、化妆品、无酒精饮料等类商品，以及广告、房地产、仓储、电信、运输、印刷、教育、饭店八类服务领域注册，有据可查。

鉴于同仁堂的特殊地位、独特作用及其在人民大众中的良好信誉，国家商标局于 1989 年 11 月正式认定同仁堂为中国驰名商标，郑重宣告“应受到特别保护”。时为首例，至今有效。我们举出的该局（1989）商标字第 29 号文，作为证据，对方不持异议，认证在案。

以上种种事实证明：保护同仁堂驰名商标的法定权利，事关国家宏利、民族大业，已非一家之私。北京同仁堂的后继者深知重任在肩，不敢掉以轻心，不能轻言放弃。

二、对同仁堂驰名商标实施“特别保护”，有无法律依据？

被告方表示：由于国家商标局的上述批复中并未提出如何特别保护，故对特别保护之说提出质疑。措辞含混，但中心意思可辨，即该驰名商标应予特别保护似无法律依据。

对此，请允作四点说明——

（一）保护驰名商标，不仅是一项法律原则，而且是一条法律规定，具有必须执行的强制力。

（二）对同仁堂驰名商标“特别保护”的宣告是政府行为，在不能证明其为违宪或者违法的条件下，具有不可抗拒的公信力，必须严格执行。

（三）被告方提出的质疑，实质上是一种似是而非的辩解。所谓“特别保护”，首先是从立法角度设立的一项抽象原则，类如“诚实信用”，无须具体规范哪些行为属于或不属于；这里的“特别”，在理解与运用上只能是与“一般保护”相比较，它在范围、力度以及方法上，更为扩展、更其严厉，更见实效，总之应显出“特别”而已。其次是，如前所述，它又的的确确是一条具体的规则。比方说，对注册商标而言，造成误导、误认或者误解才构成法律意义上的“混淆”，由此产生侵权问题。而对驰名商标来说,引发消费者的"联想",客观上形成了对它的"淡化",就构成侵权,即应严加取缔,坚决制止,这无疑是一项"特别保护"。总之,"特别保护"并不空泛,于法有据,是必须执行的。

(四)照顾到我国法制建设目前在某些领域尚不完善的现况,为了更进一步地说明问题,无妨回到"一般保护"的层面加以考察,试举几例便见所谓"特别保护"的重点在于"保护",所谓"特别"实为方法与手段,意在突出与强调。

1.《商标法》第52条第5项:"给他人的注册商标专用权造成其他损害的",构成"侵犯他人注册商标专用权"。

2.最高人民法院法释(2002)32号司法解释《关于审理商标民事纠纷案件适用法律若干问题的解释》第1条:"下列行为属于商标法第五十二条第(五)项规定的给他人注册商标专用权造成侵害的行为:(一)将与他人注册商标相同或者相近似的文字作为企业的字号在相同或者类似商品上突出使用,容易使相关公众产生误认的。"

据此可知,具有以下四个条件,构成侵犯注册商标专用权的行为:

第一,使用了与他人注册商标相同或者相似的文字;

第二,将所使用的文字作为企业名称字号;

第三,将名称字号在他人注册商标所标识的相同或者类似的商品上突出地、醒目地加以使用;

第四,造成容易使人产生误认的效果。

简言之,构成这四个条件,侵犯注册商标专用权的行为即告成立。

3.《商标法》和国家工商总局发布的相关规章,分别设有专条,规定"保护在先合法权利人利益"的原则,即"在先权利原则"。

归纳起来,可以达到一个结论:同仁堂作为注册在案的驰名商标,理所当然地享有注册商标专用权和在先权,任何人都无权持任何借口加以损害。正是由于这个缘故,全国人大代表和政协委员曾在2000年分别提出建议,要求有关部门采取措施对同仁堂驰名商标切实保护;国家工商总局在答复中明确肯定了上述的"专用权原则"和"在先权原则",郑重表示严禁利用同仁堂的信誉进行不正当竞争,并特别指出，要在今后的企业名称核准和监管工作中，对同仁堂驰名商标加强保护。不料时隔不久，就发生了本案涉及的严重侵权事件。相关的证据，也已认证在案。一句话归总：对同仁堂驰名商标施以“特别保护”，正当有据。应予支持。

被告方的负责人在庭外向媒体宣称，“原告是想获得同仁堂一词的独霸权”（见 8 月 4 日《东方早报》）。这反映出被告方对国家特别保护驰名商标的方针政策和法律规定都不了解或不理解，应加辨析，作出说明。首先，所谓“同仁堂一词”之说是偷换概念。案涉商标，非关“词语”，这是个原则性问题。其次，所谓“想独霸”的指责毫无根据。按诸实际，“独”确有之，“霸”则不屑。而所谓“独”，实属“专”，即专用，通俗点说，就是这个注册商标，不仅只准“我”用，而且禁止“你”用，这叫“唯一性”，与体现着法外特权的“霸”，根本不搭界。我们相信，事理一旦澄清，双方终能达成共识，不致再有误解另生纠缠。

三、叶同仁堂的企业名称注册行为是否侵犯了同仁堂商标权？

澄清这个问题，关键在于：应查明叶同仁堂作为被告企业名称的主要组成部分，是否与“同仁堂”商标的文字在主要之点上相同或者近似，从而会造成相关消费者的“联想”，产生误认或误解，构成混淆。这是本案双方分歧的要点，也是我们关注的核心，对此作如下的剖析——

（一）叶同仁堂作为企业字号申请登记，时在同仁堂商标获准注册 18 年、确认为驰名商标 12 年之后，作为同业，同仁堂的行业信誉及其享有的法定权利，被告方当然明知，其注册行为含有明显的侵权故意，毋庸置疑。

（二）叶同仁堂与同仁堂的相似程度，几乎达到完全相同，因而极易混淆。这从中企商标鉴定中心这家权威机构所作十分充分、相当全面的论证意见中得到了证实。它指出：“温州叶同仁堂”以“同仁堂”全部文字作为企业名称的主要部分，仅在“同仁堂”三字前面加一“叶”字，但这并不能改变“同仁堂”在该字号中的主体地位；也没有使该字号产生其他不同的含义。因此，“无论将两标志整体观察，还是要部观察;对比观察还是异时异地观察,均容易造成消费者的混淆”。这个结论具有鉴定的性质,把问题鉴别得明明白白,其结论合法、科学,无懈可击。不仅如此,被告方提交法庭的证据材料也证明混淆的严重存在,甚至编纂地方志的温州权威机关竟然也会将二者混同,更能证明我们的判断准确无误。被告方在其答辩状中分辩说:二者“部分相同,是历史巧合或品牌重生”。这种说法不能成立。姑且不论“部分”之说打了马虎眼,很不精确。什么是“巧合”?结合本案实际,巧合的中心点是“合”,正说明混淆已达到混为一体或合二为一的程度。什么是“重生”?重生的重点在“重”,讲的是“再生”。“重生”在这里是社会现象,含法律问题,因而也就不能规避以下两个条件:第一,它应有法律依据,即必须是依法“重生”;第二,如果你的“重生”与人家的驰名商标有联系,那按法律规定就该禁止你的“重生”。现在的情况是,案中实际是这样的无情,被告方举出的证据明白无误地告诉我们:与温州市著名的老香山连锁药店相比,叶同仁堂“谈不上品牌优势”,时为2002年5月(见被告18号证据)。此后品牌“重生”,岂不正是搭了“同仁堂”驰名商标的“便车”才有可能的吗?如此这般,被告方所谓“叶同仁堂字号具有独特性和显著性,与同仁堂商标具有鲜明的区别,两者之间不存在相近似,不可能使消费者及相关经营者误认或者误解”(引见答辩状),以及一切都出于“巧合”,源于“历史”,等等,哪里还有说服力?

(三)正如中企商标鉴定中心的“论证”所说,被告企业注册时的经营范围、经销品种、销售渠道以及服务对象无不与原告的相同,这无疑加重了消费者的误认或者误解,从而造成严重的混淆。

(四)尤为突出的是,被告企业名称中的字号,与同仁堂商标比较,就其主体部分来看,两者在读音、外观、含义上或者完全相同,或几近相同,总之都足以使消费者误认为“同”而无可置疑。情况之严重,非一般可比。

(五)被告方的店堂牌匾,各种宣传,无不突出使用叶同仁堂字号,极易引起消费者与同仁堂的联想,产生对其服务来源的误解,形成混淆。其结果则是淡化着同仁堂驰名商标的显著性，损害了我们的驰名商标的唯一性。

综上所述，叶同仁堂的注册行为自始侵犯了同仁堂商标权，一切不合实际的抗辩，除了能从侧面证明侵权故意的存在之外，实在没有可以采信的说服力。

四、被告方的抗辩理由是否合法正当、合乎情理、应能成立？

我们在审慎地核查被告方所举各项证据的基础上，认真地研究了他们的基本观点，主要是：叶同仁堂作为百年老字号，“因其药品来源纯正，质量上乘，更（由）于其服务人性化，有特色”，早已获得了公众的认可，是地方医药史上的一座丰碑。与同仁堂相比较，“相关公众不会产生误认或误解，不会使相关公众对答辩人（被告）的商标来源产生误认，或者认为其来源与同仁堂注册商标的商品有特定的联系”。结合其他相关论点，归纳他们的抗辩理由大致有三点：一是“叶同仁堂字号历史上已形成”；二是“经工商部门核准登记……符合相关法律法规”；三是叶同仁堂字号与同仁堂商标“相近似”，“不会造成使相关公众（对）被答辩人商标产生误认的效果或结果”。

关键是前两条，首先是第一条。

审判长：我们有理由向合议庭陈明，尽管我们对相关事物的历史现象作了一定的调查、分析、考察和研究，我们认为本案的讼争标的仅涉现实的客观存在，而不是早逝的陈迹或历史的源流。后者不可能回答本案涉及的这个基本问题：同仁堂作为驰名商标，国家赋予的“特别保护”的合法权利在现实生活中是否受到了其他企业的损害，包括自称百年老店的企业在内！换句话说，问题的关键不在于被告企业创建于何时，是否曾有过光辉的历史，而在于目前该企业名称的存在形态及其使用方式是否构成侵权。

为了表达观点，澄清是非，我们不得不再提一个同样不容回避的问题：即使是名副其实的“百年老店”，是否具有特权，能够以其所谓的历史辉煌来对抗现行的法律法规，既排斥“在先权”，又否定“专用权”,随意地侵犯他人的合法权利?以此为理由提出的抗辩是否成立?

请容我暂且用司法机关肯定的著名案例作答。

天津狗不理饮食公司诉哈尔滨高渊“狗不理”商标侵权案,黑龙江省高院经审理认为:“狗不理”是狗不理饮食公司注册有效的商标,依法享有专用权,受法律保护。高渊虽是狗不理创始人的后代,但不享有狗不理商标专用权……未经狗不理饮食公司许可,擅自制作并使用“狗不理”商标,属于侵权行为,构成对原告商标专用权的侵害。

再看北京实例。同为百年老店的两家“爆肚冯”,因其中一家注册了商标,引发冲突;有关部门最终同样坚持“专用权”原则,认为另一家的使用构成商标侵权,禁止继续使用。

这两件案例已经把问题判别得十分清晰,极其明确。我国法院诚然并不依据判例判案,但典型案例中确定的法律原则和正确观点毕竟可以参照。从以上两例应能看出:专用权作为商标权的核心,有两个方面,一是使用权,二是禁用权。对于这两项权利,百年老店也无法抗拒。更何况“叶同仁堂”作为“老店”,号称三百余年,其实它的发展轨迹屡屡中断,虚虚实实,相当混乱,终至自行消失,早已后继无人!仅举被告方出示的证据,就能证实我们的论断,可见真相:

第一类,据证据(3)、(4)、(7)、(8)、(9):叶心培先生创办药铺后,字号名称有四种之多,除叶同仁堂外,或称“同仁”,或称“叶同仁”,或径称“同仁堂”。这些都有据可考。据被告方提供的证据——《中华百年老药铺》中一篇阐述“叶同仁发迹史”的史料,开篇就说,该店由叶先生顶受“王同仁的一家小药铺”而来,以后改名“叶同仁”。文中24处提到“叶同仁”,但绝无一处涉及“叶同仁堂”。作者自称“系叶同仁老板的老乡,先后担任‘批账’、‘会计’近20年”,为写此文,还就教于老年职工、同业老辈,并且参阅了“堂簿”,史料应属可信。被告方作为第7号证据举出,说明其完全同意。那么,现在既称“恢复”,请问恢复哪家才是正牌够上正宗?难道后人可以任意选择?

值得提及的还有:案经双方交换证据、质证认证之后,被告方又特别强调一块石碑,说是铁证,能见其历史源流。一查碑文,开宗名义,第一句是:“东瓯西关外有叶同仁药肆也,相衍几二百年矣。”石证当能证明,被告代理人所说的名称多种出之于“笔误”,并不真实;“铁证”之说,也不可靠。

第二类,据证据(5):叶同仁堂创建以后,沿着两条脉络发展。其一是1956年以后,它的后场部分,先是划归“温州国药联合制药厂”,中经易名改制,29年之后划归“海鹤集团有限公司”。其二是它的前店,则在1957年易主,后经改制更名,也是29年之后,于1996年更名为“老香山同仁连锁店”。沿着这两条脉络,分明看出,恰如被告方证据(18)中所说,“叶同仁堂自1956年以后至2001年申请注册,已消失四五十年”。它已是历史的陈迹,不复存在了。

诚然,老字号可以恢复,允许恢复,或者应该恢复。问题是:恢复的主体必须适格,绝不是任谁都具有资格申请恢复。至于恢复的对象,恢复的程序,恢复的审批,都不能违反法律规定,并且绝不能侵犯他人的合法权利,则是题中的应有之义,无须赘述。应当指出的是:已经提交法庭的证据表明,被告方2001年8月开办,办理的是“企业设立注册登记”,并不是恢复原企业名称的“企业名称变更登记”。现在借“恢复”之名,搭乘驰名商标的“便车”,岂不是公然违法?情属故意,昭然若揭。

总括以上各点,可以断言,被告方“百年老店”、“历史形成”的抗辩理由,结合实际,既不合法,也悖情理,应请否定。

那么,“叶同仁堂”作为企业名称的组成部分,确已通过有权单位的核准登记,可否据此断为“符合相关法律法规”,予以保护,从而认为抗辩理由正当?

统观相关的现行法律规定,申请登记注册企业名称,至少应遵循两条原则:一是规避他人合法行使的在先权利;二是不侵犯他人诸如专用权之类的排他权利。被告方申请登记注册企业名称时,同仁堂早已被确认为驰名商标,天下闻名,这种很高的知名度,对于被告方来说,因其注册的字号与同仁堂密切关联,也就产生了相应较高的“注意”的义务,即应注意不得侵犯驰名商标的法定权利。然而不幸,被告方并不遵行,这也正反映出他侵权的故意。

尤为重要的是,被告方的申请,连同有关部门的核准,都违反了《企业名称登记管理规定》第 9 条第 2 项关于“企业名称不得含有”“可能对公众造成欺骗或者误解的”内容与文字的规定。据此,显应依据该《规定》第 5 条规定的原则“予以纠正”。客观地说,本案涉及的不合法的登记核准,实质上是被告方滥用权利而导致的恶果,因而应属侵权构成的一部分,绝不能因此而使其侵权合法化。另一方面,退一步说,即使对被告所谓“行为合法”的说辞表示理解,也不能不指出:他指的那种地方性的行政行为,无权延伸于该地方之外,更不能借之以破坏国家法律的统一性原则!

还应指出:被告企业名称中的叶同仁堂,作为字号,其文字与同仁堂注册商标相同或者相似,经被告方突出使用,使相关公众产生误解,这就触犯了最高法院法释(2002)32 号司法解释第 1 条第 2 项的明确规定,超出了正当合理的范围与限度,“属于给他人注册商标造成损害的行为”,在严禁之列。前已指出,不再重复。

我们注意到牌匾可以“适当简化”的规定。但从“简”不可以“化”到侵犯他人合法权利的地步。还有,按照《企业名称登记管理规定》第 20 条的明示,“简化方案”应“报登记主管机关备案”,对此被告不能举证证明,依法属于不正当使用,是其侵犯同仁堂商标权行为的组成部分,必须纠正。

总而言之,我们的否定合法有据,对方的抗辩理由依然不能成立。被告坚持认为他们的违法行为合乎法律规定,意图说明我们的观点有失公正。其实,作为诉讼当事人,谁都有权要求法官平等地保护己方利益,要求“公正”。我们赞同这种立场。但又必须指出:不论立法或者司法,都绝不会平均地分配各种利益,不可能去满足各方的利益诉求。在这里公平合理只能表现在一点上,即在重要利益与次要利益之间、在正当利益与不正当利益之间,法律会朝前者倾斜,如把它视为

“偏向”也无不可。司法实践正是通过实现这种倾斜达到了实质上的平等或者公平！这是法律逻辑。这是生活逻辑。因此谁也无法违反。如果硬把应能或者理当得到倾斜的一方斥为“不公”，也是对法律的误解，是情绪化的反映，我们希望通过讨论能与对方达成共识。

综上所述，既然对方的抗辩理由无不表现出它的违法悖理，绝非正当，请予否定，应能准许。

五、被告侵权应承担的法律责任。

《民法通则》第 134 条第 1 款规定：“承担民事责任的方式主要有：(一)停止侵害；(二)排除妨碍……(七)赔偿损失……(九)消除影响、恢复名誉；(十)赔礼道歉。”

《反不正当竞争法》第 20 条规定：“经营者违反本规定，给被侵害者造成损害的，应当承担损害赔偿责任，被侵害的经营者的损失难以计算的，赔偿额为侵权人在侵权期间因侵权所获得的利润；并应当承担被侵害的经营者因调查该经营者侵害其合法权益的不正当竞争行为所支付的合理费用。”

最高法院法释(2002)32 号第 14 ~ 17 条的相关规定，明确了赔偿数额应当包括的因素，主要指侵权行为的性质、期间、后果，商标的声誉，制止侵权行为的合理开支，等等。

《企业名称登记管理规定》第 5 条规定：“已经登记注册的企业名称，在使用中对公众造成欺骗或者误解的，或者损害他人合法权益的，应当认定为不适宜的企业名称予以纠正。”

我们的请求完全符合上述各项法律、规章和司法解释的规定，而且入情入理。

首先是考察了被告侵权行为的广度和深度。被告在举证中提供了多份材料，意图证明其经营特色和知名度，但却恰恰证明了侵害原告驰名商标的行为不仅长达数年，而且范围甚广，程度很高。从一家在当地不具有竞争力的商户(见对方证据 18)演变成为“规模已超越北京同仁堂的大型企业”(见对方证据 20)，今年又改为“连锁公司”，更进一步地扩大了侵权范围。至于被告因侵权获得的收益,我们实无能准确计算或估算,但上述各种因素都是客观存在,对确定侵权后果极具参照价值,请加斟酌,予以决断。

其次是顾及原告的生产、经营规模,特别是同仁堂驰名商标很好、很高的商誉,对此前有涉及。应当补充说明的是:(一)原告为维护驰名商标和著名老字号的信誉,树立自己的品牌,多年来投入大量人力、物力、财力,仅广告费用一项,近三年投入高达1.7亿元,宣传范围辐射全球。我们提交的证据是有力的说明。(二)同仁堂商标的高知名度,和叶同仁堂与之混淆误认的程度成正比。据此,我们请求赔偿的数额理当较一般的为高。这符合现行的法律原则,合议庭必能明鉴。(三)从实际出发,原告方因被侵权而发生的损失,特别是商誉损失,确难具体核算,我们郑重请求法庭采用“酌定原则”,综合考量。以上三点,大体符合贵院(2002)浙经二终字第112号民事判决书宣示的切合实际、入情入理的正确观点,也与我们在法庭主持调解时所持的立场一致,我们接受法庭的公正裁决。至于其他各项法律责任,无不有法可依,至盼诸位法官准如所请。

张思之　阎如玉

二〇〇四年八月二十六日

原告代理人第二轮补充发言

合议庭:

针对刚才被告代理人发表的辩论意见,结合本案争议,我们现补充如下意见,供合议庭参考:

第一,被告代理人称“驰名商标与一般商标的保护不一样……如果是字号,法律要求的是‘相同’,法律并没有禁止用与驰名商标‘近似’的字来作为字号。”这是对驰名商标保护、对法律规定的曲解,不值一驳。在此,我们仅引用国家的相关规定作答:国家工商行政管理局《关于解决企业名称中若干问题的意见》第4条规定,“商标中的文字和企业名称中的字号相同或者近似,使他人对市场主体及其商品或者服务的来源产生混淆(包括混淆的可能性)从而构成不正当竞争的,应当依法予以制止”;第 5 条规定,“前条所指混淆主要包括……(二)将他人注册商标相同或者近似的文字登记为企业名称中的字号,引起相关公众对商标注册人与企业名称所有人的误认或者误解的”。

第二,被告方称:“被告只是对字号的一种使用,消费者到店里最终还要看药品的商标,所以不会误认。”这种观点不仅反映出被告对法律的无视,也暴露出被告试图利用字号“搭便车”制造混淆,获取不正当利益的侵权故意。

第三,被告代理人辩称:“字号可以恢复,无法律禁止性规定”,“被告是叶同仁堂老字号的继承人”。然而,无论以何种理由注册企业名称,均不得违反现行法律,不得侵犯他人权利。在先权原则是认定侵犯商标专用权案件把握的一项基本原则,我们在第一轮发言中已作详细论证,不再重复,也正是被告提供的多份证据,恰恰反映出其恢复“叶同仁堂”老字号,既缺乏准确的历史依据,又没有明确的法律依据。鉴于这些证据,特别是足以证明“叶同仁堂”最终归宿(已并入温州医药集团公司“老香山”连锁店,与被告毫无关系)的第 5 号证据,均系被告作为本案正式证据提交法庭的,也就是被告方已充分认可该证据的内容。根据最高人民法院《关于民事诉讼证据的若干规定》第 74 条规定:“诉讼过程中,当事人在起诉状、答辩状、陈述及其委托代理人的代理词中承认的对己方不利的事实和认可的证据,人民法院应当予以确认。”对此,请合议庭充分重视。

必须指出:即使是千年老店、历史辉煌,也不能违反国法,侵害他人的商标权利。因此用强调历史陈迹的办法企图免责,于法无据,应请驳回。否则,如果这样地照顾“历史”,去满足一家的非法要求,其结果必然是更大的社会经济秩序蒙受无法估量的破坏。退一步说,即使认为被告人描绘的历史现象没有矛盾,可以成立,这也只不过涉及情与理方面的问题,而绝不涉及侵权是否成立之类的法律判断;前者当然不在讼争的范围之内,因此,如果侵权构成,依然不能借此免责,应无疑义。

第四,被告代理人称:“1956年以后叶同仁堂名称有变,但主体即企业一直延续至今。”然而事实并非如此,我们有必要再次说明:其一,被告方证据证实,“叶同仁堂自1956年以后至2001年申请注册,已消失四五十年”。其二,被告方于2001年8月办理的是新成立企业的“企业设立注册登记”,并不是恢复原企业名称的“名称变更登记”。

第五,被告代理人认为要求改变企业名称只能通过行政程序而不属于民事诉讼程序问题,这是错误的理解和认识。鉴于企业名称(商号)属于民事权利的对象,因此,法院在民事判决中径行就民事权利作出裁判,责令当事人停止侵权,即停止在企业名称中使用相关或责令其更改商号,符合法律规定。而且在司法实践中已有不少案例,如2000年成都市中级人民法院对中国信托投资公司诉四川中信旅行社不正当竞争、商标侵权纠纷案作出的(1999)成知初字第59号民事判决;又如,2002年佛山市中级人民法院对顺德市松本电工实业有限公司案作出的(2001)佛中法知初字第79号民事判决。对于生效判决责令当事人停止使用某一商号或责令其更改商号的,当事人须履行,工商行政管理也依此执行。此类判决有效地保护了注册商标,特别是驰名商标权利人的合法权利。

第六,被告代理人又称:“对驰名商标的保护特别严厉,也不利于市场的经济”,这更是怪论!据一些媒体报道,目前有些企业将与他人注册商标包括驰名商标相同或近似的文字作为商号使用而进行不正当竞争的现象日趋突出,使公众对市场主体及其商品或者服务的来源产生混淆,已成为市场秩序中的公害,使一些具有一定市场知名度的企业蒙受了重大经济损失包括知识产权损失。如果不能依法制止和纠正,这种机会主义行为在市场上就会大量出现,“傍名牌”、“搭便车”的做法有可能大行其道,对市场秩序、社会经济秩序造成重大伤害,遗害无穷。国家法律绝不容忍任何打着种种幌子通过混淆市场主体及其商品或者服务来源等手段，利用他人的知识产权优势获取利益。

为此，原告也希望通过人民法院对本案的审理和判决，有助于依法制止这类侵权现象，维护社会经济的正常有序。

最后补充说明一点：因被告侵权，原告的商誉损失客观存在，尽管难以计算、取证困难，但确应予以考虑；原告为制止被告侵权而发生的经济损失，除提交的第八组证据（四份票据）外，在8月3日质证时，原告已向被告方出示了相关合同原件，其真实性也得到被告代理人的认可，已记录在案。

谢谢合议庭各位法官、书记员。

中国北京同仁堂（集团）有限责任公司

诉讼代理人：张思之　阎如玉

二〇〇四年八月二十六日

诉讼文书

浙江省高级人民法院民事调解书

原告中国北京同仁堂（集团）有限责任公司，住所地北京市崇文区东兴隆街52号。

法定代表殷顺海，董事长。

委托代理人（特别授权代理）张思之，阎如玉，北京市吴栾赵阎律师事务所律师。

被告温州叶同仁堂药品零售连锁有限公司，住所地浙江省温州市隔岸路133号。

法定代表人王崇焕，董事长。

委托代理人（特别授权代理）邱世枝，应云总，浙江时代商务律师事务所律师。

案由:商标侵权纠纷

原告中国北京同仁堂(集团)有限责任公司于1982年依法将“同仁堂”作为企业产品商标申请注册,并于1983年2月5日获得国家商标局批准(注册商标证书为第171188号,使用商品为“第31类中药”,商品国际分类第5类)。此后,中国北京同仁堂(集团)有限责任公司又在菜肴、化妆品、无酒精饮料等类商品,以及广告、房地产、仓储、电信、运输、印刷、教育、饭店等八类服务领域先后注册。1989年11月18日,国家工商总局商标局正式认定同仁堂商标为中国驰名商标。2001年8月,温州叶同仁堂大药房有限公司成立,2004年4月,温州叶同仁堂大药房有限公司变更为被告温州叶同仁堂药品零售连锁有限公司。中国北京同仁堂(集团)有限责任公司认为温州叶同仁堂药品零售连锁有限公司以“叶同仁堂”作为企业名称中的字号,与“同仁堂”无疑构成近似,极易使消费者误认或误解,“同仁堂”作为国家认定的驰名商标,应受到法律特别保护,温州叶同仁堂药品零售连锁有限公司将“同仁堂”作为其企业字号主要部分的使用行为,是利用“同仁堂”在相关的广大消费者群中形成的信誉和市场感召力,从中获取不正当利益,对中国北京同仁堂(集团)有限责任公司及其享有的驰名商标造成严重的侵害。中国北京同仁堂(集团)有限责任公司遂诉至本院,请求判令:1. 被告立即停止使用“同仁堂”作为其企业名称一部分的侵权行为,在全国性媒体上向原告道歉;2. 被告赔偿原告商誉损失人民币5000万元;3. 被告向原告赔偿经济损失492830元;4. 被告承担本案全部诉讼费。

本案在审理过程中,经本院主持调解,双方当事人自愿达成如下协议:

一、温州叶同仁堂药品零售连锁有限公司承诺将现使用的“叶同仁堂”字号及相应的企业名称中的“叶同仁堂”变更为“叶同仁”,并于2005年1月15日之前完成相应的变更手续及店堂牌匾和对外宣传、广告的变更。

二、温州叶同仁堂药品零售连锁有限公司承担本案全部诉讼费262474元，并于2004年12月15日、2005年1月15日共计支付给中国北京同仁堂(集团)有限责任公司人民币40万元。

上述协议，符合有关法律规定，本院予以确认。

本调解书经双方当事人签收后，即具有法律效力。

审 判 长 周根才

审 判 员 周 平

代理审判员 高毅龙

37. 许诺诉北京市城建设计研究院“损害赔偿案”

案情简介

许诺，北京市西城区北礼士路第一小学学生，1995年12月6日中午十二时许，放学回家途经北京市城建设计研究院变电室附近，因到该变电室房顶上捡玩具，被屋顶裸露的10千伏高压线电缆头吸附击伤。经北京市积水潭医院救治，诊断为：“双上肢电烧伤15%3－4度，行双上臂中段截肢术。”经北京市法庭科学技术鉴定研究所鉴定：“许诺之损失为双上肢电烧伤。目前遗有上肢上臂中段以下缺失，致其今后的生活、学习及工作严重受限。被鉴定人许诺的劳动能力完全丧失”。事故发生时，许诺9岁。

事故发生后，许诺的父母与造成事故的该电缆头的产权人——北京市城建设计研究院就有关赔偿问题多次交涉，未能达成一致意见。于是起诉至北京市第一中级人民法院，要求被告赔偿原告各项损失共计295万余元。被告以“既无主观过错，又无违法行为，不同意原告的诉讼请求”。

法院经审理，根据《民法通则》第119条、第123条之规定判决北京市城建设计研究院赔偿原告许诺医药费、法定代理人误工费、营养费、精神损失费、今后护理费及生活费、假肢安装费、鉴定费、律师费共计206万余元。

被告不服上诉，提出追加其他责任人。高院合议庭认为，由于本案涉及程序问题，需要进行评议之后再审理，于是宣布休庭。后以"原判决认定事实不清，证据不足"裁定发回重审。

许诺的律师认为高院的裁定不当。二审未对原审判决的事实根据进行任何审查，便主观认定"原审判决认定事实不清，证据不足"，让人无法理解究竟原审判决在哪一点上"认定事实不清，证据不足"？

1998 年 12 月 4 日上午，中级法院再次开庭审理，并将北京市供电局、北京市丰台区丰新电器安装队、北京市市政四公司作为第三人追加进来。原告表示：鉴于被告的不负责态度，请求判令被告全额支付假肢 360 万元，赔偿原告包括假肢费在内的各项损失共计 424 万余元。庭审中，各方当事人对事实均无争议。被告表示第三人对损害后果的发生或有间接的侵权责任，或有违约责任，应共同赔偿。第三人均表示对原告的损害后果既无过错，更无因果关系，赔偿责任应由被告承担。

下面是我们的代理词。

代 理 词

一审代理词

尊敬的审判长、审判员：

受本案原告许诺及其法定代理人的委托和律师事务所的指派，我们担任许诺的代理人参加诉讼，在认真听取法庭调查的基础上，发表代理意见如下：

第一，本案案情简单明了。概括地说，即被告北京市城建设计研究院的用电设备——裸露的高压电缆头，造成本案原告许诺触电致残，后果严重。该电缆头归被告城建设计研究院所有，是被告正在进行10千伏高压作业的设备。原告的致残后果则是“双上臂中断截肢”（见证5——诊断证明）。“劳动能力完全丧失”（见证4——法医鉴定书）。总之，事实清楚，毋庸置辩。

第二，对原告许诺的伤残后果，被告北京市城建设计研究院依法应当承担绝对的赔偿责任。庭审调查中大量证据已经证实：许诺的伤残后果是被告城建设计研究院正在作业的高压电缆头所致，依法该院自应承担赔偿责任。《民法通则》第123条规定：“从事高空、高压、易燃、易爆、剧毒、放射性、高速运输工具等对周围环境有高度危险的作业造成他人损害的，应当承担民事责任。”城建设计研究院作为从事法条中明列的第二种“高度危险作业”的行为人，其作业行为直接造成了许诺伤残的损害后果，因此，城建设计研究院应当承担民事赔偿责任。诚然，该法条中有个免责条件，即“如果能证明损害是由受害人故意造成的，不承担民事责任”，这也是唯一的免责条件。由于被告城建设计研究院清楚地知道事故发生时许诺刚满八岁，属《民法通则》第12条第2款规定的无行为能力人，不可能存在故意的自残行为，因而不存在这唯一的免责情况，城建设计研究院因而应当无条件的承担对受害人许诺的民事赔偿责任，自无疑义。

鉴于被告一再回避他们正在进行高压作业的事实,意图达到“免责”的目的,所以有必要说明:(1)这里所说的作业,是指行为人为完成某项既定任务(生产、科研等)而进行的活动。在本案中,被告城建设计研究院是正在使用10千伏高压电以及直接造成许诺伤残后果的带有10千伏高压电的电缆头进行生产经营活动的行为人,换句话讲:在本案中被告永远无法否认的一个基本事实就是:是被告在使用高压电的过程中造成了原告人许诺的伤残后果。因此,(2)被告作为从事高压作业的行为人,应无条件地依《民法通则》第123条的规定承担赔偿责任,而无由免责。还应着重指出:我国的司法实践无不按照本条的原则去处理相关问题,绝无例外。(3)再从立法的角度来讲,民法确立高度危险作业致损的无过错责任,就是为了促使从事高度危险作业的组织和个人提高责任心和改进技术安全措施,保护人民的生命健康,维护大众的安全。因此,要求被告承担绝对的赔偿责任完全符合立法的主旨,体现了权利义务相一致、利益与风险相一致的立法精神,体现了对人的尊重和重视,从而反映我人民政权的本质。相信人民法院必能做出合乎法律规定的判决。

第三,被告城建设计研究院多次以自己没有主观过错以及本案第三人如供电局等单位确有过错为由,或拒不承担或诿过他人分担法律责任,其理由统统不能成立。

城建设计研究院曾在不服原判决而提出的上诉状中提出:我国民法通则对损害赔偿民事责任的一般构成要件必须具备:损害事实、侵权行为的违法性、违法行为与损害事实之间存在客观必然的因果关系和侵害人的故意或过失四个构成要件。然而这是对法律的不完整的理解。一般来讲,在民事活动中,行为人应当根据主观过错的大小来承担民事责任,即所谓过错责任原则。但这并不意味着对所有的损害赔偿案件都适用过错责任原则。除此之外,我国法律中还有无过错责任原则和公平原则之分。如《民法通则》第132条规定“当事人对造成损害都没有过错的,可以根据实际情况,由当事人分担民事责任”即是公平责任原则的体现。而我们前面引证的《民法通则》第123条的规定则是无过错原则的体现。所以,《民法通则》第106条第3款规定:“没有过错,但法律规定应当承担民事责任的,应当承担民事责任。”而该法第123条规定的,从事高度危险作业造成他人损害的,无论行为人主观上是否有过错都应当承担赔偿责任,正是这种绝对责任或无过错责任。这种责任的承担,既不以是否存在违反法定义务的行为,也不以是否存在行为人的无主观过错,为损害赔偿的前提,它仅以损害后果的事实存在,损害行为与损害事实之间有其因果关系为成立的要件。原审法院也正是据此而判令城建设计研究院承担赔偿责任的。由于许诺的伤残后果是城建设计研究院的高压电缆头造成的,而高压又是法定高度危险作业的七种情况之一,所以我们只能也必须依《民法通则》第123条的规定主张权利,被告城建设计研究院没有过错不承担责任的理由因与我国现行法律相悖,也就变得毫无意义。

城建设计研究院一再强调自己没有主观过错,这一点对于本案来讲根本没有法律意义,已如上述。不仅如此,城建设计研究院自称没有主观过错在客观上也绝非事实。城建设计研究院强调是由于他人过错致使周边环境发生变化及高压电缆头位置下移最终导致损害后果的发生,独不提自己的过错,我们要问,既然城建设计研究院明知由于多种因素的影响使他们自己的配电设施已经严重不符合安全标准并对周边环境、对社会造成了威胁,那为什么不采取必要措施,甚至不加护栏,不挂警示牌,严重违章作业,因而导致侵权后果的发生?这对于配电设施的产权人,对于具有维护、保养及合理使用该设备的城建设计研究院来讲,尽到法定职责了吗?电力工业部政法规(96)29号文件就此事对原审法院的答复中断定:法院“提供的安全距离的实测数据,经与(法定)标准核对,明显低于标准规定的要求,应装设固定遮拦”。据此,被告既然应装而不装遮栏,这不是主观过错又是什么?被告拒不认错,反映了被告在对本案涉及的伤残结果的处理上所表现的不负责任的态度。

此外,从技术设计研究院一再引用1992年12月2日能源部、公安部发布的《电力设施保护条例实施细则》第22条的规定:“无行为能力人和限制行为能力人违反《条例》规定造成电力设施损坏的，或造成单位、公民经济损失、人身伤害的，由其监护人负担赔偿和承担法律责任。”并在上诉状中将其中“监护人”三字以黑体字标出，试图引起人们的误解，似乎许诺的伤害后果应由其监护人自负。对此，我们不得讲的是：根据上述法律的规定，对监护人适用该《实施细则》承担法律责任的一个最基本的也是必须具备的前提条件是：无行为能力人和限制行为能力人“违反《电力设施保护条例》规定……”因此，我们要问：许诺是否有违反该《条例》的行为？没有，根本没有。由于许诺根本没有任何违反《条例》哪条、哪款、哪项的具体行为，因此，被告引用上述《实施细则》第 22 条的规定，不仅在法律上毫无意义，在客观上也难以达到混淆视听、推卸责任的目的。

或说许诺的监护人因疏于管教，是造成许诺被电击致残的一个重要原因，故也应分担责任。这个主张同样毫无道理。

监护人的职责是什么？《民法通则》第 18 条第 1 款有明确的规定，即“保护被监护人的合法权益”。而依据该条第 4 款的规定，“监护人不履行监护职责或者侵害被监护人合法权益的，应当承担责任”。据此可见，许诺的家长以法定代理人身份诉请法院维护许诺的合法权益正是履行其监护职责的表现。诚然，作为父母，对于未成年子女又负有教养的义务和维护其健康与生命安全的责任。但是，任何一个不能或不善约束自己行为的孩子的家长，包括许诺的父母，都不可能防范那些无法预见的意外事故，从而能够严格管教子女避免这种事故的发生。被告硬要许诺的家长对被告的侵权行为承担法律责任，这又是哪家的法律呢？这又符合谁家的情、哪家的理呢？如果按照被告的逻辑，我国每年发生的那么多拐卖儿童案件中，被拐儿童的父母是否都应当在失去子女之后还要因“疏于管教”而再承担一定的法律责任，而那些拐卖儿童的犯罪分子是否也可因被拐儿童的家长未尽“监护责任”而适当地减轻其罪责呢？同样道理，被告在造成许诺的伤残后果后，同样没有理由再对受害人的父母做出无端的指责。

被告还多次试图证明供电局、市政四公司以及丰台区丰新电器安装队对其存在大量的违法侵权行为,对此,我们依据法律再次声明:是被告城建设计研究院在使用自己的设备从事高压作业的过程中,造成了许诺的伤残,依法应承担法律责任。至于其他单位是否对城建设计研究院构成了侵权,是否造成了损害后果,应否承担法律责任以及承担什么样的法律责任,这涉及城建设计研究院与其他单位之间的关系,与原告无关,我们没有必要代或帮被告向他人提出主张。

第四,原告的诉讼请求合理合法,应予支持。我国《民法通则》第119条规定:"侵害公民身体造成伤害的,应当赔偿医疗费、因误工减少的收入、残废者生活补助费等费用……"根据法律的规定,许诺的请求不仅合理合法,并且绝不过分。仅假肢费一项,根据现行价格,每支9万元,每次两支共18万元。18岁以前每年更换一次,九次共计162万元,18岁以后至75岁,每五年更换一次,共11次,共计198万元,因此许诺未来的治疗费用仅假肢费一项就应支付360万元(见证据9——假肢费证明)。当然,被告城建设计研究院一再试图否定安装假肢的必要性问题。我们说:"治疗就是消除疾病,减少痛苦,促使恢复健康的医疗措施。主要包括祛除病因,消除症状,改善功能的不平衡状态,恢复机体的生理功能。"为此而采取的措施都应认为是医疗措施,最大可能地恢复伤者的生理机能,减少痛苦,都属治疗行为的范围之列。所以,治疗不是简单的救命。面部受伤,不是简单地止住流血就可以了,而应采取具体措施,要用最细的针线进行缝合以使疤痕降到最小,要进行必要的植皮、多次手术整容以使伤者尽可能地恢复到原有的自然容貌。如果按照被告的逻辑,假肢是不必要的,那么,多次的手术、细针线的缝合、植皮、整容以及在手术中使用麻药是否都是不必要的行为?许诺受伤之后是否也不应该去积水潭这样的医院而应该到一个门诊去治疗更合适呢?因为积水潭医院的治疗及住院费用都可能高于一般门诊。在此,我们不得不说的是:再怎么整容也无法恢复原来的美貌,再先进的假肢,也无法替代原来的两只胳膊两只手。所以,假肢的安装不仅是必要的,而且是远远不够的。原告的要求绝不过分!被告在答辩状中把这一请求上升到了国家主权原则的高度，这给人以不知所云的印象。国家主权原则是国际法中的一项基本原则。国家主权是作为国际法主体的国家在国际交往中所专有的一项权利，主权国家是该项权利的唯一主体。我们今天是在中国的法庭上，根据中国的民事法律，主张中国人自己的权利，我们既无出卖中国主权之嫌，更无侵犯他国主权之实。被告在此大谈国家主权原则，很难令人理解他究竟想要说明什么？对此，相信法庭能够明鉴。

第五，还要着重说明的是：本案被告以种种理由拒不承担其应负的法律责任，一个直接的后果就是：将一个已经完全丧失劳动能力、生活不能自理的许诺推向社会，然后在许诺因获赔不足、无钱治疗、生活无着的情况下，再让全社会来献爱心，让包括我们可爱的少年儿童在内的全社会来募捐，让包括我们在座的所有人在内的整个社会有良知的人们来替被告承担其依法应当独立承担的责任，也让我们的人民政府从财政中挤出钱来帮助救济许诺这样的残疾人，替被告承担责任。被告人的这一要求，于情、于理、于法，哪一点能够成立？怎能予以支持？

至于原告诉讼请求中所列各项内容，或为医疗的实际支出，或为主张权利的必要费用，统因被告侵权行为所致，依法应由被告承担。

最后，我们再次说明：最高人民法院向全国通报的隋香索赔案（证据10）及重庆一中院不久前宣判的廖克力索赔案（证据11）已经在司法实践中确立了对此类案件的审判原则，做出了判例，我们相信本案合议庭一定能够排除干扰，严肃执法，既维护当事人的合法权益，又维护国家法律的尊严，并最大可能地为国家、为社会减少不必要的负担，从而采纳我们的正确主张。

代理律师　张思之　李会更

一九九八年十二月十四日

38. 十四家金属公司诉兰州铝厂“合同纠纷案”

案情简介

1987 年 5 月，中国有色金属材料总公司（下称中金司），联合本系统的几十家省、市、县公司，为援建大西北，由 14 家公司出面与兰州铝厂（下称兰铝）分别签订协议，合计集资 3500 万元，扩建产铝车间，铝厂则按“国拨价”分期分户交付铝锭 23800 吨，五年交齐，投入款不再收回。

1987 年 11 月，资金按约全部到位。援建的车间建成投产，但兰铝从一开始就拖延履行交货义务，借口“价格”问题反复扯皮，使集资各家程度不同地蒙受了灾难性的损失，有的濒临破产。1990 年 12 月，14 家公司联名状告兰铝要求履行义务，立案南宁中院。被告采用不正当手段把诉讼“管辖权”争到兰州中院。几经周折，兰州中院终于开完调查庭，并通知了正式开庭审理的时间，原告 14 家按期集中兰州，不料突然宣告延期审理，理由是“诉讼主体尚未解决”，原告各家应作为第三人参加诉讼。此议受到抵制。此后又经过一年，案经中院、高院，最高法院经济庭也不断参与其事，终得于 1993 年 4 月 27 日正式开庭。审理竟日，审判长宣布：“定期宣判，另行通知。”延至 7 月 8 日，中院不出判决，却下了裁定，宣告广西壮族自治区十几家原告无权告状，“驳回起诉”。而对有权告状的“中金司”的权利又一字不提。原告各家，联名上诉。8月27日，高院裁定：“指令兰州中院进行审理。”而按照《民事诉讼法》只有“发回重审”的规定，并无“发回审理”的提法，其中的诡诈，不言而喻。自此以后，兰铝使用各种手段，逼原告各家同意“调解”，以极不合理的条件了结了此案。

代　理　词

一审代理词

审判席：

我们原告各家诉铝厂一案，尽管涉及两部、十省市近二十家国营企业，但分析它的法律关系，无论怎么说，都是一件极其简单的经济诉讼。欠货退款，欠债还钱，有关法律和法规无不认为是无可否认、无法赖掉的规矩和规则。去年庭前调查，特别是今天上午的法庭调查证明：被告人因欠货而负有债务，是铁的事实。我们与被告长期协商，复经法庭昨天调解未达成协议，现在诉请法庭满足原告人的诉讼请求，应当说：理由充足，无可争辩。

我们无意重提原告各家在1987年为开发大西北投资兰州铝厂所办的这件好事，只是想说：聪明的中华儿女总不能老是在好事萌生之初就把它转变成了坏事。无数事实证明：善于把好事变为坏事的人，不是误国，就是害民，既损了人，又害了己。我们不该步他们的后尘。基于这一点，我要说，难道我们今天真的就不能在法庭的主持下，沿着法制的轨道，把变了质的好事让它重新焕发出光彩吗？让我们学会把坏事转化为好事吧！这不仅是为了自己，不仅是为了哪一方、哪一家，而是为了我们正在振兴中的国家！

作为一个中国人，看到大西北的黄土高坡，情难自禁，就会依稀看到那些从黄河上游光背赤足、一步一唤、朝着我们走来的纤夫群。这是我们民族的古老形象，可而今犹在，能不令人热泪翻滚！人们说：男儿有泪不轻弹。也会有人轻蔑地认为：眼泪又值几何！可是，尊敬的法官，泪不轻弹，是由于未闻伤心事、未到伤心处啊。面对着既富饶而又贫困的皋兰大地，只要良心在胸，能不沉重？能不沉痛？！

我们这里富有地下宝藏，又有纯朴、勤劳的人民，在拨乱反正之后又有了符合国情的国策，而今主要是缺乏资金，才使得资源沉睡，人民未能站入先富的行列，因此，如何迅速地、有效地改善投资环境，实在是当务之急；而投资环境的能否改善，能否把省外、国外的资金尽可能地引进来，一个非常重要的先决条件是：法律是否能够不打折扣地贯彻执行，企业在其生产经营中是否能严守诚实、信用的原则！

诚实信用，既已被规定为必须执行的民事法律原则，就不仅只是个人品格的体现，也不仅只是一个企业的风格的反映，而应看成我们伟大国家的国格的重要组成部分。信守而不玷污这条原则，应是每个公民的法律义务。

我讲这些，既是自勉，也是要在庄严的法庭上再次要求我们的委托人能够严格地信守这条原则。当然，如果大家都能信守这条法律原则，我们的生产一定会发展得更快，经营必然搞得更活，企业将因此得利，人民会由此受益，大家的日子肯定能更好过。这一点，无须证明。不必讳言，我当然也愿意提到我们请求他退款还债的被告人。不错，铝厂在这场诉讼中居于被告的地位，但这本身并没有一丝一毫不光彩的地方。铝厂作为国家的一级企业，我相信一些报刊和电视的揭示或宣传，会有至少是应有它绝非寻常的贡献和业绩。正因为如此，我们要真诚地表示一个心愿，愿意看到先进企业所迈出的每个重大步骤，都属不同凡响的创举，从而为其他企业树起榜样，为祖国的腾飞加个翅膀，添些光辉！作为一个中国的公民，一个普普通通的律师，我痛彻地感到，我们至今没有自己誉满全球的“松下”或“索尼”、“通用”或“奔驰”，这真是一大憾事！唯其如此，我们对于自己的先进企业，怎能不衷心祝愿它先进更先进呢？好的企业之所以成为先进，中外一律，离不开法制。松下的法律顾问是位女律师，她为松下事业开创了一个灿烂辉煌的前景，举世闻名。这个经验，似乎也是应当引进的。也正因为这样，当读到尖锐批评铝厂弃法违约的文章时，我也曾受到震动。一家中央级的报纸上，发过一篇署名文章，其中有一段写道：“某某铝厂……在中央大报上宣传合同兑现率达百分之百。今年对付款单位的合同居然一吨未交，这如何能叫百分之百？作为申请国家一级企业的该市铝厂,经济效益自然不错,然而这些效益在一定程度上是建立在各集资单位的经济危机上的。”诚然,文章的观点符合客观实际,可是,我在震动之余,确也真诚希望我们国家的一级企业能够扭转在一件合同上的失误,挽回信誉。

上引的文章中提到了一些企业的经济危机。我以一个法律工作者的名义向法院,特别是向铝厂的代表诉说:文章写的确属实情!

广东顺丰县是国务院的重点扶贫现象,该县金属公司投到铝厂的100万元是扶贫项目款。可是,他们至今没得到一吨铝或者一分钱的收益!现在除百万本金外,又加上了多达130万元的利息。前不久他们在当地散发的一份资料说,由于这230万元的沉重负担,全公司的职工连同家属二百余人,生活已无依靠,有的人已是走投无路,陷入绝境,希望救星降世,以解决生存问题!

江苏省泰州也是贫困县,该县金属材料公司向铝厂投入250万元,因长年没有分文的收益,压力太大,而将经理免职,以谢全体职工,并为“失职”者戒!一位老经理因承受不住沉重的利息负担,两度中风。目前,公司已濒临倒闭。人们说:扶贫项目变成了害贫项目,这是始料不及的。

面对此情此景,我们忍不住要说:只要按合同履约,就可以扶贫,就可以使这些企业和它们数以百计的职工从危机中复苏、复活,对于被告人铝厂来说,对于一个效益甚好的一级企业来说,做到这一点,难道不是举手之劳?我们还清楚地记得:想当初,在号召人们为援建大西北而集资的会上,甘肃的一位副省长以省里的丰富资源作保,说:投到该省的钱,一定会有效益,一定能偿还,这一点绝对有保证。信誓旦旦,言犹在耳,人们没有理由怀疑我们的高级官员会食言自肥。我们希望:大有经济实力的铝厂负责人和握有资源宝藏的省府官员,能以对温饱问题正待解决的贫困地区的债权人伸出守法履约之手。这绝非哀求。这是我们代表原告一方发出的呼声。我们希望得到铝厂的呼应。

现我就本案涉及的合同问题发表如下意见:

一、法庭调查证明，广西等十几家原告于1987年5月10日至23日在南宁会议上分别与被告签订的补偿贸易合同是合法有效的，已经履行了合同约定的义务。依合同取得的权利，自应予以保护。

1. 南宁合同的内容除了确定原告各家应付款数及被告每年度、每季应供铝数外，还特别规定："铝厂与中国有色金属材料总公司有色经营部，1987年4月14日签订的'协议书'和1987年5月4日签订的'补充协议书'作为双方签订本合同的具体条款，双方必须严格执行。"因此，从原告、被告双方在合同上盖章之日起，4月14日协议及其补充协议中的各项规定，即作为被告分别与原告各家签订的补偿贸易合同的具体条款得到了双方的确认。

2. 南宁合同签订后，原告各家分别根据该合同，将集资款如期如数直接汇至被告铝厂，被告的权利全部得到了满足。

3. 南宁合同签订后，所有与此有关的会议，都是在中金司召集下，由被告和出资各家共同参加，所有达成一致的会议纪要、补充条款，都是被告与各家签署。尤其是1988年10月16日至20日的项目协调会，为了加强对铝厂扩建项目的管理，专门成立了项目协调小组，铝厂出任副组长，通过了"开发项目协调小组职责"的决议，确定小组的主要职责是协调处理合同执行过程中出现的各种问题，这份纪要全面地反映出铝厂与出资各家的关系，铝厂签署在案，无可否认。

铝厂在答辩中特别强调1989年8月签署的"合同补充条款"，但却断然否认它与出资各家存在法律关系。可正是这个补充条款，是以铝厂为一方，集资各家为另一方，分别、单独签订的。铝厂的签署代表是许某某。这怎么能说被告与广西等十几家原告从未发生法律关系呢？行使权利的时候承认有法律关系，而履行义务时，就避而不认这种实际存在的法律关系，天下哪有这样的道理？

根据以上事实，理应得出这样的结论：广西等十几家原告分别与被告签订的合同是完整的、有效的，出资各家分别依据合同向被告履行了付款义务，被告应当以双方规定的条件，向广西等十几家原告履行义务，别无选择。

二、我们认为有必要说明中金司在铝厂项目中的作用及 4 月 14 日协议和 5 月 4 日补充协议的性质。

铝厂扩建四车间，是省政府出面号召、中金司牵头洽谈，全国近二十家物资企业共同出资的一个项目，被列入该省“七五”计划，铝厂根据它当时的情况，没有可能向外省物资企业筹集 3500 万元巨款，任何单一省份的物资企业也不可能独自完成这一投资，所以，铝厂四车间扩建项目从一开始就是一个需要多方支援的项目。在这种情况下，中金司由于当时国家赋予的特定地位、特定职能、特定任务，承担了集资方的牵头工作，并作为集资方统一的代表出面参加项目谈判，既简化了谈判程序，又节省了时间，用很短的时间便促成了这一项目，确定了出资方式、集资总额、偿还办法等基本原则，产生了“4・14”协议及“5・4”补充协议。应当说，没有中金司牵头，就没有铝厂四车间项目的迅速上马，这种谈判方式对于铝厂这一需要众多集资方出面的项目来说是效率最高的方式，被告无疑受益于此。了解情况的人都很清楚，这种方式是 1987 年前后，开发甘肃省有色金属资源活动中普遍采用的办法。因此，被告自始确知，中金司只是“牵头人”，其本身并不投资。因此协议中明确规定“甲方应按乙方的分割单签订供铝合同，并严格执行”。还规定“甲方应依据供铝合同向付款单位办理托收承付”。基于这一点，我们说“4・14”协议及“5・4”补充协议是铝厂四车间项目的总意向书，仅只是项目原则的确立，中金司作为牵头人，负有两项责任：

第一，确保集资各家接受“4・14”协议及补充协议确定的各项原则和规定；第二，确保集资总额落实到具体单位，并将分割单即参加集资的单位和数额明细表，提交被告。这两项，中金司全部做到，并得到了被告完全的接受与认可。其法律表现，就是被告分别与集资方签订了合同并将“4・14”协议及补充协议转化为南宁合同的具体条款；补偿贸易合同的权利、义务，最终确定。

但是，被告为了规避合同义务，在答辩中居然说：“中金司转让合同义务通过向十三家收取 3500 万元投资向铝厂履行义务。”试问：被告直接与广西等家签订合同，直接向广西等家收足了钱，这难道是中金司转让的结果？难道是中金司把十多家凑足的三千多万元巨款收进了自己的小金库，而不是铝厂把这笔钱存入自己的账号用来盖了自己的一个车间，从而收到了很好的经济效益？为了免除理应清偿的债务竟然如此歪曲实际情况，相信会受到我人民法院的批驳。

被告在答辩中说：南宁合同只是“收货计划卡片”，广西等十三家不能以此主张合同权利。这里，我们姑且不说这种卡片是格式合同，是铝厂标准合同这一事实（我们有被告用同一种合同纸在其他情况下，与其他人签订的合同），试问：这个所谓的卡片上分明注为合同，这个加注究竟起什么作用？再问：既是“收货计划”为什么盖合同章？为什么铝厂在盖章时还特别注明“双方按经济合同法执行”？再问：既是收货计划，被告又凭什么依据一个“收货计划”向广西金属公司等原告收取巨额资金？难道收钱以前是合同，钱到手之后合同就变成了被告可以随意变更、甚至单方撕毁的“卡片”了吗？难道被告在收取了巨款享尽权利之后，可以不承担丝毫义务吗？难道广西等十几家企业数十万职工把血汗积累投资给铝厂之后，连讨还的权利也没有吗？按照被告的逻辑，我们的社会就会失去正直、善良的道德原则，民法通则所确认的诚实、信用、自愿、公平、等价有偿等法律原则就会成为一纸空文，社会将没有正常的经济秩序！而这一切，无疑为法制所不容。我们绝不怀疑公正的法庭会对这些违背法律原则的主张作出正确的裁决。

审判长：

我们上面的陈述与分析，应能得出一个无可争辩的论断：被告人拒绝履行合同义务的答辩理由不能成立，必须承担违约责任。

自合同签订后，原告一方为了搞好铝厂项目，并督促被告履行义务，先后召集各类会议，多次来兰州，一再妥协，不断让步，但终于没有换来被告履约的诚意，请允许我陈述几点相关的事实：

一、关于交货价格。被告一方一再表示，价格是本案焦点。不对！价格问题的实质是被告应否以及如何偿还投资的问题。补偿贸易的原则是以低价产品偿还投资。因此,双方在合同中明确规定:“供给价格以交货时国拨价(AO4000 元/吨)进行结算”;“甲方(被告)按国拨价向乙方供铝锭 23800 吨,以偿还乙方资金本息。铝锭如数交完后,甲方不再向乙方另外还款”。概括地说,就是:投资者以得到23800 吨国拨价铝锭为条件,而不收回当年投入的 2900 万元的巨额投资(仅就参加起诉的十三家而言)。有人说这不公平,那么,是不是得到了投资的人想给多少就给多少甚至一吨不给才算公平?还有,为了避免在合同执行中可能产生的争议与纠纷,合同特别明确规定,“水、电、燃料价格上涨或下降等因素不影响双方签订协议中铝锭的价格,应严格按交货时国拨价为准”。此外,双方早已预料到随着经济建设的发展,价格政策必然会有变化的情况而规定了协商原则。合同中的规定是:“如遇国家价格在目前基础上进行了调整,则双方应本着互利互惠的原则重新协商,国拨价上调应保证乙方(原告方)正常贷款利息和微利,国拨价下调,相应减少铝锭数量。”即上调时要保障投资人权益,下调时照顾到被告的实际利益。上述规定说明在合同签订时,双方对补偿贸易及其原则认识得非常清楚。它不同于购销合同,其交货价格也不同于买卖价格,补偿贸易中交货价格一经确定,不能也不应受商品成本变化的影响。合同签订时的市场价与国拨价之差是 2300 元左右,被告如数供足铝锭后,投资方即能从这 2300 元/吨的差价中收回投资本息。这就是补偿的实质,但是,被告却在巨款到手、车间建成并取得可观效益之后,开始在价格上大做文章,总是在2300 元之内无休止地讨价还价,但价格之争并不是本案的实质,而仅仅是表象,实质是被告以掌握铝锭为优势,迫使原告方接受他们提出的交货价格,最终不履行合同义务;被告人也达到了这个目的,五年来,被告交铝数量只占应交数的 15% 左右,便是证明。

被告为了独占已得到的及将来必定会得到的经济效益而不履行义务,寻找了种种借口,交货价格问题只是其中之一。

二、关于成本问题。这是被告违约的另一个理由。被告说:四车间成本高,如按合同履行,企业将蒙受亏损。可是,众所周知,生产成本是被告生产经营中的问题，与原告方并不发生实际也没有发生任何关系。被告把一个与投资者毫不相干而在生产中又相当复杂的高成本与投资者挂钩，并把高成本可能产生的低效益的所谓亏损转嫁给热情出资、助其建厂的债权人身上，这不必讲法、讲政策，已是连常理都不顾了，这怎么行得通呢？考虑到此刻我们是在向法庭陈述理由，所以还必须着重指出，根据法律，因合同而产生的债务的偿还，应是无条件的；合同一经成立，即受法律保护，双方必须遵照执行。被告应当偿还它的债务，不论它的生产初期是亏损还是盈利，都必须偿还。更何况，被告利用原告一方的投资取得了巨大的效益，不仅甘肃人民共知，且为被告一方的宣传文字所证实，应无疑义。

三、关于供铝条款的变更问题。被告人说他们在 1989 年 3 月 20 日、8 月 22 日两次与中金司协商一致，改变了原协议中的有关供铝条款。对这种说法稍作分析，便可看出，被告人的立论站不住脚，作为违约理由不能成立。我们先不论 3 月 20 日的补充协议与 8 月 22 日的合同补充条款，无论在形式上还是内容上，都有重大差异，因而不可相提并论；仅就被告人用各种方式一再提出的 8 月 22 日的合同补充条款来看，正是这份协议，由于签署人一方为兰铝，另一方为原告人中的绝大部分，说明了被告人与原告十几家法人的权利义务关系。相关的书证，我们已提交法庭，不再详述。应加说明的是：

第一，这份补充条款所产生的基础与原则恰恰是被告与原告各家在南宁订货会议上分别签署的合同。该补充条款开宗明义说，“根据原合同”一语五个字，便充分说明了我们的论断准确无误。

第二，这份补充条款的基本内容，并无适用于整个合同期间的效力，它有严格的限定，即仅仅适用于 1989 年，仅仅适用于 1989 年实际交货的 3000 吨。

第三，这个补充条款将托收承付方式修改为“款到后发货”，即实行了预收货款，这有它当时的政策背景。关于这一层，中国人民银行 1990(57)号文件《关于恢复异地托收承付结算方式的通知》中，说明得十分明白，也不再赘述。关于执行“款到发货”中的具体情况，则将在必要时详加说明。

第四,这个补充条款中涉及的“用电权费”因其违反相关法规而无法律效力,“用电权费”问题将在后面论述。

为了使法庭对于这个补充条款的性质及作用有一个更为清晰的概念,我们有必要提出这样一个事实:本案原告中的一家,天津物资贸易中心代表因对该补充条款的内容持有异议而未签字。被告在强手面前,不得不按照南宁合同规定的内容,履行了当年的交货义务,办理了托收承付;可是,其余各家在补充条款中作出的妥协、表达的善良愿望以及认真考虑被告要求的诚意,统统被视为可欺的软弱表现,成为被告撕毁合同的借口。被告在违约的路上走得太急,也太远了!我们相信,法庭不会听任违约者的无理要求长期持续地发展下去。我们至今仍然真诚地期望通过审判,被告人在法庭的主持下,终能走上诚实履约的道路。

四、关于“保底条款”问题。被告违约,拒不交货的另一个理由是:合同约定的国拨价供货以保证原告权益的条款是什么“不平等的保底条款”。何为“保底条款”?我们认为“保底条款”这概念,有其特定的使用范围,只适用于联营合同。根据最高法院的《关于审理联营合同纠纷若干问题的解答》,“保底条款”是指一方虽然向联营体投资,并参与经营,分享联营利润,但不承担联营的亏损责任,在联营亏损时仍要收回其出资和收取固定利润。请问,这与本案合同有什么关系?与本案诉讼又有什么关系?我们十几家原告没有一家曾与被告签订联营合同,更没有也绝不会有一家参与了被告兰铝的经营活动或分享过一分钱的利润。既然如此,谈得上什么“保底条款”?被告及其代理人用各种说法曲解联营、联合这些基本概念,并以此为手段,搅乱本案纠纷涉及的法律关系,应请法院明鉴。至于被告说这不平等,那就让我们看看如下事实:

铝厂收取了3500万元巨资后,便晋升为一级企业,效益之好,经常见诸报端、荧光幕上,其主要负责人也获得了极大荣誉。而原告方则因巨款长期不能收回,有的企业因此而倒闭,有的企业负责人因此而被撤换。参与江苏省金属材料公司资助铝厂扩建工程的江苏泰县金属材料公司的原经理因此而中风失语,至今卧床不起……但被告在昨天的调解会上居然提出只给回本金,不给利息。这难道就是被告的公平吗？近3000万元巨款,放在银行里存五年,利息也有1800多万元。资助铝厂建厂却分文利息不付。这难道就是铝厂的公平吗？这是十足的霸道！铝厂的法人代表凭什么如此霸道！如此蛮横不讲理！

但我们相信,被告铝厂再霸道,也难以使人民法官肩上的神圣的天平倾斜。被告的违约行为必将受到法律的制裁！被告人必须承担违约责任,被铝厂严重损坏了的该省投资环境一定会得到改善。

五、关于用电权问题。被告一口咬定所谓“用电权费”是原告方应当承担的“法律义务”。把一厢情愿的主张,称为“法律义务”,把一个企业化身为国家立法机关,是一个笑话性的失误。被告的理由是“无电就不能炼铝,返销铝锭就将落空”,言下之意,如原告方不承担“用电权”费用,则被告就不供铝锭。这是要挟！按照被告人的逻辑,他随时可以提出一系列的借口,什么没有水就不能炼铝,没有燃料就不能炼铝,没有机器设备就不能炼铝,甚至没有技术工人就不能炼铝,而工人没有足额奖金也不能炼铝,等等,这样的逻辑不是太荒谬了吗？

查国务院关于集资办电的政策和法规规定,其基本原则是两条：(1)集资办电是生产企业与电力部门之间的关系,不得把费用转嫁给用户;(2)“谁投资、谁受益”,购买用电权按规定,购买单位在交款的第二年或在发电机组投产后的当年开始用电,电价按国家规定的现行价格计算,用电权二十年不变。据此,铝厂在交钱的第二年起,享受现行电价的用电权二十年。但铝厂却要将长达二十年的受益支出全部摊到原告一方五年的供铝价格上。这无疑是违背法律规定的无理要求,理应受到驳斥。

让我们来看看被告方“用电权”费用的计算。被告要求原告方每吨铝锭承担1568.55元的用电权费。我们在查阅法院卷宗的时候发现,甘省电力局计划处对铝厂集资办电问题有个说明:“铝厂共付买用电权费6155万元,电力局供电26160万度,共兑现二十年,铝厂每年可以此产铝16350吨,按协议,铝厂享受二十年用电权,每吨分摊188.23元,不计利息,相当于每度电分摊1.18分,如计利息,是每吨分摊490.62元,相当于每度电分摊3.07分。"这个材料说明,每吨铝只应分摊188.23元用电权费。但是,被告人以蒙蔽的手法,用1568.55元代替188.23元,强加给原告方后,便又说原告一方以合同方式承诺了这项所谓的"法律义务",并要原告方在五年内都要承担这些"义务",这是不真实的,也不符合法律规定。姑且不论原合同明文排除用电费用,单单就被告人据以论证其理由的1989年补充条款,也只能是对1989年的供铝发生作用。对于1988年及1990年到1993年并无作用。

但是,就是每吨188.23元用电权费,也是原告方依法不应当承担的。依据如下:

一、1985年8月2日,国务院办公厅《内部情况通报》第7项指出"除经……批准的以外,各地不得用提高电价的办法集资办电,已经加价的应停止执行"。

二、1986年5月13日,国务院文件指出:"凡有用提高电价办法集资办电的,都须经国务院批准,凡自行加价的,均应坚决纠正,停止执行。"

三、1987年国发111号文件专门指出"企业缴纳电力建设资金的,应努力降低成本,自行消化"。

从以上中央政府的有关规定看,被告人在8月22日合同补充条款上明列的强加于原告头上的,每吨铝1568.55元用电权费是非法的、无效的。我们对此郑重提出;被告人的这一违法行为,理应受到审判庭的重新审核并依法纠正,已交付的用电权费应予追回,返还给原告人。

审判长:以上是我们就几个主要问题发表的基本观点。

我们从被告人的答辩中清醒地估量到,他们对于信守合同、诚实履约兴趣甚小,他们对于债权人因对方赖债不予清偿而承受的不堪承受的沉重负担，似也不会给予回应。我们只有为原告人寻求法律保护，故依据《民事诉讼法》第 97 条第 3 项“因情况紧急需要先予执行的”，“可以裁定先予执行”的规定，以及最高法院法发(1992)26 号文件中第 106 条，因当事人的生活、生产经营的急需，在判决前得“先予执行”的精神，恳请对于原告人江苏、广东两家中的极端困难的投资单位，按照原定的偿还本息加微利的原则，先予执行，作为紧急救助，以期解决他们自己难以克服的困难。

统请裁量，并予采纳。

一九九三年四月二十七日

注：本案与王世伯、傅可心律师合办。

诉 讼 文 书

起诉书

(原被告均从略)

案由：合同纠纷

请求目的：要求被告人履行合同，并按照合同规定，赔偿因其违约而给被告人造成的经济损失。

事实与理由：1987 年 5 月，原告方在南宁“全国有色金属订货会”上，分别与被告铝厂签订了十四份“有色金属产品供应合同”。这些合同，是 1987 年 4 月中国有色金属材料总公司(原名中国金属材料公司)有色经营部，代表原告一方的十三家企业与被告一方铝厂签订的补偿贸易协议的具体执行合同，因而是以补偿贸易为基础、为原则，应无疑义。

按照上述协议，原告方的各家企业共集资 3500 万元，于 1987 年 11 月 30 日前交付被告人，以便该铝厂另建车间，扩大生产，与此相对应，被告一方则按上述的具体执行合同，自 1988 年至 1993 年，分期定量按质以“国拨价”向我们各家提供铝锭共计23800吨；用以偿还原告各家的本金以及按规定应得的利息和经营微利。

合同签订后，我们基于大力支援祖国大西北的热情和满足各方对特定金属材料的迫切需要，千方百计，积极筹措，将被告人急需的3500万元巨款，不打折扣地按照约定期限全部到位。该铝厂凭一纸协议，巨资到手，新建车间迅速上马，正式投产，生产能力大增，经济效益和政治效果双双丰收。这是从原告方面吸进新鲜血液才能达到的目标，无可争辩。

然而我们万万没有料到，被告人铝厂以及与他们相关联的某些领导人，签约当时，信誓旦旦，一再申明严格执行合同的决心，郑重表示具有履约的绝对能力，却在享尽权利之后，拒不按照合同履行义务了。有必要具体陈明：被告人应于1988年交付原告铝锭2000吨，竟一吨未付；1989年应交4200吨，截至今年8月，仅仅交付了2357.386吨；至于今年应交的4200吨，时至今日，仍一吨不付。为了催请被告人履约，我们先后七上该市，其间也曾召集各类会议，从中协调，并曾提过若干建议，以利于解决问题。拳拳诚心，都被对方视为可以任意欺哄的根据，使我们除了提请法律保障之外，已别无他途可供选择。

被告人拒不履约或有借口，在价格问题上反复扯皮就是一例。但是，被告人作为上述执行合同中的一方，他应供货的数量、质量与时限不仅在合同上写得明明白白，就是价格，也是规定得清清楚楚不存在任何歧义的。双方签订协议明确规定，铝锭价格“应严格按交货时国拨价为准”。试问何谓“严格”？无非是不得寻任何口实，不能打一丝折扣，按规定的“格”从“严”执行！这还不算，为了预防纠纷，协议还从另一侧面做了补充具体规定，即“水、电、燃料价格上涨或下降等因素，不影响双方签订协议中铝锭的价格。”其实，这一补充正是“严格”的注脚，难道不是吗?！由此可见，被告人的任何借口都不能作为拒不履约的客观依据。

我们不得不指出，由于被告人拒不履约，给原告一方的十多家企业程度不同地带来了灾难性后果，仅以广西区金属材料公司为例，为了履约,竭尽全力,一次投入资金200万元,连同利息,已近300万元,但至今未能得到一吨铝锭。投资数百万元,历经两年,换来累累债务,有的下属公司因此而陷入绝境,濒临破产;抽血之后,因换血者的不义深陷危境,先不论公道,合同双方当事人之间的对等权益,还从哪里谈起?

应加补充的是,原告一方各家无不因被告人的违约而蒙受了巨大经济损失,大多已经难以负荷。久拖不决,将产生极其恶劣的后果。

我们从两年多来的违约与履约之争的过程中,深知被告人还会片面强调自己的"困难",而把责任统统推诸"客观"。可是,难道因为困难就可以不履行合同?被告也许还会侈谈"大气候",可是,难道"大气候"独属于被告一方,而于原告一方的十多家企业毫无影响?总之,如此"论"成立,《经济合同法》第6条规定的"当事人必须全面履行合同规定的义务",岂不将变为一纸空文?该条最后规范的"任何一方不得擅自变更或解除",还有什么实际意义!

概括起来,我们的结论是:

一、被告一方的行为严重违约,必须承担全部违约责任。

二、原告一方的合法权利已蒙受重大侵害,应请人民法院予以维护。

为此,谨提出如下的诉讼请求:

第一,按照《经济合同法》的规定,要求被告人执行1987年协议及合同——

1. 到期应交铝锭按合同数量全部交货,价格按应交货时的国拨价托收结算;

2. 按照协议和合同规定,要求增加供货量1400吨,以保证预付的本金、利息及经营微利能获得清偿;

3. 铝锭品位在AO以上;

4. 欠交部分,按上述协议和合同中规定的违约条款处理。

第二,如果上述要求不能满足,考虑到被告人如此不信守合同,已无履约的可能与诚意,要求按照《经济合同法》的有关规定,判令被告人退还前述的本金与利息,并赔偿经济损失。

第三,诉讼费、律师费,均由被告人负担。

附:证据三份(略)

一九九〇年十二月二十六日

市中级人民法院一审裁定书(摘要)

原告广西公司等十三家诉称:(略)

本院认为,中金司与铝厂于1987年4月14日和同年5月4日签订的协议书及补充协议均系补偿贸易合同,其后,铝厂与中金司及集资单位在南宁订货会议期间签订的全国有色金属产品供应卡片(合同)均系上述两个协议的补充,未改变补偿贸易合同的供需关系,不应视为独立的合同,因此,补偿贸易合同的权利义务人仍是中金司和铝厂。故原广西公司等十二家的起诉不符合《民事诉讼法》有关起诉的规定。为此依据《民事诉讼法》第一百零八条、第一百四十条第一款第二项的规定,裁定如下:

驳回广西公司、江苏公司、苏州公司、〇六单位、广东公司、天津物贸、南京公司、沈阳公司、哈尔滨公司、佛山公司、广州公司、北京公司的起诉。

一九九三年七月八日

十四家金属公司上诉状

上诉人不服市中级人民法院(1992)17号民事裁定书,提出上诉,理由如下:

一、被告人铝厂采用不正当手段争得案件管辖权后,最高人民法院经济庭曾表示"全案移送"兰州中院审理。所谓全案,显然包含诉讼主体地位。跟着,最高法院经济庭的有关负责同志指示我们十三家"以原告地位参加诉讼"。该庭孙庭长也明确指示我们"居于原告地位"。并讲:"我们通过此案也可以检验一下该省的执法水平。"

二、市中院于1992年4月开庭调查之际,省高院经济庭竟然从中干预，要求我们中的十二家以“第三人地位参与诉讼”，指示中院“暂缓开庭，延期审理”。中院自此处境艰难，我们十分理解。

基于对我人民法院的尊重，我们此后一再要求明确，十二家的“第三人地位”有无独立请求权。除了中院肖审判员口头答复说“我个人认为，你们有独立请求权”之外，再无任何正式答复或指示。

三、1993 年春，本案合议庭人员重新组合，审判员不远千里南下佛山，要求佛山公司以第三人身份参与诉讼，被拒绝。

四、1993 年 4 月，中院通知开庭。4 月 24 日，合议庭全体成员约见我们，并明确通知：“经研究，你们十二家原告人地位不变；你们是原告绝不会再变，中院不会拿信誉开玩笑。”并询问我们：“你们满意吗？”跟着希望我们同意调解。

五、调解未成，于 4 月 27 日开庭审理。审理中，全体合议庭成员无一人、一次审及我们的诉状是否符合《民事诉讼法》有关起诉的规定，无一人一次指示我们原告人的诉讼地位不合格。

六、实体审理整整一天，原、被告双方就实体问题辩论终结之后，法庭再次主持调解，未果，审判长宣布：“因案情重大，需报审判委员会讨论，定期宣判。”

七、现在我们等来的竟不是判决。《民事诉讼法》第一百二十八条明确规定：辩论终结后应依法判决。法院有什么理由不严格执行？中院裁定引用《民事诉讼法》第一百四十条时列明了第一款第三项，可是，你们在援引该法第一百零八条时为什么又不敢引用该条的具体款、项？你们适用的是哪款、哪项，为什么不敢明示？援引法条如此不郑重，我们无从考虑，故不能接受。

八、你们在“本院认为”之后提出了一个“不应视为独立合同”说。此说，是被告人手中持有的所谓“最高批复”。对此，我们过去就一再表示过明确的意见，这中间有鬼是明明白白的。这哪里是“本院认为”？至于省高院经济庭的“认为”，人们也是清清楚楚的，也无可隐讳。

九、即使这样“认为”，那么，请问：你们在审理终结、再次调解未成之后，对中国有色金属材料总公司的权利，又为何不予“认为”并作出判决？还有，我们要求“先予执行”的申请，你们又有什么理由不予裁定？这些难道都化为乌有了吗？

十、我们不得不指出，省高院经济庭在铝厂为本案争管辖权期间，曾让铝厂“赞助”近50000元在该厂招待所召开审判工作会议。这一情况，人尽皆知。在诉讼中如此寻求被告一方“赞助”，这不可能保证审判的公平与公正，我们不幸言中了。

现在，虽明知上诉的结局，但依然要做遵纪守法的表率，而且相信国法不是哪级法院的三两个人可以任意戏弄的，因此，依法提起上诉，并将采取一切司法保护措施，以维护我们的合法权益。

具状人：集资项目协调组　工作小组

一九九三年七月十九日

高级人民法院民事裁定书（摘要）

广西公司等单位提起上诉，主要理由是：上诉方各家与铝厂之间存在直接的民事权利义务关系，共同起诉铝厂符合法律规定。铝厂答辩的理由是：驳回广西公司各家以原告地位对答辩人的起诉，符合答辩人与中金司1987年4月14日签订的补偿贸易协议，上诉人中除中金司外，其他上诉人均为不合格的原告。

经本院审理认为，中金司等十三家与兰铝签订的“有色金属产品供应卡片（合同）”是根据中金司提供的供铝分割单提供的，内容仅有供货时间、数量、品位及结算方式，价格没有约定，实际是以铝厂与中金司的原约定为准。因此，供货卡片只是对“协议书”和“补充协议”的补充，并未改变补偿贸易合同中铝厂与中金司双方的直接法律关系，不能视为独立的合同。原审认定的事实及法律关系清楚，证据确凿。上诉人的上诉理由不能成立。但原审对十二家签订供货卡片中的诉讼地位确认不当。依照《民事诉讼法》第十五条之规定裁定：

一、撤销中院（1992）十七号民事裁定。

二、指令市中级人民法院进行审理。

一九九三年八月二十七日

39. 爱丽绿田合同纠纷案

案 情 简 介

原告人爱丽绿田电脑有限公司与被告人北京市农工商开发贸易公司于1986年12月8日签订大型电脑稳压电源线路板4400块的购销合同，单价4451元/块，总金额为人民币19584180元。合同规定：供方在1987年6月30日前分批将货物全部交齐，需方于1987年6月15日前付清全部货款。

合同签订后，原告人已在合同规定期限内将货物交付被告人，有被告人收到以上货物，准确无误的《送货单》为证。1987年1月7日被告方交付货款600万元，余额共计人民币13584180元未予结清。8月14日，被告方以信件形式向原告人表明，我公司确定于1988年5月30日前付清此合同全部款项，但又以编造的“另一份合同”相对抗，并不履行。原告追讨无果。诉请人民法院依法判决被告人清结所欠货款13584180元，法院基本上支持了原告人的诉求。

代 理 词

一审代理词

合议庭：

我们代理原告方就本案当事人间的合同纠纷发表以下意见：

一、本案原、被告双方于 1986 年 12 月 8 日依照法律规定签订了大型电脑稳压电源线路板 4000 块的购销合同。原告一方依约履行了合同中规定的义务，并为被告人全部接受。令人惊诧的是，在原告人因对方长期拒不履约提起诉讼之后，被告人提出了一份同年 12 月 15 日的所谓“第二份合同”。这份“合同”距上述 12 月 8 日的合同签订仅七天，查其内容主要是对货款压低了 360 万余元，并将双方的“法定代表人”作了更动；其他内容与 8 日合同并无二致。现在被告人据此坚持 8 日合同“早已无效”，提出应按 15 日“合同”执行。我们代理原告断然否定这后一份“合同”的有效性，我们将具体分析它的虚伪性，从而说明它是无效的，被告方必须依照约定履行其付款的义务。理由如下：

（一）原告人爱丽绿田公司在本案讼争前根本不知道有所谓 12 月 15 日“合同”。

原告方在 8 日合同上签署的代表人是王顺吉，而在 15 日“合同”上却改为“邹克武”。诚然，邹克武是该公司的总经理，但细查那签字与邹本人的签字真迹仅仅相仿却绝不相同，我们已提请予以鉴定在案。

总之，爱丽绿田公司及其法定代表人否认参与制作了 12 月 15 日“合同”，从而否认他们与这份“合同”有任何关系。

（二）庭审调查证明：15 日“合同”是由被告方起草的，当事者双方并没有讨论，也没有协商。被告方在庭审中一再声称，他们想修改 8 日合同，于是找一个所谓“爱丽绿田公司驻京办事处主任”名叫郝铁的人，向原告方索取了空白合同纸，于草签之后交由郝铁寄给广州的爱丽绿田公司正式签署。但是，庭审调查中已经核实，爱丽绿田公司从未在京设立“办事处”，从未任命郝铁在该公司担任正式职务。因此，被告人的辩解根本不符合实际。这说明，15 日“合同”是被告人单方行为的产物。

（三）被告方的一位代理人在法庭上的陈述清清楚楚地说明了 15 日“合同”的产生及其与 8 日合同的关系。这位代理人说：我们从来也没打算按第一份合同（按即 8 日合同）执行。钱在我们手上，不修改（8 日合同），我们就声明作废！他讲得何其坦率！

这无疑向人们说明，即使不搞一个“第二份合同”，在被告一方看来，他们不想履行 8 日合同，就可以干脆宣告那是废纸一张。

这无疑向人们证明：他们制作“第二份合同”，就是要把他们单方的意愿加诸对方，片面修改 8 日合同中的主要条款。

可是，这怎么可以呢？这怎么能行得通呢？

（四）被告人为自己修改 8 日合同、制作 15 日“合同”提出了“理由”，在法庭上坚持他们答辩状中的一些说法，即 8 日合同签订后，又觉得“合同条款有些不确切”以及“预付款的数额太大”。是的，如果合同在文字表述上很不确切，因而易在执行上产生分歧，自然允许协商修订；如果一方认为某一条款包括预付款额的规定应当重订，当然也可以通过法定程序予以重订。可是，研究一下 12 月 15 日“合同”，其要点是把合同的总价款一下子降低了三百多万元，试问这与条款不确切和预付款太多有什么关系？我们有理由诘问被告人，你们这样单方大幅度降低原先约定的货物价格，道理何在？根据何在？

被告方的代理律师在法庭辩论中承认，这“第二份合同”让“原告损失了 360 多万元”，令人不解的是，他把损失的缘由说成是“原告行为所造成”，却又不能具体地指出原告的行为究竟是什么。而我们看到的分明是，被告一方用一份无效的“合同”就想轻易地夺走原告人应得的货款 360 多万元。

（五）我们不得不指出，恰恰是被告一方的“行为”，证明 12 月 8

日合同的合法性、有效性，并且否定了12月15日“合同”的真实性、有效性。请看事实：

1987年7月，原告按合同约定全部履行了义务，为被告接受，并按8日合同中约定的总价签收了发票。由于当时被告人并未按合同要求付清货款，故于1987年8月14日正式以书面向原告表示：“我司与贵公司1986年12月8日合同……（的）总金额为一千九百五十八万四千一百八十元，我公司确认于1988年5月30日前付清”。这个表示实际上包含两点内容：第一，将继续承担12月8日合同中规定的义务；第二，书面保证履行义务的时限。这个表示不加任何修饰或限制地向人们表明：对于本案的当事人双方来说，所谓12月15日合同，此前并不真实存在！

现在，讼争之后，被告人在其答辩状中含糊其辞地辩解道：“双方同意暂按12月8日合同中货款总额办理有关事宜，具体结算需待1987年年底看12月15日合同是否有效。”尽管这已是有气无力的辩解，毕竟包含了两层意思：第一，12月15日“合同”是否有效还得“看”，而在那时是并未生效的；第二，12月8日合同还是有效的，双方同意“暂按”其内容办事。什么是暂按？所谓“暂按”，首先是“按”，毕竟是“按”，总之是照此办理；至于“暂”的时限，那仅是被告单方的一厢情愿，也可视为片面设想，不经对方认同，就不能发生法律上的效力。应当着重指出，被告人辩解中提出的“双方同意”之说，并非事实，被告人不能举出证据便是明证。

（六）为了彻底否定被告人的错误观点，改正其违约做法，借以辩明是非，我们想就被告人提出的与本案或有相关实不相连的以下两个问题，作原则性的说明：

第一，爱丽绿田公司是在广州注册的中外合资企业，是受中国法律保护的中国法人，其董事长依法应由中国人担任；投资于爱丽绿田公司的“绿田私人有限公司”，是在新加坡注册的外国公司，其董事长是新加坡籍的王顺吉。这是两个独立的法人。他们在法律上居于平等的地位。他们之间绝无从属关系。

因此,绿田公司在法律上、经济上的权利义务,除非有相应的合法协议,统统与爱丽绿田无关;

因此,王顺吉代表绿田公司的一切作为,不能拓展及爱丽绿田公司的。

第二,本案涉及的合同属于国内购销合同,这与被告人同绿田公司签订的涉外易货贸易合同,完全是互不相关的两回事,绝无任何理由混为一谈。

被告人在法庭上一再辩称,他们在与绿田公司的易货贸易中有16万多美元的逆差,而绿田远在新加坡,索要困难,因此只能向它投资的爱丽绿田找平补齐。不然,“我公司利益要受损失,国家利益也要受损失”。

我们只好说这真是“岂有此理”!? 外商欠款,不依法向外商追讨,而是以此为借口拒不履行对国内一家企业的义务,即不惜以侵犯国内企业合法权益去补偿他们对外贸易中的损失,这中间谈得上什么“国家利益”! 这种观念,有违职业道德;这类做法,为国法所难容。

以上我们从六个方面说明了被告人不履行12月8日合同的违约性质,恳请合议庭明断。

二、被告人受原奔马公司的委托,汇付该奔马公司等欠原告人的货款430多万元,现在,被告人坚持这是他们农工商开发贸易公司清欠我货款的一部分,这也是一种强加于人的非分做法,原告人断然拒绝,申述如下:

(一)根据前面的分析、提示,被告人此前早已下定决心,他们与外商绿田公司的贸易差额等问题如不能顺利解决,将不会清偿应付给原告人的货款。现在,这个问题并未解决,何以被告人竟于1987年9月5日电汇我公司货款430多万元? 被告方如何解释这种尖锐的矛盾?

(二)上述电汇款额,实为4318000元,被告人汇出这样一个包括小额尾数在内的款项,出于哪种核算? 又为什么偏偏这个数字是奔马公司等欠我原告人货款的具体数额,被告人何以解释这种“巧合”?

（三）至于我公司与奔马等公司之间的购销关系及其有关的货、款的规定，原告人已将有关证据呈交法庭，奔马公司经理郝铁委托本案被告将所欠货款4318000元电汇原告人后，曾通知原告人。原告人已将该项货款核收入账。凡此种种，十分明确，不另赘述。

据上所述，被告受人之托代人支付的款项，竟企图计入按照前述的8日合同的欠付款中，显然无理，应予驳斥。

三、被告人举出原告方1987年2月18日签署的调用人民币370万元入残疾人福利基金会账号的便函，认为这是付给原告人12月8日合同货款中的一部分，对此我们持有异议：

（一）庭审调查表明：这笔款项经由基金会调入“华美达”筹建饭店，但是，爱丽绿田公司与所谓“华美达”从未发生“业务”联系或其他经济往来；原告人从未与任何人共同筹建饭店，公司的经营范围根本不允许经营这项“业务”。

（二）爱丽绿田公司与“基金会”从来没有“业务往来”，也未对该会进行过“赞助”。

因此，上述2月18日便函中所说的“因业务需要，我公司调用在你账号的370万元”，显然与原告人没有任何实质上的关系。

（三）对于这份2月18日便函，还有以下几个问题应向法庭陈明——

第一，王顺吉不是爱丽绿田的董事长，因而不是法人代表，这是国家法律定死了的，被告人不应佯作不知。由此可知，王无权就“合营饭店”并投入370万元巨款这一重大法律行为代表公司签署对外文件。不能不说明的是，王顺吉的与人合营、调出巨款这些行为，公司的董事会根本不知道，公司的总经理也根本不知道，如硬说这些都与原告一方有关，实在过于牵强。

第二，细查王顺吉签署的上述“文件”，是与原告方没有隶属关系的郝铁起草的。调原告公司的三百多万元巨款，却由一个身份不明的“外籍人”签署，这明显地缺乏法律效力，原告一方理当予以否认。

第三，王顺吉当时是新加坡绿田公司董事长，郝铁与之有某种雇佣关系,被告一再指出郝是绿田公司的“驻京代表”(参见答辩书的“说明”之二)就可以证明。这说明,王、郝共同合谋制造的这份“文件”,究竟代表着哪家公司,被告人应当是明确的。

第四,审查这份“文件”的内容,共有两个部分。一是正文,另一是郝铁加的“附注”:“(款)从应付的 1986 年 12 月 8 日签订的(合同)中拨付。”现在姑且不论王顺吉签署文件是否具有合法性,他作为爱丽绿田的外籍副董事长,以公司职员身份做事还算沾点边,可是郝铁呢?我们也姑且不论他根本不具有合法资格,他不是 12 月 8 日合同的当事者,凭什么以他个人的名义批注说这 370 万元要从该合同中的应付款项里拨付?更何况这个批注因明显地“附”于正文之后,不能证明王顺吉做了签署!被告人根据一个局外人即郝铁的一个小注,就轻易地拨出了 370 万元,难道这是儿戏?为什么竟然如此轻率!

(四)还有,按照被告人的思路与说法,他们调人“基金会”的这笔钱是“货款”,可是,残疾人福利基金会分明是社会团体,无“货”经营,何来“货款”?被告人仅凭一纸信件就将 370 万元货款调入不应收此货款的单位,他们没有理由把责任推卸得一干二净。我们请求法庭指令被告出示证据,说明调出此项巨款是谁、在何时签发的?查明签发人并弄清他的责任,对于分清这一讼争涉及的法律责任不无意义。

明确地说,关于这一讼争标的,我们有两点具体的请求:一是不宜从表面上、形式上考虑,而应从问题的实质上剖析,如此方能搞清真相,分清是非;一是希望法庭从事实出发,追究一切责任者的责任。只有如此,才有利于公正处理。

四、被告人以“与绿田公司共同筹建安定门合资饭店,后绿田公司退出……同意赔偿我公司人民币 50 万元”为借口,硬将这 50 万元摊派给原告人,作为清偿欠我原告方的货款的一部分,这是公然的强词夺理。绿田公司承诺的赔款,被告人不找绿田支付,偏偏要强使与此毫无关系的原告人——爱丽绿田公司承担,这不论于法、于情、于理,都是讲不通的!

至于被告人列举这个问题的证据时,将王顺吉函件的原文做了隐蔽的改动，考虑到改动与否都对原告人不发生效力，我们不详予论述。

五、综述所述，本案当事人之间因1986年12月8日合同而发生的、被告人欠付原告人的货款实为13584180元，久拖未还，已经明确。被告方在法庭上也明确承认欠我原告一方的货款，姑且不论计算的数额是否合于实际，至今都坚持拒不清偿，就实在悖于情理了。考虑到被告人欠款时间过长，数额又大，原告人因此而付出的代价可谓严重，故恳请依照合同判令被告人一并支付违约金和应当支付的利息。原告人为讼争支出的诉讼费、律师代理费，也应由被告人一方承担。这是法律允许的合理请求，相信合议庭会给予支持。

一九九一年八月二十九日于北京

40. 郭艳玲房屋买卖纠纷案

案情简介

1990年9月，白沟镇白四街居委会决定，将一块空地划为宅基地，由缺房户集资统建楼底，每户两间。规定“不对外”，并不准转卖。郭艳玲经申请批准，按时交了集资款，领有收据。

1992年房屋建成，郭艳玲分得一套，领了宅基地使用证，随即扩建成两层小楼。前此，1990年10月，仁合庄村民李润生、李长林、李贺林父子得知白四街为居民建房，以即付5000元好处费为诱饵，辗转托到郭艳玲之弟郭艳秋代为买房，由李贺林拟好“郭艳玲愿将东市场楼座两间转卖给李润生”的虚假“协议”，因郭艳玲并不知情，无人签字，更未按规定报经房管部门批准。

郭艳玲扩建入住，李润生则主张应“由他购买”，双方发生纠纷。李家情托简凤田作为“中人”，在上述的虚假协议上补作签署，按了手印，作为“证据”提起诉讼。

一审认为，郭艳玲受李润生之托，购两间楼座，而今占住，侵犯了李的权益，于是判令郭停止侵害，恢复原状，于判决主文生效后10日内搬出，并赔偿李润生经济损失5000元。

二审撤销一审判决，发回重审。一审坚持原判，认为当事人“双方系委托代理关系，本案实属侵权纠纷”，请求二审再予审议。

二审于1993年4月20日请示省高院。7月15日，高院复函认为:“应按市场经济发育过程中对房地产开发中的纠纷处理原则,按房屋买卖协议执行。”一审据此判决:“确认房屋买卖协议有效,两间楼座归原告李润生所有,被告扩建工程归原告所有,扩建的楼房及附属工程折价70690元,由原告付给被告。”

郭艳玲再次上诉,被保定地区中院二审驳回,维持原判。

郭艳玲提出申诉,同时提请检察院批准提起抗诉。案经河北省高院函告保定中院再审。该院撤销了前判,发回一审重新审理。

我们在郭艳玲申诉阶段介入讼事。下面是我们在高碑店市人民法院审理中发表的代理词。

代　理　词

再审代理词

审判长、审判员：

我们担任郭艳玲的代理人参加诉讼，认为河北检察院的抗诉书已对本案从事实上和法律上都做了充分的、正确的论证，其结论合法有据。我们发表的意见是对抗诉书的支持与补充。

第一，本案当事人之间根本没有任何法律关系，作为支持李润生诉讼请求的所谓“协议”，无论从形式上和实体上审查都不具有法律上的效力。理由如下：

一、法庭调查再次证实，郭艳玲从未与李润生签订过任何协议，包括买卖楼座的协议；也从未授权郭艳秋或其他任何人同李润生及其家人签订任何协议。李润生提交法庭的“协议书”，是在李贺林与其家人的策划下，由李贺林等与郭艳秋互相串通草签的。对此，郭艳玲自始不知，其间没有签署，事后未予追认，该“协议书”对郭艳玲当然没有法律效力，郭艳玲没有按该项所谓“协议”将合法购买的自用楼座转让给李润生的法律义务。

二、法律规定：“置卖城市私有房屋，必须由买卖双方到房屋所在地房管机关办手续”，任何人“都不得私买私卖”。河北省的机关管理办法进一步明确规定：“房屋产权的取得、转移、变更……都必须申请办理变更产权。”

李贺林代表李润生与郭艳秋实施的上述签约行为显然违背了这些规定，因而对任何人都不具有法律效力。

还应指出，该“协议”的内容还违反了白四街居委会的相关规定，该项规定将申请“宅基地”建楼座的人员限制在白四街常住户的无房户，并且明定“房屋一律不准转让……不准对外出售”（详见卷载居委会证明函）。李贺林代表李润生与郭艳秋实施的出售行为因其全然违反上述行政规定而自始无效，对此毋庸置疑。

三、庭审调查证明：李润生及其子李贺林等明知郭艳秋冒用郭艳玲的名义“转让”郭艳玲的房产，竟与之签订非法协议，纯属恶意串通，《民法通则》第58条明确规定：恶意串通，损害第三人利益的行为属无效的民事行为。郭艳秋与李氏父子的前述买卖郭艳玲所有楼座的行为应属无效更无疑义。

四、总括以上各点，李润生与郭艳玲之间从未发生任何法律上的权利义务关系，李润生将他们与郭艳秋之间的关系与纷争，强加于郭艳玲，显然别有用心，省检的抗诉合法有理，应予支持。

第二，既然事实证明，郭艳玲没有与李润生签过协议书，没有做过承诺，他们之间没有任何法律关系，李润生父子的所谓已交房款的说法，也同郭艳玲无关；李润生对郭艳玲提起“侵权之诉”分明是恶人告状，其请求纯属无理取闹，依法应予驳回。

还应说明，对于盗用郭艳玲的姓名侵犯其姓名权，并造成了严重后果的行为，我们将视事态的发展，在适当的时候以适当的方式对侵权人提出追究。

第三，卷中有材料表明：某些审判人员歪曲事实、枉法裁判，导致本案历经数年不能正确解决，损害法院的形象，损害郭艳玲的切身利益，影响极为恶劣。尤应指出的是：某上级审判机关的办案人员，为达到枉法裁判的目的，竟然捏造了一个“市场发育过程中对房地产开发的原则”，对抗《民法通则》第6条的重要规定，取代了“以法律为准绳”的执法原则，企图为枉法裁判提供理论上、政策上的依据，荒谬之极！试问：什么是“发育过程”？既是发育过程阶段，本案的问题属于哪个阶段？再问：本案涉及的楼座不属“房地产开发”，凭什么要套用一个根本不存在的过程中的“开发”原则？特别要紧的是：“原则”的制造者所指“处理原则”究竟是什么？何所指不明显，那又根据什么竟然可以把“以法律为准绳”变为“以自制原则为准绳”？这是哪家的法律？

审判长,

负有审判监督重责的检察官:

枉法的产生,无非是两种:一是认识问题,二是徇私。属于认识上的错误,应总结教训,查明根源,按《民事诉讼法》第 44 条的精神予以处置;倘属徇私,情同渎职,则应依据上述第 44 条追究刑事责任。

以上是我们的意见的要点,相信再审合议庭定能拨乱反正,作出合理合法的裁决。

一九九七年十月十六日

诉 讼 文 书

河北省保定地区中级人民法院民事判决书(摘要)

上诉人郭艳玲因房屋买卖一案,不服高碑店市人民法院(1993)高民重字第 68 号民事判决,向本院提起上诉。现已审理终结。

经本院审理查明,一九九〇年九月,白沟镇四街村村委会研究决定,由需宅基地的居民个人集资,村委会统一给每户建房两间,郭艳玲提出申请经批准于十月二十九日交了集资款。在此以前李润生之子李贺林听说白四街给居民建房,曾委托郭艳玲的舅父简风田帮忙给买一套,简风田找郭艳玲之弟郭艳秋帮忙,并言明给 5000 元好处费。当村委会收集资款时,郭艳秋、简风田于十月二十八日找到李贺林交买房款,因当下无款,只交了 5000 元好处费。次日下午李贺林将 20500 元的价款交给了郭艳秋,据简风田证明,当时郭艳玲在场,并将由李贺林提前起草好的转卖房屋的协议书交给郭艳玲重新抄写一份。李润生、郭艳玲均未在协议书上签名按手印。同时郭艳秋将郭艳玲交款票据及协议书一并交付李贺林。一九九二年初白四街村委会将房交给郭艳玲使用并核发了宅基使用证。为此李润生以此房屋转卖给自己所有发生纠纷。李贺林即找到简风田作为中人在原立协议书上补签了名字。在诉讼中郭艳玲在两间楼座的基础上加盖了二层楼房,经作价为70690元。

本院认为,白四街此次安排统一建楼房属房产开发性质,虽规定不对外,但有不少四街村民将楼座转卖给外村人。对此白四街采取不掺扰态度,并已有三户经镇土管所办理了过户手续。双方达成房屋买卖协议系双方自愿,没有违法行为,应认定有效。鉴于订立协议时,楼座未建成,无法办理产权过户手续及交付使用,应按照市场经济发育过程中对房地产开发中的纠纷处理原则,此房屋买卖协议有效。考虑到郭艳玲对楼座进行了再建,实际投入较多,经作价此工程款为70690元。依照《民事诉讼法》第一百五十三条第一款第(一)项之规定,判决如下:

驳回上诉,维持原判。

二审诉讼费3396元,由郭艳玲负担。

审判长　张丛奎

一九九五年二月二十七日

河北省保定市中级人民法院民事裁定书(摘要)

(1997)法民监字第2号

原审上诉人:郭艳玲。

原审被上诉人:李润生。

上列双方为房屋买卖纠纷一案,郭艳玲不服本院(1994)保民终字第63号民事判决,经由河北省人民检察院向提起抗诉。河北省高院函告本院再审。经本院再审认为:本案事实不清,适用法律不当,程序不合法。裁定:

一、撤销河北省保定地区中级人民法院(1994)保民终字第63号和高碑店市人民法院(1993)高民重字第68号民事判决书。

二、发回高碑店市人民法院重新审理。

审判长　刘树楷

一九九七年十一月十九日

才下眉头，却上心头*

——代后记

欲望，与生俱来，多基于本能；或者发自幽思，有些源于梦境。

生活欲望与工作欲望（连同求知）分属两个领域，各有其不同的内涵与形态。就内涵而论，会因人而异，常因事有别。

物质生命延续，生活欲望相随，我不能免；精神生命健康，工作与求知欲望难减，我也还有。然而纵观平生，私欲与理念常齐生共长，我未能时时都会正确处理二者之间的矛盾关系；幻想与实践交错运行，又不能事事准确把握二者之间的正常发展：于是少缺宏志，壮无大略，雄心干才，遥想罢了，平平庸庸，忽已九秩在望。粗躯尚健，毕竟来日无多，浮云晚霞，怎挽夕阳欲坠？回顾漫漫人生工程，难免自问："究竟营造了些什么？"

重编的这个集子，也许能表明一腔工作热情残存。同前此印行的学林版相比，增添了近作。遗憾的是，有些篇章目前依旧不宜编入；抱愧的是，近作亦无佳篇，奇缺新的理念。我只是有个习惯，案无论大小，事不分巨细，都不想舍弃。试看刑事诉讼，几乎案案不同，总是各异其趣，在不同的诉讼阶段，都可能有关键性的细节待你突破、容你辨析，辩词的侧重点于是会互有不同。我之所以敢在同一罪名之下选编若干案例，其故在此。一个处方包医百病，用于刑辩注定误事。案案

---

* 借李清照《一剪梅》词句。

都需用心,实乃客观使然。

从律师实务的角度考虑,要紧的是,案情无论繁简,任务则一:或为民争权,或代民维权,使之由此获得自由与尊严,从而提高其精神境界,进而推动社会的进步与变革。我们的当事人大多是明日公民社会的根基,故须以高尚情操、人格力量、崇高信念与之交流互动,从那些即使是不公正的审判中吸取有益的元素,激励前行。我的当事人,前广州日报社社长黎元江先生,在狱中忍耐申诉受阻的煎熬,完成了近三十万字的博士论文,质量得到他人民大学导师的高度评价,我有幸读到初稿与定稿,很受感动。这类事例,给人启示:律师实务如何求真,怎样析理,的的确确事关重大;轻视,低估,无论源于何人出自谁家,都不免自食恶果。

然而空有热情、徒具理念也不见得就能解决好律师实务中涉及的一系列实际问题,这个集子里所涉案件的失误与不足,恰是最好的说明。突出之点是注重交锋,疏于交流,因此往往不能发挥出各方法律人的合力,与其他参与诉讼的主体一道,通过剖析个案,运用法律智慧,"析万物之理",抒人间之善,"判天地之美";[①]达到互补互济,用各自的语言,传达法律的魅力,从根本上维护住当事人的权益,从而树立起法律的权威与公正司法的尊严。律师就其诉讼角色而论作用不可或缺,对此岂可放弃。

应着重补充说明的是,集子里的内容并未能从整体上反映我的法庭活动全貌,违规情况就未予编入。值得一提的是:2006 年 10 月,我与浦志强律师代理王天成先生诉周叶中教授等人抄袭侵权案,二审法庭辩论临近终了,我不经法庭允许擅自插话反问对方代理人,审判长虽未制止,但毕竟违了规。事后上书合议庭补上了自我批评:"我未经许可,抢着反问,当时估计马上要宣布辩论结束,(如不对对方的辩解作答)恐有人借此炒作,曲解双方的意思表述,于是抢了'先',因此违了规。我没有理由为自己的错误辩解。在我的执业生涯中,这是又

① 此处两句引自《庄子·天下篇》。

一次重大失误：但我相信，就同类错误而言，这是最后一次。尽管如此，依然希望你们对我严格要求。我赞同将此件附卷备考。”

近两年我们群体的实践中出现的问题，更使我深感对规则的遵从和对法庭的尊重，是律师职业伦理的重要内容，万不可掉以轻心，草率从事，否则会铸成重大失误。

细审书中辩词，粗通而已。既无文采，更乏哲思；有的或能服众，却鲜有“真善美”的动人陈述。唯一可取之处，也许在于对案中细节的如实把握。确曾办过几件至关重要的案子，同样未能写出足以传世的精品，尽管对此已是“心向往之”。我不想抱怨法庭从来不肯给予从容思考细心琢磨着意推敲的时间，这个问题主要应从立法上解决。我自始明白，主要毛病在于自身功底很差，不从主观上加以“十全大补”，这个带有根本性的缺陷很难弥平。不过我又热切期待着我们的青年才俊终能发出传世之作，丰富中国大陆的律师实务，我将因此感到无比的自豪与骄傲。

或者会发出疑问：政治呢？律师实务难道没有或者可以不讲政治？

当代大陆律师当然得有政治头脑，应具政治素质，但我绝不主张也从来不会把讼案泛政治化，事事都朝政治上靠，利用讼案寻求政治目标。

律师实务的核心一面是事实一面是权利，二者的特点是持久性，具有永恒不变的特质；而政治现象则会因条件的不同随机变化，其特点是“暂时性”，一切以时间、地点、条件为转移，因此即使是政治性很强的案子，也应首先把它纳入法制轨道，而不稍有偏离，之后再及其他。我之所以把那封就邓玉娇案与浦志强律师联署的《致夏霖（律师）函》编入集子，正是由于它反映了上面所说的主题。总而言之，我体会到，依法办案就是唯一正确的原则立场，始终坚持就不会走歪道，就能体现高超的政治素质，就能最终立于不败之地。

“你不是以屡败而广为业内所知么？”

一时败于讼事，不是病，不足畏；因案败于失“格”，属大患，实可怖。就个人而言，如联系实践结合案例估量胜败，则该由讼事的最终结局确定，岂能仅以一纸裁判文书的粗断为准？试看书中大兴安岭火案庄学义讼事之辩，于败诉17年之后获得平反，陈星反革命案申诉近30年终于成功，便是例证，应能说明我那些“败”中之辩绝对不是“豆渣工程”中的破砖碎瓦，尽管它们都不是精美之作，我依然心存自信，立得住，不会被永久推倒。我没有理由也从不妄自菲薄。前不久读到脸谱（Facebook）总裁扎克伯格先生的公开信，向全世界宣告他的公司的理念，说“完成优于完美”。这个总结好实在！针对创业，近乎真理。引以量体，我觉得我在律师领域营造的“人生工程”，就个案而论几达“完成”，至少是做到了言其所应言，辩其所当辩，止其所不得不止。这里的“止”，主要讲“节”，或者论“度”，要点是绝不在任何情况下都一泻千里，不留余地，或者豪情万丈，不存余韵；这样才有可能较好地实现职责完成使命。

眼下大陆律师受体制的制约与大环境的污染，失“格”之处颇多，其表现形态又不一而足。我自省，在“完成”职业任务的过程中，未在名利场上烙下丝丝印记，或者留下匆匆足迹，因此纵然没能达到“完美”，尚能稍安。

其实，当下在中国大陆执律师业奢谈“完美”，说不定会遭“天方夜谭”之讥，抛开主观条件不论，中国律师谁能脱开从政治、法制、人权、经济、伦理诸种因素的借口中产生的制约和束缚？权势滥施，污吏肆虐，视律师为“异己”，断维权乃“异端”，更有大法官花样翻新，阳谋阴谋，硬软兼施，甚至敢于公然阻律师于其“衙门”之外，让你从根子上无法履职，无“美”可完！书中编入的《受理阿安扎西活佛“爆炸”案被阻始末》，《李显斌“叛国案”二审辩词》，例证而已，远非问题全貌。我们的对策也只有在行动上脚踏实地越卡闯关，同时在思想上不惧不媚、自爱自重，关键是时时、处处都牢记“我是律师”而绝不由此后退半步。任他诡计千重，恶情万种，没什么了不起的，“技止此矣”！① 究

① 引见柳宗元《黔之驴》。

其实，黑暗与光明，不过旦夕之隔，绝望与希望，往往一步之遥。我们欲求“完成——完美”的期待之光终将灿灿，“真善美”的境界入驻有期，绝不要在中途“轻轻的招手，作别西天的云彩”。[1]

积多年的经验教训，我也不大相信咱们律师的日子会总是那么难过。形势的发展变化也真的无情。社会矛盾的发展，“维稳”已由思潮演变为执政方针。与此相对应，广大“草民”的维权意识正逐浪高涨，群体维权行动已步步扩展，于是律师被悄然推向人民维权的最前沿，成为他的一个方面军，并且同一批富有良知的学界人士融合一体，起着先锋或者智囊的作用。近几年发生的江西“拆迁案”、四川“煽动案”、重庆“打黑案”、北京“艺术家偷税案”、北海“律师伪证案”、渤海“泄油案”，等等，行业中的年轻才俊已经挑起这桩桩重担，而且勇于承担由此而起的风险。尤其去年之末在贵阳发生的苛待执业律师的事件，散处各地的一批律师凝聚起自生的“非组织”力量，打掉奴性，粉碎媚骨，发出了群体性的呐喊，为自身执业权利，为司法公正，为民主宪政，开展了可歌的抗争，于一片萧瑟之中萌发出一芽新绿，显示着自主自重、自立自强带来的春光有多少巨大的力量，是多么的明媚！这都不是孤例，试看天涯何处无芳草！

我心在他们之中。希望来日实践，能有“新集”问世。

关于现在这个集子，法律出版社朱宁分社长、易明群编辑考虑到应当设法减轻读者首先是在校学子读者群的经济负担，以及阅读上的方便，决定改变原先的编排，分为两册出版，书名乃有所调整。《我们律师》，命名出自明群编辑，大度得体、明快有力、人见人喜。我曾自作聪明，提出做点“微调”，经明群从出版业务予以解释，方知大谬。“处处有（留）心皆学问”，我又长了一次见识。

印书不为营利，于今少见，令人钦敬。朱、易二位女士基于对律师工作的关怀而为出版这个集子付出的心血与辛苦，尤令人感动。

许多年轻朋友，包括《律师文摘》编辑部和我所属的“吴栾赵阎律

---

① 引见徐志摩《再别康桥》。

师事务所”在审编及校对过程中给了我巨大的帮助，一句谢辞，不能尽表心意，恕未一一。

重版新“序”，承蒙国栋灯下赐稿，勉励有加，启我深省；诸多谬赞，令我汗颜；心存感激，又实不敢当！忆我当初乍入社会，倚仗年轻也曾自负，待到暮年阅历较多，体会渐深，始坚信苏格拉底“知己无知”的断语实乃灼见，极富哲思。然而徒有后悔于事无补。年轮不是标杆，一息尚存就该坚持工作，以不负弱势大众的殷殷哺育，各地师友的拳拳呵护；不违新时代厚赐，不负大自然照顾。是生命，就该发光，哪怕只有一个“光子”，有欲望，自当传热，即使仅有一个“焦耳”。此为心声，兼充后记之补。

2012 年 5 月 30 日　稿成

2013 年 2 月 15 日　改定